신약성경해설

하나님이
세상을 이처럼 사랑하사
독생자를 주셨으니
이는
저를 믿는 자마다
멸망치 않고
영생을 얻게 하려 하심이니라.
—요한복음 3 : 16—

추 천 사

한국교회는 성경을 많이 읽고 공부하는 교회적 전통을 가지고 있다. 특히 최근 평신도들의 성서연구 열은 날마다 높아져 가고 있다. 그리하여 누구나 성경을 쉽게 이해할 수 있는 해설서가 필요하게 되었다.

이러한 중요한 시기에 박창환 목사님을 통하여 「신약성경해설」이라는 귀한 책이 발행케 됨을 기쁘게 생각한다.

박 목사님은 한국교회가 낳은 세계적인 신학자이다. 그리고 그는 장로회신학대학에서 30여 년간 신약학 교수로 또는 학장으로 봉직하여 수많은 목회자들에게 성경을 어떻게 보고 가르치며 해석해야 하는가를 가르쳐 온 대교수이다.

정년 은퇴를 하시자마자 그동안 연구하고 가르치셨던 내용을 집대성하여 「신약성경해설」이라는 책으로 발행케 됨은 평신도들 뿐 아니라 목회자들에게도 꼭 필요한 책이 될 것이라고 생각된다.

박 목사님은 나와 평양신학교 동기이다. 그 가문은 본래 한국교회 초창기 때부터 신앙생활을 해왔고 그 선친이 훌륭한 목사였으며, 그 가통을 이어 박 목사님도 학창시절부터

박 맹 술 목사
대한예수교장로회총회 제 74 대 총회장

정통신앙 위에 인격이 온순하고 명석하였으며 참 좋은 성품의 소유자였다. 특히 그 재학시절에도 어학에 다재다능하여 모든 이들의 모범이 되었었다.

그동안 수많은 원전들을 읽고 깨달은 것과 기도하면서 받은 영감들을 토대로 「신약성경해설」을 내놓게 됨을 한국교회를 위해 크게 도움이 될 것을 확신한다.

특히 「신약성경해설」의 내용들을 살펴볼 때 종래의 어떤 신약개론이나 해설서에서 찾아보기 어려울 정도로 각 성경의 강조점과 중심 메시지들을 일목요연하게 체계화하여 책을 한번 독파하고 나면 성경 각권의 내용을 깊이 알 수 있게 해놓은 것을 알 수 있다.

끝으로, 이렇게 귀한 책을 발행하느라고 수고한 총회교육부와 총회출판국의 노고에 대하여 감사하지 않을 수 없다.

본서뿐 아니라 「구약성경해설」도 속히 발행되어 한국교회와 세계교회에 크게 기여할 수 있기를 기대한다.

1990년 1월 일

총회장 박 맹 술

이 책은
총회교육부에서 기획, 편집한
특별성경연구 교재의
기본 교재로 펴낸 것이다.

모든 성경은
하나님의 감동으로 된 것으로
교훈과
책망과
바르게 함과
의로 교육하기에 유익하니
이는 하나님의 사람으로
온전케 하며
모든 선한 일을 행하기에
온전케 하려 함이니라.
—디모데 후서 3 : 16~17—

머리말

지난 1세기 동안 하나님께서 한국교회를 크게 성장시켜 주셔서 세계 속에서 많은 일을 하게 해주신 은혜를 감사드리지 않을 수 없다.

한국교회가 양적인 성장에 따라 질적인 성장을 기하여 하나님께서 주신 절호의 기회에 우리의 사명을 다할 수 있기를 바라며, 아울러 이러한 사명을 깨닫고 감당하기 위해서는 하나님의 말씀을 연구하고 깨달아 자신과 가정과 교회와 사회, 더 나아가서 아시아를 비롯한 세계적인 선교의 사역을 온전히 수행하여야 할 것이다.

총회교육부에서는 한국교회가 하나님의 뜻을 깨닫고 성숙한 한국교회가 되기 위해서는 성경말씀으로 돌아가 하나님께서 무엇을 말씀하고 계시는가를 깨닫게 하려고 노력해 오던 중, 영락교회에서 총회교육부에 연구를 위한 정성어린 헌금을 보내 주셔서 이런 사업을 시작하게 되었다. 그리하여 장로회신학대학에서 30여 년 간 신약을 가르쳐 오신 박창환 목사님께 성경이 말씀하고 있는 원의미를 찾아내어 그 시대적 상황에서 하나님의 백성들에게 하나님께서 어떤 뜻으로 이 말씀을 하셨는가를 깨닫게 하여 오늘의 상황에서 우리에게 어떤 말씀을 주고 계시는가를 발견할 수 있는 깊이 있는 내용을 찾아 주시도록 원고를 청탁하였다.

그 결과, 1981년부터 근 10여 년 동안 기도하시면서 말씀을 연구하시다가 이번에 신약 27권의 각 성경이 쓰여진 배경과 중심되는 메시지에 대하여 깊이 있는 내용을 다루고 있는 「신약성경해설」을 내놓게 됨은 총회교육부의 기쁨이며, 동시에 전국 교회와 세계 교회에 큰 열매가 되리라고 확신한다.

이 책은 특별성경연구 교재개발위원회에서 특별성경연구의 기본적인 교재로서의 「신 · 구약성경 해설집」을 발간하기로 하여 박창환 목사님께 위촉한바 이번에 「신약성경해설」이 출간되고, 이어서 「구약성경해설」도 출간될 예정이다.

따라서 교재개발위원회에서는 이 「신약성경해설」을 기본교재로 하여 특별성경연구 학습교재개발을 위하여 주선애 교수님을 중심으로 한 전문위원들에게 교재집필을 위촉한바 그 결과로 「특별성경연구 교재(신약편)」이 빛을 보게 될 것이다.

이 책이 발간되기까지 애써 주신 여러분께 감사하지 않을 수 없다. 곧 이런 귀한 일을 시작하신 맹용길 증경 총무님과 김 암 장로님, 끝맺음을 잘 해주신 문전섭 직전 총무님께 감사를 드리며, 귀한 원고를 써 주신 박창환 목사님, 그리고 이 많은 내용의 하나하나에 대하여 여러 각도에서 검토해 주신 박종렬, 박종순, 박수암, 김지철, 임영수, 주선애, 강사문, 성종현 목사님들과 교수님들께 감사를 드리며, 방대한 책의 편집을 위해 수고해 주신 노남도 목사님과 출판을 위해 수고해 주신 출판사 사장님과 직원들께 진심으로 감사를 드린다.

이 책을 통하여 성경말씀을 연구하려는 모든 성도님들이 하나님의 뜻을 깨달아 하나님 나라 건설의 역군이 되기를 기원한다.

1990년 2월 일

대한예수교장로회총회교육부

부장 **나 긔 환**

차 례

신약성경해설

차 례 (1)

신약성경해설

차 례 (2)

데살로니가 전서 430

데살로니가 후서 445

신약성경해설

성경연구를 위한 준비

1. 성경은 무엇인가?
2. 성경의 필요성
3. 성경을 대하는 우리의 태도
4. 성경연구의 실제
5. 성경구조와 연구순서
6. 성경형성의 역사

성경연구를 위한 준비

1. 성경은 무엇인가?

교회는 우리에게 성경에 대해서 다음과 같이 말해 준다.

"신구약성경은 하나님의 말씀이며, 우리의 신앙과 행위에 대한 정확무오한 유일의 법칙이니라"(장로교 헌법 제1조). 위의 말을 크게 두 부분으로 나눌 수 있는데, 우선 둘째 부분부터 생각해 보기로 하자. 즉 성경은 우리의 신앙과 행위에 대한 법칙이라는 말을 먼저 따져 보기로 하자. 사람들은 대개 교만해서 모든 것을 잘 알고 넉넉히 자기 지혜와 꾀로 살아가는 줄 알지만, 사실 사람이란 망망한 바다에 떠 있는 일엽편주(一葉片舟)와 비교될 수 있을까? 정말로 하잘것없고 갈 바를 알지 못하는 존재가 아니고 무엇인가? 숨을 쉬니까 산다고 하지만 어떻게 해야 하는 것인지, 무엇을 해야 하는 것인지, 어떤 생각을 해야 하는지, 무슨 말을 해야 하는지 아무것도 알지 못하고 있다.

혹, 반문할 것이다. "우리가 부모한테 배우고, 학교에서 배우고, 경험으로 알아서 잘 살아가는데 무슨 잠꼬대냐?"고 말이다. 저마다 배워서 잘 알아서 살아가고 있는 것이 사실이지만 결국 세상은 저마다 자기 길을 가고 자기 생각대로 하기 때문에 서로 의견이 충돌되고, 따라서 서로 싸우며 또 그러다가 서로 죽이면서 살아가는 참혹한 세계를 이루고 있는 것이 사실이 아닌가? 저마다 자기 생각이 옳고 저마다 자기 마음대로 하는 것이 사람이고 보니 사람의 수 만큼 뜻이 많고, 법이 많아서 결국 혼란한 세상을 이룩하고 있다는 말이다.

공산주의자들은 자기들의 생각이 옳다고 하고, 민주주의를 부르짖는 자들은 그것이 옳다고 하고, 그 밖의 어떤 사상을 가진 사람들은 또 그것이 옳다고 하면서 대립되어 죽자살자 싸우고 있는 것이 오늘의 현실이 아니고 무엇인가? 불교를 믿는 사람은 석가의 가르침이 인생의 최고의 법칙이라고 생각한다. 회교를 믿는 사람들은 마호멧의 가르침이 최고의 법이라고 믿는다. 유교를 따르는 사람들은 공자, 맹자의 도리가 최고라고 생각한다. 그리고 기독교인들은 물론 예수의 가르침을 최고라고 생각하고 있다. 어떤 이들에게는 석가와 마호멧, 공자나 맹자의 말이 매력이 있고 인생의 갈 길을 보통사람들 이상으로 밝히 가르치고 있다고 믿는다. 그러나 그들도 우리들과 다를 것 없이 사람이었고, 죄인이었고, 발버둥치다가 우리보다 좀더 큰소리를 치고 죽은데 지나지 않는다. 우리 보통사람이 생각지 못하고, 깨닫지 못한 것을 한두 가지 깨달아 우리에게 전해 주었다는 점에서 존경받을 만하고 우리가 추종할 만한 것이 사실이다. 그러나 우리가 삼각산이라면 그들은 한라산이나 백두산에 해당한다고나 할까? 우리보다 조금 높다 뿐이지 하늘의 별 만큼 높이 있지 않다는 말이다. 다시 말해서 사람 중의 그 어느 누가 무슨 말을 했더라도 그것은 사람의 말이요, 상대적인 말이요, 불완전한 말이요, 영원히 붙들고 늘어질 가치를 갖지는 못한 말들이다.

사람은 아무렇게나 살아서는 안 된다. 동물들은 본능이 있어서 본능대로 살면 그만이지만 사람은 동물 이상이어서 본능대로 한다면 동물에 불과할 것이다. 사람은 동물이 아닌 존재로서 사람다워야 하는데 그 사람답게 사는 법칙이 필요하다. 세상의 많은 종교와 철학, 사상과 주의가 사람의 살 도리를 가르치고 있다. 그러나 위에서 말한 바와 같이 그 모든 것들은 우리와 꼭 같은 인간들의 머리로 짜낸 것들로서 상대적인 가치는 있지만, 진정으로 정확한 도리와 법칙이 되지는 못할 것이 확실하다(그것들의 가치를 무시하거나 과소평가할 필요는 없다. 그들 나름의 가치가 있기 때문이다).

여기서 우리는 정확무오한 유일의 법칙인 성경을 가지게 된 기쁨과 은총을 하나님께 감사드려야 하겠다. 성경은 사람들을 통해서 기록된 것이기는 하지만, 하나님의 말씀이라는 점에서 사람들만의 말이나 사상과는 근본적으로 다르다는 것을 우리는 먼저 알고 지나가야 하겠다. 우리가 사는 이 세상은 하나님께서 만드신 하나님의 나라이며, 하나님은 질서와 법칙을 가지고 세상을 만드셨고 그 질서, 그 법칙이 이루어지는 세계가 되기를 원하시는 것이 조물주 되시는 하나님의 생각이다. 그래서 하나님의 형상으로 창조된 우리들 인간이 범죄하여 하나님을 반역하고 하나님의 법칙을 벗어나서 살기 때문에, 즉 저마다 자기가 주인이라고 생각하고, 제멋대로 살아가기 때문에 이러한 혼란에 빠졌으므로 하나님께서는 다시금 질서를 되찾고 사람 구실을 하게 하고 하나님의 뜻이 이루어지는 하나님의 왕국을 건설하시기 위해서 인간에게 그 도리를 가르친 것이다.

이렇게 성경은 하나님께서 우리 인간에게 주신 하나님의 말씀이요, 우리가 어떻게 믿고, 어떻게 행동해야 하는가에 대한 정확무오한 유일한 법칙이다. 하나님은 한분이시고, 그가 창조한 세계도 하나이다. 그가 목적하시는 왕국도 하나이다. 그러므로 그 왕국을 건설하기 위해서 인간들에게 한 번 주신 유일한 법칙이 바로 성경이다. 즉 성경은 사람의 생각이 아니라 하나님께서 주신 법칙이다. 그러므로 성경은 있어도 되고 없어도 되는 책이 아니다. 그 속에 있는 법칙은 유일한 것이어서 그것을 바로 알아야 우리가 살 수 있는 것이고, 그것을 모르면 결국 사람 구실을 못하고 마는 그러한 법칙이다. 성경은 우리가 무엇을 어떻게 믿어야 하는가 하는 법칙을 담고 있으며, 또한 우리가 어떻게 살아야 하느냐 하는 법칙을 담고 있다.

성경은 그냥 어떤 것을 알게 하는 일반적 지식의 책이 아니다. 다른 종교의 경전이나 철학책은 누구나 연구하고 배우면 깨달을 수 있는 내용을 담고 있다. 그러나 성경은 사람의 말로 기록되기는 했지만 인간을 초월하신 하나님의 말씀이기 때문에 사람의 지식을 넘어서 신앙의 대상이 되는 것들을 담고 있는 것이다. 사람의 재간이나 죄의식으로써는 도저히 설명할 수 없는 것과 내용이 담겨 있어서 결국 우리의 믿음을 요구하는 것들이 있다는 말이다. 예를 들어, 성경은 예수를 하나님의 아들이라고 말하는데, 그것은 사람의 이성으로서는 이해할 수 없는 영역에 속하는 말이다. 예수가 동정녀에게서 나셨다든가, 부활하셨다든가, 그 밖에 그가 행하신 여러 가지 기적들은 사람의 과학으로서는 설명되어지지 않는 일들이어서, 그것은 신앙의 대상이 되는 사건들이다. 구약에서 신약에 이르는 수천년의 사건들 중에 하나님이 나타나시고, 하나님이 말씀하시고, 여러 가지 행동을 하신 것으로 기록하고 있는데 그 모든 것은 틀림없이 신앙의 대상이지 단순한 인간 지각의 대상은 아니다.

성경의 제일 큰 특색은 창세기 1：1부터 하나님이 어떻게 하셨다는 말이 계속되는 것이다. 즉 하나님의 행동의 책이라고 말해야 좋은 책이다. 하나님께서 먼저 사건을 일으키신다. 무엇인가를 하신다. 천지를 창조하시고, 사람을 창조하시고, 범죄한 인간을 벌하시고, 인간을 긍휼히 여기사 그들을 구원하시려고 하시며 아브라함을 불러 선민을 삼으시고, 애굽에서 노예생활하는 선민 이스라엘을 구원하시고, 가나안 땅을 정복하게 하시고…… 마침내 독생자 예수 그리스도를 세상에 보내시고, 성령을 보내시고 교회를 세우시고…… 이렇게 많은 사건들을 역사 속에서 일으키시며, 아울러 거기에 따른 인간의 응답을 요구하신다. 즉 하나님께서 하신 일은 사람이 원해서 되는 일도 아니고, 우리가 좌우할 수 있는 일도 아니다. 하나님의 절대적인 뜻 가운데서 일으키시는 것이어서 우리는 그것을 받고, 수긍하고 따를 뿐이다. 이해되지 않는 일이라도 그것을 그냥 믿고 수긍하는 수밖에 없다. 이렇게 우리가 신앙해야 할 바를 성경에 모두 수록해 주셨다.

그리고 하나님의 그 행동에 부응하는 인간의 응답으로서 마땅히 행해야 할 것들이 생긴다. 예컨대 하나님께서 이스라엘 백성을 애굽에서 건져 주셨기 때문에 이스라엘 백성에게는 계명이 주어졌다. 십계명을 주시고, 기타 여러 가지 법도를 주셨다. 마침내 하나님의 아들 예수 그리스도를 주시는 사건이 있었기 때문에, 인간에게 거기에 부응하는 삶이 요구된다. 사랑의 계명이 주어졌다. 신자가, 구원받은 자가 마땅히 행해야 할 계율들이 성경에 수록되어 있다. 이렇게 성경은 우리의 신앙과 행위의 표준이 되는 책이다. 다른 책들은 인간의 책들로서 인간의 삶에 도움이 되고 보탬이 될 수 있지만, 하나님께서 인간에게 유일한 표준으로 주신 책, 즉 성경과는 다르다고 말해야 옳다.

성경은 하나님의 말씀이다. 여기서 먼저 '말씀'에다가 중점을 두고 생각해 보자. 말씀이란 사상, 즉 생각을 전달하는 방편이요 수단이다. 우리가 우리의 생각을 남에게 전달하기 위해서 사용하는 수단이나 방편은 그 종류가 참으로 많다. 입으로 하는 말이 아마 제일 중요한 종류일 것이다. 그러나 언어의 종류는 수천 수만 가지임을 우리는 쉽게 알 수 있다. 그 다음에는 글이다. 글로 사상을 적어서 전달한다. 글도 그 종류가 너무도 많다. 산문, 시, 소설, 희곡, 비유, 우화 등등 얼마든지 있다. 음악, 회화(그림), 무용, 연극, 영화, 무언극, 제스츄어 등도 있다. 이것들도 일종의 언어라고 말할 수 있다. 즉 그것이 다 사상을 전달하기 때문이다.

하나님께서도 인격을 가지신 분으로서 생각을 가지고 계신다. 그것을 인간에게 전달하려고 할 때 어떤 방편(方便), 즉 어떤 말을 사용하셨는가? 하나님은 사람이 아니시다. 사람과 같이 단순한 존재가 아니라 우리보다 훨씬 고등한 존재이시다. 가령 곤충과 사람을 비교해 보자. 사람은 말을 하는데, 그 말이 곤충에게 전달될 수 있겠는가? 곤충들은 자기들 나름의 어떤 의사소통이 있을런지 모른다. 그러나 사람과 곤충은 같은 땅에 살기는 하면서도 종류가 다르다. 존재의 차원이 다르기 때문에 의사가 소통되지 않는다. 또 가령 대학교수가 강의실에서 하는 강의를 4~5세 유치원생 어린이에게 한다면 알아 들을 수 있겠는가. 같은 사람이면서도 의사가 통하지 않는다. 그렇다면 인간보다 지극히 높은 존재이신 하나님의 말씀이 직접 들려올 때 어떻게 사람이 알아 들을 수 있겠는가 말이다. 그래서 하나님은 낮은 우리 인간들에게 말씀해야 할 필요를 느끼실 때, 언제나 인간이 알아 들을 수 있는 말로 바꾸어서 말씀하신 것이다. 대학교수가 유치원생하고 말할 때 의

사소통할 수 있는 길은 교수가 어린이의 말을 배워서 그들의 어휘와 표현을 가지고 말해야 한다. 그와 같이 하나님의 말씀은 인간이 직접 알아 들을 수 있는 것이 아니고, 하나님이 오히려 자기를 낮추셔서 인간의 말로 바꾸어서 말씀하셨기 때문에 인간이 알아 들을 수 있는 것이있다. 하나님의 말씀, 즉 하나님의 생각이 사람의 인식과 지각에 걸맞도록 세상적인 표상으로 나타났기 때문에 인간은 능히 그것을 알아 들을 수 있었던 것이다.

언어 중에 제일 훌륭한 언어는 행동이다. 어머니가 어린 아기에게 "내가 너를 사랑한다."고 말해도 그 말을 알아 듣지 못한다. 그러나 그 아기를 따스한 품에 안고 젖을 먹이는 행동, 그 사랑의 행동은 입으로 하는 말보다 더 효과적인 언어이다. 인간을 향한 하나님의 말씀도 이렇게 행동으로 나타나셨다. 인간을 죄 가운데서 구원하시려는 생각이 하나님의 마음 속에 있을 때 그것을 말로 표현하시는 것이 아니었다. 우선 아브라함을 갈대아 우르에서 불러내셔서, 가나안 땅으로 보내시는 큰 사건을 일으키셨다. 아브라함의 자손을 택하여 그들을 통하여 전 인류를 구원하시고자 하는 생각을 말로써가 아니고 행동으로 먼저 나타내셨다.

구약성경에 나타난 모든 사건들은 하나님께서 역사 속에서 행하신 사건들에 대한 기록이다. 그 모든 날 마지막(히 1:2)에는 하나님께서 사람의 몸을 입고 세상에 내려오시는 사건을 일으키셨다. 즉 행동의 말씀이다. 그 다음에는 성령을 교회에 보내시는 사건을 일으키셨다. 인간 구원과 하나님 왕국 건설에 필요한 모든 행동을 하나님께서 친히 역사 속에서 일으키셨다. 그러나 그 사건들은 그냥 그것만으로서는 효과가 나타나지 않는다. 하나님께서 구약시대의 예언자들과 신약시대의 사도들을 통하여, 즉 하나님의 영을 그의 택한 일꾼들에게 보내 주셔서, 당신이 이룩하신 사건들을 깨닫게 하시고 그것들을 해석케 하셔서 동시대 사람들에게 전달하고 설명하게 하신 것이다. 하나님의 영을 통해서 하나님께서 하신 일을 보지 않는다면 결코 그 사건들의 의미를 알 수 없다. 결국 하나님의 영을 받은 하나님의 사람, 즉 예언자들과 사도들을 통해서 그 시대의 어휘와 언어로써 표현되어 전달된 것이다.

결국 성경의 배후에는 하나님의 행동의 말씀이 있고, 표면에는 하나님의 영감을 믿은 예언자들과 사도들, 즉 신앙으로 하나님의 행동의 말씀을 받아들여 그것을 신앙고백적으로 동시대인들에게 해석하고 설명하고 전달한 것이다. 그러므로 성경은 사람의 말로 기록된 하나님의 말씀이라고 말할 수 있다.

성경은 하나님께서 인간에게 주시는 말씀이다. 생명을 주시고, 구원에 이르게 하기 위해서 주신 필수불가결의 말씀이다. 하나님의 말씀이라고 할 때, 우리가 가지고 있는 책 그대로가 하늘로부터 떨어져 내려온 책이라는 말이 아니다. 즉 하나님께서 직접 하늘에서 써서 땅으로 내려 보내 주신 책이라는 뜻은 아니다. 또는 하나님께서 어떤 사람들을 불러서 그 사람들을 기계로 사용하셔서 그 말씀을 꾸며서 썼다는 뜻도 아니다. 위에서 말한 바와 같이 하나님께서 직접 말씀하시거나 직접 적으셨다고 하더라도 사람은 알 수 없으며 누구에게 불러 주어서 모두 쓰게 한 것도 아니다. 먼저 사건을 일으키시고 그 행동으로써 말씀하셨으며 때가 이르매 하나님의 영을 통하여 예언자들과 사도들을 감동하여 하나님의 행동의 말씀을 해석하게 하셨고, 글로 표현하게 하셔서 글로 된 것들이 마침내 하나님의 백성(교회)을 통하여 수집되어 한 책을 이룩하게 하신 것이다.

2. 성경의 필요성

1) 구약성경의 형성

위에서 이미 우리는 성경을 하나님의 말씀이라고 했고 우리의 신앙과 행위의 표준이라고 말했다. 하나님께서는 필요없이 말씀하셨을 리 없다. 하나님은 살아 계시고, 뜻을 가지고 계시고 인격을 가지신 분으로서 자신의 의사를 발표하시고 전달하시기를 원하시는 분이시다. 우리 인간은 비록 불완전한 존재들이지만 스스로를 생각해 볼 때, 말하지 못하는 존재가 된다고 가정해 보면 얼마나 답답하겠는지 짐작이 간다.

국법을 어긴 사람에게 내리는 중벌(重罰) 중에 독방에 가두는 것을 볼 수 있다. 사람 즉 인격을 가진 자는 의사가 있고, 그 의사를 발표하고 전달해야만 하는 것인데, 그것을 막는 것이 일종의 벌이 아닐 수 없다는 말이다. 하나님은 당신의 뜻을 전달하고 또 응답을 받기 위해서 당신을 닮은 존재, 즉 인격을 가진 존재를 창조하신 것이다. 천사와 사람을 창조하신 이유가 거기에 있다고 본다. 쉽게 말해서 하나님의 말 상대가 되게하려는 것이다. 사람이 하나님 앞에 범죄하지 않고 낙원에 그냥 있었다면 하나님과 사람 사이의 의사소통이 막힐 리가 없었을 것이다. 하나님과 사람이 막힘 없이 말을 주고받고, 교제(fellowship)가 끊기지 않았을 것이다. 그러나 사람이 범죄함으로써 그 교제는 끊기고, 창세기 기자의 말대로 인간이 하나님의 낙원에서 추방되고 하나님과 인간 사이에는 넘을 수 없는 장벽이 생긴 것이다. 가정에서 자식이 잘못을 저질렀거나 부부간에 불화가 생겼을 때 부자간이나 부부간에 말의 교제가 끊어지는 것처럼 말이 끊어진 것이다. 하나님의 말씀을 듣지 못하는 상태에 이르게 된 것이 인간 실존의 중요한 모습의 하나이다. 그러나 하나님께서는 옹졸한 인간들처럼 말문을 닫아 버리고 계신 것이 아니었다. 계속 죄인된 인간들에게 필요한 말씀을 하고 계셨다. 해와 공기와 물과 기타 모든 인간에게 필요한 것들을 다 공급해 주시면서 행동으로, 그의 사랑의 말씀으로 인간에게 걸어오셨고, 불완전하기는 하지만 과거의 많은 성현들을 통해서 인간에게 필요한 법칙들도 전해 주셨다. 이것은 물론 하나님의 보편적인 계시 또는 일반적 계시라고나 할까 모든 인간에게 공통적으로 주어진 말씀들이었다.

그러나 하나님은 그것으로 만족하시지 않으시고 보다 적극적인 말씀을 하신 것이다. 하나님은 죄를 방치하실 수 없으리만큼 공의로우신 분이어서 죄 있는 인간, 반역한 인간을 벌하실 수밖에 없으셨지만, 동시에 사랑이 극진하신 분으로서 죄값으로 벌을 받고 멸망받는 인간을 그냥 두실 수가 없었던 것이다. 한마디로 말해서 세상을 얼마나 사랑했느냐 하면, 당신의 독생자를 세상에 보내는 사건을 일으킬 만큼 사랑하신 것이다. 하나님은 적극적인 사랑의 말씀을 하기 시작하셨다. 영원하신 하나님, 즉 시간을 초월하신 하나님에게 있어서는 인류 구원의 역사가 순식간의 일이며, 길다거나 짧다거나 말할 수 없지만 시간

속에서 살고 있는 인간에게 있어서는 하나님의 인간 구원의 사건, 즉 그의 행동의 말씀은 상당한 시간이 걸리는 것이었다. 구약시대부터 신약시대에 생긴 모든 사건들을 하나님은 행동으로 말씀하셨고, 그 사건의 해석자들인 선지자들과 사도들을 통해서 말씀하셨다. 하나님은 이렇게 인간에게 사랑의 말씀을 하시기를 원하셨다. 또 그렇게 하셨다. 그것이 성경에 기록되어 있다.

결국 성경은 죄 있는 인간을 직접 찾아오셔서 구원하신 행동의 말씀과 거기에 대응하는 인간의 마땅한 태도와 행동을 가르쳐 주는 은총의 말씀의 수록이다. 하나님을 배반하고 달아나는 인간을 찾아나서서 "아담아, 네가 어디 있느냐?"고 찾으실 뿐 아니라 직접 팔을 걷어붙이고 도탄에서 건져내시며, 인간이 걸어갈 길을 자세히 가르쳐 주시는 이 하나님의 말씀은 도저히 없어서는 안 될 것이며, 또 오늘날까지의 기독교 역사가 그 사실을 잘 증명해 주고 있다. 현재에도 세상의 어느 책보다도 많이 팔리고 애독되고 계속 베스트 셀러가 되고 있는 이유가 바로 그 필요불가결성(必要不可缺性) 때문이 아니겠는가? 하나님께서 그렇게도 은혜롭게, 그렇게도 극진한 사랑으로 인간을 향해서 부르짖는 말씀이 성경에 수록되있으니 어찌 우리가 그 말씀에 감사함과 경외심과 성실한 마음을 가지고 가까이 가지 않을 수 있겠는가!

2) 신약성경의 형성

구약성경과 마찬가지로 신약성경도 여러 저자에 의해서 오랜 기간에 걸쳐 기록된 책들로, 오래고 또 복잡한 역사를 통해서 집성되어 이루어졌다.

그리스도교회는 본래 신약성경을 가지지 않고, 아니 그것이 아직 없는 상태에서 출발하였다. 구약시대의 계시에 뒤이어 "마지막 때에 아드님을 통하여"(히 1:2) 말씀하셨다. 다시 말해서 최종적이고 가장 효과적이며, 또 가장 거창한 사건을 역사 속에 일으키셨다. 구약의 예언자들을 통해서 약속하셨던 대로 메시야가 나타나 땅에서 33년 동안 사시면서 선한 일과 놀라운 일을 하시고 마침내 죽으셨다가 부활하시어 승천하시는 사건이 역사 속에 일어났다. 육체를 입으신 하나님의 아들 예수 그리스도의 입에서 나오는 말씀뿐 아니라 모든 사건의 부분부분은 하나도 남김 없이 인간들을 향한 하나님의 말씀일 수밖에 없다. 그리스도의 출현은 곧 "만민에게 미칠 큰 기쁜 소식"(눅 2：10)이었고, 하나님께서 사람들에게 들려 주시고 보내 주시는 복음이었다.

그러면 어떻게 되어서 교회가 오랫동안 구약성경만을 가지고 지내오다가 신약성경을 기록되게 되었으며, 또 그리스도인들이 쓴 많은 책들 중에 유독 27권만이 신약성경에 포함되고 기독교 경전으로 채택되었겠는가 하는 것이 우리의 문제이다. 일단 구전시대가 지나고 문서운동이 시작되자, 기독교 문헌이 우후죽순 격으로 사방에서 생겨나게 되었다. 누가는 자기보다 먼저 복음 사건을 저술하려고 붓을 든 사람들이 많이 있었다는 사실을 말해 주고 있다(눅 1：1).

그러면 그렇게 많은 문서들 중에서 왜 어떤 것은 성경으로 채택되고, 어떤 것은 버림을 받았을까? 어째서 어떤 것은 아주 자취를 감추고, 또 어떤 것은 사사롭게나마 읽을 수 있도록 용납되거나 추천을 받았을까? 그리고 어째서 어떤 것은 마침내 완전히 신약성경에 끼어들 수 있게 되었을까?

기독교 사회에서 어떤 책의 권위와 명성을 가지게 하고 마침내 성경으로 채택되도록 길을 열어 준 것은 오직 한 가지 조건 때문이었다. 즉 그 책이 교회의 공중예배에서 읽혀졌어야 한다는 것이다. 일단 어떤 책이 공중예배에 낭독되기 시작하면 그것은 보통 문서들 중에서 두각을 나타내고 특별한 존재로 취급받게 되는 것이었다. 어떤 책이 공중예배에서 낭독된다는 것과 그것이 정경이 된다는 것과는 거의 같은 의미를 가진 것이라고 말할 수 있다. 그러나 어떤 책을 공중예배에서 읽어야 하느냐 하는 결정을 누가 할 것이냐가 문제이다.

초대교회는 성령충만의 특색을 가지고 있었다. 그 때에는 성령의 사람들이 있었다. 예언자들과 사도들과 교사들이 그런 사람들이었다. 그들이 어떤 결정을 내리면 사람들은 그 결정에 복종해야만 했다. 그들은 신앙생활을 감시하는 보초병이요 파수꾼들이어서, 무엇이든지 신앙을 해치거나 왜곡하거나 사람의 마음과 사상을 정로에서 이탈시키는 것이 있으면 재빨리 발견하여 경고하는 것이었다. 그러므로 어떤 문서가 나타났을 때 그것을 승인하거나 거절하는 것도 그들의 책임이요, 또 권리이기도 하였다. 교회 예배에서 무엇을 읽고 무엇을 읽지 않아야 할런지 결정을 짓는 것은 이와 같이 성령의 인도를 받는 성령의 사람들의 일이었다.

이렇게 어떤 개인이 성령의 감동으로 사리를 바로 판단해 주는 일이 있었을 뿐 아니라, 그리스도인들의 회중이 그리스도의 공동체로서 회집할 때, 그리고 특히 교회가 그러한 의식을 가지고 있을 때, 그들은 언제나 성령의 감화 아래서 모이고 행동하고 결정한다는 의식을 깊이 가지고 있었다. 바울이 어떤 사람을 책벌하는 일에 대해서 판단을 내릴 때, "나로 말하면 몸으로는 떠나 있으나 영으로는 함께 있으니 실제로 여러분과 같이 있는 것이나 다름없어서 우리 주 예수의 이름으로 그런 일한 사람을 벌써 심판해 버렸습니다."(고전 5:3 참조)라고 말했다.

이렇게 성령의 사람과 성령 감동 하의 교회가 어떤 책을 취사선택했다고 하자. 그러면 그들은 무엇을 표준으로 하고 책들을 판단하였을 것인가? 아무런 척도나 표준이 없이 제멋대로 판단할 수는 없었다. 그 표준은 두말할 것 없이 그 책이 사도적 권위를 가졌는가 아닌가에 있었다. 다시 말해서 그것이 어떤 사도의 저술이든지, 그렇지 않으면 적어도 사도들과 직접 접촉하던 사람이 쓴 것이라야 한다는 것이다. 초대교회가 사도적 저작권을 정경 선정의 표준으로 삼았다는 것은 너무도 당연한 일이다.

1) 우선 교회에서 사도들은 어느 누구도 가질 수 없었던 권위를 가지고 있었다. 사도는 예수의 최고 대표자들이요, 그의 메시지를 전하는 최고의 기관이요, 그의 목격의 해석자로서 응당 존경을 받을 사람들이었다. 예수는 "이제 나는 아버지께서 내게 주신 왕권을 너희에게 준다."(눅 22:29 참조)고 말씀하셨고, "너희를 영접하는 자는 나를 영접한다."(마 10:40 참조)고도 말씀하셨다. 그러므로 사도들의 말을 예수의 말씀처럼 권위 있게 존중하는 것은 당연한 일이다.

2) 기독교는 사실의 종교이다. 하나님께서 역사적 정황 속에 들어오셨다는 사실들 위에 세워진 종교가 바로 기독교이다. 영지주의자들과

같은 많은 이단 종파들이 일어나서 자기들은 그들 나름의 계시를 가지고 있노라고 주장했다.

기독교 이단들의 주장은 제쳐두고, 이방 세계에서도 신들이 죽었다가 다시 살아났다는 이야기들을 얼마든지 찾을 수 있다. 신비 종교가 모두 그러한 이야기를 가지고 있으며, 이방 신화에도 그런 것이 가득하다. 여기서 자연히 질문이 생긴다. 그러면 예수도 이렇게 죽었다가 살아나는 다른 신들 중의 하나에 불과하단 말인가? 예수가 단지 일개 신화의 중심 인물에 지나지 않는가? 그렇지 않으면 그가 사실적인 인물로서 그에 대하여 말하는 사건들이 정말 참으로 생겼던 일들이었을까? 이러한 질문이 생길 수밖에 없다.

이러한 난제를 낙착시킬 수 있는 유일한 길은 목격자들의 증언을 듣는 일밖에 없다. 그런 일을 할 수 있는 사람들은 사도들 뿐이었다. 예수를 직접 보고 그의 말씀을 직접 듣고, 그의 죽음과 부활을 목도한 사람들이 곧 사도들이었기에 그들의 증언과 그들의 글은 권위를 가져서 마땅한 것이었다.

이와 같이 어떤 책을 판별할 때 그것이 사도의 글이냐 아니냐 하는 표준을 가지고 했다는 것은 참으로 잘한 일이고, 또 옳은 일이었다. 터툴리안이 복음서들을 설명할 때도 이런 표준을 가지고 한 것을 볼 수 있다. 마태복음과 요한복음은 이미 그 명칭에 사도의 이름이 붙어 있기 때문에 사도적 저작권 문제에 걸리지 않고 무난히 통과하였다. 그러나 마가복음과 누가복음은 어떤가? 터툴리안은 이렇게 말했다 : "마가가 편찬한 것은 마가가 베드로의 동역이었으므로 베드로의 것이라고 주장할 수 있으며, 누가의 기록에 대해서는 그것을 바울에게 돌리는 것이 사람들의 습관이 되어 있다." 그러므로 우리가 마가복음이나 누가복음을 수락하는 것은 사도였던 사람들과 직접 사귄 사람들이 썼다는 데서 그 권위를 인정하기 때문이다.

어떤 책이 신약성경 정경 속에 들게 되기까지는 여러 단계를 거쳐야만 하는 것이었다. 우선 그것이 기록되어야 하고 다음에는 그 기록된 책이 교회에서 널리 읽혀졌어야 한다. 또 그 다음에는 그리스도인의 생활과 교리에 유용한 것으로 인정되고 수락되어야 한다. 그리하여 교회의 공적 예배에서 낭독될 수 있는 것이 되고, 다음에는 어떤 지방에서만 아니라 온 교회가 채택하고 수락해야만 했다. 끝으로 교회의 결정에 의해서 공식적으로 승인을 받아야 했다.

서방에서는 즉 힙포 레기우스에서와 아프리카의 카르타고에서 전자는 393년, 후자는 397년에 각각 대회로 모여 27권을 신약성경으로 정식 채택하였으며, 어거스틴도 이 정경을 지지하였다. 그것이 마침내 제롬의 라틴어 번역을 통하여 전서방 교회에 유포되고 사용되기에 이르렀다.

3. 성경을 대하는 우리의 태도

1) 성경은 하나님의 말씀이기 때문에 거기에 해당하는 다이얼(dial)을 맞추어야 한다. 사람의 보통 귀로 전파를 붙잡지 못하고, 전파를 받아들일 수 있는 수신기가 있고, 또 송신소에서 송신하는 전파의 파장과 같도록 다이얼을 맞추어야 비로소 소리가 들려온다. 하나님의 말씀인 성경은 우리 사람과는 완전히 존재의 차원이 다른 하나님, 즉 영이신 분으로부터 온 말씀이고, 영의 감동을 받은 사람들에 의해서 해석되고 문서화된 책이기 때문에 우리들도 그 신령한 말씀을 받을 수 있는 특별한 준비가 요구된다. 즉 하나님의 말씀은 초월적이고 영적인 말씀이기 때문에 우리도 하나님을 믿는 마음을 가져야 하며, 기도하는 중 하나님의 초월적인 계시의 영을 받아서 하나님의 영에 다이얼을 맞추어야 한다. 보통 세상적인 마음을 가지고 성경을 대하면 문자만 보이고, 문자로 표현된 표면적인 내용들만이 읽혀질 뿐이다. 모두가 이상하고, 무섭고, 모순되고, 미친 것 같이 보일 것이다. 사람의 말이라면 사람의 지성으로써 이해할 수 있지만, 하나님의 말씀이기 때문에 우리의 믿음이 요구된다. 그리고 하나님의 도우심, 하나님의 조명, 하나님의 계시의 영이 요구된다.

2) 동시에 요구되는 것은 탐구하려는 마음이다. 누차 말한 바와 같이 하나님은 초월자시요, 영이시기 때문에 그의 말씀이 사람들에게 인식, 또는 감지되도록 하기 위해서 이 역사 속에서 이를테면 성육 혹은 구체화하였다. 특정 시간과 장소 속에 어떤 사건으로 화하였으며,

또는 어떤 사람의 말로 번역되어 나타난 것이기 때문에 성경은 사람의 탐구 대상이 되는 것도 사실이다. 즉 역사적인 탐구를 하는 데까지 해야만 한다. 다시 말해서 하나님은 우리가 알 수 없는 이상한 말을 하늘에서 천둥처럼 사람을 향하여 발성하신 것이 아니다. 우리가 얼핏 보기에는 완전히 사람의 말로 오해될 정도로 사람들의 글로 적어 주신 것이다. 히브리 사람들의 말이나 아람 지방의 말로 구약을 쓸 때에 그 시대의 특정 인물들이 썼다. 신약성경은 코이네 헬라어라는 평범한 통용어로 기록하였다. 역시 그 어느 한 부분도 유령이나 귀신이 쓴 것이 아니다. 확실히 역사상의 사람들이 쓴 책이다.

그러므로 우리는 성경을 언어적, 문법적, 문화적, 역사적으로 철저하게 연구해야만 한다. 다른 책이 아니고 성경, 즉 하나님의 말씀이기에 다른 책들처럼 아무렇게나 읽어 버릴 것이 아니라 철저하게 연구하고, 조사하고, 검토해야 한다. 모든 도구를 다 동원하고 모든 연구방법을 다 써서 단어 하나하나, 문장 하나하나를 연구해야 하는 것이다. 누가, 언제, 어디서, 누구에게, 어떤 환경 속에서, 왜 썼는지를 연구해야 한다(이것을 고등비평이라고 한다). 지금 우리가 가진 성경이 정말, 얼마나 틀림없이 전해 내려왔는지, 그 원본은 어떤지를 알아보는 일이 또한 필요하다. 하나님의 말씀이 일점일획이라도 가감되어서는 안 되기에 원문을 비평해서 본래 저자들이 썼던 그대로를 발견하려고 노력해야 한다. 그것을 원문비평 또는 하등비평이라고 한다. 오늘날 많은 신도들의 생각 속에 성경을 너무도 쉽게 해석하려는 경향이 있다. 즉 아무런 연구도 없이 저절로 알아지는 줄 안다. 그냥 읽기만 하면 그 뜻이 저절로 알아지는 줄 아는 사람들이 있다. 사실 성경은 어려운 책이다. 연구하고 공부하지 않으면 알기 힘든 책이다. 특히 우리는 성경을 기록한 지방과 시간에서 멀리 떨어져 있기 때문이다. 공간적으로나 시간적으로 매우 낯선 책이기 때문에 우리는 여러 각도로 연구해야만 알 수 있는 것이다.

3) 우리가 열심히 연구해서 모든 것을 다 알았다고 하더라도 그것으로 끝나는 것이 아니다. 성경을 알기 위해서 위에서 말한 바와 같이 기도와 믿음과 노력이 필요하고 그렇게 해서 알았다고 하더라도 알기

만 하면 되는 것이 아니다. 사단은 하나님을 안다. 사람들은 예수가 누구인지 몰랐어도 귀신들은 예수가 누구인지 알고 있었다. 하나님께서 성경을 주신 것은 우리더러 성경의 내용을 알라고만 준 것은 아니다. 예컨대 내가 내 자식에게 "얘, 밖에 아침 신문이 왔을 테니 가져오너라."고 말했다고 하자. 이때 내 자식이 먼저 말을 알지 못하면 안 된다. 내가 알아 듣지 못하는 말로 말하면 안 된다. 내가 한 말을 내 자식이 한마디 한마디 다 알아 들을 수 있어야 한다. 그러나 아무리 알아 들었다 하더라도 내 말이 실천되지 못하고 신문이 내게까지 전달되지 않는다면 문제는 심각하다. 성경말씀의 경우도 그와 비슷하다고 본다. 하나님의 말씀인 성경은 우리가 그 내용을 아는 데서 끝나도록 되어 있는 것이 아니다. 하나님은 우리 인간에게 그 말씀을 주실 때 그것을 알아 들을 뿐 아니라 그 말씀이 담은 내용이 실효를 발휘하기를 바래서 주신 것들이다. 그가 인간에게 선포하시는 말씀, 예컨대 "나는 너희를 애굽 땅 노예생활에서 구출한 야웨 하나님이다."라고 한 말씀은 그냥 옛 이야기로서 우리의 지식에 남아 있을 뿐 아니라 그 권능자, 그 자비로우신 이가 나에게 말씀하시니, 나는 지금도 살아 계셔서 내 앞에 계시는 그 분 앞에서 두려워 떨어야 하고, 그 앞에 나의 모든 삶을 맡겨야 하고, 장래에 대한 희망을 가져야만 한다.

하나님께서 그 말씀을 하시는 데는 목적이 있는 것이기에, 다만 그 말씀을 듣고 무슨 말씀인지 뜻을 알기만 할 것이 아니라 하나님 뜻에 대해서 응답해야 한다. 더군다나 하나님의 명령에 있어서는 더욱 그러하다. 하나님께서 우리에게 "내 앞에 다른 신을 두지 말라."고 명령하셨을 때 우리는 다만 그 말이 무슨 말인지, 그 뜻이 무엇인지 아는 것으로 끝난다면 되겠는가? 하나님은 살아 계셔서 우리에게 그 명령을 지금도 하시면서, 그 명령이 우리의 삶 속에서 실천되기를 바라시는 것이다. 그러므로 우리는 성경을 대할 때 경청하는 마음을 가져야 하고, 복종하는 마음을 가져야 한다. 우리가 문학적으로, 역사적으로, 언어적으로, 다 연구한 다음에는 그러한 인간적인 말씀을 가지고 우리에게 무슨 말씀을 하시는지, 겸손한 마음으로 조용히 하나님의 음성을 들으려고 노력해야 한다.

우리말에 "말은 잘 듣는다."는 것은 들려오는 음성을 똑똑히 듣는다는 뜻도 되지만 그보다는 말 잘 듣는 자, 즉 복종하는 사람이라는 뜻이 아닌가? 성경을 연구하는 것은 먼저 그 내용을 알 뿐 아니라, 그 본문을 통하여 하나님께서 우리에게 하시는 말씀을 들어야 한다. 복종해야 하는 하나님의 뜻이 우리에게서 이루어져야 한다. 현대 해석학에서 말하는 대로, 우리는 우선 주체로서 성경을 객체로 두고 조사, 검토하여 여러 각도에서 알아보아야 하지만, 그 다음에는 우리가 객체가 되고 성경은 주체가 되어 우리에게 가르치고 우리에게 명령하고, 그 말씀에 의해서 우리가 변하고, 그 명령에 복종하며 그 말씀에 지배를 받아야 한다.

4. 성경연구의 실제

성경을 연구하는 방법은 한두 가지가 아니다. 각자가 다 자기 나름의 방법에 의해서 또 자기의 기초에 따라서 연구할 수 있을 것이다. 지금까지 한국교회가 해온 방법은 일반적으로 성경의 표면에 있는 내용을 기억하고 어느 정도 간추려서 머리에 넣게 하는 것이었다고 본다.

예를 들면, 마태복음 5장에 있는 팔복은 무엇 무엇인가라고 질문하고 그 여덟 가지 복을 암송하도록 한다. 예수의 열두 제자의 이름이 무엇이냐? 사랑 장은 어디 있느냐고 묻고 그것을 알아 맞춘다든가, 천지창조의 순서를 질문하고 그것을 순서대로 기억하게 한다든가, 야곱의 아내의 이름이나 열두 아들의 이름, 즉 이스라엘 열두 지파의 이름을 대답하라는 식으로 표면적인 지식을 될 수 있는 대로 많이 알도록 하는 것이었다.

물론 그것도 필요하다. 그러나 그것만으로 끝난다면 너무도 부족하지 않을까? 또 다른 경향은 어떤 한 책이나 어떤 부분을 구구절절이 해석해 나가면서 그 부분에서부터 얻을 수 있는 영적인 해석을 시도하는 방법이다. 많은 경우에 한국의 부흥사들이나 또는 어떤 성경공부 그룹에서 하는 방법이다. 그러나 대개의 경우 영적인 해석은 거의 우화적인 해석이고, 주석적(exegetic)인 것이 아니라 해석자 자신이 그 구절에서 느끼고 판단되는 대로 재미있게 예화를 가져다 붙이면서 풀어나가는 것이다(exegesis). 역사적, 문학적인 주석 없이 그냥 자기 생각을 본문에다 억지로 집어 넣는 해석이고 보니 성경의 본뜻, 즉 저자가 의도하는 바라든가 하나님께서 그 글을 통해서 나타내시려는 뜻과는 멀리 동떨어진 해석으로 끝나고 마는 경우가 많다. 또 혹시 올바르게 해석을 했다고 하더라도 그 부분부분만을 아는 것으로 끝나고 말기 때문에 그 부분들을 자료로 삼아 하나의 커다란 통일된 뜻을 보여 주시려는 것인데 거기까지는 가지 못하고 마는 경우가 많다.

비유컨대, 밀레의 만종이라는 그림을 관찰할 때 확대경을 가지고 그 어느 한 구석을 자세히 관찰한다고 해 보자. 한 군데를 자세히 보면, 흙이 있고 흙이 파헤쳐진 위에 감자들이 있고, 수레가 있으며, 삽이 땅에 꽂혀 있다. 이렇게 부분을 관찰하면서 그 하나하나의 색깔이나 그 물체가 무엇이라는 것을 잘 알았다고 하자. 그래서 얻은 것이 무엇인가? 개별적인 사물에 대한 관찰을 통해서 그것들이 무엇이며 무엇을 하는 것이며, 어떤 모양이며, 몇 개이며 등등을 다 알았다고 해서 그 그림을 잘 관찰했다고 할 수 있겠는가? 그 화가는 물론 그 화폭 위에다 여러 가지 물체나 인물을 그려 놓았지만, 그냥 맹목적으로 그 많은 상(像)들을 넣은 것이 아니다. 그것들을 정한 자리에, 정한 모양으로 배치하는 화가의 마음, 목적이 뚜렷이 있는 것이다. 화가가 어떤 사상과 뜻을 그러한 구상과 물체와 인물들을 통해서 표현한 것이기 때문에 결국은 개개 물체나 인물을 알아야 하는 것은 물론이고, 나아가서는 종합적으로 저자가 그것들 전체를 통해서 의미하는 것이 무엇인지를 알아야만 그 그림을 바로 관찰, 감상했다고 할 수 있다. 상식적으로 아는 바와 같이 그 만종이라는 그림에서는 노동의 신성, 가정의 신성, 종교의 신성이라는 테마를 묘사한다고 하지 않는가?

우리는 화가의 그러한 뜻을 깨달아야 하는 것처럼 성경을 읽고 공부할 때, 한부분 한부분의 언어적, 문화적, 사상적 의미를 아는 것으로 끝나지 말고, 그것들을 구성요소로 해서 이루어진 한 권의 책이 전체적으로 가지는 의미가 무엇인지, 저자는 어떤 의도를 가지고 썼는지, 그리고 하나님께서 한 책을 통해서 우리에게 말씀하시려는 것이 무엇인지를 알아보려고 노력해야 한다. 한마디로 말해서 우리 한국교회는 부분은 알고, 또 암송도 잘하고, 퀴즈대회에 나가면 모두 입상할 정도의 지식을 가지고 있지만, 한 폭의 그림으로서의 전체적인 의미는 알지 못하는 것이 실정이 아니겠는가? 동시에 성경의 표면적인 지식은 많이 가지고 있지만 성경이 하나님의 말씀으로, 즉 산 말씀으로서, 우리에게 말씀하고(address) 있는 역동성 있는 말씀인 것을 깨닫지 못하기 때문에, 다시 말해서 하나님의 말씀에 복종하고 그 명령대로 살며 변화하는 실제가 없는 것이 우리의 문제가 아닌가? 성경을 많이 읽고 많이 아는 점에서는 어느 나라, 어느 교회보다 앞선다고 할 수 있는데, 그 성경말씀이 우리 한국 교인을 변화시키지는 못하고 있지 않은가? 즉 성경공부가 허사가 아니고 무엇인가? 그러기에 우리는 성경의 저자들이 기록하면서 가졌던 전체적인 뜻과 의도를 같이 알도록 해야 하겠고, 하나님께서 오늘날 우리에게 들려 주시는 음성이 무엇인가를 바로 깨닫도록 하는 그런 방향으로 성경을 연구해야 하겠다. 그러므로 이 책에서 우리가 시도하려는 것은 대강 아래와 같다.

1) 성경연구의 기초가 되는 언어학적 연구, 즉 원어(히브리어, 아람어, 헬라어)를 공부하여 성경을 기초에서부터 연구하는 일은 피하기로 한다. 일반 신도들에게 부담이 될 뿐더러, 전문적인 신학생들에게도 어려운 작업을 평신도들에게 요구하는 것은 불가능한 일이기 때문이다. 우리는 우선 과거의 선배학자들의 수고를 통해서 우리말(또는 기타 현대어)로 번역한 성경을 읽어 가면서 공부하기로 한다.

2) 성경을 올바로 알기 위해서는 위에서 말한 바와 같이 역사적, 문화적 연구가 필요한데, 그러한 연구도 상당한 전문적인 지식이 필요하다. 그래서 그 계통 학자들의 연구결과를 많이 참고하기로 하고, 우리 스스로가 직접 파고들지는 않으려 한다. 그러나 우리는 성경의 어느 부분을 연구하든지 그것의 역사적 배경과 저자, 저작 장소, 수신인, 저작 목적, 환경 등 역사적인 모든 요소들을 알도록 노력해야 하며, 그것이 기록되던 그 당시의 첫 독자들, 즉 저자가 목표로 하고 썼던 그 당시 사람들에게 준 의미가 무엇인지 바꾸어 말하면, 그것을 쓸 때 저자가 그 현실에서 의도한 뜻이 무엇인지를 알아보도록 한다.

3) 그러나 66권에 달하는 그 많은 책들, 그리고 한 책에도 많은 사건과 내용들이 담겨 있으니, 그것을 일일이 다 다루자면 평생토록 해도 끝이 안 날 것이다. 그러므로 우리 한국교회가 지금까지 소홀히 해왔다고 느껴지는 부분, 즉 한 책이 전체적으로 가지는 주요한 의미를 알아보는 것을 주목적으로 하고 연구할 것이다.

4) 끝으로, 성경은 그 옛날 그 특정 장소에, 시간에 살던 사람들만을 위해서 주신 옛 이야기가 아니라 오고가는 모든 시대, 모든 인간에게 주시는 하나님의 생명의 말씀이기에 우리는 하나님께서 성경을 통해서 오늘날 우리에게 들려 주시는 음성을 들으려고 노력해야 할 것이다. 이 점이 가장 귀하고 가장 필요한 것이다. 아무리 연구하고 읽어도 한낱 옛 사건, 나와는 상관없는 과거의 역사로 남아 있어서는 아무 유익이 없다. 그 살아 있는 말씀, 그 역동적인 말씀이 우리의 삶 속에 부딪쳐 우리에게 삶을 일으키고, 변화를 주어 하나님이 뜻하신 바가 성취되어야 할 것이다. 하나님께서 죽은 말씀을 주신 것이 아니고, 죽은 인간을 살리고, 그리하여 하나님의 왕국을 건설하고 하나님께만 영광을 돌리는 종말적인 세계를 이룩하시려는 뚜렷한 목적 밑에서 주신 능력있는 말씀이기 때문에 여러 겹 수건으로 싸여 있는 것을 하나씩 하나씩 벗겨서 그 가려졌던 능력, 그 빛이 우리에게 전달되고, 따라서 우리에게 효과를 발생케 해야 한다. 그것이 하나님께서 우리에게 성경을 주신 목적이기 때문에 우리는 그 목적을 달성할 수 있도록 노력해야 하겠다.

5. 성경구조와 연구순서

우리 주변에서 볼 수 있는 여러 가지 성경공부 자료들을 보면, 대개는 구약성경의 창세기로부터 시작하여 한책 한책 차례로 그 속에 있는 내용을 분해하면서 그 안에 있는 것들을 그대로 기억하도록 요령있게 요약해 주는 식으로 되어 있고 그 중의 요절들을 암송시킨다. 또 어떤 것들은 신구약성경 전체의 본문을 취급하기가 지루하고 또 흥미가 없을 것이기 때문인지 몰라도, 성경 속에서 발견되는 중요한 제목을 끌어내어 그 제목들에 대해서 성경이 어떻게 말하는가를, 예컨대 교회라는 제목을 두고 거기에 대해서 구약과 신약이 말하는 것을 체계 있게 설명하여 교회를 바로 알게 하려고 한다.

그런 방식은 성경공부라고 말하기보다는 신학공부라고 하는 편이 더 나을지 모르겠다. 우리가 하는 것은 가급적 성경 형성의 연대적 순서를 따르되, 하나님께서 당신의 말씀을 행동으로 주시고 다음에는 기록된 말씀으로 주신 그 역사를 더듬어 순서대로 조사하며 그 뜻을 찾아보려고 한다. 그 말은 한마디로 말해서 우리가 오늘날 가지고 있는 한글성경이 보여 주는 대로의 순서를 전적으로 따르지는 않는다는 말이 된다. 다시 말해서 정경이 형성된 순서를 따르게 될 터이기 때문에 자연히—특히 구약성경에서—우리의 현재 성경과는 순서를 달리하게 될 것이다. 우선 우리의 성경 순서와 히브리어 성경에 들어 있는 순서를 비교하면 아래와 같은 차이가 있다.

유태인의 성경	**신교의 성경**
오 경(Torah)	**오 경**
1. 창 세 기	1. 창 세 기
2. 출애굽기	2. 출애굽기
3. 레 위 기	3. 레 위 기
4. 민 수 기	4. 민 수 기
5. 신 명 기	5. 신 명 기
예언서(Nebim)	**역사서**
전예언서(Former-prophets)	6. 여호수아
6. 여호수아	7. 사 사 시
7. 사 사 기	8. 룻 기
8. 사 무 엘(上下)	9.10. 사 무 엘(上下)
9. 열 왕 기(上下)	11.12. 열 왕 기(上下)
후예언서(latter prophets)	13.14. 역 대 기(上下)
10. 이 사 야	15. 에 스 라
11. 예레미야	16. 느헤미야
12. 에 스 겔	17. 에 스 더

13. 12소선지
    호세아, 요엘, 아모스,
    오바다, 요나, 미가,
    야나훔, 하박국, 스바냐,
    학개, 스가랴, 말라기

성문서(Kethubim)

14. 시 편
15. 욥 기
16. 잠 언

다섯 두루마리

17. 룻
18. 아 가
19. 전 도 서
20. 애 가
21. 에 스 더

역사서

23. 에스라・느헤미야
24. 역대기(上下)

시 서

18. 욥 기
19. 시 편
20. 잠 언
21. 전 도
22. 아 가

예언서

23. 이 사 야
24. 예레미야
25. 애 가
26. 에 스 겔
27. 다 니 엘
28. 호 세 아
29. 요 엘
30. 아 모 스
31. 오 바 다
32. 요 나
33. 미 가
34. 나 훔
35. 하 박 국
36. 스 반 야
37. 학 개
38. 스 가 랴
39. 말 라 기

우리는 하나님의 구속역사를 더듬어 보며, 그 말씀이 성문화된 순서대로 연구하는 것이 이해를 더 쉽게 하기 때문에 히브리어 성경에 나오는 순서를 대개 따라가면서 한책 한책 다 취급하려 한다(간혹 예외도 생길 것이다). 물론 5경이 연대적으로 제일 먼저 되었기 때문에, 그리고 구약성경에 있어서 가장 기본이 되며 신약성경 복음서에 해당되는 부분이므로 제일 먼저 취급할 수밖에 없다.

신약성경은 대개 현재 우리가 사용하는 성경의 배열대로 취급해나가야 하겠다. 역사적 순서라는 복음서가 바울 서신들보다 뒤떨어져 생긴 것이지만, 복음서가 신약성경의 기초가 될 수밖에 없기 때문에 그것을 먼저 취급하는 것이 정당한 것이다. 서신 부분에서는 그 저작연대에 따라 취급하는 것이 이해하는 데 도움이 되리라고 본다.

6. 성경형성의 역사

구약성경 : 위에서 이미 언급한 바와 같이 하나님의 말씀은 먼저 주로 사건으로 나타났고, 그것이 하나님의 영감된 사람에 의하여 해석되고 마침내 성령의 역사에 의하여 책으로 기록되고, 또 마침내 성령의 역사를 따라 교회에 의하여 정경으로 수락되어서 교회의 신앙과 행위의 표준서로 사용되고 있는 것이다.

먼저 구약성경을 살펴보면, 율법서인 5경이 제일 먼저 정경으로 낙착되어 유대인들에 의하여 사용되었고, 가장 중요한 책으로 여겨져 왔다. 그 다음으로 낙착된 것이 예언서들인데, 우리가 흔히 말하는 역사들의 대부분이 예언서에 속한다. 즉 여호수아, 사사기, 사무엘, 열왕기가 예언에 속한다. 그것들의 내용이 이스라엘의 역사를 취급하는 것이 사실이지만 그 저자는 예언자들이었고, 영감받은 자들이 이스라엘의 역사를 성령에 비추어 해석하면서 쓴 책이라는 말이다.

어쨌든 예수님시대에는 율법서와 예언서들이 이미 정경으로 인정되어 있었고, 예수님의 입에서도 '율법과 예언자들'이라는 말이 구약성경의 대명사격으로 사용된 것을 볼 수 있다. "내가 율법이나 선지자들을 폐하러 온 것이 아니라 이루러 왔다."(마 5 : 17)라는 말씀이라든가 황금률을 주시면서 그것이 율법과 선지자들의 강령이라고 하신 말씀(마 7 : 12)들에서도 나타나는 대로 예수님께나 그 시대 사람에게는 5경과 예언서들이 정경으로 인정되었던 것을 보여 준다.

그러나 예수님 당시에도 이미 그 밖의 성문서들(욥, 시편, 잠언 등)이 존재하여 거룩한 글로 읽혀지고 있었던 것이 사실이다. 그러면서도 그것들이 공식으로 정경으로 완전히 채택되지는 않은 상태였던 것으로 보인다. 그러다가 주후 70년에 예루살렘성전이 파괴되고, 유대민족 말살을 꾀하던 로마의 방침에 의하여 유다라는 이름조차 없애려고 하던 때에 유대 종교지도자들은 없어진 성전 대신 성경에로 관심을 모으면서 정경을 확정하는 작업을 하였고, 마침내 주후 90년에 얌니아회의에서 제 3 부인 성문서까지 합하여 39권으로 된 정경을 최종적으로 채택하기에 이르렀다.

그 당시에 유다 본토를 떠나 외국에 흩어져 살던 많은 유대인들은 그 정경에 불만을 품고 그 밖의 다른 책들도 정경에 넣을 수 있겠다는 생각을 가졌던 것이다. 소위 오늘의 외경(15권)도 정경이 될 수 있지 않느냐 하는 의견이 적지 않게 주장되었다. 기독교는 이 문제를 놓고 의견의 통일을 보지 못하고, 때때로 논란의 소지가 되어 왔다. 어쨌든 개신교는 유대인들이 주후 90년에 얌니아에서 채택한 39권으로 된 구약성경과 27권으로 된 신약성경을 정경으로 고수하고 있는가 하면, 천주교회에서는 소위 외경 중에서 12권을 정경으로 채택하고 있기 때문에 신구교의 정경의 내용이 그 수에 있어서 다른 것이 사실이다.

□ 토의문제

1. 우리가 지금까지 해 오던 성경연구의 방법들에는 어떤 것들이 있으며 그것의 장점과 단점은 무엇인가?
2. 성경에 대한 우리의 과거의 인식은 정당한 것이었는지, 즉 우리는 성경을 어떻게 생각하며 무엇이라고 생각했으며, 왜 그런 생각을 했는지 알아보자.
3. 지금까지 성경을 읽거나 연구하는 중에 제일 감명깊었던 경우들을 말해 보자. 특별히 어느 부분을 공부할 때이며, 또 감동을 받았다면 그 이유가 무엇이며, 무엇 때문인가를 살펴보자. 과연 그 해석이 얼마나 옳았었는지 알아보자.
4. 성경연구에 있어서 성령이 어떤 역할을 한다고 생각하는가? 성령이 어째서 성경연구에 필요한가를 생각해 보자.
5. 하나님이 말씀하신다는 것은 실제로 어떤 것인가? 신인동형론적

으로 인간이 말하는 식으로 하나님도 입이 있어서 그 입으로 말씀하셨다는 뜻인가? 그것이 아니라면 어떻게 하신 것을 말하는가?

복 음 서

1. 마가복음
2. 마태복음
3. 누가복음
4. 요한복음

복 음 서

I. 복음의 의미

신약성경 27권 중 맨 처음에 나오는 4권의 책을 '복음'이라는 말로 부른다. 마태복음, 마가복음, 누가복음, 요한복음 이렇게 4복음이 있는 바, 일견 비슷한 책들이 네 개나 반복되어 있으므로 의아한 마음이 생기기도 하지만 하나님께서 뚜렷한 목적을 가지고 또 반드시 필요하셔서 네 개의 복음서를 성경에 넣어 주신 것이다. 우선 그 책들의 내용을 살펴볼 때 틀림없이 예수 그리스도를 소개하는 책들임에 틀림없다. 그래서 복음서를 읽는 자들이 대개 그것들을 예수의 전기(傳記)라고 생각하게 되었고, 예수의 생애를 소상하게 소개하기 위한 책이라고 이해하고 있다. 그러나 만일 4복음서가 예수의 일대기라든가 예수의 생애를 소개하는 것이 목적이라면, 어째서 마태에 의한 예수전, 마가에 의한 예수전, 누가에 의한 예수전, 요한에 의한 예수전이라는 제목을 붙이지 않았을까 하는 질문을 하게 된다. 하나같이 4복음서에다 누구누구에 의한 '복음서'라고 제목을 붙인 이유가 무엇인가? 그래서 우리는 복음서라는 말의 의미를 확실히 알고 들어가야 하겠다.

복음(εὐαγγέλιον =gospel)이라는 말은 우리말로 복된 소리 또는 복된 소식이라는 뜻이다. 문자 그대로 네 권의 책의 내용은 인간에게 주는 복된 소식이라는 의미에서 복음이라는 제목을 붙였다. 물론 마가복음을 제외한 세 복음서는 그것들의 서두에 복음이라는 말이 붙어 있지 않으며 그 어느 부분에도 그 책들의 이름이 암시되어 있지 않다. 마가복음만 '하나님의 아들 예수 그리스도의 복음의 시작'이라는 제목을 가지고 시작하기 때문에 그 책의 내용이 복음이라는 것을 쉽게 알 수 있다. 제 2 세기부터 교회들이 4복음서에다가 모두 복음이라는 제목을 붙여 줌으로써 오늘까지 그런 이름으로 불리우게 되었다. 어쨌든 4복음서는 예수를 말해 주는 책들이면서도 저자들이 그것을 쓸 때에는 그 내용이 인류에게 복된 소식이 된다는 뜻을 가졌던 것이다. 조금 더 강조한다면 복음서를 쓴 목적은 예수를 역사적으로 세밀하게 설명하려는 것보다는 예수의 생애 중에서 각 저자가 얻을 수 있던 자료 중에서 가장 적합하다고 생각되는 것들을 선발, 정리, 배열, 설명하면서 어떻게 인간에게 복된 소식이 된다는 것을 말하여 독자들로 하여금 그 복음을 전하여 믿고 깨달아 구원을 얻도록 하려는 신앙적, 신학적 의도를 가지고 있었던 것이다(요 20 : 31).

요한복음 21 : 25에 의하면, 예수께서 행하신 일이 너무도 많아서 만일 그것들을 낱낱이 다 기록한다면 이 세상이라도 그 기록된 책을 두기에 부족하다고 했다. 예수의 생애를 역사적으로 다 기록한다면 너무도 사건이 많고, 크고, 훌륭해서 일일이 다 기록할 수 없고, 무한히 많은 시간을 필요로 하겠다는 것이다. 그런데 4복음서를 검토해 보면 예수의 오심이나 행위를 다 나누어 보더라도 360여 개밖에 되지 않는다. 무수한 사건들 중에서 불과 360여 개가 남아 있는 셈이고, 그것들도 사건의 전모를 다 말하는 것이 아니라 매우 간단하게 요약된 골격만 남아 있는 것이어서 그것들을 다 엮어 보아도 사실 예수의 역사적 모습을 그려내기란 어려운 것이다. 그러나 비록 몇 개의 사건, 몇 마디의 교훈이라 하더라도 그것이 가진 능력이나 권위는 확실히 예수가 하나님의 아들이었다는 증거가 되며, 우리를 위해서 하늘에서 내려오신 하나님의 아들이시라는 증거가 되는 것이다. 그러므로 복음서에 기록된 것들은 예수의 충실한 전기가 아닐지라도 우리가 믿고 구원을 얻을 만한 복된 소식이 되기에는 부족하지 않다. 그런 의미에서 4복음서는 확실히 우리 인간을 향한 복된 소식이다.

Ⅱ. 복음서가 여럿 있어야 하는 이유

예수는 한분이시고, 인류가 믿어 구원을 얻을 수 있는 믿음의 대상은 그 한분뿐이시다. 오직 예수가 우리의 복음이시다. 하나님께서 예수를 세상에 보내시면서 "온 백성에게 미칠 큰 기쁨의 좋은 소식을 너희에게 전한다"(눅 2:10)라고 천사들을 통하여 말씀하셨다. 그 한분 구주 예수에 관한 복음은 하나인데, 어째서 복음서가 여럿이 있어야 하는가? 장님들의 코끼리 구경 이야기를 우리는 알고 있다. 코끼리는 한 마리인데 여러 장님이 모두 다르게 구경을 하고 판단했다. 예수사건은 하나이지만 그 사건은 너무 크고, 신비하고, 오묘한 것이어서 어느 누가 혼자서 포괄적으로 다 알지도 못하고 다 표현하기도 힘들다. 아마 사람이 그것을 다 안다든가 다 표현하기란 거의 불가능한 일이다. 그 사건을 보고 해석하는 사람의 입장과 환경과 처지에 따라서 그 내용과 표현은 달라질 수밖에 없다.

하나님께서는 네 사람의 다른 제자들을 통하여 예수의 사건을 관찰하고 해석케하여 복음으로 묘사해 놓은 것이다. 그것은 어떤 철학적, 신학적 사색을 목적으로 한 것이 아니라, 실제로 어떤 특정 시대, 어떤 환경에 처해 있는 독자들에게 꼭 필요하다고 느껴졌기 때문에 각각 복음을 기록하게 된 것이며, 따라서 네 복음서가 각각 다르게 나타날 수밖에 없었던 것이다. 다시 말해서 저자가 다르고, 독자가 다르고, 처한 시대적 상황이 다 다르기 때문에 같은 주님을 내용으로 하면서도 표현법, 강조점, 신학적 해석 등이 달라지게 된 것이다. 그러나 하나님께서는 그 상이한 각 저자들을 통해서 과거의 처음 독자들에게 말씀하셨고, 역대의 교회에게 그리고 계속해서 오늘날 우리들에게도 말씀하고 계신다. 그러므로 우리는 각 복음서 저자들을 통해서 들려오는 복된 말씀이 무엇인지를 들으려고 노력해야 한다.

Ⅲ. 예수 사건

신약성경은 예수가 역사 속에 나타났었기 때문에 생겨난 책이다. 유대인들의 성경은 구약성경뿐이었고 예수를 믿는 유대인들만으로 형성되었던 예루살렘의 초기 교회는 구약성경을 여전히 성경으로 사용하였다. 그러나 교회가 발전하면서 신약성경이 형성되었다. 가장 중요한 원인은 예수사건 때문이다. 예수가 유대인으로 태어났고, 유대교 속에서 자랐고 죽을 때까지 유대교를 떠나지 않으셨지만, 죽었다 부활하신 후에 교회가 생기고 그의 제자들과 그의 증인들을 통해서 많은 문서가 생겨났고, 마침내 신약성경이라는 책이 생겨나게 된 것이다.

예수사건은 역사 속에서 확실히 일어난 사건이다. 아무도 그것을 부인하지 않는다. 너무도 크고 굉장한 사건이어서 사람의 말로나 글로써 일일이 다 묘사할 수 없는 것이다. 하나님이 사람이 된 사건이며, 인간을 죄와 죽음에서 구출하신 신비하고도 놀라운 사건이다. 사람이 하나님에 대해서 설명을 다 하지 못한다면, 하나님의 아들이신 예수에 대해서도 완전히 설명하거나 다 이해하기란 결코 가능한 일이 아니다. 그의 놀라운 생애와 말씀을 믿고 들은 사람들이 감동되고, 변화받아 그 발 앞에 굴복하고 그를 주님으로 고백하여 그를 따랐다. 또 증인들의 말을 듣고 감동되어 그를 주로 믿는 사람들이 생겨났다. 그렇게 해서 그리스도 교회가 생겨나고 또 발전되어 나갔다. 예수에 대한 많은 이야기가 시간이 감에 따라서 요약되고, 반복되는 것은 정리되고, 가장 요긴하고 감동적인 것들만이 계속 유포되고 전달되었던 것이다.

예수의 목격자들은 예수를 직접 보고, 그의 말씀을 직접 들었을때, 말로 표현할 수 없는 감동과 감격 속에서 황홀을 느꼈을 것이다. 그러나 그 감동을 글이나 말로 표현할 수 없으며, 한다고 해도 극히 일부분밖에 되지 못하는 법이다. 중요한 것은 예수가 그냥 기이한 분이고 마술이나 요술로써 사람들을 놀라게 하거나 기쁘게 하는 또 하나의 진기한 인간에 불과하다면 별 문제이지만 실은 그가 우리 인간, 아니 나 자신을 살리시기 위해서 일부러 세상에 오신 하나님의 아들이셨다는 사실 때문에 우리가 결코 그냥 지나칠 수 없다. 그는 우리의 생사에 관계된 분이기에 결사적으로 그를 붙들고, 모시고, 배우고 따라야만 한다. 예수는 죽었던 인간에게 생명을 주시는 분이시고, 절망 중에 있던 인간에게 희망을 주는 분이시기에 그가 바로 우리 인간의 복음이 되신다는 말이다.

4복음서에서 네 기자가 각각 자기가 믿는 대로, 보는 대로 그리고 그들이 처한 특정 처지에서 독자들에게 자기들 나름대로 복음이 되는 예수를 소개해 주는 것이다. 역사적 예수는 한분이시다. 그를 다 아는 사람도 없고, 알 수도 없다. 또 다 알아야 할 필요도 없다. 그의 생애의 일부분에 대한 소개와 설명과 신학적 풀이만 해도 우리의 구주로 받아들이고 영생을 얻기에 충분한 것이다.

마가복음

I. 서 론

신약성경 27권은 그 저술연대 순으로 배열되어 있는 것이 아니다. 바울 서신들이 복음서들보다 먼저 기록되었는데도 복음서가 신약성경의 맨 앞자리를 차지하고 있다. 바울 서신 중에도 데살로니가전서가 제일 먼저 기록된 것이지만, 로마서가 바울 서신 중에서 제일 앞자리를 차지하고 있다. 4복음서 중에서도 일반적으로 마가복음이 제일 먼저 기록된 책이라고 이해하고 있지만, 마태복음이 맨 처음에 나온다. 마태복음이 맨 처음에 나온 것은 구약성경과 신약성경을 다리놓기에 가장 적당한 책이라고 생각되기 때문이라고 본다. 결코 연대적으로 먼저 된 책이기 때문이라고 볼 필요는 없다.

그러므로 우리는 복음의 저술연대상 제일 먼저 되었다고 생각되는 마가복음을 먼저 취급하려고 한다.

1. 저 자

마가복음을 끝까지 읽어 보아도 누가 그 책을 썼다고 밝혀 주는 대목이 없다. 다만 외증에 의해서 전통적으로 마가, 요한의 글이라고 보는 견해가 지금까지 압도적이다. 전통에 의하면 마가는 베드로 사도를 따라다니며 특히 로마에서 그의 통역 역할을 했다고 하며, 바울의 말년에는 바울의 측근에 있었던 것으로 짐작된다. 예루살렘 태생인 마가는 어느 정도 부유한 집에서 자랐고, 예수 생시에는 그 집안과 예수가 밀접한 관계가 있었던 것으로 보인다. 최후의 만찬을 그 집에서 가졌었고, 그 후에 그 집이 제자들의 근거지가 되었고, 120문도가 기도하여 성령을 기다리고 마침내 성령강림을 체험한 곳도 그 곳이 아니었을까 생각된다. 이렇게 교회와 특별한 인연을 가진 마가는 바울의 1차 선교여행에도 동참하는 등 기독교 선교에 깊이 관여한 사람으로서 마침내 귀중한 복음서를 써서 무수한 영혼을 구원하는 역사를 이룩하고 있다.

2. 시대와 환경

마가복음이 기록된 것은 크게 윤곽을 잡아 주후 70년 예루살렘성전 파괴, 즉 로마와 유대전쟁 종결 이전이라고 보여지며 로마 황제 네로의 박해 때문에 기독교가 처참한 박해 속에 있으며, 따라서 많은 교인들의 신앙이 흔들리고 위기에 처해 있을 때라고 생각된다. 그 당시 기독교 사회의 지도자요, 존경의 대상이었던 베드로도, 바울도 다 로마 정부에 의해서 처형당하고, 곳곳에서 기독교인들이 체포되어 갖은 모욕과 처참한 죽음을 당하고 있었다. 이러한 때 마가는 베드로에게서 배우고 들은 것, 그리고 그가 수집한 구전자료들을 토대로 해서 특히 로마에서 박해받는 신도들을 격려하며 그리스도가 누구인가를 보여 주며 그리스도를 끝까지 믿고 승리자가 되기를 바라는 마음에서 복음서를 썼으리라고 본다.

Ⅱ. 마가의 저술 의도와 목적

마가는 예수를 구주로 믿고 베드로나 바울 같은 훌륭한 지도자를 따르면서 기독교의 진리를 누구보다도 확실히 깨닫고 있었다. 불타는 열정을 가지고 그리스도의 복음을 전하고자 하는 마음을 가졌던 것이다. 그는 예수를 직접 본 사람이다. 교회가 예수의 부활을 믿는 신앙 위에서 태동하는 모습을 목격했으며, 성령의 역사를 생생하게 체험하였다. 그러므로 누가 무엇이라고 해도 예수에 대한 신앙을 버리거나 변동할 수가 없는 사람이었다. 그리고 그 신앙을 전파하는 일에 헌신하고자 몸을 바친 사람이었다. 그러나 시간이 흘러 예수에 대한 신앙이 점점 이론화하고 교회가 지중해 연안 여러 지방으로 번져 나가면서 제도화되고 여러 가지 문화에 접하면서 그리스도를 보는 눈, 그를 해석하는 생각들이 각각 다르기 때문에 각 지방에서 문제가 생기고 논쟁이 일어날 수밖에 없었다.

특히 주후 60년대로 접어들면서 로마 황제 네로의 박해로 인해서 로마에 있는 그리스도 교회가 끔찍한 박해를 받게 되었을 때 많은 그리스도인들이 믿음을 지키고 순교의 고배를 달게 마셨다. 그러나 많은 신자들이, 그리고 지도자들까지도 불 같은 시련을 성공적으로 이겨내기가 어려웠고, 더러는 낙심하였다. 예수를 믿으면 기쁘고 평안하고 복을 받는다고 하더니, 그와는 반대로 이런 시련을 만나야 한다면 예수를 믿어서 무엇하겠는가 하는 생각이 나서 교회를 박차고 신앙을 버리는 사람도 있었을 것이다. 그런가 하면 의심을 가지는 자들도 있었을 것이다. 예수가 하나님의 아들이고, 주님이시고, 능력이 있는 분이라고 하더니, 로마의 가이사의 힘보다 못하단 말인가? 예수의 능력이 이렇게도 약한 것이라면, 그를 주님으로 모신다는 것이 허황된 일이 아닌가? 그러한 자에게서 무슨 도움을 받을 수 있겠는가? 하는 회의를 가졌을 것이다.

이와 같이 기독교는 위기에 처하게 되었으며, 특히 로마 교회 신도들의 신앙에 파산이 눈앞에 보이기에 이르렀다. 이 때에 마가는 로마의 신도들을 격려하고, 가르쳐서 올바른 신앙을 되찾아 구원의 길에서 벗어나지 않게 하려는 생각을 가지고 붓을 들었던 것으로 보인다. 좀 더 구체적으로 말하자면 예수님의 모습과 생애와 말씀 속에서 예수가 어떤 분이라는 것을 보여 주어 그에 대한 확고한 신앙을 다시 찾고, 그릇된 생각을 버리게 하려는 것이다.

1. 예수는 수난의 종으로 오신 하나님의 아들

예수를 영광의 주로 믿고, 그를 믿기만 하면 축복과 영광과 평화와 기쁨을 얻는다는 낙관적인 생각에 사로잡혀 있던 로마의 교인들이 정반대로 예수를 믿고 오히려 박해를 받고 갖은 고생과 모욕을 당하고, 마침내 목숨까지 바쳐야 하는 처지에 이르게 되었을 때 저자 마가는 예수를 수난의 종이라고 소개하면서, 로마 교인들이야말로 주님의 고난의 길을 같이 걸어가는 충성된 자들이라는 사실을 말해 주는 동시에, 배교하고 신앙을 버리고 가는 자들에게는 그리스도의 뒤를 따라 십자가를 지는 것이 마땅하다는 사실을 말해 주려는 것이었다.

이렇게 마가복음에서 제일 먼저 착안해야 할 것은 예수가 하나님의 아들이면서 고난을 당하셨다는 사실이다. 하나님의 아들이시면서 세상에 나타났다는 사실 자체(1：1)부터 그 속에 고통이 내포되어 있다. 즉 절대자가 상대자인 사람이 되셨다는 사실이 절대적인 고통을 동반한 것이라고 볼 수 있다. 마가복음에 기록된 대로 예수가 세상에서 가르치고, 복음을 선포하시고 병과 귀신들린 자를 고치시고 인간의 여러 가지 고통과 궁핍과 슬픔을 해결해 주시느라고 고생하셨을 뿐 아니라, 많은 사람들에게 조롱당하고, 종교지도자들에게 공격을 당하고 무시천대를 당하였으며, 예수의 측근이었던 제자들도 스승을 바로 이해하지 못하고 무지하고 눈이 어두워 스승의 마음을 아프게 했다.

결국 마가복음 8：31 이하부터 예수 자신의 입으로 자신이 고난을 당하러 오셨다는 것, 십자가를 지는 일, 죽는 일이 그가 갈 길이라는 것, 결국 많은 사람을 위하여 대속물이 되어 죽는 것이 그의 길이라는 사실을 밝혔다(10：45). 그 후에 직접 예루살렘에 입성하시고, 거기서 많은 지도자들에게 시달리고 천대를 받고 마침내 고소를 당하고 빌라도에 의해서 처형을 받고 죽으시는 '고난의 종'의 일생이었다. 하나님의 아들이시면서도 세상에 오셔서 그토록 고통을 당하고 십자가라는 가장 수치스럽고 가장 아픈 고통의 형을 받아 죽으신 그를 따르는 것이 기독교인의 길이라면, 순교의 고통을 당하는 로마 교회야말로 예수의 교훈을 가장 충실히 따르는 교회가 아니었던가? 자기를 부인하고 자기 십자가를 지고 나를 따르라(막 8 : 34)고 하신 예수의 말씀이 로마의 박해받는 성도들에게서 가장 잘 실현된 것이 아니겠는가?

그러나 마가복음은 예수의 죽음으로 끝나는 비극적인 책이 아니다. 그렇다면 복음이라 할 수 없을 것이다. 예수는 죽었지만, 그렇게 무죄한 자로서 남을 위해 대신 죽는 그 의로움과 선한 행동으로 인해서, 그를 죽인 백부장의 입을 통하여 "과연 하나님의 아들이었구나"(막 15 : 39) 하는 판단이 내려졌다. 그리고 삼일 만에 부활하시는 극적인 사실로 인해서 승리자로 당당히 나타나신 것이다. 박해받는 로마의 교인들이 묵묵히 무고한 고통을 당하다가 죽어 갔지만, 세상은 그들의 무죄를 시인하며 그들도 그리스도와 함께 부활의 영광을 누리게 된다는 약속이 여기에 포함되어 있는 것이다. 마가복음을 통독하면서 우선 수난의 종이신 예수의 모습을 훑어보아야 한다. 그리스도를 따르는 길은 곧 골고다의 길이다.

2. 예수는 능력자요, 승리자

마가는 절망과 낙심과 좌절 속에 있는 교회 또는 회의 속에 있는 성도들을 향하여 예수의 정체를 다시금 역력히 보여 주려고 노력한다. 로마가 득세하고 네로가 권좌에서 온갖 세도를 부리고 모든 권세가 그에게 있는 것 같이 보이는 때에, 다시 한번 예수의 능력이 얼마나 크고 그의 권능이 어떠한가를 보여 주려는 것이 마가의 의도이다. 로마의 옥좌에 앉아서 세도를 부리는 네로와 그리스도를 비교해 보라. 마가복음에서 묘사하는 예수의 모습이 그리고 그 권능이 얼마나 엄청나며, 감히 누가 그와 비교될 수 있는가! 마가복음을 다시 한번 더 읽어 내려가면서 그의 능력을 그리고 그가 승리하는 모습을 찾아보라. 세례 요한은 예수를 가리켜 자기보다 '능력이 많은 분'(막 1 : 7)이라고 고백하였고, 그 사실이 그의 남은 생애에서 잘 증명되어 있다.

1) 그는 우선 사람들의 질병을 고치는 일에서 능력을 보이셨다.

1 : 29~31 베드로의 장모의 열병을 고치심(기타 많은 병을 고치심, 1 : 34).

1 : 40~45 나병환자를 고치심.
2 : 1~12 네 사람에 의해서 들려온 중풍병자(전신불수)를 고치심.
3 : 1~ 6 한 손이 말라 버린 사람을 고치심.
5 : 22~43 야이로의 딸과 혈루증 여자를 고치심.
7 : 32~37 귀먹고 벙어리된 자를 고치심.
8 : 22~26 벳세대 맹인을 고치심.
10 : 46~51 여리고의 맹인 바디매오를 고치심.

이와 같이 인간의 질병, 특히 신체장애자들을 말씀 한 마디로, 특별한 약이나 의료수단을 쓰지 않고 능력으로 고치셨다. 상상해보라. 지금부터 2000년 전, 사람의 어떤 수단이나 재간이나 의술을 가지고도 절대로 고칠 수 없던 절망적인 병들을 예수님은 말씀 한 마디로 깨끗이, 완전히 낫게 하셨다. 네로가 그런 능력이 있는가? 로마의 정권과 세력이 다 달라붙는다고 해서 그 어떤 병 하나라도 고칠 수 있는가? 기록이 간단하여 거기에 별 감정도 묘사되어 있지 않지만, 실상 그 현장에서 그 치유의 광경을 지켜본다고 상상해 보라. 한 가지 병, 그 불치의 병이 깨끗이 나을 때마다 그 현장은 경악과 감동과 황홀과 흥분으로 가득 찼을 것이다. 예수는 그러한 능력자이셨다. 그런 능력이 어디서 온 것인지 사람들은 알 수가 없었다. 그러나 그것은 틀림없이 그가 하나님의 아들이셨다는 증거가 아닌가?

2) 예수는 귀신들을 쫓아내는 권능을 가지셨다.

1 : 21~28 가버나움 회당에 나타난 더러운 귀신들린 자를 고치심.
5 : 1~20 거라사의 레기온(군대) 귀신들린 자를 고치심.
7 : 24~30 수로보니게 여인의 딸을 귀신에게서 해방시키심.
9 : 14~29 변화 산에서 내려오셔서 벙어리 귀신들린 아이를 고치심.

이와 같이 예수님은 귀신을 정복하는 능력과 권세가 있으셨다. 그 당시 사람들의 생각에는 귀신들은 사단의 부하들이고, 또한 사람보다 힘이 더 있어서 사람이 귀신에게 붙들리면 꼼짝 못하고 그것의 지배를 받아야 하는 것으로 알았다. 그래서 실제로 귀신에 사로잡혀 비정상적인 삶을 살고 있는 불쌍한 사람들이 많이 있었다. 귀신은 사람을 깔본다. 마음만 먹으면 사람 속에 들어가 자기 소유로 삼고 횡포를 부린다. 그래서 사람들은 귀신을 무서워하고 쩔쩔매는 형편이었다. 그런데 예수가 그 귀신들린 자들 앞에 나타나면 오히려 귀신이 쩔쩔매고, 떨고, 안절부절 못하는 형편이었다. 그리고 예수가 명령하면 꼼짝 못하고 복종하며 그 사람에게서 쫓겨나는 것이다. 그렇다면 예수는 귀신보다 더 능력이 있는 자가 아닐 수 없다.

그러나 서기관들은 이 사실을 곡해하려고 했다. 즉 귀신들은 귀신의 상관, 또는 두목의 명대로 움직인 것이 아니냐 하는 이론이다. 그럴듯한 생각이다. 사단이 명령하면 졸개인 귀신들이 복종할 것이 아니겠는가 말이다. 그러나 예수님은 그러한 착상에 대해서 시정을 하고 진상을 말해 주셨다. 예수 앞에서는 사단도 굴복할 수밖에 없다는 것이다. 예수께서 귀신을 쫓아내는 것은 먼저 그들의 두목인 사단을 묶어놓고 난 다음에 마음대로 노략질하는 격이라는 것이다(막 3：20－30). 예수께서 귀신은 물론 사단까지도 좌우할 수 있는 능력을 가지셨다는 것은 결국 예수가 사람 이상의 존재, 즉 하나님이셨다는 것을 증명해 주는 것이다. 예수가 귀신을 제어하고 사단까지 지배하실 수 있는 분이시라면, 인류 사회를 그토록 괴롭히는 로마정부나 그 통치자 네로와 같은 악마적 존재, 사단적인 존재가 무슨 문제이겠는가? 예수는 그 모든 세력을 퇴치하시는 자라는 사실을 믿고 용기를 내라는 것이다. 그것이 복음이 아니겠는가!

3) 예수님은 자연의 세력까지도 마음대로 좌우하실 능력을 가지신 분이시다.

4：35～41 갈릴리 호수의 폭풍을 잔잔케 하심.

6：45～52 갈릴리 호수 위를 걸어 제자들에게로 가심.

6：35～44, 8：1－10 5천 명을 5병 2어로, 4천 명을 보리떡 7개로 먹이고 남음.

11：12－14, 20－26 무화과나무를 당장에 마르게 하심.

다른 기적들도 다 초자연적인 능력의 발로인 것이 사실이지만, 자연계에 크게 일어나는 현상에 말씀 한 마디로 변화를 일으키는 조화는 더욱 극적이며 예수님의 능력을 더욱 크게 나타내 보여 준다. 창조자의 능력이 아니고서는 도저히 할 수 없는 놀라운 일들이 예수에게서 일어난 것이다. 세상이 아무리 흉흉하여 갈릴리 바다의 폭풍과 같고 따라서 일엽편주와 같은 불안과 공포와 고통이 있다 하더라도 그리스도는 창조적 능력을 가지신 자로서 로마의 풍랑을 겪는 교회의 문제도 해결해 주실 것이 틀림없다. 먹을 것이 없고 삶의 궁지에 빠져 고통을 당한다 하더라도 예수님은 창조의 능력자로서 5천 명, 4천 명도 배불리 먹이시고 남음이 있었으니, 인간이 당하는 어떤 곤경에서도 그리스도는 창조의 능력으로 도우시고 해결하실 수 있다는 기쁜 소식을 말해 주는 것이다. 새파랗게 살아 있는 무화과나무, 생명을 자랑하고 정력과 세력을 자랑하는 그 어떤 피조물이라도 창조자이신 예수님이 뜻하시기만 한다면 당장에라도 말라 버리고 파괴되어 없어질 수 있는 것이다. 로마가 제아무리 푸르고 생명이 약동한다 해도, 무화과나무를 단번에 말리시던 예수의 능력이 살아 있는 이상 문제될 것이 없다는 것이다. 로마에서 어느 철인이, 어느 장사가, 어느 군주가 그러한 능력을 가졌단 말인가? 또 그들을 두려워할 필요가 어디 있는가!

4) 예수는 죽음을 이기셨다.

로마의 제왕들이나 영웅호걸, 모든 사치와 호화를 누리는 지배자들이 제아무리 세도를 부려도 그들은 아침 이슬처럼, 한 송이 꽃처럼 사라지고 만다. 어느 누가 죽어 없어지지 않는 사람이 있는가? 네로도 죽고야 말았다. 그러나 예수는 그들에 의해서 죽었지만 다시 살아나셨다. 그들은 죽고 말았지만 예수는 죽었다가 다시 살아나셨다. 여기에 예수의 차이가 있으며 특이성이 있으며 그를 믿을 만한 근거가 있는 것이다. 그를 따르는 기독교회는 그러한 부활의 소망을 가지는 것이다. 교회는 마침내 승리한다.

3. 예수에 대한 사람들의 인식, 오해받는 예수

예수가 누구인가를 제대로 아는 일은 결코 쉬운 일이 아니다. 사실 마태복음 기자의 말대로 '하늘에 계신 내 아버지'가 알게 해 주시지 않으면 예수가 누구인지를 알 수 없는 것이 사실이다(마 16 : 17). 마가가 복음을 쓰는 중요한 목적 중의 하나는 예수를 오해하고 그릇 판단한 많은 사람들의 이야기들을 씀으로써 참된 인식을 하게 하려는 교육적인 목적이 있다고 본다. 하나님께서는 예수가 누구라는 것을 아시기에 직접 말씀하셨다. "너는 내 사랑하는 아들이라. 내가 너를 기뻐하노라"(1 : 11). "이는 내 사랑하는 아들이니, 너희는 저의 말을 들으라"(9 : 7). 그리고 귀신들은 사람 이상의 지식과 판단을 가지고 예수를 알고 있었다. 그래서 예수를 만났을 때마다 예수의 정체를 폭로하였다. "나는 당신이 누구인줄 아노니, 하나님의 거룩한 자니이다"(1 : 24). "지극히 높으신 하나님의 아들 예수여"(5 : 7). 더러운 귀신들은 어느 때든지 예수를 보면 "당신은 하나님의 아들이니이다."(3 : 11)고 말했다. 이렇게 영물인 귀신들은 예수의 정체를 알고 있었다. 그러나 사람의 몸을 입으시고 사람의 모습으로 나타나신 하나님의 아들을 사람들이 바로 알아보지 못한 것은 당연한 일이었다. 이제 다시 한번 마가복음을 처음부터 훑어보면서 인간의 반응과 그들의 인식이 어떠했는지를 살펴보자.

1) 일반인들의 반응

오랜 침묵을 깨고 요단 강가에서 외치는 선구자 요한의 선포는 많은 사람을 불러내기에 충분했었다. 인산인해를 이루어 요단 강가로 갔다. 그러나 요한은 그 모든 사람들의 시선을 예수에게로 돌리게 했다. 요한의 소개는 결코 거짓이 아님을 예수의 권위 있는 가르침과 그의 능력 있는 모든 행동에서 쉽게 발견할 수 있었다. 예수의 가르침이 권세가 있어서 사람들은 놀랐다(막 1 : 21-22). 그가 행하는 이적은 전대미문의 것들로서 사람들의 마음을 완전히 사로잡기에 넉넉했다. 그래서 저마다 자기 병을 고치고, 친척이나 친지의 병까지 고치기 위해서 예수에게로 쇄도했다. 그것은 그에 대한 신앙이 생겼기 때문이었다. 누구인지는 몰라도 아니 육적으로는 나사렛 목수 요셉의 아들이라든가 그의 동생이 누구라든가 하는 인척 혈연관계를 알지만, 진정한 의미의 정체를 알지 못했다. 그러나 그에게는 능력이 있고 괴이한 힘을 가지고 있다는 생각을 가졌던 것이다. 그래서 그에 대한 소문은 사방 구석구석으로 다 퍼졌고, 또 그 소문은 많은 사람들의 대화의 내용을 독점하게 되었던 것이다.

맹목적으로 전통을 지키며 아무 의미도 모르고 구습에 매어 있는 사회 속에서 백성에게 새 길을 가르치며 전통을 깨고(금식법; 막 2: 18-22, 세리나 창녀들을 인간 이하로 취급하는 습관; 막 2:15-17) 초연한 길을 제시했을 때 백성들은 놀라기도 하고 시원스럽게도 생각하였다. 그리고 하나님 나라에 대한 진리를 매우 평범하면서도 신비스럽게 비유를 가지고 가르칠 때 넋을 잃고 경청하며 매료되었으며 점점 그의 고매한 인격과 권위에 빨려들어감을 느꼈지만, 그들의 눈이 어두워서 예수의 정체를 바로 깨닫지를 못했었다.

결국 그들 중의 더러는 예수를 보통 이상이라고만 생각했고, 더러는 미친 사람이라는 판단을 내렸다. 정신나간 사람, 속된 말로 '돈 사람', '혼이 나간 사람'이라고 판단했다. 사람은 사람인데 이상하고 괴상한 사람이라고 생각했다. 예수의 친척이나 가족까지도 그렇게 생각했었다(3:21). 그래서 예수를 붙들어 와야겠다고 해서 예수를 쫓아다니기까지 했다(3:31-32). 예수는 어떤 날 고향에 가서 회당에서 놀라운 설교를 했고 사람들이 다 감탄을 했다. 그러나 예수를 바로 영접하거나 그의 정체를 바로 보는 자가 없었을 뿐 아니라, 오히려 그를 배척하는 것이었다(6:1-6).

결국 가이사랴 빌립보로 가는 길에 백성의 여론을 물었을 때, 제자들을 통해서 보고된 대로 예수는 세례 요한, 아니면 엘리야, 아니면 선지자 중의 하나라는 것이었다(8:27-28). 다시 말해서 일반 백성들은 예수의 그 놀라운 교훈과 기적과 인격을 보고 접하면서도 그를 단순히 사람으로 보거나 사람 중에도 미친 사람 정도로 보았다. 하나님이신 분이 사람으로밖에 인정을 못 받으셨다.

2) 종교지도자들의 반응

종교를 도맡아 백성을 가르친다고 하여, 누구보다도 성경과 유전에 능통하여 율법학자라고 하는 사람들과 소위 하나님의 말씀대로 철저히 산다고 하고 가장 경건하다고 하는 바리새인들, 그리고 제사장과 대제사장들은 원칙적으로 보통사람들보다 더 눈이 밝고 하나님의 일과 신령한 세계에 더욱 민감하며 더불어 더 깊이, 더 멀리 바라볼 수 있는 것인데, 그들도 예수의 정체를 옳게 깨닫지 못했다. 예수의 교훈이 더 권위가 있어서 백성들의 존경이 예수에게 더 많이 쏠리고, 종교지도자들보다 예수가 더 새롭고 경이적인 말씀을 하시기 때문에 그들은 질투심도 생겼을 것이다. 그들은 사람이 만든 전통에 집착하고 형식에 매어 문자의 종이 되어 있으면서 입법자의 입장에서 하나님의 나라의 도래를 권세 있게 가르치는 예수에 대하여 적대감을 가지기에 이르렀다. 그들이 진정 하나님을 사랑하는 마음을 가지고 백성을 지도하는 사람들이었다면, 하나님께로부터 오신 그의 아들 예수의 마음을 알고 예수를 제대로 이해할 수 있어야만 했다.

그러나 오히려 그들은 예수를 귀신의 두목이라는 불경건하고 모욕스러운 판단을 내렸고, 어떻게 해서든지 예수의 말에서 잘못을 찾아 법에 걸려는 악의를 가지고 기회를 노리는 자들이었다. 이미 마가복음 3：6에서 벌써 바리새파 사람들과 헤롯당이 합작하여 예수를 죽일 음모를 꾸미는 기사가 나타났다. 그러한 악의에 찬 음모와 모략은 결국 예수를 끈질지게 괴롭혔고 마침내 예루살렘에서 예수를 체포하여 빌라도에게 넘겨 주어 사형을 당하도록 하기에 이르렀다.

3) 예수의 제자들의 태도와 반응

예수의 제자들은 대개 갈릴리지방 사람들로서, 직업도 다양하며 성분도 각양각색이다. 그러나 예수에게 발탁되어 제자가 되고 교회의 초석이 되었다는 점에서 보통 이상의 훌륭한 데가 있는 사람들이었다. 베드로, 안드레, 야고보, 요한 같은 사람들이 어부라는 직업을 가지고 생계를 꾸려 가고 있었는데, 예수가 부르실 때 그 해묵은 직업, 생활이 달려 있는 그 직업을 버리고 예수를 좇아나섰다는 것은 큰 결단을 하고, 남자답게 무엇인가 해 보겠다는 큰 포부를 가졌기 때문이다. 즉 의지의 사람, 의리의 사람, 정의의 사람으로서 사람이 밥으로만 사는 것이 아니라는 보다 고상한 생각을 하는 사람들이었다. 그러기에 예수가 불렀고, 또 그들이 예수를 따라나섰을 것이다.

세리 마태(레위)도 그렇다. 세리라면 매우 천대를 받고 매국노라는 비난을 받던 사람인데, 예수가 그를 불렀다는 것은 그가 크게 결단을 하고 과거를 청산하여 이미 옛 세리가 아니었기 때문이었을 것이다. 이렇게 훌륭한 12명의 제자들이 예수를 잘 받들고 섬기고 배우며 따라다녔다. 그러나 마가복음에 의하면 제자들이 둔하고, 무지하고, 깨닫는 것이 더디고, 믿음이 없어 예수의 염려거리가 되고 있었다는 것을 보여 준다.

(1) 제자들이 처음에는 무지한 모습으로 나타났다(1：16—8：26).

① 많은 비유로 알아 들을 만큼 가르쳤는데도 깨닫지 못하는 제자들(1：16—8：26)

② 많은 기적을 보여 주셨지만 예수가 누구인지 모르는 제자들(4：41)

③ 5병 2어의 기적을 보고서도 마음이 무디어(6：52) 놀라기만 하는 제자들

④ 예수에게 책망을 듣는 제자들. "어찌 믿음이 없느냐"(4：40). "너희도 이렇게 깨달음이 없느냐…… 알지 못하느냐"(7：18). "아직도 알지 못하며 깨닫지 못하느냐 너희 마음이 둔하냐 너희가 눈이 있어도 보지 못하며 귀가 있어도 듣지 못하느냐 또 기억지 못하느냐…… 아직도 깨닫지 못하느냐"(8：17—21).

제자들은 점점 더 무지가 개선되기는커녕 더욱더 악화되고 있는 것을 보여 준다.

(2) 둘째 단계로 제자들은 예수를 오해하는 단계로 접어든다. 그것은 마가복음 8：27 이하에서 나타난다. 일반인들은 예수를 바로 알지 못하고, 고작 선지자라는 정도의 판단을 내렸는데 베드로를 위시한 제자들은 예수를 메시야라고 고백함으로써 어느 정도 바른 지식을 가지게 되었다. 그러나 제자들이 가진 메시야관이 과연 참된 것이었는가 하는 것이다.

예수가 의도하는 메시야는 31절에서 피력된 대로 많은 고난을 받고 버림을 당하고 죽었다가 살아난 분이시다. 베드로는 예수의 말씀을 듣고 오히려 예수를 꾸짖는다. 그만큼 베드로의 마음과 예수의 마음이 맞지 않았기 때문이었다. 예수는 베드로를 사단이라고 말하면서 책망하셨다. 예수는 수난의 종으로서 메시야이심을 세 번이나 밝혔다(8 : 31—32, 9 : 31—32, 10 : 32—34). 그리고 하늘의 음성으로 예수를 하나님의 아들이라고 가르쳐 주셨는데, 그것을 이해하지 못했다(9 : 32). 두 번째 수난 예고가 있은 후에 제자들은 그 말씀을 깨닫지 못하고 "묻기조차 두려워했다"(9 : 32). 오히려 누가 높으냐 하는 언쟁이나 하는 지경이었다. 세 번째 수난 예고 후에도 계속 다툼을 하였다(10 : 35—45).

예수가 부활에 대해 말씀했을 때 "이 말씀이 무슨 뜻일까?" 하고 서로 물었다(9 : 10). 귀신들린 아이를 고쳐 주지 못한 제자들을 향하여 예수님은 "믿음이 없는 세대여, 내가 얼마나 너희와 함께 있으며 얼마나 너희를 참으리요?"(9 : 19)라고 개탄하셨다. 그 밖에도 제자들이 예수의 꾸지람을 들은 경우가 여러 번 있었다(9 : 39, 10 : 14).

(3) 세 번째 단계는 제자들이 예수를 배반하고 마침내 버리고 달아난다. 그것은 가룟 유다가 예수를 팔아 넘기는 일로부터 시작된다. 임박한 위기에 직면해서도 베드로, 요한, 야고보는 잠에 빠져 있었으며, 따라서 "한 시 동안도 깨어 있을 수 없더냐?"(14 : 37)는 책망을 들었다. 드디어 유다는 예수에게 입을 맞추며 대적에게 넘겨 주었고(14 : 43—46), 제자들은 '다'(14 : 50) 예수를 버리고 달아났으며, 베드로까지도 그의 장담을 아랑곳하지 않고 '저주하고 맹세하면서' 부인하였다(14 : 66—72). 십자가를 지고 골고다 길을 외롭게 걸어가실 때, 그리고 아리마대 요셉의 무덤에 장사지낼 때 제자들은 자취를 보이지 않았고, 오히려 갈릴리에서 따라온 많은 여인들만이 지켜보고 있었다(15 : 40—41, 47). "나의 하나님, 나의 하나님 어찌하여 나를 버리셨나이까"(15 : 34) 하는 부르짖음은 그 측근에 제자 한 사람도 얼씬하지 않는 처지를 보여 주는 것이 아니겠는가?

이와 같은 제자의 모습을 솔직하게 묘사하는 마가의 의도는 박해받는 교회 중에, 많은 사람의 군상 속에 그와 유사한 사람들이 많이 있기 때문에 그들을 경고하는 의미에서일지도 모른다. 예수님 당시의 제자들만 아니라 60년대 그리스도인들, 즉 예수를 죽기까지 따르겠다고 서약하고 나선 성도들 중에도 그렇게 배신하는 사람들이 많이 있었을 것이기에 그런 사람들에게 침을 놓으려는 것이리라.

4) 구레네 시몬

예수가 십자가 형틀을 메고 십자가의 길(비아 돌로로사 : Via Dolorosa)을 걸어가실 때 지치고 기진맥진하여 그 무거운 십자가 밑에 쓰러지고 또 쓰러져 더 나갈 수가 없을 때 길가에 있던 구레네 사람 시몬이 대신 그 십자가를 지고 골고다까지 올라갔다. 간단한 기사이기는 하지만 영원토록 기억될 빛나는 에피소드이다. 수제자까지도 달아나고 십자가를 지려 하지 않는 형편에 구레네 시몬은 끝까지 예수의 십자가를 대신 지고 갈보리에 도달한 그 아름다운 광경은 박해받는 로마 교회의 성도들에게 큰 격려가 되며 훌륭한 암시적 교훈을 주는 이야기이다.

5) 로마 백부장

이 사람은 로마정부를 대표하는 존재로서 전권을 가지고 예수를 십자가형에 처한 장본인이다. 그는 로마의 가이사의 전권을 가지고 행사하는 권력자이다. 예수는 그 로마의 힘에 의해서 처형을 당하고 죽고야 말았다. 그는 변방 속국에서 백부장의 임무를 수행하는 중 수많은 죄수를 십자가에 매달아 죽여 본 사람이다. 별별 사람이 다 죽어 갔고, 죽는 모습도 가지가지였을 것이다.

그러나 공통적인 것은 죽음이 처참하고, 너무도 참혹하고, 끔찍하고, 때로는 비열하고, 치사하기까지 했었는데, 예수의 경우는 전혀 달랐다. 십자가에 달리면, 고통스러워 소리지르고, 신음하고, 욕을 하고, 저주하고, 울고, 며칠간 뙤약볕을 쪼이며 굶주려서 서서히 죽어가는 것이어서, 참아 눈을 뜨고 보기가 어려운 일이다. 그러기에 그런 벌을 극형으로 정한 것이다.

그런데 예수의 경우는 달랐다. 그는 털깍는 자 앞에 있는 어린 양처럼, 도살장에 끌려가는 양처럼 고요히 그 아픔을 겪었고, 남을 저주하기보다는 남을 용서하고 축복하였고, 세상 죄를 한 몸에 짊어지신 가장 악한 죄인으로서 하나님께 버림을 받아야 했고, 대속의 거룩한 죽음을 죽으시는 그 신비스럽고 거룩한 모습, 전례를 찾아볼 수 없으리만큼 속히 그리고 조용히, 그러면서도 끝으로 큰 소리를 외치면서(아마도 "다 이루었다" 〈요 19 : 30〉는 말씀을 크게 하신 것이 아닐까!) 운명하셨을 때 오랜 경험을 가진 백부장의 눈에 예수는 사람으로 보이지를 않았고, 사람일 수가 없다는 것이다. 그는 예수가 "진실로 하나님의 아들이다."라는 고백을 하기에 이르렀다. 예수를 죽인 장본인의 입으로 예수에 대한 참된 신앙고백이 터져 나왔다. 악마적인 세상의 세력이 예수를 죽였지만, 마침내 그 세력 자체가 예수를 하나님의 아들로 고백하기에 이르렀다.

박해를 받는 로마 교회는 이 복음서를 읽으면서 무엇을 느꼈을까? 로마는 그 당시 교회를 박해하고 수많은 사람을 십자가에 매달고, 경기장의 짐승들에게 물려 죽게 하고, 불에 태워 밤 경기장의 타오르는 횃불이 되게 하였다. 만인의 죄를 대속하시기 위하여 오신 예수도 이미 수십 년 전에 로마의 권력에 의해 처형당했다. 로마의 백부장은 그를 하나님의 아들이라고 고백했고, 그 고백은 예수의 실제적 부활로 말미암아 진실됨이 입증되었다. 로마정부가 그 박해받는 교회가 하나님의 교회라는 것, 그들이 다 하나님의 자녀라는 것, 그들은 십자가의 보혈로 씻음받은 거룩한 백성이라는 것을 인정할 때가 곧 오리라는 것을 이 복음서를 읽으면서 깨닫고 소망을 가졌을 것이다. 그들의 신앙과 소망은 헛되지 않았다. 기독교회는 죽어 없어진 것이 아니라 날로 흥왕하여 결국 로마제국을 정복하였고, 마침내 그리스도를 주로 모시는 나라로 선포하기에 이르지 않았던가?

Ⅲ. 마가복음의 목회적 성격

우리는 다시 한번 더 마가복음서를 읽어 나가면서, 박해와 수난 속에 있는 로마의 성도들에게 이 복음서가 어떤 점에서 직접 연결되며 격려와 교훈이 되었겠는지를 살펴보자.

1) 로마의 기독교인들이 박해를 당하다 못해 마침내 땅굴을 파고(카타콤) 거기에 피신하여 숨어서 살거나 인적이 없는 들이나 산에서 숨어 살았다.	1) 예수님은 광야에 나가셨다(1 : 12f).
2) 로마의 그리스도인들이 네로에게 잡혀서 양의 가죽을 입고 경기장에 나타나게 하여 굶주린 맹수와 싸우게 하고 마침내 잡혀 먹게 했다.	2) 예수님도 광야에서 맹수들과 같이 지내셨다(1 : 13).
3) 로마의 그리스도인들은 무고한 누명을 쓰고 거짓된 죄목을 받아 수난당하고 있었다(네로 황제가 로마 성을 불태운 후, 여론이 나쁘니까 그 책임을 그리스도인들에게 돌려 그리스도인들이 로마 성을 불태웠다고 소문을 냈다).	3) 예수는 미쳤다는 터무니없는 평을 받았다(3 : 21f, 30).
4) 로마 기독교인들은 자기들 속에서 배신자들이 생겨 고발하고 밀고하는 일들이 있었을 것이다. 로마의 박해로 말미암아 신앙을 버리고 물러가는 사도들이 많이 있었다.	4) 예수의 제자들 중에 가룟 유다가 예수를 팔아넘겼다(3 : 19). 예수께서 씨뿌리는 비유 속에서 "그 속에 뿌리가 없어 잠깐 견디다가 말씀을 인하여 환난이나 핍박이 일어날 때에는 곧 넘어지는 자"가 있다는 말씀을 하셨다(4 : 17).
5) 예수를 믿기는 했지만 로마사회의 사치와 세속적인 물욕 때문에 복음의 열매를 맺지 못하는 자들도 있었다.	5) 예수님은 씨뿌리는 비유에서 역시 "세상의 염려와 재리의 유혹과 기타 욕심이 들어와 말씀을 막아 결실치 못하게 되는 자"가 있음을 말씀하셨다(4 : 19).

6) 그러한 실례는 실제로 로마 기독교인들 중에 얼마든지 있었을 것이다.	6) 부자 청년이 예수께 나왔다가 근심하여 돌아갔다(10 : 17-22). 그리고 예수의 제자들도 예수를 버리고 달아났다(14 : 41-52, 66-72).
7) 로마의 그리스도인들이 예수를 믿음으로 얻는 축복을 바라고 매우 낙관적으로 믿었다.	7) 예수님도 "집과 형제자매, 어머니, 자식, 전토를 백배나 받는다"고 했지만 '박해도 같이' 받는다는 말을 한 것을 마가는 상기시키고 있다(막 10 : 30).
8) 로마의 기독교인들이 신앙 때문에 당하고 있는 여러 가지 곤난이 있었지만 그 중에서도 복음을 증거하고 있었다.	8) "사람들이 너희를 끌어다가 넘겨 주고 형제가 형제를, 아비가 자식을 죽는 데 내어 주며 자식들이 부모를 대적하여 죽게 하리라. 또 너희가 내 이름을 인하여 모든 사람에게 미움을 받을 것이나"(13 : 11-13).
9) 로마의 기독교인들 중에는 충성스럽게 예수의 말씀을 따라 순교의 고배를 마시는 자도 있었지만 그렇지 못하는 자들도 있었다. 로마의 그리스도인들이 매를 맞고 모욕을 당하고 십자가를 지는 고통을 당했다.	9) 예수님의 교훈은 확실히 "자기를 부인하고, 십자가를 지고 나(예수)를 따르라."고 하시며 완전한 자기 포기와 순교를 강조하셨다(막 8 : 31-38). 예수는 이미 그러한 모욕과 고통을 당했다(15 : 15-20).
10) 로마의 신도들이 그런 수난과 수모 속에서 끝까지 견디어 낸 자들도 있지만 그렇지 못하고 배신한 사람도 있었다. 음란과 사치와 죄로 가득 찬 로마사회에서 신앙을 유지하기란 매우 어려운 일이었다.	10) "누구든지 이 음란하고 죄 많은 세대에서 나와 내 말을 부끄러워하면 인자도 아버지의 영광으로 거룩한 천사들과 함께 올 때에 그 사람을 부끄러워하리라."(8 : 38)고 하시며 끝까지 이기면 장차 하나님 나

라에서 영접을 받을 것을 예고하셨다.

11) 로마의 그리스도인들이 예수를 믿고 그를 따르기는 하지만 과연 얼마나 참된 제자가 되었던가!

11) 예수의 제자들은 모든 것을 버리고 따라다녔다(1 : 17, 20, 2 : 14, 10 : 28).

12) 로마에 살면서 가이사를 섬기고 가이사에게 세금을 내면서 살 때, 가이사의 것은 가이사의 것이라고만 생각했다. 예수가 로마총독 빌라도에 의해서 처형을 당했으니, 예수는 빌라도보다, 로마의 권세보다 못하지 않으냐고 의심하는 사람도 있었을 것이다.

12) 그러나 예수님은 가이사의 것도 다 하나님의 것이라고 가르쳐 주셨다. 가이사의 것, 가이사의 권세도 하나님께 속한다는 것이다(12 : 17).

그러나 빌라도는 예수를 심문하면서 그에게서 죄가 없음을 깨달았다. 예수의 위엄에 압도되었다. 그러나 백성의 소리에 양보하고 말았다. 그후 예수의 죽으시는 광경을 본 백부장(로마를 대표하는 자)의 입으로 이는 진실로 하나님의 아들이라는 고백이 터져나왔다(5 : 39). 그리고 예수의 부활 사건은 결정적인 증거가 되었다(16 : 6—7).

13) 예수를 믿다가 낙심하거나 배신한 자, 예수에게서 멀어진 자들은 어떻게 될 것인가? 갈팡질팡하고 있었을 것이다.

13) 부활 후에 나타난 천사는 "가서 그의 제자들과 베드로에게 이르라."고 하면서 예수를 떠났던 제자들에게 다시 임무를 주며 새 희망을 주었다(16 : 7).

이상에서 본 바와 같이 마가는 박해받는 로마교회를 염두에 두고 목회자인 입장에서, 로마의 교인들이 격려를 받고 새 힘을 얻으라는 뜻에서 쓴 것으로 보인다. 마가복음 원문(헬라어)을 보면 다른 복음서와 다른 점 중에 마가가 역사적 현재(historical present) 동사를 약 150회나 쓰고 있다는 것을 발견하게 된다. 그것은 예수의 사건을 생생하게 표현하기 위한 방법이기도 하지만 로마의 상황을 생각하면서 예수가 지금, 현재 이러이러하게 말씀하시고 이러이러한 일을 하고 계신다는 깊은 인상을 주기 위한 방법이 아닐까 하는 생각도 든다. 마가는 훌륭한 신학자이며, 동시에 자상한 목회자라고도 할 수 있겠다.

□ 토의문제

1. 마가복음에는 예수의 탄생과 어린 시절에 대한 기사가 없는데 그 이유가 무엇이며, 그것이 복음 이해에 어떤 영향이 있을까?
2. 마가복음 16 : 9~20에 대해서 어떤 의견들이 있는지 알아보자.
3. 한국교회의 상황과 마가복음이 어떻게 연결될 수 있을까?
4. 마가복음이 보여 주는 예수상을 간단히 요약해 보자.

□ 참고도서

김득중, 「복음서신학」, 서울 : 컨콜디아사, 1986.

Hugh Anderson, *The Gospel of Mark*, London : Oliphants, 1976.

William L. Lane, *The Gospel According to Mark* : The English Text with Introduction Exposition and Notes, Grand Rapids : Wm. B. Eerdmans Publishing Co., 1974.

마태복음

I. 서 론

예수께서 부활, 승천하심으로 교회가 생겨났고, 그를 믿는 사람들이 점점 늘어나게 되었다. 처음에는 그렇게도 존경하고 숭배하던 예수, 그렇게도 크게 기대했던 예수가 죽으셨기 때문에 사람들은 낙심하고 절망에 빠지기도 했지만, 그가 부활하시고 나타나신 확실한 사건 때문에, 낙심은 완전히 사라지고 희망이 가득하고, 기쁨이 넘쳐서 그의 부활을 증거하였다. 그리고 예수께서 생전에 하시던 말씀과, 놀라운 기적들과 누구에게서도 찾아볼 수 없는 인격에 대해서 구두로 증언하면서 분명히 예수는 하나님의 아들이요, 구주임을 힘차게 전하는 것이었다. 이렇게 해서 생겨난 초대교회의 기독교운동이 시간의 흐름을 따라 여러 가지 복잡한 인간 상황을 거쳐 가는 중, 여러 가지 반응을 받게 되며, 여러 가지 작용을 하면서 계속 그 생명력을 발휘해 나갔다. 그 후 마가복음을 기록해야 하는 단계가 왔고 그것이 그 당시 교회에, 그리고 인류 사회에 큰 영향과 격려를 주었던 것이다.

그런데 다시 마태복음이라는 책이 기록되어 나타났는데, 마가복음

외에 또 다른 복음이 무엇 때문에 나타나야만 했고, 그것이 마가복음과 다른 점은 무엇이며, 하나님께서 둘째 복음인 마태복음을 통해서 말씀하시려는 뜻과 교훈은 도대체 무엇일까를 여기에서 물어야 하겠다. 이미 전 과에서도 설명한 바와 같이 마태복음은 복음이지 전기가 아니다. 즉 예수의 생애를 자세히 기록해서 후세에 남겨 주자는 데 본래의 목적이 있는 것이 아니라, 예수의 생애의 극히 적은 부분이지만 중요한 부분들을 선택하고, 나름대로 배열하면서 신앙적인 입장에서 해석하여 그야말로 말씀과 행동과 삶 전체, 그리고 죽음과 부활이 인간에게 복된 소식이 된다는 것을 증명하고 믿게 하려는 것이었다.

그러므로 우리는 마태복음을 읽고 또 공부하면서 거기 기록된 대로의 역사적 사건이나 말씀을 기억해 두는 것도 필요하지만, 복음서 기자가 그것을 기록하면서 의도한 바, 즉 독자들에게 전달하고자 하는 의도를 발견하고, 그 뜻에 부응하는 자들이 되려고 노력해야 할 것이다.

Ⅱ. 마태복음이 기록된 동기와 경위

마태복음은 대개의 학자들이 유대인 크리스천, 즉 예수를 믿은 유대인의 작품이라고 한다. 그 점에 대해서는 뒤에 구절들을 찾아 보면서 공부하기로 하고, 우선 유대인 크리스천의 입장에서 주로 자기의 동료, 혹은 같은 처지에 있던 유대인 크리스천들을 향해서 쓴 복음서일 것이라고 생각하는 것이 일반적 판단이다. 예루살렘 교회를 중심으로 한 팔레스타인의 교회들은 하나님의 능력과 성령의 역사와 사도들의 열렬한 전도로 말미암아 잘 자라고 각처로 번져 나가고 있었다. 그러나 기독교는 유대인들의 입장에서 볼 때, 자기들의 종교의 일부이거나 혹은 급진적, 혁명적 분파 또는 하나의 이단적 성격을 띤 종단으로 간주될 수도 있었다. 왜냐하면 예수도 유대인, 제자들도 유대인, 예루살렘의 교회도 대개 유대인으로 구성되어 있었기 때문이다. 그리고 예수 시대의 군중들도 예수를 예언자라고 생각한 것이 솔직한 여론이었기 때문이다. 그래서 서기관들과 바리새인들, 그리고 제사장들과 장로들은 예수를 죽여 버리면 그만이라고 생각했었다.

예수가 죽었다가 부활함으로써 기독교가 생겨나게 되자 처음에는 그 세력이 약하였지만 점차 그 세력이 커지고 무서운 발전을 보이게 될 때 종교지도자들은 긴장하기 시작했고, 결국 기독교에 대해서 반대하고 적극적으로 맞서는 입장을 취하기 시작하였다. 예수 생전에는, 물론 교회가 생긴 다음에도 기독교의 교훈과 바리새 종교의 교훈의 차이 때문에 서로 마찰이 생길 수밖에 없었다. 주후 60년대로 접어들면서 유대인들과 로마정부와의 마찰이 점점 높아졌고 마침내 전쟁상태로 발전하였다(66년). 그래서 그 유명한 유대 전쟁이 발발하기에 이르렀다. 조그마한 변방의 속국 유대나라가 세계를 통치하는 제국으로 기고만장한 로마와 전쟁을 하게 되었을 때, 로마제국은 완전히 유대나라를 얕보고 쉽게 생각했었다. 그러나 5년이라는 긴 세월을 끌면서 많은 인명피해와 재산의 손해를 본 로마제국은 체면이 상하고, 독기가 올라 유대인을 말살하고자 하는 생각을 할 만큼 크게 분노하였다. 예루살렘을 포위한 로마군인들은 그 조그마한 성을 반년이나 되도록 함락시키지 못할 때 분노가 머리끝까지 올라 유대인들을 남기지 않겠다는 결심을 할 수밖에 없었다. 예루살렘의 그 거대하고 화려하던 석조 성전이 예수님의 예언대로 돌 위에 돌 하나도 놓이지 않고 다 무너진 것은 유대인들의 끈질긴 저항과 그로 인한 로마병정들의 격분의 결과라고 해석된다.

어쨌든 예루살렘 성전이 완전히 파괴되고, 유대인들은 잡히는 대로 다 살해되고, '유대나라'라는 말조차 없애고 이제부터는 Palestina라고 지명을 바꾸어 부르기로 할 정도가 되면서, 유대나라도 없어지고 유대종교가 표면적으로는 없어져 버리기에 이르렀다. 예루살렘 성전이 남아 있을 때까지는 제사장들이 존재했고, 그 성전예배가 유대종교의 중심이었다. 즉 제사장들의 세력이 당당했고, 또 그들의 조직체라고도 할 수 있는 사두개파가 세도를 부렸던 것이다. 그러나 이제 성전이 부서지고 백성들이 산산조각으로 흩어지고 말아 제사를 중심으로 하던 유대교가 맥을 잃게 되었다. 그러나 유대인들의 하나님 신앙은 끊어질 리가 없고, 다만 그 형태가 달라지기에 이르렀다. 바벨론 포로시대에 바벨론에서 있었던 현상과도 비슷하게 망국 후의 팔레스타인에서도 제사장들의 일이 없어지고 성전제사가 없어지게 되자, 이제는 성경에 대한 관심이 커지고 성경을 중심한 각 지방의 회당들이 발전하기에 이르렀다. 바리새인들 그리고 서기관(율법학자, 전문가)들이 전문적으로 율법에 집착하며, 그들의 유전 즉 옛날부터 내려오는 많은 전통들을 더 깊이 연구하고 그대로 지키고 살려는 세밀한 율법주의를 발전시키기에 이르렀다.

우선은 주후 70년 이래 수많은 유대인들이 피난을 가서 인근 각지에 은거하는 사람들이 많았다. 로마군인들에게 잡혀서 죽는 사람들보다는 도망하여 목숨을 건진 사람이 훨씬 더 많았을 것이다. 애굽으로, 아라비아로, 시리아로, 기타 각지로 흩어져서 그들의 명맥을 유지하려고 노력했고, 또 그 민족의 끈질긴 성격과 비상한 생활력과 천부의 재간 등을 통해서 어디에서나 쉽게 생계를 유지하고 곧 정착하고, 남부럽지 않은 아니 오히려 남이 부러워 할 정도의 경제력을 가지고 살 수 있었던 것이다. 현대의 중국화교나 한국인 교포들처럼 말이다. 그들 중에는 유대교를 그대로 믿는 유대인과 또 예수를 믿는 유대인들이 섞여 있었을 것이다. 그리고 처음에는 대개 한 회당에서 같이 지냈을 것이다. 그리고 전쟁이 끝난 지 1년, 2년, 3년이 지나는 동안 팔레스타인의 정국은 안정이 되고 유대인들에 대한 로마의 반감도 점차 누그러져 갈 때, 자연히 멀리 고국을 떠나갔던 유대인들은 다시금 서서히 팔레스타인 고향으로 되돌아오기도 했을 것이다.

예루살렘에서 서쪽 해안으로 멀리 떨어져 있는 곳이기는 하지만 Jamnia라는 곳에서 주후 90년에 유대인 학자들이 모여서 유대교 경전을 단락짓고, 오늘의 우리의 구약성경 즉 39권을 결정한 것도 이러한 역사의 흐름의 결과일 것이다. 국내적으로 얌니아를 중심한 중흥운동은 율법을 보다 더 존중하고, 철저히 율법과 전통대로 살기를 장려 고무하는 일로 번져 갔다. 이런 일로 인해서 기독교를 믿는 유대인들과는 자연히 마찰이 생기고 유대인의 회당에서 예수를 믿는 유대인들이 공격을 받고 때로는 박해를 당하고 추방을 받는 일까지 있었던 것 같다. 기독교인들이 이렇게 배척을 받게 된 이유는 기독교인들의 사상과 행동이 전통적 유대교인들의 그것과 다르기 때문인 것이 사실이다. 무엇보다도 예수가 하나님의 아들이라 말하고, 그가 대망의 메시야라고 하는 것 때문이다. 그 뿐 아니라, 예수의 교훈은 장로들이 말하는 전통이나 문자적인 성경의 말씀과도 다르다고 기독교인들은 주장하고 있었기 때문이다. 혹은 바울의 영향을 받은 기독교인들이 들어와서 예수를 믿으면 구원을 얻는 것이며 율법이니 전통이니 하는 것은 쓸데없는 것이라는 풍조 때문에 바리새인들이 더욱 반감을 가지고, 기독교인들을 반율법주의자 혹은 율법무용론자라고 평했을 수 있었다.

기독교회가 생긴 지도 벌써 50년, 60년이 되어서 어느 정도 체계가 잡혀야 할 때가 되었는데 아직 유대인 기독교인들 사이에 이렇다 할 교육재료가 없었다. 예수가 어떤 분인지, 예수의 가르침은 어떤 것인지 어린이나 신도들이 물어도 이것이라고 말할 것이 없는 처지였다. 반면에 율법주의자들이나 유대교인들은 자기들의 기성재료를 내놓으면서 이것이 하나님의 말씀이 아니냐고 공격해 왔다. 그럴 때 그것에 대항할 자료를 필요로 했을 것이다. 교회가 자라고 성장하면서 결국 교회의 머리가 되는 예수에 대해서만 아니라, 교회의 기초가 되는 사도들의 권위문제도 대두되게 되었다. 베드로는 어떤 분이고 기타 사도들은 어떤 사람들이었는가하는 의문이나 질문에 응답을 해 주어야만 했다. 이미 교회의 일원이 되어 살고 있지만 교회는 도대체 어떻게 생겨난 것이며, 어디서 권위를 얻었고, 어떤 권위가 있고, 어떤 일을 어떻게 해야 하는가 하는 문제도 제기되었을 것이다. 이렇게 유대인 기독교인들이 동포인 유대인들에게 박해를 받고 공격을 받은 한편 많은 이방인들이 개종을 하고 교회를 찾아오는 현상을 보면서, 과연 누가 이스라엘인인가? 아브라함의 자손이면 다 이스라엘인인가, 아니면 예수를 믿고 교회에 들어온 새 이스라엘이 참 이스라엘인인가 하는 질문도 있었을 것이다.

여기서 기자는 교회가 새 이스라엘이고 하나님은 모든 백성을 다 구원하기 위해서 독생자를 보내셨고, 교회를 세우셨고, 제자들에게 선교의 사명을 주셨다는 것을 가르쳐야만 했다. 역사가 그 만큼 흘렀기 때문에 예수에 대한 신앙도 발전했고, 사도들이나 교회에 대한 개념이나 생각이 다 발전한 단계가 되었다. 기자는 예수를 그 당시의 신앙의 눈으로 판단하면서 묘사한다. 제자나 교회나 그 밖에 모든 것을 1세기 말의 발전된 신학과 신앙의 눈을 가지고 그 당시 교회, 즉 독자들에게 올바른 신앙과 행동을 가르치기 위해서 복음서를 쓰기에 이르렀다. 그 당시 유대인 크리스천들은 이미 전화(戰禍)를 벗어나서 경제적으로 별 어려움이 없었다. 그러나 로마제국의 점령 하에서, 그리고 타향에서 사는 유대인으로서는 우거하는 지방사람들의 질투나 위협도 두려움이 아닐 수 없었다. 즉 언제나 불안의 요소는 잠재하는 것이었다. 그러기에 예수는 임마누엘, 그들과 같이 계시는 분으로서 위로와 격려와 힘과 마침내 구주가 되시는 분이라는 사실을 밝혀 주려는 것이었다.

Ⅲ. 마태복음의 구조와 성격

학자들에 의하면 마태복음 기자는 1세기 말경에 자신의 복음서를 기록하려고 할 때, 그 당시에 유포되고 곳곳에서 읽혀지던 마가복음과 또 하나의 다른 자료 속칭 Q라고 하는 문서를 토대로 했을 것이라고 말한다. 게다가 자기만이 가지고 있던 특수자료를 첨가하면서 자기 고유의 복음서를 작성하기에 이르렀다는 것이다. 거의 같은 방식을 취하는 누가복음과 비교할 때 마태복음은 나름대로 독특성을 나타내며 독창적인 수법으로 예수를 소개하며 복음으로 제시한다.

1. 유대적 성격

기자가 유대인이고, 독자도 유대인이기 때문에 그들에게 가장 적절한 알기 쉽고 그들과 직접 관계 있는 요소들을 동원하는 것이 교육적으로 매우 효과적이라는 것을 기자는 안 것 같다. 그런 의미에서 기자는 확실히 훌륭한 교육자라고 생각된다. 우리는 마태복음을 세밀하게 읽어 내려가면서 유대적이라고 느껴지는 것들을 조사해 보는 것이 복음이해에 도움이 될 것이다.

1) 모세 5경을 닮은 구조

유대인들에게 가장 친숙한 것은 모세 5경, 즉 율법서들인바 마태복음을 연구한 많은 학자가 마태복음도 모세 5경을 닮은 구조로 기록했다고 주장한다. 서론(1—2)의 탄생기사와 결론(26—28)의 수난기사를 제외하고 나면 다섯 권의 책으로 구분이 되는데 처음에 설화가 나오고, 그 뒤에 설교가 따르고, 끝에 종결 후렴문구로 "예수께서 이 말씀을 마치시매 무리들이 그 가르치심에 놀라니." 같은 것이 나타난다는 것이다.

제 1 권 ① 설화자료(3—4장)
② 설교(산상설교)(5—7장)
③ 종결문(7 : 28—29)

제 2 권 ① 설화자료(8 : 1—9 : 38)
② 선교와 순교에 관한 설교(10장)
③ 종결문(11 : 1)

제 3 권 ① 설화자료(11 : 2—12 : 50)
② 천국에 관한 설교(13장)
③ 종결문(13 : 53)

제 4 권 ① 설화자료(13 : 54—17 : 27)
② 교회행정에 관한 설교(18장)
③ 종결문(19 : 1)

제 5 권 ① 설화자료(19 : 2—22 : 46)
② 종말에 관한 설교(23—25장)
③ 종결문(26 : 1)

2) 모세를 유형으로 하고 묘사된 예수

유대인들에게는 모세가 국부(國父)적 존재이며, 모세를 그림자로 생각하고 그 정체가 예수였다면 그들에게는 매우 설득력이 있을 것이다. 마태복음에는 예수를 모세의 유형으로서 그려 보려고 한 것이 뚜렷이 나타난다.

① 바로가 모세를 죽이려 했던 것처럼 헤롯이 예수를 죽이려 함(출 1 : 22, 마 2 : 16).

② 모세가 미디안 광야에 피신했다가 하나님의 명령으로 돌아간 것처럼 예수도 그러했다(출 4 : 18 ff, 마 2 : 18－20, 출 4 : 20, 마 2 : 21).
③ 모세가 40년간 미디안에서 알려지지 않은 채 있었던 것처럼 예수도 30년간 세상에 알려지지 않음.
④ 모세가 이스라엘 백성을 이끌고 홍해를 통과한 것처럼 예수가 요단 강물 속에서 세례를 받음.
⑤ 모세가 40주야 시내 산에서 금식한 것처럼 예수도 광야에서 40일간 금식하심(출 34 : 28, 신 9 : 9, 18).
⑥ 모세가 시내 산에서 십계명을 받아 백성에게 준 것처럼 예수가 산상에서 새 율법을 가르침(마 5－7장).
⑦ 모세가 바로 앞에서 10가지 재앙을 기적으로 내린 것처럼 예수께서 하신 많은 이적 중 열 개를 마태복음 8～9장에서 소개함.
⑧ 모세가 아론, 나답, 아비후를 대동하고 시내 산에 올랐을 때 엿새 동안 구름이 산을 가리고 모세의 얼굴에 광채가 났던 것처럼(출 34 : 29) 변화 산에서 세 제자와 함께 계시던 예수의 모습이 광채가 남.

3) 빈번한 구약성경 인용

마태복음은 어느 복음서보다도 구약성경의 구절을 많이 인용하고 있다. 그것은 구약성경을 사랑하고 존중하는 유대인들에게 예수가 그 하나님의 예언의 말씀을 성취한 분이라는 사실을 알려 주며 그들의 신앙을 더욱 굳세게 하고 확신을 가지게 하는 역할을 했다고 본다. 그것이 이방인들에게는 크게 효과를 주지 못한 일이다. 물론 마가복음이나 Q 자료에서 그냥 전용한 구절(구약)도 많지만, 마태의 특수자료에도 구약 인용구가 많이 나타난다(예컨대, 1 : 23, 2 : 6, 15, 17－18, 23, 4 : 14－16, 8 : 17, 12 : 17－21, 13 : 35, 21 : 4－5, 27 : 9－10 등). 무엇보다도 마태복음에는 독특한 공식 인용형식이 여러 번 나온다. "이에 선지자…… 말씀하신 바가…… 이루어졌느니라"(2 : 17 등). 또는 "이 모든 일의 된 것은 주께서 선지자로 하신 말씀을 이루려 하심이니."(1 : 22 등)와 같은 형식을 가지고 구약의 예언의 말씀을 인용하여 예수의 사건을 소개한다.

4) 유대적 용어와 표현

마태복음에는 유대인들이 유독 좋아하는 낱말과 표현들이 많이 나타난다. 특히 '하늘나라'라는 표현이 마태복음에 32회나 나타나는데, 다른 복음에는 '하나님 나라'를 사용했는데, 마태복음에만 '하늘나라'가 사용된다. '하나님 나라'라는 표현이 5회나 나타나지만(12 : 28, 19 : 24, 21 : 31, 43, 6 : 33) 그것은 마태가 인용한 자료에서 사용된 것이고 마태는 주로 천국이라는 말을 사용했다. 그 이유는 유대인들이 하나님이란 말도 사용하기를 꺼려 하는 습관이 있어서 하나님이란 말을 피하기 위하여 수동형을 사용하는 방법과 하나님 대신 하늘을 대용한 습관 때문이다. 수동형으로 쓴다는 것은 예컨대, "하나님께서 그들을 위로하실 것이다."라고 하는 말을 "그들이 위로를 받을 것이다."로 수동적인 표현을 하여 하나님이란 낱말을 사용하지 않았다는 말이다. 그런 경우가 약 100회 가량 된다는 것이 학자들의 계산이다. "아버지여, 내가 하늘과 아버지께 죄를 얻었사오니"(눅 15 : 21)에서 하늘은 곧 하나님을 가리킨다. "하늘을 두고도 맹세하지 마라."(마 5 : 34)의 하늘도 결국 하나님을 가리키는 말이다. 이러한 현상은 유대인들에게만 있었던 일이다. 기타 '심판의 날'(마 10 : 15, 11 : 22, 24, 12 : 36 등)이라든가 "거기서 슬피 울며 이를 갊이 있으리라."(마 8 : 12, 13 : 42, 50, 22 : 13, 24 : 30, 24 : 51) 등도 다 유대적인 표현이다.

5) 유대적 배타주의가 뚜렷

마태복음 저자는 우선 유대인 크리스천으로서 그리고 유대인 크리스천들에게 그리스도를 전하고 특별히 자기 민족에게 우선적으로 보내어진 구세주를 기쁨으로 영접하도록 하려는 의도를 가지고 쓴 것으로 보인다.

(1) 예수께서 열두 제자를 택하여 선교여행을 보내면서 "이방인의 길로도 가지 말고 사마리아인의 고을에도 들어가지 말고, 차라리 이스라엘 집의 잃어버린 양에게로 가라."(마 10 : 5–6)는 말을 게재한 복음

은 마태복음뿐이다.

(2) 예수께 도움을 청하는 가나안 여인을 향하여 "나는 이스라엘 집의 잃어버린 양 외에는 다른 데로 보내심을 받지 아니하였노라."(마 15:24) 그리고 "자녀의 떡을 취하여 개들에게 던짐이 마땅치 아니하니라."(15:26)고 말함으로써 이방 사람의 요청을 단호히 배격하였다.

(3) "거룩한 것을 개에게 주지 말며 너희 진주를 돼지 앞에 던지지 말라."(7:6)는 말씀은 이방인들을 개와 돼지로 여기던 유대인들에게 있어서는 이방인들에게 전도하지 말라는 말로 해석될 수밖에 없다.

(4) "내가 진실로 너희에게 이르노니 이스라엘의 모든 동네를 다 다니지 못하여서 인자가 오리라."(마 10:23)와 "내가 진실로 너희에게 이르노니 세상이 새롭게 되어 인자가 자기 영광의 보좌에 앉을 때에 나를 좇는 너희도 열 두 보좌에 앉아 이스라엘 열 두 지파를 심판하리라."(마 19:28)에서 관심의 범위와 초점이 '이스라엘의 도시'와 '이스라엘의 열 두 지파'에 머물고 있음을 볼 수 있다.

6) 마태복음에서는 모세의 율법의 타당성을 강조하고 있다.

바울에게 있어서는 그리스도의 시험으로 인해서 율법은 끝이 났고(롬 10:4) 따라서 예수 믿는 사람들은 율법의 지배를 벗어나 은혜 아래 있다(롬 6:14)는 것이고, "사람이 의롭다 하심을 얻는 것은 율법의 행위에 있지 않고 믿음으로 되는 줄 우리가 인정하노라"(롬 3:28, 갈 2:16)고 주장한다. 그런데 마태복음에서는 예수가 "내가 율법이나 선지자나 폐하러 온 줄로 생각지 말라. 폐하러 온 것이 아니요 완전케 하려 함이로라."(마 5:17)고 강조하면서 "……천지가 없어지기 전에는 율법의 일점일획이라도 반드시 없어지지 아니하고 다 이루리라."(마 5:18)고 말씀하셨다. 그리고 "……누구든지 이 계명 중에 지극히 작은 것 하나라도 버리고 또 그같이 사람을 가르치는 자는 천국에서 지극히 작다 일컬음을 받을 것이요", 따라서 "……너희 의가 서기관과 바리새인보다 더 낫지 못하면 결단코 천국에 들어가지 못하리라."(마 5:19–20)고 했다. 율법학자들과 바리새인들의 행동은 본받을 것이 없지만 그들이 가르치는 것은 다 실행해야만 한다(마 23:3). 그리고 외식하는 서기관과 바리새인들이 박하와 회향과 근채의 십일조를 드리면서 율법 가운데 가장 중요한 정의, 자비, 신의는 소홀히 하고 있는데 마태복음에서 예수는 "이것도 행하고 저것도 버리지 말아야 할지니라."(마 23 : 23)고 철저한 율법준수를 명령하고 있다. 마태에게 있어서는 율법이 끝난 것이 아니라 율법의 일점일획이라도 빠뜨리지 말고 다 이루어야만 하는 것이었다. 이렇게 율법의 타당성과 철저한 준수를 강조하는 것은 확실히 유대인다운 일이요, 유대인들을 향한 복음을 쓰는 사람으로서 의외의 일이 아니다. 특히 그 당시 기독교가 믿음을 빙자하여 행함이 없었다고 본다면 더욱 온당한 처사라 하겠다.

7) 마태복음은 그 문학적 문체에 있어서도 유대적인 성격을 나타내고 있다.

마태복음에는 히브리인들이 즐겨 쓰는 '교차대칭구조'(chiasmus)라든가 평행법(parallelism)이 흔히 사용되어 있다(여기에 대해서는 다음 항목에 좀더 자세하게 설명이 될 것이다). 그리고 독특한 숫자 사용을 보여 주는 바 둘, 셋, 다섯, 일곱이라는 숫자가 편집, 배열에 이용되고 있다. 둘이라는 숫자가 사용된 곳이 많으며(마 8 : 28, 9 : 27, 20 : 30, 26 : 60 등), 20 : 20~22 : 40에 특히 여러 번 나타난다. 셋이라는 숫자가 나타나는 곳(4 : 1-11, 6 : 1-18), 다섯이라는 숫자가 나타나는 곳(다섯 설교, 보리떡 다섯 개), 일곱 숫자가 나타나는 곳(12 : 45, 15 : 34, 37, 18 : 21-22. 22 : 25, 23 : 13-30)들을 찾아보라.

8) 마태복음 기자는 기타 여러 가지 유대인들만이 가지는 제도나 습관 등을 상세히 알고 소개하고 있다.

유대인들이 기도할 때 경문을 넓게 하고 옷술을 크게 하는 일(23 : 5), 계명 중에 큰 것과 작은 것의 차이(5 : 19), 유대인이 개종자 하나를 얻기 위해 많은 노력을 한다는 것(23 : 15), 서기관들이 잔치의 상석을 좋아한다는 것(23 : 6-7), 유대인의 맹세 습관(5 : 33-36, 23 : 16-22), 결혼식 상황(25 : 1-12), 장로들의 전통(15 : 1-6), 이스라엘의 역사지식(12 : 3-5, 24 : 35), 사람이 자식이 없이 죽으면 동생이 형수에게 장가

들어 후사를 세우는 습관(24：24), "너희가 너희를 사랑하는 자를 사랑하면 무슨 상이 있으리요, 세리도 이같이 아니하느냐?"(5：46-47)는 말씀은 독자가 유대인이기에 하는 말이 아닌가? '기도할 때에 이방인들처럼' 운운한 것(6：7), 18：17에서 "만일 그들의 말도 듣지 않거든 교회에 말하고 교회의 말도 듣지 않거든 이방인과 세리와 같이 여기라."고 한 것 역시 유대인 독자를 염두에 둔 것이다. 예수의 종말설교에 있어서 재난이 닥칠 때 "너희의 도망하는 일이 겨울에나 안식일에 되지 않도록 기도하라."(24：20)고 한 것도 독자들이 아직 안식일법에 얽매어 있는 유대인을 두고 쓴 말이라고 보아야 할 것이다.

2. 이방적 성격

위에서 말한 것과는 모순되는 것 같지만, 사실 마태복음은 또한 이방인을 염두에 두고 쓴 보편적 복음이라고 할 만큼 이방인에게 관심을 기울이고 있다. 그것은 저자와 독자가 처해 있던 환경과도 관계가 있고 또한 저자의 신학과도 상관 있다고 본다. 유대 기독교인이었던 독자들에게 예수의 유대적 성격을 말해 줌으로써 그들의 자부심과 확고한 신앙을 일으키려고 한 것도 사실이지만, 하나님의 섭리가 아브라함을 택하고 그의 민족이 번성하여 이스라엘 민족을 이루고 거기서 메시야가 나도록 하여 만백성의 복의 근원이 되게 하시려는 것이기 때문에 첫 단계로 예수가 유대인의 메시야로 오셨다는 것은 하나님의 확실한 계획에서 이루어진 사실임을 깨닫게 해야만 했던 것이다. 그러나 하나님의 섭리는 그 첫 단계에서 끝나는 것이 아니고 나아가서 온 백성에게 복음이 전달되어 그들도 같이 구원을 얻는 데 있다는 것도 확실한 사실이기에 그것을 놓치면 복음은 부분적인 것에 끝나고 말 것이다. 그래서 마태복음 기자는 복음을 완전하게 전통적으로 묘사하려고 노력한 것이다. 즉 유대인을 위해서 오신 예수이면서 동시에 이방인, 즉 전체 인류를 위해 오신 분이라는 사실을 명확히 하려고 한 것이다. 유대인 크리스천들이 이러한 전통적 복음개념을 못 가지고 있었을 것이기 때문이다. 그리고 이방인들이 계속 개종하여 그 기독교 공동체로 들어오고 있었을 것이기 때문에 자연히 이방인들에 대한 관심을 같이 보여 주어야만 했을 것이다. 뿐만 아니라 선민의식을 가지고 자기들만 믿고 구원 얻으면 된다는 좁은 생각을 가지고 움추러드는 형편에 있는 그들에게 선교의 책임을 느끼게 하려는 의도도 있었을 것이 분명하다. 이제 몇 가지로 마태복음에 나타나는 이방적 성격을 찾아보기로 하자.

1) 아브라함은 만민의 축복의 근원

우선 1：1에 예수 그리스도를 아브라함의 자손이라고 말하는 데서부터 이방인을 향한 복음을 말하려는 뜻이 발견된다. 창세기가 말해 주는 바와 같이 하나님은 아브라함과 그 자손을 통해서 땅의 모든 백성에게 축복하시겠다고 약속하셨다(창 12：3, 18：18, 22：18, 26：4). 마태복음 8：11에는 "……동서로부터 많은 사람이 이르러 아브라함과 이삭과 야곱과 함께 천국에 앉으려니와"고 했는데, 이것도 역시 이방인들이 아브라함을 통해서 복받을 것을 의미한다고 본다. 이렇게 첫 절에서부터 예수가 아브라함의 자손이라는 말을 함으로써 예수를 통하여 만왕이 복을 받게 된다는 뜻을 나타내고 있다고 보인다. 28：19에서 결정적으로 모든 족속에게 복음을 전하라는 명령이 나오는 것으로써 그 뜻이 확실시되고 있다.

2) 예수 족보에 나타난 이방

마태복음에 소개된 족보를 보면(1：2－17) 여자들의 이름이 네 번이나 나오는 바, 남성 위주의 유대사회에서 여성의 이름이 족보에 끼어든다는 것은 특수한 일이다. 여기서 이미 구주 예수는 남성과 여성의 구별을 초월하시는 분이라는 뜻을 나타내기도 하지만, 그 여인들이 모두 이방인들(다말, 라합, 룻, 밧세바＝헷 사람 우리야의 아내)이었다는 점에서 예수의 혈통이 이방인 여인들을 통해서 이어졌다는 점, 따라서 하나님이 메시야를 보내신 것은 유대인만을 위한 것이 아니고 이방인까지도 염두에 두셨다는 것을 밝히려는 것이다.

3) 이방인 동방박사의 경배

제 2 장에 이방인 즉 동방의 박사들이 등장하고 있는 바, 예수를 제

일 먼저 경배한 사람들이 이방인들이라는 것을 보여 준다. 온 예루살렘과 대제사장과 서기관들은 예수의 탄생소식을 듣고 불안해 하는데 이방인들은 그를 경배하러 왔다는 것을 세 번이나 강조하고 있다(2 : 2, 8, 11).

4) 칭찬받는 이방인 백부장

제 8 장에서는 이방인이 가장 훌륭한 믿음을 소유했다는 이야기를 소개한다. "내가 진실로 너희에게 이르노니 이스라엘 중 아무에게서도 이만한 믿음을 만나 보지 못하였노라."(8 : 10)고 하며 가버나움의 로마 백부장을 칭찬한 기사가 나온다. 그리고 "나라의 본 자손들은 바깥 어두운 데 쫓겨나 거기서 울며 이를 갊이 있으리라."(8 : 12)는 말을 첨가함으로써 유대인은 거절당하게 되리라는 것을 암시하며 이방인을 돌보게 하고 있다.

5) 이방인이 유대인 대신 축복받음

마태복음 21 : 33～46에 나오는 악한 포도원 농부의 비유에서도 같은 사상이 나타난다. "그러므로 내가 너희에게 이르노니 하나님의 나라를 너희는 빼앗기고 그 나라의 열매 맺는 백성이 받으리라."(21 : 43)고 하여 하나님 나라의 축복이 이스라엘 백성으로부터 이방인에게로 옮겨질 것을 암시하고 있다.

6) 나중된 자가 먼저 됨

마태복음 20 : 1～16에서 "나중 된 자가 먼저 되고, 먼저 된 자가 나중된다."(20 : 16)는 말씀도 그런 맥락에서 해석될 수 있다.

7) 이방인의 고백

마태복음 마지막 부분에서 로마인 백부장, 즉 이방인의 입으로 "이는 진실로 하나님의 아들이었도다."(27 : 54)라는 고백을 한 기사를 보여 주는데 누가는 "이 사람은 정녕 의인이었도다."(눅 23 : 47)라고 표현한 데 비하면, 마태복음 기자가 훨씬 이방인의 신앙을 높이 표현하고 있는 것으로 보인다.

8) 복음이 만민에게

마태복음에는 "이 천국 복음이 모든 민족에게 증거되기 위하여 온 세상에 전파되리니 그제야 끝이 오리라."(24：14)고 했고, 다시 십자가 처형 직전에 제자들에게 "내가 진실로 너희에게 이르노니 온 천하에 어디서든지 이 복음이 전파되는 곳에는 이 여자의 행한 일도 말하여 저를 기념하리라."(26：13)고 했고, 끝으로 28：19에 나타난 대로 "그러므로 너희는 가서 모든 족속으로 제자를 삼아 아버지와 아들과 성령의 이름으로 세례를 주고"라는 말씀을 한 것으로 기록하고 있다. 이렇게 볼 때 마태복음은 확실히 세계주의적 사상을 가지고 있으며 그 점을 강조하고 있는 것으로 나타난다.

이상의 실례들을 통해서 볼 때 확실히 마태복음 기자는 유대인 크리스천 독자들에게 자기 반성을 주고 책임감을 넣어 주려는 의도가 있었다는 것을 볼 수 있으며, 또 이방인 신자들에게도 꼭 같이 자기들의 신앙의 정당성과 아울러 세계선교의 열의와 사명의식을 가지게 했을 것이다.

3. 마태복음의 교육적 관심

마태복음 기자는 "내가 너희에게 분부한 모든 것을 가르쳐 지키게 하라"(28：20)는 예수님의 말씀을 기록하면서 '가르치는 일'과 '지키게 하는 일'을 새삼스럽게 부각시키고 있다. 즉 그 기자는 예수를 믿기는 믿되 바로 믿지 못하고 부분적으로 믿는 신도들에게, 또는 새신자들에게 특히 유대인 크리스천들에게 어떻게 해서든지 조리 있게, 조직적으로, 그리고 기억하기 좋게 다시 말해서 교육적으로 묘사해 주려는 생각을 가지고 그가 얻은 자료들을 나름대로 배열하고 있다. 즉 유대인들의 기질, 습관, 관례에 맞추어, 그리고 그들에게 더욱 올바른 신앙을 넣어 주기 위해서 자기 나름의 신앙적 해석을 붙여서 예수의 생애를 묘사해 준 것이다.

1) 5경을 닮고, 교차대칭구조를 사용함

마태복음 기자는 우선 복음서 전체의 구조를(위에서 언급한 대로) 유대인 독자를 감안해서 구약 5경을 염두에 두고 다섯 대목으로 나눌 수 있도록 구상한 것을 볼 수 있다. 그뿐 아니라 그것이 전체적으로 교차대칭구조를 이루게 했다. 그것을 도표로 그려 본다면 아래와 같다.

1~4장 : 예수의 탄생과 출현
5~7장 : 산상설교
8~9장 : 예수의 이적
10장 : 사도들에게 준 설교
11~12장 : 유대인들이 예수를 배척함
13장 : 천국비유 설교
14~17장 : 제자들이 예수를 환영함
18장 : 교회에 관한 설교
19장 : 예수의 권위와 초대
23~25장 : 말세에 대한 설교
26~28장 : 예수의 수난설화

2) 제목별로 모음

마태복음 기자는 예수의 사건이나 말씀들을 제목별로 모아 놓음으로써 신도들이 알기 쉽게, 또는 기억하기 쉽게 했다. 예컨대 마태복음 5~7장에 나오는 산상설교는 예수께서 산에서 단번에 다 하신 설교는 아니지만, 그가 여기저기서 하신 설교의 말씀 중 가장 귀하고 또 그래서 계속 남아 있는 것들을 한 묶음에 조리 있게 묶어 놓은 것이다. 누가복음과 비교하면 확실히 그렇다는 것을 느끼게 된다. 또 13장의 비유들도 예수께서 단번에 한 곳에서 다 말씀하신 것이 아니고 다만 저자에 의해서 한 곳에 모아진 것이다. 8~9장의 이적도 그렇고, 교회에 대한 설교(18장), 종말에 관한 설교도 그렇다고 볼 수 있다.

3) 둘, 셋, 다섯, 일곱 등 수에 맞춤

위에서 말한 바와 같이 둘, 셋, 다섯, 일곱이라는 숫자에 맞도록 사건들을 또는 말을 조직해 놓은 것도 교육적으로 효과 있게 하려는 저자의 의도가 있다고 본다.

4) 예수교훈에 관심을 기울임

마태복음의 특색 중의 하나가 예수의 교훈이 많이 들어 있다는 사실이다. 특히 마가복음에 비교하면 엄청나게 많다. 마태기자는 예수의 인격을 믿고 구원을 얻을 뿐 아니라 신도들이 예수의 말씀에 따라 살아야 한다는 것을 느끼고 강조하기 위해서 예수의 가르침을 많이 모아 소개하고 있다. 즉 삶에 있어서 그리스도인으로서 그리스도가 주신 새 율법을 따라야 하기 때문에 그 법을 소상히 가르치려고 노력한 것이다. 동시에 그 당시 바리새인이나 기타 일반 불신 유대인들의 율법주의, 형식주의와는 다르게 참된 율법 즉 사랑을 바탕으로 하는 참 법을 가르쳐 하나님 나라를 건설하는 데 이바지하려고 한 것이다. 믿기만 하면 된다고 생각하는 율법무용론자들이나 행하기를 게을리 하는 신도들에게 구체적인 행동강령과 실제로 행함이 없을 때 어떤 심판이 있다는 것을 밝혀 그 당시 교회로 하여금 참된 교회가 되게 하려는 교육적 의도가 있었던 것 같다.

Ⅳ. 마태복음 저자의 몇 가지 중요한 의도

1. 마태복음 저자는 예수를 그리스도, 하나님의 아들, 구주로 믿는 사람으로서 그 신앙은 변함이 없다.

마태복음 저자는 신앙을 하루바삐, 그리고 할 수 있는 대로 많은 사람에게 전하고자 하는 열정이 불타는 사람이었다. 아마도 그는 불철주야 그 일을 열심히 하고 있었을 것이다. 이제 그가 복음서를 새삼스럽게 써야만 했던 이유가 있었을 것이다. 예수의 복음이 구두로 도처에서 전달되고 있고, 단편적으로 문서화된 것들도 있고 특히 마가복음이 널리 읽혀지고 있던 것도 사실이지만, 마태복음 기자의 마음은 무엇인가 크게 충동을 받고 도저히 그냥 있을 수가 없었다. 그가 대상으로 하는 유대인 크리스천들에게 특수하게 해야 할 말, 그들에게 가장 적절한 복음이 필요하다고 느꼈던 것이다. 즉 전통적으로 유대인 크리스천들이 믿어 오고, 가지고 내려온 예수의 복음이 마태의 입장에서 볼 때 무엇인가 첨가되어야 하고 해석을 달리해야 한다는 생각이 들었기 때문이다.

우선 마태는 예수를 소개하는 것이 가장 큰 목적이었다. 그런데 이미 마가복음이 있고, 기타 전통적 이야기와 해석이 있지만 1세기 4/4 반기에 접어든 유대인 크리스천 사회에서는 이제 보다 더 정리된 그리스도관이 필요했던 것이다. 그래서 마태복음 기자는 마가복음의 그리스도의 모습을 거의 받아들이면서 좀더 발전된 기독론을 소개하려고 한다. 마가복음에서 보여 준 예수님도 물론 하나님의 아들로서 신적 권위와 능력의 소유자이시고 사사건건 사람을 놀라게 하고 결국 하나님의 아들로 입증이 될 만한 분으로 나타나셨지만, 그래도 마가복음에서는 예수의 인성면이 그대로 나타나면서 그의 감정적 표현이라든가, 몰라서 묻는다든가 등의 행동의 제한성 등이 나타나 있다. 그것은 물론 사실대로이며 또 인성을 입으신 하나님이시기에 인성 면이 그대로 나타나야 하는 것이 옳은 일이다. 그러나 얼핏 잘못 생각할 때에는 예수의 권위나 능력이 모자라는 것이 아닌가 하는 오해도 일으킬 수 있는 것이다. 그래서 마태는 그가 가진 자료를 조금씩 수정하면서 그 시대에 성도들이 가졌던 발전된 기독론을 적용하면서 예수의 언동을 묘사한다. 몇 가지 예를 들어 보자.

1) 선하신 예수

마가복음에서는(10：17-18) 어떤 부자가 예수께 달려와서 "선한 선생님이여, 내가 무엇을 하여야 영생을 얻으리이까?" 하고 물었을 때 예수님은 "네가 어찌하여 나를 선하다 일컫느냐? 하나님 한분 외에는 선한 이가 없느니라"고 대답하신 것으로 묘사되었다. 거기에 대해서 마태복음(19：16-17)에서는 예수께서 "어찌하여 선한 일을 내게 묻느냐? 선한 이는 오직 한분이시니라."고 묻는 것으로 나타난다. 이것은 곧 마가복음대로 읽을 때 예수는 선하지 않다는 느낌을 주겠기에 그런 오해를 피하게 하려고 동사 하나를 바꾸어 놓았다.

2) 사죄의 권세를 가지신 예수

중풍병자를 고치신 사건 묘사에 있어서 마가는(2：3-12) 예수께서 "네 죄가 사하여졌느니라."고 병자에게 말했고, 거기 앉아 있던 서기관들이 "오직 하나님 한분 외에는 누가 능히 죄를 사하겠느냐?"고 논의하는 것으로 그렸는데, 마태는 처음부터 그 구절을 빼고 단지 '참람하도다'라는 말을 남겨 놓았다. 여기서도 마태기자는 예수의 사죄의 신적 권위를 의심치 못하게 하려는 의도가 있었던 것으로 보인다(마 9：4).

3) 전능한 예수

마가복음 1：34에 의하면 "예수께서 각색 병든 많은 사람을 고치시며 많은 귀신을 내어 쫓으시되"라고 묘사되었는데, 마태복음 8：16에는 "말씀으로 귀신들을 쫓아내시고 병든 자를 다 고치셨다."로 하여 '말씀으로'와 '다'라는 말을 첨가하였다. 그리하여 예수의 권능이 얼마나 크시다는 것을 더욱 강조하고 있다. 신앙의 눈에 비친 예수님은 얼마든지 큰 권능을 나타내실 수 있는 분으로 보이는 것이 틀림없다.

4) 성전보다 더 크신 예수

안식일에 밀밭을 지나가시는 사건에 있어서도(막 2：23-28) 마태는 "성전보다 더 큰 이가 여기 있느니라."(마 12：6)는 말씀 등을 첨가하여 예수의 권위를 한층더 돋보이게 했다.

5) 왕으로 오신 예수

예루살렘 입성 광경(마 21：1-9)을 묘사하는 일에 있어서도 마태는 스가랴 9：9의 예언을 인용하여 구약의 말씀의 성취라고 간주한 점이라든가, 마가복음이나 누가복음에서는 나귀새끼 한 마리를 끌어왔고 예수께서 그 나귀새끼를 타시고 입성하시는 우스꽝스럽고 또는 전의(戰意)가 전혀 없는 평화의 왕을 상징케 했는데 마태에서는 어미나귀까지 끌어왔고 예수가 어미나귀도 타고 가시는 광경으로 확대하여 좀 더 권위 있는 모습으로 나타내고 있다. 영적으로 볼 때 비록 그가 나귀새끼를 탔을지라도 진실된 의미에서는 당당히 왕으로 입성하시는 것이 사실이기 때문에 마태의 해석이 그릇된 것은 아니다.

6) 통찰력과 권세를 가지신 예수

예수님의 수난 기사에 있어서 특히 마태복음 26：2, 25, 50, 53 등에서 마가의 묘사보다 예수님이 훨씬 더 돋보인다. 먼저 2절에서 마태는 예수께서 2일 후에 유월절이 오는데 그 날에 당신이 팔려서 십자가형을 당하리라는 것을 밝힌다. 앞의 일을 불을 보듯이 명확히 예고하시는 주님으로 묘사했다. 25절에서 예수님은 가룟 유다의 배신 행위를 눈으로 본듯이 투시하면서 "내니이까 랍비여" 하고 묻는 유다에게 "네가 말했느니라." 즉 그렇다는 명확한 대답들을 해주셨다. 이렇게 마태는 마가나 누가와 달리 이 대목을 삽입하여 예수의 능력을 더욱 나타내 보였다. 그리고 50절에서도 마태만이 예수를 잡으러 나온 가룟 유다를 향해 예수께서 "친구여 네가 무엇을 하려고 왔는지 행하라."고 말씀하신 것으로 기록하여, 만사를 다 아시고 초연히 운명을 기다리시는 모습을 그려내고 있다. 또 53절에서는 제자 중 하나가 제사장의 종의 귀를 쳐서 떨어뜨리는 폭행을 할 때 예수께서 "너는 내가 내 아버지께 구하여 지금 열두 영 더 되는 천사를 보내시게 할 수 없는 줄로 아느냐."고 하신 것으로 묘사했다. 이렇게 해서 예수의 능력과 권세를 돋보이게 한 것이다.

7) 임마누엘의 예수

마태는 다른 복음서와 달리 18：20과 28：20에서 예수께서 당신의 사람들과 항상 같이 계시겠다는 말씀을 하신 것으로 기록했다. 예수께서 살아 계시는 동안 그리고 부활하신 후에 마치 하나님께서 말씀하시는 것처럼 무소부재를 말씀하신 것은 역시 예수의 권세를 더 크게 나타내 보인 사건으로 간주할 수밖에 없다. "하늘과 땅의 모든 권세를 내게 주셨으니"(마 28：19)라는 말씀은 더욱더 예수의 권세를 높이는 말씀이 아닐 수 없다.

2. 마태복음은 율법에 대한 태도가 독특하다.

즉 마태복음 기자는 특별한 관심을 가지고 율법을 취급하고 있다. 위에서 말한 바와 같이 그렇게 할 수밖에 없는 환경에 도달했었을 것이다. 마태복음을 읽는 독자들의 처지는 이미 위에서 지적된 대로 율법을 형식대로만 지키고, 그렇게 문자적으로만 지키면 그만이라고 생각하는 경향이 있었던 바리새인들과, 또는 아예 율법을 반대하는 무용론을 주장하면서 믿음이면 그만이지 행함이란 필요가 없는 것처럼 생각하고 문란하게 사는 경향도 있었을 것이다. 그리고 마태복음의 기자가 일반적으로 예수의 말씀에 대해서 즉 그의 교훈에 대해서 구체적으로 아는 바가 별로 없고 떠도는 소리를 단편적으로만 듣고 있는 형편이어서 아직도 예수의 재림과 심판을 고대하는 신도들로서, 즉 말세에 처한 신도들과 교회가 어떻게 구체적으로 살아야 하는가를 가르쳐야만 할 필요성을 느꼈던 것으로 보인다. 그래서 마태복음 기자는 마가복음 이외에 또 다른 자료(Q)에 접하고 또 자기 나름으로 수집한 자료 등을 토대로 해서 조직적으로 가르쳐보려는 목적을 가지고 그의 복음을 썼다고 본다.

1) 율법의 필요성을 강조함

우선 마태복음 5 : 17에 의하면 예수께서 "내가 율법이나 선지자나 폐하러 온 줄로 생각지 말라. 폐하러 온 것이 아니요 완전케 하려 함이로라."고 말씀하신 것으로 되어 있다. 어떤 사람들은 예수가 율법이나 예언자들을 능가하고 초월하므로, 이제 예수시대가 왔으니 구약은 다 소용이 없다고 생각하는 사람들이 있었던 것 같다. 마태복음 기자는 그런 경향을 막기 위해서 예수님 말씀을 일부러 끌어다 댄다. 율법이나 예언자들 즉 구약이 무용한 것이 아니라 그것을 잘못 알고, 잘못 해석하고, 문자적으로, 피상적으로 아는 것이 문제라는 것이다. "…… 천지가 없어지기 전에는 율법의 일점일획이라도 반드시 없어지지 아니하고 다 이루리라."(5 : 18)라는 말을 첨가하여 율법이 귀하고 결코 폐지되어서는 안 될 것이라고 강조한다. 그리고 마태복음 5 : 19~20에서 서기관이나 바리새인들보다 기독교인의 의가 나아야 한다고 강조한다. 여기서의 의는 법을 지키는 일을 가리킨다고 본다면, 서기관들과 바리새인들이 율법을 꼬박꼬박 지키는 것이 사실이지만 그들은 문자적으로, 형식적으로 지키고, 때로는 자기들의 편리와 유익을 위해서 율법을 교묘하게 왜곡시켜 지키고 있었다. 그렇다면 기독교인은 예수를 믿으니 아예 율법은 도외시해도 된다고 생각할 것인가? 하는 것이다. 거기에 대해서 마태복음 기자는 예수님의 말씀을 끌어다가 기독교인들은 좀더 근본적인 의미에서 율법의 정신을 바로 알아서 참되게 지켜야 하고, 그 점에서 서기관이나 바리새인들보다 나아야만 천국에 들어갈 수가 있다고 설명한다. 그러면서 5：21～48에서 법정신을 대조해 준다. 서기관들과 바리새인들은 말만 하고 행하지는 않으니(마 23：3), 형식도 불필요한 것이 아니라 그것도 행하되 그 정신 즉 정의, 자비, 신의도 담아서 행해야 할 것을 가르치면서(마 23：23), 율법을 철저히 준수할 것을 명했다.

2) 율법의 정신인 사랑을 강조함

누가복음 16：16에 의하면 "율법과 선지자는 요한의 때까지요, 그 후부터는 하나님 나라의 복음이 전파되어 사람마다 그리로 침입하느니라."고 하여 누가는 세례 요한에서 구약을 마감하는(11：12－13) 것으로 예수님의 말씀을 소개했는데 마태는(11：12－13) 모든 선지자와 및 율법의 예언한 것이 요한까지니"라 표현함으로써 율법이나 예언이 끝났다는 느낌을 해소하였다. 그리고 황금률을 말한 다음에 "……이것이 율법이요, 선지자니라."(마 7：12)는 말을 첨가하여 율법은 살아 있음을 보여 준다. 유독 마태만이 22：40에서도 가장 큰 계명을 가리켜 "이 두 계명이 온 율법과 선지자의 강령이니라."는 결론을 붙임으로써 율법을 그 사랑의 정신을 가지고 계속해서 행해야 할 것을 암시해 주었다.

3) 율법의 실천을 강조함

이미 언급한 대로 마태는 율법의 계속적 타당성을 강조하되 사랑이라는 근본정신(22：40), 남을 자기같이 생각하는 마음으로 할 것(7：12), 그리고 정의, 자비, 신의의 정신(23：3)으로 할 것 등, 율법의 근본 바탕과 정신을 알아서 실천할 것을 강조한다. 거듭 강조하는 것은 말로만 아니라 실제로 법대로 행하라는 것이다. “나더러 주여 주여 하는 자마다 천국에 다 들어갈 것이 아니요, 다만 하늘에 계신 내 아버지의 뜻대로 행하는 자라야 들어가리라.”(마 7：21)는 말씀대로 행함을 강조하고 있다. 특히 25：31～46에 나오는 천국 비유에서 나타난 바와 같이 말세를 살아가는 크리스천이 그리스도를 섬기는 정신으로 세상에서 선을 행하는 그 행함이 결정적으로 미래를 좌우한다는 것을 강조하고 있다.

3. 제자들을 높여 줌

마태복음은 예수님의 제자들 특히 베드로에 대한 변명 내지는 옹호 또는 높여 주는 작업을 하고 있는 것을 볼 수 있다. 특히 마가복음에 나타난 제자상에 비교하면 마태는 제자들을 아주 훌륭한 경지에 있는 사람들로 묘사한 것을 볼 수 있다. 몇 가지 예를 들어 보자.

1) 씨뿌리는 비유(13：1 ff)

씨뿌리는 비유(13：1－17)를 소개한 후 제자들의 무지를 지적한 마가복음의 구절을 마태는 생략했다. 즉 “너희는 이 비유를 알지 못할진대 어떻게 모든 비유를 알겠느뇨”(막 4：13) 하는 예수님의 비평적 말씀이 사라졌다. 이렇게 해서 제자들이 무지하고 깨달음이 없는 자라는 인상을 제거시킨 것이다. 게다가 마태는 13：16～17을 별도로 첨가한다. “그러나 너희 눈은 봄으로, 너희 귀는 들음으로 복이 있도다. 내가 진실로 너희에게 이르노니 많은 선지자와 의인이 너희 보는 것들을 보고자 하여도 보지 못하였고, 너희 듣는 것들을 듣고자 하여도 듣지 못하였느니라.”고 함으로써 제자들은 축복받은 자들임을, 그리고 특권을 얻은 자들임을 밝혔다. 그리고 13：51에는 “이 모든 것을 깨달았느냐 하시니 대답하되 그러하오이다.”라는 구절을 첨가함으로써 제자들은 완전히 깨달음에 도달한 자로 묘사하고 있다.

2) 물 위를 걸으신 사건(마 14 : 22-23)

마태는 예수께서 물 위로 걸어가신 사건에서 마가복음에 나타난 "이는 저희가 그 떡 떼시던 일을 깨닫지 못하고 도리어 그 마음이 둔하여졌음이러라"(막 6 : 52)는 말을 삭제함으로써 제자들의 무지를 가려 주려고 한 것 같으며, 마태는 오히려 "배에 있는 사람들이 예수께 절하여 가로되 진실로 하나님의 아들이로소이다 하더라."(마 14 : 33)는 표현을 씀으로써 제자들을 올바른 신앙의 소유자이며 모범적인 존재로 부각시켰다.

3) 변화 산 사건(마 17 : 1-13)

변화 산 사건에서 "저희가 이 말씀을 마음에 두며 서로 문의하되 죽은 자 가운데서 살아나는 것이 무엇일까"(막 9 : 10)라는 마가복음의 구절과 "이는 저희가 심히 두려워하므로 저가 무슨 말을 할런지 알지 못함이더라."(막 9 : 6)는 구절을 삭제하였다. 두 번째 수난 예고 후에 "그러나 제자들은 이 말씀을 깨닫지 못하고 묻기도 무서워하더라."(막 9 : 32)는 구절을 마태는 뺐다. 베드로의 신앙고백이 나오기 전에 마가복음에는 "아직도 알지 못하며 깨닫지 못하느냐"(막 8 : 17)는 구절이 있는데, 마태복음에는 오히려 "그제야 제자들이…… 깨달으니라."는 구절을 삽입한다. 변화 산 사건에서도 마태는 제자들의 깨닫지 못함을 덮어 두고 "그제야 제자들이 깨달으니라."(17 : 13)는 말을 첨가한다.

4) 야고보와 요한의 간청(마 20 : 20-28)

마가복음 10 : 35에 의하면 예수의 세 번째 수난 예고가 있은 직후에 제자인 야고보와 요한이 예수께 직접 나아가, 주께서 영광받으실 때에 자기들이 주님의 오른편과 왼편에 각각 앉게 해달라는 요청을 했고, 따라서 그들의 무지와 이기심을 폭로하였다. 그런데 마태복음 20 : 20~28에서 기자는 야고보와 요한 대신 그들의 어머니가 그런 간청을 한 것으로 수정했다. 거기에는 야고보나 요한의 이름조차 나타내지 않고 단지 '세베대의 아들의 어머니'라는 식으로 표현하여 가급적이면 제자들의 명예를 옹호하려는 노력을 보여 준다(마 20 : 20-28).

5) 풍랑을 잔잔케 한 사건(마 8 : 23-27)

풍랑을 잔잔케 한 기사에 있어서 마가복음 4 : 38에는 제자들이 예수를 '선생님' 하고 부른 대신 마태복음에는 '주님' 하고 부른 것으로 나타내어 제자들의 신앙을 돋보이게 했으며, 마가복음에서는 "우리의 죽게 된 것을 돌아보지 아니하시나이까?"라고 불평스러운 어투로 기록되었는데, 마태는"그 제자들이 나아와 깨우며 가로되 주여 구원하소서, 우리가 죽겠나이다."(8 : 25)라고 함으로써 제자들의 믿음을 다소 나타내고 있다. 그리고 예수님의 반응도 마가복음에는 "어찌 믿음이 없느냐"(4 : 40)인데 마태복음에는 "믿음이 적은 자여"(8 : 26)로 되어 있다. 그리고 결론 부분에서도 마가복음에는 "저희가 심히 두려워하여 서로 말하되, 저가 뉘기에 바람과 바다라도 순종하는고 하였더라."(막 4 : 41)고 제자들이 말하는 것으로 되어 있는데, 마태복음에는 그 말이 제자들이 아닌 다른 사람들의 반응으로 나타내어 제자들을 좀더 미화하고 있다.

6) 하늘나라에서 가장 위대한 자(마 18 : 1)

예수께서 두 번째 수난예고를 했을 때 제자들이 서로 누가 더 높으냐고 다툰 이야기가 마가복음 9 : 33~37에 나오는데, 마태는 그것을 수정하여 "……천국에서는 누가 크니이까?"(18 : 1)라는 질문으로 바꾸어 그들의 이기적 모습을 가려 준다.

7) 어린이들을 환영하는 제자들(마 19 : 13-15)

마가복음 10 : 13~16에는 사람들이 예수의 만져 주심을 바라고 어린 아이들을 데려올 때 제자들이 꾸짖었고 예수께서는 '분히 여기신'것으로 나타난다. 마태복음에는 '분히 여겨'라는 말을 빼어 버림으로써 예수님과 제자 사이의 상충된 관계를 보이지 않으려고 했다(19 : 13-15).

8) 5천 명을 먹이신 사건에서(마 14 : 13-21)

5천 명을 먹인 사건을 마가복음에서는 예수께서 제자들에게 먹을 것을 주라고 하셨을 때 제자들은 통명스럽게 "……우리가 가서 이백 데나리온의 떡을 사다 먹이리이까?"(막 6:35-44) 하고 대답했다고 했으며, 마태복음에서는 아예 이러한 제자들의 대답을 삭제해 버림으로써 제자들의 모습을 어느 정도 미화하고 있는 것이 사실이다(마 14:13-21).

4. 베드로에 대한 마태복음이 취한 특별한 태도

1) 마가복음에서 나오는 열두 제자의 명단을 옮겨 쓰는 과정에서 마태는 베드로의 이름 앞에 '첫째로'라는 말을 덧붙인다(10:2). 사소한 첨가일지 모르지만 이것으로써 베드로가 수제자라는 사실을 강조하고 있다. 이것은 마태복음에서만 발견되는 현상이다.

2) 마태는 예수께서 물 위를 걸으신 사건을 묘사할 때 베드로까지도 잠시나마 물 위를 걸은 것으로 나타내고 있다(14:28-30). 이렇게 예수만이 할 수 있는 일을 비록 잠깐이지만 베드로도 할 수 있었다는 사실을 밝힘으로써 베드로를 부각시키고 있다.

3) 마가복음(8:27-30)에는 베드로의 신앙고백이 있은 후 베드로를 칭찬하는 기사가 없는데 마태복음(16:17-18)에는 "……바요나 시몬아, 네가 복이 있도다. 내가 이 반석 위에 내 교회를 세우리라."는 말씀으로 축복선언을 하셨고, "내가 천국 열쇠를 네게 주리니 네가 땅에서 무엇이든지 매면 하늘에서도 매일 것이요, 네가 땅에서 무엇이든지 풀면 하늘에서도 풀리리라."(16:19)고 특수한 권한을 베드로에게 주신 것으로 묘사했다. 마태복음 기자만이 이 대목을 첨가했고, 따라서 마태의 특별한 의도가 있다는 것을 알 수 있다. 즉 베드로를 부각시키려는 것이다.

4) 마태복음 17:24~27에 의하면 성전에 관한 이야기가 나오는데, 거기에 의하면 예수께서 유독 베드로를 통하여 성전세 문제를 해결하고 계신다. 베드로는 다른 제자들과는 달리 독특하게 예수와 밀접한 관계가 있었던 것을 나타내 준다.

5) 마가복음 8:33에서는 예수께서 '베드로를 꾸짖어'라고 표현했지만, 마태복음에서는 '예수께서 베드로에게 이르시되'로 부드럽게 고쳐서 표현했다(마 16:23).

6) 베드로가 세 번이나 예수를 부인한 후에 '울었다'(막 14 : 72)는 간단한 표현을 마태는 '심히 통곡하였다'(마 26 : 75)로 고침으로써 베드로 회개의 철저성을 보여 준다.

7) 예수께서 베드로의 부인을 예고하셨을 때 '베드로가 힘 있게 말하되'(막 14 : 31)라고 마가는 말했는데 마태는 그것을 약화하여 '베드로가 가로되'(마 26 : 35) 정도로 수정하고 있다.

이상과 같은 사실이 무엇을 의미하는가 하는 것이 문제이다. 마태복음 기자는 어떤 의미에서 이렇게 제자들, 특히 베드로를 미화했어야 했는가 하는 것이다. 그것은 틀림없이 그 당시 교회의 형편을 감안하였고, 교회의 유익을 위해서였다고 본다. 여기에 대해서 김득중 교수는 P. F. Ellis의 말을 빌어서 이렇게 말한다. "마태는 마가와는 달리 예수께로부터 예수께서 명한 것을 가르칠 임무를 부여받은 제자들이 (마 28 : 20) 그들이 전하고 가르쳐야 할 메시지를 완전히 잘 이해하고 있었음을 강조할 필요가 있었을 것이라고 생각할 수 있다." 마태의 이런 의도는 제자들이 예수의 교훈을 가르쳐야 할 합법적인 대표자들이기 때문에 그들을 이상적인 모습으로 그려 주어야 할 필요성에서 생겨났을 수도 있다고 보아야 한다.

5. 교회에 대한 관심

마태복음의 특색 중의 하나가 교회라는 낱말이 유달리 나타난다는 사실이다. 이 말이 16 : 18과 18 : 17에 세 번 사용되었는데, 마태복음 기자는 확실히 교회에 대한 관심을 가지고 복음서를 쓰고 있는 것이 분명하다. 마태의 교회가 새 상황에 처하여 특별한 교훈과 지시를 받아야만 할 특수 상황에 있었을 것이다. 예수를 믿기는 하지만 예수에 대한 확실한 조직적인 지식을 가지지 못하고 있어서, 좀더 성숙한 신앙을 위해서는 예수님을 명확히 가르쳐 주어야 할 필요성이 있었을 것이다. 그래서 요령 있게, 제목별로 배열해서 암기하기 쉽고, 알기 쉽게 예수를 소개하려고 했다. 그리고 그 당시 교회가 바리새인들의 회당과 대립한 관계에서 율법에 대하여 의견이 다르고 또는 바울의 영향을 잘못 받아서 율법에 대한 오해를 하고 있기 때문에 그런 면에서 교회생활 중에 여러 가지 실제 문제가 야기되어 어떻게 해결해야 할지 모르는 처지에 있었기 때문에 목회상의 실제 문제를 예수님의 말씀을 가지고 해결해 주려는 의도도 있었던 것 같다(예컨대 18장).

뿐만 아니라 이제는 유대인만의 교회가 아니라, 아니 유대인들은 오히려 예수를 배척하는 실정에서 아브라함의 자손은 과연 혈육의 자손만인가? 그런 것이 아니라 믿음으로 아브라함을 신령한 조상으로 모시는 자는 다 그의 자손이 아니겠느냐, 즉 교회야말로 유대인이든 이방인이든 아브라함의 후예의 공동체라는 사상을 가지게 된 것 같다. 즉 교회존재의 타당성을 보여 주며, 예수께서 베드로의 신앙을 토대로 해서 권위 있게 세워 주신 것이 교회라는 사실을 밝혀 교회의 존재기원과 그 권위를 확실히 보여 주며, 이제는 유대라는 국가나 민족을 초월하여 세계를 상대로 하는 교회가 되어야 한다는 보다 높은, 그리고 성숙한 신앙을 가지게 하려는 것이다.

V. 결 론

우리는 마태복음을 공부하면서 아래와 같은 몇 가지를 목표하고 또 주목을 하면서 읽고 연구해야 하겠다.

1. 예수의 정체를 바로 파악하자.

무엇보다도 예수를 만나야 한다. 특히 마가복음에서 보여진 예수와 비교하면서 어떤 점을 마태가 강조하고, 어떤 점을 첨가하고, 어떤 모습을 그려 주었는지를 알아보아야 한다. 마태복음에서는 예수님의 권위와 능력을 더 강력하게 투시하고 있으며, 유대인의 왕으로 오셨을 뿐 아니라 구약의 율법과 예언을 성취하신 메시야로 오셨고 마침내는 온누리의 주로 오셔서 세상 끝날까지 교회와 같이 계시는 주님으로 부각시켰다.

2. 교회의 현실과 직결된 예수

마태는 그 당시 교회에 관심을 두고 현실에 있어서 예수와 교회의 관계를 예리하게 판단하였다.

현실의 교회의 처지를 예리하게 분석하고, 그러한 상황에 있어서 예수가 어떤 분이고, 어떻게 가르치시고 말씀하실 것인가를 판단하여 복음을 기록한 자로서 훌륭한 말씀의 청지기 역할을 해냈다고 본다.

1) 교회의 지도자들을 존경해야 할 것을 알아 제자들의 권위를 높여준 일을 볼 때 교회의 질서를 존중하고, 교회의 가르침이 흔들리지 않고 권위 있게 흐르도록 하는 일이 얼마나 중요하다는 것을 깨달아야 할 것이다.

2) 율법주의, 형식주의, 문자주의로 흐르는 바리새 사상을 배척하고, 그리스도의 사랑과 정의와 긍휼과 진실의 근본적인 윤리를 내세운 새로운 윤리적 각성을 주목해야 한다.

3) 말만 하고 행함이 없는 교회생활을 시정하며 행함이 있는 신앙을 강조한 사실을 착안하자.

4) 교회교육의 필요성을 절실히 느끼며 마태의 세심한 노력과 배려와 그의 방법들을 배워야 하겠다.

5) 마태는 남달리 예수의 가르침을 많이 소개하였다. 그리스도인들이 그를 믿어서 구원을 받아야 하는 것은 물론이지만, 세상에 사는 동안 예수의 교훈을 잘 기억하고 그대로 행하는 생활이 중요하다는 사실을 강조해야 한다. 그것이 자신의 최후 심판과도 관계가 있고 더욱 선교에 크게 관계되기 때문이다.

3. 천국에 대한 인식

우리는 마태복음에서 천국 사상이 얼마나 예수의 중심적인 사상인가를 발견해야 한다. 마태복음 구조에 있어서 천국 비유가 교차대칭구조의 중심이 되어 있을 뿐 아니라 도처에 천국의 비유가 가득 차 있다. 천국이 무엇이며, 천국이 어째서 그토록 중심이 되는 사상인가 찾아보아야 한다.

4. 교회지도자의 권위 보장

교회가 하나의 제도로 세상에 존재하고, 그 제도 속에서 지도자(교직자 혹은 교역자)의 위치는 매우 중요한 것이기 때문에 지도자들의 권위를 인정하고 또 그들의 말을 복종하고 따라야 한다는 사실을 이 복음에서 배워야 할 줄 안다. 지도자들도 인간이기에 과거에 약점이 있었고, 현재도 있을 수도 있지만, 교직자들과 교회는 주님께로부터 매고 또 푸는 권세를 받은 자들이기 때문에 그 권위를 유지하는 동시에, 그 권위가 헛된 것이 아니기 위해서 그 만큼 성화하고 실제로 존경받을 만한 행실을 갖추도록 노력해야 한다는 교훈을 얻어야 할 것이다.

5. 임마누엘을 실감하자.

그러나 무엇보다도 우리는 마태복음을 읽으면서 구절구절, 대목대목에서 살아 계셔서 오늘도 능력 있게 역사하시고, 권능의 말씀으로 가르치시고, 언제 어디서나 우리와 함께 하시는 임마누엘 하나님의 아들을 만나서 그를 배우고 그를 따르고 복종할 수 있어야 한다.

□ 토의문제

1. 마가복음과 마태복음을 비교할 때 그 차이가 어떤 것인가?
2. 마태복음에 나타난 예수상의 특징이 무엇인가?
3. 마태복음 저자가 자기 형편과 처지를 감안해서 복음을 나름대로 썼다면 우리들의 입장(오늘의 우리의 현실)에서는 예수님의 어떤 편이 강조되어야 하는가?
4. 한국교회와 바리새주의를 비교해 보자.
5. 한국교회가 교회교육에 있어서 예수를 어떻게 가르치고 있는지 검토해 보자.

□ 참고도서

김득중, 「복음서신학」, 서울 : 컨콜디아사, 1985.

David Hill, *The Gospel of Matthew*, Grand Rapids : Wm. B. Eerdmans Publishing Company, 1981.

Edward Schweiger, *The Good News According to Matthew*, Atlanta : John Knox Press, 1975.

누가복음

I. 저자 문제

다른 복음서들과 마찬가지로 누가복음을 쓴 사람이 누구냐 하는 문제는 아무도 확답을 할 수 없는 것이다. 복음서의 내증이 없다. 즉 누가복음 자체 내에 그 글을 누가가 썼다고 증명해 주는 것이 없다는 말이다. 그러나 교회의 전통은 바울의 동역자 의사 누가의 글이라고 말해 주고 있으며, 여러 면에서 그가 적절한 기자라는 느낌을 주는 것이 사실이다(골 4:14, 딤후 4:9-12).

1) 누가가 저자라고 볼 때, 그는 헬라인이었으므로 히브리인이 외국어인 헬라어로 글을 쓰는 것보다는 누가가 자기 나라 말로 어휘를 구사하는 문제나 문장을 쓰는 일에 있어서 더 풍부하고 더 세밀한 표현을 할 수 있을 것이다. 누가복음과 그 후편이라고 보이는 사도행전을 원어대로 보면 확실히 다른 복음서들보다, 그리고 신약성경의 여타의 책들보다 훨씬 어휘가 많고 문장이 섬세하고 복잡하고 표현들이 다양한 것을 발견하게 된다. 결국 헬라인인 누가가 자기 나라 말인 헬라어로 글을 썼기 때문에 그러한 결과가 되었을 것이라는 추측이 가능하

다.

2) 누가는 의사였기 때문에 일종의 과학자라고도 말할 수 있다. 과학을 한다는 것은 사물을 정확하게 보고 다룬다는 말이 된다. 누가복음은 그 서론에서(1:1-4) 나타나는 바와 같이 보다 자세하고 정확하게 기록한다고 표방하고 나오는 것을 보든지, 다른 복음에 나타나지 않는 많은 것들을 소개하고 있는 점이라든가 기타 예수를 해석하는 일에 있어서도 퍽 예리하다는 사실을 보아서도 의사였던 누가의 저술일 것이라고 짐작하게 한다.

3) 그리고 누가복음에나 사도행전에는 의학적인 술어들이 많이 나타난다는 사실이 역시 누가를 유력하게 만든다(눅 4:38 비교 마 8:14, 막 1:30, 눅 5:12 비교 막 1:40, 마 8:2, 행 3:7, 눅 8:43 비교 막 5:26 등).

4) 누가가 바울을 따라다니면서 전도하고 여행을 했기 때문에 바울에 대한 자료를 풍부히 가지고 있었고, 바울이 가이사랴에 감금되어 있던 2년간 팔레스타인에서 머무는 기회를 누가는 절호의 기회로 여겨 예수에 대한 많은 지식을 얻을 수 있었을 것이므로 누가복음에서 예수의 생애를, 그리고 사도행전 전반부에서 베드로나 기타 사도들의 이야기, 그리고 특히 후반부에 나오는 '우리' 부분을 엮을 수 있는 가장 적절한 인물이 아니겠는가 하는 결론에 도달한다.

5) 끝으로 누가복음과 사도행전에 나타나는 내용으로 보아 즉 이방인들을 향한 글, 보편주의 정신을 강조하는 대목들과 표현들이 많은 것을 보아 이방인이 쓴 글이겠다는 생각을 하게 되며, 따라서 이방인 크리스천이었던 누가가 적절한 저자가 아니겠느냐 하는 심증을 얻게 된다.

Ⅱ. 누가복음과 사도행전의 관계

현행 신약성경에는 누가복음이 복음서 중에 끼어 있고 사도행전은 따로 복음서 뒤에 나오고 있다. 그것은 편의상 그렇게 했을 뿐, 실로 누가가 누가복음과 사도행전을 하나의 작품으로 쓰면서 누가복음을 전편, 그리고 사도행전을 후편으로 쓴 것이며 하나의 통일된 목적을 가지고 쓴 큰 작품의 상하권에 불과하다고 보는 것이 학자들의 정견이다. 누가복음과 사도행전의 첫 머리에 나오는 말을 종합해 볼 때 같은 독자 데오빌로에게 연속해서 보내어진 글들이라는 것과 누가복음과 사도행전이 연결되어 있다는 사실을 쉽게 발견할 수 있다. 누가는 거시적인 안목을 가지고 기독교 종교를 관찰하면서, 특히 예수 이후 시대를 사는 사람으로서 즉 교회시대, 성령시대를 사는 사람으로서 예수와 교회의 관계가 어떤 것이며, 교회의 기초가 되는 예수에 대한 바른 이해가 절실히 요구되는 것을 느끼면서, 그 예수와 현실의 교회는 어떻게 연결되며, 그리스도의 밑에서 본 현실의 교회는 어떤 의미가 있고, 서로 어떤 관계에 있는가를 밝혀 보려는 생각이 들었던 것 같다. 즉 하나님께서는 역사를 구원하시려는 목적을 가지시고 옛날부터 행동하시며 역사하시는데, 구약시대와 예수와 교회시대는 어떤 관계에 놓여 있으며 하나님의 뜻이 어떻게 실현되고 있는 것인가 하는 생각을 하면서 크게 하나님의 구원의 역사를 관찰하고 해석해 보려는 의도를 가지고 복음서에서 예수의 생애를, 그리고 사도행전에서는 그것에 뒤이어 나오는 교회의 역사를 묘사하고 있는 것이다.

한스 콘첼만(Hans Conzelmann) 등 여러 학자들은 누가복음과 사도행전을 하나로 보면서 하나님의 구속사(Heilsgeschichte)의 입장에서 누가가 역사를 세 부분으로 나누고 있다고 주장한다. 세례 요한에서 끝나는 구약(이스라엘)시대, 예수시대, 그리고 교회시대로 나누며, 예수시대야말로 역사의 중심으로서 하나님께서 세상을 구원하시기 위해서 역사 속에 직접 들어오셔서 예수 안에 계신 시대로 보며, 그것으로 끝나는 것이 아니라 교회시대로 연결되면서 하나님의 구속의 역사는 끊임이 없이 연결되고 계속되어 나가고 있다는 사실을 사도행전을 통하여 묘사하고 있다는 것이다. 이렇게 볼 때 우리는 누가복음과 사도행전을 종전처럼 나누어서 공부할 것이 아니라, 같이 그리고 밀접한 상호관계 속에서 공부하는 것이 가장 적절한 일이라는 것을 깨닫게 된다. 하여간 누가복음은 복음서 중에서 제일 부피가 크고, 사도행전은 신약성경 중에서 가장 부피가 큰 책이며, 그 둘을 합하면 신약성경에 나오는 어떤 저자의 글보다도 제일 많은 분량을 차지하게 된다. 따라서 누가가 신약성경에, 그리고 기독교회에 이루어 놓은 공헌은 결코 무시할 수 없는 것임을 깨닫게 된다.

Ⅲ. 저술 동기와 경위

1) 포교적 목적

예수를 그리스도로, 하나님의 아들로, 구주로 믿는 신앙과 그 종교가 온 천하로 요원의 불길처럼 번져 나가면서 직면하는 우여곡절은 다양하고 이루 형언할 수 없다. 좋은 면에서는 기독교에 대한 인식이 점점 밝아지고, 정리되고, 체계화되는가 하면, 나쁜 면에서는 여러 가지로 교회와 그 신앙에 대한 곡해가 생기고 이단 사설들이 난무하면서 참된 신앙을 좀먹고, 파괴하고, 변질시키는 일도 비일비재하였다. 기독교가 로마제국 도처에 퍼져 나갈 때 우선 일반적으로 로마인들은 예수를 믿는 종교 즉 기독교를 무섭게, 또는 부끄럽게 여기거나 아니면 유대교의 일파로 생각하여 대수롭지 않게 생각하거나, 또는 반기독교적 유대인들의 악선전 때문에 기독교를 유해한 종교라고 생각하는 사람들도 많이 있었던 것 같다. 누가는 바울과 함께 갖은 고생을 겪으면서 선교에 동참했던 사람으로서 기독교가 하루바삐 온 천하에 널리 전파되기를 진심으로 갈망하는 터였으므로 어떻게 해서든지 기독교가 로마 정부의 박해나 간섭이나 적대시하는 일을 당하지 않고 순조롭게 전파되기를 고대하였던 것이다. 그래서 누가는 기독교가 로마 정부에 대해서 결코 손해가거나 국민생활에 조금이라도 좀먹는 종교가 아니라는 사실을 밝혀서 기독교 선교에 차질이 없이 하려는 생각을 우선했던 것 같다.

2) 정리된 그리스도상의 소개

누가는 또한 기독교가 우후죽순처럼 성장, 발전하면서도 그 신앙의 대답이 되는 예수 그리스도에 대해서 신도들이 알고 있는 것이 너무도 다양하고, 또는 단편적인데다가 때로는 너무도 왜곡되고 터무니없는 그릇된 말과 해석들이 유포되고 있는 것을 걱정했던 것 같다. 대개가 구전으로 전해져서 이 입에서 저 입으로 건너가는 중에 별별 해괴한 이야기들이 만들어져 가고 있었을 것이다. 다행히 마가복음이 주후 70년 즈음에 기록되어 사방에 알려지기 시작하였고, 그것의 사본들이 곳곳에 퍼져 나갔을 터이고, 또 그 밖에도 단편적으로 예수의 말씀이나 그의 행위에 대한 기록 문서들이나 이미 고정된 전승들이 유포되고 있어서 뜻있는 사람들은 자기들 나름대로, 그리고 필요에 따라 예수를 묘사해 보기도 했을 것이다. 그러나 누가가 오랫동안 바울을 따라다니며 이곳 저곳에서 모은 자료들을 통해 볼 때 예수에 대한 지식이 너무도 단편적이고, 너무도 진실에서 멀고, 삐뚤어진 것을 느꼈던 것 같다. 그래서 누가는 가급적 정확하고 포괄적인 예수를 그리려고 했다. 그러나 그는 예수를 본 적이 없고, 들어서 알고, 자료들을 통해서 아는 것 뿐이기에, 그리고 누가가 복음서를 쓸 때는 이미 주후 80년 이후였기에 예수에 대한 이야기나 그의 말씀들이 역사적인 연대적 사실과는 동떨어진 단편적인 것들이어서, 누가는 그의 신앙과 신학적인 주견을 가지고 그의 자료들을 엮어 나갈 수밖에 없었다.

3) 재림지연에 대처한 목회적 배려

누가가 주후 80년대 이후라는 특정 시대에 처한 이방 기독교도들에게 복음서를 쓴다고 볼 때, 몇 가지 특징적 상황을 생각해 볼 수 있다. 예수의 재림을 급박하게 고대하던 시대의 교회는 그 재림에 대한 소망 때문에, 즉 종말신앙을 가지고 언제나 마지막을 산다는 생활태도와 신앙을 가졌고 따라서 현실 생활에 대한 착실한 설계와 활동보다는 내세를 바라보고 예수 영접에만 골몰하고 있었던 것이다. 그러다가 주후 66년부터 큰 전쟁이 일어났고, 따라서 참으로 종말이 다가온 줄만 알았을 것이다. 그러나 주후 70년에 이스라엘은 깡그리 망하고, 성전은 파괴되고, 대망하던 예수님은 재림을 하지 않고, 때문에 교회는 신앙적으로 당황하게 되었고, 어떤 사람은 의심을 하고, 어떤 사람은 낙심하였던 것이다. 이러한 상황에 있는 이방인 교회를 향하여 누가는 예수를 새롭게 해석해 주어야 할 의무를 느꼈던 것 같다.

예수는 과연 누구이신가? 예수께서 당장에 재림을 안 하셨다면 언젠가는 하실 것이 아닌가? 그러면 그 때까지는 교회가 할 일이 무엇이며, 성도들의 생활태도는 어떠해야 할 것인가? 이렇게 종말에 대한 생각이 달라진 마당에 있어서 예수를 다시 한번 관찰하며 새로운 각도에서 해석해 볼 필요를 느끼게 된 것이다.

예수는 그 낱말 그대로 구주이신데 세상을 구원하시려고 오신 분이시라면, 실제 구주로서 하신 일이 무엇이며, 그 구원의 성격과 내용은 어떤 것일까? 등의 질문을 하면서 예수를 새롭게 묘사하려고 한 것이다. 하나님께서는 예수 사건을 일으키시고 그것으로 끝낸 것이 아니라, 예수 사건 속에서 인간 구속을 구체적으로 실시하시고 그 사건이 예수의 죽음과 부활과 승천으로 일단락이 되자, 다시 성령을 대신 보내시고 그의 사도들을 통하여 계속 그 사업을 진행하고 계시다는 사실을 착안하고 제2부에서 성령으로 임하신 하나님의 구속사임을 묘사해 나갔다. 그리고 이제 교회는 이미 예루살렘이나 유대라는 경계를 넘어서, 즉 유대인이라는 제한된 한 민족의 선을 넘어서 이방사회로 번져가고, 하나님의 뜻이 온 천하를 땅끝까지 다 구원하시려는 것이기에 누가는 이방사회로 날로 날로 확대되어 간, 그리고 끊임없이 번져 가는 기독교의 모습과 그 배후에서 역사하시는 성령의 움직임을 묘사하려고 한 것이다.

Ⅳ. 누가복음의 제 특징

1. 역사적 관심

누가복음은 그 서론(1：1-4)에서 다른 복음서와는 달리, 누구보다도 사실을 정확하게 기록하겠다는 의도를 밝히며 나온다. 그것은 위에서도 언급된 바와 같이 그 때까지 예수의 모습을 포괄적으로 묘사해 준 사람이 없었다는 것을 의미하며, 따라서 교회가 그것을 필요로 한다는 것을 저자가 느낀 것 같다. 즉 예수를 단편적으로만 알고 있으며, 마가복음이나 기타 자료(Q와 같은 것)가 예수를 부분적으로만 이야기하고 있기 때문에 보다 충실한 묘사가 필요하다고 느꼈다는 말이다.

그리고 급박한 재림을 기다리던 시대에는 예수에 대한 목격자들이 많이 살아 있어서 그들의 증언을 듣기만하면 그만이었던 것이다. 그러나 이제 시대가 지나고 목격자들도 거의 다 사라지고 교회는 계속 성장하고 발전해 나갈 때, 신앙의 절대적 대상이 되어 오는 예수 자신에 대한 보다 정확한 묘사가 절대로 필요하게 되었다. 그래서 누가는 책임감을 느끼면서 그 일에 착수하였고, 그것이 가치있는 일로 여겼던 것이다.

그러나 예수 부활 후 약 50여 년을 지내면서 예수에 대한 인식과 이해가 변질되어 간 것이 사실이다. 특히 헬라, 로마세계로 기독교가 전파되어 가는 중에 그들이 가지고 있던 사상과 문화의 영향을 받지 않을 수 없었던 것이다. 따라서 예수를 이해할 때에도 그들은 자기들의 전이해의 바탕에서 하려고 했고 따라서 예수의 신성만을 강조하고 그 인성과 역사성을 소홀히 하거나 부정하려는 경향으로 흘렀던 것이다.

특히 헬라의 이원론적 사고를 가지고 예수를 해석하려고 할 때, 예수가 하나님의 아들이시고 신성을 가지신 분이라면 이해가 되지만, 그가 동시에 사람이셨다는 사실을 납득하려 하지 않았다. 소위 영지주의나 가현설(Docetism)이 나타날 정도로 예수를 곡해하기에 이르렀다. 그러므로 누가는 그러한 경향을 물리치고 예수의 참 모습을 그려야 하겠다는 생각을 한 것으로 보인다. 그래서 누가는 예수를 하나님의 아들이요, 성령으로 잉태된 신성을 가지신 분이심을 강조하면서도 어디까지나 역사적 존재임을 확실히 하려고 노력했다. 그래서 고무풍선처럼 하늘로 떠오르려고 하는, 또는 둥둥 떠서 돌아다니는 예수의 모습이 아니라 확고히 발을 땅에 딛고 역사적 인물로 사셨던 존재이심을 보이려고 할 수 있는 대로 역사에다 끌어매어 놓으려는 노력을 했다. 그래서 다른 복음에서는 거의 볼 수 없는 역사적 기록법을 사용하고 있다.

예컨대 세상 역사의 연대에 요한과 예수의 생애를 맞추어 나갔다. 유대 헤롯시대에 사가랴라는 사람이 있었다는 이야기(눅 1:5), 로마 황제 아우구스도가 호적령을 내린 때, 즉 구레니오가 시리아의 총독으로 있을 때 요셉과 마리아가 베들레헴으로 갔다는 이야기(눅 1:5), 로마 황제 본디오 빌라도가 유대 총독이었던 때, 헤롯 안디바스가 갈릴리의 분봉왕이고, 그의 동생 빌립은 이두레아와 드라고나티스의 분봉왕이고, 리사디오가 아브레네 지방의 분봉왕으로 있던 때요, 종교적으로는 안나스와 가야바가 대제사장직을 맡고 있던 때에 하나님의 말씀이 세례 요한에게 나타나기 시작했다(눅 3:1-2)고 밝힌다. 이렇게도 정확하게, 그리고 물샐틈 없이 역사를 묘사함으로써 예수의 사건이 인간 역사의 특정 시점에서, 즉 역사의 일부분으로서 일어났다는 것을 강조하려 하고 있다. 예수를 역사에서 분리시켜 영적인 면만을 강조할 때 이미 그것은 기독교를 왜곡하는 일이 되며, 참 근원의 역사를 모호하게 하는 것이 된다. 즉 하나님이 실제로 사람이 되어 세상에 오셔서 인간의 운명을 살지 않으셨다면 그는 인간의 구주가 되실 수 없다. 기독교는 예수의 사실을 믿는 종교가 아닌가? 그래서 누가는 어디까지나 예수의 삶을 역사적인 사건으로 명백히 기록하려고 노력했다. 그렇다고 해서 누가복음의 기록들이 역사적 예수를 사진찍거나 녹음기에 수록한 것처럼 절대 사실적으로 묘사했다는 말은 아니다. 누가는 목격자가 아니고, 그가 가진 자료들도 간접적인 것들이기 때문에 그것은 불가능한 일이었다. 단지 누가가 선택하고 나열하는 자료들이 비록 실제 사건의 요약이요, 또는 소묘에 불과하더라도 역사 속에서 실제로 있었던 일들이었음을 강조하고 있다는 말이다.

2. 이방적 경향

누가 자신이 이방인으로서 예수를 믿고 구원을 얻었고, 또 바울을 따라다니면서 이방인을 위한 선교에 투신한 경험을 통하여 확실한 체험 속에서 복음이 유대인들만을 위한 것이 아니고 세계를 위한 것임을 확신한 까닭에, 누가는 예수를 소개하면서 특히 이방인을 독자로 설정하고서, 더욱이 로마제국 하에서 사는 모든 인민을 향해서 예수를 설명하면서 그야말로 인류 전체에게, 누구를 막론하고, 필요로 하는 구주이시라는 사실을 보여 주려고 의도했던 것을 느끼게 한다.

하나님께서 세상을 구원하시기 위해서 독생자를 보내실 때 사람의 몸을 가지고 오게 하셨으니 이 지구상에 탄생할 수밖에 없었다. 지구상에 태어나신다면 불가불 어느 한 지점에서 출생할 수밖에 없었다. 그 곳이 유대 땅 베들레헴이었지만 거기서 출생하셨다고 해서 베들레헴의 주님이거나 유대 땅의 주님만은 아니라는 말이다. 베들레헴 들에서 양을 치던 목자들에게 천사가 한 말 중에 "무서워 말라, 보라 내가 온 백성에게 미칠 큰 기쁨의 좋은 소식을 너희에게 전하노라."(눅 2 : 10)고 했는데, 거기의 '온 백성'은 물론 유대 백성을 가리키는 것으로 목자들이 이해했을 수 있지만, 제 3 장에 나오는 예수의 족보를 보면, 예수의 조상은 아브라함이 아니라 그 이상 소급하여 아담에 이르고 있는 것을 보아 인류 전체를 상대로 하고 있다는 것을 알 수 있다.

예수께서 나사렛에서 하신 설교 속에서(눅 4 : 16-30)도 하나님의 구원이 이스라엘만 국한된 것이 아니고, 예컨대 엘리야시대에도 이방 땅 시돈에 있는 사렙다 과부에게 구원의 손길이 뻗쳤고 엘리사시대에는 시리아 장군 나아만에게도 임했다는 것을 지적해 주셨다. 가버나움의 백부장이 로마(이방인)군인이면서 예수의 능력을 믿고 자기 종의 중병을 고쳐 달라고 한 사건에서, 예수님은 "이스라엘 중에서도 이 만한 믿음은 만나 보지 못하였노라."(눅 7 : 9)고 하신 것을 누가는 수록하였고, 따라서 이방인이 칭찬을 받고 믿음의 효과를 본 실례를 소개해 주고 있다.

예수께서 십자가에 달려 돌아가셨을 때 그를 처형한 로마의 백부장(이방인)은 예수의 운명하는 모습을 지켜보다가 마침내 "하나님께 영광을 돌려 가로되 이 사람은 정녕 의인이었도다."(눅 23 : 47)라고 고백을 했다고 누가는 서술한다. 다른 복음에서는 "이는 진실로 하나님의 아들이었도다."(마 27 : 54, 막 15 : 39)라고 했는데 누가는 그 백부장이 예수를 의인, 즉 무죄한 분이었다고 고백한 것으로 기록하면서, 로마정부 당국을 대표한 책임있는 자의 입에서 예수가 죄인이 아니라는 말을 한 것을 보여 주어, 기독교는 그리고 예수는 우선 혐오의 대상이나 타기할 대상이 아니라는 것을 보여 주고 있다. 즉 로마제국 전역으로 퍼져 나가는 보편적 종교인 기독교에 대해서 호의를 가지게 하려는 의도가 숨어 있는 것을 볼 수 있다. 사도행전으로 넘어가 보면 더욱더 이방인들에 대한 관심과 보편주의의 색채를 많이 발견할 수 있다. 즉 기독교 신앙은 예루살렘이나 유다에 머물러 있을 것이 아니라 사마리아를 거쳐 땅끝까지, 즉 전세계로 뻗어 나갈 가능성을 가진 것이고(행 1:8), 마침내는 로마에까지 바울이 도달하여 방해를 받지 않고 전도를 했다는 사실에서 증명을 받고 있는 것이다. 그 밖에도 로마 관리나 총독들까지도 기독교에 호감을 가졌었다는 실례들을 들면서 기독교는 보편적인 종교로서 세계의 모든 사람이 받을 만한 것임을 보여 주고 있다(행 10장, 13:12, 24:24 등).

3. 인도주의적 예수

마가복음에서는 종으로 오신 예수, 또는 능력을 나타내셔서 하나님의 아들로 인정받으신 예수를 묘사하고 있다. 마태복음에서는 왕으로 오셨고, 훌륭한 교훈을 주신 예수를 주로 묘사하고 있지만, 이제 누가는 구주이신 예수가 문자 그대로 세상을 구원하시는 구체적인 모습과 사건들을 소개하고 있다. 예수라는 이름 자체가 구주(savior)라는 의미인데, 구주이신 예수는 인간의 영혼을 구원하는 분으로서, 진열장에 세워진 마네킹 같은 존재로 세상에 오신 분이 아니라 실제로 예수께서 구주의 역할을 어떻게 하셨는가를 묘사하려고 노력했다.

1) 가난한 자에 관하여

예수는 구주로 세상에 오셨을 때 그가 계시던 나사렛을 비롯하여 온 유대사회와 기타 인류 사회에 있어서 부자와 가난한 자의 관계를 유의하여 보셨다. 꼭 같은 하나님의 피조물이요, 하나님의 자녀들인 인간들이 더러는 부유하고, 더러는 가난하여 부자들과 가난한 자의 차이가 천양지판으로 다르고, 가난한 자들은 압박을 받고, 천대받고, 온갖 고통을 당하고 있으며, 반면에 부자들은 사치와 호화를 누리면서 특권을 가진 듯이 가난한 자를 억압하고, 천시하는 현상을 보셨다. 인간 세상의 비정상성 중에 가장 뚜렷하고 두드러진 것이 바로 여기에 있는 것이었다.

구주로 오신 예수님은 사람들을 향하여 "세상은 잠깐이다. 부자도 있고, 가난한 자도 있는 법이다. 가난한 자는 꾹 참고 죽기를 기다렸다가 죽은 다음 저 세상에 가서 영원히 잘살면 그만이 아니냐"고 위로해 주신 것이 아니라, 현실에서부터 잘못은 잘못이고, 고칠 것은 고쳐야 한다는 식으로 가난에 시달리고 있는 사람들을 격려하고 반대로 부자들을 책망하고 저주하다시피 반성을 촉구하셨다. 마태복음에서는 "심령이 가난한 자(3인칭)들은 복이 있느니라."고 했지만 누가는 "……가난한 자는 복이 있나니 하나님의 나라가 너희 것임이요."(6 : 20)라고 가난한 자들을 앞에 놓고 직접적으로 그들의 편이 되어 주시면서 그들을 위로하며 격려하며 축복해 주셨다.

마태복음에는 부자들에게 화가 있으리라는 말을 하지 않는데, 누가는 가난한 자들에 대한 축복에 뒤이어 부자들에게 화를 선언하는 대목이 나온다(눅 6 : 24). 부자와 거지 나사로의 비유(눅 16 : 19—31) 속에서 그들의 운명이 완전히 뒤바뀔 것을 보여 주면서 가난한 자를 격려하고 부자의 반성을 촉구했다. 그리고 어리석은 부자의 비유(12 : 16—21)를 통해서 재산 축적에 몰두하는 부자의 어리석음을 통박하였다. 그리고 "……네가 점심이나 저녁이나 베풀거든 벗이나 형제나 친척이나 부한 이웃을 청하지 말라.…… 차라리 가난한 자들과 병신들과 저는 자들과 소경들을 청하라."(눅 14 : 12—13)는 말씀이라든가 "너희 소유를 팔아 구제하여……"(12 : 33)라는 말씀 등은 인류 사회의 가장 고질적인 병폐인 가난의 문제를 심각하게 다루고 관심을 가지고 해결하려고 가르치시며 실제로 노력하신 예수의 모습을 누가가 두드러지게 취급하고 있는 것을 보여 준다.

2) 여인들에 대한 관심

인간 세상의 절반을 차지하는 여성, 하나님께서 사람을 만드실 때 남자와 여자로 만드심으로 인간 창조의 절반에 해당하는 여성이 인류 사회에 있어서 꼭 같은 인간임에도 불구하고, 꼭 같은 하나님의 자녀요, 그의 피조물임에도 불구하고 남성에게 천대를 받고, 인간 이하의 존재로 대우를 받으며, 남성의 소유나 노리개처럼 여겨져 오는 사회 속에 오신 하나님의 아들 구주 예수는 이러한 그릇된 형편에서 신음하고 억울한 삶을 사는 여성문제에 대해서 마땅히 구원의 손길을 펼 수밖에 없었다.

하나님께서는 여성을 남성과 대등하게 창조하셨는데, 인간들이 특히 남성들이 자기들의 힘을 믿고서인지 어떤 착각에서였는지, 여성을 그렇게도 천시하기에 이르렀기 때문에 구주 예수님은 그러한 상황에서 여성을 해방시키려는 의도와 태도와 행동을 가지셨던 것을 누가는 보여 주고 있다. 즉 다른 복음서에는 별로 나타나지 않은 사실들을 누가는 여러 가지로 수록하고 있다. 예수님 당시나 누가가 살고 있는 1세기 로마사회에서는 여성을 남성과 대등하게 언급하는 일조차 쉽지 않을 때였는데, 누가복음에는 사렙다 과부(4 : 26), 나인 성의 과부(7 : 11), 마르다와 마리아(10 : 38 ff), 예루살렘에서 우는 여인들(23 : 27 ff)의 이야기들이 긍정적으로 다루어지고 있다. 특히 여성들의 사건을 남성들의 사건과 대등하게 나란히 취급함으로써 여성의 위치를 남성과 대등하게 놓으려고 하였다. 예컨대 사가랴 대 엘리사벳, 요셉 대 마리아, 시므온 대 안나, 나아만 장군 대 사렙다 과부, 가버나움의 백부장 대 나인성 과부, 바리새인 시몬 대 죄인인 여자, 겨자씨를 심은 남자 대 누룩을 가진 여자(13 : 18-21), 잃은 양을 찾는 목자 대 잃은 은전을 찾는 여인(15 : 4-10), 엠마오로 가는 제자들 대 무덤을 찾는 여인들, 침상에 누운 두 남자 대 맷돌질을 하는 두 여인(17 : 34-35) 등을 볼 때 예수님의 마음 속에 여성의 지위를 늘 염두에 두시고 그들을 제자리에 올려 놓으시려는 현실적 노력, 즉 구출작업을 실제로 하셨다는 것을 보여 주며, 누가는 역시 그 점을 착안한 것으로 보인다.

그리고 마르다와 마리아의 이야기에 있어서 마리아가 예수의 말씀에 열중하며 언니 마르다의 부엌일을 돕지 않을 때, 예수님이 마리아를 오히려 칭찬하신 사건을 통해서 여성들이 궂은 일만 하고 부엌일이나 해야 한다는 고정관념을 깨고 있으며, 허리가 굽어 몸을 펼 수 없던 여인을 고쳐 주신 일(13 : 10-17)을 통해서 여성들도 남자들과 마찬가지로 허리를 펴고 살 수 있고 또 그래야 한다는 진리를 가르치려는 것 같다. 특히 8 : 2~3에 의하면 예수 운동을 경제적으로 지원한 사람들이 남자가 아니라 여성들이었다는 사실을 밝힘으로써 여성의 위신과 지위를 높여 주고 있다(이것은 누가의 착안이기는 하지만).

3) 세리와 죄인에 대한 관심

인간 세상에서 사람들은 외형적으로 꼭 같은 인간이면서도 직업, 지위, 신분들을 따지면서 고하를 매기고, 귀천을 논하면서 서로 간격을 두고 한 편이 다른 한 편을 억압하고, 무시하고, 천대하는 경우가 있다. 예수님 당시에 로마 통치 밑에 있는 여러 속국에서 소위 세리제도를 두어 세금을 징수하는 것이 통례였던 바 유대나라에서는 세리의 직업을 맡아 유대인들에게서 세금을 징수하는 사람은 매국노요, 반역자로 취급하여 극도로 싫어하고, 마침내 인간 이하로 취급하였던 것이다. 세리들도 엄연한 인간인데, 인간 이하의 취급을 받는 것이었다. 그리고 창녀들 역시 사람으로 대우를 받지 못하는 존재들이어서, 그들을 죄인이라는 풍속에 넣어 불렀었다. 그 밖에도 나귀를 모는 사람, 가죽 이기는 사람 등 몇 가지 직업에 대해서 천대하여 상대하지 않았다. 이와 같은 현상은 역시 구주이신 예수님의 눈에는 거슬리는 일이요, 시정되어야 할 일이며 그러한 상황에서 구출하시려는 뜻과 행동을 가지셨던 것을 누가는 착안했다.

그 실례로서 우선 예수님은 세리였던 마태를 불러 "나를 따르라."(5 : 27)고 명하셨다. 그 당시 사람들이 볼 때에 상상도 할 수 없는 일이요, 뜻밖의 일이 아닐 수 없다. 그러나 아무리 세리라 하더라도 과거의 잘못을 깨닫고 회개하고, 또 정당한 법적인 액수만을 징수하는 사람이라면 그 직업 때문에 사람 이하로 취급될 하등의 이유가 없는 것이다. 이렇게 해서 예수는 마태를 그 천대받는 사회 속에서 구출하셨고 서민들의 그릇된 통념 속에서 해방시키시는 일을 하셨다. 그 후에 예수님은 세리들과 더불어 앉아 식사를 하셨고(5 : 29), 세리장이었던 삭개오의 집에 유하기까지 하면서(19 : 5) 용납하시고 친구로 영접하시고 꼭 같은 구원의 축복을 주셨다. 결국 예수는 '세리와 죄인의 친구'(7 : 34)라는 비난을 받으시면서 그들을 구출하신 것이다.

누가복음에만 나오는 비유 중에 바리새인과 세리가 같이 기도하는 중 "세리는…… 하나님이여, 불쌍히 여기옵소서. 나는 죄인이로소이다.……내가 너희에게 이르노니 이 사람이 저보다 의롭다 하심을 받고 집에 내려갔느니라."(18 : 13-14)고 하시면서 세리를 옹호하셨다. 또 누가만이 '죄 많은 여인'이 죄 용서를 받은 이야기와(7 : 36-50) 십자가에 달리실 때 옆에 달린 죄인에게 구원을 선포한 사건을(23 : 39-43) 소개하고 있어 결국 예수님은 죄인들의 친구라는 별명을 받기에 합당할 정도로 천대받는 죄인들, 세리들을 실제로 구출하시는 주님으로 묘사되어 있다.

4) 사마리아인에 대한 관심

인류 사회에 있어서 민족감정이란 해묵은 고질이요, 문제거리이다. 특히 유대인들은 사마리아 사람들에 대한 극도의 악한 감정을 가지고 지냈었다. 사마리아인들을 천시하고, 무시하고, 인간 이하로 취급하는 것이었다. 하나님의 눈에는 꼭 같은 인간들인데 유대인들이 어째서 사마리아인들을 깔볼 수 있는가? 피가 순수하든 섞여 있든, 하나님께서 내시지 않으면 태어날 수 없는 것이고 따라서 꼭 같은 하나님의 자녀들인데, 유대인들에게 천대를 받는 사마리아인들을 구출하셔야 하겠고, 우월감을 가지고 동료 인간을 천시하는 유대인들의 마음을 고쳐 주어야만 했던 것이다. 즉 구주 예수님은 다만 믿음의 대상이 되시는 것 뿐 아니고, 실제적인 구원자로서 역사하셨다.

예수께서 갈릴리 전도를 마치시고 구주로서의 그의 생애를 종결짓기 위해서 예루살렘을 향해서 올라가실 때 예수님은 사마리아 동네로 들어가셨다. 일반 유대인들은 사마리아인을 싫어하고, 천하고, 더럽게 여겨서 사마리아를 지나가지도 않으려 했는데, 예수님은 그 차별을 무시하고 사마리아 동네에 들어가셨다. 사마리아인들도 유대인들에 대한 반감이 있을 수밖에 없었고, 따라서 예수 일행에 대하여 무관심 내지는 냉담한 태도를 보였을 것이 틀림없다. 그때 예수의 제자들도 "주님 우리가 하늘에서 불을 내려다가 그들을 태워 버릴까요?"라고 응답하여 적대감을 노골화하였다. 그러나 예수님은 그들을 꾸짖었고 그러한 민족적 우월감이나 민족차별을 책망하셨다(9 : 51-56). 10장에 나타나는 선한 사마리아인의 비유를 통해서 유대인들보다 사마리아인이 결코 못 하지 않으며 오히려 사마리아인이 더 선하였다는 것을 보여 줌으로써 우월감에 사로잡혀 있는 유대인들, 민족차별을 일삼는 유대인들의 곳대를 꺾으신 것이다. 반면에 사마리아인이 차별대우를 받을 아무 이유도 없다는 것을 암시해 주신 것이다. 예수 앞에 엎드려 감사를 드렸다는 이야기를 하면서 사마리아인을 높여 주었다. 이렇게 해서 예수님은 인간사회의 민족차별이라는 고질에서 인간을 해방시키시려는 뜻과 그 실제를 나타내 주신 것이다. 사도행전으로 들어가면 계속해서 사마리아인들에게 빌립 집사를 통하여 복음을 전한 사건과 베드로와 요한을 통하여 그들에게도 꼭 같이 성령을 내려 주신 사건을 쓰고 있는데, 이것은 사마리아인이 꼭 같은 인간으로서 하나님의 은총의 대상이 되어 있다는 것을 보여 주고 있다. 누가는 이와 같이 예수님의 공평하신 구원의 날과 그 실천을 보여 주려고 노력하고 있다.

이와 같이 예수는 사람의 몸을 입으시고 세상에 오셔서 진리를 가르치고 하나님 나라의 복음을 입으로 전하실 뿐 아니라 패역하고, 삐뚤어지고, 바람직하지 않은 상태에 빠져 있는 인간의 여러 가지 관계와 상황을 실제로 고치고, 개선하는 노력을 몸소 행하심으로 사람들에게 본보기를 남겨 주셨다.

4. 기도를 강조한 복음

다른 복음서들과 비교해 볼 때 누가복음은 기도에 대한 언급이 훨씬 많은 복음서라는 것을 알 수 있다. 우선 예수가 세례를 받으실 때 기도하셨다는 말이 나타난다(3 : 21). 예수께서 기적을 행하신다는 소문을 듣고 사방에서 사람들이 모여들 때, 즉 자기들도 병낫기를 바라면서 인산인해를 이루어 몰려들 때 예수님은 오히려 물러가셔서 한적한 곳에서 기도하셨다는 것이다(5 : 16). 그리고 그 제자로 택하시기 전에도 예수님은 산에 올라가 밤이 맞도록 기도하셨다(6 : 12). 또한 다른 복음서에는 예수와 제자들이 가이사랴 빌립보로 가는 도중에 자기가 누구인가를 물으셨는데, 누가복음에는 예수께서 제자들과 따로 기도하고 있다가 물으신 것으로 되어 있다(9 : 18). 그리고 변화 산에도 기도하러 올라가신 것으로 나타난다(9 : 28). 간곡한 기도를 하도록 당부하시는 예수(11 : 5—13), 항상 기도하라는 비유의 말씀(18 : 1—8), 베드로를 위해서 예수께서 기도하셨다는 이야기(22 : 32), 예수께서 최후 운명하시면서도 하나님께 부르짖으신 사건(23 : 46) 등을 보게 되는 바, 누가는 기도에 대한 특별한 관심을 가지고 예수를 관찰하였고, 또 묘사하려고 노력한 것을 볼 수 있다.

5. 성령을 강조한 복음

누가복음에는 다른 공관복음서들과는 달리 성령의 역할을 매우 두드러지게 강조하고 있는 것을 볼 수 있다. 예수가 성령으로 잉태되셨고(1 : 35), 성령이 예수에게 임하셨고(3 : 22), 예수는 성령으로 세례를 주실 분이라는 증언을 세례 요한이 했고(3 : 16), 예수님은 성령을 통하여 말씀을 선포하셨고(4 : 18), 성령으로 기뻐하셨다(10 : 21). 하나님은 구하는 자에게 성령을 주시지 않겠느냐고 가르치셨고(11 : 13), 성령을 모독하는 죄는 사함을 받지 못한다고 말씀하셨으며(12 : 10) 마땅히 할 말을 성령께서 가르쳐 주신다고 미리 격려하셨다(12 : 12). 그 밖에도 여러 번 성령을 언급하는 바 통틀어 11회나 나타난다. 마태복음의 5회, 마가복음의 4회, 요한복음의 4회에 비교하면 2배 이상이나 더 많은 회수이며, 특히 사도행전에 나타나는 41회까지 합하면 누가는 압도적으로 성령을 많이 언급하고 있다는 사실을 우리는 알게 된다.

누가는 확실히 기독교를 이해하는 데 있어서, 그리고 예수와 교회를 이해하고 설명하는 데 있어서 성령이 불가결의 요소임을 알고 있는 것 같다. 즉 예수를 사람 이상으로, 아니 신적인 존재로 해석하고 이해하려고 할 때 예수 안에 성령이 계셨다는 사실을 말하지 않고서는 해결되지 않는 일이며, 교회가 놀랍게 설립되고 로마 전역으로 확산되어 나가는 사실을 성령의 역사라는 사실을 제외하고 설명할 수 있었겠는가 말이다. 사람들만의 모임이 그렇게도 쉽게 박해를 무릅쓰고 발전될 리가 없었고, 로마제국의 그 강대한 힘을 거스르면서 불길처럼 번져 가는 교회 세력은 성령의 힘이 아니고서는 될 수 없는 일임을 체험한 누가이기에 그는 자신이 목도한 바, 그리고 자신이 체험한 바에 입각해서, 다시 말해서 성령체험을 하고 있는 성령의 사람으로서의 안목을 가지고 예수를 보고, 또 교회를 바라보며 해석하였기에 누구보다도 성령을 많이 언급한 것이라고 본다.

V. 예수 재림지연에 대한 조치

위에서도 언급한 바와 같이 예수님의 재림이 기대했던 것과 같이 속히 이루어지지 않았고, 따라서 긴장이 풀리고, 예수님의 말씀이 거짓된 것인가 하는 의혹이 생기고, 불신도 생겨난 것이 틀림없다. 이런 상황 속에서 저자 누가는 한 시대에 대한 책임을 느끼면서 목자적인 입장에서 올바른 말을 해주어야 하고, 양떼를 선도할 책임을 수행하려고 했던 것이다. 그래서 예수를 새로운 각도에서 관찰하고 해석하면서 예수의 참 모습을 나름대로 우선 가급적 세밀하게 묘사하여 그 정체를 보여 주려고 노력하였다. 급박한 재림을 기다리는 그리스도인이나 교회는 열심히 그리스도를 영접할 일을 고대하면서 준비하는 다급한 일에 급급하며 살기 때문에 간단하게 그냥 예수를 믿고 의지하는 일이면 그만이었을 것이다. 카리스마적 교회가 된다. 그러나 이제 재림이 멀리 지평선까지 미루어지고 언제 오실지 모른다는 입장으로 바뀌었을 때, 그 때를 멀찌감치 기다리는 성도의 태도는 어떠해야 하는 가가 문제일 수밖에 없다.

그러한 대망을 가진 교회가 그 회원들이 할 일은 무엇이고 생활 태도는 무엇이어야 하는가가 문제일 수밖에 없다. 만일 급박하게 내일이나 내달에 오실 예수를 고대한다면, 신랑을 맞이하려는 신부 모양으로 흥분 속에서 지내며 일손도 안 잡히고 저쪽으로 가서 살 준비와 궁리만 하게 될 것이다. 그러나 자기들이 살아 있는 동안에는 예수가 오시지 않을지도 모른다는 새로운 상황으로 접어들었을 때는 새로운 해석과 태도가 논의될 수밖에 없는 것이다. 그래서 누가는 새 각도에서 예수를 바라보면서, 구주로 오신 예수의 구체적 구원의 실제를 묘사하여 주면서, 구원은 여기를 버리고 저기로 옮아가는 것이 아니고, 또는 영혼만이 귀한 것이니 예수를 믿고 영혼만을 구원하면 된다는 그릇된 생각을 버리고, 예수의 구원은 보다 포괄적이라는 것, 즉 하나님의 피조세계 전체적으로 구원을 받고 원상을 회복하고 정상화되는 것, 즉 여기나 저기나 할 것 없이 모두가 하나님께 복종하고 하나님만이 다스리고 회개를 통하여 하나님과의 관계를 회복하여 평화를 누릴 수 있는 하나님의 왕국을 설립하는 것이 그리스도 재림의 목적이라는 사실을 가르치려고 하였다.

그래서 누가는 예수님의 첫 번 설교를 기록하면서 가난한 자에게 복음을 주는 일, 포로된 자에게 자유를, 눈먼 자에게 다시 보게 함을, 눌린 자를 자유케 하는 일을 하려고 오셨다는 말을 이사야서를 인용하면서 하신 것으로 기록하여 구주 예수의 구원이 이론적이거나 내세에 국한되거나 구원에 국한된 것이 아님을 시사하였다. 또한 이미 위에서 언급된 바와 같이 그 설교의 말씀대로 실천하셨다는 사례들을 나열하는 방식을 취한 것이다. 그러므로 누가복음을 읽은 자들에게 있어서 예수는 구체적으로 이 세상을 죄에서, 악에서, 부조리에서, 소외됨에서, 압박에서, 질병에서, 궁핍에서 해방시켜서 평화가 깃드는 세계를 만드시는 예수님을 볼 수 있게 된다. 그러므로 그러한 정신으로 사시던 주님이 죽으시고 부활하시고 승천하신 뒤를 이어 살아가는 그리스도인들과 그 교회는 그 사업을 계승하여 계속 이루어나가야 할 책임이 있으며, 이제는 이방인과 이스라엘의 장벽도 헐리고 세계를 향하여 복음이 퍼지면서 하나님의 나라는 세계를 포함하며 세계 어느 곳에서도 그리스도의 구원의 실제적 사건이 전개되어야 한다는 것을 깨닫게 되는 것이다. 즉 예수 재림이 멀리 있는 것을 깨닫는 교회는 그 때까지를 살면서 그리스도의 이상인 천국건설, 즉 모든 비정상성을 타파하여 참된 평화가 이룩된 세계를 이룩하려고 노력하면서 살아야 하는 시대로 인식해야 한다는 것을 가르치고 있다. 그러나 그것은 이미 그리스도를 믿는 사람들이 해야 할 일이고, 이제 그리스도의 이상이 실현되기 위해서는, 즉 하나님의 나라가 온누리에 건설되기 위해서는 땅끝까지, 즉 사람이 사는 세상에는 어디든지 빠짐없이 복음이 전파되고 택함을 받은 모든 사람은 다 회개하고 구원을 받아 그들의 모든 처지에서 하나님 나라 건설운동에 동참해야만 하는 것이다. 그러기에 선교야말로 재림지연 기간 동안에 가장 급선무로 수행해야 할 일임을 누가는 보여 주려고 한다. 그래서 사도행전으로 접어들면서 땅끝까지 그리스도가 증거되어야 한다는 말을 하게 된 것이다(1：8). 그리스도의 증인이 된다는 것은 두말할 나위도 없이 예수가 말한 것, 행한 것을 그대로 증언한다는 말이다. 결국 그리스도인들은 주님이 오실 때까지 예수의 말씀을 그대로 전할 뿐 아니라, 예수께서 행하셨고 살아가신 삶을 우리도 그대로 행하여 우리를 본 자들이 예수를 본 것과 같은 정도가 되도록 해서 우리들을 통해서 그리스도의 구원이 이 땅에서 구현되도록 해야 하는 것이다.

이와 같은 재림이 지연되면서 그 때까지 교회가 할 일이 선교요, 그리스도의 삶의 계승과 실천임을 보여 주려는 것이다. 그러나 누가는 종말의 지연만을 강조한 것이 아니고, 그 임박성을 말하는 대목들도 많이 소개하고 있다는 사실을 잊어서는 안 된다. 그 밖에 현재적 종말을 말하는 부분과 개인적 종말을 의미하는 부분들도 나타난다. 그러므로 일방적으로 종말의 지연만을 말하는 것이 아니라 다른 의미의 종말이나 재림사상을 동시에 가지고 있다는 사실을 감안하고, 그러면서도 종말의 지연이라는 새로운 요소가 그 당시 기독교인들에게 특별히 착안되어야 할 것임을 누가는 유의하면서 복음서를 쓴 것으로 보인다. 이제 참고삼아 각 종말관을 말해 주는 구절들을 소개해 보면 다음과 같다.

1) 지연된 종말론

마가복음 1：14～15에는 "……예수께서 갈릴리에 오셔서 하나님의 복음을 전파하여 가라사대 때가 찼고 하나님 나라가 가까웠으니 회개하고 복음을 믿으라 하시더라."고 하며 종말의 긴박성을 말하는 반면, 그 평행구인 누가복음 4：14에서 누가는 "예수께서 성령의 권능으로 갈릴리에 돌아가시니 그 소문이 사방에 퍼졌고"라고만 했고 '때가 찼다'든가 '하나님 나라가 가까웠다.'는 말을 생략하여 임박성을 제거한 것을 볼 수 있다. 마가복음 13：7에는 종말사건들을 소개한 후 "난리와 난리 소문을 들을 때에 두려워 말라. 이런 일이 있어야 하되 끝은 아직 아니니라."고 말하여 마지막이 올 것을 강조하면서도 아직 시간이 좀 있다는 평범한 말을 했는데 누가는 그의 평행구에서 "이 일이 먼저 있어야 하되 끝은 곧 되지 아니하니라."(21：9)고 하면서 '곧'이란 말로써 '당장에' 혹은 '순식간에'라는 것을 기대를 하지 않도록 하였다. 마가복음 13 : 6에 "많은 사람이 내 이름으로 와서 이르되 내가 그로라 하여 많은 사람을 미혹케 하리라"고만 했는데 누가는 21 : 8에서 "가라사대 미혹을 받지 않도록 주의하라. 많은 사람이 내 이름으로 와서 이르되 내가 그로라 하며 때가 가까왔다 하겠으나 저희를 좇지 말라."고 수정하였다. 즉 때가 가까왔다는 다급한 말을 하는 사람들이 생기더라도 그들의 말을 따르지 말라는 경고를 주고 있다. 즉 임박한 종말을 말하는 것은 잘못이니 따라가지 말라는 지시인 것이다. 누가복음 19 : 11에 의하면 예수께서 예루살렘에 입성하실 때 사람들은 하나님 나라가 당장에 임하리라는 급박한 생각을 가지고 있었기 때문에 므나 비유를 가지고 그들의 기대를 고쳐 준 것으로 기록하고 있다. 즉 하나님 나라는 당장에 임하는 것이 아니라, 오히려 그 비유에 나타난 것처럼 임금이(예수께서) 상당한 기간 동안 멀리 떠나갔다가 다시 오신다는 것을 말해 준다. 하나님 나라가 당장에 나타나리라고 기대하는 제자들과 백성들의 오해를 시정하려는 의도를 여기서 발견할 수 있다. 콘첼만이 지적하는 대로 종말론적 의미를 가진 '환난'(막 13 : 24)이라는 단어가 누가에서는 기독교인이 세상에서 갖게 되는 존재양식을 가리키는 말이 되고(행 7 : 10-11, 11 : 19, 14 : 22), 임박한 하나님 나라를 맞기 위한 '회개'(막 1 : 15)가 생활태도의 변화를 뜻하는 말로 변해 버렸다(눅 3 : 8, 행 26 : 20). 그리고 종말의 선구자인 세례 요한이 누가에서는 예언자 중 마지막 인물로 나타나고 있을 뿐이다(눅 16 : 16).

2) 임박한 종말론

누가가 확실히 종말지연을 밝히 말하고 있으면서도 임박한 종말을 전적으로 도외시하거나 완전히 부인하지 않고 있음을 볼 수 있다. 즉 예수의 말씀의 전승 속에 확실히 나타나는 임박한 재림 사상을 사실대로 소개할 수밖에 없었고, 그것에 대한 해석을 누가는 나름대로 한 것이 바로 그 지연설이라고 보인다. 임박한 재림을 말하는 구절들을 살펴본다면 아래와 같다. 우선 세례 요한은 무리를 향하여 '임박한 진노'를 선포하면서(3 : 7), "도끼가 이미 나무 뿌리에 놓여 있다."고 하였고 예수를 가리키며 이미 "심판의 키를 들고 있다."(3 : 17)고 말한 것을 볼 수 있다. 그리고 예수께서 70인 제자를 파송할 때 그들더러 하나님 나라가 가까왔다고 전하라는 지시를 내렸다. 누가복음 12 : 38 이하에 나타나는 깨어 있는 종의 비유는 확실히 "마음 속으로 주인이 늦게 오리라고 생각하는"(12 : 45) 사람들에 대한 경고가 아닐 수 없으며, "생각지 않은 날 알지 못하는 시간에 이 종의 주인이 이르러"(12 : 46)는 사실을 강조하는 것이다. 과부와 재판관의 비유에 있어서도(18 : 1-8) 하나님께서 속히 원한을 풀어 주실 것을 말함으로써 임박성을 강조하였다. 무화과나무 비유에 있어서도 "……하나님의 나라가 가까운 줄을 알라. 내가 진실로 너희에게 말하노니 이 세대가 지나가기 전에 모든 일이 다 이루리라."(21 : 31-32)고 했고 "뜻밖에 그 날이 덫과 같이 너희에게 임하리라."(눅 21 : 34)고 경고했다. 누가는 "……인자가 구름을 타고 능력과 큰 영광으로 오는 것을 보리라"(21 : 27), "너희 구속이 가까왔느니라"(21 : 28), "내가 참으로 너희에게 이르노니 여기 섰는 사람 중에 죽기 전에 하나님의 나라를 볼 자들도 있느니라."(9 : 27)는 말을 보존하여 임박한 종말사상을 버리지 않고 있음을 보여 주고 있다. 그러면서도 그 '곧'이라는 말의 의미는 시간적으로 100년일 수도 있고 1000년일 수도 있기에 그리고 하나님의 시간과 인간의 시간의 척도는 다를 수 있기에 인간의 태도는 늘 긴장 속에 있어야 함과 동시에 그 시간이 얼마든지 간에 그 때를 기다리는 태도는 언제나 삶에 충실하고 사명에 충실하려는 노력이 있어야 하기에 누가는 그 점에 착안하고 있는 것이다.

3) 현재적 종말론(실현된 종말)

누가는 11 : 20에서 나타낸 바와 같이 예수께서 오셔서 귀신을 쫓아내는 것이 하나님 나라가 이미 도래한 증거라고 말한다. "그러나 내가 만일 하나님의 손을 힘입어 귀신을 쫓아내는 것이면 하나님의 나라가 이미 너희에게 임하였느니라."고 한 것은 예수의 생존시에 이미 종말이 이르렀다는 뜻으로 해석된다. 17 : 20~21에도 비슷한 말씀이 나온다. "……하나님의 나라는 볼 수 있게 임하는 것이 아니요, 또 여기 있다 저기 있다고도 못하리니 하나님의 나라는 너희 안에 있느니라."

는 말씀은 현재적으로 제자들의 삶 속에, 그들의 공동체생활 속에 임해 있다는 말일 수 있다. 사도행전(2 : 17-21)에서 나타난 대로 요엘의 예언이 이미 이루어졌다는 말씀, 즉 성령이 마지막 날에 남종과 여종에게 부어지겠다는 예언이 오순절 성령강림으로 성취되었다고 보는 누가의 견해는 결국 종말이 이미 실현된다는 뜻이 아니겠는가? 그것과 유사하게 약속이 예수 안에서 이미 성취되었다는 사실을 지적하는 말씀들도 역시 종말의 실현을 의미할 것이다. "내가 너희에게 말하노니 많은 선지자와 임금이 너희 보는 바를 보고자 하였으되 보지 못하였으며, 너희 듣는 바를 듣고자 하였으되 듣지 못하였느니라"(10 : 24)든가 "제자들을 돌아보시며 종용히 이르시되 너희의 보는 것을 보는 눈은 복이 있도다"(10 : 23)라는 말은 예수의 생애 속에 이미 종말이 도달되어 있음을 의미하는 것이며, 또한 누가가 '기쁨'(χαρά)을 강조하고 있다는 사실 역시 그 종말이 현실에서 경험되는 것이기 때문일 것이다(마 6, 막 1, 눅 8, 요 9).

4) 개인 종말관

누가복음에는 또한 개인 종말론을 말해 주는 구절들이 여러 곳에 나타난다. 즉 개인이 죽는 순간을 종말로 보고, 그 때에 예수를 만난다는 사상이 나타나 있다. 누가복음 12 : 26과 사도행전 14 : 22, 그리고 누가복음 16 : 19~31이 모두 죽음을 취급하며 인생의 종말을 다루고 있지만, 거기서는 예수와의 관계가 언급되어 있지 않다. 그러나 사도행전 7 : 55의 스데반의 죽음에 대한 이야기에서는 개인의 죽음에서 우주적 종말을 체험하는 사실을 볼 수 있다. 즉 경건한 사람의 영혼이 죽을 때 하나님에 의해서 영접된다는 점에서 분명히 개인 종말론을 의미하고 있다. 그리고 누가복음 23 : 42~43에 나타난 회개한 강도의 이야기에서도 "가로되 예수여 당신의 나라에 임하실 때에 나를 생각하소서 하니, 예수께서 이르시되 내가 진실로 네게 이르노니 오늘 네가 나와 함께 낙원에 있으리라."는 말 속에서 강도가 개인적으로 종말을 체험하게 될 것을 말하는 것으로 볼 때, 개인 종말론을 거기서 발견할 수 있다.

이상과 같이 다양한 종말관이 누가복음에 나타나지만, 그래도 크게 두 가지로 구분할 수 있다. 즉 종말이 지연된다는 사상과 종말은 급박하다는 상반된 사상의 병존이다. 종말이 당장에 임한다는 열광주의자들이 있는가 하면 종말이 없다고 하거나 종말에 대한 소망을 부인하며 신앙을 잃어 가는 경향이 공존하던 그 시대적 상황 때문에 누가는 종말이 당장에 임하는 것이 아니라는 말을 할 수밖에 없었다. 또는 종말은 반드시 있는 것이며, 급하게 사람이 알지 못하는 사이에 온다는 사실을 강조할 수밖에 없었다고 본다.

Ⅵ. 누가복음의 제자상

마태복음 기자와 마찬가지로, 아니 오히려 그보다 더 누가는 제자들의 명예 손상이 되며 불리하다고 생각되는 마가의 진술과 표현들을 과감히 제거 혹은 수정해 버림으로써 제자들을 예수의 훌륭한 동역자요, 신도들의 모범으로 제시하려는 의도를 나타내고 있다.

1) 마가복음의 표현을 삭제함

누가는 먼저 제자들의 우둔함과 무지를 강조하고 있는 마가의 본문을 과감히 수정하였다. 마가복음 4：10~13에 의하면 제자들이 예수께 나아와 비유에 대해서 질문했을 때, 예수께서는 "……너희가 이 비유를 알지 못할진대 어떻게 모든 비유를 알겠느뇨"라고 핀잔을 주셨다. 그런데 누가는 이 구절을 생략해 버렸고 단지 "제자들이 이 비유의 뜻을 물으니 가라사대 하나님 나라의 비밀을 아는 것이……"(눅 8：9-10)라고만 기록하였다. 이런 식으로 수정한 경우들을 열거한다면,

마가복음 7：18 —— 누가복음 삭제
마가복음 8：17~21 —— 누가복음 삭제
마가복음 9：10 —— 누가복음 삭제
마가복음 10：14 —— 누가복음 삭제
마가복음 10：35~40 —— 누가복음 삭제

2) 첨가 또는 삽입을 통하여

누가는 자료에 없는 것을 첨가 혹은 삽입함으로써 제자들의 모습을 좀더 훌륭하게 수정하고 있다.

두 번째 수난 예고에서 누가는 마가복음 9 : 32("그러나 제자들은 이 말씀을 깨닫지 못하고 묻기도 무서워하더라.") 말씀을 그대로 인용하면서 누가복음 9 : 45에서 "저희가 이 말씀을 알지 못하였나니 이는 저희로 깨닫지 못하게 숨김이 되었음이라.……"라는 말을 삽입시킴으로써 그들이 고난의 의미와 목적을 이해하지 못한 것이 하나님의 계획 혹은 하나님의 섭리의 결과인 것으로 설명하였다. 누가복음 18 : 31~33에 나오는 제3차 수난 예고 후에 "제자들이 이것을 하나도 깨닫지 못하였으니 그 말씀이 감취었으므로 저희가 그 이르신 바를 알지 못하였더라"(18 : 34)는 말을 첨가하였다. 즉 제자들이 무지해서라기 보다는 하나님께서 못 깨닫도록 해서 그랬다고 변명해 준 것이다.

아래 구절들을 대조해 보자.

마가복음 14 : 37, 마태복음 26 : 40 —— 누가복음 22 : 45
마가복음 6 : 37, 마태복음 15 : 33 —— 누가복음 9 : 13
마가복음 5 : 31 —— 누가복음 8 : 45에서 삭제
마가복음 14 : 47, 마태복음 26 : 51 —— 누가복음 22 : 49
마가복음 14 : 50, 마태복음 26 : 56 —— 누가복음 22 : 47~53에서 삭제

이상의 대조에서 누가는 제자들을 옹호하고 있으며, 누가복음 23 : 49에서 '그를 아는 모든 자들'이 예수의 처형을 지켜보았다는 말을 첨가함으로써 제자들이 다 배신하고 도망갔다는 사실을 부정하였고, 제자들의 위신을 살려 주고 있다. 예수의 수난 예고 장면에서도 누가는 제자들에게 유리한 표현을 하였다(막 14 : 18, 20 비교 눅 22 : 21, 막 14 : 21, 마 26 : 24 비교 눅 22 : 22, 행 1 : 16). 그리고 베드로의 부인 예고에 있어서도 누가는 매우 부드럽게 표현했다(막 14 : 30, 마 26 : 34 비교 22 : 28-30).

3) 베드로를 미화함

베드로상을 그릴 때 누가는 더욱더 수정과 삭제작업을 통하여 미화한 것을 볼 수 있다. 특히 베드로의 신앙고백 기사에서 "예수께서 돌이키사 제자들을 보시며 베드로를 꾸짖어 가라사대 사단아 내 뒤로 물러가라.……"고 책망하신 말씀(막 8 : 33, 마 16 : 23)을 삭제했다. 누가복음에서는 베드로가 예수의 고난의 길을 말리는 그러한 행동도 취하지 않는다. 누가복음에 있어서 베드로는 맨 처음으로 부르심을 받은 제자이며, 특별한 종교체험 즉 죄를 고백하면서 제자가 된 자로서 특별한 임무와 책임을 맡은 자로 나타난다(5 : 1—11). 예수께서 호숫가에 있던 많은 '배 가운데 하나인 시몬의 배'에 오르셨고, 다른 어부들이 곁에 있는데도 오직 베드로를 향해서만 "……이제 후로는 네가 사람을 취하리라 하시니"(5 : 10)라고 말씀하셨다. 누가는 베드로의 예수 부인사건에 있어서도 베드로에게 훨씬 유리하게 표현했다. 마가는 베드로가 '저주하며 맹세하면서' 예수를 모른다고 표현했는데(막 14 : 71) 누가는 이 말을 삭제했다. 베드로가 예수를 세 번 부인한 후 "……이에 베드로가 예수께서 자기에게 하신 말씀…… 하리라. 하심이 기억되어 생각하고 울었더라."(막 14 : 72)는 말을 고쳐서 "밖에 나가서 심히 통곡하니라."(22 : 62)고 표현하여 베드로의 철저한 참회를 암시해준다. 베드로의 부인을 예고하시면서 "시몬아, 시몬아, 보라 사단이 밀 까부르듯 하려고 너희를 청구하였으나"(22 : 31)라고 말씀하신 것을 기록함으로써, 베드로는 사단의 유혹 때문에 그런 악을 행한 것이다라는 암시를 주고 있다. 또한 "내가 너를 위하여 네 믿음이 떨어지지 않기를 기도하였노니 너는 돌이킨 후에 네 형제를 굳게 하라."(22 : 32)는 말을 삽입함으로써 예수가 베드로에게 특별한 관심을 가지고 계셨다는 것을 보여 주고 있다. 그리고 '형제들을 굳게' 하는 특별사명을 받은 자라는 사실을 암시한다. 예수의 부활 현현사건을 기록할 때에도 누가는 "시몬에게 나타나셨다."(눅 24 : 34)는 것을 밝히고 있다. 사도행전에서도 베드로는 제자들 중에 가장 부각된 존재로 묘사되고 있는 것이 사실이다. K. N. Giles의 말대로 누가는 제자들을 모범적인 교회로 제시함으로써 그의 독자들이 각자 자신들을 제자들과 동일시하게 되기를 원했다. 누가는 교훈적인, 권면적인 목적을 가지고 복음서를 기록했고, 그런 목적을 위해 제자들을 자기 시대의 교인들이 따라야 할 모범적인 모델로 제시하려고 했던 것으로 생각된다. 즉 누가는 예수 당시의 제자들의 상을 그리기보다는 복음서 기록 당시의 교인들을 염두에 두고 보다 이상적인 제자상을 그려 준 것이다.

Ⅶ. 누가가 보여 준 예수상

누가는 예수를 구주로 믿은 사람이요, 그를 증언하기 위해서 바울을 따라다니며 온갖 고통을 같이 겪은 사람이다. 예수만이 참 구원의 주가 되신다는 것을 확신한 사람이기에 이제 그의 정력과 지혜와 능력을 다 기울여 모든 인간을 향하여 예수를 보다 정확하게, 보다 효과적으로 증언하려고 한 것이다. 그러나 누가는 예수의 목격자가 아니다. 바울을 통해서, 그리고 후에는 여러 경로를 통해서, 또 구전이나 문서 자료들을 통해서 예수의 생애와 말씀을 간접으로 보게 되었다. 이제 그는 그 자료들을 통해서 그가 믿는 예수 그리스도를 사람들에게 가장 호소력 있게, 그리고 그가 대상으로 설정한 사람들과 그 시대에 가장 필요하다고 느껴지는 대로, 또는 그가 믿고 해석한 대로 예수를 묘사한 것이다. 그러기에 4복음에서 저자들이 묘사하는 예수는 한분이요, 같은 분이시지만 각 저자가 그려낸 작품의 겉모양은 조금씩 다 다르고 누가는 누가 나름의 특색 있는 예수상을 그려낸 것이다. 여러 화가가 어떤 사물 하나를 그린다고 할 때 그 각도에 따라서, 조명에 따라서 각각 다르게 그릴 수밖에 없는 것처럼 각 복음서 기자는 같은 주님을 각각 다른 각도에서, 각각 악센트를 다른 데다 두면서 초상화를 그린 것이다.

1) 만민의 구주

우선 누가는 유대인만의 구주가 아니고 전 인류의 구주가 되시고, 만민이 같이 기뻐하고, 그를 인해서 구원을 얻게 될 구주이신 예수를 소개하려고 하였다.

2) 인도주의적 예수

예수는 인도주의적인 자비로우신 분으로서 온갖 소외된 자, 가난한 자, 압박받는 자, 포로된 자들을 불쌍히 여기실 뿐 아니라, 실제로 구출하시려고 실제적인 노력을 하신 행동적 구주시라는 것을 누가는 착안하고 그 사례들을 열거했다.

3) 인간의 표본이 될 만한 이상형 예수

예수는 세상의 어떤 영웅호걸이나 능력자처럼 세상에서 능력을 나타내고, 인기를 얻고 환영을 받다가 죽어 버린 그러한 분이 아니라, 세상에 계시는 동안 여러 가지 기적과 훌륭한 교훈으로 사람들을 가르치시고, 위로하시고, 인도하셔서 많은 사람들의 큰 환영을 받으셨다. 뿐만 아니라 미움을 받고 마침내 세상 세력에 의해서 처형되어 죽어 버렸지만, 그는 다시 살아나셨고, 승천하셨고, 마침내는 재림하셔서 하나님의 나라를 완성하실 분이시다. 즉 예수는 과거의 주님만이 아니라 현재와 미래의 주님으로서 종말에도 다시 오실 주로 대망해야 할 분이다. 그러면서도 그 종말은 그렇게 급박한 것만은 아니어서, 언젠가는 오시지만, 오늘 내일에 오시는 분은 아니기에 성도들이 그의 재림을 기대하면서 긴장 중에 살되, 현실에서 그의 삶을 본받아 구원을 실천하면서 살아야 하며, 따라서 신도들의 실제 생활의 본보기가 되신 주님으로 누가는 묘사하고 있다. 즉 가장 이상적인 인간상으로서 그의 말과 행실을 계승하여 천국 건설의 표본이 되시는 분이시다.

4) 구체적 구원의 실현자

마가복음이나 기타 자료들이 소개하는 예수상을 그대로 충실하게 기초로 하면서 누가는 자기 고유의 입장에서 채색을 하였다. 성령의 역사를 강조하고 기도하는 예수의 생활면을 부각시키며, 구원을 구체화, 실제화하는 예수를 강조하거나 묘사하였다.

□ 토의문제

1. 누가가 마가복음 기자나 마태복음 기자와 근본적으로 다르게 착안한 점이 무엇인가?
2. 영혼구원을 강조하는 한국교회에 누가복음이 가르치는 적절한 교훈이 무엇인가?
3. 구원의 의미를 다시 한번 정리해 보고, 우리들의 재래식 개념과 누가복음이 보여 준 구원을 비교해 보자.
4. 누가복음에서 나타난 보편주의사상, 즉 그리스도의 복음으로 어떤 장벽도 다 허물고 하나님의 나라를 이루어야 하는 사상에 비추어 볼 때 한국교회와 우리들 자신이 거기에 미치지 못하는 점들이 많이 있을 것이다. 이 복음에 의해서 우리들이 고쳐야 할 점들은 무엇일까?

□ 참고도서

김득중, 「복음서신학」, 서울 : 컨콜디아사, 1986.

김득중, 「신약성서개론」, 서울 : 컨콜디아사, 1986.

Joseph A. Fitzmyer, *The Gospel According to Luke*, Garden City, N. Y.: Doubleday & Co. 1981.

Ian Howard Marshall, *Luke : Historian and Theologian* Exeter : Paternoster Press, 1970 ; Grand Rapids : Zondervan Publishing House, 1971, 1979.

Hans Conzelmann, *The Theology of St. Luke,* London : Faber & Faber, 1960 ; New York : Harper & Row, 1961.

Edward Schweizer, *Luke : A Challenge to Present Theology,* Atlanta : John Knox Press, 1982.

요한복음

I. 저술 목적

우리는 글을 읽을 때 그 글의 목적이 밝혀져 있지 않는 경우, 다 읽고 나서도 그 글의 목적을 모르는 경우가 많다. 복음서들을 읽노라면 우선 복음서라는 제목 때문에 우리는 그 글의 내용이 인간들을 향한 복된 소식을 적은 것이다라는 판단을 내릴 수 있다. 그러나 마태복음이나 마가복음에는 뚜렷이 그 목적을 밝힌 바 없기 때문에 독자들이 나름대로 생각을 해야 한다. 그런데 누가복음이나 요한복음은 저자가 그 목적을 밝혀 주었다는 데 특색이 있다고 본다.

누가복음에는 1：1~4에서 저자의 뜻을 밝혔고, 요한복음에서는 20：30~31에 그 목적이 밝혀져 있다. 이제 우리는 요한복음을 공부하면서 무엇보다도 그 글의 목적이 무엇인가를 분명히 알고 그 목적에 맞추어서 일일이 읽고 검토해야 할 것이다. 즉 하나님께서 요한복음 기자를 통해서 독자들에게 말씀하시는 목적이 밝혀져 있는 이상 다른 방법으로, 또는 다른 입장에서 공부하는 것보다도 가장 현명한 것은 그 목적을 언제나 염두에 두고서 연구하는 것이다. "예수께서 제자들 앞에서 이 책에 기록되지 아니한 다른 표적도 많이 행하셨으나 오직 이 것을 기록함은 너희로 예수께서 하나님의 아들 그리스도이심을 믿게 하려 함이요, 또 너희로 믿고 그 이름을 힘입어 생명을 얻게 하려 함이요."(요 20：30-31)라고 그 저술 목적이 나타나 있다. 여기서 우리가 먼저 몇 가지 착안해야 할 것들이 있다.

1) 대표적인 표적 7개

결국 지금까지 쓴 것은 예수께서 행하신 여러 가지 표적들 중에 몇 가지(7개)를 골라서 적은 것이다. 요한복음을 읽어 보면, 예수께서 행하신 기적들이 7개 발견되는 동시에 그 사건들을 뒤이어 예수님의 기다란 강론(설교)이 여러 번 발견된다. 그런데도 저자는 예수의 표적과 설교를 기록한 것은 이러이러한 목적 때문이었다고는 말하지 않고 단지 표적에 대한 언급만 하는 것으로 보아, 저자의 마음에는 표적들을 주로 하고, 그것들을 근거로 거기에 따르는 설명을 첨가하는 식으로 글을 썼다는 느낌을 준다. 학자들 중에는 기자가 가졌던 자료들을 둘로 나누어 하나는 표적들을 수집한 책이 있었고, 하나는 예수의 말씀(강론)만을 적은 자료가 별도로 있었을 것이라는 사람들도 있지만 기자는 주로 예수님의 기적을 생각하고 있는 것 같다.

여기서 표적이라는 말의 뜻을 밝혀 주는 것이 편리할 것 같다. σημεῖον (세메이온)이라는 낱말을 저자가 사용하였는데, 공관복음서에는 쓰지 않는 말이며, 거기서는 '능력'(δύναμις), '기사'(τέρας) 또는 '이적', '놀라운 일'(θαῦμα) 같은 낱말들을 사용하여, 그 사건들 자체의 거의 표면적 성격을 나타내었다. 즉 불치의 병을 고쳤다면 그것은 모두가 놀랄 수밖에 없는 일이고, 사람들이 할 수 없는 능력 있는 일이고, 심지어 사람의 공포심을 자아내는 일이기도 하기 때문에 놀라운 일(θαῦμα), 무서운 일(τέρας), 능력 있는 일(δύναμις)로 나타냈다. 그러나 요한복음에서는 예수께서 하신 기적들이 성격상 능력이 있고 신기하고 경이적인 일인 것이 사실이면서, 동시에 그것들은 무엇의 표가 된다는 것이다. 어떤 사실에 대한 징표가 된다는 것이다. 남이 할 수 없는 그런 신기한 기적적인 사건을 일으키셨다는 것은 어떤 깊은 의미를 함축하고 있으며, 그것에 대한 표면적인 징표로 나타난 것이 바로 그 기적사건이라는 의미에서 σημειον(sign)이라는 말을 사용한 것이다.

2) 믿게 하려고

요한복음 기자가 예수님의 몇 가지 기적을 골라서, 그리고 거기에 따르는 예수님 강론을 곁들여서 적은 목적이 무엇인가를 20:31에서 밝혔다. 독자로 하여금 '믿게' 하려는 것이라고 했다. 즉 믿느냐 안 믿느냐가 인생이 사느냐 죽느냐에 관련되기 때문에 독자들이 믿음을 가질 수 있도록 돕기 위해서 썼다는 것이다. 요한복음에서 믿음(πίστις)이라는 것이 얼마나 중요하게 취급되고 있다는 것을 착안하면서 공부하여야 한다. 저자는 믿음이라는 명사를 한 번도 사용하지 않았다. 다만 '믿는다'(πιστεύω)라는 동사를 약 100회나 사용하고 있는바, 믿느냐 안 믿느냐의 결단이 그토록 귀하고 치명적인 것이기에 저자는 정력을 다 쏟아 믿음의 결단에 도움이 되기 위한 자료를 제시하려고 노력한 것이다.

3) 믿음의 대상을 소개함

무엇을 믿어야 하느냐 하는 문제에 있어서 그는 명료하게 간추렸다. 주 예수라는 인간, 나사렛의 목수 마침내 십자가에 달려 죽으셨지만 사흘 만에 사신 그 사람이 바로 메시야(그리스도)이시며 바로 그가 하나님의 아들이시라는 사실을 믿어야 한다는 것이다. 믿음의 내용은 복잡한 것이 아니고, 단순히 그 인간 예수가 확실히 사람이었지만 또한 하나님께서 하늘로부터 보내셨던 그의 아들이시라는 사실이다. 그리고 유대인들은 다윗의 후손 중에서 자기들을 구원하실 메시야가 나타나실 것이라고 고대하고 있었는데, 그 분이 바로 예수라는 것, 즉 유대인이 대망하던 메시야 곧 전 인류가 필요로 하는 구주이시며, 그가 바로 하나님께서 보내신 그의 아들이시라는 사실, 이것이 신앙의 내용이라는 말이다. 사람들이 예수를 그렇게 보지 않고, 그렇게 믿지 않고 있었기 때문에 즉 예수에 대한 인식과 믿음이 삐뚤어져 있고 오해가 있었고 이단적인 사상이 횡행하고 있기 때문에 신앙의 확실한 내용을 알려 주려는 것이 저술의 목적이었다.

4) 믿고 생명을 얻도록

동시에 저술의 목적은 사람들이 예수를 바로 앎으로 인해서 그를 통하여 생명을 누리게 하려는 데 있다는 것이다. 결국 인간은 사느냐 죽느냐의 기로에 놓여 있다고 말할 수 있다. 하나님은 생명이시고, 인간을 생령으로 창조하셨는데, 지금 인간은 죄로 말미암아 사단의 세력, 죄와 죽음의 세력에 사로잡혀 흑암 중에 즉 사망의 세계에서 살고 있다. 생명의 하나님께서 이 죽음의 세계에 살고 있는 인간들을 생명의 세계로 건져 주시기 위해서 독생자 예수, 즉 생명이신 예수를 보내셨고, 그를 믿는 사람에게는 생명을 주시려는 것이 하나님의 계획이시다. 그러므로 인간이 조물주이신 주님의 뜻을 따라 생명을 누리는 존재가 되어야 하는데, 그 중대한 결단을 하는 것이 믿음이고, 예수를 하나님의 아들로 믿어서 생명을 가진 존재가 되는 것이 그 무엇보다도 중요하고 급한 일이다. 공관복음에서는 주로 하나님 나라를 차지한다는 것을 목표로 하고 있지만, 요한복음에는 하나님 나라라는 말이 두 번만 나오고, 그 대신 '생명' 또는 '영생'이라는 말로 모두 바뀌어 있다. 결국 하나님 나라는 생명의 세계이기에 큰 차이는 없지만 신학적으로 또는 의미상으로 생명이라는 말이 더욱 포괄적이고 실질적인 표현이라 할 수 있겠다. 요한복음 기자는 그가 가진 자료 중에서 가장 적절하다고 느껴지는 몇 개의 사건을 선발하고, 또 관련된 예수님의 설교와 교회의 전통을 엮어서 예수의 그리스도되심과 하나님의 아들되심의 증거를 보여 주고 따라서 독자의 믿음 결단을 촉구하려고 한 것이다.

Ⅱ. 요한복음과 공관복음과의 비교

지금까지 공부한 공관복음은 그 이름에서도 나타나는 대로 공관(共觀), 즉 같이 놓고 보아야 할 만큼 서로 닮고, 서로 관계가 있는 공통된 자료들이 사용되고 있음을 볼 수 있었다. 그런데 이제 요한복음을 보면 복음이라는 말이 같이 사용되었기 때문에, 그리고 같은 예수 그리스도를 소개한다는 점에서 결국 공통성을 가지고 있는 것이 사실이지만, 엄밀히 따지면 요한복음은 여러 면에서 공관복음과 차이가 있고, 특이하다는 사실을 발견하게 된다.

1) 사건과 해설

우선 연대적으로 요한복음이 제일 뒤에 기록된 것으로서, 기독교가 좋은 방향으로 성장하여 점점 원숙해지고 있을 때이며 공관복음보다는 훨씬 신학적으로 세련되고 발전된 단계의 글이라는 사실을 발견하게 된다. 공관복음에도 신앙적, 신학적 해석이 첨가되었고, 그 나름대로 그 시대의 신학과 이해를 나타내고 있지만, 그래도 사실에 대한 묘사가 보다 많은 비중을 차지하고 있다고 보인다. 반면에 요한복음은 이미 위에서도 지적한 대로 사실을 공관복음보다 못지않게, 아니 오히려 더 실감 있게 묘사하면서도 그것이 가지는 의미에 더 큰 비중을 두고 있다고 보인다. 즉 사건 하나하나는 그냥 사건이 아니라 숨겨져 있는 어떤 신령한 진리와 사실에 대한 표적이라고 보아야 하며, 또 그것을 근거하여 신학적인 해석이나 설명을 붙인 점에서 근본적으로 공관복음과 차이를 나타낸다.

2) 갈릴리와 예루살렘

공관복음 기자들은 그들 나름대로의 신학적 주관과 입장이 있었고, 따라서 예수의 공생애를 묘사하는 중에 주로 마가의 골격을 따르면서 크게 지리적으로 이분을 해서 갈릴리 사역과 예루살렘 사역으로 수평적인 구분을 하였다. 즉 예수님은 갈릴리에서 줄곧 사역을 하셨고, 그 기간은 약 1년으로 추산되는 것이고, 그 말기에 이르러, 즉 유월절이 가까워올 때 예루살렘으로 올라가셔서 약 일주일간 계시면서 가르치시고, 대화하시고, 논쟁을 하시다가 마침내 수난을 당하신 것으로 묘사하였다(누가는 예루살렘으로 올라가는 여정을 길게 묘사하였다). 그러나 요한복음에는 예수께서 예루살렘에서 활동하신 내용이 더 풍부하게 나타났으며, 적어도 세 번이나 예루살렘에서 유월절을 지내신 것이 밝혀져 있다. 따라서 예수님의 공생애가 적어도 3년은 된다는 추산을 가능케 한다. 요한은 공관복음 기자들보다 예루살렘에 대한 관심을 많이 나타내는 것을 볼 수 있다.

3) 공통된 것과 특이한 것

공관복음과 요한복음에 공통된 내용이 여러 가지 들어 있는 것이 사실이지만(오천 명 먹인 사건, 물 위를 걸으신 사건, 성전을 숙청하신 사건, 수난사건 등) 요한복음에만 수록된 귀한 사건들이 몇 가지 있다. 가나의 혼인잔치(2 : 1－12), 베데스다 못가에서 38년 된 병자를 고친 사건(5 : 1－18), 날 때부터 장님이었던 자를 고친 사건(9 : 1－12), 나사로를 죽음 가운데서 살리신 사건(11 : 38－44), 니고데모와의 대화(3장), 사마리아 여인과의 대화(4장), 생명의 떡(6장), 선한 목자(10장), 참 포도나무(15장), 보혜사 성령(14장, 16장) 등 특수한 내용들을 담고 있다. 이렇게 공관복음과 내용적으로 많이 다르다는 것은 공관복음을 저자가 알지 못해서였을까 아니면 알면서도 자기 나름대로 취사선택하고, 또는 중복을 가급적 피하면서 보충하려는 의도였을까? 확실치 않다. 아마도 후자가 아닐까 생각된다.

4) 말씀에 치중

공관복음에는 예수님의 교훈이 단편적으로 격언형식으로 나타나든가 비유로써 표현되며, 말보다는 행동이 주로 소개되고 있다. 그리고 사건에 뒤이어 한두 마디 결론적인 교훈이 뒤따른다. 그러나 요한복음에는 사건보다도 오히려 예수님의 말씀에 치중하고 더 많은, 그리고 충실한 말씀, 설교, 설명들이 길게 소개되었다. 결국 믿음을 강조하려는 목적을 가진 복음으로서, 목격자들의 목격담을 실감 있게 말해 줄 때 그것을 듣고 믿어야 하기도 하지만, 그래서 표적을 실례로 든 것도 사실이지만, 시간적으로 보아서 이미 목격자들은 다 사라졌고, 이제는 비목격자들이 전하는 말을 듣고 믿어야 할 때가 되었고, 특히 예수님의 말씀과 성령이 주시는 말씀을 그대로 받아들여서 믿어야 할 때가 되었으므로, 요한 기자는 말씀에 더욱더 중요성을 두고 있는 것 같다. 공관복음에 비하면 확실히 그 점이 두드러진다. 예수님이 행하신 표적이 중요하고 믿음을 유발하는 좋은 근거가 되지만, 그래도 그 사건들의 의미를 설명해 주는 말씀들이 아니고서는 그것들만 가지고서 믿음을 일으킬 수 없는 것이었다. 그런 의미에서 요한복음은 확실히 말씀에 큰 비중을 두고 있는 책이다.

5) 예수의 노골적 자기 계시

공관복음에서는 예수를 주로 능력을 가지신 분(치유자), 훌륭한 교사(랍비), 구약 예언의 성취자, 인자 등으로 묘사하고 있지만, 요한복음에서는 예수가 하나님께로부터 보내심을 받은 계시자, 인간을 죄에서 건지시는 구주, 사람에게 생명을 주시고 생명에로 이끄시는 하나님의 아들이라는 사실을 중점적으로 강조하고 있다. 공관복음에서는 예수가 자신의 정체를 명료하게 밝히려 하지 않는데, 요한복음에서는 예수가 자신의 신분과 정체를 노골적으로 밝히는 대목을 많이 발견하게 된다.

6) 하나님 나라 대 생명(영생)

위에서도 암시한 바와 같이 공관복음에서는 천국 또는 신국이라는 말을 사용하고 종말적인 개념으로 천국을 소개하면서 회개하고 천국(신국)을 기다리라는 매우 급박한 느낌의 말들이 나타난다. 그러나 요한복음에는 그 대신 생명이라는 말, 또는 영원한 생명이라는 말로 대치하고, 종말이 이미 임한것 같은 느낌을 주는 것이 사실이다. 이미 생명을 누리고 있는, 현재적 실현을 체험할 수 있다는 사실을 말해 준다.

7) 비유와 은유

공관복음에서는 비유를 많이 발견한다. 그러나 요한복음에는 비유가 전혀 나타나지 않으며 은유가 몇 개 나타날 뿐이다. 즉 선한 사마리아인의 비유라든가, 잃은 양의 비유 등 긴 이야기 형식으로 나타나는 비유는 요한복음에 없으며, 단지, "나는 ……이다"(ἐγώ εἰμί)라는 형식의 말씀 속에서 예수님이 자신을 '선한 목자', '참 포도나무', '빛', '떡', '길', '진리', '생명', '문' 등등으로 비유한 은유가 나타날 뿐이다. 즉 집중적으로 예수님 자신을 설명하는 비유, 즉 은유들이 나올 뿐인데, 예수가 하나님의 계시자이신 것을 설명하려는 큰 목적을 가지고 예수에 대한 여러 가지 비유가 나타나는 것 뿐이다.

8) 예수님의 만찬 기사의 차이

공관복음에서는 예수께서 성만찬을 제정하시는 대목이 나타난다. 즉 떡을 떼어 주시고 잔을 주시는 사건이 나타나는데, 요한복음에는 그런 제도 제정의 사건이 없으며, 대신 제자들의 발을 씻는 일이 있을 뿐이고, 긴 설교와 기도가 있을 뿐이다. 그리고 그 만찬을 잡수신 날짜에도 차이가 생겼다. 공관복음에서는 "무교절 첫날 곧 유월절 양을 잡는 날에"(막 14：12) 최후 만찬을 잡수신 것으로 기록되어 있는데, 요한복음에는 "유월절 전날"(13：1) 준비일에 일어난 사건으로 묘사하였다.

9) 세례 요한에 대한 기사의 차이

공관복음에는 예수가 세례 요한에게 세례를 받으신 사실을 묘사하고 있는데, 요한복음에는 그 사실을 보여 주지 않고 있으며, 공관복음에서는 세례 요한이 "회개하라, 천국이 가까왔다."라고 전하는 선포자로서 예수님의 모습과 흡사하게 묘사되었다. 그러나 요한복음에서는 요한이 단지 증거자로서의 역할을 하는 것으로 묘사되었다.

10) 성전청소 사건 기사의 차이

공관복음에서는 예수께서 성전을 청소하신 사건이 마지막 유월절에 일어난 사건으로 묘사되어 있지만 요한복음에는 공생애 초기에 있었던 사건으로 기록하였다.

11) 예수의 생애에 대한 기사의 차이

공관복음에서는 예수의 생애를 순서대로 소개하고 결국 가서 그가 하나님의 아들이고, 메시야라는 사실이 증명되도록 하는 방식을 취하고 있지만, 요한복음에서는 1장에서 모든 결론을 내리고 나서, 즉 예수의 메시야성을 다 열거한 후 본론에서 그것을 반추(反芻)하면서 발전시킨다. 1장에서 이미 예수가 누구시라는 것을 다 결론지었다. 예수는 '말씀', '메시야', '인자', '하나님의 어린 양', '이스라엘의 왕', '하나님의 아들', '랍비' 등으로 우선 소개되었고, 2장에서부터 시간들과 말씀들을 통해서 다시금 증명해 나간다.

12) 역사적 사건들의 시간성의 차이

공관복음에서는 예수가 탄생하셔서 이 땅에서 사시며 수평적인 면에서 거의 일직선으로 갈릴리에서 예루살렘을 향하여 가셔서 마침내 죽으시고 살아나셔서 승천하신 것으로 묘사되었는데, 요한복음에서는 말씀이셨던 분이 수직적으로 하강하셨다가 수직적으로 들려 올라가신 분으로 묘사되어 있다. 연대나 공간을 거의 초월한 감을 주리만큼 갈릴리와 예루살렘을 넘나들고, 역사적 사건들의 시간성을 거의 무시하면서 그의 생애를 묘사한다.

Ⅲ. 요한복음을 저술하게 된 동기와 환경

1. 예수 재림의 지연

예수의 급박한 재림을 기다리던 초대교회는 주후 70년대에 예루살렘 성전이 완전히 파괴되고 유대나라가 멸망하는 사건 때문에 크게 충격을 받았다. 그 전쟁이야말로 종말을 알리는 전주곡으로 알았고, 마침내 예수께서 예루살렘에 재림하여 만국을 다스리실 것으로 기대했었기 때문이다. 그러나 기대와는 정반대로 오히려 예루살렘 성전이 깨지고 유대나라가 산산조각이 나자 크리스천들은 낙심하거나 회의를 가지거나 신앙에 동요가 올 수밖에 없었다. 하나님의 나라가 당장에 임하는 줄 알았던 그들에게 있어서 도대체 하나님 나라가 무엇이고, 그것이 언제 임하는 것인가 하는 질문을 새삼스럽게 가질 수밖에 없었다. 신앙을 그대로 가지고 있는 신도들에게 있어서, 특히 교회를 지도해야 할 지도층 사람들에게 있어서는 새로운 신앙관을 세워 주어야 했고,

예수를 믿는다는 것이 하나님 나라와는 어떤 관계가 있는지를 다시금 해석해 주어야만 했던 것이다. 예수님의 재림이 늦어지고, 그것이 언제일지 모르는 막연한 상태에 있게 되었을 때, 하나님 나라의 개념을 재해석해 주며 생명이라는 말로 바꾸어서 현재적인 구원 혹은 실현된 종말을 말해 줌으로써 성도들의 삶과 신앙을 고무하며 격려하려고 했다. 이와 같이 예수재림의 지연으로 인한 교회 신앙의 혼란과 해이를 방지하고 올바른 신앙, 보다 강력한 신앙생활을 하게 하려는 생각을 가지고 이 글을 썼다고 본다.

2. 유대인과의 마찰

요한복음이 주후 90년대에 기록되었다고 생각하는데, 그것은 사상적으로 마태복음이나 누가복음보다도 더 발전되고 세련되어 있다는 사실뿐만 아니라, 9：22, 12：42, 16：2에 신자들이 회당에서 쫓겨난다는 말(ἀποσυνάγωγος)이 나오는 것은 주후 90년대에 있었던 실제 사건을 경험한 연후의 일이라고 추측되기 때문이다. 즉 주후 90년경부터 쉐모네 에스레(Shemone Esre)라고 해서 18조목의 유대의 기도 중에 이단을 저주하는 조목(birkat haminim)을 삽입하고 크리스천들을 회당에서 출교하는 일이 시작되었다. 이렇게 기독교가 날로 발전하고 보급되어 가면서 유대교와의 마찰이 생기고, 아니 유대교의 질시와 반대를 받고 공격을 받게 되었다. 그러한 처지에서 기자는 기독교의 고유성과 특이성을 정리하여 신도들을 신앙적으로 확립시키고, 유대교를 대항할 수 있는 자료와 자신을 주어야만 했던 것으로 본다. 기자는 여러 곳에서 '유대인'이라는 말을 사용하면서 예수님의 생애 속에서도 대립적으로 활동한 사실을 지적하였다(2：6, 13, 4：9, 5：1, 6：4, 7：2, 11：55, 18：20, 19：40, 42).

3. 헬라 사상의 팽배

전통적으로는 요한복음이 소아시아의 에베소에서 기록되었다고 보는 것이 정설이었지만 학자들의 최근까지의 연구에 의하면 요한복음에 나타난 헬라적 영향뿐만 아니라 뚜렷이 나타나는 팔레스타인적 사상

(특히 Qumran 문서와의 유사성)의 영향 등을 감안해서 시리아의 어떤 지방에서 기록되었으리라는 설이 유력해지고 있다. 이 말은 결국 기독교가 로마사회에 널리 퍼져나가는 중 자연히 그 시대를 지배하던 헬라문명과 정신세계 속으로 파고들면서 헬라적인 사상의 영향을 받을 수밖에 없었다는 말이고, 동시에 주후 70년대의 유대전쟁 패배 후 또는 그 전부터 유대인 특히 종교인들이 사해 연안과 요단계곡 등에서 은둔생활을 하면서 깊은 명상을 하고 독특한 종교생활을 영위하는 가운데 나름대로의 사상과 교리를 세우고 살았다는 것이다. 그 일례가 쿰란공동체이다. 요한복음을 받은 첫 독자들, 즉 그 당시의 특정 지역의 크리스천들은 일반적으로 헬라적 사상의 영향권에서 사는 동시에 특수하게는 팔레스타인의 특수 유대인 공동체의 영향도 받으면서 살고 있었던 것으로 보인다. 좀더 세분해서 말한다면

1) 헬라적인 이원론에 젖어 하늘과 땅, 영과 육, 빛과 어두움, 생명과 죽음, 선과 악 등으로 양극적인 사상을 가지고 있었고,

2) 그러면서도 유대적인 변색을 하여 절대적 이원론을 벗어나서 결국에는 선이 악을 이기고, 빛이 어두움을 삼키고, 생명이 죽음을 극복하는 식의 수정된 이원론을 주장하는 유대인들의 사회였던 것 같다.

3) 좀더 구체적으로는 헬라적 이원론이 기독교를 변색시켜 소위 가현설(Docetism)을 주장하여 기독교 신앙을 뒤흔들기도 했다. 즉 영은 선하고 육은 악하다고 보는 헬라사상의 입장에서 볼 때 예수가 하나님의 아들로서 하늘에서 왔으니 그를 믿을 만하고 따를 만하지만, 그가 사람이라고 한다면 선한 것이 악한 육체를 입은 존재 일터이니 믿을 만한 것이 못 된다는 것이다. 그러므로 예수는 영이요, 하늘의 존재에 그치고, 악한 육을 입은 인간은 아니었다는 것이다. 다만 사람으로 보였을 뿐이라는 것이다. 그래서 헬라어로 δοκειν 즉 '……으로 보인다'는 낱말에서 Docetism이라는 말이 생기게 되었다. 즉 예수는 사람으로 보이기는 했지만 사실은 아니고, 순전히 하나님이셨다고 주장하는 것이었다. 그러한 사상이 그 당시 교회 속에 유행하여, 헬라사상에 젖은 많은 사람들을 유혹하고 설득하여 교회에 큰 혼란을 가져왔던 것이다.

4) 그와 유사한 것으로 소위 영지주의(靈知主義-gnosticism)적 경향도 있었던 것 같다. 만물을 둘로 나누어 영과 물질로 구분해서 영은 선하고 물질은 악하다고 판정하였다. 사람은 악한 육체 속에 선한 영혼이 갇혀 있는 상태라고 보고, 영이 악한 육체를 해탈하는 것이 구원이라고 보았다. 인간이 이러한 실존에서 벗어나려면 하늘에서 오는 지혜(그노시스 γνῶσις)가 요구된다는 것이다. 예수를 하늘에서 내려온 그노시스라고 보고 믿으면 된다는 그럴듯한 생각도 떠돈 것 같다. 그러나 그런 말을 하는 자들은 예수가 사람일 필요가 없다는 것이며, 선한 영이신 하나님의 아들이 악한 육체를 입을 수 없다는 것이고, 인간의 육체는 악한 것이니 그것을 괴롭혀서 극복해야 한다는 것이었다. 또한 육체는 구원에 별관계가 없는 것이니 아무렇게나 다루어도 된다고 하면서 먹고 마시고 방탕하는 경향으로 흐른 자들도 있었다. 이렇게 그럴듯한 사상들이 기독교를 혼란케 하던 시대에 예수를 바로, 그리스도교를 바로 이해시켜서 바로 믿게 하려는 생각을 기자는 가졌던 것이다.

4. 세례 요한 숭배 견제

그 당시 교회 중에는 세례 요한을 존경하고 예수보다도 요한이 더 높고 더 훌륭하다고 생각하고 또 그렇게 믿는 자들이 있었다. 그러므로 저자는 예수와 세례 요한의 관계를 밝히고, 또 세례 요한의 정체를 밝혀 주어 그리스도 신앙에 차질이 없도록 하려는 생각을 가졌던 것이다.

Ⅳ. 요한복음의 주요 특징들

1. 헬라적 표현을 사용

요한복음 기자는 매우 예리한 통찰력과 예지를 가진 사람으로서 그의 독자가 처한 처지와 환경을 바로 파악하고 판단하여 거기에 적절한 복음을 쓰려고 노력했다. 위에서 지적된 그러한 환경에 있는 독자들에게, 즉 헬라적 영향에 깊이 감염된 사람, 다시 말해서 철학적 개념과 술어들을 익숙히 알고 젖어 있는 사람들에게 예수를 소개하려고 할 때 그들이 잘 알고 사용하는 술어와 사상구조들을 역이용하는 것이 현명할 것이라고 생각한 것 같다.

1) 우선 '말씀'(λόγος)이라는 말을 가지고 시작함으로써 그들의 주목을 처음부터 끌 수 있었으리라고 본다. '로고스'라는 낱말은 헬라 철학(특히, 스토아 철학)이 널리 애용하던 말인 동시에 유대인들의 사회에서도 흔히, 그리고 잘 알려진 어휘였다. "태초에 말씀이 있었다."라는 말로 시작함으로써 헬라인이나 유대인이 모두 다 흥미를 가지고 읽고 들을 수 있었을 것이다.

2) 이렇게 시작한 후에 계속 이원적인 사상구조를 끌고 나갔다. 즉 빛과 어두움, 위와 아래, 하늘과 땅, 내려옴과 올라감, 생명과 죽음, 진리와 거짓 등의 대립개념을 사용하면서 그러한 이원 사상에 젖은 당시 사람들의 생각에 자극을 주며 진리를 던져 주고 있다.

3) 그러면서도 그 당시의 이단사상을 유리하게 하거나 거기 현혹되어 있던 사람들에게 혼란을 가져올 그러한 어휘들은 가급적 회피하면서 나간 것을 볼 수 있다. 특히 영지주의자들이 즐겨 쓰는 그노시스(γνῶσις 지혜, 지식)라는 명사는 전혀 쓰지 않고 있다. 그 대신 기노스코(γινώσκω 안다)라는 동사형을 쓰고 있다.

2. 예수의 선재설을 말함

요한복음 기자는 마태, 누가복음 기자들과 달리 예수의 탄생기사를 기록하지 않은 반면 예수의 선재설을 끌고 들어온다. 그리하여 예수의 신성(시간적 초월성)을 처음부터 주장하는 점이 독특하다. 그리고 그가 육신을 입었다는 사실을 역사적 사건을 가지고 말하지 않고 철학적 서술로서 표시했다. "말씀이 육신이 되어 우리 가운데 거하셨다."(1:14)라는 한 마디 말로써 요약하였다. 예수가 영이시고 하나님이라고만 믿으려 하는 사람들에게는 충격적인 언명이 아닐 수 없다. 즉 예수는 확실히 로고스요 하나님이셨지만 육신이 되셨고, 역사 속에 오셔서 인간과 같이 계셨다는 것이 기독교 진리의 중요한 골자이기에, 그것을 밝혀서 안 믿는 자들을 공격하고 또 회의에 빠진 자들을 각성시킨 것이다.

3. 예수의 자기 계시

공관복음에서는 예수님이 자신이 누구시라는 것을 노골적으로 말씀하신 일이 별로 없다. 대제사장이나 빌라도가 예수의 정체를 말했을 때도 "그것은 네 말이다."라는 정도로 말씀하셨고 피동적인 태도를 취하신 것으로 나타난다. 그러나 요한복음에서는 예수께서 자신의 정체를 아주 명확하게 말해 주신 것이 특이하다. 즉 '나는……이다"(ἐγώ εἰμί)라는 표현을 가지시고 예수님 자신이 자신을 계시하신 것이다. '나는 생명의 떡이다'(6 : 35, 51), '나는 세상의 빛이다'(8 : 12, 9 : 5), '나는 문이다'(10 : 7, 9), '나는 선한 목자다'(10 : 11, 14), '나는 부활이요, 생명이다'(11 : 25), '나는 길이요, 진리요, 생명이다'(14 : 6), '나는 참 포도나무다'(15 : 5). 이렇게 일곱 가지로 즉 일곱 말씀으로 자신의 정체를 노골적으로 밝히셨다. 그 밖에도 그의 긴 설교들을 통해서 자신이 누구시라는 것을 누누히 설명하셨고(8 : 24, 28, 58, 13 : 19), 그가 행하신 놀라운 일, 즉 그의 기적들이 예수의 정체를 말해 주는 것도 사실이지만, 요한복음에서는 예수의 말씀 자체가 자신의 정체를 밝혀준다는 점에서 특이하다는 말이다.

4. 세례 요한 숭배를 배격함

공관복음에서는 세례 요한과 예수의 관계가 자연스럽다. 즉 예수의 선구자로 온 세례 요한을 소개하고 그에게 나와서 세례를 받고 그 선구자의 일을 계승하다시피 예수께서 활동을 시작하신 것으로 묘사하였다. 그러나 요한복음에서는 세례 요한에게 예수께서 나오기는 했지만 세례받으신 사실은 기록하지 않았고, 여러 번 그리고 의도적으로 예수와 그를 비교하면서 요한을 격하시키는 것을 볼 수 있다.

서론 부분(1 : 1–18)에서 요한복음 기자는 세례 요한이 빛으로 오신 예수와 혼동되는 경향을 시정하기 위해서 "그는 빛이 아니라 그 빛(예수)에 대하여 증거하러 왔을 뿐이다."(1 : 8)라고 밝혔다. 세상에서 요한이 예수보다 먼저 나타난 것이 사실이지만 예수가 실제로는 먼저 계신 분임을 밝힌다(1：15). 유대인 제사장들과 레위인들이 사람을 보내어 요한의 정체를 물을 때 요한의 입으로 "나는 그리스도가 아니다."(1：20)라고 대답하는 대목을 삽입하고, 첨가하여 엘리야도 아니고 선지자도 아니다(1：21)는 말까지 하여 요한복음 기자의 의견에는 세례 요한이 사실보다도 훨씬 떨어진 존재로 여겨지고 있다(공관복음에는 세례 요한이 선지자요, 엘리야와 같은 자로 여겨졌다). 반대로 세례 요한은 예수를 '참 빛'(1：8), '세상 죄를 지고 가는 하나님의 어린 양'(1：29), '하나님의 아들'(1：34)이라고 증거하는 자에 불과하고 스스로 "예수는 흥해야 하고 나는 쇠하여야 하리라."(3：30) 하면서 예수의 종이 될 자격도 없는 자로 고백하는 모습을 보여 준다.

이와 같은 경향은 아무래도 그 당시에 교회가 발전되는 중 한편에서는 세례 요한을 예수보다 더 훌륭하다고 믿고 오히려 그가 그리스도라고 생각하며 선전하는 사람들이 적지 않게 있었기 때문이라고 생각된다. 특히 요단 계곡이나 요단 동쪽 광야나 산골에서 은둔생활을 하는 사람들 중에는 세월이 어떻게 되어 가는지 예수의 사건이 어떻게 전개되었는지 등을 알지 못하고, 세례 요한의 역사까지만 알고 숨어 사는 사람들이 있었던 것 같다. 그러므로 그러한 세력이 1세기 말에 상당한 영향력을 가지고 있었기에 요한복음 기자는 일부러 그런 그룹의 잘못을 지적하고, 그 영향을 배격하려는 의도를 가지고 저술한 것으로 보인다.

5. 권위주의와 형식주의를 배격함

요한복음에는 교회의 제도주의, 권위주의, 형식적 예식주의 등을 거부하는 것 같은 경향을 보여 준다.

1) 시간적으로 보아 요한복음은 어느 복음보다도 늦게 기록된 것이고, 교회가 사방에서 제도적 기반이 잡히고 형식도 갖추어졌을 때인데, 그리고 마태복음 28：19에는 "세례를 주라."는 명령까지 나타나는데, 요한복음에는 예수께서 요한에게 세례받으셨다는 사실마저 기재하지 않았을 뿐 아니라 세례를 주라는 명령이나 지시도 기록하지 않았다. 동시에 공관복음에는 성찬제정의 역사가 기재되어 있는데, 요한복

음에는 그 대목이 생략되어 있다. 따라서 기자는 성례전의 제도에 대해서 별로 관심을 보이지 않고 있다는 인상이 보인다. 그것은 그 당시 교회가 이미 형식주의에 흘러 무의미한 예식이 반복되기 때문에, 그 반발로써 보다 영적인 해석을 붙여 준 것으로 보인다. 즉 생명의 떡이 되시는 예수, 생명의 물이 되시는 예수를 믿는 그 자체가 중요하다는 것, 그리고 성령의 세례를 받아야 한다는 것을 가르치려는 것으로 보인다.

2) 공관복음에는 12제자의 명단이 소개되어 있으며, 따라서 그들의 중요성을 암시해 주고 있다. 그러나 요한복음에 12제자의 이름이 나타나지 않으며 제자들을 부르신 사건도 기록지 않았다. 동시에 사도로 파송하는 이야기도 나타나지 않는다. 이것도 역시 그 당시 교회가 제도화되면서 사도의 권위를 내세우고 어떤 면에서는 권위주의로 흘러가는 경향이 있었던 것으로 보인다. 더욱이 베드로를 수제자로 내세우고, 그의 권위를 크게 내세우는 경향이 심하였기 때문에, 요한복음에서는 오히려 주께서 '사랑하는 제자'에다 각광을 비쳐 그를 부각시키는 것을 볼 수 있다(13 : 23 f, 18 : 15−16, 20 : 2, 21 : 7, 20 등).

6. 성령을 부각시킴

요한복음은 누가복음보다도 더 성령을 강조한 점이 그 특색 중의 하나이다. 성령으로 거듭나야만 하나님 나라를 볼 수 있고, 또 그리로 들어갈 수 있다(3 : 3, 5)는 말은 "회개하라, 천국이 가까왔다."고 한 공관복음의 말씀에는 많은 차이가 있는 말이다. '하나님은 영이시다', '영과 진리로' 하나님을 예배해야 한다는 강조도 요한복음에서만 나타난다. 생명을 주는 것은 영이고 육이 아니라는 말씀(6 : 63)이나, 성령을 '보혜사'(παράκλητος)라는 명칭으로 부른 것(14 : 16, 26, 15 : 26, 16 : 7), 또는 '진리의 영'이라는 이름으로 부른 것도 요한복음(14 : 17, 16 : 13, 26)이다. 사도행전에서는 오순절에 성령이 강림하시는 것으로 묘사되었는데 요한복음에는 부활하신 날 저녁에 제자들에게 나타나셔서 숨을 내쉬시며 "성령을 받으라."(20 : 22)고 하신 것으로 나타난다. 그 시대가 그리고 독자들의 환경이 형식주의, 권위주의, 제도주의로 굳어져 있기 때문에 그것을 반박하기 위해서 또는 시정하기 위해서 저자는 성령을 강조하는 글을 쓴 것이라고 보여진다. 즉 성령이 제자들에게 모든 것을 가르친다(14 : 26)든가, 성령이 제자들을 진리에로 인도한다(16 : 13)든가, 성령이 제자들에게 예수의 말씀을 생각나게 해준다(14 : 26)는 말씀들을 함으로써 죽은 형식이나 제도에 집착하지 않도록 한 것이 아니겠는가 하는 것이다.

7. 믿음을 강조함

요한복음만큼 믿음을 강조한 복음이 없다. 위에서도 말한 대로 저자는 믿음이라는 명사는 사용하지 않았지만 믿는다는 동사를 97회나 사용할 정도로 믿음을 강조한 복음이다(마태 11회, 마가 10회, 누가 9회를 각각 사용했다). 물론 일반적으로 상대의 말을 믿는다는 의미의 믿음도 나타나지만(요 9 : 18 이하), 주로 신앙이라는 뜻으로, 그리스도를 믿고 그의 제자가 된다는 뜻으로(πιστεύειν εἰς) 사용한 믿음이 대부분이다.

1) 그리스도에 관한 진리를, 즉 그리스도의 정체를 그대로 인정한다는 뜻으로 나타난다. "우리가 주는 하나님의 거룩하신 자신 줄 믿고 알았삽나이다."(6 : 69)라고 하여 예수의 신분을 그대로 인정한다는 의미의 믿음을 가리켰다. 마르다의 말 가운데 "주는 그리스도시요, 세상에 오시는 하나님의 아들이신 줄 내가 믿나이다."(11 : 27)라고 해서 역시 그리스도의 정체를 시인하는 믿음을 말했다. 나사로를 살리신 후 예수께서 하나님 아버지를 말씀 하시는 중에 "…… 아버지께서 나를 보내신 것을 저희로 믿게 하려 함이니이다."(11 : 42)라고 하시며, 자신이 하나님의 파송을 받아서 온 자라는 사실을 시인하는 믿음을 의미하였다. 제 17 장에 나타나는 예수의 기도에서도 여러 번(8, 18, 21, 23) 예수가 하나님께로부터 파송된 자라는 사실을 인정하는 것을 믿음으로 귀정하고 있다. 즉 그리스도인의 믿음이란 다름 아니라, 예수의 정체를 그대로 인정하는 일, 즉 그를 그리스도로, 하나님께서 세상에 보내신 하나님의 아들로 받아들이는 일을 가리켰다. 예수는 사람의 형상을 가지고 세상에 들어오심으로, 즉 말씀이 육신이 되심으로써(1 : 14) 결

국 사람의 눈으로 볼 수 없었던 초월자 하나님을 세상 사람들에게 보여 주시는 계시자가 되신 것이다(1 : 18). 그래서 그는 "나를 본 자는 아버지를 보았거늘……"(14 : 9)이라고 말씀하셨던 것이다. 그러므로 요한복음이 말하는 신앙은 예수를 믿되 하나님을 사람들에게 계시하시는 분으로 믿는 것을 의미한다.

2) 요한복음에 나타나는 믿음은 하나님의 사랑에 대한 인간의 반응으로서의 믿음이다. 요한복음 3 : 14~21에 나타나는 하나님의 사랑의 맥락 속에 믿음이라는 말이 나타나는 바, 하나님께서 그의 아들을 세상에 보내신 것은 하나님의 사랑의 행동이라는 것이다. 하나님의 이러한 사랑이 예수의 내림 속에 표시되었지만, 예수 안에서 제시된 하나님의 사랑을 받아들이는 자와 받아들이지 않는 자의 차이가 생긴다. 예수가 오신 것은 그 스스로가 심판하시려는 것이 아니라 사람들이 스스로 결정을 해서 그를 거절하면 즉 믿지 않으면 멸망을 당하고, 반대로 그를 영접하고 믿으면 생명을 얻도록 하셨다는 것이다. 그러므로 '누구든지 그를 믿으면'이라고 한 것은 하나님의 사랑의 제안에 긍정적으로 응답하는 태도, 즉 예수를 하나님께서 보내신 구주로 시인하며 그 사랑에 감격하여 그 제안에 응하는 태도와 행동을 가리키는 것이다.

3) 결국 요한복음 20 : 31에서 결론을 지은 대로, 인간 예수가 바로 그리스도이고 하나님의 아들이셨다는 사실을 시인하는 것을 믿음이라 할 수 있으며, 그를 그렇게 믿으면 영생을 얻는다는 하나님의 그 믿어지지 않는 제안을 결단적으로 수락하는 행동을 의미한다.

8. 사랑을 강조함

요한복음은 성경 66권 중 사랑이라는 말이 제일 많이 사용된 책이다. 주로 동사형으로 많이 나타나는 바(φιλεῖν이 13회, ἀγαπάν 이 36회, 합해서 49회나 나타난다.) 하나님께서 세상을 극진히 사랑하셔서 독생자를 주신 그 사랑을 주제로 하여 그 사랑에 대한 인간의 응답으로 믿음을 요구하실 뿐 아니라, 그 사랑을 본받아 서로 사랑하라는 것이 요한복음이 가르치는 기독교 윤리의 골자이다. 마태복음(산상수훈)

처럼 많은 윤리교훈을 보여 주지 않았지만, 모든 율법과 예언자의 강령인 사랑을 강조한 점에서 다를 바가 없다. 그러나 사랑을 그렇게도 강조하면서도 큰 계명(The great Commandment)이라고 하는 "마음과 뜻과 성품을 다해 하나님을 사랑하고 또 네 이웃을 네 몸같이 사랑하라."는 예수의 명령이 수록되지 않은 것이 기이하다. 요한복음에는 그 대신 새 계명을 주셨는데, 그것은 곧 "서로 사랑하라."(13 : 34, 15 : 12, 17)는 말씀이며 하나님에 대한 사랑, 이웃에 대한 사랑을 제쳐놓고 '서로 사랑', '형제 사랑'을 강조한 것은 요한복음의 특징이라 하겠다. 그 이유가 무엇일까? 추측컨대 그 당시 독자들의 상황이 특수하고, 또는 일반적 상황도 이런 충고를 받기에 합당한 것이었을지 모른다. 즉 하나님 사랑, 이웃 사랑, 원수를 사랑하는 사랑 등 너무도 고상한 사랑을 부르짖고 있지만 그것은 말뿐이고 사랑이 실천되지 않는 상태, 즉 사랑이 너무도 막연하고 손에 잡히지 않는 추상적인 것이 되어 가는 상태에 빠진 교회를 향하여 구체적으로 가까이 자기 공동체에 속한 형제만이라도 진실로 사랑할 줄 알아야 나아가서 하나님도 원수도 사랑할 수 있겠기에 우선은 자기들의 공동체 내의 사랑을 강조한 것이 아닐까 하는 것이다. 그러나 그것은 보다 고차원의 사랑을 부인하는 것은 결코 아닐 것이다. 어쨌든지 하나님께서 독생자를 주신 그 큰 사랑, 예수께서 십자가에서 목숨을 바쳐 희생하신 그 사랑, 밀알 하나가 땅에 떨어져 죽어지는 그러한 사랑을 강조한 그 극적인 표현들은 요한복음을 돋보이게 하고 있다. 그리고 21 : 15~17에서 베드로에게 사랑의 고백을 듣고 나서 임무를 맡기신 사실 등은 사랑의 중요성을 강조하는 좋은 실례가 아닐 수 없다.

V. 요한복음의 표적들

위에서 언급된 바와 같이 요한복음의 특색 중의 하나가 예수의 기적을 표적이라는 말로 바꾸어 놓았다는 점이다. 즉 예수께서 행하신 놀라운 신기한 일들이 그 자체가 사람을 놀라게 할 만한 기이한 일들인 것이 틀림없지만, 그것은 어떤 다른 진리를 말해 주는 표가 된다는 것이다. 그렇다면 요한복음 기자가 그 많은 표적들 중에서 특별히 골라서 몇 개의 표적을 수록하였고, 거기에 덧붙여 예수의 긴 설교와 소위 '나는……이다'(ἐγώ εἰμί)라는 예수의 자기 계시 등을 곁들여서 말하려는 진리는 무엇인가 하는 것이 문제이다. 물론 20:31에 나오는 결론에서 보여 주는 대로, 예수가 그리스도이시며 하나님의 아들이라는 진리를 나타내는 표적이라고 말하면 될 수도 있지만, 그러한 결론에 도달하기 위하여 보다 더 구체적인 보충적 설명들이 2~12장에 걸쳐서 나타나고 있다. 우선 일곱가지 표적을 열거한다면 다음과 같다.

1. 갈릴리 가나의 혼인잔치에서 물로 포도주를 만드신 일(2:1-12)
2. 가버나움 귀인의 아들을 소생시킨 일(4:47-54)
3. 베데스다 못가에서 38년 된 병자를 고치신 일(5:1-16)
4. 오천 명을 먹이신 일(6:1-14)
5. 물 위로 걸어가신 일(6:15-21)
6. 나면서부터 눈먼 자를 눈뜨게 하신 일(9:1-17)
7. 나사로를 죽음에서 다시 살리신 일(11:1-44)

이상과 같은 기적적 사건들을 토대로 하면서 사이사이에 다른 사건의 이야기와 또 길고 짧은 예수의 설교나 강론들을 끼어 가면서 설명해 나갔다. C. H. Dodd가 「제 4 복음해석」(The Interpretation of the Fourth Gospel)이라는 책에서 제시한 구분을 따르면서 표적들을 설명해 보기로 하자.

1. 예수는 새 질서를 가져다 주는 자이심을 나타내는 표적들

1) 가나의 혼인잔치(2:1-12)

맨 먼저 가나의 혼인잔치에서 물로 포도주를 만드는 이적을 행하셨다. 이것은 물론 예수가 신적인 능력을 가지셨다는 것 결국 하나님의 아들이시라는 증거가 된다. 그러나 예수가 하나님의 아들로서의 능력을 가지고 무엇을 어떻게 하시는가 하는 것이 더 관심사가 된다. 물이 변해서 포도주가 된다는 것은 물로써 상징되는 율법적 종교가 포도주로써 상징되는 복음의 종교로 변할 수 있다는 가능성을 말해 주는 것으로서, 새 질서를 창조하시는 예수를 보여 준 사건이다. 여섯 항아리의 물이 유대교의 정결예식을 위한 것이었는데, 그것이 변하여 처음 먹던 포도주보다도 더 좋은 최고의 포도주로 변했다는 것은 "나는 참 포도나무라."(15장)고 하신 예수께서 참된 포도주를 주시는 분, 즉 참된 복음을 만들어 주시는 분이심을 암시하고 있다

2) 성전 청소 사건(2 : 13-22)

성전을 청소하신 사건이 나오는데, 이 사건은 얼핏 보기에 기적적 사건으로는 보이지 않지만, 실로 놀라운 사건인 것이 틀림없다. 예수님은 그 당시 유대인으로서 그 어마어마한 교권에 대항하여 성전 뜰에서 장사하는 상인들과 소, 양, 비둘기를 몰아내고 환전상의 상을 뒤짚어 엎는다는 일이 어떻게 가능한가 말이다. 그 일을 감행하신 예수의 놀라운 권위와 용기는 기적이라고 말해도 틀림이 없을 것이다. 어쨌든 여기서 예수는 "이 성전을 헐라. 그러면 내가 사흘 만에 그것을 다시 세우겠다."(2 : 18 이하)고 하셨고, 거기의 '성전'은 자신의 몸을 가리킨 것이며 사흘 후의 부활을 가리킨 것이라는 해석이 붙었다. 여기서도 예수가 성전을 청소했다는 사건 자체의 놀라움을 말하려는 것이 아니라 예수는 옛 제도인 유대의 종교를 극복하여 이제 그의 죽음과 부활을 통해서 새 이스라엘, 즉 교회를 일으키어 새 질서를 창출하신다는 것을 말하고 있다.

3) 거듭남(3 : 3-21)

니고데모가 예수님을 찾아와서 대화한 사건은 새로운 출생을 가르치는 사건이다. 제 3 장에서 예수는 중생을 통해서 하나님 나라를 보고, 또 그리로 들어갈 수 있다고 니고데모에게 가르쳤다. 사람은 누구나 하나님의 나라에 들어가기를 원하고, 거기에서 생명을 얻기를 원한다. 그러나 그 뜻을 이루지 못하고 어둠 속에서 죽은 상태에서 살고 있는 것이 인간이다. 그 생명의 나라로 가는 길을 모르고 그 방법을 모르고 살고 있다. 이제 예수는 불을 보는 듯이 명백히 그 길을 말해 준다. 사람의 힘으로 되는 것이 아니라는 것을 먼저 말씀하셨다. 즉 하나님의 영에 의해서 거듭나야만 가능하다는 것을 먼저 가르쳐 주셨다(3 : 3

−8). 새 질서를 가능케 하시는 분은 하나님이시다. 예수는 그 하나님의 아들로 세상에 오셔서 하나님을 계시하실 뿐 아니라 그 생명의 세계를 들어가는 길과 문이 되어 주시고, 그를 믿기만 하면 그 새 생명의 세계를 얻을 수 있게 해주시는 분이라는 사실을 명확하게 설명해주고 있다(3 : 16−21). 낡은 삶은 죽은 삶인데 예수는 새로운 삶, 영원한 삶을 가능케 하는 자이시며, 흑암의 세계에서 빛의 세계로 옮아가게 하시는 분이시다.

4) 진정한 예배(4 : 1−45)

사마리아 여인과 대화하신 예수의 이야기는 새로운 예배를 가리키는 표징적 사건이다. 이 이야기에는 유대인과 사마리아인, 남자와 여자, 그리고 사마리아 종교와 유대 종교의 장벽들을 다 헐고 과거의 모든 인간적인 인식과 습관과 제도를 초월해서 이제부터 참 하나님을 예배하는 종교를 가능케 한 것이다. 즉 그리심 산에서 예배해야 한다던 사마리아인의 종교나 예루살렘에서만 예배해야 한다고 생각하던 유대인들의 종교를 다 초월해서 이제는 '신령과 진리'로 예배하는 참된 종교(예배)의 시대가 도래함을 선포하셨다. 그것을 가능케 하신 분이 바로 그리스도 예수이시다. "아버지께 참으로 예배하는 자들은 신령과 진정으로 예배할 때가 오나니 곧 이 때라."(4 : 23)고 하시며 이미 그 새 종교의 시대가 임했음을 가르치실 뿐 아니라 "메시야가 오시면 모든 것을 우리에게 고하시리이다."라고 사마리아 여인이 하는 말에 대해서 "네게 말하는 내가 그로라."고 예수께서 대답하심으로써 새 종교의 시대가 자기 자신에 의해서 이루어졌다는 사실을 말해 준 것이다(4 : 25−26).

2. 예수는 생명을 주시는 분이시라는 표적들

1) 왕의 신하의 아들을 살림(4 : 46−54)

왕의 신하의 아들을 살리신 사건은 그 자체가 기적이고 예수의 놀라운 능력, 신적 능력을 보여 주는 사건인 것이 틀림없다(4 : 46−54). 그리고 예루살렘 베데스다 못가에서 38년 된 병자를 고쳐 주신 사건 역시 같은 성격의 것이다. 즉 예수는 새 생명을 주실 수 있는 분이심을 보여 주는 훌륭한 증거가 되는 표적들이다. 가버나움의 귀인이면 돈도 있고, 권세도 있는 사람으로서 사랑하는 아들이 중병에 걸렸을 때 어찌 수단방법을 다 동원하지 않았겠는가? 세상에서 사람의 힘으로 할 수 있는 일은 다 해보았을 것이다. 그러나 허사였으며 이제 죽음만을 기다리고 있던 순간이었다. 예수는 그런 아이를 말씀 한 마디로, 그것도 현장에 가시거나 어떤 치료를 통해서가 아니라 그냥 "가라, 네 아들이 살았다."라고 하시는 것 뿐으로써 그 병이 순식간에 물러갔다는 사실에서 예수는 생명을 주시는 분이심을 명백히 깨닫게 된다. 38년간 전신불수로서 꼼짝도 못하는 처지의 병자는 병을 치료하기 위해서 가산을 탕진하고, 가족도 그를 포기하고, 어느 누구도 그를 돕는 사람이 없는 절망적인 사람이었다. 베데스다 못가에 내팽개쳐져 있는 외로운 병자, 저마다 자기 병을 고치려고 남의 사정을 전혀 아랑곳하지 않는 모진 경쟁사회에서 희망이 전혀 없는 상태에 살던 그 병자를 예수께서 말씀 한 마디로 깨끗게 하셨으니 그 어찌 생명을 주시는 분, 생명의 주가 아니고 무엇이겠는가?

2) 예수의 설교 : 예수 안에 생명이 있음(5 : 17–47)

위의 두 표적을 말한 후에 이어서 예수의 담화(설교)가 나온다. "아버지께서 죽은 자들을 일으켜 살리심 같이 아들도 자기의 원하는 자들을 살리느니라"(5 : 21). "아버지께서 자기 속에 생명이 있음 같이 아들에게도 생명을 주어 그 속에 있게 하셨고"(5 : 26)라는 말씀에서 예수는 생명을 주시는 분이라고 스스로 자백을 하셨다. "너희가 성경에서 영생을 얻는 줄 생각하고 성경을 상고하거니와 이 성경이 곧 내게 대하여 증거하는 것이로다. 그러나 너희가 영생을 얻기 위하여 내게 오기를 원하지 아니하는도다."(5 : 39–40) 하시고 자신이 생명을 주는 자라는 것을 밝히면서, 세상이 그 생명을 얻기 위해서 자기에게 오지 않는 사실을 책망하고 계시다. 이와 같이 예수는 그의 강론 속에서 자신이 생명을 주는 자라는 사실을 첨가하여 설명하셨다.

3. 예수가 생명의 떡이 되신다는 표적

예수께서 오병 이어로 5천 명을 먹이신 사건은 그 자체가 놀라운 기적으로서, 예수의 거창한 능력을 보여 주는 것이며 그의 초자연적 존재를 증명해 주는 것이 틀림없다. 그러나 그 사건에 뒤따르는 설교 중에서 그 표적의 의미를 세 가지로 설명하고 있는 것을 볼 수 있다.

1) 영생의 양식(6 : 26—34)

6 : 26~34에서 "썩는 양식을 위하여 일하지 말고 영생하도록 있는 양식을 위하여 하라. 이 양식은 인자가 너희에게 주리니 인자는 아버지 하나님의 인치신 자니라."(6 : 27)고 하시며, 사람들은 모세를 따름으로써, 즉 옛 종교에서 생명을 얻는 줄 알고 있지만, 실은 모세가 주는 것이 아니라 예수를 통하여 하나님께서 주시는 것이라고 밝힌다.

2) 예수는 생명의 양식(6 : 34—51)

6 : 34~51에서 "내가 곧 생명의 떡이로라. 너희 조상들은 광야에서 만나를 먹었어도 죽었거니와 이는 하늘로서 내려오는 떡이니 사람으로 하여금 먹고 죽지 아니하게 하는 것이니라. 나는 하늘로서 내려온 산 떡이니 사람이 이 떡을 먹으면 영생하리라. 나의 줄 떡은 곧 세상의 생명을 위한 내 살이로라 하시니라."(6 : 48—51)고 하여 그리스도 자신이 생명의 떡이며, 또 생명의 떡을 주신다고 밝힌다. 옛 사람들이 만나를 먹었지만 죽었는데, 이제 예수가 주시는 떡, 또는 생명의 떡이신 예수를 먹는 자는 영원히 산다는 말을 첨가함으로써 오병이어 사건이 보다 큰 사건(영원한 생명을 나눠 주심)의 표징임을 보여 주고 있다.

3) 참된 양식, 참된 물(6 : 52—59)

6 : 52~59에서 예수가 참으로 생명의 떡이요, 생명의 물이심을 성찬식과 관련시켜 설명하셨다. "내 살은 참된 양식이요, 내 피는 참된 음료로다."(6 : 55)라고 하시면서 실제로 성찬식에서 떡과 포도주를 받아먹는 예식을 행하는 중에 신자들이 생명을 누리게 됨을 보여 주셨다.

4. 예수는 세상의 빛이시라는 표적들

이 부분에서는 예수께서 특별한 기적을 행하신 것이 없다. 그러나 그가 장막절에 예루살렘에 나타나신 사건 자체가 하나의 표적의 역할을 했다. 예수가 평범한 존재였다면 그 때문에 일어나는 사건이 대수롭지 않을 것이다. 그러나 이 대목에서 예수 때문에 일어난 현상은 그가 누구시며, 어떤 일을 하실 분임을 잘 보여 주고 있다.

1) 유대 종교에 있어서 장막절(초막절)은 심판의 날, 주의 날, 즉 하나님께서 그의 보편적 왕국을 건설하시는 날과 관련된 명절이었다. 예수께서 장막절에 예루살렘에 나타나시자 예루살렘에는 그를 환영하는 자와 반대하는 자로 갈라져 민중이 스스로 심판하는 현상이 나타났다. 예수님이 심판하러 오신 것이 아니지만, 예수를 배척함으로 그를 반대하는 멸망의 자식들의 그룹이 생기고, 그를 믿고 영접함으로 구원받은 자들의 그룹을 형성하여 자동적으로 심판이 이루어지는 것이었다.

2) 장막절에 하는 의식 중에 첫째는 실로암 못에서 물을 길어다가 성전 제단에 붓는 일이며, 이리하여 비가 풍성히 내려 농사가 잘되고 생활이 윤택해지기를 비는 것이었다. 둘째는 성전의 등을 더욱 밝혀서 성전 구석구석을 환히 비추게 하는 예식이다. 예수님은 이 절기에 예루살렘에 나타나셔서 "……누구든지 목마르거든 내게로 와서 마시라. 나를 믿는 자는 성경에 이름과 같이 그 배에서 생수의 강이 흘러나리라."(7 : 37－38)고 외치셨으며, 또 "나는 세상의 빛이니 나를 따르는 자는 어두움에 다니지 아니하고 생명의 빛을 얻으리라."(8 : 12)고 말씀하시어 믿는 자와 믿지 않는 자, 빛을 따르는 자와 어두움에 남아 있는 자를 갈라 놓으셨다.

즉 예수야말로 생명의 물이며, 참된 빛이시어서 유대인들이 예식 속에서 실로암의 물, 성전의 등불 등의 예표(typological)를 가지고 대망하던 그 실체가 나타나심으로, 그를 믿는 사람은 생수를 마시고 빛을 보고 광명을 차지하였지만, 또 반대로 믿지 않고 그를 거부한 자들은 그대로 목마르고, 그대로 어둠에 남아 있는 것이었다. 이렇게 장막절에 나타나신 예수는 이미 그 현장에서 세상에 심판을 가져왔고, 분열을 초래했으며, 이 때부터 확실한 구별이 생기어 악의 세력은 예수를 대항하여 그를 죽이려는 공작을 노골적으로 시작하게 된다. 예수가 참빛이 아니셨다면 흑암이 그러한 극렬한 반발을 했을 이유가 없다. 예수가 하나님이 아니셨다면 사단이 그렇게도 결사적으로 대항할 리가 없다.

5. 예수가 심판을 가져오신다는 표적들

1) 소경으로 태어난 자를 고치심(9：1-41)

나면서부터 소경으로 태어난 사람의 눈을 뜨게 했다는 사건은 물론 9：5에서 예수께서 말씀하신 것처럼 당신이 세상의 빛이시라는 사실의 표적인 것이 사실이지만, 복음서 기자는 오히려 그의 빛을 만나는 사람들의 심판자이시라는 사실을 보여 주는 표적으로 소개하고 있다. 즉 그 사건을 소개하려는 것이 목적이 아니라 그 사건을 토대로 해서 다른 이야기를 끌어내려는 것이다. 즉 소경이 안식일에 눈을 뜨게 되자 바리새인들이 이의를 제기하면서 예수와 그 소경되었던 사람을 정죄하고 나섰다. 그리고 그 소경되었던 자가 회당에서 출교를 당했고 예수와 그 사람이 부족한 자들이라는 판단을 받았다. 그러나 예수께서 "내가 심판하러 세상에 왔으니 보지 못하는 자들은 보게 하고, 보는 자들은 소경되게 하려 함이라."고 하셨고, 이 말을 들은 바리새인들은 "우리가 소경인가"하고 반문을 하자 "너희가 소경되었더면 죄가 없으려니와 본다고 하니 너희 죄가 그저 있느니라."(9：41)고 예수께서 대답하셨다.

즉 예수는 소경의 눈을 뜨게 하셨고, 오히려 자기들의 눈이 밝다고 생각하는 자들은 소경으로 판단을 받았다. 바리새인들이 예수와 또 그 소경되었던 자를 심판했지만 실은 그들이 정죄를 당하고 그들이야말로 모자라는 사람들이라는 낙인이 찍혔다. 참 빛되시는 예수를 영접하는 자는 빛을 받아 눈이 밝아지지만, 그 빛을 받아들이지 않는 자들, 특히 전통과 아집의 굳은 껍질을 쓰고 빛을 거부하는 자들은 스스로 눈이 밝다고 말하지만 실로 장님에 불과하다는 말이다. 곧 바리새인들이 예수를 심판한 것으로 보이지만 실은 그들이 예수의 심판을 받아 소경이라는 판결을 받은 셈이다.

2) 선한 목자와 삯꾼(10：1—39)

예수님은 선한 목자의 비유를 가지고 당신과 또 당신을 믿고 따르는 제자들을 반대하고 출교하는 바리새인들(유대인들)을 강도요, 도둑이라고 판단하셨다. 예수는 그 자신이 빛이셨고, 또 그 빛으로 인해서 눈이 밝아진 그 소경과 기타 여러 제자들을 바리새인들은 거부하며 빛을 빛이 아니라고 하며 빛의 아들들을 몰라 보니 그 바리새인들이야말로 소경들이며, 소경들이 소경을 인도하는 격으로 양들을 죽음의 골짜기로 몰고 가며 삯꾼처럼 마구 인도하고 있으니, 그리고 양을 노략질하는 데 불과하니, 강도요 도둑이 아니고 무엇인가 말이다. 예수는 선한 목자로서 양들을 다 잘 알 뿐 아니라 그들을 위하여 목숨을 내던지시는 분으로서, 그가 죽으심으로 죽은 양을 살리기까지 하시는 참된 목자이시다. 이 선한 목자이신 예수는 우선 유대인들을 양으로 삼으셔서 그들을 먹이려고 하시지만, 그들이 목자를 거부하는 것이 사실이었다. 예수는 그래서 말씀하시기를 "또 이 우리에 들지 아니한 다른 양들이 내게 있어 내가 인도하여야 할 터이니, 저희도 내 음성을 듣고 한 무리가 되어 한 목자에게 있으리라."(10：16) 하시며 이스라엘 외의 다른 백성들이 교회로 들어올 것을 예언하셨다. 그는 유대인의 메시야이실 뿐 아니라 하나님의 아들이시며(10：36), 하나님과 하나이신 분이시다(16：30). 이렇게 예수께서 친히 자신을 설명하실 때 그것을 믿는 자들이 있었고, 반대로 믿지 않고 그를 체포하려는 사람들이 있었다. 이렇게 예수는 그를 믿는 자와 믿지 않는 자를 판가름하는 자로 나타났으며, 그가 행하신 일을 눈을 가지고 본 사람이면 누구도 의심할 수 있으리 만큼 신적인 사건들이어서 그런 일을 하신 분은 틀림없이 하나님이나 그의 아들이실 것이라고 믿을 수 있고 또 그렇게 보이시려고 예수께서 표적으로 보여 주셨는데, 어떤 사람은 그것을 믿고 어떤 사람을 안 믿었다. 여기서 안 믿는다는 것은 이미 심판을 받은 것이 아니고 무엇이겠는가? 즉 하나님께서 마지막 수단으로 독생자를 보내셨고, 그를 통하여 하나님만이 하실 수 있는 일을 행하게 하셔서 보고 믿으라고 한 것인데, 그것을 보고도 믿지 못한다면 그것은 더이상 희망이 없는 것이며 멸망의 자식으로 심판을 받은 것이 아니냐는 말이다.

6. 예수는 부활이요, 생명이시라는 표적들

결코 의심할 수 없을 정도로, 즉 썩어서 냄새가 날 지경에 이른 나사로를 살려 주신 사건(11：1-53)은 조금도 의심할 수 없으리 만큼 예수가 부활이요, 생명이심을 증명해 주는 표적이 아닐 수 없다. 갈릴리는 매우 더운 지방이어서, 죽으면 곧 장례를 지내야 하는 것이다. 죽어서 나흘이나 되었다는 것은 나사로의 죽음의 확실성을 강조하려는 것이었다. 그러한 나사로를 살리시는 예수님은 시간과 공간을 초월해서 부활과 생명을 주시는 분이심이 틀림없다. 그때 유대 특히 예루살렘에서는 예수를 죽이려는 음모를 꾸미고, 예수가 나타나기만 하면 알리라고 하던 상황이었기에 유대지방으로 간다는 것은 곧 자신의 죽음을 의미하는 것이었다. 결국 나사로를 살리려 가시는 길은 예수 자신이 죽어야 하는 길이기도 했다. 그러나 그 죽음의 골짜기를 여럿이 그의 제자들과 함께 가셔서 거뜬히 일을 치르시고 돌아오셨다는 것은 예수가 죽음의 세력을 지배하신다는 사실을 증명해 주는 것이다. 마르다와 마리아는 부활이 역사의 마지막에 있을 것을 믿었다. 그러나 예수는 당장에 그의 오빠 나사로를 살려냄으로써 부활이 현실에도 있을 수 있다는 것, 부활과 생명을 주시는 분은 예수님이시기에 그를 믿는 자들에게는 시간과 장소를 초월해서 언제 어디서나 부활을 체험하며 생명을 누릴 수 있다는 사실을 말해 주는 것이었다.

7. 예수는 죽음을 통하여 생명을 주신다는 표적들

1) 마리아의 향유(11：55-12：8)

마리아가 삼백 데나리온 이상의 가치를 지닌 값진 향유를 예수의 발에 붓는 사건은 얼핏 보기에 너무도 낭비요, 과대한 지출로 생각된다. 1년 동안의 노동의 대가에 해당하는 큰 값의 향유를 사람의 발에 붓고 머리카락으로 닦아낸다는 것은 도무지 소용없는 일을 했다는 느낌을 가질 수밖에 없었다. 그러나 그 사건에 대한 예수님의 판단은 전혀 달랐다. 죽었던 자기 오빠를 살려 주신 일을 생각하는 누이 동생의 마음에는 천하를 주고도 바꿀 수 없는 생명을 되살리신 그 은총에 대한 대가로서, 그 향유 한 그릇이 아무것도 아니다. 이제 예수는 자신의 생명을 희생시켜 인간에게 생명을 주시려는 것인데, 예수님은 마리아의 기름이 당신 자신의 죽은 시체에 부어질 기름으로 예상하면서 그 가치를 높이 평가하며 결코 낭비가 아니라고 말씀하셨다. 인류 전체를 살리시기 위한 예수의 죽음의 가치는 삼백 데나리온에다 비할 수 없는 것이다. 죽음을 통해서 생명을 주시려는 예수님께 미리 기름을 부어드린 마리아의 행동은 자기 오빠를 실제로 살려 주신 예수가 모든 사람에게 부활을 주기 위해서 죽으시려는 예수의 죽음의 가치를 미리 정하는 것이며 그 진리를 시인하는 표징이기도 하다.

2) 예수의 예루살렘 입성(12 : 12-36)

예수께서 나귀새끼를 타시고 예루살렘 성에 당당히 입성하신 사건은 "바리새인들이 서로 말하되 볼지어다 너희 하는 일이 쓸데없다. 온 세상이 저를 좇는도다."(12 : 19) 하리 만큼 예수께 인기가 완전히 쏠리는 일로써 귀결되었다. 예루살렘으로 입성하신다는 사건은 한마디로 말해서 죽음을 향해서 서슴치 않고 행진하신 사건인 바, "내가 진실로 진실로 너희에게 이르노니 한 알의 밀이 땅에 떨어져 죽지 않으면 한 알 그대로 있고, 죽으면 많은 열매를 맺느니라."(12 : 24)는 말씀대로 자신을 죽음에 내어 주셔서 많은 사람에게 생명을 주시기 위해서 죽음의 골짜기로 입성하신 것이다. 죽으러 들어가는 행렬을 보는 군중은 오히려 호산나를 부르며 그의 편이 되었고, 온 천하가 그를 따르는 결과가 되었다. 예수가 십자가에 높이 달려 죽는 일이 오히려 인자로서의 영광받는 일이며(12 : 23) 그 사건을 통해서 세상이 생명을 얻는 신기하고도 영광스러운 일이 이루어진다는 것이다. 그런 의미에서 마리아의 기름을 부은 사건이나 예수의 예루살렘 입성사건은 훌륭한 표적이 되는 사건들이다.

Ⅵ. 예수의 고별설교와 기도

요한복음의 특색 중의 하나가 예수의 말씀이 공관복음에서 보다 더 많이 나타난다는 점이다. 그리고 최후의 만찬 자리에서 행하신 성만찬 제정사건이 전혀 나타나지 않은 것도 특이하고, 아울러 그 자리에서 제자들의 발을 씻긴 사건과 거기 뒤따르는 기다란 설교가 인상적이며 특이하다. 마가복음 10 : 45(마 20 : 28)에서 예수는 '섬기러' 오셨다고 하셨지만 거기에 섬김의 표본이 나타나지 않았고, 만인을 위해 대속물이 되는 사건 속에 섬김이 포함되는 것으로 이해되지만, 요한복음에서는 실제로 제자들의 발을 씻는 예전적인 행동을 통하여 제자들이 서로 섬겨야 한다는 정신을 가르쳐 주셨다. 그리고 새 계명을 주신다고 하시며 "내가 너희를 사랑한 것같이 너희도 서로 사랑하라."는 명령을 내리셨다. 서로 섬기는 구체적 사랑을 서로 베풀어야 한다는 것이다. 그것이 바로 예수의 제자가 되었다는 증거이고 따라서 세상 사람들이 그것을 보고 제자임을 알 수 있게 된다는 것이다(13 : 34-35).

예수께서는 자신이 세상을 곧 떠나실 것을 아시기 때문에 확신을 가지시고 앞일을 말씀하셨지만 제자들은 앞을 못 보기 때문에 불안해 하고, 예수께서 하신 말씀이 무엇을 의미하는지를 잘 몰라서 당황할 뿐이었다. 예수님은 그러한 정신적 불안 속에 있는 제자들에게 하실 말씀이 많으셨다. 그리하여 예수님은 당신이 떠나더라도 걱정하지 말고 신앙을 굳게 가지라는 부탁을 하시며, 자기가 바로 길이요, 진리요, 생명이라 하시며(14 : 6), 자기를 믿는 것이 가장 긴요함을 강조하셨다. 그를 믿으면 그가 하신 일보다 더 큰 일도 할 수 있고(14 : 12), 예수의 이름으로 구하면 무엇이든지 응답을 받을 수 있겠다는 것이다. 예수께서 떠나시더라도 보혜사 성령을 보내어 같이 있게 하겠고(14 : 16), 그가 오셔서 모든 것을 가르치시고 기억나게 해주실 것이니 걱정하지 말라는 것이다(14 : 26-27). 다만 예수의 가르치신 계명들을 지키라고 당부하였다. 그것이 바로 예수를 사랑하는 일이며, 하나님과 예수의 사랑을 받을 사람이라고 강조하셨다(14 : 21).

예수는 자신을 포도나무에다 비교하시면서 제자들에게 가지가 포도

나무에 붙어 있어야 하는 것처럼, 언제나 자기와 연결된 상태에 있으라고 명하셨다. 그리하여 열매맺는 사람이 되어 하나님께 영광을 돌리라고 하셨다(15 : 1-11). 세상에 사는 동안 예수의 제자들은 세상에게 미움을 받을 터인데, 그 때마다 예수가 미움을 받았다는 사실을 기억하며 놀라지 말라는 것이다. 세상이 그리스도인을 미워하는 것은 곧 하나님과 예수를 미워하는 것을 의미하며, 결국 확실한 증거를 보여주었는데도 믿지 않고 박해하며 미워하는 것은 그들의 책임이며, 그들이 범죄하는 일이라고 하셨다(15 : 18-25).

예수님은 다시 성령이 오셔서 하실 일을 말씀하시면서 제자들을 격려하셨다. 성령이 오셔서 죄가 무엇이며, 의가 무엇이며, 심판이 어떤 것인가를 말해 줄 것이고(16 : 8-11), 그가 진리의 영으로서 제자들을 진리에로 인도하실 것이다(16 : 12-15). 이 모든 설교를 들은 제자들은 보다 확실한 깨달음을 가지게 되었고 마침내 예수가 하나님께로부터 오셨다는 사실을 믿는다고 고백하였다(16 : 30).

그는 제자들을 향한 고별설교를 마치시고 엄숙하게 아버지 하나님께 기도를 올리셨다. 제자들을 지켜 달라는 기도 즉 세상에서 속히 데려가 달라는 것이 아니라, 악한 세력이 판을 치고 있기 때문에 그 악에서 보호해 달라는 것이다(17 : 15). 동시에 열두 제자뿐 아니라 그들의 증언에 의하여 신앙을 가지게 될 교회를 위해서도 기도하셨다. 또한 그들이 다 하나가 되게 해달라는 것이었다. 다시 말해 그리스도 안에서 온 세계의 신도들이 완전히 하나가 되게 해 달라는 것이 예수님의 간절한 마지막 기도이셨다(17 : 22-23). 그리하여 온 세상이 하나님과 그리스도 안에서 사랑으로 뭉치고 화합하는 지경에 이르기를 소원하셨다(17 : 26).

Ⅶ. 21장과 7 : 53~8 : 11의 문제

많은 학자들이 21장은 부록적인 기사로 인정한다. 즉 20 : 31에서 본래의 복음서가 끝났고, 후에 21장이 첨가되었다고 본다. 대개 그 문체나 내용을 보아 같은 저자의 것이라고 생각되며, 보충적으로 첨가한 것이라고 보는 것이 일반적인 결론이다. 17 : 53~8 : 11에 나타나는 간음한 여인의 이야기는 앞뒤의 연결로 보든지, 많은 사본들의 증거를 통해서 보든지, 그것이 본래 저자의 기록이 아닌 것 같고, 또 지금의 위치에 있었던 것이 아닌 것으로 판명되고 있다. 그러나 그 사건이 전혀 없었다는 말이 아니고 그것을 부정할만한 아무 증거도 없는 것이다.

□ 토의문제

1. 요한복음이 공관복음과 어떤 근본적인 차이를 나타내는지 알아보자. 그리고 그 이유가 무엇이었을까?
2. 요한복음에 수록된 표적(기적)들이 무엇을 말해 주는가? 즉 무엇에 대한 표적들인가?
3. 예수는 자신을 무엇이라고 말씀하셨는가를 찾아보자.
4. 요한복음을 공관복음과 다른 양식으로 기록하게 된 동기가 무엇일까? 그 시대적 환경이 어떠했는가?
5. 요한복음 저자가 가장 중심적으로 말하고 싶어하는 것이 무엇일까?

□ 참고도서

김득중, 「복음서신학」, 서울 : 컨콜디아사, 1986.

김득중, 「신약성서개론」, 서울 : 컨콜디아사, 1986.

C. K. Barrett, *The Gospel According to St. John : An Introduction With Commentary and Notes on the Greek Text*, London : S. P. C. K., 1955, 1978 ; Philadelphia : Westminster Press, 1978.

R. E. Brown, *The Gospel According to John : Introduction, Translation, and Notes*, 2 vols, Garden City, New York : Doubleday & Co., 1970.

Rudolf Schnackenburg, *The Gospel According to St. John*. Tr. by C. Hastings, 3 vols. New York : Crossroad Publishing Co. ; London : Burns & Oates, 1968, 1979, 1982.

역 사 서

사도행전

역 사 서

역사서의 의미

예수 그리스도는 역사 속에 오셔서 역사를 통하여 일하셨다. 복음서는 역사 속에서 일하신 예수 그리스도의 모습들을 여러 각도에서 묘사하고 있다면 사도행전은 승천하신 주님께서 성령을 보내셔서 성령을 받은 사람들이 역사 가운데서 어떻게 활동하시는가? 즉 성령께서 역사 가운데 어떻게 역사하시는가를 기록하고 있는 것이다. 그래서 사도행전이 복음서 바로 뒤에 연결될 수 있었다고 볼 수 있다. 사도행전은 예루살렘에서 시작된 복음의 확장이 로마제국의 수도 로마에 어떻게 복음이 전해지고 교회가 세워지고 있음을 기록하고 있다. 사도행전도 초기 예루살렘교회의 생활과 전도 모습을 보여 주고 있으며 예루살렘에서 유대와 사마리아와 땅 끝까지 이르는 복음운동의 발자취를 보여 주고 있다.

사도행전

I. 사도행전과 누가복음의 관계

사도행전을 공부하려고 할 때, 우선 생각해야 할 것은 사도행전이 단독으로 하나의 완성품으로 저술된 책이 아니라 누가복음을 전편으로 하고 그 후편 혹은 그 속편으로 저술되었다는 점, 따라서 저자는 누가복음과 사도행전을 합해서 하나의 거대한 통일된 작품으로 기록한 것이기 때문에 전편인 누가복음과 속편인 사도행전을 연결시키고 그 전체 속에 흐르는 의도나 정신을 생각하면서 공부해야 한다는 것을 염두에 두어야 하겠다.

이미 누가복음을 공부할 때 말한 바와 같이 의사이며, 바울의 수종을 들던 누가가 바울에게서 배우고, 또 그를 따라다니면서 경험하고 곳곳에서 수집한 많은 자료들을 근거로 해서 누가복음을 써서 예수의 일생을 묘사했고, 이어서 속편으로 성령강림 이후 교회가 어떻게 이어지고 발전해 나갔는가를 묘사하였다. 그러므로 우리는 사도행전을 공부할 때 언제나 누가복음의 속편이요, 기자의 통일되고 일관된 의도와 목적과 신학이 줄기차게 흐르고 있다는 사실을 전제하여야만 하겠다.

Ⅱ. 저자의 의도와 사도행전의 고유성

사도행전의 저자 문제는 옛날부터 누가가 가장 적절한 사람이라는 설이 절대적인 것이었다. 그리고 그 이상 신빙할 만한 다른 설이 없으므로 전통을 따르기로 하고 생각해 보자. 누가는 시리아 안디옥 출신으로서 이방의 교회로서는 첫 케이스로 바나바, 바울 등이 목회한 선교 지역에서 기독교를 받아들인 후, 선교에 대한 열정을 가졌을 것이다. 바울이 누가를 택하여 전도의 동역자로 삼은 것도 누가가 그 만큼 자격이 있고 열의를 보였기 때문일 것이다. 대사도 바울을 따라다니면서 같이 고생하고 선교의 생생한 경험을 통하여 기독교를 체험적으로 알고 믿을 수 있었다. 그러나 바울과 베드로가 살아 있고, 특히 예수의 목격자들이 생존하여 교회를 지도하고, 문제가 있을 때마다 해결해 주는 시대에는 누가는 묵묵히 배우고 따르며 봉사했을 것이다.

그러다가 바울이 죽고 베드로도 사라지고 네로 황제의 박해를 비롯하여 로마가 유대전쟁으로 인해서 유대인들에 대하여 악감을 가지는 시대가 되었다. 아울러 기독교를 박해하는 어려운 시대로 접어들었다. 예수의 재림을 기다리면서 환란을 견디고 참고 이겨나가던 성도들은 전쟁이 터지고 곳곳에서 환난을 당하면서, 그 때야말로 예수의 재림의 때라고 생각하여 더욱 열광적으로 종말을 기다리며 준비하였으나 전쟁은 유대 나라의 멸망과 예루살렘 성전 완전 파멸로 끝장이 나고 예수님은 기대했던 것처럼 예루살렘에 재림하시지를 않자, 교회는 그 사실로 인해서 당황하고 실의에 빠지고, 더러는 낙심하며 신앙을 버리는 사람들도 있었을 것이다. 그러나 놀랍게도 교회는 여전히 발전하고 있었고, 계속 확대되어 가는 것이었다. 로마정부의 막대한 힘으로 예수를 사형에 처했지만 그가 부활하셨던 것처럼, 교회는 박해로 인해서 망할 것만 같은데도 계속 발전하고, 오히려 불꽃 튀듯이 로마 각처에서, 즉 이방 땅에서 점점 확대되어 가는 것은 기이한 일이 아닐 수 없었다. 즉 그것은 성령으로 말미암은 것, 하나님의 영이 현존하셔서 이루시는 일이기에 사람으로서는 막을 수 없는 것, 결국은 이루어지고야 말 당연한 일이 아닐 수 없었다. 누가는 그것을 깨달았다. 그리스도 안에 하나님이 계셨다. 즉 성령이 역사하셨고, 그 영은 교회 안에 강림하셔서 역사하고 계시기 때문에 교회는 살아 있고, 힘이 있고, 자랄 수밖에 없다는 것을 그는 깨달았던 것이다.

이제 전쟁이 끝나고 소강상태로 접어들면서 자연히 생겨나는 현상이 몇 가지 있을 수밖에 없었다. 계속 발전하고 있고, 또 발전해야 하는 교회의 활동, 복음활동이 로마사회에서, 특히 집권자들 계급에서 백안시되고 유해한 것으로 간주되고 여러 가지로 오해당하고 있다는 사실이다. 그도 그럴 것이, 예수는 확실히 로마의 법에 의해서 정죄를 당하고 극형으로 죽었다. 그도 정치범으로 죽었다. 그러니 그를 믿는 종교인 기독교회를 로마인으로서 타기하고 심지어 부끄럽게 여길 것이 당연하다. 게다가 곳곳에 있는 유대인들의 무리는 기독교를 이단으로 몰고 참소하며 악평을 하게 되니 로마 관헌들은 기독교에 대해서 호감을 가질 수가 없었던 것이 틀림없다. 이러한 상황을 바라보는 누가는 계속 선교의 중요성을 깨닫고, 불타는 열정을 가진 자로서 어떻게 해서든지 기독교를 바르게 인식시키고 바로 소개할 뿐 아니라, 로마 정부나 시민들의 호감을 얻어내어 복음전도가 더 쉽고, 더 활발하고, 더 효과적인 결과를 가져오도록 하자는 생각을 가질 수밖에 없었을 것이다.

이미 누가복음 공부에서도 설명한 바와 같이 누가는 예수와 교회가 결코 유해한 분이나 단체가 아님을 보여 주려고 그의 글에서 나타낸 것을 볼 수 있다. 동시에 누가의 마음에는 예수가 누구시고, 그가 어떤 일을 하신 분이고, 그의 정체와 그의 사업이 무엇이고 하는 중대한 것에 대해서 그 당시 일반인들은 물론 교회에 나오는 성도들도 포괄적으로 알고 있는 사람이 없다는 사실을 착안한 것이다. 급박한 재림을 기다리고 종말을 기다리는 사람들이 단순히 구전으로 전해 들은 간단한 이야기, 소위 '케리그마'를 통해서 몇 가지의 골격만 믿고 있을 뿐이지 구체적으로는 아는 것이 없었다. 마가복음이 나옴으로 약간의 지식을 얻을 수 있었고, 기타 단편적으로 떠도는 예수에 대한 지식을 가지고 있었지만 실제로 어떤 계통 있는 예수의 이야기도 모르고 교회가 생기기는 했지만, 그리고 교회에 나가 교인이 되기는 했지만 교회가 어떻게 생기기 시작했고, 교회가 예수와 무슨 관계가 있는 것인지, 교회가 자기 동네에만 있고, 또 있다가 없어져 버릴 임시적인 조직체인지, 교회란 도대체 무엇인지 등 아는 사람이 없었다.

그러므로 누가는 이와 같은 형편에서 그리스도와 교회를 좀더 자세히 그려 주어 신도들로 하여금 확신을 가지고 믿고 전도하며 건전한 신앙생활을 하도록 하려는 생각을 했던 것이라고 본다. 그리고 그 당시 교회의 상황 중의 하나는 예루살렘에서 시작한 교회가 처음에 유대인들을 중심한 공동체로 발족하였었는데, 점점 유대인들은 그 복음을 멀리하고, 반대하고 거절하는 현상이 도처에서 나타나고, 반대로 이방인들이 오히려 믿고 구원을 받는 실정이었다. 교회가 예루살렘에 머물지 않고 세계를 향하여 계속 번져 가는 현상은 그것이 하나님의 계획과 섭리가 아닐 수 없다고 느껴진 것이다.

누가는 그의 복음서를 쓰면서도 이방인에 대한 관심, 보편주의에 관심을 가지고 예수를 묘사하였고, 사도행전에서도 예루살렘에서 시작은 했지만, 그 경계를 벗어나서 세계로 번져 가는 교회야말로 하나님이 간섭하시고 인도하시고 목적한 바임을 보여 주려고 한 것으로 보인다. 성령께서 전 인류를 구원하기 위한 복음을 교회를 통하여 세상 끝까지 전하고 계시다는 사실을 누가는 자세히 사실대로 그려 주어 성도들로 하여금 그들의 사명을 깨닫게 하며, 또 그들의 현실에 대해 자부심을 가지도록 하려고 한다. 종말이 아직 언제인지 모르기 때문에 그리스도인들이 먼 종말을 기다리는 생활을 어떻게 할 것인가 하는 것도 그 시대 성도들의 의문이었을 것이다. 예수를 믿는다는 것은 단지 말로써 그를 구주로 고백하고 쉬지 않고 기도하고, 금식하고 예배드리고, 열광적으로 방언하면서 초조한 생활을 하는 것인가? 교회란 그런 사람들의 공동체인가? 고린도교회가 그런 교회였고, 아마 데살로니가와 다른 많은 교회들도 그러한 열광주의에 빠져 있었던 것 같다.

건전한 교회는 어떤 교회인가? 예수의 재림을 기다리되 그가 오시는 날을 모르는 이상, 성도들은 하루하루의 삶을 보다 건실하고 성도답게 살아야 하는 것이다. 그렇기 위해서 누가는 그의 복음서에서 예수의 삶을 구체적으로 성도의 삶의 모범으로 보여 주며, 그가 구주였고 구원의 실제를 여러 모로 보여 주셨으니 그를 닮아 구원사업을 실시해야 하겠고, 그 삶 속에서 일관된 생각은 세계선교에 있어야 한다는 것을 보여 주려고 노력한 것이다. 누가가 80년대에 사도행전을 썼다면 그 당시의 교회를 향하여 50년 전의 예수를 본받고 30년, 40년 전의 베드로, 스데반, 빌립, 바울을 본받고, 예루살렘 초대교회, 안디옥교회들을 본받아 선교하는 교회, 전도하는 교회가 되어야 한다는 것을 가르치려고 한 것이라고 본다.

하나님은 역사를 주관하시는 분으로서 이스라엘 민족을 내시고 기르시고 택하셔서 인류 구원을 위한 도구로 삼으셨고, 마침내 독생자 예수를 세상에 보내셔서 실제로 구주의 역할을 하게 하셨고, 그가 죽으시고 부활하시고 승천하신 후 하나님께서는 그것으로 끝내신 것이 아니라 성령을 보내셔서 사도들을 통하여 땅끝까지 구원의 복음을 전파하게 하셨다. 이렇게 하나님의 구원의 역사는 계속되고 있는 바 예수 사건은 그 큰 드라마 가운데 토막이요, 중심이 되고, 이제 사도행전은 그 구원사의 제 삼막, 즉 예수 재림 때까지의 교회시대가 어떻게 시작되고, 어떻게 전개되고 있다는 것을 보여 주면서 하나님의 그 우주적 사업에 동참하여 본분을 감당하도록 권유하는 의도를 가지고 있는 것으로 보인다.

사도행전 말미에 바울이 로마에서 아무 방해를 받지 않고 전도활동을 하고 있다는 말로써 끝을 맺은 것은 교회시대의 시작을 말해 주며, 무한한 가능성을 말해 주는 것이라고 본다. 바울의 뒤를 이어 계속 그렇게 나가자는 권면이며, 그렇게 함으로써 인류 구원의 큰 뜻이 성취되리라는 침묵의 예언이라고도 생각된다. 누가복음과 사도행전을 연결하여 생각해 본다면, 구원사의 주인공은 하나님이시고 실제로도 영의 활동을 통하여 성사(成事)하시는데, 사람의 몸으로 실제로 세상에 몸을 던지는 구출작업, 그 희생과 비하의 역사가 누가복음에 취급되었고 그것의 결과로서 또는 연속으로서 성령을 통한 교회의 형성과 그 사업을 사도행전에서 취급한 것이다. 누가복음에서 약속된 것이 사도행전에서는 성취되고 있으며, 심은 곡식이 싹이 나서 자라는 것처럼, 예수의 사건의 열매로서 필연적으로 나타나는 결과를 사도행전에서 묘사하면서 교회시대의 성장을 보여 주려고 한다. 누가는 사건을 소개하면서 그 의미들을 신학적으로 해석하고 나름대로의 시대적 사명을 수행하고 있다.

Ⅲ. 사도행전의 성격과 구조

1. 성 격

사도행전은 현재의 우리의 성경에서 복음서들 다음에 위치하고 있으며 누가복음과 떨어져 있으므로 우선 그것이 단독으로 별개의 것으로 이해되기 쉽다. 또 사도행전이라는 이름으로 불리우기 때문에 예수의 12제자들이 예수 승천 이후에 행한 일들의 수록이 아닐까 하는 생각을 하게 되며, 또 사도들 자신의 생애나 어떤 업적이나 사업을 기록한 것이라는 생각을 하게 된다. 그러나 누가복음을 공부할 때나 또 이미 위에서도 지적한 바와 같이 누가가 복음서와 사도행전을 하나의 통일된 작품으로 썼고 전편은 복음서, 후편은 행전으로 되어 있는 바, 사실 그 표제들은 누가 자신이 붙인 것이 아니라 후대 교회가 붙인 것이므로 우선 그 표제가 말하는 대로만 생각하지 않는 것이 좋겠다. 즉 누가는 어떤 표제를 붙이지 않고 큰 작품으로 쓴 글이고, 사도행전에 해당되는 부분도 우리가 기대하는 대로의 사도들의 행전도 아니기에 우리는 다른 이름을 붙여서 읽는 것도 바람직하겠다.

누가의 의도를 살펴본다면, 하나님께서 인간을 구속하시기 위한 위대한 사업을 진행시키는 중 구약시대가 지나고 예수의 시대를 거쳐서 이제 교회시대에 접어들었는데, 하나님은 쉬지 않으시고 교회시대에도 주인이 되셔서 성령으로 역사하시며 세상 끝까지, 즉 예루살렘이나 유대 지방만 아니라 이방의 모든 족속을 향하여 착착 구원의 손길이 펼쳐 나가고 있다는 사실을 묘사해 주는 책이기 때문에, 예수 행적인 누가복음에 뒤이어 성령이 교회 안에서 사도들을 통하여 이룩한 것을 기록한 책이라는 의미에서 성령행전이라고 불러도 될 것이다. 사도행전이라고 하기에는 12사도 중 베드로 한 사람의 사적이 전반부에 대표적으로 나오고 다른 제자들의 이야기는 그 이름이 한 번 언급되는 정도에 불과하기 때문에 너무도 그 이름과 내용의 차이가 생긴다. 13장 이하에는 바울의 이야기로 가득 차 있다. 12사도에 속하지 않는 바울의 이야기가 주를 이루고 있으니 역시 그도 사도라는 칭호를 자칭하기는 하지만, 정통적인 사도는 아니었기 때문에 아무래도 사도의 행전이라고 말하는 것은 내용과 조화되는 것은 아니라는 것을 느낄 수 있다.

사도행전을 검토해 보면, 거기에 대소 설교가 20여 개나 수록되어 있는바 누가는 성령의 역사를 통하여 이루어져 나가는 교회의 발전상을 소개하면서 그 많은 설교들을 통해서 그의 시대의 성도들을 가르치며, 경고하며 독자들의 신앙을 더욱 굳건히 하려는 목적으로 쓴 글이라고 본다. 즉 역사 기록의 형태를 가지고 쓰면서도 기자는 교육적이고 목회적인 목적을 두고 쓴 글이라는 말이다.

2. 사도행전의 구조

이미 위에서 말한 바와 같이 사도행전은 누가복음의 속편으로 보아 하나님의 구원역사라는 큰 제목 하의 마지막 부분을 차지하는 것으로 볼 수 있다. 즉 예수께서 탄생하셔서 자라시고, 활동하시고 하나님 나라를 선포하시고 예루살렘으로 올라가셔서 대속 주로서의 죽음을 죽으시고 부활하셨고, 그것이 거기서 끝나는 것이 아니라 성령이 임하실 것이며 과거에서부터 새 시대가 전개될 것을 예고하신 일로써 일단락을 지었다. 그것이 누가복음이다. 그러나 그 속편을 예루살렘을 기점으로 해서 로마에 도달하기까지의 하나님의 역사(성령의 역사)를 묘사하려고 시도하였다. 이와 같이 누가의 대단원의 후반부를 이루는 것이 사도행전이라고 보면 좋을 것이다.

그러나 사도행전 자체를 다시 구분해 본다면 몇 가지 방법으로 할 수 있다.

1) 지리적 방법

사도행전 1 : 8에 나타난 대로 예루살렘과 온 유다와 사마리아와 땅 끝까지라는 지리적 순서대로 복음이 전파되는 과정을 묘사한 것으로 나타나기 때문에 예루살렘에서의 활동(1 : 6－8 : 1), 온 유다와 사마리아에서의 활동(8：2—11：18), 땅끝까지의 활동(11：19—28：31), 이렇게 세 단계로 구분된다. 예수님의 약속(1：8)이 문자 그대로 성취된 것을 보여 주려는 것 같다. 이렇게 세 단계로 복음이 전파될 때 그 한 단계를 넘을 때마다 스데반의 박해 이야기와 관련되어 있는 것을 볼 수 있다. 즉 사마리아로 복음이 번져가게 된 것은 스데반이 죽고 이어서 바울을 위시한 유대교 열성분자들에 의한 교회박해 때문이었고(8：4), 사마리아에서 베니게, 구브로, 안디옥 등 이방 땅으로 발전된 것은 스데반의 일로 일어난 환난을 인하여 흩어진 자들에 의한 것(11：19)이라고 되어 있다. 복음은 이렇게 박해를 받고 환난을 겪지만, 따라서 인간적으로 본다면 복음사업이 끝장이 나야만 한다고 생각되지만 사실은 복음의 능력, 즉 하나님과 성령의 역사가 게재됨을 발견하게 된다.

2) 인물 중심의 구분

사도행전은 위에서 말한 대로 12사도들의 행전이 아니라 성령께서 어떻게 역사하셨는가를 보여 주는 책인데, 성령은 스스로 역사하시는 것이 아니라 인간을 도구로 사용하신다. 12사도가 다 훌륭하고 그들이 나름대로 큰 역할을 했겠지만, 누가의 의도는 사도들의 위대함을 나타내려는 것이 아니고 구원사에 있어서 성령의 힘과 그 역사가 어떠한가를 보여 주려는 것이므로 성령에 의해서 사로잡힌 대표적인 인물들을 통해서 역사하신 사건들을 중심해서 엮어 나갔다.

크게 나누면 2~12장을 베드로의 행전, 13~28장을 바울의 행전이라고 할 수 있을 정도로 베드로와 바울 두 인물을 통한 역사가 묘사되어 있다. 베드로의 역사 중간에 빌립과 스데반의 이야기가 나타나는 바, 그들도 역시 성령의 사람들로서 복음선교에 크게 이바지한 자들이다. "성령이 임하시면 너희가 능력을 얻겠고"(1：8)라고 했는데, 그 말씀대로 베드로와 같은 배반자도, 어부에 지나지 않는 무식자도 변화를 받아 큰 설교자가 되고 한 번 설교에 3,000명이 회개하는 놀라운 역사를 일으킬 수 있었다. 여러 가지 기적을 행할 수 있는 능력을 나타냈다.

빌립과 스데반이 무명의 인사였으나 성령은 그들을 크게 들어 쓰셨고, 특히 바울은 복음을 반대하고 교회를 박멸하려던 무서운 인간이었지만 성령께서 그를 개종시켜 그렇게도 큰 일을 수행할 수 있었으니, 이런 인물들을 골라서 역사하신 하나님과 성령의 능력과 섭리가 놀랍기 한량없다. 누가는 소소한 많은 사도들의 이야기를 사실대로 다 기록하려는 것이 목적이 아니라, 그 몇몇 사람을 통해서 성령께서 하신 일을 집중적으로 또는 대표적으로 나타내려고 한 것이다.

3) 교회발전 종합보고문을 토대로 한 구분

누가는 사도행전을 써 나가면서 복음사업이 확대 발전되어 가는 사실들을 여러 단계에서 요약하고 종합하여 보고하는 형식을 거듭하였다. 예컨대 6：7에 "하나님의 말씀이 점점 왕성하여 예루살렘에 있는 제자의 수가 더 심히 많아지고 허다한 제사장의 무리도 이 도에 복종하니라."고 그 어간에 된 일을 요약, 보고하였다. 그 다음에 또 얼마 있다가 다시금 비슷한 보고를 한다. 이렇게 6회의 보고형식(9：21, 12：24, 16：5, 19：20, 28：31)을 가지고 기록하였다. 이런 구분은 대개 지리적 구분과 병행하고 일치하는 것이어서 그것과 같이 연결하여 관찰하면 될 것이다.

Ⅲ. 예수를 닮은 제자들(베드로, 스데반, 바울)

사도행전은 누가복음과 전·후편의 관계를 가지고 있으며, 유기적으로 밀접한 상호관계에 놓여 있음을 볼 수 있다. 즉 누가복음에서 예수의 생애가 소개되고 그의 구원의 역사가 묘사되었는데, 그것은 그저 지나간 역사로 흘러갔고 계속해서 사도행전에 나타난 새 사건들이 일어났고 그것을 사실대로 그냥 보고하는 것으로 끝내려는 것이 아니다. 하나님께서 역사를 주관하시고, 하나님께서 인류를 구원하시고 당신의 나라를 세우시려는 원대한 이상을 세우시고 착착 진행하시는 계획적 활동 가운데 우선 구약의 사건들이 나타났고, 다음으로 예수의 사건이 가장 중심적으로 나타나 하나님의 구원사업이 보다 구체적으로, 그리고 가장 실질적으로 효과를 가져오는 작업을 하셨고, 그 결과와 연속으로 필연적으로, 그리고 계획한 바대로 일어난 것이 교회이며 사도행전이 그 시작을 묘사한 것이다.

예수(구주)께서 세상에 오셔서 사시고 행하시고 구원을 이룩하시기 시작하셨다면, 그 효과로서 구원의 실제가 나타나야 하는데, 이제 예수님은 승천하시고 그의 영이신 성령의 강림으로 인해서 인간들이 변화를 받아 새 인간이 되고 나아가서 새 사회, 바람직한 사회가 되어야 하는 바, 사도행전에서는 그 효과를 본 사람들을 밝히 보여 주려고 한다.

특히 베드로, 스데반, 바울 등이 거의 예수를 닮을 정도로 훌륭한 인간으로 변하였다. 그것이 바로 복음의 능력이며 효과라는 것을 누구나 쉽게 알 수 있다. 누가복음에서 예수가 인간의 모델로 나타났고, 그가 사신 대로 사람들도 그의 정신을 받들어 살아야 한다는 것, 즉 말세를 당한 인간, 재림을 기다리면서 사는 인간들이 그를 닮아서 살며 하나님 나라 건설을 위해서 그렇게 해야 한다는 모범을 보여 주셨는데, 사도행전에서는 그 정신을 이어받은 사람들이 그토록 변화를 받아 거의 예수를 방불케 하는 인간이 되어 오히려 주님보다 더 큰 일을 할 정도로 훌륭한 인물이 되었으며, 따라서 복음이란 그런 능력이 있다는 사실, 그리고 그렇게 땅끝까지 이르러야 하는 것이 주님의 뜻이며 목표라는 사실을 보여 주려는 것이다. 그래서 사도행전에 나타난 베드로, 스데반, 바울의 모습을 예수님과 비교해 보면 얼마나 그들이 주님을 닮았는가를 볼 수 있다.

1. 예수님과 베드로의 유사성

(1) 예수가 요단 강에서 세례를 받고 성령 체험을 했다(눅 3 : 21).
베드로가 다른 제자들과 함께 오순절에 성령을 받았다(행 2 : 1—4).
(2) 예수가 설교를 하시면서 공생애를 시작하셨다(4 : 16—30).
성령받은 베드로가 예루살렘에서 설교로써 공생애를 시작하였다(행 2 : 14—40).
(3) 예수가 중풍병자를 고치셨다(눅 5 : 17—26).
베드로가 성전 미문에서 중풍병자를 고쳤다(행 3 : 1—10).
(4) 예수가 로마 백부장의 초청을 받은 일이 있다(눅 7 : 1—10).

베드로도 백부장 고넬료의 초청을 받았다(행 10장).

(5) 예수가 나인 성 과부의 아들을 살리셨다(눅 7 : 11－17).

베드로는 욥바의 과부 다비다를 살렸다(행 9 : 36－43).

(6) 예수가 죄인들과 창녀들과 사귀는 것 때문에 바리새인들에게 비난을 받았다(눅 7 : 36－50).

베드로도 이방인들과 접촉했다는 이유로 바리새인들에게 비난을 받았다(행 11 : 18).

이와 같이 베드로는 여러 면에서 예수의 뒤를 이어 그가 남긴 일, 그가 하시던 일을 계승하는 듯한 느낌을 준다. 이렇게 하나님의 구원 사업이 계승되어 가고 있다.

2. 예수님과 스데반의 유사성

(1) 예수가 산헤드린 앞에서(백성의 장로들과 대제사장들과 서기관들 앞에서) 심문을 당했다(눅 22 : 66－67). 스데반이 백성과 장로들과 서기관들 앞에서 심문을 받았다(행 6 : 12).

(2) 예수 앞에 거짓 증인들이 나타나 증언했다(눅 23 : 2).

스데반이 재판받을 때도 거짓 증인들이 나타나 증언했다(행 6 : 13).

(3) 예수와 스데반이 다 종교지도자들의 선동으로 죽임을 당했다(눅 23 : 5, 행 6 : 11).

(4) 예수가 운명하시기 직전에 "아버지, 내 영혼을 당신의 손에 맡깁니다."(눅 23 : 46) 하고 말씀하셨듯이, 스데반도 "주 예수여, 내 영혼을 받아 주옵소서." 하고 기도했다(행 7 : 59).

(5) 예수가 운명하시기 전에 자기를 처형하는 자들을 위해 "아버지, 저희를 사하여 주옵소서. 자기들의 하는 것을 알지 못함이니이다."(눅 23 : 34)라고 기도했는데, 스데반도 자기를 돌로 치는 악당을 위해서 "주여, 이 죄를 저들에게 돌리지 마옵소서."(행 7 : 60)라고 기도했다. 이렇게 스데반이 그리스도를 본받아 그의 죽음과 거의 같은 모양의 죽음을 죽었다.

3. 예수님과 바울의 유사성

(1) 예수는 70인 제자를 파송하여 전도케 하셨다(70인은 이방인 전도를 위한 숫자로 이해된다; 눅 10 : 1—12). 바울은 이방인의 사도로 활동했다. 이렇게 이방인 선교에 관심을 가졌던 점에서 동일하다.

(2) 누가복음에는 예수가 계속 예루살렘에 대한 관심을 가지고 그리로 매진한 사실을 묘사한다. 즉 예수께는 예루살렘이 관심의 대상이 되어 있었다(눅 9 : 31, 9 : 51, 12 : 50, 13 : 33, 18 : 31—33). 사도행전에서 바울도 계속 예루살렘에 관심을 두고 그리로 올라갔던 기사가 나온다(행 20 : 3, 22—24, 37—38, 21 : 4, 10—11, 13).

(3) 예수가 산헤드린과 헤롯과 로마 총독 빌라도 앞에서 심문을 당했고(눅 22—23장), 바울도 산헤드린(22 : 30—23 : 10)과 헤롯 아그립바(23 : 13—26)와 로마 총독 벨릭스와 베스도(24 : 1—27, 25 : 1—12) 앞에서 심문을 받았다.

(4) 예수가 빌라도에 의해서 세 번이나 무죄선언을 받았다(눅 23 : 4, 14, 22). 바울도 루시아(행 23 : 9), 베스도(25 : 25), 아그립바 왕(26 : 31)에 의해서 세 번 무죄선언을 받았다.

(5) 예수는 유대인들에 의해서 "이 사람을 없이 하소서."(23 : 18) 하는 공격을 받았다. 그와 같이 바울도 똑같은 공격을 받았다(21 : 36).

(6) 예수가 "떡을 가지사 축사하시고 떼어 주셨다"(눅 22 : 19). 바울도 로마여행 중에 "떡을 들고 축사한 후 떼어 주었다"(행 27 : 35).

이렇게 바울이 예수의 생애에 있어서 중요한 부분을 닮은 존재로 묘사되고 있다. 이것은 사실이기 때문에 그렇게 묘사된 것이기도 하지만 저자 누가의 마음 속에 예수와 바울의 유사성이 필연적인 것이요, 예수와 사도가 같은 맥락에서 하나님의 구원 역사에 있어서 당연한 연속이며 인과관계임을 보여 주려고 한 것 같다.

Ⅳ. 사도행전이 주는 교훈들

성경이 모두 하나님의 말씀이고 우리 인간을 향해서 들려오는 음성이요, 교훈인 것을 우리가 알기에 그것을 연구하고 배운다. 이제 사도행전이라는 책이 우리들을 향해서 가르치고 있는 교훈들이 무엇일까? 하나님께서 그 책을 통해서, 즉 기자 누가를 통해서 사도행전에서 말씀하시는 음성을 경건한 마음으로 귀담아 들으려고 해야 할 것이다.

1. 구원의 연속성

사도행전 전체를 누가복음과 함께 연결하여 읽을 때 우선 깨닫게 되는 것은 하나님의 구원의 의도가 역사 속에 계속되고 있다는 사실이다. 누가가 복음과 사도행전을 하나의 연속된 이야기로 기술해 주지 않았더라면, 즉 복음서들만 있고 서신들만 있었더라면 상당한 단절을 느꼈을 것이며, 굉장한 공허를 느끼게 되었을 것이다. 그러나 누가는 하나님의 역사는 그리스도의 사건(예수의 탄생, 활동, 죽음, 부활, 승천)으로써 끝나는 그러한 단편적인 것이 아니고 계속적인 것으로서 구약에서 예언자를 통하여(욜 2 : 28-32) 예언하셨고, 예수께서 친히 약속하셨고(눅 24 : 46-49), 이제 그 예언과 약속이 필연적으로 성취되는 단계가 연속되어 나타날 수밖에 없는데 누가는 그것을 사도행전에서 묘사하는 것이다.

그러므로 우리는 사도행전을 읽으면서 무엇보다도 하나님의 계속적인 구속의 역사를 발견해야 한다. 그리스도의 사건이 결코 하나의 우연한 것이 아니고, 또 사도행전에 기록된 초대교회의 역사가 우연히 생겨난 일들이 아니고, 전능하시고 지극히 능력 많으신 역사의 주인공 하나님께서 놀랍게 일으키신, 그리고 계속 역사하시는 그의 권능의 행사임을 보아야 한다.

1) 하나님의 뜻의 성취

사도행전에 기록된 사건들은 하나님의 뜻과 그의 목적하신 바대로 진행되고 이루어진 것들이다. 사도행전 2 : 23에서 베드로는 "그가 하나님의 정하신 뜻과 미리 아신 대로 내어 준 바 되었다."고 하면서 설교를 이어나갔고, 4 : 27~29에 의하면 "하나님의 권능과 뜻대로 이루려고 예정하신 그것을 행하려고 이 성에 모였나이다." 하는 것이 초대

교인들의 고백이었다는 것이다. 즉 그리스도를 믿고 그를 증언하며 교회를 이룩하여 가는 모든 사건이 인간적인 의견이나 감정이나 홍분으로 되어진 것이 아니고 하나님의 영원한 구원계획의 실천이요, 성취임을 말하는 것이다.

2) 예언의 성취

사도행전에 묘사된 교회의 삶과 활동은 결코 임시적인 일이거나 갑자기 생겨난 일이 아니고 이미 구약시대부터 예언하셨던 일로서 '성경에 기록되어 있는 대로 된 일'이라는 것을 누가가 강조한다. 베드로가 인용한 요엘의 예언(행 2 : 17－21)을 비롯하여 바울이 유대인의 배척을 당하여 이방인에게로 돌아선 것도 구약의 예언을 이루는 일이고(사 49 : 6, 행 13 : 47), 예루살렘회의 때 야고보의 연설에서도 이방인들에게 복음이 전파되는 사건이 예언을 이루는 것으로 설명되고(행 15 : 16－18, 암 9 : 11－12, 렘 12 : 15, 사 45 : 21), 바울의 로마전도 때의 말 속에도 예언자 이사야의 예언대로 이방전도가 진행된다고 지적되었다(행 28 : 25－27, 사 6 : 9－10). 즉 구약의 하나님이 예수에게 나타나시고, 또 계속해서 교회 속에 역사하고 계신다는 것을 말해 주는 것이다. 신실하신 하나님께서는 그 약속과 예언을 성취하시며, 또 그의 능력이 아니고서는 될 수 없는 일을 성취하심으로써 그의 능력을 증명하시고 계신다.

3) 하나님의 간섭과 보호

사도행전에 묘사된 교회의 모습을 보면 여러 가지 위기를 직면했고, 그 때마다 하나님의 놀라운 간섭과 개입을 통해서 존속되고 발전한 것을 알 수 있다. 즉 교회는 사람들만의 단체가 아니라 하나님께서 세운 단체이며, 그리스도의 존귀한 몸이라는 사실을 알 수 있게 해준다.

예루살렘교회 초창기에 그 지도자인 배드로가 감옥에 갇혔을 때 옥문을 열어 주시는 역사(행 5 : 19), 가사로 내려가는 길에서 구스 내시를 만나도록 빌립을 파송하심으로 구스지방에 교회를 세우는 계기를 만드신 사건(행 8 : 26) 예루살렘교회가 기근으로 어려움을 당할 것을 아가보를 통하여 예언케 하고 상부상조하는 일을 하게 한 사건(행 11 :

28), 안디옥교회로 하여금 세계선교를 하도록 명하신 일(행 13 : 2), 이방인 교회에게 무거운 율법 준수의 짐을 지우지 않도록 지시하신 성령(행 16 : 28), 아시아에서 말씀전하는 일을 막아 마게도니아로 발길을 옮기게 하신 성령의 역사(행 16 : 6), 고린도 선교에서 지쳐 있는 바울을 격려하신 일(행 18 : 9), 드로아에서 바울의 설교를 듣다가 삼층에 떨어져 죽은 유두고를 살려 주심으로써 위기를 모면케 하신 하나님(행 20 : 11), 예루살렘에서 체포되어 곤경에 빠진 바울을 격려하시며 목표를 제시하신 일(행 23 : 11) 등 하나님께서는 교회를 보호하시며 지도하며 가꾸어 나가신다는 사실을 증명해 준다.

4) 하나님의 능력

사도행전 전편에서 하나님의 능력이 여러 모로 입증되지만 일반적인 의미에서의 능력, 즉 구약의 하나님의 능력이 아니라 구체적으로 역사 속에 나타나셨던 성자 하나님의 능력이 표적과 기사의 형식으로 나타났다. 예수의 이름으로 행해진 이적 기사들이 나타났다. 즉 예수와 교회의 연속성을 말해 주는 것이다. "그 이름을 믿으므로 그 이름이 너희 보고 아는 이 사람을 성하게 하였나니, 예수로 말미암아 난 믿음이 너희 모든 사람 앞에서 이같이 완전히 낫게 하였느니라"(행 3 : 16). 예수가 살아 계실 때 그에게서 나타난 표적과 이적은 곧 하나님이 그 속에서 역사하신 능력이었고, 이제 초대교회의 사도들을 통해서 나타난 기사와 이적은 예수의 이름으로 나타난 하나님의 능력이었으니 거기에 완전한 연속성이 보인다. 사도행전 15 : 4에서도 분명히 "하나님이 자기들과 함께 계셔 행하신 모든 일"이라고 하면서 바울과 바나바가 예루살렘회의에서 증언한 것이 기록되었다. 결국 참된 교회 속에는 그리스도와 하나님의 능력이 역사하며, 사도적 교회는 틀림없이 그리스도의 적법적인 계승체로서 그럴 만한 자격과 이유를 가지고 있다.

5) 설교를 통한 교훈

사도행전에는 적고 큰 설교와 연결이 많은 것으로 특기할 만하다. 도합 24개의 설교와 담화 중에 베드로의 설교가 9개(1 : 16–22, 2 : 14–

36, 3 : 12－26, 4 : 8－12, 5 : 29－32, 8 : 20－25, 10 : 34－43, 11 : 5－17, 15 : 7－11), 바울의 설교가 9개(13 : 16－41, 14 : 15－17, 17 : 22－31, 20 : 18－35, 22 : 1－25, 24 : 10－21, 26 : 2－23, 27 : 21－26, 28 : 17－20), 가말리엘(5 : 35－39), 스데반(7 : 2－53), 야고보(15 : 15－21), 데메드리오(19 : 25－27), 에베소의 서기장(19 : 35－40), 베스도(25 : 24－27)가 각각 한 번 설교 또는 담화를 발표하였다.

베드로와 바울과 스데반의 설교를 종합해 볼 때, 그리고 누가가 그렇게도 많은 설교를 수록한 이유를 생각해 볼 때 확실히 누가는 그 중요한 초기 선교자들의 입을 빌어서 독자들에게 중요한 교훈을 주려는 의도를 가졌다고 생각된다.

2. 설교의 중요한 내용들

그 내용을 요약해 보면 아래와 같다.

(1) 메시야에 대해서 성경에 예언된 것이 모두 이루어졌다는 것이다. 유대인들은 사도들의 말을 듣고는 그리스도에 대한 것들이 사실인가 알아보려고 성경을 찾아본다는 것이다(행 17 : 11, 참조 2 : 14, 3 : 13, 24, 9 : 22). 새 시대의 도래를 예고한 세례 요한에게서 낡은 시대는 끝이 났는 바, 요한은 초대교회 설교 내용의 서두를 장식하는 인물로 나타난다(참고 10 : 36 ff, 13 : 17 ff).

(2) 하나님께서 당신의 아들을 보내셔서 구원의 역사를 하시며 선한 일을 하셨다는 사실들이 대략 소개되고 예수의 수난과 부활로써 그 절정을 이룬다(참고 2 : 14 ff, 3 : 13 ff, 4 : 10 ff, 5 : 30 ff, 10 : 36 ff). 이것이 복음설교의 중심이 되었으며, 예수의 설교나 교훈은 생략되어 있다.

(3) 이 사실들이 참되다는 것을 사도들이 입증한다는 말을 첨가한다(2 : 32, 3 : 15, 5 : 32, 10 : 39, 41, 13 : 31, 26 : 16, 22).

(4) 예수는 주님이시며, 그리스도이시고 높이 올림을 받으사 하나님 우편에 계신다. 그는 성령을 주시는 분이시다(2 : 17 f, 33, 36, 3 : 13, 5 : 31 f, 10 : 36). 하나님께서 당신의 아들을 주요, 그리스도로 일으키신 최종적 증거는 부활이고(2 : 32 ff, 참조 롬 1 : 4) 성령은 새 질서에 대한 보증이며 담보이다(행 2 : 17 ff, 고후 1 : 22, 5 : 5).

(5) 장차 그리스도가 재림하며 심판이 뒤따른다는 것. 예수의 죽음과 부활 그 자체가 종말적 사건들이었고, 하나님의 나라가 도래하기 위한 과정의 한 부분이다. 예수의 승천 이후에 사람들은 예수의 재림을 기다리고 있는 것이다.

(6) "회개하고 세례를 받으라."는 메시지가 반복되어 나온다(2 : 38, 3 : 19, 5 : 31, 10 : 43, 13 : 38f, 17 : 30, 26 : 18, 20).

이상과 같은 요소들을 내용으로 하는 설교를 함으로 인해서 초대교회는 왕성했고, 성령을 받고 변화를 받아 발전했다는 것이다. 여러 가지 잡다한 말을 할 수 있겠지만 복음의 골자를 말하고 그것을 기본으로 한 설교가 참 설교이며, 초대교회는 그런 설교를 통해서 생명력을 유지했으며 산 교회로 성장했다는 사실을 잊지 않아야 하겠다. 그 설교 내용 중에도 제일 요긴한 것은 예수의 부활과 승천이었다. 부활하시고 승천하신 예수를 목격한 사람(베드로, 스데반, 바울)들의 증언이기에 자신이 있고, 호소력이 있었고, 복음의 특이성과 고유성이 있는 것이었다.

3. 반대와 저항을 무릅쓰고 발전하는 복음

사도행전을 일관해서 나타나는 현상은 복음이 순풍에 돛단 듯이 그냥 발전되어 나간 것이 아니라 도처에서 저항을 당하고 여러 가지 난관이 가로막는 것이었다는 사실과, 그럼에도 불구하고 교회는 오히려 그 난관을 극복하여 더 큰 발전을 가져왔고 보다 더 왕성한 단계로 비약했다는 사실이다. 예수님이 세상에서 사시는 동안 한마디로 수난의 종이셨던 것처럼, 그의 몸인 교회도 처음부터 환난 속에서 자랐고 환난 중에서도 왕성하며 승리하는 공동체였던 것을 사도행전은 보여 준다. 바울은 제 1 차 전도여행 중 더베, 루스드라, 이고니온, 안디옥 등 교회를 지나오면서 굳게 믿음을 지킬 것을 당부하면서 "우리가 하나님 나라에 들어가려면 많은 환난을 겪어야 할 것이다."(행 14 : 22)고 하여 환난을 전제하고 있다. 사도행전에서 우리는 계속 환난을 당하면서도 그것들을 극복하게 하시고 마침내 승리로 이끄시는 하나님의 역사를 역력히 볼 수 있다. 예수께서 십자가의 고통과 수치와 억울함과 그 흑암을 겪으셨지만 승리하신 것처럼 그의 몸인 교회도 결국은 승리한다는 사실을 매장(page)에서 발견하게 된다.

4. 이방인이 하나님의 백성 중에 참여함

사도행전 1：8에서 복음이 땅끝까지 전파되어야 할 것을 예수께서 명령한 것으로 묘사하였는데, 사실 복음은 저 멀리 중동지방의 조그마한 민족 이스라엘 백성에게만 주어진 국부적인 구원복음이 아니라 세계를 구원하시기 위한 우주적 복음으로서 당당히 유대 땅을 넘어서 사마리아로, 시리아로, 소아시아로 그리고 로마로 활기차게, 그리고 아무 거침없이 전파되는 광경을 묘사하였다. 즉 하나님의 의도는 당신의 형상으로 지으신 인간이면 누구나 그 민족이나, 성이나, 유무식이나, 빈부, 지위의 고하나 귀천을 막론하고 그의 구원의 대상이라는 사실이 사도행전을 통해서 너무도 확실히 드러났다. 누가복음에서 예수가 그러했기에 그의 피로 값주고 사신 교회가 역시 그의 정신과 목적을 계승하여 모든 이방을 구원하는 선교를 할 수밖에 없다는 것을 실물로써 가르치려고 한 것이다. 사도행전에는 복음을 받고 구원받은 사람들의 종류가 가지각색이며 유대인에게만 국한된 것이 결코 아니다. 결국 복음은 세계의 복음이며, 로마 시까지 번져간 복음은 이제 온 천하에로 번져 나가야 할 희망과 전망을 가지고 있음을 암시해 주고 있다.

5. 초대교회의 모습과 그 생활을 역역히 보여 줌

사도행전이 아니었더라면 즉 바울 서신이나 기타 서신과 복음서들만 있었더라면, 초대교회의 생생한 모습과 원형적인 교회의 생태를 알 도리가 없었을 것이다. 교회는 이래야 한다는 원형적 모습을 사도행전은 우리에게 생생하게 보여 주어 우리들이 언제나 뒤를 돌아보면서 반성하며 그 순수하고 원초적인 모습을 배울 수 있게 해 준다. 사도들과 선지자들을 토대로 하고 세워진 교회, 복음전도와 구제에 열을 쏟던 교회, 성령강림으로 인해서 성령이 충만한 교회는 사랑이 충만하고, 유무상통하는 거의 유토피아적인 생활 등, 그리스도인이 언제나 동경하는 이상적 교회상과 크리스천의 삶을 보여 주며, 우리들이 언제나 흠모하며 노력해야만 할 그 목표를 제시해 주고 있다. 선교를 쉬지 않고 하는 교회가 되어야 하고 하나님의 말씀을 상고하며 성찬식을 행하며 구제하는 일과 봉사하는 일을 게을리하지 않으며 성령의 역사에 복종하는 교회가 되어야 할 것을 가르쳐 준다.

6. 구원의 축복

누가복음과 사도행전은 결국 하나님께서 계획하시고 실시하시는 인류 구원과 하나님 나라 건설이 어떻게 이루어지고 있는가를 묘사하는 책들이라고 할 수 있는 바, 하나님 편에서 본다면 하나님 자신이 왕이 되셔서 통치하실 그 나라가 건설되기를 바라시고 그 큰 목표를 향하여 활동하시는 것이며, 인간 편에서 본다면 하나님 나라가 완성되어 가는 과정에 있어서 우선 죄인이었던 사람들이 예수를 구주로 믿음으로 구체적으로는 그 죄의 사함을 얻는 일이 우선되어야 하는 것이며, 동시에 성령을 부어 주셔서 성령의 지배를 받는 새 인간이 되는 일이 있고, 거기에 따라서 기쁨의 생활을 하게 되고, 또 성령의 능력을 받아 그 능력을 행사하는 삶을 가지게 된다는 것이다. 사도행전에서 말하는 구원이란 대개 이런 것이며 그러한 구원의 복음이 로마까지 전파된 경위를 말해 준다(행 13 : 26, 38, 52 등).

V. 사도행전에 나타난 바울과 바울 서신에 나타난 바울

누가는 사도행전을 기록하면서 바울의 전도를 묘사하는 중 그가 가진 뚜렷한 입장과 저술 목적에 입각해서 바울을 관찰하며 해석하면서 썼기 때문에 바울이 자신을 말하는 또 하나의 다른 입장에서의 관찰과 일치하지 않는 것들이 나타나는 것을 볼 수 있다.

1) 우선 누가는 바울을 위대한 이적 행사자로 묘사하며 주 예수를 닮은 바울의 면을 제시해 준다. 앉은뱅이를 고쳤다든가(14 : 8-10), 죽은 자를 살렸다든가(20 : 7-12), 귀신을 쫓아냈다든가(16 : 18), 열병과

이질에 걸린 자를 고쳤다든가라는 기적의 이야기를 소개하고 따라서 "그는 신이다."(28:3-6, 14:8-10)라는 평까지 받을 정도였고, 바울의 몸에 닿았던 수건이나 앞치마를 가져다가 앓는 사람에게 대기만 해도 병이 물러가고 귀신도 쫓겨나갔다(19:12)는 등 바울의 역사가 주 예수의 역사의 연속인 듯한 느낌을 주고 있다. 그러나 바울은 그의 서신에서 이런 이적을 행했다는 말을 하지 않았고, 그런 일이 있었다는 언급도 별로 하지 않고 있다. 누가가 없는 사실을 꾸며냈다는 말이 아니라, 그의 의도가 바울의 의도와 다르기 때문에 누가는 바울의 이적 사건을 소개했고, 바울은 필요를 느끼지 않기 때문에 소개하지 않은 것뿐이다.

2) 사도행전에 의하면 바울은 훌륭한 웅변가로 소개되었다. 유대인, 이방인, 로마 총독과 관리들 앞에서 웅변으로 설득시키는 광경이라든가 루스드라에서 바울이 말을 잘하기 때문에 사람들이 헤메스(Hermes) 신이라고 하면서 그에게 제사까지 드리려 했다는 이야기(행 14:8-13)로써 바울의 웅변을 증명하였다. 그러나 바울은 말을 잘 못 하는 자로 자인하고 있으며, 바울의 적대자들도 "바울의 편지는 무게가 있고 힘차지만 직접 대해 보면 그는 약하고 말하는 것도 별것 없다."(고후 10:10)라고 말한다는 식으로 자신의 말의 부족을 소개하고 있다.

3) 바울 서신에 의하면 여러 곳에서 자신의 사도권을 강력히 주장하고 있는 것을 볼 수 있다(갈 1:1, 2:8, 고후 12:11 등). 혹 그는 그의 사도직을 하나님과 그리스도로부터 직접 받았고 사람을 통해서 받은 것이 아니라고 강조한다. 그러나 사도행전에서 누가는 그가 아나니아를 통해서, 즉 사람을 통해서 소명을 받은 것으로 소개한다(9:17, 22:12-16)

4) 사도행전에 의하면 바울은 로마의 시민일 뿐 아니라 "나면서부터 시민"이었다는 것을 밝혀 준다(22:25-29). 바울은 빌립보 감옥에서 자신의 로마시민권을 밝힘으로써 무난히 석방되는 일이 있었던 것을 소개한다(16:39). 그러나 바울 서신에는 자신의 로마시민권 소지 여부를 전혀 언급하지 않는다(22:24-25, 고후 11:23-25 참조).

5) 바울 서신에 나타난 바울의 사상, 특히 믿음으로만 의롭다 함을

얻는다는 요지의 구원관, 은총으로 말미암은 속죄관, 율법주의를 정면으로 반대하는 사상 등이 바울의 특색으로 보여지는데, 사도행전에 나타난 여러 번의 바울의 설교라든가 예루살렘회의에서 취한 그의 태도를 감안한다면 사도행전에서 묘사된 바울은 그렇게 모가 나지 않으며, 여러 번의 바울의 설교나 예루살렘회의에서 취한 그의 태도에서는 그 점이 바울 서신에서처럼 선명하게 나타나 있지는 않다.

6) 바울 서신에서는 바울이 자신의 선교의 목표를 서반아에다 두고 그 곳으로 가려는 준비를 하면서 로마를 하나의 선교를 위한 디딤돌 역할을 하는 도시로 삼으려고 한 것으로 기술하였다(롬 15 : 23-24, 28). 그러나 사도행전에는 바울이 로마로 가려 했고, 또 로마에 도달했고, 거기서 방해없이 전도하는 광경으로써 끝을 냈다. 이러한 차이도 누가 나름의 의도가 있어서 한 일이라고 보인다. 즉 기독교를 로마사회와 당국에게 선전하려는 입장에서, 바울이 로마를 거쳐 서반아로 간다는 이야기보다는 로마성이 바울을 받아서 복음을 자유로 전하게 해주었다는 역사적 사실을 끝으로 기록해 줌으로써 80년대의 로마인과 당국의 그 역사적 사례를 계승하여 기독교를 묵인하고 용인해 주도록 권면하려는 뜻이 있었을 것이다.

결국 로마제국의 수도 로마에서 복음이 자유로이 전파되고 있다는 사실이 서반아를 포함한 그 당시 로마제국 전역에서 복음이 전파될 수 있는 가능성을 암시해 주는 것이다. 주체성을 볼 수 있으며, 그 점에서 그를 높이 평가할 수밖에 없다. 누가는 바울에게 발탁되어 바울의 제자 내지는 수종자로서 바울 일행에 끼어 선교를 하는 동안, 절대적으로 바울의 영향을 받았을 것이고 충실한 제자 구실을 한 사람인 것이 틀림없다. 그런데 바울은 결국 복음을 위해 나름대로 충성하다가 순교의 피를 쏟고 죽어 사라졌다. 그 때가 주후 60년대 초반이었을 것이다. 그후 교회는 여러 가지 우여곡절을 겪으면서 발전되어 가는 중 누가는 그 한복판에서 바울의 후계자로서 교회를 염려하며 각 방면으로 계속 복음선교에 정열을 쏟았을 것이다.

10년, 20년이 지나면서 누가는 그 변천하는 사회와 교회의 실정을 앞에 놓고, 즉 주후 80년대에 처한 교회에게 주어야 할 말이 무엇인가를 주체의식을 가지고 글을 쓰게 될 때, 누가는 그 시대에 가장 적절한 것을 고르고, 또 설명을 붙이고, 해석하면서 예수와 그 부활 이후의 교회의 사실을 소개하려고 한 것이다. 예컨대 예수와 바울은 하나님의 구속사에 있어서 연속성을 가진 필수적인 관계의 배역들이어서, 바울이 필연적으로 예수를 닮아 예수가 하신 일을 계승할 수 있었다는 말을 하기 위해서 바울의 기적적 역사들을 소개할 수밖에 없었을 것이다. 바울 자신은 그런 의도가 없이 다른 목적으로 쓴 글들이었기에 그 사실은 언급할 필요가 없었을 것이다. 그리고 바울의 로마시민권 주장의 경우도 누가는 로마사회 속으로 번져 가는 교회활동에 도움이 되기 위해서 그 사실을 언급하고 있는 것이라고 보인다. 즉 바울이 살아 있는 동안에 당당한 로마시민으로서 활동하면서 로마 정부나 관리들에게 때로는 오해도 받았지만 결국은 죄 없는 자로 판명된 사실들을 소개함으로써 사도시대의 기독교활동도 로마 정부에 의해서 간섭을 받지 않고 순조롭게 진행되기를 바라고 또 간접적으로 정부에게 청원하는 의미에서 그 점을 강조한 것이 아닐까 생각된다.

Ⅵ. 사도행전이 보여 주는 성령

위에서 이미 말한 바와 같이 사도행전을 성령의 행전이라고 불러야 타당하다고 볼 수 있으리 만큼, 성령의 역사를 그린 책이 틀림없다. 즉 누가복음에서 예수 그리스도, 즉 인자이셨던 예수를 그린 반면, 그 후편인 사도행전에서는 예수의 승천 후 약속대로 보내어진 성령강림의 역사와 그의 활동에 의해서 이루어지는 사건들이 묘사되었다.

그런데 사도행전에 소개된 오순절의 성령강림은 신약성경 중에서 매우 독특한 사건으로서 유일회적인 현상이다. 즉 신약성경 여러 곳에 성령의 역사에 대한 기사가 있지만, 사도행전 2장에 나타난 오순절 성령강림이 다른 곳에서는 찾아볼 수 없는 특이한 현상을 보여 준다는 말이다. 120 성도가 한 곳에 모여서 그리스도의 약속의 성취를 기다리고 있을 때 "홀연히 하늘로부터 급하고 강한 바람 같은 소리가 있어 저희 앉은 온 집에 가득하며, 불의 혀같이 갈라지는 것이 저희에게 보여 각 사람 위에 임하여 있더니 저희가 다 성령의 충만함을 받고 성령이 말하게 하심을 따라 다른 방언으로 말하기를 시작하니라"(행 2:2-4).

예루살렘교회가 처음으로 오순절에 성령을 체험한 광경이 매우 인상적이고도 너무도 특이하기 때문에 자세하게 구전으로 알려졌던 것 같으며, 그리스도의 사망, 부활, 승천 후에 이제 교회시대를 여는 전환점에 있어서 그리스도가 죽으시고, 부활하시고, 승천하시는 사건의 특이성과 놀라움과 견줄 수 있으리 만큼 '제 삼위'이신 성령강림 사건도 매우 요란하고 거창하고 누구도 부정할 수 없는 확실성을 보여 주려고 많은 사람들에게 공동으로 나타나셨다. 개인적으로 그런 일을 체험했다면 환상을 본 것이라고 하든가 정신이상이 생겼다고도 말할 수 있겠지만, 오순절 성령강림 사건은 그러한 비난이나 판단을 볼 수 없으리 만큼 많은 사람에게 육감적으로 체험케 한 사건이었다.

성자(聖子)시대가 지나가고 이제 성령(聖靈)시대로 접어드는 새 시대의 문턱에 나타난 사건으로서 표시하는 것은 당연하고 자연스러운 일이었다고 생각된다. 성령시대는 교회 속에 성령이 임해서 활동하는 시대라는 특징을 우선 보여 주면서 교회시대를 시작한 것이다. 그런데 성령이 교회에 나타나면서 일어난 첫 현상은 "성령이 말하게 하심을 따라 다른 방언으로 말하기를 시작했다."는 것이다. 새 시대를 여는 획기적인 사건으로서 성도들에게 말하는 능력을 베풀되, 특히 다른 나라 말을 할 수 있는 놀라운 능력을 주셨다는 것이다. 그것은 일시적인 현상이기는 했지만 그야말로 놀라운 기적적인 사건이다. 벙어리가 혀가 풀려 말을 했다면 그것도 신기한 일이 아닐 수 없다. 그러나 그런 경우 자기 나라 말을 하는 데 불과하다. 그런데 오순절 사건은 전혀 들어 보지 못하고, 알아 듣지 못하고, 상상조차 하지 않던 다른 나라의 말이 입에서 터져 나온다는 것은 정말 이상하고 신기한 일이요, 참으로 성령만이 하실 수 있는 일이다.

그리고 2:6 이하에 나타난 현상은 조금 다른 면이 있다. 사도들이 담력을 얻고 발언의 능력을 얻어 거리로 뛰쳐나가 담대히 복음을 외칠 때 예루살렘 거리에는 수많은 사람들이 있었고, 특히 지중해 연안 '기타 여러 지방에 흩어져 사는 유대인들'(디아스포라 διάσπορά)은 자기들이 태어난 지방말만 알고 유대 지방의 말을 잘 모르는 사람들인데, 사도들의 설교가 각각 자기들의 거주지의 언어로 들려오고 따라서 그들이 하는 말이 이해되었던 것이다. 그러니 얼마나 신기한 일인가 말이다.

열두 사도가 대개 다 갈릴리 사람들이었고, 그들이 정상적으로 말한다면 갈릴리 지방 사투리 아람어가 아니면 코이네 헬라어 정도일 터인데, 오순절에 그들이 한 설교는 바대인은 바대말로, 메대인은 메대말로, 알람인은 알람말로, 메소보다미아인은 메소보다미아말로, 유대인은(예루살렘 사투리는 갈릴리 사투리와 달랐었다.) 유대말로, 가바도기아인은 가바도기아말로, 기타 여러 지방 사람들이 각각 다 자기 말로 들었다는 것이다. 그러니 어떤 사도는 애굽말 하는 능력을, 어떤 사도는 로마말 하는 능력을, 어떤 사도는 아라비아말 하는 능력을 얻어 설교를 했기 때문에 언어별로 사람들이 뭉게뭉게 모여서 자기들의 말로 들려오는 설교를 들었다는 말이든가, 아니면 사도들이 갈릴리 방언으로 설교를 하는데도 불구하고 성령의 능력이 모든 사람들의 지각에 역사하여 자기들의 언어로 들려오게 하고 이해되게 했다는 말인지 모른다.

어쨌든 이러한 현상은 오순절에 특이하게 나타났던 일로서 그 이후에는 다시 일어나지 않은 것이다. 고린도교회에 나타났던 방언 사건은(고전 12 : 4) 오순절 사건과는 매우 다른 것으로서, 다른 나라 말을 하는 것이 아니라 기도를 열심히 하는 중에 기도하는 자와 하나님과의 밀접한 관계 속에서 자기만 아는 이상한 발성이 나오는 현상을 가리키는 것이며, 성령의 특수한 은사를 받은 사람은 그러한 이상한 언어를 해석할 수 있는 능력까지 가지게 된다는 것이다. 그러나 오순절에 나타난 방언은 그런 것이 아니라 확실히 그 당시 쓰던 인간의 언어들을 말하고 또 이해하는 신기한 사건이 성령의 능력을 통해서 일어났다는 것이다.

이렇게 볼 때, 성령은 교회시대를 시작하는 획기적인 순간에 아주 새로운 가능성을 열어 주신 것이다. 언어는 결국 사람의 삶을 표현하고 삶의 소통을 의미하는 것이며, 언어가 달라지면 의사가 끊기고 간격이 생기고 단절하게 된다. 인간에게 바벨탑 사건이 있은 후 언어가 각각 달라져서 서로 의사가 갈리고 담이 생겨 하나이어야 할 세계가 알알이 흩어지고 깨어진 분열사회로 전락되었다. 오순절에 성령의 역사의 첫 사건이 바로 언어소통이었다는 사실은 매우 의미심장하다. 그리스도가 세상에 오신 것은 하나님과 인간, 인간과 인간의 화해에 있었다면 그것을 실현시키는 작업이 남아 있었고 그것이 성령으로 말미암아 이루어지는 것이 아니겠는가? 입이 있어도 말을 하지 못하는 상황 속에 성령이 역사하셔서 말을 하게 하는 것을 비롯하여 말이 서로 통할 수 있도록 해주시는 기적이 일어나서 모두가 이해하고 깨달을 수 있었고, 감격하고 감동되어 그리스도를 주로 고백하는 자가 하루에 3천 명이나 되는 사건이 일어났다는 것은 그야말로 성령의 새 역사를 의미하는 것이 아니겠는가?

성령 안에서 언어, 민족, 계급, 연령, 성 등의 모든 담이 헐리고 그리스도 안에서 하나가 되고 하나님 나라의 시민이 될 수 있다는 가능성을 오순절 사건이 웅변적으로 보여 주는 것이다. 그 사실을 분석해서 실물로 입증하기 위하여 길게 써나간 것이 바로 사도행전이 아니겠는가? 그 사건이 로마에서 멎은 것이 아니라 바울이 아무 방해도 받지 않고 "주 예수 그리스도께 관한 것을 가르쳤다."(행 28:31)는 것은 교회가 성령의 능력으로 예수재림 때까지 계속해야 하고 또 할 수 있다는 여운을 남겨 주는 말이기도 하다.

□ 토의문제

1. '사도행전이 없었더라면'의 가상적 제목을 내걸고 그 대답을 찾아보자.
2. 사도행전에 보여진 성령의 역사가 오늘의 우리 주변에서는 어떻게 나타나고 있는지, 또 그런 역사가 도대체 우리 주변에 있기나 한 것인지를 알아보자.
3. 바울과 바나바의 인간성과 그 업적을 비교해 보자.
4. 우리가 가야 할 땅끝은 어디인지 알아보자.

5. 우리가 혹시 복음선교 발전에 장벽이 되어 방해하고 있지나 않은지, 있다면 그 점은 무엇이고, 어떻게 제거해야 하겠는지 생각해 보자.

□ 참고도서

김득중, 「복음서 신학」, 서울 : 컨콜디아사, 1986.

김득중, 「신약성서개론」, 서울 : 컨콜디아서, 1986.

Ernst Haenchen, *The Acts of the Apostles : A Commentary,* Oxford : Basil Blackwell ; Philadelphia : Westminster Press, 1971.

Charles S. C. William, *A Commentary on the Acts of the Apostles,* New York : Harper & Brothers ; London : A & C. Black, 1957, 1964.

I. Howard Marshall, *The Acts of the Apostles : An Introduction and Commentary,* Grand Rapid : Wm. B. Eerdmans Publishing Co. : London : Tyndal Intervarsity Press, 1980.

바 울 서 신

1. 로마서
2. 고린도 전서
3. 고린도 후서
4. 갈라디아서
5. 에베소서
6. 빌립보서
7. 골로새서
8. 데살로니가 전서
9. 데살로니가 후서

바울서신

Ⅰ. 바울의 인물

복음서들과 사도행전을 지나서 이제 서신 부분으로 접어들었다. 신약성경 27권 중 5권을 내놓고 22권이 서신이라고 볼 때 수적으로는 서신이 압도적으로 많고, 양적으로도 거의 절반을 차지하고 있다(한글성경으로 423페이지 중 185페이지를 차지한다). 그 서신 22권 중에 13권이 바울의 서신이고 보면 그리고 양적으로 $\frac{3}{5}$을 차지한다는 사실을 생각할 때 바울 사도가 신약성경에 있어서 차지하는 비중이 그 어느 저자보다도 크다고 할 수 있겠다(물론 부피로 말하자면 누가의 제일 공관이 많다고 할 수 있다). 하나님께서는 사도 바울을 택하셔서 그 입과 손으로 당신의 말씀을 인간에게 전달하신 것이다. 그러므로 바울의 서신들을 하나씩 검토하기 전에 먼저 바울의 인물을 간단히 살펴보는 것이 옳다고 생각된다.

바울의 원래 이름은 사울이다. 그는 길리기아 지방의 다소(Tarsus)라는 곳에서 태어나 디아스포라 본토 유대 지방을 떠나 외국에 거류하는 유대인으로서 모름지기 부유하면서도 유대 전통을 고수하는 바리새인

집안의 자식이었던 것 같다. 아버지 때부터 로마시민권을 가지고 있었다는 것은 돈도 있고, 그 지방에서는 무시 못할 가문이었던 것을 암시해 준다. 바울은 어려서부터 총명하였던 모양으로 그의 부모는 바울이 훌륭한 종교지도자가 될 수 있으리라는 희망과 예견을 가지고, 어렸을 때에 멀리 예루살렘에까지 유학을 보내어 당대의 석학이었던 가말리엘에게 사사하도록 하였다. 이것 역시 그 가문이 부유했었다는 증거가 아니겠는가!

바울은 유명한 선생 밑에서 오랫동안 사사받던 중 동년배의 어느 누구보다도 출중하여 많은 사람에게 촉망과 칭찬의 대상이 되었다. 율법과 전통을 습득하는 일에 있어서나, 바리새인으로 지켜야 할 수많은 율례를 준수하는 일에 있어서나(613조항의 규칙은 준수해야 하는) 누구에게도 지지 않는 사람이었고, 특히 전통 유대교를 수호하려는 열심에 있어서는 더욱 선봉에 서 있었던 것이다. 즉 바리새인의 입장에서 기독교를 볼 때 그야말로 이단으로만 보였고, 도저히 용납할 수 없는 모독적인 종교로 간주되었다. 하나님과 율법에 충성스럽던 사울은 하나님께 모독적이고 율법을 어기는 자들로 여겨지는 기독교도들과 그들의 단체를 용납할 수가 없었다. 따라서 그리스도인들을 박멸하는 것이 하나님께 대한 충성이라고 생각되었던 것이다. 그래서 그는 기독교 박해에 적극적 태도를 취하고 때로는 앞장을 서기도 하였다.

유대교의 입장에서 볼 때 사울은 참으로 귀한 인재였으며, 그 지식과 열정과 실천에 있어서도 제 일인자로 등장할 수 있는 엘리트 중의 엘리트였다. 그러나 하나님의 경륜과 섭리는 신기한 것이었다. 그러한 인재를 하나님께서는 당신의 섭리 중에서 택하시고 준비시키셔서 당신의 나라의 일꾼으로 사용하시려고 작용하셨다. 다메섹에 있는 그리스도인들을 잡아 가두기 위하여 제사장의 공문을 받아들고 다메섹으로 가까이 가던 중 하나님께서 그를 불러 거꾸러뜨리시고 개종케 하셨다. "사울아 사울아, 네가 어찌하여 나를 박해하느냐" 하는 음성을 듣고 하늘의 찬란한 빛을 보고 눈이 어두워졌다. 자기가 박해하던 예수, 그리고 그가 부활하셨다는 그리스도인들의 말을 코웃음치던 사울이 이제 하늘로부터 들려오는 의심할 수 없는 맑은 예수의 음성으로 말미암아 확실히 그의 부활을 의심할 수 없이 믿게 되었고, 그 찬란한 광채로 자기를 거꾸러뜨리는 사건에서 그의 교만은 꺽이고 이제 부활의 예수를 믿고 그에게 복종하는 자가 될 수밖에 없었다.

돌같이 굳고 어름같이 찬 마음을 가지고 기독교를 대하던 그 마음이 부서지고 녹아졌다. 그 어찌 인간의 힘으로 될 수 있는 일이겠는가! 권능자 하나님께서 섭리 속에서 그 강력한 능력으로 이룩하신 일이다. 다메섹 성안으로 동행자들의 인도를 받고 들어가 성령의 지시대로 아나니아를 만나 눈을 다시 뜨게 되었고, 180도 변하여 예수를 그리스도로 믿고 그를 소개하고 그를 구주로 전파하는 사도의 사명을 받게 되는 극적인 전환이 일어났다. 그야말로 대어(大魚)를 낚으셔서 크게 쓰시려는 하나님의 계획이 있었던 것이다.

Ⅱ. 바울의 기독교 해석

바울이 없었더라면 하고 질문을 해보자. 기독교가 오늘의 상황으로 발전할 수 있었을런지 의문이다. 하나님은 당대에 가장 총명하고, 가장 열정이 있고, 가장 지도력이 뛰어난 인간 하나를 택하셔서 복음을 해석하게 하셨고, 그것을 가장 큰 열정을 가지고 구두로 전파하게 하셨고, 또한 글로 적어 후대에까지 남겨 놓게 하심으로 만민이 그를 통하여 기독교의 복음을 깨닫게 되고 따라서 구원을 얻기에 이른 것이다.

사실 4복음서와 사도행전이 신약성경의 서두에 나타나지만 그것은 신약성경 편집자들이 그렇게 순서를 잡은 것 뿐이며, 사실은 바울의 서신들이 무엇보다도 먼저 나타난 글들이 아닌가! 물론 바울 이전의 사람들이 복음을 이해하고, 구두로 전하고, 단편적으로 기록에 남긴 것도 있었겠지만, 실제로 우리에게까지 전달된 기독문서, 특히 기독교에 대한 이해를 주는 글은 바울의 글이 맨 처음이다. 바울은 다메섹에서 개종하고 그리스도께 굴복한 후, 그의 지성적 훈련은 그냥 보고 들은 것만 가지고 외치는 일을 허락하지 않았을 것이다. 즉 자기를 불러 거꾸러뜨리신 하나님, 그리스도가 지금까지 바울이 이해하던 그런 분이 아니시라는 것을 알았을 때, 그러면 그는 정말 누구이시며, 그가 자기와 인류의 관계는 무엇이며, 그가 자기를 불러내신 목적은 무엇이며 등등 주마등처럼 스쳐가는 여러 가지 의문들에 대하여 깊이 생각하고 연구하는 과정이 필요했던 것이다.

바울의 아라비아 3년의 생활이라든가 다소로 물러가서 10여 년간 은둔하는 삶이란 하나님과의 깊은 믿음의 교제, 명상과 사색, 연구의 시간이었을 것이다. 성령의 조명을 받은 바울은 그가 개종하기 이전에 가졌던 해박한 지식과 율법 이해들을 배경으로 해서 기독교 복음을 고유하게 이해하고 해석할 수 있었던 것이다. 그러한 복음 이해는 그에게 확신을 가지게 하였고, 그것을 자기 혼자서 간직하기에는 너무도 벅차고 역동적인 것이어서 한 곳에 머물러 있지 않고 땅끝까지 그 복음을 전하고자 하는 열정을 일으켰던 것이다. 즉 복음은 어느 개인이나 어느 한 민족(유대민족)의 것이 아니라 세계의 것, 만민의 것임을 깨닫게 되자 그는 복음에 있어서 빚진 자라는 느낌을 가지기에 이르렀고, 선교여행으로 일생을 보낼 수밖에 없었던 것이다.

바울은 베드로나 요한이나 야고보나 기타 어떤 사도들보다도 많은 지식의 훈련을 쌓은 사람으로서 복음을 보는 눈은 예리하고 그 이해가 특유하며 다채롭다. 그리스도가 한 분이시고 그를 통한 구원의 복음도 하나이지만, 그 구원 사건을 보는 사람에 따라서 그 이해가 각각 다르고 그 표현이 다양할 수 있다. 위에서 말한 대로 22개 서신 중에서 13개의 책이 바울의 글이고 보니 그 매 서신에서 반영되는 바울의 복음 이해 또는 기독교 이해는 어느 누구의 것보다도 내용이 풍부하고 다양하고 다채롭다. 하나님께서 그를 불러 구원하시고, 그의 지식과 경험과 예지를 통하여 기독교를 보다 깊이 충실하게 해석하게 하시고 이해하게 하신 것은 놀랍고 신기한 일로서 다시 한번 바울의 공로를 치하하지 않을 수 없다. 열심과 진실을 가지고 보고 들은 바를 그대로 충성되게 전하는 유형의 전도자도 있었고 또 있어야만 했지만, 바울처럼 훌륭한 지성을 가지고 복음을 해석하고 조직화, 체계화해서 많은 사람, 특히 지성과 이지를 가지고 판단하는 인간들에게 호소하는 그러한 유형의 사람이 더욱 필요했던 것이다. 하나님께서 그러한 사람으로 바울을 택하셔서 크게 역사하게 하신 사실은 매우 의미가 깊다고 하겠다. 베드로와 같은 전도자도 필요하지만 바울과 같은 전도자는 더욱 필요하다는 말이 된다.

바울의 기독교 이해가 독특하고 중요한 것이 사실이지만, 로마서나 갈라디아서를 제외하고는 일부러 기독교의 교리나 이치를 요령 있게 체계적으로 서술하려고 한 편지가 없고, 다만 다른 목적으로 쓴 편지들 속에 그의 기독교 이해가 반영되며 기초가 되어 있는 것이다. 그러므로 각 서신을 공부하는 중에 그의 기독교 이해를 추리 또는 연역해 볼 수 있다.

Ⅲ. 바울 서신의 목적과 그 성격들

바울은 다른 사도들이나 초대교회 신도들과 마찬가지로 급박한 예수 재림을 믿고 기다리던 사람으로서 얼마 남지 않은 시간, 즉 예수가 재림하실 그 순간까지 그의 복음을 최대 다수의 사람에게 전해야 한다는 불타는 심정을 가졌었기 때문에 할 수 있는 대로 사람이 많이 사는 도시를 찾아가서 전도를 했다. 한 곳에서 오래 머물러 있기보다는 빨리 빨리 다른 도시에 가서 전하려는 생각을 가지고 서둘렀다. 자기가 이해하는 복음을 구두로 열심히 가르치고 전하는 일에 전념하였다. 특히 선교 초기에 바울은 예수재림의 급박성을 느끼는 나머지, 어떤 장기적인 계획을 세운다거나 조치를 할 생각을 하지 않았다. 그저 부지런히 전하고 믿는 자들을 많이 만드는 일에만 열중하였다.

예수의 재림이 천 년, 2천년 이상 늘어진다는 것을 느꼈더라면, 아마도 더 차분히 기독교 신학을 길게 또는 세밀하게 글로 적어 전해 주었을지도 모른다. 다만 바울은 형편에 따라, 즉 자기가 직접 가서 가르치거나 권면하거나 해답해 줄 수 없는 처지에 있을 때, 교회로나 어떤 개인에게로 직접 가지 못하는 대신에 글을 써서 보냈던 것이다. 어떤 때는 자기가 전도해서 세운 교회가 문제를 가졌을 때, 또는 기쁜 소식이나 걱정스러운 소식이 왔을 때, 그러면서도 바울 자신은 현재의 상황을 당장에 버리고 그 곳으로 달려갈 수 없을 때 편지로써 대신 인사하고, 감사하고, 격려하고, 가르치고, 권면하려는 목적으로 글을 써 보내는 것이었다.

때로는 바울 자신이 직접 세운 교회가 아니더라도 자기의 의견을 묻거나 어떤 가르침을 요구하거나, 그의 권면을 필요로 한다고 느낄 때 편지를 써 보냈다(골로새). 때로는 자기와 관련된 개인들에게 꼭 필요하다고 느끼는 형편에 있을 때 글로 교훈하고 부탁하는 경우도 있었다(목회서신, 빌레몬) 또는 로마서의 경우는 앞으로 가려고 하는 로마성에 있는 신도들에게 바울의 복음을 설명하여 그들의 동조를 얻어 서반아 행의 디딤돌 역할을 하도록 하려는 목적으로 쓴 글이다.

이렇게 볼 때 그의 서신을 몇 가지로 구분해 볼 수 있을 것이다.

초기 서신들 : 데살로니가 전・후서, 갈라디아서, 고린도 전・후서, 로마서

후기 서신들 : 옥중서신(빌립보, 에베소, 골로새, 빌레몬), 목회서신(디모데 전・후서, 디도서)

현대 학자들 중에는 바울의 13서신 중에서 몇몇을 소위 제 2 바울 서신(Deutero Panlme)이라고 해서 바울이 직접 썼다기보다는 바울의 후계자나 제자들이 썼을 것이라고 생각하여 바울의 직접적인 글(authentical)과 구분하는 사람들도 있다. 그런 입장에서 분류해 본다면

바울의 순전한 서신들 : 데살로니가 전서, 갈라디아서, 고린도 전・후서, 로마서, 빌립보서, 빌레몬서

제 2 바울서신들 : 데살로니가 후서, 에베소서, 골로새서, 디모데 전・후서, 디도서

로 마 서

로마서는 22개의 서신 중에 첫째일 뿐만 아니라 바울 서신 13개 중에서도 제일 서두에 나타난다. 그것은 연대적으로 로마서가 제일 먼저 기록되었기 때문이 아니라, 로마서가 가지는 내용상의 비중 때문일 것이고, 또 바울 서신 중에서는 그 부피에 있어서도 제일 크고 내용이 풍부하고 중요하기 때문일 것이다. 로마서는 간단히 말해서 바울의 사상을 가장 포괄적으로 체계화한 내용이어서 기독교의 도리를 이해하는데 가장 요긴한 책이라 할 수 있겠다. 다시 말해서 기독교를 이해하기 위해서 신약성경 중 어느 한 책만을 고르라고 한다면, 아마도 로마서를 붙들고 그것을 읽는 것이 제일 많은 이해를 가져다 줄 것이다.

Ⅰ. 로마서가 기록된 경위

바울은 데살로니가서, 갈라디아서, 고린도 전·후서들을 이미 쓰면서, 그 교회들의 특수한 문제나 질문, 상황에 대처하기 위한 교훈과 답변들을 주었다. 즉 그 교회들이 가진 구체적이고도 당면한 문제들을 앞에 놓고 바울은 거기에 대해서 가르치고 답변하는 형식으로 부분적으로 기독교의 진리를 해명하고 설명한 멋을 볼 수 있다.

예컨대, 데살로니가교회가 예수재림의 문제를 가지고 어려움을 겪고 있었기 때문에 거기에 대한 해답을 주느라고 편지를 썼다. 갈라디아교회가 바울의 사도권을 의심하고 무시한다든가, 바울이 전한 구원의 도리를 왜곡하는 사람들이 나타나 복음을 변질시킬 때 거기에 대한 답변으로서 서신을 썼다고 볼 때, 이러한 실제적, 구체적, 개별적 문제를 놓고 거기에 대한 응답으로 쓴 글들이라는 점에서 통일적인 성격을 가지고 있다.

누구보다도 기독교를 깊이 체계적으로 이해하고 있는 바울 복음의 보편성, 다시 말해서 그리스도가 만인의 구주이심을 깨달은 바울, 그리고 이방인을 위하여 복음을 전하는 사명을 직접 주님으로부터 받은 바울이기에 그는 제 1 차, 2차 3차에 걸쳐 소아시아, 마게도니아, 아가야 지방을 순회하면서 최선을 다해 복음을 전했고 여러 곳에 교회를 세웠다. 달마디아, 일루리곤 지방까지 복음이 전달된 마당에, 그리고 예수재림이 점점 임박하고 있다는 급박감과 적어도 자기가 죽기 전에 서쪽 땅끝이라고 생각하던 서반아까지 복음을 전해야 한다는 의무감 등이 작용하여 바울로 하여금 이제는 로마를 거쳐 서반아로 갈 채비를 해야 한다고 느꼈다. 그 생각이 우선 로마서를 쓰게 되는 동기였다고 본다.

바울은 구체적인 계획을 세웠다. 제 3 차 선교여행의 여정이 고린도에까지 도달했을 때, 즉 마게도니아로 아가야 지방의 선교가 일단락되어 이제 더이상 그 지방에서 시간과 정력을 소비할 수 없다는 생각이 들었을 때, 이제 남은 일은 그동안 소아시에서부터 마게도니아를 거쳐 아가야 지방까지 오면서 예루살렘의 모 교회를 위하여 모금한 구제금을 예루살렘으로 전해 주고는 방향을 서반아로 돌리려는 것이었다. 그러나 서반아로 가는 길은 우선 로마를 통해서 가는 것이 효과적이라고 생각한 것이다.

로마에는 이미 교회가 서 있었다. 누구에 의해서인지는 아무도 모른다. 그리고 남이 놓은 기초 위에다 집을 짓지 않는다는 선교 원칙을 가졌었기 때문에 다른 도시에서처럼 전도활동을 하려는 생각은 없었고 또 그럴 필요도 없을 것으로 느꼈었다. 고맙게도 로마제국의 수도에 이미 복음의 씨가 떨어져서 교회가 있다는 것이 기쁠 뿐이었다. 그리고 그리스도의 복음은 어느 누구의 독점물이 아니고, 또 선교는 그리스도 교회의 공통적 과제이기 때문에 바울은 로마의 교회와 복음의 혜택을 같이 나누고 선교의 과업에도 동참하려는 생각을 하게 되었을 것이다. 다시 말해서 로마의 그리스도인들도 복음을 가지고 그들 나름의 기쁨과 은혜를 누리면서 선교하고 있을 것을 믿는 바울은, 자기가 믿고 전하는 복음의 혜택과 그 기쁜 내용을 그들에게 알려서 서로 보다 큰 확신과 은혜를 입은 후, 합심해서 서반아까지 선교하는 일을 수행하고 싶은 심정이 되었다.

로마의 교인들이 후원을 해서 바울을 서반아로 파송하고 협력한다면 바울이 혼자서 고군분투하는 것보다는 더 큰 성과가 있을 것이 확실하기 때문이다. 이런 생각을 하게 된 바울은 우선 자기가 믿는 기독교를 소상히, 그리고 체계 있게 글로 적어 로마교회로 보내려는 생각을 한 것이다. "내가 너희 보기를 심히 원하는 것은 무슨 신령한 은사를 너희에게 나눠 주어 너희를 견고케 하려 함이니, 이는 곧 내가 너희 가운데서 너희와 나의 믿음을 인하여 피차 안위함을 얻으려 함이라."(롬 1：11-12)고 함으로써 로마교회와 바울이 상호간의 덕을 보자는 생각을 했다. 서반아로 가려는 바울의 목적(롬 15：28)을 달성함에 있어서 필요한 것을 로마교회에게 자기의 복음과 기독교 신앙을 소상히 설명하여 자기가 확신을 가지고 믿는 바를 전해 주어 바울 나름의 은혜를 끼치고 그들에게 '안위'(롬 1：12)를 주며, 따라서 그들의 호감을 얻어내는 일이다. 다시 말해서 로마의 신자들을 바울의 복음으로 설복시키고 동조를 얻어내어 서반아로 가려는 바울에게 자연스럽게 호의를 베풀며 선교의 후원자가 되도록 하려는 것이다.

그렇기 위해서 바울은 모든 정력을 다 쏟아 지금까지 그가 가졌던 기독교 사상이나 신앙을 아주 자세하고 조리 있게, 설득력 있게 쓰려고 노력했을 것이다. 더구나 로마라고 하면 로마제국의 수도요, 한 번도 가보지 못한 곳이며, 거기에는 모든 문화와 지식과 전통이 총집중되어 있는 곳으로서 더욱더 논리정연한 사상 전개가 필요하다는 생각도 가졌을 것이다. 바울은 이렇게 내용을 충실히 하려는 노력을 하는 동시에, 그는 오랫동안 로마 방문을 계획하고 설계하면서 여러 번 왕래하는 인편이나 서신이나 기타 다른 것을 통하여 로마교회의 인물들과 현황을 예의 주시하며 조사한 것 같다.

로마서 16장에 보면 약 30명에 달하는 사람의 이름이 나타나는데, 그들은 바울이 로마에 있는 신도들에게 문안하는 목록에 속하는 이름들이다. 이렇게 한 번도 가 보지 않은 교회에 속한 사람들의 이름을 그만큼 알고 문안을 한다는 것은 쉬운 일이 아니다. 고의적으로 알려는 노력을 하지 않고서는 되지 않을 일이다. 로마의 교회가 바울의 편지를 받아 읽다가 마지막에 붙은 그 문안의 말을 묻는 대목에 도달했을 때 어떤 느낌을 가졌겠는가? 아마도 놀라움과 신기함, 고마움 등의 감정으로 변했을 것이다. 안면을 대한 적이 없고 소문만 듣던 사람의 글을 읽으면서도 매우 친숙감을 가지게 되었을 것이고, 바울에 대한 호감을 가질수 밖에 없었을 것이다. 바울의 글의 내용이 중압감이 있고 설득력이 있어 매료되었겠지만, 그 편지의 내용에 지적으로 설득을 당했을 뿐 아니라, 마지막 인사 부분을 읽으면서는 감정적으로도 친숙감을 가지면서 바울의 활동에 십분 동조할 마음이 생겼으리라고 느껴진다. 우선 바울은 로마서를 씀으로써 로마교회뿐 아니라 온 세상 교회에게도 기독교 진리의 골자를 요령 있게 전해 주어 수많은 사람들을 구원하고 격려하고 가르치는 공헌을 했다. 하나님의 섭리와 성령의 역사가 그의 배후에서 역사한 것이 틀림없지만, 정성을 다 쏟아 이 편지를 쓰려고 노력한 바울의 슬기와 예지와 수고는 아무리 칭송을 해도 끝이 없을 것이다.

Ⅱ. 바울 신학의 배경

바울은 로마서 등 여러 훌륭한 서신들을 남겼는데, 그것이 전부 바울 고유의 독창적인 사고나 연구에서 나온 것이 아니고 여러 가지의 배경이 있고 그 바탕이 있다는 사실을 잊어서는 안 된다. 바울이 물론 창의성이 예리한 판단력과 예지가 있음으로 해서 그런 글들이 나올 수 있었지만, 그러나 그는 진공 속에서 유를 만들어낸 것은 아니었다.

객관적으로는 우선 하나님께서 인간을 구원하시려는 뜻과 그 뜻을 이루시는 방법으로써 독생자 예수 그리스도를 성육시켜 세상에 보내셔서 33년간 살게 하시고 고난을 당하시다가 마침내 십자가에 달려 죽으시고, 묻히시고, 살아나신 그 역사적 사건을 일으키신 것이다. 그 사건이 없었더라면 기독교 복음이 있을 수 없고, 그 사건에 대한 바울의 견해나 해석도 있을 수 없다. 예수 사건이 역사에 나타났을지라도 그것을 보고 깨달음이 있어야 하는 것인데, 수많은 사람들이 특히 유대나라의 종교지도자들과 로마 집권자들은 예수를 일개 인간으로, 그리고 신성을 모독하는 자, 또는 로마 정부에 대해서 소란선동죄를 짓는 자로 판단하고 사형에 처하는 오인을 범했다.

바울도 원래 그와 같은 판단 하에 교회를 박해하고 있었던 것이다. 그러나 하나님께서 간섭하셔서 그를 개종시키는 획기적인 사건이 있었기 때문에 그 때부터 바울의 눈은 뜨기 시작했고, 성령이 그를 변화시킴으로써 예수 사건을 새로운 각도에서 완전히 다르게, 그리고 바르게 해석할 수 있었던 것이다. 그러므로 바울의 기독교 이해는 우선 그의 개종 사건을 전환점으로 해서 180도 새로워졌고, 성령의 역사를 통하여 또는 하나님의 계시를 통하여 더욱더 밝아지고 실체를 파악하기에 이른 것이다.

그러나 하나님의 계시라든가 성령의 역사는 인간의 자연적인 지식이나 성격이나 경험이나 전이해 등을 전적으로 무시하거나 도외시하지 않는 것이 특색이다. 다시 말해서 바울의 신학적 복음 이해, 즉 기독교 이해는 어디까지나 바울적이다. 바울이 유대교에서 자라고 교육을 받았기 때문에 그 영향이 그의 신학에 나타나며, 그가 헬라사회에서 자라났기 때문에 헬라적 색채가 가미되어 있으며, 또한 바울은 초창기부터 전해져 오는 기독교의 전통을 물려받아 공통적인, 그리고 전통적인 이해가 다분히 포함되어 있는 것이다.

1. 유대적 배경

바울은 자신이 말한 대로 "히브리인 중의 히브리인"(빌 3 : 5)으로서 철저한 전통적 유대교에 젖어 있었다. 그는 의롭고 거룩하신 하나님을 믿는 신앙에 투철하였으며, 율법은 하나님의 성격을 나타내는 유일한 계시이며 인간을 향한 하나님의 뜻의 계시라는 신념을 가졌었고, 하나님께서 메시야를 보내 주시리라는 소망을 철저히 가지고 있었다. 이러한 사상을 바탕으로 한 그의 역사관은 선지자들의 생각과 마찬가지로, 창조에서 시작하여 종말 완성에 이르기까지 하나님의 간섭에 의해서 의미 있게 흐르고 있는 역사로 본 것이다. 헬라인들처럼 역사를 무의미한 사건의 반복으로 보는 것이 아니었다. 인간을 볼 때 영과 육 사이의 대립적 관계로 보았다. 유대인들이 가지고 있는 인간의 두 개의 경향을 바탕으로 하고 관찰한 것이다. 유대인들이 가진 집합적 인격(corporate personality) 사상이 그대로 바울의 사상에 나타난다. '그리스도 안에'라는 바울의 사고는 그것의 반영일 것이다. 첫째 아담과 둘째 아담 예수를 대조하는 것은 역시 유대교적 전통 사상의 표출이다. 헬라인의 영혼불멸 사상을 택하지 않고 몸의 부활을 주장하는 것은 역시 유대적인 사상 전통을 유지한 때문이다. 종말에 이스라엘이 구원을 얻으리라는 생각(롬 11 : 26)도 역시 유대정신이 그대로 바울의 마음에 흐르고 있었던 근거이다.

2. 헬라적 배경

바울이 유대인으로서 유대교 교육을 철저히 받은 연고로 유대적 배경을 그의 사상의 저류에 깔고 있었던 것이 사실이지만, 동시에 그 시대가 헬라 사상과 문물이 지배적인 때였으므로 그 공기를 마시고 살 수밖에 없었다.

그래서 바울의 사상에는 자연히 그 영향이 여러 모로 반영되었다. 바울은 헬라어로 번역된 70인역 성경을 읽었고, 글을 쓸 때에도 그 당시 유행하던 통속 헬라어(Koine Greek)를 가지고 썼으며, 그가 크리스천으로서 또는 전도자로 30여 년간을 여행하는 동안에 그는 헬라 문화와 문명을 만나게 되었고, 따라서 헬라 시인들의 시를 인용하기도 했다(행 17 : 28, 고전 15 : 33). 또한 헬라인들의 운동경기를 예화로 이용하기도 했으며, 헬라, 로마의 제도를 익히 알아 언급하기도 했다(경주,

권투, 씨름, 경기장, 입양(入養)). 헬라의 통속 도덕철학에서 사용하는 용어들을 그대로 사용하였다('덕', '양심'). 스토아철학의 교리라든가 신비종교의 술어들도 이용하고 있다. 이와 같이 바울은 헬라 문화와 사상의 영향을 표면적으로 많이 받은 것이 사실이다.

3. 기독교적 배경

바울은 또한 아나니아, 안드로니고, 유니아(롬 16：7) 또는 예루살렘 교회의 여러 지도자 등 먼저 기독교인이 된 사람들에게서 많은 것을 배우고 그 전통을 물려받은 것도 사실이다.

1) 바울이 전하는 복음의 핵심도 남에게서 물려받은 것이지 바울의 창안이 아니다.

2) 예수를 메시야, 주, 하나님의 아들로 고백하는 고백도 처음부터 전해 온 것이다.

3) 성령은 새 삶을 주시는 하나님의 능력이라는 개념도, 교회를 새 이스라엘로 보는 생각도 바울의 창작이 아니다.

4) 세례와 성찬의 성례전, 예수 그리스도의 말씀들은 다 바울이 전해 들은 것이다.

5) 그리스도가 영광 중에 재림하신다는 희망도 처음부터 전해져 내려온 신앙이다.

이상과 같은 유대적, 헬라적, 기독교적 배경을 가진 바울이 이제 성령의 도우심을 입어 각 교회로 편지를 쓸 때, 그의 고유한 사상이 표현되면서 동시에 그의 배경이 되는 기본 사상들도 함께 얽혀 나타나는 것이었다.

Ⅲ. 로마서의 구조

바울은 로마교회에 자기의 기독교 이해와 신앙체계를 알리려고 할 때 표면상으로는 편지형식을 취하였다. 즉 1：1~7에서 재래식 편지의 서두형식을 채용하여 바울이 로마에 있는 성도들에게 편지하고 문안한다는 식의 인사를 적고, 1：8~15에서 바울이 로마로 가려는 의도를 밝히는 설명을 붙인 후 곧 본론으로 들어가 바울이 믿는 기독교 신앙의 내용을 길게 설명한다. 즉 1 : 16~15 : 13까지 긴 논설을 적었다. 그리고 15 : 14~33에서 바울의 선교계획과 로마방문의 구체적인 계획을 말한 후 16장에서 인사와 문안을 함으로 끝을 맺는다. 이를테면 편지형식을 빌어서 쓴 바울의 신앙논설이라 할 수 있다. 그 내용을 다시 한번 분석해 보자.

1. 서신들의 틀에 맞춰서

1) 인사(1 : 1－7)

2) 로마방문의 뜻을 설명(1 : 8－14)

2. 본론 : 바울의 기독교 강론(1 : 16－15 : 13)

1) 주제 : 복음 · 구원 · 하나님의 의 · 신앙(1 : 16－17)

2) 구원을 필요로 하는 인간(1 : 18－3 : 20)

(1) 죄로 인해서 하나님의 진노 아래 있는 인간 ; 추잡한 인간(1 : 18－20)

(2) 하나님은 만인을 공평하게 심판하시기 때문에 남을 판단하는 사람이나 판단받는 사람이나 다같이 하나님의 법을 어기는 이상 꼭 같이 심판을 받는다(2 : 1－16).

(3) 율법을 가지고 있는 유대인도 그 법을 어기고 있으니 똑같은 심판을 받아야 한다. 그들이 나은 바가 없다(2 : 17－3 : 8).

(4) 하나님의 심판의 진노를 받지 않을 만큼 의로운 자는 세상에 하나도 없으니 결국 인간은 모두 하나님의 진노 아래 있으며 희망이 없다(3 : 9－20).

3) 인간의 노력(법을 세우고, 법을 지키고, 꾀를 쓰는)에 의해서는 구원이 불가능한 것이 분명한데, 이제 하나님께서 그의 거저 주시는 은총에 의하여 인간을 구원하시는 놀라운 법을 나타내셨다. 예수 그리스도를 믿음으로 죄사함을 얻는다는 법(3 : 21－31)

4) 이 새 법은 사실 새 것이 아니라 구약성경에 이미 선례가 있고 원칙으로 되어 있는 것이다. 아브라함이 그 실례이고 다윗도 성령의

감동 가운데 증거해 주고 있다(4 : 1—25).

5) 하나님의 은총으로 우리의 믿음만 보시고 사죄하시고, 구원하시면, 그 결과는 어떤 것인가? 하나님과 우리 사이에 평화가 이루어지고, 우리는 기쁨을 가지고 소망 중에 살게 되고, 화해된 정상 생활을 가지게 된다(5 : 1—11).

6) 하나님의 그 구원의 범위는 옛 아담 하나 때문에 전 인류가 죄에 빠지고 멸망을 받았던 것과 정반대로 둘째 아담 예수 한 사람으로 말미암아 전 인류가 생명을 얻게 된 것이다. 믿는 자는 유대인이나 헬라인이나 구별할 것 없이 다 그리스도 안에서 영생을 누리게 된다.

7) 구원을 받은 사람은 그리스도와 함께 죄에 대해서 죽은 자이므로 이제는 죄의 지배를 받지 않고 의의 도구가 되어 살아야 하며 죄의 종에서 벗어났기 때문에 이제는 의의 종이 되어야 한다(6 : 1—23).

8) 구원받은 자는 율법의 종으로 살던 생활에서 해방되어 성령의 법에 복종하는 삶을 살아야 된다(7 : 1—6).

9) 인간 본성 속에 깊이 뿌리박힌 죄가 인간의 육을 이용해서 계속 죄를 조장하기 때문에 속사람이 원치 않으면서도 죄를 범하는 일이 있다. 구원받은 사람의 삶 속에도 그러한 고민이 있지만, 그리스도인은 승리의 가능성을 가진 자들이다(7 : 7—25).

10) 구원받은 사람은 자기 혼자 있는 고아가 아니라 하나님의 영이 같이 하시며 도와 주시기 때문에 무한한 가능성을 가지고 산다(8 : 1—17).

11) 구원받은 사람은 큰 소망을 가지고 있으며, 하나님의 사랑을 차지하고 있는 자로서 영원한 승리를 얻게 된다(8 : 18—39).

12) 구원은 개인의 신앙을 조건으로 하고 있으니 민족, 성, 계급 등의 차별이 있을 수 없지만, 하나님의 구원 역사에 있어서 특별한 도구로 선택한 이스라엘의 운명은 어떤 것일까? 특히 이스라엘 백성의 다수가 예수를 구주로 받아들이지 않는다는 사실 때문에 바울의 마음을 아프게 하고 또 당황하게 했다. 그러나 그 속에도 하나님의 섭리가 있음을 바울은 믿고 있다. 이스라엘이 그리스도를 배척함으로 복음이 이방인에게 전해지고, 마지막에는 이스라엘도 대거 주께로 돌아오게 될

날이 있으리라는 것이다(9 : 1—11 : 36).

13) 구원받은 사람은 하나님의 자녀답게 살아야 하고 구체적으로 마땅히 행하여야 할 법칙들이 있는 것이다. 바울은 그리스도인의 행동윤리를 세밀하게 보여 주었다(12 : 1—15 : 13).

3. 본론을 끝내고 다시 서신형식에로

1) 자신의 선교사명을 설명함(15 : 14—21).
2) 로마를 거쳐서 서반아로 가려는 여행계획을 밝힘(15 : 22—33).
3) 개인적 인사들을 부탁(16 : 1—23)
4) 송영으로 끝낸다(16 : 25—27).

Ⅳ. 바울을 통하여 로마서에 나타난 기독교 신앙

1. 인사(1 : 1—7)

바울은 그 당시의 서신형식을 따르면서 먼저 발신인을 말하고, 다음에 수신인을 지적하고 격식을 갖춘 인사를 하는데, 그 세 부분이 모두 기독교적인 세례를 받아 새로운 모습으로 나타나는 것을 볼 수 있다.

1) 구원받기 전의 바울은 사울이었고, 문자대로 '위대한 자'라는 뜻을 가진 이름의 소유자였다. 세상적으로 커지고 높아지고 위대해지기를 바라며 살던 사람이었다. 그러나 이제는 바울(작은 자)이라는 변화된 인간으로 등장한다. 바울은 자기를 소개하면서 제일 먼저 그리스도 예수의 종임을 내세운다. 사울이라는 인간적 위대성이 간데없이 사라지고 종의 모습으로 낮아졌다. 그리스도 예수에게 사로잡힌 자로서 자기를 완전히 부정한 자로 나타났다. 인간 사울은 없어졌다. 그러나 반면에 그는 하나님의 부르심을 받은 자요, 동시에 그에게 사명을 받아 파송된 상당한 사도라는 것을 자신 있게 주장한다. 무엇을 위한 사도냐 하면 하나님의 복음을 선포하고, 전하는 일을 위해서 벌써 태초부터 구별된 귀한 존재임을 믿고 있다(1 : 1). 죄인의 괴수였던 사울이 이렇게 변하여 바울이 되고 부르심을 받아 복음의 사도가 되어, 특히 모든 이방인들을 위하여 파송된 것은 전적인 하나님의 은혜이지 다른

어떤 이유나 원인이 없다. 즉 바울이 잘나서나 그의 공로가 있어서가 아니다(1：5). 그리고 이것은 그리스도이시고, 주가 되시는 예수가 아니었더라면 있을 수 없는 일이다. 그래서 바울은 거듭거듭 '우리 주 예수 그리스도'라는 말을 후렴처럼 부르짖는다

2) 바울은 본론에 들어가기 전에 우선 1절에서 언급한 하나님의 복음을 간단히 정의하고 지나간다. 즉 그 하나님의 복음이란 성경 속에 선지자들을 통해서 미리 약속해 준 것이고(2절), 그 내용은 한마디로 하나님의 아들에 관한 것이라고 잘라서 말한다. 그 하나님의 아들은 막연히 관념적인 것이 아니라 첫째는 약속한 바와 같이 다윗의 후손으로 육신을 입고 나타나셨던 분, 역사적 인물이었고 동시에 죽었다가 다시 살아나게 하신 그 능력의 사건을 통하여 그는 신령하신 분이요, 결국 하나님의 아들이라는 사실이 입증된 분 즉 예수 그리스도에 관한 것이라고 밝혔다. 하나님의 복음은 결국 예수 그리스도의 사건을 중심하여 혹은 기초로 한 것이지 결코 다른 것이 아니라는 것을 먼저 밝히고 나간다. 5절에서 부언하는 바와 같이 누구든지 세상의 모든 백성이 예수 그리스도를 믿고 복종함으로써 구원을 얻을 수 있다는 그러한 복음임을 우선 보여 주고 있다.

3) 그리고 수신인에 대해서도 과거에 예수를 믿기 전에는 모두 죄인이요 멸망의 자식들이었는데, 이제는 예수 그리스도에 의해서 부르심을 받은 자라는 영광의 존재들이 되었고, 남달리 하나님의 사랑의 대상이 된 자들이다. 그리고 거룩하게 부르심을 받은 자들 즉 성도라 일컬음을 받은 자들이다. 이제는 그리스도인들이 평범한 인간 또는 하나님의 미움을 받아 멸망할 자들이 아니라, 하나님과 그리스도의 관심의 대상, 사랑의 대상으로서 세상사람들과는 구별된 존재가 되었다는 말이다(1：6-7 상).

4) 세상적인 서신형식에서는 카이레인(chairein χαιρεῖν)이라는 말을 써서, 단지 기쁨이 상대에게 있기를 원하는 것이 있다. 그러나 바울은 이제 구원받은 자기의 입장에서 그 문안의 내용도 기독교화하여 은혜라는 말로 바꾸었고, 거기다가 평강이라는 말을 덧붙여 주었다. 세상에서 물질적으로 또는 육욕적으로 기쁨을 얻으려고 노력하여 다소의

기쁨을 얻을 수 있지만, 반드시 얻어지는 것도 아니고, 얻는다 하더라도 아침 안개처럼 곧 사라져 버리는 허망한 것이다. 그러나 그리스도 안에서 얻을 수 있는 참된 축복은, 하나님과 그리스도로부터 거져 주시는(나의 노력이나 공로가 없는데도) 기쁨과 만족과 충만은 무한한 것이며, 영구한 것이며, 불변하는 것이다. 이렇게 이미 바울의 첫 인사 속에서 기독교 복음의 골자가 드러나 있다(1：16－17).

2. 바울의 로마방문 욕망(1：8－15)

바울은 사도가 된 이래 자기의 사도직에 전심전력을 쏟았다. 사도라는 것은 파송하는 자가 있는 법이며, 즉 하나님과 그리스도의 파송을 받은 자로서 파송자의 뜻을 받들어 그 뜻에 충성해야 하는 것이었다. 바울의 생각은 그리스도가 만민의 구주이시고, 수하를 막론하고 다 구원을 얻게 하는 것이 하나님의 뜻이며 그리스도의 뜻이기에 누구에게든지, 아니 할 수만 있으면 모두에게 가서 전도하여 믿고 구원을 얻게 하고 싶은 것이었다.

그런 사명감을 느끼는 바울은 아직 믿지 않은 사람들에 대해서는 마땅히 할 일을 못한 것이라는 부채감을 가지는 것이었다(1：14). 그런 느낌을 가졌기 때문에 서반아에도 가려는 것이며 로마에 있는 불신자들에게도 책임감을 느끼면서 빨리 로마로 가서 전도할 수 있으면 하고, 또 거기서 길이 열려 서반아까지 가고 싶은 열정이 가득한 것이었다.

그런데 그런 열정과 열망을 가지고 있으면서도 만사를 자기 마음대로 자기의 꾀로 하려는 것이 아닌 하나님의 인도와 지시와 명령을 따라서 하는 바울의 태도를 볼 수 있다. 기도하면서 하나님의 지시와 인도를 기다리는 태도는 본받을 만하다. 그리고 바울이 로마에 가고 싶어하는 것도 이기적인 욕심을 위해서가 아니고, 또 자기 만족을 위한 것이 아니고 어디까지나 상대의 유익, 특히 교회의 유익을 위해서 하는 이타적인 태도를 볼 수 있다. 사심이 없고 남의 유익을 도모하는 마음만 있다면 교회는 문제가 사라지고 순순히 자라는 아름다운 교회가 될 것이다.

3. 바울의 복음의 요지(1 : 16－17)

바울은 복음전도의 사명을 받은 그리스도의 사도로서 그 내용을 세밀히 설명할 계획을 가지고 붓을 든 것이다. 바울이 이제부터 로마교회를 위해서 설명하려는 내용은 그가 친히 경험을 통해서 거듭거듭 재확인받은 확신을 가지고 전하는 것이다. 사실 많은 사람들, 특히 로마인들에게는 자기들 나라의 법에 의해서 정치범, 소요선동죄로 정죄를 받고 십자가형을 받고 죽은 변방 속국 유대인을 믿는다는 것은 참으로 어리석은 일이요, 수치스럽게 여겨지는 일이었다. 그리고 유대인들에게 있어서도 나무에 달려 죽은 저주받은 자, 그리고 신성모독죄로 최고의회(산헤드린)에 의해서 단죄를 받고 사형에 처해진 자를 믿는다는 것이 너무도 어리석고 부끄러운 일이었던 것이다. 구원받지 않은 자들, 즉 성령의 감동으로 변화받지 않은 자들의 인간적 눈과 사고에는 예수의 사건이 그렇게 수치스러운, 타기할 만한 것으로 보일 것이 당연하다.

그러나 바울은 구원을 얻고 신령한 눈으로 그리스도의 사건을 바라보면서 그 사건은 곧 인간에게 복된 사건이요 복된 소식임을 확신하면서 이제 예수 그리스도의 사건이 어째서, 어떻게 복음이 되는가를 설명하려는 것이다. 3절에서 이미 하나님의 복음은 곧 하나님의 아들에 관한 것이라고 지적한 바 있다. 한마디로 말해서 하나님이 당신의 아들을 세상에 보내셔서 예수라는 인간의 몸을 입게 하셨고, 마침내 그가 죽고 부활하게 하신 그 역사적 사건은 평범한 사건이 아니라 인간에게 있어서 둘도 없는 복된 소식이라는 것인데, 어째서 그러냐 하는 것을 바울은 설명하려는 것이다. 16절에서 그는 명백하게 그리고 당당하게 말한다. 복음은 사람들을 구원에 이르게 하는 하나님의 능력이고, 유대인이든 이방인이든 차별없이 그 복음을 믿는 자이면 누구에게나 해당된다는 것이다.

사람은 누구나를 막론하고 구원을 필요로 한다. 고통, 질병, 전쟁, 죽음이 있는 이 현실을 만족하는 사람은 하나도 없다. 그러기에 인간은 동서고금을 막론하고 이렇게 바람직하지 않은 상태에서 구출되어 고통이 없고 질고나 불안, 슬픔이나 전쟁, 그리고 죽음이 없는 상태에서 살기를 바라며 갖은 노력을 하고 있다. 그러나 그 목적을 이루지 못하고 답답해 하는 것이 인생이다. 그런데 바울은 말한다. 사람을 구원하는 길이 확실히 있다는 것이다. 하나님께서 보내신 그의 아들 예수 그리스도를 믿으면 누구든지 구원을 얻는다는 것이다. 그 구원 사건은 사람의 힘으로 되는 것이 아니라 하나님의 능력에 의해서 되는 것이고, 인간은 단지 신뢰하는 일만 있으면 된다는 것이다.

하나님의 아들이 세상에 나타나 사람이 되는 사건도 하나님의 능력이 아니고서는 될 수 없는 일이다. 예수께서 33년 동안 사시면서 특히 공생애 3년 동안 말씀하시고 행하신 모든 기적들이 하나님의 능력의 발로인 것이 틀림없으며, 죽어 묻혔던 예수를 다시 살리시고 그를 승천케 하셔서 하나님 우편에 앉게 하시는 일도 하나님의 능력의 소치이다. 또한 성령으로 교회에 임재하셔서 사람들의 마음을 감화시키시고 마음문을 열어 진실을 보고 깨닫게 하시는 것도 하나님의 능력이 아닐 수 없다. 사람이 최선을 다해 노력했으나 절망에 빠졌을 때 하나님께서 그 전능의 능을 가지시고 그 놀라운 그리스도 사건을 일으키셔서 인간을 구원하시고, 인간은 그냥 그것을 '예'하고 받아들이기만 하면 용서해 주시고 하나님의 자녀가 되는 은총을 주셨으니 그것이 어찌 우리 인간에게 기쁘고 복된 소식이 아니고 무엇이겠느냐 하는 것이다.

그러나 우리를 구원하신다는 반가운 소식을 들을 때 자연히 우리 이성을 가진 사람들은 어떻게?라는 질문을 하게 된다. 좀더 구체적으로 그 방법이나 과정을 알고 싶어진다. 그래서 바울은 우선 17절에서 그 방법을 포괄적인 한마디로 표현해 주었다. 즉 복음이 구원을 가져다 주는데, 그 실제적 내용은 복음 사건, 다시 말해서 그리스도 사건에서 하나님의 의가 나타난다는 것이다. 하나님의 의가 나타나는 일이 곧 인간에게는 구원을 주는 일이 된다는 말이다. 그러면 여기서 하나님의 의가 도대체 무엇이냐, 어떤 것이냐 하는 것이 큰 질문이 된다. 하나님은 인간 구원의 작업을 하시는데 그 내막에서 실제 이루어지는 것은 하나님의 의가 나타나는 일이라는 것이다. 예를 들어 제트(jet) 비행기가 하늘을 날고 있다면, 눈에 보이는 것은 커다란 물체가 하늘에 떠서 빨리 가고 있다는 것이지만, 그것이 그렇게 되고 있는 것은 그 비행기 속에 있는 연료가 타고, 그것을 기계에 의해서 분사하고, 공기를 밀어내는 모든 역학적인 운동이 활발히 진행되기 때문이다. 그와 마찬가지로 구원이라는 결과적인 사건은 하나님의 의가 나타난 구하는 내막적 사건 때문에 생기는 것이다. 하나님의 의가 나타난다는 것이 어떤 것인지를 설명하려는 것이 1：18 이하의 내용이라 할 수 있다.

우선 바울이 이 서두에 예비적으로 그 주제를 내걸으면서 주장하는 것은 하나님의 의가 구원에 있어서 절대적으로 필요하다는 것이며, 의가 있어야 사람이 살 수 있다는 것이다. 동양 속담에 하늘이 무너져도 솟아날 구멍이 있다든가, 사필귀정(事必歸正)이라는 말처럼 의가 있어야 삶이 있다는 하나님의 철칙을 먼저 말하는 것이다. 즉 하나님은 의의 하나님이시고, 하나님의 나라도 의의 나라이기에 거기에 용납되는 사람도 의로워야 한다는 것은 당연한 이론이다. 그러나 문제는 인간이 의로워지면 사는데, 어떻게 의로워지느냐 하는 데 있다. 사람이 자기 힘으로는 될 수 없는 일이기에 하나님께서 사람을 의롭게 만들어 주어야만 하고, 그래서 하나님의 의라는 말이 나오는 것이다. 그리고 하나님의 의를 인간이 얻어서 의로워진다고 할 때 그 방법이 무엇이냐 하는 것이다. 인간은 자기의 의가 없기에 다만 하나님께서 주시는 의의 제안을 믿음으로 받아들이는 일만이 남아 있다. 하박국 선지자의 말을 빌어서 "믿음으로 의로운 자는 살리라."는 말을 가지고 바울은 자기의 논지를 뒷받침한다. 다시 말해서 의로운 자는 사는데, 의로워지는 방법은 믿음을 가지는 데 있다는 것이다. 믿으면 의로워지고, 의로워지면 산다는 것이 바울의 이론이다. 그러면 다시 원질문으로 돌아가서 하나님의 의가 무엇인가 하는 것이다.

1) 하나님께서 인간을 멸망에서 구출하신 사건은 의로운 일이며 하나님의 의의 표현이 아닐 수 없다. 아버지이신 하나님께서 자식인 인간들이 죽어 가는 것을 그냥 내버려 두신다면 그것은 불의한 아버지라 할 수밖에 없다. 아버지와 자식의 관계에 있어서 아버지의 할 일은 자식을 기르고, 먹이고, 보호하고, 함정에 빠졌을 때에는 건져내는 것이다. 그러므로 하나님께서 당신의 아들들인 인간을 건지시려고 그리스

도 사건을 일으키신 적극적인 사랑의 행동은 하나님의 의의 표현이 아닐 수 없다. 그러나 죄지은 인간을 벌하는 것이 공의롭지 않은가고 물을 수 있다. 물론 옳은 말이다. 그러기에 하나님은 독생자를 세상에 보내셔서 인간의 죄의 대가를 치루시는 공의의 처벌을 대신 받으신 것이 아닌가! 이렇게 그리스도 사건은 하나님의 아버지로서의 사랑을 보여 주신 의도 나타내고, 동시에 불의를 응징하는 의(justice)도 나타내신 행동이어서 복음에는 하나님의 의가 나타난다고 할 수 있다.

2) 죄인인 인간을 의롭다고 해주시는 칭의의 행동을 가리키는 것으로 해석할 수 있다. 죄를 지은 인간의 그 죄악을 그지없이 미워하시는 하나님이시기에 그를 낙원에서 쫓아내시고 격리시키시고 감방에 가두듯이 벌을 내리셨지만, 끝없는 사랑의 하나님이시기 때문에 인간을 다시 회복시키시고, 살리시고, 구원하시려는 마음이 있으셔서, 그리고 하나님의 공의를 만족시키는 일도 결코 소홀히 할 수 없기에 독생자를 대신 희생제물로 주시는 일을 일으키심으로써 죄인들의 죄를 용서하시고, 예수께서 이루어 놓으신 의를 근거로 해서 인간에게 무죄선언을 해주셨다. 이와 같은 법정적 조치, 즉 "너는 이제 죄인이 아니다.", "너는 의롭다."라고 인정해 주시는 일을 하나님의 의라고 한 것이다. 즉 하나님이 주어가 되고 '의'를 능동적 동사로 보아 하나님께서 죄인을 의롭게 해주신다(의로운 자로 취급해 주신다.)라는 의미로 말씀하신 것이다.

그러나 '믿음에서 믿음에 이르게 한다'라든가 '믿음으로'라는 말이 따라다니는 이유는 무엇인가? 거기에는 그 반대가 되는 '행함'이라는 개념이 전제되어 있는 것을 기억해야 한다. 하나님께서 사람을 창조하시고 에덴에 두실 때 진공 속에, 즉 아무런 법이나 질서가 없는 상태에 두신 것이 아니라 인간이 하나님께, 이웃에게, 자연에게 각각 일정한 질서와 법을 지키면서 살도록 하신 것이고, 그 법도 안에 즉 그 삶의 궤도 안에 있는 한 행복하도록 하셨던 것이다.

그러므로 인간은 그 법도를 행하고 준수하는 한 의로운 인간들이었고, 행복한 삶을 가졌던 것이다. 그러나 일단 그 법을 어겼을 때, 즉 불법자가 되었을 때 이미 불의한 자, 의를 잃은 자, 즉 죄인이 된 것이다. 이렇게 인간이 범법을 하고, 불의한 자가 되어 그 대가로 죽음의 벌을 받고 살아갈 때, 인간이 자기의 노력으로 하나님의 법도를 수행할 능력이 없을 뿐더러 그러겠다고 할 염치조차 없는 것이다. 결과적으로 보더라도 사람이 자기의 행함이나 노력에 의해서는 결코 완전한 선이나 의에 도달할 수 없는 것이 사실이다.

불쌍한 상태에 빠진 인간이기에 하나님께서는 인간의 자력에다 맡겨서 "이리로 올라오너라."고 말씀하시지 않고, 하나님께서 직접 아들을 내려가게 하셔서 대신 의를 행하시고, 다만 그 역사적 사실을 시인하고 의지하는 일, 즉 믿음만을 조건으로 해서 구원하시기로 정하신 것이다. 그러므로 하나님의 구원, 하나님의 칭의가 우리의 것이 되기 위해서 처음부터 끝까지 인간 편에서 가질 태도는 겸손히 하나님의 복된 소식을 그대로 받아들이는 일(믿음)이 요구되는 것이다. 믿는 자에게 하나님의 구원이 임하고, 비록 죄인일지라도 죄 없는 자로 인정해 주셔서 의로운 자로 삼으셔서 생명에 참여하게 하신다는 말이다. 이것이 바울의 복음의 골자요, 대지이다. 이렇게 주제를 걸어 놓고 1：18 이하에서 좀더 자세하게 설명해 나간다. 특히 3：21～26에서 집중적으로 되풀이하여 그 이론을 확대해서 설명하였다.

4. 구원을 필요로 하는 죄인들(1：18—3：20)

바울은 기독교를 우선 인간 구원의 종교로 보았다(1：16). 복음은 사람들을 구원하는 하나님의 능력이라고 정의하면서, 먼저 사람이 구원을 받아야만 하는 이유와 그 상태가 어떤 것인가를 밝히려 한다.

사람이 정상적이고 있어야 할 자리에 있다면 구원이라는 말이 필요하지 않을 것이다. 사람이 에덴 동산에 남아 있었다면 무슨 구원이 필요하겠는가? 사람들이 흔히 자기가 얼마나 큰 병에 걸려 있는지를 모르기 때문에 그 병을 고치려는 생각도 않고 있다가 죽는 경우가 있다. 어떤 경우에는 병이 어떤 것인지를 알면서도 고칠 방도가 없어서 아파하다가 마침내 죽어 가기도 한다. 많은 인생들이 소위 취생몽사(醉生夢死)하는 격으로 아무 것도 모르고 살다가 죽는다. 그러나 바울은 인생의 실존을 철저히 묘사해 준다. 즉 인생이 어떤 병에 걸려 있으며, 얼마나 구원을 필요로 하는 존재인가를 잘 그려 주고 있다.

여기서 먼저 바울은 유대인으로서 의와 진리의 하나님의 존재를 전제하고 있다. 하나님은 존재하시되 그냥 관념적인 하나님, 무감각한 하나님이 아니라 인격과 뜻을 가지시고 만물을 그의 뜻대로 지으시고, 진리의 분체시며 의의 표준이 되시는 하나님께서 만물을 그의 뜻과 법도와 질서와 진리 안에 복종하면서 존재하도록 계획하신 그러한 하나님을 우선 전제하고 말을 시작한다. 다시 말해서 구약성경에서 계시된 하나님을 전제했다는 말이다.

바울은 사람을 그 하나님과의 관계에서 관찰했다. 하나님과 무관할 수 있는 존재란 있을 수 없다. 하나님의 창조물이고 하나님의 법 안에 있게 한 만물이기에 피조물인 인간도 하나님과의 관계를 떠나서 평가할 도리가 없다. 바울은 먼저 사람의 실존이 어떤 것이냐고 스스로 물으면서 하나님의 진노 아래 있는 자라고 선고한다. 하늘에 계시는 엄위하신 하나님 앞에 나타난 인간은 하나님의 노를 사고 있는 상태라는 것이다.

부모나 선생이나 세상 법에 대해서 범법을 하여 노를 사게 되어 관계가 끊어지거나 감옥에 갇히거나 벌을 받는 경우가 있는데, 인간은 지고하시고 가장 엄위하신 하나님께 진노를 사고 있는 존재라는 것이다. 그 이유가 무엇인가? 첫째는 인간의 불경건 때문이라 한다. 즉 하나님께 대한 인간의 태도가 잘못되어 있다는 말이다. 사람은 하나님을 공경하고 복종하고 조물주로, 아버지로, 왕으로 공경하며 섬겨야 하는 존재로 창조되었는데, 조상 아담 때부터 그에게 불복하고 제대로 섬기지 않고 있는 것이다. 그것이 하나님의 진노를 사게 된 근본 이유이다. 둘째는 인간이 행하는 불의이다. 하나님은 당신의 선하신 뜻에 따라 선하게, 참되게 법도를 정하셔서 그대로 행할 때 행복과 평안이 있도록 하셨는데, 인간은 그 법을 어겨 불법자, 불의한 자가 될 뿐 아니라, 하나님의 진리와 의를 묵살하고 그 실시를 방해하면서 불의를 의라고, 진리라고 고집하면서 하나님의 사역을 오히려 방해하고 파괴하는 일을 감행한다. 하나님께서 어떻게 이러한 존재에 대해서 진노하

지 않겠는가?(1 : 18)

어떤 사람들은 항의할 것이다. 하나님은 눈으로 볼 수도 없고 하나님에 대해서 알 수도 없는데 무슨 그런 말을 하느냐고 할 것이다. 그러나 바울은 대답한다. 인간 속에 하나님을 알 만한 그 무엇이 충분히 나타나 있다는 것이다. 하나님께서 당신의 형상대로 인간을 만드셨고 영이신 하나님께서 인간에게도 영의 요소를 주셨기 때문에, 그리고 하나님의 지혜와 의와 거룩한 속성들을 인간에게도 주셔서 당신을 닮게 하셨기 때문에, 인간 속에 충분히 하나님을 알 만하고 하나님과 통할 수 있는 본질을 가지고 있기 때문에 인간에게는 하나님이 환히 나타나 있다고 말해야 옳은 것이다(1 : 19 b).

뿐만 아니라 다른 피조물을 보아서도 비록 사람의 눈에 보이지 않는 속성, 예컨대 그의 영원하신 능력이라든가 그의 신성 같은 것이 인간이 이성으로 생각하는 가운데 감지될 수 있고 이해될 수 있는 것이다. 천체를 바라보든가 작고 작은 원자의 세계를 생각하더라도 그것을 만들어 내신 하나님의 무한한 능력을 알 수 있지 않는가! 사람으로서는 할 수 없는 엄청난 일을 수행하시는 그 분이 사람 이상의 존재이고 그를 신이라 규정할 수밖에 없지 않은가!(1 : 20) 이렇게 뻔히 하나님을 알 수 있는 인간들이면서도 하나님을 하나님으로 섬기고 마땅한 찬양과 감사를 드리지 않는 불경건한 인간들이 되었다. 그러다 보니 인간은 점점 더 타락하여 생각이 허망해지고 마음이 어두워져서 깨달음이 둔해져 나갔다(1 : 21). 결국 인간이 스스로 지혜롭다고 하지만 어리석은 존재가 되어(1 : 22) 마침내 하나님 대신에 우상을 만들어 섬기는 지경에까지 이르렀다. 하나님만이 영광을 받아야 하고 하나님께만 예배하도록 되어 있는 하나님의 창조세계 안에서 인간은 어리석게도 하나님 아닌 인간, 조류, 짐승, 파충류 등의 우상을 만들어 놓고 그것들을 섬기고 있는 것이다. 이러한 타락상을 정상적이라 할 수 있겠는가, 사람이 그 상태에 그대로 있어도 되는 것인가?(1 : 23)

이렇게 하나님께 대한 경건이 무너지면서 인간은 또한 자연적으로 윤리적인 타락으로 치닫게 되었다. 본 궤도로 가지 않고 탈선한 인간을 방치해 둘 때 그들은 걷잡을 수 없는 나락으로 떨어져 도덕적으로

만신창이가 되어 성한 곳을 찾아볼 수 없을 정도가 되어 버렸다. 바울 시대의 로마사회의 죄악상을 그려내고 있는 바 남녀가 다 호모섹스에 휩쓸려 무시무시한 대가를 받았던 모양이다(1:27). 그리고 29~31절에 열거된 죄악의 목록은 그야말로 인간의 모습이 얼마나 흉칙스럽게 파괴되어 있는가를 잘 보여 주고 있다. 게다가 하나님의 율례와 법도가 무엇이라는 것을 알면서도 개의치 않고 범죄하여 죽음의 길을 서슴치 않고 달리는 종말적인 인간, 자기만 그런 범죄를 하는 것 뿐 아니라 같은 일을 행하는 동료인간들과 보조를 맞추고 동조하면서 온통 죄악의 도가니를 만들고 있는 인간 사회를 바울은 잘 지적해 주었다(1:32). 이것이 하나님의 진노를 사기에 합당한 인간상황이 아니고 무엇인가!

1) 남을 판단하는 나 자신도 죄인

사람은 흔히 자기 눈에 있는 들보는 보지 못하고 남의 눈에 있는 티끌만을 잘 보는 것이 아닌가? 그래서 많은 경우 자기는 흠이 없고 남에게만 흠이 있는 것처럼 착각하는 사람들이 있다. 소위 무엇을 좀 배우고, 자기 수양을 좀 쌓고 스승이라고 자처하는 사람들이 특히 남을 판단하기를 좋아하면서 자기는 예외인 듯이 생각하기 쉽다. 그러나 남을 판단하고 남을 가르친다고 해서 죄인이 아니라고 말할 수는 없다. 왜냐하면 남을 판단하고 심판하면서 자기도 똑같은 일을 범하고 있으니까 말이다. 하나님은 참되고 공정하게 심판하시는 분으로서, 남에게 판단을 받는 자나 남을 판단하는 자나 할 것 없이 하나님의 진리의 척도에 따라서 심판하신다.

사람들은 자기가 만든 척도를 가지고 남을 재고 자기는 그 법에 걸리지 않게 하니까 자기는 죄가 없는 것처럼 보이지만, 문제는 사람이면 누구나가 하나님의 진리의 척도에 의해서 심판받는 것이기 때문에 그 앞에서는 어느 누구도 예외가 될 수 없는 것이다(2:2-3). 남을 판단하고 남을 가르친다는 특권의식을 가진 자들이 혹시 생각할런지 모른다. "우리는 저 사람들과는 다르다. 저들은 무지하고 죄악 중에서 마땅히 고통을 당해서 죄스러운 생활을 하지만, 우리는 엘리트로서,

교사로서 존경 받으며 잘 살고 있지 않는가?" 하면서 자기들은 별다른 계급, 하나님의 심판에서 제외된 사람이나 된 것처럼 생각할런지 모른다.

그러나 바울의 말을 들어 보자. 그런 사람들도 똑같은 심판의 대상이지만, 하나님께서는 그들이 회개하기를 기다리면서 오래 참아 주시고 있는데, 그러한 선하신 하나님의 태도를 무시해서는 안 된다는 것이다(2:4). 그런 식으로 자긍하고 특권의식을 가지고 있다가는 오히려 하나님의 심판 때에 더욱더 큰 진노의 벌을 받게 된다는 것이다(2:5).

공정하신 하나님께서는 그 누구를 막론하고 행위에 따라 보상을 해주시는 분이시라는 것을 밝힌다(2:6). 인내심을 가지고 선행을 하면서 영광과 존귀와 불변을 추구하는 자들에게는 영생과 영광과 존귀와 평강을 주시고(2:7, 10), 이기심을 가지고 진리에 복종치 않고 불의를 추구하는 자, 즉 악을 행하는 자들에게는 분노, 환난, 궁색함을 주시겠다는 것이다(2:8-9). 거기에는 차별이 없는데, 유대인이나 헬라인이나 다름이 없으며, 율법을 가지고 있는 자나 율법을 가지고 있지 않는 자나 다 똑같다. 그 누구를 막론하고 하나님의 표준에 맞으면 되고 하나님의 표준에 안 맞으면 심판을 받는 것이다. 율법을 받은 유대인들은 율법으로 인해서 하나님의 뜻을 알고 선과 악이 무엇인지 알 수 있는 특권이 있는데도 하나님의 뜻대로 행하지 않고 범죄하니, 율법이 없이도 마음으로 하나님의 뜻을 알고 행하는 이방인보다 나을 것이 없다는 것이다.

어쨌든 하나님은 공평하게 사람의 행위대로 판단하실 것이니 그 법 앞에 잘난 자도 없고 못난 자도 없고, 똑같이 죄인으로 심판을 받을 수밖에 없다. 결국 심판의 날에 그리스도 예수를 믿어서 구원얻는다는 복음의 원칙에 따라서, 즉 하나님의 은총의 법에 의해서 믿는 자는 의롭다함을 받는다는 원칙만이 살아 있을 것이고, 믿느냐 안 믿느냐에 따라 판가름이 날 것이다(2:16). 그러니 인간은 어느 누구도 스스로 자기가 남보다 낫다든가 자기가 심판을 면할 수 있다고 할 사람이 없다.

2) 유대인도 죄인(2 : 17—3 : 8)

사람은 누구나 하나님의 진노 아래 있다는 바울의 고발에 반발하는 또 한 그룹이 있으리라는 것을 바울은 알고 있다. 그것은 바로 유대인들이다. 하나님의 역사 경륜과 특히 구속 역사에 있어서 이스라엘 민족을 특별히 택하셔서 종으로, 만민 구원의 도구로 삼으신 것이 사실이다.

따라서 유대인들은 그 이름을 자랑하고, 남달리 율법을 받았고, 하나님을 모시는 백성이라는 긍지를 가지고 있으며, 따라서 하나님의 뜻이 무엇인지를 알고 있으며 율법을 통하여 어느 것이 좋은 것인지를 분간할 수 있는 특권을 받았다. 그래서 그들은 소경의 길을 인도하는 자, 흑암 중에 있는 인간에게 빛을 주는 자, 어리석은 자를 교육하는 자, 어린이들의 교사와 같은 자격을 가졌노라고 자부하면서 이방인들과는 다른 존재라고 뽐낸다. 틀림없이 그들은 남들이 가지지 못한 하나님의 율법을 가졌고, 거기서 남들이 가지지 못한 지식과 진리를 가지고 있는 것이 사실이다. 그리고 그들은 할례를 받은 자들로서 이방 백성과 외형적으로도 다른 표를 가지고 있다.

그러나 그것들이 유대인들을 하나님의 진노의 대상이 되지 않도록 할 수 있는가? 결코 그럴 수는 없다. 하나님께서 이스라엘을 택하시고 그들에게 율법을 주시고 할례를 받게 하신 것은 남들보다 하나님의 뜻과 진리를 더 잘 알고 그것을 행하여 남의 모범이 되고 선한 안내자가 되게 하기 위해서였는데, 법을 가지고 그것을 알면서도 그 법을 지키지 않고 남과 똑같이 죄를 범하고 있으니 하나님 앞에서 그들이 이방인과 다를 바가 무엇이겠느냐 하는 것이다. 그러므로 하나님의 말씀을 위탁받고 할례를 받았다는 특권이 아무 소용이 없는 것이 되고 만 것이다.

그러나 어떤 궤변자는 이런 말을 할 수도 있을 것이다. 하나님께서 이스라엘에게 당신의 말씀을 맡기고 충성스러운 종이 되기를 바라셨는데, 이스라엘이 하나님께 불충했을 때 계약 당사자이신 하나님의 신실하심까지 깨어지는 것은 아니지 않느냐? 하나님 편에서는 그대로 참되시고 신실하실 것이 틀림없다. 그렇다면 이스라엘의 불의 때문에 하나님의 의가 뚜렷이 드러나는 것이 되었으니 이스라엘이 하나님께 일종의 공로를 세우는 것이 되었고 따라서 이스라엘에게는 하나님께서 진노를 내리시지 않아야 하지 않겠느냐고 궤변을 말하는 사람이 있을지 모른다. 심지어 어떤 사람들은 바울이 그런 내용의 말을 하는 것처럼 악선전을 하고 있다는 것이다. 즉 "선이 나타나기 위해서 악을 행하자."라고 바울이 주장하고 있다고 선전하는 사람들도 있다는 것이다(3 : 8). 바울이 그런 말을 하지 않았을 뿐 아니라 하나님은 공정하셔서 공의로 세상을 판단하시고 이스라엘이라 하더라도 불의하면 불의로 취급하고 심판하실 뿐이라고 주장한다.

3) 사람은 모두가 죄인(3 : 9—20)

결국 유대인이라고 해서 나은 것이 하나도 없고 인간은 모두 다 죄 아래 있으며 철저히 타락한 상태에 있으므로 모두가 하나님의 진노 아래 있고, 모두 다 구원을 필요로 하는 존재들이다. 바울은 구약성경 여러 곳에서 인간의 죄악상을 인용하면서 철저히 고발한다(시 14 : 1—3, 53 : 1—3, 전 7 : 20, 시 5 : 9, 시 140 : 3, 시 10 : 7, 사 59 : 7—8, 잠 1 : 16, 시 36 : 1).

물론 유대인들은 끈질기게 율법을 가진 자들이라는 특이성을 내세우면서 특별 취급을 받아야 되지 않겠느냐고 말힐런지 모른다. 그러나 율법은 죄가 무엇이냐, 무엇이 악한 것이냐 하는 것을 알려 주는 역할을 하는 것으로서, 유대인들은 그 좋은 것을 가지고 있는만큼 죄를 안 지었어야 하는데 남들과 똑같이 죄를 지었으니 결국 유대인들도 이방인과 마찬가지로, 즉 온 세상이 다같이 하나님 앞에서 죄인이요, 입을 벌려 변명할 여지가 없다는 말이다. 율법을 가지고도 그것을 행하지 못하는 사람들이니 율법을 행하는 것으로써 구원을 얻고 하나님에게 무죄선언을 받겠다고 하는 것은 망상에 불과하다는 것이다. 다시 결론적으로 말해서, 율법을 가지고 그것을 행하노라고 하는 유대인이나 율법이 없이 양심만 가지고 사는 사람이나 모두가 다 하나님께 범죄한 자들이기 때문에 마땅히 하나님의 진노 아래 있어야 하고, 따라서 그런 상태로부터 구출을 받아야만 하는 것이 인생이다. 이렇게 해서 바울의 인간 고발이 끝난다.

5. 확실한 구원의 방도(3 : 21—31)

사람은 누구나 구원의 길을 모색하면서 살아 왔다. 고해를 살아가는 인생이 어떻게 해서든지 평안하기를 바라고, 죽어야만 하는 인생이기에 죽음을 초월하는 방법은 없을런지, 죽더라도 죽은 후에라도 영생할 수 있는 길은 없는지 등 현실에 만족치 못하고 인생의 슬픔과 고통을 이기고 만족과 평안과 기쁨을 얻을 수 있는 길을 모색하면서 살았다. 그렇기 위해서 인간은 가지가지의 방도를 고안해 냈다. 가지가지의 의술을 통해서 오래 살고 앓지 않으려는 노력을 했고, 여러 가지 철학과 종교가 나름대로의 구원의 방도였다. 여러 가지 법을 만들어서 이렇게 이렇게 하면 된다고 가르치고 주장하는 것이었다. 몰록신을 섬기는 자들은 자기들의 아기를 빨갛게 단 몰록신상의 팔에다 안겨 주면 복을 얻는다고 하는 법을 지키려고 사랑하는 자식을 희생시키는 일까지 있었다.

이렇게 사람들이 만든 법을 지킴으로써 구원이 있으리라고 생각하는 어리석은 인간들이었다. 유대인의 경우는 하나님께서 법을 주셨는데, 그것을 선악을 분별하여 하나님의 뜻대로 살라고 하여 준 것 뿐인데, 그들은 그 법을 문자대로 지키는 것이 구원의 길이라고 생각했고, 따라서 그 밖에도 많은 법을 만들어서 거기에 얽매이고 그것들을 지키는 공로로 구원을 얻는 줄 알고 노력했다. 그러나 아무도 그 법을 다 지키거나 완전히 지키는 자가 없었고, 그들도 남들과 같이 타락한 인간인지라 법을 가졌지만 범죄는 똑같이 하는 자들이었다. 그러므로 한마디로 말해서 이방인이나 유대인이나 할 것 없이 인간이 만든 법이나, 어떤 법이라도 그것을 행하는 인간의 노력이란 것은 하나님 앞에서 범죄하고 그의 진노 아래 있는 인간의 문제를 해결하고 구원해 낼 재간이 결코 없는 것이다. 그래서 바울은 예수 믿기 전의 인간은 한마디로 율법을 의지하여 구원 얻으려고 노력을 하던 인간으로 규정하고, 예수를 믿고 구원 얻는 길을 완전히 새로운 것으로 묘사하고 있다. 불교, 유교, 도교, 철학, 의술, 그 어떤 것이든지 거기에 원리가 있고 법이 있는데 옛사람은 그것들의 법을 따르고 행해서 구원을 얻겠다는 것이었다.

한마디로 말해서 인간은 자기 노력과 계획, 설계, 꾀로써 구원을 얻겠다는 태도를 가지고 살았다는 것이다. 그것은 마치 장대로 하늘의 별을 따겠다는 어린 아이의 망상과 같은 것이며, 사다리를 놓아서 하늘에 올라가겠다는 사람의 어리석음과 다름이 없다. 여기서 바울은 새로운 구원의 방도를 발견하고 선포하는 것이다. 하나님의 의에 의해서 구원이 온다는 획기적인 이론이다. 그것이 새롭게 느껴지기는 하지만, 실상 구약성경(율법과 선지자들)에는 그 원리가 처음부터 있었고, 하나님의 계획은 본래부터 그런 것이었음을 성경이 말해 준다고 바울은 성경의 증언을 준비하고 있다(3 : 21). 제 4 장에서 바울은 그 실례를 보여주려고 한다. 새로운 구원의 방도란 다름아니라 예수 그리스도를 믿는 자를 하나님께서 의롭게 여겨 주시는 방법이다. 사람의 노력 공로로써가 아니라 전적으로 하나님 편에서 죄인인 인간을 용서하시고 "너는 이제 죄가 없다. 너는 이제 다시 나의 자식이다. 너와 나의 관계는 이제 정상화되었다"고 선언해 주심으로써 구원이 성취되는 그러한 방법이다(3 : 22). 거기서는 율법을 가지고 있던 유대인이나 율법을 안 가졌던 이방인이나 차별이 없다. 하나님 앞에서는 모두 다 죄인이고 하나님께로부터 받은 영광스러운 모습을 다 팔아먹은 탕자와 같은 자들이었다. 혹은 하나님의 영광스러운 모습을 뵈올 자격이 없는 자로 전락된 죄인들이었다(3 : 23). 그런데 이제 새로운 방법으로 인간을 구원하시는데, 좀더 구체적으로 설명을 한다면 3 : 24 이하에 나타나는 것과 같다.

1) **속죄**(3 : 24)

하나님께서 당신의 아들을 세상에 보내셔서 예수라는 인간이 되게 하시고, 그가 세상에서 고생하시다가 십자가에서 죽고 부활하셨는데, 이 사건은 역사상에 일어난 독립적인 그 나름의 사건이 아니라 인간을 대속하시기 위한 사건, 즉 우리 인간과 절대적으로 관련된 사건이었다. 즉 우리 인간 때문에 세상에 오셨고, 인간 때문에 죽으시고 살아나신 사건이었다.

마가복음 10：45에서 예수께서 친히 하신 말씀처럼 당신의 목숨을 많은 사람의 대속물(λύτρον)로 주려고 하신 것이다. 그 사건과 죄인인 우리들과 어떻게 관계되는가를 말할 때, 바울은 우선 예수가 우리를 해방시키기 위한 대속물의 역할을 했다는 것이다. 옛날 헬라, 로마의 노예제도에 있어서, 어떤 노예가 자신의 노예 신분을 벗어나기 위해서 열심히 일을 해서 돈을 벌면 그 돈을 신전(神殿)에 맡겨놓는다. 그의 몸값이 되리 만큼 맡겨놓은 후에 주인을 대동하고 그 신전으로 간다. 형식적으로 주인이 그 종을 신(神)에게 팔아넘긴다. 거기서 주인은 신전 회계로부터 속전(λύτρον ;贖錢)을 받아간다. 물론 그 속전은 그 종이 벌어서 맡겨놓았던 것이다. 그렇게 되면 그 노예는 필요한 서류에 서명을 하여 이제는 신의 소유가 되었다는 증명을 얻는다. 그리하여 세상 사람과 특히 그 전 상전의 눈에는 자유인으로 나타나게 된다. 이러한 옛 노예제도를 비유로 해서 생각한다면 예수는 노예였던 인간을 해방시켜 주기 위한 속전(λύτρον)의 역할을 한 셈이라는 것이다.

이런 식으로 볼 때 결국 죄인인 우리가 죄와 죽음과 고통의 쇠사슬에서 해방을 받았다는 것은 결코 우리의 힘으로가 아니고 완전히 하나님의 총애와 은덕의 소치이며, 아무런 대가도 치르지 않고 거저 얻은 선물이다. 이렇게 그리스도를 속전으로 삼아 우리를 해방시켜 가지고 하신 일이 바로 '의롭다 하심'이다. 실제로 죄의 사슬에서 풀어 주셨을 뿐만 아니라, "이제 너는 결백하다. 죄가 없다."고 선고하여 하나님과 정상적인 관계에 있게 하신 것이다(3：24).

2) 시은소(혹은 회유의 제물)(3：25)

바울은 죄인이 구원받는 과정을 노예제도의 비유에서, 그리고 법정선언의 비유에서만 설명을 찾고 마는 것이 아니다. 즉 예수 그리스도가 속전의 역할만 한 것이 아니라 하나님은 예수를 '화목제물'로 삼았다는 말을 하면서 또 다른 비유를 소개한 것이다. 여기에 '화목제물'이라고 번역된 낱말은 ἱλαστήριον(힐라스테리온)인데, 크게 두 가지로 해석된다.

첫째로 윗사람과 아랫사람의 관계에서 아랫사람이 잘못을 저질러 윗사람의 분노를 사고 그 관계가 악화되어 있을 때, 그 상황을 해결하는 방법은 윗사람의 상한 마음, 노한 마음을 달래고 풀어 주는 어떤 행동이 필요하다. 윗사람의 마음에 드는 좋은 물건을 바친다든가, 그가 마음을 풀 만한 행동을 보여 주는 일이다. 이렇게 어른의 마음을 달래고 푸는 그 어떤 물건을 '화목제물'이라고 한다. 그렇게 본다면 인간의 죄 때문에 진노하신 하나님의 진노를 풀기 위해서 예수님 자신이 향내나는 제물이 되셨다는 말이 되고, 예수님의 피흘리신 희생이 하나님의 마음을 녹였다는 뜻이 될 것이다. 거기에도 역시 인간 편에서는 믿음으로 응답하는 일이 필요한 조건이 된다는 것이다.

둘째 해석은 아마도 더 설득력 있는 해석이라고 보는데, 구약에 나타난 '시은소'를 뜻한다고 보는 해석이다. 70인역(헬라어로 번역된 구약성경)에 시은소를 ἱλαστήριον 으로 번역하였다. 그러므로 바울은 예수를 지성소 법궤 위에 있는 시은소의 역할을 하는 것으로 판단했다는 말이다. 구약에 있어서 일 년에 한 번 돌아오는 대속죄일에 대제사장이 지성소에 들어가 소의 피를 가지고 법궤와 특히 그 위에 있는 시은소에다 뿌리면, 하나님께서 그 시은소에 나타나 백성의 죄를 용서해 주신다는 신앙을 가졌었다. 이러한 예표에 비교해서 볼 때 피흘려 제물이 되어 주신 예수는 곧 옛 성전의 시은소와 마찬가지로 많은 죄인을 용서하시고 은혜를 베푸시는 처소의 역할을 한다는 것으로 해석될 수 있다. 하나님이 예수를 통해서 은혜를 베푸실 때 인간 편의 태도는 곧 믿음이다. 믿음으로 그 은혜의 행동을 수락하고 용납해야 하는 것이다.

거기서 바울은 "길이 참으시는 중에 전에 지은 죄를 간과하심으로"라는 말을 덧붙인다. 즉 인간 구원과정에 있어서 그냥 지나칠 수 없는 일은 죄인을 마땅히 벌해야 하고 당장에 멸망시켜도 당연한 일이지만, 그것을 참으시고 이제 예수의 사건을 근거해서 그 큰 죄, 그 많은 죄를 덮어두시고 본 척하지 않고 지나쳐 버리신다는 말이다. 이러한 하나님의 행동은 다른 말로 해서 하나님의 의의 표현이라는 것이다. 의의 표현이란 무엇인가? 3 : 26에서 다시 둘로 나누어 설명한다.

첫째는 하나님 자신의 옳음과 둘째는 인간을 옳다고 인정해 주시는 일이다. 즉 하나님은 죄인을 구원하시는 일에서 그 사랑을 나타내셨으니 하나님의 옳음이 거기에 있고, 동시에 그리스도(자기의 아들)를 희생물로 주셔서 죄인들을 대신하여 죽게 하심으로써 죄의 값을 말끔히 치렀기 때문에 악을 벌하시는 하나님의 공의(justice)를 남김없이 이루셨으니 하나님의 옳음이 거기에도 나타났다. 이렇게 인간 구원 사건은 하나님의 옳음이 나타나는 사건이다. 동시에 죄인들을 용서하고 무죄 선언을 하여 인간들을 의로운 존재로 만들고, 하나님과의 정상적 관계, 올바른 관계, 옳은 관계에 있게 하신다. 그러므로 결국 구원 사건은 인간을 옳게 해주시는 사건이기도 하다. 그러면서 거듭 강조하는 것은 그 옳음이 인간의 행함에 의해서 공로로 얻어진 것이 아니고 하나님께서 솔선하신 행동이며, 특히 예수 사건으로 나타난 하나님 편의 구원작업인바, 인간은 단지 그 예수를 믿는 것으로써 이루어지는 구원이라는 것이다(3 : 26).

그러므로 구원받은 인간이 조금도 자기의 어떤 것을 뽐내거나 자랑할 수가 없다. 그리고 하나님은 만민의 하나님으로서 누구를 막론하고 믿음만 가지면 의롭게 해주시기 때문에 율법을 가졌던 유대인, 할례를 받은 유대인이나 그렇지 않은 이방인이나 차별이 있을 수 없다는 것이다(3 : 27-31).

6. 구약성경의 예증(例證) (4 : 1-25)

바울과 유대인에게는 물론 기독교인 일반에게도 구약성경은 하나님의 말씀이요, 절대 권위 있는 하나님의 말씀으로 여겨지는 것이므로 바울의 구원이론이 구약성경에 의해서 입증되는 것은 매우 요긴한 일이요, 그 진실성을 크게 확립시켜 주는 일이 된다. 그래서 바울은 조금도 여유를 주지 않고 곧 구약의 사건을 실례로 끌어들였다.

즉 구약의 가장 대표적인 인물인 아브라함, 이스라엘 민족의 조상 아브라함의 예를 든다. 창세기 15, 16장에 있는 "아브람이 여호와를 믿으니 여호와께서 이를 그의 의로 여기셨다."라는 말씀을 바울은 인용하면서, 이스라엘의 대표적인 존재요, 조상인 아브라함이 하나님에게 의롭다함을 얻었는데 그것이 아브라함이 어떤 행함이나 공로가 있어서인가, 그가 죄가 없고 결백해서인가 아니면 단지 죄인이라도 용서하시고 의롭게 해주시는 하나님을 신뢰한 때문인가 묻는다. 그 대답은 물론 바울의 이론대로 아브라함의 믿음 때문이었다는 것이다. 성군으로 존경을 받은 다윗도 그 이론을 뒷받침하는 글구가 있기에 바울은 기회를 잃지 않고 인용하여 자기 주장을 더욱 공고히 했다(4 : 7—8, 시 32 : 1—2).

아브라함이 의롭다함을 얻은 것은 할례를 받기 전의 일이다. 그러므로 할례를 행한다는 인간적인 어떤 행위가 좌우할 것도 아니라는 것을 주장한다(4 : 9—10). 아브라함이 후에 할례를 받은 것이 사실이지만, 그것은 이미 그의 믿음을 통하여 하나님의 의롭다하심을 얻었다는 표시로 받은 데 지나지 않는 것으로서 할례 자체가 의롭다함을 얻게 하는 것이 아님이 분명하다. 그러니 아브라함의 자손이 그 조상을 따라 할례를 행하고, 아브라함을 할례받은 자들의 조상이라고 하지만, 그 할례가 별다른 역할을 해서 그들을 구원해 내는 것은 결코 아니다. 할례를 안 받은 이방인도 아브라함과 같이 믿음을 가지면 하나님께 의롭다함을 얻는 것이고, 따라서 아브라함은 믿음에 있어서 이방인들의 조상이 되기도 한다. 아브라함의 실례를 통해서 확실해지는 것은 믿음을 가진 자가 하나님의 의롭다하심을 얻는다는 사실이다(4 : 1—2).

12절까지는 아브라함이 의롭다함을 얻은 것이 그의 믿음 때문이었다는 말을 하였다. 이제 다시 이어서 13절 이하에서는 아브라함과 그의 자손은 하나님의 놀라운 약속을 받았는데, 그것이 아브라함의 행위 때문인가, 그의 믿음 때문인가를 물으면서 그것 역시 그의 믿음을 보시고 하나님께서 주신 약속이라는 사실을 밝힌다. "아브라함은 강대한 나라가 되고 천하 만민은 그를 인하여 복을 받게 될 것"(창 18 : 18) "내가 네게 큰 복을 주고 네 씨로 크게 성하여 하늘의 별과 같고 바닷가의 모래와 같게 하리니 네 씨가 그 대적의 문을 얻으리라. 또 네 씨로 말미암아 천하 만민이 복을 얻으리니."(창 22 : 17—18) 이와 같은 하나님의 큰 약속을 받은 것은 아브라함이나 그의 자손이 무엇을 어떻게 한 공로로써가 아니라 단지 도저히 믿어지지 않는 하나님의 말씀을 믿고, 죽은 자를 살리시고 없는 것을 있게 하시는 하나님이심을 확신하는 믿음이 있었기 때문이었다(4：17).

아브라함이 백 살이 되고 사라가 단산되어 아기를 낳을 희망이 인간적으로는 전혀 없을 때에도 하나님의 약속을 믿었고, 이삭을 잡아 바치라고 하는 하나님의 명령을 받았을 때에도 부활케 하시는 하나님, 무에서 유를 창조하시는 하나님을 믿었기 때문에 하나님은 그를 옳게 보셨고, 그에 대한 약속을 주셨다는 것이다. 그러므로 아브라함의 자손인 유대인에게도 그렇고 이방인에게도 마찬가지로 예수를 믿기만 하면 의롭다함을 얻을 뿐이다. 큰 기업을 얻을 수 있다는 것이다.

7. 믿음으로 의롭다함을 얻은 결과(5：1—11)

1) 하나님과의 화평

5：1 이하에서 길게 설명된다. 그 첫 마디가 하나님과의 화평을 누린다는 것이다. 얼마나 당연한 말인가? 죄로 말미암아 하나님의 진노를 사고 따라서 관계가 끊어지거나 불편하였는데 이제 무죄 선언을 받은 마당에 그 결과는 하나님과의 관계가 정상화되고 하나님과 우리 사이가 평화로울 수밖에 없다(5：1, 9). 물론 평화로운 상태가 어떤 것인가고 묻는다면 또 복잡한 설명이 붙어야 할 것이다. 간단히 말해서 하나님 편에서도 만족을 느끼고, 사람 편에서도 충만과 충족을 느끼는 상태를 말한다. 그것은 언제나 우리 주님이신 예수 그리스도가 하나님과 나 사이에 개재하시기 때문에 이루어지는 일이다. 우리가 언제나 예수 그리스도를 믿는 일로 인해서 결국 우리가 그리스도 안에 있고 그리스도를 옷입 듯할 때 죄 있는 우리는 가려지고 의로우신 그리스도만 나타나기 때문에 하나님은 그리스도로 말미암아 우리와의 관계를 화평스럽게 가진다는 말이다.

2) 소망 중에 기뻐함

소망 중에 기쁨을 누리면서 살게 되었다는 것이다. 하나님의 영광에 참여할 소망, 하나님의 자녀로서 그의 영광의 세계를 보고 같이 누릴 소망을 가지고 지금부터 기뻐하고 자랑스럽게 생각하면서 살아갈 수 있다(5：2). 세상에서 사는 동안 예수를 믿고 구원받은 사람이라고 해서 평안한 것도 아니고, 오히려 환난을 더 당하는 것이 사실이다. 그러나 구원받은 자는 환난 중에도 기뻐할 수 있는 것이다. 믿는 자가 당하는 환난은 인내심을 가지게 하고 인내 하노라면 참으로 연단된 인격을 가지게 하고, 참된 인격은 결국 동요함이 없는 소망을 가지게 해준다. 하나님께서 성령을 통해서 하나님의 사랑을 우리 마음속 깊이 깨닫게 해주셔서 그리스도를 주신 하나님의 사랑에 감격하게 해주셨기 때문에, 그런 사랑을 주신 하나님의 약속하시는 소망이 헛되리라고는 결코 생각할 수 없기에 환난 중에도 소망을 가지고 기뻐할 수 있다는 것이다.

우리가 연약하고 불경건한 죄인이었는데도 그리스도는 우리 때문에 죽으셨다는 사실, 그 사랑의 사실을 깨닫기에 그 크신 사랑의 하나님이 약속하시는 소망은 변할 수 없다고 믿어지고 따라서 환난 중에도 기뻐하게 된다는 것이다. 5：10에서 바울은 그리스도인의 구원을 또 다른 은유로써 나타낸 것을 발견하게 된다. '화해'(καταλλαγή)라는 개념이다. 하나님과 인간이 서로 원수된 관계에 놓여있었는데 예수께서 중재자가 되셔서 화해하고 이제는 더이상 원수의 관계가 아니라는 것이다. 믿음으로 의롭다함을 얻음으로 해서 하나님의 진노에서 풀려나 원수되었던 관계가 화해되어 정상적 관계를 회복하였기 때문이다.

3) 생명을 누림

하나님이 주시는 생명을 누리는 구원을 얻는다는 것이다(4：10). 죽은 상태에 있던 인간이 이제는 하나님의 생명의 세계에서 그 생명을 만끽하면서 살게 된다.

8. 첫 아담과 둘째 아담(5：12—21)

바울은 믿음으로 의롭게 된 자의 결과를 말하던 도중에 잠시 곁길로 빠져서 첫 아담과 둘째 아담을 대조해 본다. 그 대조는 결국 죄를 지은 아담은 심판을 받아 온 인류가 하나님의 단죄를 받아 결국 죽음에 이르게 되었다는 것과, 둘째 아담은 그 한 분으로 말미암은 은총 때문에 값없이 죄사함을 받고(의롭다함을 얻어) 영원한 생명을 누리면서 왕 노릇하게 되었다는 사실과의 대조이다. 첫째 아담 때문에 전 인류가 다 범죄하고 따라서 다 죽고 심판을 받았는데, 둘째 아담 예수의 경우에는 그 한 분을 통하여 전 인류에게 은총, 칭의의 선물, 생명을 누리며 왕 노릇하는 일이 생겼으니 본질적으로 비교가 되지 않으며 완전히 반대되는 현실이 이루어지게 된 것이다(5：12—19).

인류 역사의 한 시점에서 하나님께서는 이스라엘을 택하시고 그들에게 율법을 주셨다. 율법을 주심으로써 인간의 죄악상이 더 명백히 드러났다. 인간이 얼마나 악하고 허물이 많은가 하는 것이 뻔히 드러남으로 인간은 하나님의 진노를 받기에 합당한 엄청난 죄인임을 깨닫게 되었다. 그런데 하나님께서 은총을 베푸셔서 그런 죄인을 용서하시고 의롭다 인정해 주셨으니, 그 은총이 더욱더 놀랍고 크다는 사실을 느낄 수 있게 되었다. 결국 이렇게 해서 인간은 예수 그리스도를 주님으로 모시고 의롭다함을 받은 자, 은총을 입은 자로서 영원한 생명을 누리며 살도록 하신 것이다(5：20—21).

9. 죄에는 죽고 그리스도 안에서 사는 삶(6：1—7：6)

1) 하나님의 의의 병기가 되어야 함(6：1—14)

첫 아담의 후손으로서 죄 있는 인간이 하나님의 은총으로 의롭다함을 얻어 하나님과 평화관계를 회복하게 되었다. 인간이 이후로 죄와의 관계를 어떻게 가져야 하는가라는 질문을 자연히 하게 된다. 그리스도인은 죄 문제를 어떻게 생각해야 되는가? 결과적으로 율법이 나타나서 인간의 죄가 여실히 드러나 어마어마한 죄로 판명되었고, 반면에 그러한 죄를 용서해 주시는 은총이 정비례로 얼마나 크다는 것이 드러났다. 그러니 어떤 궤변쟁이는 은혜가 많기 위해서 그냥 죄를 지으면 어떠냐고 말할런지 모른다. 그러나 그런 생각은 근본적으로 틀렸다. 왜냐하면 그리스도를 믿고 의롭다함을 얻었다는 것은 죄에 대해서 죽었다는 것을 의미한다는 것이다(6：2).

3절에서 말하기를 그리스도를 믿는다는 것은 그리스도 예수로 세례를 받는다는 것이고, 그것은 곧 그리스도의 죽음으로 세례를 받는다는 말이라고 바울은 지적한다. 우리가 세례받을 때 물 속에 들어가는 것처럼, 그리하여 그 속에서 죽고 죄를 매장하고 나서 살아나오는 것처럼, 우리가 예수 그리스도를 믿을 때 예수 속으로 우리가 잠겨들어가 그와 연합하고 우리 죄인이 없어지고, 즉 죄인인 인간이 죽어 버리고 그리스도가 무덤에서 다시 살아나신 것처럼 우리는 같이 살아나되 이제는 새 인간, 새 생명을 가진 인간으로 살고 있는 것이다. 예수님께서 십자가에 죽으실 때, 신앙을 가진 우리도 그와 함께 죽어 묻히고 이제는 새 인간으로 부활한 것이다. 예수가 일단 죽으셨다 부활하신 다음에는 다시 죽지 않으시고 죽음이 그를 지배하지 못하는 것처럼, 우리들도 이제 죄에 대해서 죽은 자요, 그리스도 안에서 살면서 하나님을 향하여 죄 없는 삶을 살아야 하는 존재들이다.

그렇게 바울은 예수님의 세례와 십자가를 생각하며 우리 죄인이 그의 세례와 십자가에 신령한 의미에서 동참한 자라고 설명한다. 이미 그리스도와 함께 세례받고, 함께 십자가에 달려서 옛 죄인이 죽었으니 다시금 죄가 지배하는 인간이 되어서는 안 된다는 것이다. 그러므로 우리의 사지백체는 세상에서 사는 동안 죄를 범하는 불의의 병기가 되지 말고, 하나님의 의의 병기가 되어야 한다는 것이다.

2) 의의 종으로서의 삶(6：15－23)

우리가 믿음으로 즉 하나님의 은총으로 의롭다함을 얻는다고 할 때, 결국 법 없이 아무렇게나 살아도 되는 것이 아니냐 하는 항의를 받게 된다. 그러나 그리스도인이 된다는 것은 죄의 종이었던 자들이 이제 그 죄에서 해방을 받고 의의 종이 되는 것을 의미한다. 의의 종이 되었다는 것은 어디까지나 의에게만 복종하도록 되어 있는 것을 말하고, 다른 주인인 죄에 얽매일 수는 없다는 것이다. 그러므로 그리스도인은 다시금 죄로 돌아가서는 안 되고 하나님의 종으로서 선한 열매를 맺고 거룩한 자가 되도록 노력하여 결국 영생에 도달해야 하는 것이다. 죄의 값은 어디까지나 사망이 아닌가? 그 원칙은 불변하는 것이니 죄로 돌아가려는 것은 결국 죽음을 다시 취하겠다는 말에 불과하다. 그리스도인은 어디까지나 죄에서 떠나 거룩한 삶을 가지다가 영생의 은사를 얻어야 한다.

3) 그리스도와 결혼한 삶(7 : 1—6)

바울은 구원받은 그리스도인과 율법과의 관계를 결혼관계에 비유하여 다시 설명한다. 여인이 자기 남편이 살아 있는 동안은 남편에 매어 있을 수밖에 없고 다른 남자와 결혼할 수가 없다. 그러나 남편이 죽으면 다른 남자와 결혼해도 간음죄가 성립되지 않는다. 아직도 율법에 미련을 가진 자를 두고 생각해 보자. 본래는 율법에 얽매여 그것을 자기 힘으로 행함으로써 구원을 얻을 줄 알고 있었고, 그렇게 하느라고 갖은 수고를 했지만 성공을 못하고 있었다.

그러나 이제는 그리스도께서 우리 대신 죽으심으로써 율법의 요구를 다 채우셨으므로 이제는 율법이 우리에게 아무것도 요구할 것이 없으며, 따라서 죽은 것이 된 셈이다. 그리고 죽었다가 부활하신 주 그리스도와 결혼한 격이 되었다. 그러므로 이제는 신랑되시는 그리스도와 하나님을 위해서 살고, 그를 위해 열매를 맺어야 하는 것이고, 죽은 남편과 같은 율법으로 돌아가서는 안 되는 것이다. 다시 말해서 그리스도인의 삶은 죄에서 떠나고 율법에서 벗어나 성령에 의한 새 삶을 살아야 하는 것이다. 율법에서 벗어난다는 것은 자기 힘으로 자기의 행위로 구원을 얻겠다는 어리석은 생각에서 벗어나야 한다는 말이다.

10. 죄에 대한 고뇌(7 : 7—31)

바울은 유대인으로서 공의의 하나님을 언제나 전제하고 있으며, 또한 하나님의 율법을 염두에서 버릴 수가 없다. 그리고 율법과 관련되는 것은 인간의 죄 문제이다. 하나님은 공의의 하나님이신데, 사람은 하나님의 법을 어기고 타락한 죄인이 되었으며, 하나님은 율법을 주셔서 죄가 어떤 것인지를 알게 하셨으니 죄는 더 드러나게 되었다. 하나님은 거룩하고 의롭고 선한 율법과 계명을 주셨다. 인간은 그것으로 자기의 죄를 깨닫고 죄를 멀리하는 것이 아니라 오히려 더 많은 죄를 범했다. 여기서 우리는 율법이 악하거나 율법이 인간을 악하게 만드는 것처럼 생각하기 쉽지만 그런 것이 아니다. 율법은 신령한 것이다(7 : 14). 그리고 우리가 선한 일을 하고자 하는 뜻이 있고 선을 도모하지만, 원하는 선은 행해지지 않고 원치 않는 악이 행해지는 것을 볼 수 있다.

이런 것을 종합해 보면 율법이 악한 것이 아니며 인간 자아가 악해서도 아니고 단지 우리 속에 죄란 것이 있어서 선한 율법을 악용하는 것이며, 우리의 지체들 속에 도사리고 악을 도모하는 것이다. 그러니 자아 속에 선한 자아와 악한 자아가 함께 있어서 싸우고 있는 모순적인 인간이 바로 우리들이다. 악에서 완전히 양보하고 사는 사람에게는 문제가 없겠지만, 바르게 살아 보려는 바울과 같은 인간에게는 그야말로 "오호라, 곤고한 사람이다."라는 탄식이 나올 수밖에 없다. 산 사람과 죽은 시체를 서로 맞대고 얽매어 놓은 격으로 견딜 수 없으리 만큼 고통스럽고 지겨운 인생인 것이다. 예수를 믿기 전에는 물론이고 믿은 다음에도 죄악은 계속 운동하며 구원받은 자아를 괴롭힌다. 그러나 참으로 구원받은 자들은 하나님께 감사하며 찬양할 수 있으며 또 해야만 한다.

우리 주님 예수 그리스도가 죄를 이기셨고, 또 이기실 수 있으니, 그 안에 있는 자는 그로 말미암아 죄를 이겼고 또 이길 수 있다. 육적으로 죄에 젖었던 우리가 죄의 경향을 가지고 그것의 종이 되려고 하는 것이 사실이지만, 우리의 마음은 하나님의 법에 복종하는 자가 되려고 하는 참된 모습을 가졌으니 우선 그것만으로도 고마운 일이다. 이제 죄악의 법에 매어 있는 육신도 성령의 힘으로 점차 성화될 수 있으며 또 그렇게 되어야 하며 마침내는 완전한 상태에 도달하게 해주실 것이 사실이다. 그러므로 예수 그리스도 안에서 하나님께 감사할 수밖에 없다. 이제 8장에 들어가서 보다 본격적으로 구원받은 자의 삶이 묘사된다.

11. 성령 안에서 사는 삶(8 : 1—39)

1) 성령 안에서 승리하는 삶(8 : 1—12)

인간의 가장 큰 문제는 죄이다. 예수를 믿기 전에는 물론, 믿은 다음에도 죄는 끈질기게 인간을 따라다닌다. 그러나 그리스도인은 즉 하나님께서 의롭다 하시어 무죄를 선언해 주신 사람은 이미 과거의 모든 죄를 용서받았다. 이제 남은 문제는 계속적으로 우리 육체 속에서 괴롭히는 죄의 문제인데, 거기에 대해서도 그리스도인에게 낙관적인 해답이 있다. 우선 우리가 그리스도 예수를 믿고 그와 연합한 상태에 항상 있으면 과거의 죄는 이미 해결된 것이고, 앞으로 어떠한 죄의 공격이 오더라도 하나님의 영 곧 그리스도의 영(성령)이 (8 : 9, 하나님 영, 그리스도의 영) 우리 속에 계셔서 우리를 승리하게 하시고, 우리의 죽을 몸까지도 다시 살게 하신다는 것이다.

이제 그리스도인은 정신차려서 죄악적인 육욕을 따라 살지 않으려고 노력하며, 성령의 힘으로(자신의 힘으로서가 아니고) 죄의 행실을 죽여야 한다. 그리스도인의 특색은 하나님의 영의 인도를 받으며 사는 것이다. 구원받은 자는 하나님의 영 안에 있고, 영이 그 안에 있어서 하나님의 아들이라는 자각을 가지게 된다. 그러므로 성령으로 우리의 죄성을 누르고 죽일 수 있으며, 성령으로 하나님을 아버지(아빠)라 부르며 하나님의 자식됨을 깨닫게 되며, 따라서 하나님의 후사 곧 하나님의 소유 권리와 영광과 그 모든 것을 물려받거나 나누어 받은 상속자가 된 것을 확신하게 된다.

의롭다함을 얻은 결과로 하나님의 영을 모시는 삶이 이루어지고 그 성령으로 인해서 이상과 같은 놀라운 축복의 상태를 소유하게 된다. 그리스도가 장자로서 하나님의 모든 것의 상속자이시므로 구원받아 하나님의 자녀가 된 우리들도 그 상속에 동참하는 자들이 된다. 그런데 구원받은 성도들이라 해서 당장에 실제로 그 영광을 누리는 것이 아니고, 하나님께서 최후 심판을 하시고 완성하시는 그 날에 그렇게 되는 것이며, 그 때까지는 성도들이 수난의 종 그리스도와 함께 고난을 당해야 함을 기억해야 한다(8 : 17). 그리스도인이 아니면 당하지 않을 고통, 즉 의롭다함을 받은 하나님의 자녀이기에 불의와 싸우는 고통, 공연히 악마의 미움을 받는 고통 등은 당연히 고난을 겪을 수밖에 없다. 그러므로 고난을 당한다는 것이 그리스도인의 특색일 수 있으며 장차 영광을 얻기 위한 특전일 수도 있다.

2) **완전한 해방을 인내로 기다리는 삶**(8 : 18—25)

의롭다함을 얻은 크리스천의 삶은 마침내 그 육체까지도 구속을 받아 완전히 영광스러운 인간이 될 소망을 가진다. 잠깐 동안 이 세상에서 남은 삶을 살아갈 때 연약한 육체이기에 고통을 당해야 하고, 시간과 공간의 제약을 받고, 굶주리고, 헐벗고, 춥고, 덥고, 앓고, 죽는 제약과 불완전을 경험하고 살지만, 그리스도인은 마침내 이러한 육체적 제약을 다 벗어나 그 바람직하지 않는 상태로부터 구출될 날이 온다는 것이다. 즉, 우리가 다 성령 안에서 영광된 몸으로 변화될 때가 오는데, 만물도 그 때에 다같이 새 하늘, 새 땅으로 변하여 썩어짐의 종 노릇을 하던 상태에서 해방을 받게 된다. 그래서 지금 만물은 어서 인간이 하나님의 참된 아들로 나타나고 그들과 함께 새로운 변화가 일어날 그 날을 고대하고 있는 것이다. 그리스도인은 그러한 완성의 날이 올 것을 믿고 바라고 오늘을 인내로 살아가는 것이다.

3) **성령의 도우심을 받음**(8 : 26—27)

구원받은 그리스도인이라 하더라도 아직 연약하고 완전치 않으며 모르는 것도 많고 무엇을 어떻게 해야 할지를 모르는 경우가 많다. 그러나 성령께서 그리스도인의 연약함을 붙들어 주시고 도와 주신다(그래서 성령을 보혜사 *παράκλητος* 라고 한다). 우리는 어떻게 기도해야 할런지조차 모르는 무식한 상태에 있을 수 있다. 그런 때에도 성령은 중보의 기도를 드려 주신다

4) **하나님의 구원계획에 든 자들**(8 : 26—30)

결국 구원받은 사람들이란 하나님의 계획에 따라 불러 주신 자들로서, 마침내 은총으로 의롭다함을 얻고 성령의 능력으로 하나님을 사랑하는 자들인데, 그들에게 있어서는 만사가 다 합동해서 선을 이루게 되는 것이다. 얼마나 고무적인 말씀인가? 하나님과 성령의 보호를 받고 그의 부르심을 입은 자들이기에 아무 염려할 것이 없고 부족한 것이 없는 자들이다. 좀더 따지고 보면 그리스도인으로 구원얻었다는 것은 완전히 하나님의 계획과 섭리와 간섭과 관심 속에 들어 있는 자들

로서, 독생자와 같은 본질의 자녀가 되게 하시려고 미리 아시고, 미리 정하시고, 부르시고, 사죄하여 의롭다 해주시고 마침내 영광을 입혀 주신 자들이다.

5) 그리스도 안에서 부르는 개선가(8 : 31—39)

그리스도인은 전능자 하나님이 전적으로 편이 되어 주시고 그 장중에 붙들어 주며, 우리를 사랑해서 독생자를 아낌없이 주셨고, 따라서 하나님의 소유를 전부 물려 주실 계획을 가진 그러한 존재들이기에 그리스도인은 너무도 안전하다. 이제는 누가 와서 그리스도인들을 고발해 봤자 쓸데없다. 성령이 보혜사로서 도우실 뿐아니라 그리스도께서 중보자로서, 변호인으로서 우리를 동조하고 나선다. 그리스도께서 우리를 사랑하셔서 하늘 영광을 버리고 세상에 오셨고, 우리들 때문에 온갖 고통을 당하시고 마침내 생명까지 바치셨는데 그 상이 얼마나 큰가? 그 절대적 사랑으로 우리를 변호하시고 나서는데 그 어떤 것들이 그 사랑에 금이 가게 하고, 그 사랑의 줄을 끊을 수 있겠는가! 결코 아무것도 그렇게 하지 못한다. 그리고 하나님의 사랑을 생각해 보자, 독생자를 아끼지 않고 내어 주시리 만큼 우리를 사랑하신 것이니 그 하나님의 사랑에서 우리를 떼어낼 아무것도 없는 것이다. 결국 구원받은 성도란 이렇게 성부 · 성자 · 성령의 사랑 속에 있는 자들이며, 확고한 안전 속에 무한한 부귀와 영광과 존귀를 누릴 희망 속에 있는 자들이다.

12. 이스라엘의 구원 문제(9 : 1—11 : 36)

1) 동족구원을 갈망함(9 : 1—3)

바울은 이방인의 사도로서 소아시아, 마게도니아, 아가야 지방을 두루 다니면서 복음을 전하는 데에 전력을 기울였다. 그러는 동안에 경험한 한 가지 사실은, 유대인으로서 먼저 유대인을 생각하고 할 수 있으면 흩어져 있는 유대인들에게 먼저 전도하고 싶어 가는 곳마다 유대인의 회당을 찾아가 유대인에게 복음을 전했는데, 이상하게도 그들은 복음을 받아들이지 않아 발길을 이방인에게로 돌리곤 한 일이다. 그래서 결국 바울의 경험으로는 이방인들은 복음을 받아들이고 유대인은 대개 그것을 배척한다는 현상을 보게 되었다. 이 사실을 바울은 심각하게 생각하였고, 고민하면서 하나님 앞에 안타까운 기도도 많이 드렸을 것이다. 도저히 풀리지 않는 수수께기였기 때문이다. 팔이 안으로 굽는다고, 바울은 동족인 유대인들이 구원받는 것을 무엇보다도 바라고 원하는 바였다. 이것이 양심적이고 거짓 없는 고백이었다. 자기가 그리스도에게서 끊어지고 그 축복에서 제외되는 한이 있더라도 동족이 구원받았으면 좋겠다는 것이 솔직한 바울의 심정이었다.

2) 이스라엘의 특전(9：4-5)

하나님의 구원계획과 경륜 속에서 이스라엘을 택하셔서 아들을 삼으시고, 영화롭게 하셨고, 계약을 맺으셨고, 율법을 맡기시고, 그들의 섬김을 받으시기로 하셨고, 훌륭한 약속을 주셨고, 그들 중에서 훌륭한 선조들이 나타났고, 특히 그리스도가 마침내 나타나도록 하셨으니 선민 이스라엘이 하나님의 복음을 받아들여 누구보다도 먼저 구원의 축복을 받아야 할 것 같은데, 그렇지 않다는 것은 수상한 일이고 도무지 이해하기 어려운 것이었다.

바울의 구원관은 인간 개인개인이 예수 그리스도를 믿어 의롭다함을 얻어 구원얻는 것으로 낙착되는 것이 아니고, 온 인류가 구원을 받아 자연계까지 원상을 회복하여 하나님의 뜻하시는 바가 완전히 성취되어 하나님의 통치가 편만한 데 이르는 것이기 때문에, 나 하나의 구원과 아울러 전체의 구원이 어떻게 이루어지는가 하는 것도 관심사가 아닐 수 없었다. 그래서 바울은 인류 구원에 대한 하나님의 경륜을 폭넓게 다루어 가는 것이다. 지금까지는 대개 개인 구원의 원리를 설명해 왔지만, 이제는 하나의 단체적 개념(corporate conception)을 가지고 이스라엘 민족을 한 묶음으로, 그리고 이방인을 한 묶음으로 해서 하나님의 구원의 경륜이 어떤 식으로 그 두 그룹에 역사하는가를 모색하고 있다.

바울의 마음을 스쳐가는 것은 이스라엘 백성이 현재 하나님께 불복하고 복음을 받아들이지 않는다고 해서 하나님의 말씀에 하자가 있거나 그의 계획이 실패되었다고 볼 수 있겠느냐 하는 생각이다. 하나님의 실패는 도저히 있을 수 없는 일이다. 그래서 먼저 생각되는 것은 누가 참 이스라엘이냐 하는 문제이다. 육적으로 아브라함의 자손이라고 해서 다 이스라엘이라고 할 수 없다는 이론이다. 약속의 자손만이 이스라엘이다. 이스마엘이 아니고 이삭의 계통, 그리고 에서가 아니고 야곱의 계통, 즉 아브라함의 후손 중에서도 선택된 자가 아브라함의 참 자손이요, 참 이스라엘이라는 결론이다.

이렇게 볼 때 바울은 이스라엘 혈육 중에서도 선택받고, 약속을 받고, 부름을 받은 자들만이 참 이스라엘이라 생각하며 한 부분만을 이스라엘로 간주할 수 있겠다는 생각을 한 것이다(9：6－13). 그렇게 본다면 사실 이스라엘 중에서 전부는 아니지만, 비록 소수나마 이스라엘 사람들이 예수를 믿고 구원얻은 것은 사실이니까(사도들과, 예루살렘의 교회와 바울과 기타 유대인 신자를 계상할 수 있다.) 이 선택의 이론대로 한다면 문제가 해결된 셈이다.

그러나 같은 이스라엘 중에서 누구는 택하고 누구는 택하지 않는다는 것은 하나님 편의 불공평이 아니냐는 항의를 자연히 하게 된다(9：14). 그러나 바울은 구약의 말씀을 인용하여 하나님을 변호한다. 하나님께서 모세에게(출 33：19) 하신 말씀과 바로에게 하신 말씀을(출 9：16) 인용하면서, 누구에게는 자비를 베풀고 누구에게는 그렇지 않는 것은 하나님의 자유요, 그의 뜻의 소관이지 사람이 좌우할 일이 못 된다는 것이다(9：15－18).

이러한 바울의 변명에도 불구하고 불평과 항의는 가라앉지 않는다. 하나님이 그렇게 다 정해 놓으셨다면 이제 와서 무엇 때문에 사람들더러 잘했느니 못했느니 하는가라고 항변할 수 있겠다고 바울을 향해서 고발한다(9：19). 여기 대해서 바울은 다시 구약성경 여기저기에서 발견되는 말씀들을 인용하면서 답변한다. 하나님을 향해서 그렇게 항의하는 일은 마치 토기가 토기장이에게 "어째서 같은 한 덩어리 흙을 가지고 하나는 아름답게, 하나는 천한 그릇으로 만들었읍니까?" 하고 대드는 것과 흡사하다는 것이다. 토기장이가 흙을 이겨서 자기 마음대로 갖가지 그릇을 만들어 내는데, 그것은 그의 권한에 있는 것이고 흙

덩어리가 이러쿵저러쿵 할 일이 못되지 않느냐 하는 것이다(사 29 : 16, 45 : 9, 렘 18 : 6).

그래서 바울의 중간 결론이 이것이다. 즉 절대주권을 가지신 하나님, 즉 토기장이에다 비교할 수 있는 하나님께서 두 가지 그릇들을 만드셨는데, 하나는 진노의 대상으로 마침내 파괴해 버리시려는 그릇이고, 또 하나는 은총의 그릇, 영광스럽게 사용하시려는 그릇이다. "진노의 그릇을 오래 참으심으로 관용하시고"(9 : 22)라는 말씀으로 미루어 그들의 파멸의 책임이 하나님께 있기보다는 그릇들의 잘못과 비행에 있다는 것을 미루어 알 수 있다. 하나님께서 필요하셔서 만드셨지만 하나님의 뜻에 맞게 작용하지 않고 하나님의 진노를 샀기 때문에 의당 멸망받아야 할 그런 그릇이라는 말이 된다. 그런 진노의 그릇들도 오래 참으시면서 돌아와 제구실 하기를 기다리시는 하나님이시다.

그런데도 돌아오지 않는 그릇들의 멸망은 당연한 것이다. 어쨌든 이렇게 두 종류가 있는데 하나님의 총애하는 그릇, 즉 영광의 그릇을 택하는 범위가 어떠냐는 것이 문제이다. 위에서는 선민 이스라엘 중에서 얼마가 선택되고 그들만이 참 이스라엘이라고 했는데, 이제 그 선택받은 은총의 그룹은 이스라엘에서 선택받는 사람들만 아니고 이방인들 중에서도 선택받은 사람을 거기에 포함한다는 것이다. 사실 하나님은 이스라엘인이나 이방인이나 할 것 없이 꼭 같은 자녀들로서 당신의 형상으로 만드신 인간 총체 가운데서 선발하신다는 말이다.

이스라엘을 먼저 택하여 특수사명을 맡기셨던 것이고, 하나님의 종이요 도구였을 뿐이지 그들을 다 구원하시겠다는 것이 아니었다. 그들 중에도 참 이스라엘이 있는 것이다. 그리고 이스라엘 중에서 참으로 택함을 받은 자들은 하나님께서 전체 인류 중에서 택하시는 구원의 단체 속에 속하고 그 일부가 되는 것이다. 다시 말해서 하나님의 교회(공교회)의 한 부분이 되는 것이다. 바울은 역시 구약성경으로부터 자기의 논지를 증명해 주는 구절들을 인용한다. 호세아 2 : 23, 1 : 10을 인용하여 이방인이 하나님의 백성이 되리라는 예언을 상기시키고, 이사야 10 : 22~23, 1 : 9를 인용하여 이스라엘이 아무리 많아도 다 구원얻는 것이 아니라 남은 백성만이 구원얻는다는 것, 하나님께서 남겨

두시고 구원하시는 자만이 구원얻는다는 사실을 증명한다(9 : 25－29).

결국 하나님은 공평하시다. 선민이라고 해서 특별한 방법으로 구원하시고, 이방인이라고 해서 더 어려운 방법으로 하시는 것이 아니다. 똑같이 믿음으로 의롭다함을 얻는다는 법을 적용하셨다. 똑같은 표준과 길을 주셨는데 이방인들은 그것을 받아들였고, 유대인들은 자기들의 방법을 고집하고, 자기들의 행함으로 구원을 얻겠다고 하며 불가능한 길을 택했다. 예수 속에 나타나신 하나님, 즉 그리스도 사건을 어리석게 여기고 거기에 걸려 넘어지고 만 것이다(9 : 32－33). 하나님께 대한 열심은 있었는데 바로 깨닫지 못해서 자기 힘을 의지했다. 자기 힘으로 하늘에 오르겠다는 생각이야말로 망상이요, 어리석음이 아니고 무엇이겠는가! 가장 쉽고 공평한 길을 제시했는데도 이스라엘은 마다하고 자기 고집에 집착하여 구원을 놓쳤으니 변명도 핑계도 할 수 없는 것이다(9 : 30－10 : 4).

어떤 궤변가는 기독교의 교리는 너무 어렵고 신비스럽고 이해할 수가 없어서 못 믿겠다고 항의를 제기할지 모른다. 그러나 율법을 행해야 의롭다함을 얻는다는 모세의 가르침과 믿으면 의롭다함을 얻는다는 가르침을 비교해 보라. 어느 것이 더 어려운가? 하늘까지 올라가서 그리스도를 모서 내려온다든가 지하까지 내려가서 그리스도를 모셔 올라온다든가 하는 어려움이나 번거로움도 필요없다. 이미 하나님께서는 백일하에 사람의 몸을 입고 세상에서 사람들과 같이 사시고 죽으셨다가 부활하신 그리스도를 보여 주셨고, 의심할 여지가 없으리 만큼 우리 눈앞에 그리고 우리들의 귀에 그 진리의 도리를 전개시켜 주신 것이다.

예수를 믿으면 구원을 얻는다는 너무나 쉬운 도리가 만민 앞에 공공연히 전파되고 있으니 어려워서 못 믿는다든가, 너무 높고 깊어서 못 보고, 못 만지고, 못 듣겠다는 핑계는 쓸데없는 것이다. 그 쉬운 복음이 어느 민족에만 차별되게 전파된 것도 아니다. 유대인들을 피해서 이방인에게만 복음이 전해진 것도 아니다. 오히려 유대인에게 먼저 복음이 전해진 것이 사실이다. 하나님께서 사도들과 전도자들을 뽑아 파송했고, 그들이 열심히 부르짖었고, 따라서 귀가 있는 자라면 다 들을 수 있었고, 믿을 수도 있었을 터인데, 문제는 그 복음을 받아들이지 않고 복음에 복종하지 않은 일이다(9 : 16). 이스라엘이 귀가 있어서 들을 수 있는데도 짐짓 안 듣고 복음을 무시했다. 그래서 오히려 이방인에게로 복음이 갔으니 이스라엘은 변명도 핑계도 아무것도 할 여지가 없다(10 : 5-21).

그렇다면 이제 이스라엘은 민족단위로서, 과거에 선민으로 부름을 받은 백성이 전혀 희망이 없이 하나님께 버림받은 존재가 되고 말았는가? 바울은 자기의 혈육인 동족이 완전히 하나님께 거부당했다고 생각하지 않았다. 이스라엘이 복음을 부인하고 있는 것이 사실이지만, 사실 엘리야 때처럼 남은 유대인이 은총으로 선택을 받아 복음을 받아들였다. 즉 남은 백성이 구원얻은 것은 틀림없다. 그러나 그것으로 만족할 것인가? 하나님께서 그 밖의 사람들, 절대 다수의 유대인들을 그냥 버려두시는 것일까?

바울은 절대로 그렇게 생각하지 않는다. 많은 유대인의 복음을 배척하는 일도 일종의 섭리적 뜻이 있는 것으로서, 그 일로 인하여 복음이 이방인에게 전해지고, 또 그 일로 인해서 유대인들이 질투심이 생기고, 그로 인해서 결국은 이스라엘도 마침내 대거 복음으로 돌아오게 되리라는 것이다. 인류를 구원하시려는 큰 목적을 가지신 하나님의 섭리 속에서 보다 더 좋은 결과를 가져오시려고, 좀더 대국적인 의미에서 하나님의 자녀가 다같이 구원을 얻도록 하려는 신비한 목적을 가지시고 역사하시는 하나님의 경륜이 배후에 있다고 바울은 믿고 있다.

우선 유대인들이 복음에 불복하니까 구원의 나무(올리브나무)에서 유대인의 가지를 잘라내고 그 자리에 이방인의 가지를 접목하여 이방인들이 구원의 나무에 붙어 그 생명을 누리고 있다. 이렇게 하나님께서 목적하신 이방인 구원이 완성되면, 유대인들이 마음을 돌이켜 복음을 믿게 될 날이 올 것이다. 11 : 25~26에서 말한 대로 이방인 중에 구원받은 자의 수가 차게 되면 하나님께서 선민 이스라엘을 구원하신다는 것이다. 결국 하나님은 은총으로 사람을 구원하시는데, 이방인을 은총으로 구출하시는 하나님께서 마침내 선민 이스라엘도 은총으로 구출하실 것이 분명하지 않느냐 하는 것이다. 하나님의 섭리와 경륜이 오묘하고 신비하여 그저 놀랍고 찬양이 터져 나올 뿐이다.

13. 그리스도인의 윤리(12:1—15:33)

기독교 구원은 예수를 믿으면 당장에 천국으로 가는 그러한 구원이 아니다. 예수 그리스도를 믿으면 은총으로 단번에 무죄선언을 받고 그 시간부터 하나님의 자녀가 되는 것은 사실이지만, 당장에 완전한 성자가 되거나 물질 세상을 떠나서 딴 세계에 들어가 사는 것은 아니다. 8장에서 말한 대로 은총으로 무죄선언을 받은 사람은 성령이 같이 해주시면서 육체를 쓰고 사는 동안 그리스도인으로서 점점 더 거룩해지는 삶을 살아야 하고, 하나님께서 심판하시는 날 혹은 주님이 재림하시는 날까지, 다시 말해서 이 육체의 몸을 벗어 버리고 영광의 몸을 입게 될 때까지 계속 하나님의 자녀다운 삶을 살아야만 하는 것이다. 그래서 바울은 그렇게 구원받은 그리스도인들의 생활윤리를 자세히 말해 주었다.

1) 그리스도인의 생활윤리의 강령(12:1—2)

바울은 그리스도인의 생활윤리의 대강령, 즉 가장 근간이 되고 뼈대가 되는 원칙을 말한다. 하나님의 은총과 자비로 인해서 멸망받을 자들이 이제 구원을 얻었다는 사실을 전제하고 생각할 때, 이렇게 구원받은 사람들의 지상에서의 남은 삶은 전적으로 하나님께 바쳐지는 것이 되어야 한다는 것이다. 몸을 쓰고 사는 삶에는 시간 생활, 물질을 다루는 생활, 가정생활, 정치, 경제, 그리고 자신의 명예, 지식, 재간을 가지고 살아가는 모든 삶이 포함되는데, 그 모든 삶이 고스란히 하나님 보시기에 합당하고 기뻐하실 만한 것이어야 하고, 속되고 세상적인 것이 아닌 거룩한 것이어야 하고, 옛날 구약시대에 짐승을 잡아 번제로 드리던 모양으로 전부 하나님을 위해서 바쳐야 한다는 것이다.

여기에 모순이 있다. 산 생활 자체를 하나님께 제물이 되도록 바치라고 할 때, 제물은 죽음을 전제로 하니까 이제부터 자기를 죽이고, 자기 것이라는 생각을 없애고 온전히 하나님의 것이 되도록 하라는 말이 될 것이다. 이렇게 하는 것이 신령한 합리적인 예배가 된다는 것이다. 삶을 고스란히 하나님의 마음에 맞도록 드리는 것이 바로 참 예배라는 말이다(12：1). 그 말을 바꿔 말하면, 죄와 불의가 가득하고 아직도 악마가 판을 치는 세상을 배격하고 그것을 따르던 생활을 벗어나야 한다는 말이 될 것이다. 거룩하게 산다는 말은 결국 세상과는 구별되어야 한다는 말이 된다. 세상에서 살기는 하지만 세상을 따라가서는 안 된다. 그리스도인은 속으로부터 즉 마음으로부터 점점 변화되어 하나님의 자녀다운, 흠 없는 거룩한 자가 되려고 노력해야 한다.

성령께서 인도하는 대로 그에게 복종하면서 날마다 보다 나은 지경으로 변화되어 나가는 것이 그리스도인의 모습이어야 한다. 그것은 결국 하나님의 선하시고, 온전하시고, 기뻐하시는 뜻을 분별하면서 사는 삶이어야 한다는 말이 된다. 하나님은 결코 무질서의 하나님이 아니라 법과 질서의 하나님이시고 일정한 뜻을 가지신 분이시기 때문에, 그의 자녀된 그리스도인들은 당연히 아버지 하나님의 뜻을 따라서 살려고 노력해야 한다. 우리가 정말 마음을 새롭게 하며 변화된 자들이 된다면, 우리 눈이 밝아져서 하나님을 뵐 뿐 아니라 그의 뜻을 알고 분간할 수 있는 것이다. 하나님께서 이미 성경말씀 속에 하나님의 뜻을 나타내 주셨기 때문에 그 말씀을 연구하는 중에 그 뜻을 찾을 수도 있을 것이다.

2) **인간관계의 정상화**(12：2)

그리스도인은 먼저 하나님께 대한 태도를 바로 가져야 하고(12：1-2) 다음에는 인간 사회에 있어서의 삐뚤어졌던 관계를 정상화해야 한다는 것을 말한다. 죄 지은 인간은 안하무인이 되어 하나님도 없고, 이웃도 없고, 자기 중심으로 욕심을 부리며 산다. 자기 혼자서도 살 수 있는 줄 안다. 자기가 제일 높은 줄, 제일 잘난 줄 안다. 이렇게 인간이 사회성을 잃어버리고 모든 관계를 끊고 미친듯이 살며, 또는 제멋대로 자기에게 유리하게 만든 법 속에서 살면서 많은 사람을 괴롭히고 흡혈귀처럼 살아간다.

그러나 그리스도인이 된다는 것은 하나님께서 당신의 형상을 닮은 귀한 인간들을 만들어 같이 살게 하신 인간공동체를 의식하면서, 즉 사랑하는 이웃과 같이 살도록 마련한 하나님의 뜻을 깨달아야 한다. 그리고 그 인간공동체는 하나의 유기체로서 천만 가지 기능을 가진 사람들이 서로 자기 위치에서 자기 기능을 발휘하면서, 서로 남을 존중하면서 다같이 그리스도의 몸을 이루고 있는 지체라는 의식을 가지고 살아야 하는 것이다. 그래서 바울은 그리스도인이 자신의 위치를 잘 알고 또 하나님께서 맡기신 역량과 기능을 바로 알아서 자기 본분을 착실히 행하면서 인간공동체, 그리스도공동체 의식을 가지고 살아야 한다고 권한다(12：3-8).

3) 구체적인 생활윤리(12：9-21)

실제로 성도가 사회생활을 할 때 가져야 할 구체적인 생활윤리를 세밀하게 제시해 준다. 마치 예수님의 산상설교를 듣는 것 같은 느낌을 주는 윤리 교훈들이 나열되어 있다. 주옥 같은 말씀들이고, 그것들이 실천되도록 노력해야 하는 것이 그리스도인의 삶이다.

4) 국가와 권력에 대한 태도(13：1-7)

바울은 국가나 권력에 대한 그리스도인의 마땅한 태도를 가르쳤다. 그리스도인은 하나님의 자녀요, 하나님 나라의 시민이 된 것이 사실이지만, 그래도 육체를 가지고 이 땅에서 사는 동안은 이 세상의 정치조직 속에서 살 수밖에 없다. 바울은 로마제국의 팽창주의로 인해서 많은 국가와 민족이 점령당하고 압박과 착취를 당하고 있다는 사실을 알고 있었을 것이고, 유대나라도 같은 억울한 운명을 당하고 있는 처지여서, 로마제국의 악을 뼈저리게 느끼고 있었을 것이다. 그런데 여기서 바울이 권력에 복종하라는 말을 한 이유가 무엇일까?

원칙론을 말한 것이라고 생각된다. 인간 사회가 운영되기 위해서는 어떤 형태로든지 다스리는 자와 다스림을 받는 자가 있어서 가능한 한 안녕과 복지가 이루어져야 하는데, 다스리는 자는 원칙적으로 선한 마음을 가지고 그가 가진 권력을 선하게 써서 최대 다수의 이익을 도모해야 하는 것이고, 또 반대로 다스림을 받는 측에서는 집권자의 명령에 잘 순응하고 복종해서 평안과 행복을 누릴 수 있다는 것이다. 그러니까 다스리는 자는 실상 하나님께서 주시는 권력을 가진 것으로 백성을 법대로 옳게 다스려야 하는 것이고, 백성은 그 나름대로 의무를 감당하여 원만한 사회를 이루도록 해야 하겠다는 것이다. 구원받은 백성 즉 그리스도인들이라고 해서 이 세상과는 담을 쌓고, 정치사회는 무관하게 살아야 하는 것이 아니라, 오히려 적극적으로 정치사회에 참여하여 보다 아름다운 사회를 이룩하려고 노력하는 것이 도리라는 말이다. 세속사회라고 해서 하나님의 관심 밖에 있다는 것이 아니고 오히려 현실 정치사회가 바로 하나님께서 관심을 두시는 곳이며, 믿는 자들이 거기서 하나님의 자녀답게 살아서 하나님의 뜻이 이루어지는 곳이 되도록 할 의무를 가지고 있다는 것을 말해 준다. 정상적인 경우에 그리스도인은 정치사회에서 살면서, 필요한 권력에 복종하며 의무를 감당하는 것이 온당하다는 원리를 가르쳐 준 것이 틀림없다.

5) 사랑의 대원칙(13 : 9—10)

바울은 사랑의 대원칙을 강조하면서, 사랑의 정신을 모든 일의 기초로 한다면 율법을 다 완성하는 격이 된다고 가르친다. 이웃을 자기 몸처럼 사랑하는 정신만 가진다면 그야말로 법 없이도 살 수 있다는 것을 경험을 통해서도 알 수 있는 일이다. 이웃을 자기 몸처럼 사랑한다는 것은 남을 자기처럼 생각한다는 것인데, 자기가 자기를 미워하지 않는 것처럼, 그리고 자기 몸을 애지중지하는 것처럼 남들을 미워하지 않고 아끼고 돌본다면 어떻게 싸움이 있고, 미워함이 있고, 소란이 있겠는가? 바울은 결국 그리스도의 정신적 생활원칙을 그리스도의 것과 일치시킨 것이다. 즉 사랑이라는 원리이다.

6) 신도들이 가져야 할 시대의식(13 : 11—14)

바울은 신도들이 가져야 할 시대의식을 촉구하며 거기에 따라서 마땅이 가져야 할 생활태도를 제시한다. 하나님의 역사의 시간은 종말을 향해서 치닫고 있으므로 종말이 점점 다가온다는 사실, 아니 바울의 심정으로는 종말이 급박하다는 느낌 속에 정말 얼마 남지 않았다는 사실을 깨닫고 살아야 한다는 것이다. 개인적으로 본다면 사실 종말이 당장에, 혹은 내일 있을지도 모르는 일이 아닌가? 그러므로 종말에 처한 신도의 마음가짐과 몸가짐을 제시하는 것이다(13 : 12). 밝은 날 곧 선과 참과 아름다움만이 다스리는 하나님의 영광의 세계가 밝아오는데, 거기에 들어갈 준비를 하는 사람들이 바로 그리스도인들이라면, 의당 그 나라에 합당한 밝음, 깨끗함, 선함을 옷입듯 입어야 하지 않겠는가? 즉 그리스도를 닮아 그를 옷처럼 입어서 남들이 우리를 볼 때 그리스도로 착각할 정도로 그리스도를 뒤집어 쓰고, 그리스도만이 우리의 삶에서 보여져야만 한다는 것이다.

7) 공동체 생활에 대한 원리(14 : 1-15 : 13)

바울은 다시금 그리스도인들의 공동체생활에 대한 원리를 말한다. 모두 다 개별적으로 종말의식을 가지고 존절한 생활을 해야 하는 것이지만, 혼자서 사는 것이 아니고 이웃과 함께 또는 동료 성도, 즉 형제와 함께 살아가는 것이기에 공동체생활이 원만해야 한다는 것이다. 먼저 생각해야 하는 것은 성도들이 전부 각각 외형이 다른만큼 속도 다르고, 취미나 재능, 기호나 생각까지도 다를 수밖에 없다는 사실이다. 그리고 믿음도 자라는 것이고, 지식이나 신앙 이해도 천차만별이어서 정도의 차이, 성숙도의 차이가 있는 것이다.

기본적인 신앙, 즉 자기의 죄를 깨닫고 예수를 믿음으로만 의롭다함을 얻고 구원얻는다는 확신이 있는 한, 하나님은 각 신도의 개인적 차이를 크게 문제시하지 않으신다. 성화의 과정에는 수억만의 단계가 있을 수 있기에 말이다. 누구나 하나님의 완전을 향하여 점점 성장해 가야 하지만, 어느 누구도 "너는 왜 나와 같지 않느냐?"고 남을 비난하거나 강요할 수 없다. 그런데 많은 경우, 공동체생활을 하는 중에 자기를 표준으로 삼고 남을 비난하고 판단하는 일이 있으며, 따라서 싸움이 생기고 불화가 생겨 교회에 손해를 끼치며 하나님 아버지의 마음을 아프게 하는 것이다. 예컨대 어떤 사람은 채식만 하고, 어떤 사람은 무엇이든지 다 먹는다. 각각 뜻이 있어서 그렇게 하는데 그 어느 편이 다른 편을 비난하고 깔본다는 것은 옳지 않다. 각각 존중해 주고 이해하는 입장에 있어야 한다. 그런 문제를 가지고 논쟁하지 않아야 한다(14：1—4).

그리스도인은 그리스도를 주로 모시는 종들로서 죽으나 사나 그리스도를 위하는 자들이어야 하는데, 그런 정신 밑에서 어떤 사람은 이 날을 저 날보다 낫다고 보고, 또 어떤 사람은 모든 날이 다 같다고 본다. 어떤 사람은 꼭 같은 정신으로 이것은 먹고 저것은 먹으면 안 된다고 생각하고, 어떤 사람은 또 차별을 두지 않고 먹는다. 겉으로 나타나는 형식이 어떻든지 다만 주님을 높이는 생각에서 하는 일들이다(14：5—9). 우리가 다 똑같이 하나님의 심판대 앞에서 하나님의 공정한 판단을 받을 사람들이고, 우리가 잘하나 못하나 하나님께 심판을 받게 되어 있는 것이다. 우리가 우리의 형제를 심판하거나 깔볼 자격이나 권리가 없다(14：10—12).

그렇다면 우리가 공동체생활을 하면서 가질 태도는 어떠해야 할까? 우선 서로 남을 판단하지 말아야 한다는 것이다. 그리고 형제가 걸려 넘어질 걸림돌을 놓는 일을 하지 말자는 것이다. 예컨대 초대교회의 이방인 신도들이 육식을 꺼려 하여 일반적으로 식탁에 고기를 올려 놓지 않는 것이 통례였던 것 같다. 그 때에는 시장에 나오는 모든 육류가 일단 이방신의 제단에 제물로 바쳐졌기 때문에 그 고기는 더럽다고 생각하여 기독교인들이 고기를 먹지 않으려는 신앙적인 결정을 하였던 것이다. 그러나 어떤 사람들은 생각을 달리해서 '우상이 어디 있느냐? 나무나 돌 앞에 가져다 놓았던 고기라고 해서 더러워질 이유가 무엇이냐? 어떤 고기든 하나님께서 주시는 것이니까 먹어도 된다'고 생각했다. 그런데 후자에 속하는 사람들이 전자에 속하는 사람들을 깔보고 무시하면서 공동식사를 하는 마당에 고기를 식탁에 놓았다고 하자. 그 좌석의 분위기가 깨지고 어수선해지면서 금이 가고, 더러는 좌석을 박차고 나간다든가 심한 경우에는 구토를 하는 사람, 그리고 결국 논쟁을 하는 예까지 생길 수 있다. 결국 하나님 나라를 이루고 같이 살자는 것인데 먹는 문제, 마시는 문제 때문에 혼란이 일어나서는 안 되고, 오히려 성령의 지도와 감화 아래서 옳음과 평화와 기쁨을 도모하면서, 특히 화평의 길을 택하고 교회의 손해가 되기보다는 발전

(건덕)에 기여하는 길을 택하라는 것이다(14 : 17—19).

먼저 전체와 남의 유익을 생각하고 결국은 자기의 유익보다도 하나님께 유익한 것이 무엇인가를 생각하라는 것이다. 물론 우리는 만사에 확고한 신념을 가지고 있어야 하며 그것은 각각 하나님과 개인 사이의 문제이다. 무엇을 먹는다 해도 확실한 신념을 가지고 먹고, 안 먹어도 확실한 신념을 가지고 안 먹어야 한다. 먹거나 안 먹거나, 살거나, 죽거나 그리스도를 위하고 하나님의 영광을 위해서 한다는 믿음이 없이 맹목적으로 한다면, 결국 자신의 편리를 위해서 아니면 자기 유익을 위해서 하는 일 밖에 안 되는 것이니 일종의 죄일 수밖에 없다(14 : 22—23).

결론적으로 그리스도인은 공동체(유기체)를 이루고 살면서, 그리스도가 남을 즐겁게 하려고 자기를 부인하신 것처럼 언제나 남의 유익과 발전을 도모해야 한다. 그리하여 화평을 이룩하려고 백방으로 노력하는 삶을 살아야 한다. 그리하여 결국 성도들이 한 목소리로 하나님과 주 예수 그리스도를 영화롭게 할 수 있어야 한다. 교회가 다같이 이렇게 서로 하나가 되어 성령에 의하여 기쁨과 평강과 소망이 충만한 삶을 살아가도록 하라는 것이 바울의 기원이다(15 : 1—13).

14. 바울의 계획을 표명함(15 : 14—33)

바울은 여기서 확실히 다시금 서신형식으로 되돌아가 사사로운 용건을 취급한다. 로마의 교인들을 칭찬도 하고(15 : 14), 이방인들을 위한 복음의 사역을 부탁도 하고(15 : 15), 로마로 가려는 생각은 벌써부터 가졌었지만 일루리곤까지 전도하노라고 기회가 없었다는 사실을 보고도 하며, 이제는 헬라 지방에는 더이상 전도할 곳이 없어서 예루살렘에 구제금을 전하고는 로마로 가겠다는 계획을 명백히 밝힌다(15 : 22—29). 그러면서 예루살렘행의 위험을 예기하기 때문에 거기서 무사히 임무를 수행하고 로마로 가는 길도 순조롭게 열리기 위해서 기도해 달라고 부탁했다(15 : 30—33).

15. 맺는 말(16 : 1—27)

끝으로 로마의 여러 교우에게 문안을 하고, 16 : 17~20에서 잠시 로마교회에 나타난 문제인물들, 즉 복음에 방해가 되는 자들에 관하여 삼가할 것과 현명하게 대처할 것을 부탁하고 마지막 인사를 한 다음에 송영으로 끝을 낸다(16 : 25—27).

□ 토의문제

1. 바울이 말하는 의(義)의 의미를 정리해 보자.
2. 사람의 구원을 필요로 하는 것은 무엇 때문인가?
3. 바울이 인간의 구원을 묘사하기 위해서 사용한 은유들을 열거하고 설명해 보자.
4. 바울이 말하는 구원을 과거, 현재, 미래로 나누어 설명해 보자.
5. 하나님의 선택의 원리에서 본 이스라엘의 운명을 설명해 보자.
6. 지배 권력에 대한 크리스천의 올바른 태도를 생각해 보자.

□ 참고도서

C. E. B. Cranfield, *Romans*, Edinburgh, 1975, 1979.

C. K. Barrett, *The Epistle to the Romans*, London & N. Y. 1957.

C. H. Dodd, *The Epistle of Paul to the Romans*, London, 1932.

E. Käsemann, *Commentary on Romans*, Grand Rapids & London, 1980.

고린도 전서

Ⅰ. 바울과 고린도교회

고린도는 아가야 지방 남쪽에 있는 고린도 반도 동북쪽에 자리잡은 천연항(天然港)으로서 옛날부터 지중해 연안의 우수한 항구 중의 하나로 이름난 곳이다. 주전 146년에 로마제국에 점령당하여 폐허가 되었지만 씨저(Julius Caesar)에 의해서 재건되어 로마 식민지가 되고, 주전 27년에는 로마국의 아가야 도청 소재지가 되었다. 우수한 항구도시였기 때문에 각 지방, 각 나라의 문물이 소개되면서 사치와 음란이 성행하였다. 아크로코린투스라는 1,900척 고지에 자리잡은 이 도시는 아프로다이트 여신을 섬기는 신전을 비롯하여 많은 이방 신당들을 가졌었다. 특히 1,000명이나 되는 여자 노예를 아프로다이트 신전에 고용하여 참배하는 남성들의 성적 욕망을 만족시키는 행위 등으로 인해서 성적 문란이 고취되고 있던 곳이다. 그래서 '고린도는 남성이 항해하여 갈 곳이 못 된다.'라는 격언이 있고, '고린도인'이라는 말은 사치하고 음란한 사람을 가리키는 별명이 되다시피 하였다. 로마 사람들의 식민지로 재건된 도시이지만 헬라인들이 같이 살았으며, 유대인들도 다수 있어서 회당을 가지고 있었다(고후 11 : 22).

주후 50년경에 바울은 마케도니아 전도를 마치고 아덴을 거쳐서 고린도에 도착하였다. 그것이 바울의 두 번째 전도여행 때의 일이다. 바울이 고린도에서 처음 만난 사람들이 브리스길라와 아굴라였다. 천막을 만드는 직업이 같아서였는지 모르겠다. 그 부부는 로마시에 살다가 클라우디오 황제의 칙령(주후 49년)에 의하여 로마성에서 추방당한 유대인들이었다. 바울이 통상적인 순서를 따라 우선 유대인의 회당을 찾아갔고 그 곳을 근거로 전도활동을 개시했다. 거기서 브리스길라와 아굴라도 만나게 되었을 것이다. 거기서 바울은 구약성경의 말씀대로 예수가 메시야이심을 논증하였다. 그러나 그 회당의 책임자들은 바울을 오래 용납하지 않았다. 그래서 바울은 그 회당에서 철수하여 그 옆에 있는 디도 유스도라는, 개종한 헬라인 가운데 바울의 전도를 받고 회개한 신도의 집으로 본부를 옮겼다. 거기서 십자가에 달리신 그리스도를 통한 구원을 계속 선포하였고, 회심자가 급속히 늘어났다.

갈리오(Gallio)가 아가야 총독으로 부임한 지 얼마 되지 않아(주후 51년) 고린도의 유대인 지도자들은 바울이 불법적인 종교를 전파하는 자라는 죄목으로 법에 고발을 하였다. 그러나 갈리오 총독은 그 고소를 받아들이지 않았다. 그 이유는 기독교도 유대인의 종교라고 간주하고, 로마법으로는 유대인에게 종교의 자유를 주도록 되어 있었으니, 유대인이 기독교를 고소하는 것도 자기들끼리의 집안 싸움으로 간주하고 간섭할 일이 안 된다고 생각한 때문이다. 바울은 18개월이나 고린도시에 머물면서 선교하였고, 주후 52년 봄에 그 곳을 떠나 잠시 팔레스타인을 방문하고 다시 고린도에서 멀지 않은 에베소에 오래 머물게 되었다. 에베소에 머무는 동안 고린도교회와의 접촉을 계속하는 중 이 편지를 쓰기에 이른 것이다.

Ⅱ. 기독교와 고린도

"내가 평화를 주려 온 것이 아니라 칼을 주려고 왔다."고 하신 예수님의 말씀과 같이 기독교는 신령한 의미에서 볼 때 도처에서 사단의 세력, 악의 세력과의 전투를 하는 종교일 수밖에 없다. 바울이 기독교 복음을 가지고 고린도에 갔을 때 그 도시는 대표적인 악의 도시 중의 하나로 정신적으로, 도덕적으로 복음과 맞서고 대립되는 상황이었고, 그 악의 세력을 이겨내며 그리스도의 선의 세력으로 정복하는 것이 전도자의 책임이었다. 악의 세력이 그렇게 쉽게 호락호락 정복당하고 마는 것이 아니다. 그리스도의 세력에 의해서 악의 세력이 밀려나고 점령을 당하더라도 갖은 방법과 수단을 가지고 끝까지 버티고 또는 교묘한 방법으로 잔재를 남겨서 그 명맥을 유지하려 하며, 또 작용을 계속하려고 한다.

고린도는 물론 헬라 사상이 뿌리 깊게 박혀 있는 도시로서, 특히 플라톤적 이원 사상에 젖어 있는 곳이고, 물질을 죄악시하고 영을 숭상하는 분위기였기 때문에 기독교가 혹 그리스도를 통해서 영을 소유하고 영의 세계를 차지하게 한다고 가르칠 때 그들은 열광적으로 기독교를 받아들일 수 있었을 것이다. 그러나 영을 소유했으니 이제 그 이상 또 무엇을 바랄 것이 있겠느냐 하는 생각을 하면서 기독교의 부활의 소망을 무시하는 경향이 나타날 수 있었을 것이다. 그리스도를 생각할 때, 그를 순전히 영적인 면에서만 생각하면서 인성을 무시하는 경향도 있었던 것 같다. 바울파, 아볼로파, 게바파 등 인간 중재자가 왜 필요하냐, 우리는 직접 영으로 계신 그리스도와 통한다고 하면서 자기들은 그리스도파라고 한 것이 아닐까? 이렇게 영의 면에 치중하다 보니까, 자연히 방언현상이 나타나고 그것이 제일인 양 떠들게 된 것이다. 방언현상은 기독교에만 있는 것이 아니고 헬라의 피디안(Pythian)이라든가 디오니시안 열광파(Dionysian enthusiasm)도 가지고 있던 현상인바, 성령의 은사로 방언이 나타나는 것이 사실이지만 방언이 제일인 양 거기에 치우치는 일은 역시 기독교의 정상적 모습에서 이탈한 것임을 바울은 지적하고 있다.

또한 고린도에는 영을 사모하는 경향과 아울러 지혜와 지식을 사모하는 분위기가 있어서, 예수를 믿음으로 하늘의 지혜와 지식을 얻었다고 생각하는 사람들도 생기고, 일단 그들이 얻은 지혜와 지식을 통해서 이제는 만사를 해결할 수 있으리라는 생각을 하며, 자기들보다 못한 자들을 업신여기고 깔보는 것이었다. 그들은 결국 지혜와 지식을 갖춘 자들로서 월등한 존재이고 자유를 만끽할 수 있다고 생각하였다. 거의 모든 것을 초월한 자로 스스로 판단하면서 우상의 제물을 먹으면 어떠냐, 간음을 하면 어떠냐, 그것들은 다 물질에 속하고 이 세상에 속한 것으로서 사소한 것이요, 영의 사람에게 미치는 영향은 없다고 생각하면서 방종을 자행하는 것이었다. 또한 어떤 사람들은 육체와 물질을 경멸하는 의미에서 금욕주의로 흘러 결혼 따위는 필요없는 것이라든가 죄악된 것이라는 극단적 생각을 하는 사람들도 있었던 것 같다. 이러한 사상들은 제 2세기에 나타났던 영지주의 사상들과 통하는 것으로서 이미 고린도 지방에 그러한 영지주의적 요소가 싹트고 있었던 것으로 보여진다.

바울은 그리스도의 복음에 입각해서 우상의 제물에 대해 과감하고도 자유스러운 태도를 가졌지만, 그래도 무정견하게 아무렇게나 해도 된다거나 자기 좋은 대로 해도 된다는 사상을 배격하고 어디까지나 남의 유익과 교회의 덕을 위해서 자신을 희생시켜야 한다는 태도를 취했다. 그러나 개중에는 예루살렘으로부터의 지령이라고 하면서 이것저것을 해야 한다는 율법주의적 강요를 하여 복음의 자유를 속박하고 복음을 변질시키는 경우도 있었던 것 같다. 게바파라는 것이 고린도교회에 존재했다는 것은 아마도 예루살렘에서 보내어진, 즉 게바로부터 보내어진 명령을 따라야 한다고 고집하는 부류의 사람들도 있었던 것 같다. 이와 같이 기독교가 발전되어 가는 과정에 있어서 재래적 문화, 사상, 습관 등이 기독교와 만날 때 서로 다툼이 있고, 또 각각 사람마다 다른 의견들이 있어서 여러 가지 마찰과 논쟁과 불화도 일어나는 것도 볼 수 있다.

Ⅲ. 고린도 전서를 쓴 경위

사도 바울이 제 3 차 전도여행을 하던 중 에베소에서 크게 사역을 하고 있었다. 그때 그는 고린도 교인들에 대한 매우 불쾌한 소문을 들었다. 특히 도덕적으로 크리스천답지 않은 행동을 하고 있다는 소문이었다. 그래서 바울은 그러한 음란한 사람들과는 상종하지 말라는 내용의 편지를 써보냈다. 그것이 아마도 고린도로 보낸 바울의 첫 번째 편지였을 것이다. 고린도 전서 5：9에 간단히 그 사실을 언급하고 있다. 얼마 후에 '글로에의 집안 사람들'과의 연락이 있었는데, 편지로 한 것인지 사람이 친히 바울을 찾아온 것인지 알 수 없다. 그 소식에 의하면 고린도교회 안에 파당이 점점 노골화하고 있으며, 바울파, 아볼로파, 게바파, 심지어 그리스도파라고 하면서 파당을 조성한다는 것이었다.

그래서 바울은 고린도에 있는 성도들을 책망하는 편지를 쓸 수밖에 없었고, 당장에는 에베소를 떠날 형편이 못 되지만, 곧 찾아가겠다고 하면서 우선은 디모데를 파송하겠다는 것이다. 그러던 중에 고린도로부터 또 다른 소식이 전달되었다. 편지형식으로 바울에게 도달한 내용인즉 주로 여러 가지 당면한 교회 문제들에 대한 해답을 요청하는 것이었다. 결혼과 이혼, 우상에게 바쳤던 음식을 먹는 문제, 교회 내에서 성령의 은사를 사용하는 문제, 그리고 예루살렘교회를 위한 구제금 모금 문제 등을 물었다.

그 밖에도 그 편지를 대동하고 온 사람들－스데바나, 보드나도, 아가이고－은 구두로써 교회가 당면한 여러 가지 어려운 문제를 보고한 것 같다. 불법적인 성관계, 세상 법정에다 성도들 간의 소송 사건을 제기하는 문제, 교회 집회에서 일어나는 여러 가지 문란한 사건들을 보고하였다. 그래서 바울은 고린도 전서 5～6장에서 성적 불륜의 문제와 소송 문제를 다루고, 7～16장에서 고린도교회가 물어 온 여러 문제를 차례로 취급하였다. 이 편지가 기록된 것은 바울이 에베소에 주재하고 있던 3년 중 마지막 해 오순절 전의 일이며(고전 16：8), 따라서 주후 55년경이 아닐까 생각된다. 아마도 스데바나와 그 밖의 그의 동료(보드나도와 아가이고)가 같이 이 편지를 지참하고 고린도로 돌아간 것이 아닐까 생각된다.

Ⅳ. 고린도 전서를 해석하면서 유의할 점

고린도 전서는 초대교회가 가지고 있던 실제적 문제에 대하여 해답을 준 판례와 같은 것이어서, 옛날 교회에 어떤 문제가 있었느냐 하는 역사적 사실을 우리에게 말해 줄 뿐 아니라 그러한 구체적 문제에 대해서는 어떻게 해결해야 하느냐 하는 해결책과 선례를 보여 주는 것이므로 과거 교회 역사에 있어서 매우 중요한 자료가 되어 온 것이 사실이다.

이렇게 고린도 전서가 하나의 엄연한 역사적 문헌으로서 과거의 고린도교회에 대한 역사를 그 만큼 밝혀 주고, 따라서 그 당시 다른 교회들의 상황도 미루어 짐작할 수 있게 하는 것이 사실이지만, 오늘날 우리가 이 글을 읽으면서 취할 태도는 어떠해야 하는가는 심각히 고려되어야 할 문제이다. 예컨대 11：2~16에 나온 수건을 쓰는 문제에 있어서 고린도서에는 엄연히 바울이 교회 여성을 향하여 예배하러 나올 때 수건을 써야 한다고 엄명하는데 오늘날 교회들이 거의 그 명령을 어기고 있다. 그러면 마땅히 해야 할 일은 현대 교회가 실시하지 않음으로 범죄하고 있는 것인가?

또 14：34에 "여자는 잠잠하라."고 했다 하여 현대까지 어떤 교회는 그 말을 문자대로 지키며 여자들에게 목사나 장로가 되지 못하게 하고 강단에도 세우지 않으려 한다. 그러니 어떤 구절은 그대로 지키지 않아도 되고 어떤 구절은 그대로 지켜야 하니 일관성을 잃은 행동이 아니겠는가? 그러므로 우리는 고린도 전서를 읽으면서 어떤 입장에서, 어떤 원칙을 가지고 해석해야 하는지를 생각해 보아야 할 것이다.

첫째로, 인간은 법과 질서 속에서 살아야 하고 그것들을 지켜야 한다는 전제를 가지고 있다. 즉 모두가 자기 좋은 대로 살 수는 없는 것이다.

둘째로, 인간이 지키는 법과 질서는 장소에 따라서 또는 시대와 형편에 따라서 다르고, 또 그럴 수 있는 것이다. 바울시대의 교회는 여자가 예배시에 수건을 쓰는 것이 옳은 것으로 규정하였다. 그러나 우리 시대에는 그것이 반드시 필요하다고 느껴지지 않는다. 이렇게 변할 수 있는 법은 절대적인 것이 못되고 형편과 환경 때문에 즉 인간의 지적, 윤리적 수준 때문에 차선책으로, 또는 임시적으로, 잠정적 조치로 만들어진 법일 수가 있다. 모세시대에 이혼증서를 써주어 아내를 이혼하도록 허락한 법은 인간이(남성) 너무도 악하기 때문에 부득불 취한 조치였다. 그러나 그것이 원칙은 아니었다. 원칙을 깨달을 수 있을 때까지 부득불 줄 수밖에 없었던 차선책에 불과하다. 차선책으로서 주신 그 법도 그 배후에는, 즉 법을 주시는 하나님의 뜻은 원칙을 지키기를 바라는 마음이 있는 것이다.

셋째로, 임시적인 가변적 법 밑에 흐르는 보다 고등한 원칙이 있음을 알아야 한다. 예컨대 우상에게 바쳤던 고기를 먹어도 되고 또는 안 먹어야 한다는 상반된 말을 하는 것은 보다 고등한 원칙과의 관계에서 판단할 수 있는 일이다. 우상이 도대체 어디 있느냐, 돌이나 나무로 깎아 세운 신상은 돌과 나무에 지나지 않는다는 확신을 가진 사람은 그 신상 앞에 놓였던 고기라고 해서 달라졌거나 더럽다고 여기지 않는다. 그러므로 그것을 먹는다고 해도 아무런 거리낌이 없을 것이 분명하다. 하나님 앞에서 죄가 될 것이 조금도 없다. 그러나 믿음이 연약한 형제를 위해서 영영, 그리고 고기를 안 먹는 것이 좋다는 생각은 사랑이라는 보다 높은 법에 비추어 볼 때, 그것을 먹는 것이 약한 형제에게 손해를 주는 행동, 즉 사랑하지 못하는 행동이 되기 때문에 먹지 않는 것이 좋다는 법이 성립되는 것이다.

그러므로 우리는 임시적 가변법도 존중하되 그 배후에 있는 원칙 즉 불변하는 법을 더욱 존중하며, 그 원칙에 입각해서 새 환경에 맞는 새 법을 적용할 수 있는 묘와 지혜를 얻어야 할 것이다. 바울은 고린도 전서에서 주로 남의 유익을 앞세워야 한다는 원칙, 자기의 유익보다는 교회의 유익과 도움이 되어야 한다는 원칙, 그리고 한마디로 말해서 사랑을 기본 원칙으로 하고 모든 것을 판단하며 행동해야 한다고 가르치고 있다.

Ⅴ. 내용 분해와 설명

크게 다섯 부분으로 나눌 수 있다.
1. 첫째 부분 1：1~9 서론：인사와 같다.
2. 둘째 부분 1：10~4：21 글로에 집안 사람에게서 받은 보고에 대한 응답
3. 셋째 부분 5：1~6：20 또 다른 보고에 대한 응답
4. 넷째 부분 7：1~16：4 고린도교회가 보낸 편지에 대한 응답
5. 다섯째 부분 16：5~24 마지막 부탁들

Ⅵ. 내용 해설

1. 첫째 부분：서론

1) 인 사(1：1-3)

우선 인사를 하면서 바울은 자기의 권위를 밝힌다. 자기는 하나님의 뜻에 의해서, 그리스도 예수가 사도로 불러서 이렇게 글을 쓴다는 것이다. 그리스도의 사신으로서 하는 말이기 때문에 소홀히 해서는 안 된다는 뜻이 내포되어 있다. 2절에서 독자를 규정하기를 고린도에 있는 하나님의 교회라는 말을 먼저 한다. 그 당시 고린도 시의 시장이나 총독이 소집하여 어떤 곳에 모여도 교회(ἐκκλησία)라고 불렀다. 첫째로 고린도교회는 창조주 하나님이 불러낸 자들의 공동체라는 것이다. 어마어마한 이름이다. 둘째로 그들은 그리스도 예수 안에서 거룩하게 된 자들이라는 것이다. 즉 세상 사람들과는 완전히 구별된 자들이라는 것이다. 셋째로 성도로 부르심을 받은 자들이라고 했다. 이 편지는 고린도교회에게만 준 것이 아니고 주 예수 그리스도의 이름을 부르는 모든 지방의 모든 사람들, 즉 그리스도의 교회 전체를 향해서 보내어진 편지인 것이다. 고린도 전서는 그야말로 역대의 모든 교회가 귀담아 듣고, 바로 우리들 자신을 훈계하는 글이라는 느낌을 가지고 받아들여야할 복음이다.

2) 감 사(1 : 4–9)

바울은 고린도교회에 관해서 하나님께 감사를 드린다. 그 이유는 고린도교회가 하나님의 은총을 입었기 때문이라는 것이다. 고린도인들이 예수 그리스도를 믿고 구원을 얻게 된 일반적 은총은 물론이지만, 특히 그들이 그리스도 안에서 남달리 풍성하게 되는 은총을 입었다는 것이다. 무엇보다도 말씀과 지식에 있어서 풍성하다는 것이다(5절). 특히 예수의 신성면, 즉 예수는 하늘에서 오셨던 그리스도라고 하는 신념이 확립되어 있는 교회이며, 하늘로부터 오는 신령한 은사를 사모하며 저마다 그 은사를 받아 만끽하는 교회였다. 게다가 그리스도의 재림을 기대하는 교회라고 설명을 붙였다. 그러나 이 말은 바울이 하나의 이상론을 말하고 그렇게 되기를 원하는 마음을 묘사한 것인지도 모른다. 왜냐하면 고린도교회가 여러 문제에 있어서 문제를 안고 있는 것이었고, 그 문제들을 해결해 주려는 생각에서 이 편지를 쓰고 있기 때문이다.

2. 둘째 부분 : 글로에 집안 사람들로부터 받은 보고에 대한 응답

1) 교회 내의 파당 문제(1 : 10–17)

글로에 집안 사람들로부터 받은 보고에 의하면 고린도교회에 분쟁이 있다는 것이며, 나는 바울의 사람이다, 나는 아볼로의 사람이다, 나는 게바의 사람이다, 나는 그리스도의 사람이다 하면서 파당이 생겼다는 것이다. 이 문제에 대해서 바울의 답변은 간단하다. 자기는 그리스도의 사도로 파견되어 순수하게 그리스도의 복음을 전파하였다. 그리스도의 십자가를 전했으니, 그는 그리스도의 일꾼에 불과하고, 전도의 내용은 세상에 오셔서 마침내 십자가에 달려 죽으심으로 죄사함을 주신 그리스도밖에 없고 오직 한분 그리스도만이 핵심적으로 전해졌으니 그를 믿는 신앙이 하나이고 따라서 그 신앙으로 하나가 되어야 하는데 어째서 사람을 중심해서 나눠질 수 있느냐 하는 것이다. 그러니까 분열이 있어서는 안 되고 같은 생각, 같은 목적, 같은 말을 하면서 하나가 되어야 한다고 강력히 권면한다.

2) 파당이 생긴 이유(1 : 18-2 : 5)

고린도교회에 그러한 파당이 생긴 이유가 무엇일까? 지혜와 지식을 숭상하는 헬라사회에 전파된 기독교 복음이 헬라적인 사고와 표준에 의하여 판단되고 이해됨으로써 오해가 생기고 올바른 이해에 도달하지 못해서 일어난 현상이 아니었을까? 기독교도 또 하나의 인간적인 철학적, 지혜의 종교로 생각하고, 바울이 주장하는 바울의 종교, 아볼로가 말하는 아볼로의 종교, 게바가 말하는 게바의 종교, 심지어 그리스도라는 사람이 말하는 그리스도의 종교라는 식으로 인간의 머리에서 짜낸 지혜의 소산으로 생각하면서, 그것을 주장하는 사람을 중심하고 그 사람을 따르는 파당이 생겨난 것이다.

바울의 말이 그럴듯하니 바울을 따르고, 아볼로의 주장이 그럴듯하니 아볼로를 따르고, 베드로의 주장이 근사하니 베드로를 따르고, 또는 사람들의 각각 다른 주장이 혼란하니 공통적으로 말하는 그리스도를 순수히 따르겠다는 사람도 생겼던 것 같다. 그것이 모두 인간의 지혜와 인간의 머리의 판단으로 이루어진 지식 종교의 현상이 아닐 수 없다. 그래서 바울은 다시금 그리스도의 십자가의 도와 인간의 지혜를 대조하면서, 어리석고 부족한 인간의 지혜로써 십자가의 도를 볼 때 이해가 불가능할 뿐 아니라 심지어 어리석어 보이지만, 사실 십자가의 도는 인간의 지혜나 지식을 초월하여 인간을 구원하는 하나님의 능력이라는 것을 강조한다.

범죄하고 타락하여 죽음의 판결을 받고 갇혀 있는 인간이 아무리 지혜를 짜내도 자기의 운명을 해결할 수 없는 것이기에, 하나님께서 밖에서부터 그 자비와 능력으로 인간들을 그 감방에서 해방시키신 작업이 십자가의 도이다. 그러므로 인간의 지혜를 하나님의 능력에다 비교할 수가 없다. 인간의 지혜로 하나님을 알 수 있었던가? 아무리 지혜를 다 짜내도 인간의 머리로는 하나님을 알 수 없다. 그것이 바로 하나님의 지혜의 소치이다. 아담이 하나님 만큼 지혜가 있기를 바랐지만 그렇게 되는 것을 하나님은 허락치 않으셨다. 절대적 지혜를 가지신 하나님이 한분이셔야지 어떻게 여럿이 될 수 있겠는가? 하나님의 뜻은 어리석게 보이는 복음 사건을 선포하여 그것을 믿는 자를 구원하시려는 것이다. 즉 자기의 힘으로, 자기의 꾀로 자기를 구원하려는 인간적 지혜가 필요한 것이 아니라 하나님께서 은혜로 인간을 구원하시려는 그 복음의 사건을 믿고 복종하는 것이 필요하다(1 : 21).

유대인들이 표적을 구하고 헬라인들이 지혜를 구하는 것은 하나님께서 이미 주신 사랑이나 능력을 믿지 못하기 때문이거나 자기들의 힘으로 자신을 구해 보려는 몸부림에 불과하다. 하나님께서는 독생자를 보내셔서 십자가에 달려 죽게 하셨고 그 사실을 교회는 선포하고 있는데, 이것이 유대인에게는 도저히 이해가 되지 않는 일이고 헬라인들에게는 어리석게만 보인다. 인간의 지혜를 넘어선 사건이기 때문이다. 그러나 하나님의 계획은 당신이 부르신 자들에게 그 사건을 믿게 하여 그들을 구원하시려는 것이어서, 이 복음은 택한 자들을 구원하시는 하나님의 능력이요, 신비한 지혜이다. 결국 사람의 눈에는 십자가의 도가 어리석어 보이고 연약해서 굴복한 것 같이 보이지만 인간의 지혜나 힘을 능가한 지혜와 능력이 아니고 무엇인가! (1 : 22-24)

이제 시선을 고린도교회 안으로 돌려 보자. 헬라사회가 일반적으로 지혜를 자랑하고 인간적 능력이나 문벌을 자랑하며, 그런 것을 갖추어야 출세한 사람이고, 소위 구원을 얻었다고 생각할지 모르지만, 이제 고린도 교인들은 어떤 사람들인가? 별로 지혜도, 힘도, 훌륭한 문벌도 가진 자가 없다. 그 사회의 하류의 사람들, 종들, 창녀들, 무식자들이 하나님의 부르심을 받아 구원을 받았다. 세상의 지혜 있는 자, 강한 자, 귀족들이 세상적인 좋은 조건을 가지고 그것으로 구원을 얻을 수 있는 것이 아니었다. 그런 좋은 조건이 없어도 은혜로 구원을 받아 하나님의 자녀가 되었으니 도리어 지혜가 있고, 세력이 있고, 문벌이 있다는 자들을 능가하고 오히려 그들을 부끄럽게 한 것이다.

그러니 하나님 앞에서 아무도 자랑할 것이 없다. 인간 편의 어떤 훌륭한 조건 때문에 구원얻는 것이 아니고, 하나님께서 솔선해서 지혜나 힘이나 문벌이 없어도 구원하셨으니 말이다. 예수 그리스도를 믿고 그리스도인이 되는 것은 하나님의 지혜의 소치이며, 하나님께서 그리스도를 통하여 우리를 의롭게 해주시고, 거룩하게 해주시고 죄와 사망에서 우리를 대속해 주셨기 때문이다. 그러니 그리스도밖에 자랑할 것이

또 무엇이겠는가? 인간의 지혜나 인간의 능력을 어디에다 내놓을 수 있겠는가! (1 : 26-31)

이제 다시 바울은 자기가 고린도 전도를 할 때의 형편을 회상해 보면서 그의 논증을 한층더 확고히 한다. 바울은 헬라인의 최고 지식인과 겨루어 지혜다툼을 할 자신도 있는 사람이었다. 그러나 십자가의 도리가 훌륭한 말이나 인간적 지혜로써 납득되거나 믿어지는 것이 아니다. 지식 자랑을 하려고 미사여구나 인간적 이론을 나열할 수도 있지만, 복음은 예수 그리스도가 십자가에 달려 죽으신 사건이기에 그것을 솔직히 전한 것 뿐이었다. 인간적으로 보면 예수도 연약하여 마침내 십자가에 죽으셨으며, 바울도 고린도 전도를 할 때 천막을 짓고, 노동을 하고, 사람들에게 천대를 받으며 보잘것없고, 짓밟히는 존재에 불과했다. 인간적 표준으로 본다면 지혜 있는 아름다운 말을 한 것도 아니었다. 다만 하나님의 성령으로 바울과 같이 하셔서 인간의 지혜가 도저히 이해할 수 없고, 인간의 지혜가 절대로 이룰 수 없는 성령의 역사와 기적들이 나타났다. 돌같이 굳고 어름같이 차던 고린도의 죄인들이 죄를 고백하고 회개하며 그리스도께 돌아오는 사건, 성령의 능력으로 병자가 낫고 방언이 터지는 등 많은 기적이 나타났다. 결국 그것이 인간의 지혜가 아니고 하나님의 능력이라는 증거를 보인 것이다. 그러니 고린도 교인들이 아직 인간의 지혜를 따르려고 하고, 지혜 있다는 사람들의 선전에 끌려다닌다면 복음을 헛 믿은 것이 아니겠는가? (2 : 1-5)

3) 하나님의 숨은 지혜(2 : 6-13)

바울은 일보 전진하여 사람의 지혜와 하나님의 지혜를 비교한다. 세상의 지혜는 인간들이 배우고, 연마하고, 노력하여서 얻는 인간 소산이고, 사라질 수밖에 없는 임시적인 불완전한 것이다. 그러나 그리스도인들에게는 하나님께서 주시기로 영원 전에 계획하시고 숨겨 두셨다가 마침내 때가 되어 전해 주신 지혜가 있는데, 세상 사람들은 이해하지 못하는 것이다. 즉 인간이 만들어 내고 연구한 지혜가 아니라 하나님이 주신 지혜이다. 성령을 통해서 우리에게 계시된 지혜이다. 사람이 자기의 머리로 판단하는 인간적 지혜는 순전히 인간적이고 그 한도가 제한될 수밖에 없다. 그러나 하나님의 성령이 그리스도인에게 임하여 사람의 생각 속에 작용할 때 인간성을 초월하고, 영의 영을 가진 자들은 모든 것을 판단할 수 있으며, 무엇보다도 예수가 그리스도이시며 하나님의 아들이심을 바로 알고 고백하게 되며 그리스도의 마음을 이해하게 된다.

4) 영적인 사람과 보통 인간(2 : 14–3 : 4)

참으로 성령을 받은 사람과 그렇지 않은 사람으로 대별할 수 있는데, 성령을 받은 사람은 그의 능력으로 모든 것을 올바로 판단할 수 있다. 성령을 받은 사람은 그리스도의 마음과 통하여 그 마음을 알 수 있다. 성령은 하나님의 영이시요, 동시에 그리스도의 영 이시기 때문에 성령을 받은 사람은 자연히 그리스도의 마음과 통할 수밖에 없다(2 : 14–16). 그러나 이제 고린도 교인들을 판단할 때 그들을 영적으로 말하면 젖먹이와 같아서 영적인 성인 취급을 받을 수가 없다는 것이다. 육적인 사고를 그대로 하고 있으니, 즉 질투심과 파당을 짓는 마음을 그대로 가지고 있으니 그것이 성령의 사람들이 한 짓이냐 하는 것이다. 나는 바울파다, 나는 아볼로파다라고 말하는 것은 성령이 시키는 것이 아니며, 참다운 신령한 지식과 지혜가 없는 데서 나온 인간적인 발상이라는 것이다(3 : 1–4).

5) 하나님의 밭과 하나님의 집(3 : 5–17)

바울은 고린도인들의 이해를 돕기 위해서 두 개의 비유를 이용한다. 우선 밭과 농부를 비유하여 고린도교회 형편을 비판한다. 하나님은 농부이시고, 교회는 그의 신령한 밭이요. 복음은 씨이다. 농부께서 일꾼들을 부르신다. 씨뿌리는 일을 하는 사람이 있고, 물 주는 사람이 있다. 그러나 자라게 하시는 분은 하나님이시다. 일꾼들은 영광스럽게 하나님의 일에 동참한 것 뿐이고 일한 만큼 삯을 받을 수 있다. 그러니 심은 사람의 교회도 아니고 물 준 사람의 교회도 아닌 것이 확실하다. 오직 하나님의 교회일 뿐이다. 교회는 또한 하나님의 집이기도 한

데, 집을 지으려는 계획을 가지신 주인 하나님께서 건축공 하나를 택하셨다. 바울이 먼저 은혜로 택함을 받았다. 그가 우선 기초를 놓았다. 고린도 지방에 교회의 기초를 놓은 사람은 바울 사도임에 틀림없다. 즉 예수 그리스도를 전하여 초석을 놓는 수고를 하게 했다. 그러나 어디까지나 바울은 집주인이 아니고 주인이신 하나님에게 고용된 기술자에 불과하다.

이제 그 놓여진 기초 위에 여러 사람이 나름대로 집을 짓는다. 아볼로는 아볼로 식으로, 베드로는 베드로 식으로, 또 다른 사람은 그의 식으로 할 수 있을 것이다. 그러나 그들의 건축이 얼마나 견고하고, 쓸모가 있느냐 하는 것은 사람이 쉽게 판단할 것이 못 된다. 조만간 하나님의 심판이 있을 것인데, 하나님의 판단에 의해서 가치 있는 것은 남겼고, 그렇지 않은 것은 없어져 버린 것이다. 이것은 종말에 나타날 현상이기도 하지만 살아 계신 하나님이 역사 속에서 현실적으로 보여 주시는 심판의 모습이기도 하다. 어떤 사람이 정말 예수 그리스도를 토대로 하고 집을 세웠다면, 그 위에 세운 집이 몽땅 타버리고 없어진다손치더라도 그는 구원을 잃지 않을 것이다. 그의 공력이 허사로 돌아간 것 뿐이다. 그러므로 예수 그리스도를 위해 집을 지을 때 공력이 헛되이 되지 않기 위해서 오래오래, 아니 영원히 남을 만한 것을 만들기 위하여 하나님의 진리(불변하는 것)를 가지고 해야 할 것이다. 그러므로 교회는 하나님의 전이며, 하나님의 성령의 거처임을 인식해야 한다. 그러니 교회는 거룩하다. 즉 성도들의 공동체는 세상의 일반적 공동체와는 구별된 존재로서, 교회를 파괴하는 일은 결국 하나님의 파괴의 보복을 면할 수 없는 것이다.

6) 하나님의 비밀을 맡은 청지기(3 : 18–4 : 5)

.교회 내에서 파당이 생기고 문제가 일어나는 이유가 결국 아직도 옛 인간이 살아서 자기 판단이 옳다고 생각하며, 자기의 지혜로써 모든 것을 해결할 수 있다고 생각하는 데 있다는 것이다. 그러므로 그런 사람은 자신을 속이는 데 불과하다. 지혜가 없으면서도 지혜롭다고 생각하니까 결국 자기가 자기를 속이는 것이 아니겠는가?

그러므로 하나님의 성령을 통해서 오는 참 지혜를 얻기 위해서 옛 사람을 내어 놓고 어리석어 보이지만 그리스도의 복음에 복종하고, 세상 사람들이 말하는 소위 어리석은 자가 되어야 한다. 자기를 완전히 부정하고, 자기의 공로나 지식이나 힘이나 문벌을 다 헛 것으로 알고 인간적 자랑을 다 버려야 한다. 이렇게 해서 그리스도 안에 있게 될 때, 비록 세상의 모든 것을 버렸지만 사실은 모든 것을 가진 자가 된다. 하나님과 그리스도와 같이 있는 자는 그와 더불어 모든 것을 소유한 자이기 때문이다. 그런데 무엇 때문에 좁은 생각을 가지고 바울파니, 아볼로파니, 게바파니, 그리스도파니 하면서 조각을 내겠느냐 말이다(3 : 18－23).

그러니까 이제 구체적으로 고린도교회가 취할 태도는 복음의 일꾼(바울, 아볼로, 게바 등)들을 정당한 눈으로 판단하라는 것이다. 즉 그들은 그리스도의 일꾼에 불과하다는 것, 그리고 하나님의 비밀을 맡아서 돌보는 청지기에 불과하다는 사실을 바로 인정하라는 것이다. 그들 때문에 그리스도와 하나님이 가려지고, 그들이 그리스도와 하나님의 영광을 횡령해서는 안 된다. 하나님의 복음을 맡은 청지기에 불과하니 다만 주인이신 하나님께 충성해야 하는 일이 남았을 뿐이다.

바울은 주님 앞에서 양심적으로 자신을 살펴볼 때, 주님의 청지기로서 나름대로는 힘껏 일했기 때문에 주님께서 판단하시기를 기다릴 뿐이고, 남들이 자기를 판단하거나 또는 세상 법정이 판단하는 것을 조금도 두려워하지 않는다는 것이다. 자기는 나름대로 충성을 했을 뿐 그것이 얼마나 옳았느냐 하는 것을 자신도 판단할 수 없다는 것이다. 다만, 주님 앞에 설 날을 기다릴 뿐이다. 그러므로 하나님의 일꾼의 마땅한 태도는 충성을 다해 양심껏 일하고 남을 판단해서는 안 된다. 주님께서 오시는 날 샅샅이 판가름을 해주실 것이고 선악간에 상벌을 주실 것이기 때문이다.

7) **사도와 신도의 관계**(4 : 6－21)

고린도교회가 파당을 짓고 분열하는 또 다른 이유는 바울과 아볼로의 인간관계 속에서 나타난 바와 같은 성경적인 생활, 특히 자기를 낮보다 낮추는 겸손을 배우지 못했기 때문이라고 바울은 간주했다. 사실 바울과 아볼로는 서로 남을 존중하며 서로 낮아지는 본을 보였는데, 고린도 교인들이 그것을 배우지 못했던 것 같다. 고린도 교인들은 예수를 믿는다고 하면서도 세상 사람들과 별로 다를 바가 없었다.

모든 것이 밖으로부터 즉 하나님께로부터 주어졌고 따라서 그들은 거저 받은 것 뿐인데, 아직도 그들은 자기의 힘이나 지혜로써 무엇을 하려 하고, 또 자력으로 된 줄 알고 자랑하고 있으니 아직 복음의 진수를 깨닫지 못한 것이나 다름이 없다. 바울과 아볼로 같은 사도를 통해서 복음을 받아서 교인이 되었으면서도, 사도의 존재를 아랑곳도 하지 않고 자기들이 잘나서 그렇게 된 줄 알고, 자족하며, 배가 부르고, 자세하며 임금이나 된듯이 거만하다. 하나님의 사도가 된 바울이나 아볼로는 천대를 받고 구경거리가 되고 어리석은 자로 취급을 받고 있는데, 고린도 교인들은 스스로 지혜 있다고 뽐내고, 존귀를 누리고 힘을 자랑하고 있다. 사도들은 신도 하나를 얻기 위해서 굶고 헐벗고 비방을 당하고 세상의 쓰레기처럼 대우를 받고 있는데, 그 덕을 깨닫지 못하고 저절로 된 줄 알고 있는 고린도인들이 야속하다. 여기에 문제가 있다고 바울은 본 것이다.

사도들을 통해서 하나님께서 천신만고 끝에 복음을 전승해 주고 신앙이 생기게 된 것인데, 그 과정을 몰라 본다는 것, 그리고 자신을 믿고 자기의 힘을 믿는 것이 문제이다. 부모 없이 자식이 있을 수 없듯이 사도를 통해서 면면이 신자들이 생기는 것이고 그것이 하나님의 뜻인데, 그 역사과정은 무시하고 관념적으로 자기의 이성과 판단을 표준으로 하는 것이 문제이다. 그래서 바울은 자기를 닮으라고 당부한다. 예수 없이 교회가 있을 수 없고, 사도들의 증거 없이 또한 교회가 있을 수 없다. 사도를 무시하고 전도자를 무시하면 연속성이 끊어지는 것이다. 고린도교회의 중대한 문제가 바로 여기에 있다. 전도자들의 교훈을 귀담아 듣지 않고 자기 나름의 생각과 판단 위에다 기초를 두려는 인간적 노력이 문제이다.

그래서 바울은 디모데를 보내서 바울의 신분과 그의 가르침을 회상시키려고 한다(4:17). 어떤 사람들이 교회에서 바울을 비난하고 사도

자격이 없다는 둥 그의 교훈이 옳지 않다는 둥 역선전을 하지만, 그들은 진정 그리스도를 믿고 성령의 능력을 가진 참 전도자들이 아니고 인간적인 지식만 자랑하고 말만 잘할 뿐, 성령의 능력을 받지 못한 자들이다. 바울은 장차 고린도를 찾아가서 그런 사람들을 면대하여 따질 것이라고 예고하면서 그런 불상사가 없도록 마음을 고쳐 먹고 거만한 마음을 버리고 바울을 닮고 그의 권위와 가르침을 존중해야 할 것을 권하고 있다.

3. 셋째 부분 : 또 다른 보고에 대한 응답

1) 성적 부도덕에 대한 경고(5 : 1-13)

고린도가 본래 성적으로 문란한 곳이어서 교회가 거기에 생긴 다음에 성적인 문제가 교회 안에 없을 수 없었다. 너무도 크게 만연되고, 생활의 구석구석에 하나의 습관이 되고 고질화된 이 문제를 근본적으로 고치기가 어려웠을 것이 틀림없다. 특히 이피큐리안(쾌락주의)적 풍조가 있어서 육체는 쓸모없는 것이고 제멋대로 내버려 두어도 상관이 없다는 생각을 하는 사람들이 있어서 음란한 일을 해도 하등의 상관이 없다고 보는 경향도 있었을 것이다.

그러나 바울은 복음적 입장에서 음란한 행실을 금하였다. 이미 고린도교회에 그런 불미한 일들이 있어서 그런 사람들과는 상종하지 않아야 한다고 편지까지 보낸 적이 있었다(5 : 9). 그런데 새로 들려오는 소식에 의하면(5 : 1), 흉칙스럽게도 어떤 사람이 자기 어머니와 불륜의 관계를 가진다는 것이어서 우선 그 일에 대하여 바울은 책망하면서 지시를 내린 것이다. 소위 신자 중에서 그런 행동을 하다니, 그런 일은 이방 사람들도 하지 않는 것이 아니냐고 하면서, 그런 사람이 교회 안에 있다는 사실을 슬퍼하고 단호히 그를 교회에서 제거하라고 지시했다.

바울은 지금 멀리 떠나 있지만, 신령한 의미에서 고린도교회와 같이 있어서 그런 사람을 출교하는 일에 전심으로 동의한다는 것이다. 물론 그것은 그런 사람을 미워해서가 아니라 그의 영혼을 살리기 위해서인데, 즉 육적으로는 교회에서 출교를 당하고 더 나아가 채찍을 맞거나 심지어 죽임을 당하는 일까지를 통해서(사단에게 내어 줌) 회개할 기회를 가져 마지막 날에는 구원을 얻을 수 있게 되기를 바라는 마음으로 하라는 것이다(5:5).

고린도 교인들이 자기들은 지식이 있다는 둥, 자기들은 자신이 있다는 둥 뽐내고 있지만 인간이 얼마나 연약하다는 것을 알아야하고, 악이 누룩처럼 온 덩이에 번져 나간다는 것을 깨닫고 그 누룩을 제거하는 것이 현명하다는 것이다. 그리스도가 희생제물이 된 것은 인간의 죄 때문이고 어디까지나 죄 없는 상태, 성결을 원하시기 때문이다. 그러므로 뭐니뭐니 해도 그리스도인은 하나님과 그리스도의 정신을 받들어 악이나 죄가 없는 상태, 즉 순결과 진리만이 있는 상태가 되도록 도모해야 한다고 가르쳤다.

혹시 오해가 있을 수도 있다. 음란한 자들과 상종하지 말라는 말은 일체 세상과 상종하지 말라는 것으로 이해해서는 안 된다는 것이다. 세상은 그 본질상 죄가 있는 것인데 우리가 세상과 사귀지 말아야 한다는 것은 세상을 떠나야 한다는 말이 된 것이다. 바울이 말하는 것은 교회 안에는 세상과는 달라야 한다는 것이다. 즉 교회는 악을 몰아내어 그들과 상종하는 일이 없어서, 세상과는 완전히 구별된 존재가 되어야 한다는 것이다. 교회 밖의 악은 하나님께서 심판하실 것이니, 그리스도인은 교회 내에서 부도덕한 자들을 판단하여 가려내고 교회답게 되려고 노력해야 한다는 것이다. 세상을 본받지 말라는 로마서 12:2의 말씀과 통하는 말씀이다.

2) 신도간의 소송 문제(6:1-11)

들려오는 소식에 의하면 고린도교회 신도들 중에 어떤 충돌 사건이 생겼을 때 그것을 세상 법정에 호소하여 재판을 받는 일이 있다는 것이었다. 사회생활을 하노라면 자연히 복잡한 인간관계 속에서 서로 이해관계가 있어서, 그리고 서로의 의견이 달라서 충돌이 생길 수밖에 없다. 그럴 때 어떻게 할 것인가 하는 문제이다.

고린도교회의 그 당시 현실은 그런 문제가 있을 때 세상 법정에 제소했다는 것이다. 이 문제에 대해서 바울은 우선 교회와 세상은 질적으로 서로 다른 존재임을 상기시킨다. 교회는 하나님이 불러내어 구별한 성도들이고, 세상은 그렇지 않은 존재로서 결국 성도가 세상을 심판하고 심지어 하늘의 천사들까지도 심판해야 할 거룩한 존재라는 것이다. 그런데 거꾸로 성도들의 사건을 세상 법정에 끌고 나간다는 것이 어디 될 말이냐는 것이다. 앞으로 하늘에서 천사들의 일, 즉 신령한 사건까지도 판가름을 해야 할 성도들이 이 세상에 속한 사소한 일을 자기들끼리 해결하지 못하고 성도가 아닌 세상 사람들에게 판단을 하게 한다는 것이 얼마나 어리석으냐 하는 것이다.

결국 성도라는 특수한 자격을 깨닫지 못한 때문이거나 아직 성도가 못된 때문일 수 있다. 성도들끼리 재판 사건을 가진다는 것 자체가 벌써 잘못이 있는 것이 아닌가? 서로 사랑해야 하는 성도들 사이에 어째서 불화가 있고 남을 고소할 일이 생기겠는가 말이다. 서로 양보하고 사랑으로 자기가 손해를 본다면 어째서 소송사건이 일어나겠는가 말이다. 결국 고린도 교회가 예수를 믿는다고 하면서도 음란하고, 우상을 숭배하고, 도둑질하고, 욕심을 부리고, 술 취하고, 그 밖에 성도답지 않은 악을 여전히 가지고 있기 때문에 그런 소송사건도 생기고, 서로 싸움이 일어나는 것이다. 그러므로 바울의 결론은 주 예수 그리스도의 이름으로, 그리고 하나님의 성령에 의해서 씻음을 받아 성결한 자가 되고, 의로운 자(하나님과 올바른 관계를 가진 자)가 되는 것이 급선무이다. 참된 그리스도인이 된다면 더러운 소송 사건이 일어나지 않을 것이다.

3) 자유와 방종(6：12－20)

고린도교회로부터 들려오는 또 한 가지는 그리스도인들이 방종한 생활을 한다는 것이다. 바울이 전한 복음을 오해하게 되며, 예수를 믿음으로 구원을 얻는 것이니 행실은 아무래도 상관이 없다는 식으로 생각할 수 있다. 게다가 영만 귀하고 육체는 천하고, 구원과는 상관이 없다고 생각하는 헬라적 사고 방식이 가미되고, 또 나아가서는 고린도 지방이 본래부터 가졌던 부도덕한 풍속과 습관 때문에 그리스도인이 된 다음에도 생활이 방종에 흐르는 경향이 있었던 것 같다. “우리는 슬기가 있다. 우리는 영적으로 구원을 받은 사람들이다. 우리는 이제 자유인이다. 모든 것을 할 수 있다."는 식으로 생각하기에 이르렀다. 그러나 바울은 말한다. 개인적으로 볼 때 죄가 아니고 잘못이 아닌 것이 얼마든지 있을 수 있지만, 사람은 얽히고 설킨 복잡한 상호관계 속에 사는 존재여서 무슨 일을 할 때든지 자기만 생각지 말고, 그것이 과연 그리스도인 생활에 있어서 유익을 주는 것인가 손해를 주는 일도 아닌가를 생각해야 한다는 것이다. 그리고 무슨 일이든 할 수 있다 하더라도, 그 일이 우리의 자유를 속박하고 우리가 그것의 종이 되는 일이 된다면 그런 일은 삼가해야 하는 것이다.

그리고 '음식은 배를 위해 있고, 배는 음식을 위해 있다.'는 식의 영지주의적 사고를 가지고 먹고 마시는 것이 구원에는 하등의 상관이 없다고 말하는 사람들도 있다. 그리고 물론 음식도, 인간의 배도 마침내 다 파멸될 것도 사실이다. 그러나 하나님께서 인간에게 육체를 주신 것은 아무 가치가 없는 것을 준 것도 아니고, 또 그 몸으로 음행을 하라고 준 것도 아니다. 주님은 우리 몸을 위하여 죽으시고 살아나셨으므로 우리는 주님을 위하여 몸을 써야 한다. 하나님은 그리스도를 살리신 것처럼 우리들을 살리시는데, 몸을 버리고 영만 살리시는 것이 아니다. 몸도 같이 귀하기 때문에 전인적(全人的)으로 몸까지 부활시킨다. 이렇게 볼 때 몸을 소홀히 하고 방종에 맡길 수 있느냐 하는 것이다. 영이 깨끗해야 하는 것처럼 몸도 깨끗해야 하는 것이다. 그리스도인은 영만이 아니라 육체를 가진 전인(全人)으로서 그리스도의 몸의 지체들이다. 그러니 그 귀한 몸을 창녀에게 내주어 더럽게 할 수 있겠느냐 말이다. 고린도인들이 습관이 되어 창녀들과의 관계를 죄로 여기지 않을 정도로 무감각해진 모양이지만, 바울은 그것을 철저히 금하면서 그리스도인은 성령의 전이라는 사실, 그리고 이제 그리스도인의 몸된 우리는 자기의 것이 아니고 그리스도의 피로 값 주고 사신 하나님의 것이고 지극히 거룩한 것이기 때문에 우리 마음대로 방종에 내맡겨서는 안 되며, 우리 몸으로 어디까지든지 하나님의 영광을 나타내는 삶을 살아야 한다고 강조한다.

4. 넷째 부분 : 고린도교회가 보낸 편지에 대한 답변

1) 결혼에 관한 문제(7 : 1-40)

헬라의 이원론은 물질과 육체를 무시하면서 쾌락주의의 방종으로 흐르는가 하면, 반대로 금욕주의로 나가는 사람들도 있어서 결혼을 금하는 사람들도 있었다. 바울은 "모든 것이 가능하다."라는 쾌락주의자들의 말에 대하여 원칙적으로 찬성하면서도(6 : 12) "그것이 유익해야 한다", "내가 그것에게 종이 되어서는 안 된다."는 판단을 내려 주었다(6 : 12).

이제 금욕주의적인 입장에서 결혼을 금하는 자들을 향해서는 바울이 역시 개인적으로 찬동한다. 예수의 재림이 임박했다는 생각에 사로잡혀 있던 그로서 얼마 남지 않은 짧은 시간을 가장 유익하게 이용할 수 있는 방도는 결혼하지 않고 독신으로 살면서 그리스도에게 충성하는 일이라고 판단한 것이다. 그러나 사람마다 처지가 다르기 때문에 일률적으로 말하기는 어려운 일이어서, "모든 것이 가하다."라는 원칙 위에서 결혼이 각 개인에게 특히 그리스도인으로서 가장 유익이 되고 좋은 결과를 가져오는 방향으로 취해져야 한다고 생각한 것이다. 바울은 결혼이 악해서 안한 것이 아니고 하나님 앞에서 보다 효과적인 삶을 살기 위해서 일부러 그렇게 했을 뿐이라고 한다. 어떤 사람은 형편에 따라 결혼을 할 수도 있으며, 그것이 도리어 더 유익하겠기 때문이다.

(1) 결혼자에 대한 충고(7 : 2-7)

바울이나 어떤 특별한 뜻을 가진 자를 제외하고는 결혼생활을 할 수밖에 없다. 금욕주의자들은 결혼한 자들을 향해서 결혼생활을 버리라고 할런지 모른다. 그러나 결혼은 결코 악이 아니고, 하나님께서 제정하신 제도로서 보통사람들에게 필수적인 것이다. 인간에게는 성욕이라는 것이 있어서 그것을 남녀의 부부생활 중에서 만족시키며 살도록 창조된 것이다. 그러므로 결혼생활하는 것이 정상적이고, 특히 성적인 욕구를 부부 사이에서 충족시키면서 사는 것이 정당한 생활이다. 그러므로 보다 고상한 목적을 위해서 부부가 별거할 수 있지만, 오랫동안 별거함으로써 사단의 유혹을 받는 일이 없도록 가급적 떨어지는 일이 없이 같이 살아야 한다는 것이 바울의 현명한 충고이다.

(2) 결혼하지 않은 사람에 대한 충고(7：8-9)

미혼자나 또는 과부들에게 주는 바울의 충고는 할 수만 있으면 혼자 살라고 하는 것이다. 그러나 욕정이 불타서 결국 범죄하는 자리에 들어가는 것보다는 차라리 결혼하는 편이 유익하다는 것이다. 각자에게 주신 하나님의 특별한 은사에 따라 할 수 있는 사람도 있고 할 수 없는 사람도 있으니 어느 것을 절대화해서는 안 되는 것이다.

(3) 이혼을 금함(7：10-11)

일단 결혼을 했으면 이혼을 해서는 안 된다는 것은 주님께서 세상에 계실 때부터 명령하신 것이다(막 10：2-9). 그러나 만일 이혼했으면 혼자서 살아야 하고, 다시 합치기를 원하면 이혼한 사람 당사자들이 다시 만나서 살아야 한다는 것이다. 이렇게 해서 가정 윤리의 혼선을 빚지 않고 순결을 유지해야만 하였기 때문일 것이다. 이 길이 가장 유익하고 가장 선한 길이기 때문에 주님도, 사도 바울도 그렇게 명한 것이다.

(4) 불신자와의 결혼(7：12-16)

고린도 시에 복음이 전달되었을 때, 부부가 꼭 같은 시간에 개종하지 못하고, 한 쪽만이 먼저 복음을 받아들인 경우가 많았을 것이다. 그런 경우에 상당히 많은 가정이 불화를 조성하게 되었을 것이다. 이런 허다한 경우에 어떻게 하는 것이 좋겠느냐 하는 것이 고린도인들의 질문이었을 것이다. 바울은 자기 자신의 사견이라고 밝히면서, 즉 예수께서 이 문제에 대해서 밝힌 말씀이 없어서 예수님의 뜻을 전할 수 없다는 뜻으로 말하였다. 남자가 먼저 믿었든 여자가 먼저 믿었든 간에, 불신자 편에서 같이 살기를 원할 때 거절하지 말고 같이 살라는 것이고, 불신자 편에서(남편이나 아내가) 이혼하자고 하면 허락하라는 것이다.

첫째로 불신자 배우자와 같이 살라고 하는 것은 그를 전도하여 신자를 만들 수 있는 가능성도 있고, 그런 사명도 있기 때문이다. 그리고 그 사이에서 태어난 자녀도 신앙을 가진 아버지나 어머니 때문에 신앙을 가지게 되고 구원을 얻을 수 있게 되는 것이기 때문에 이혼을 하지 않고 신앙으로 자녀를 올바로 기르도록 노력해야 한다. 만일 불신자 편에서 신앙 때문에 이혼하겠다고 할 때, 신앙을 포기하면서까지 같이 살아야 될 것인가 아니면 이혼을 허락할 것인가? 당연히 후자를 택하라는 말이다.

(5) 부름받을 때의 신분을 지키는 일(7:17-24)

결혼을 다루다가 갑자기 신분에 관한 이야기가 튀어나오는 것이 수상하지만, 아마도 고린도교회의 질문 속에 포함된 것이었다고 보인다. 예수를 통해서 구원을 받는 것은 인류 전체가 필요로 하는 일이지, 어느 한 부류의 사람에게 국한된 것이 아니다. 하나님은 외모로 사람을 판단하시는 분이 아니시다. 그러므로 할례를 받은 사람과 할례를 안 받은 사람이 외모로 조금 다르겠지만, 그 차이가 결코 하나님 앞에 하등의 영향을 미치는 것이 아니기 때문에 그런 것에 관심을 두지 않아도 된다는 것이다. 하나님 앞에서 인간이 유의할 일은 우리가 하나님의 계명을 지키는 자인가 아닌가를 따져야 하는 것이다. 외형이나 신분이 문제가 아니고, 우리가 하나님의 법도를 따르고 있느냐 범하고 있느냐 하는 것이 문제이다. 예외없이 하나님의 계명을 어긴 자들이기 때문에 외형 여하를 막론하고 그리스도의 속죄가 필요한 것이다(7:19).

또 그 당시 사회제도 중 깊이 뿌리박고 있던 노예 문제에 있어서, 남의 노예의 신분을 가진 자가 예수를 믿으면 어떻게 되느냐 하는 것이 문제일 수밖에 없다. 바울은 물론 노예제도가 나쁘고 바람직하지 않다는 것을 알고 있다. 그래서 노예 신세를 면할 수만 있다면 면하라고 말한다. 그러나 노예 신분에서 예수를 믿었다고 해서 자유인으로 예수를 믿은 것과 어떤 근본적인 차이가 있는 것이 결코 아니어서 노예 신자는 저급하고 자유인 신자는 고급이라는 차별이 없다는 것이다.

그리스도와의 관계에 있어서는 노예나 자유인이나 할 것이 없이 다 주님의 종이라는 꼭 같은 신분이고 가치에 있어서도 꼭 같이 그리스도의 피값을 치른 고귀한 존재들이다. 이렇게 다같이 그리스도를 주인으로 모신 그의 종들이기 때문에, 원칙적으로 인간의 종이 되어서는 안된다고 말한다. 그리스도의 종으로서 서로 섬기는 자가 되어야 하는 것이 그리스도인의 올바른 태도이다. 사회의 제도상 불가불 상전이 있고 하인이 있을 수 있지만, 그리스도 안에서는 꼭 같은 동료 종이 된 것이기 때문에 예수를 믿었다고 해서 현재의 신분을 당장에 버려야 하는 것은 아니라고 충고한다.

(6) 동정(童貞)을 권함(7 : 25－38)

결혼하지 않은 남자와 여자에 대한 바울의 성실한 충고가 뒤따른다. 급박한 재림을 앞두고 세상이 매우 어려운 때에 독신으로 그냥 지내라는 것이 바울의 간곡한 부탁이다. 결혼이 죄나 악이 아니기 때문에 결혼한 사람이 결혼을 파기하라는 것도 아니고, 처녀가 결혼했다고 범죄했다는 뜻에서 하는 말은 아니지만, 바울은 고린도인들을 아끼는 의미에서 진실된 마음으로 독신을 권장한다. 그리스도의 재림이 임박하여 어떤 의미에서 비상시이기 때문에 마치 군인으로 나간 자가 결혼을 했어도 결혼을 안한 자처럼 살 수밖에 없듯이, 비상한 각오와 결단을 가지고 살아야 한다는 것이다. 그리스도를 신랑으로 모신 신도들이 결혼생활 때문에 그리스도에 대한 충성을 할 수 없고, 반면에 그리스도께 충성해야겠다는 생각을 하면 세상의 배우자에게 불충하게 될 것이라는 이론이다. 그러니 생활이 고달파진다는 것이다. 약혼관계에 있는 남녀가 있다 하자. 할 수 있으면 이제 예수를 믿은 바에는 독신으로 지내라는 것이 바울의 충고이다. 그러나 정욕이 불타 결혼하지 않고는 못 견디겠으면 결혼을 해도 무방하다는 것이다.

(7) 과부들에 대한 충고(7 : 39－40)

과부들은 역시 과부로 남아서 주님만 섬기는 것이 좋겠다고 바울은 충고한다. 그러나 그럴 수 없거든 믿는 사람과 결혼하도록 하라는 것이다.

2) 우상의 제물에 관하여(8 : 1－13)

고린도 지방에 많이 있는 이방신전은 고린도 시민생활과 밀접한 관계가 있어서 그 신전에 바쳤던 음식을 먹게 되는 경우가 많이 있었다. 이 문제가 고린도교회에서 제기되어 마침내 바울에게 까지 문의하게 되었다. 이는 지식이 있다는 자들의 자유스러운 태도가 문제였다. 신령한 지식을 가졌고 이치를 통달하고 보니, 우상이 별것 아니고 돌이요, 나무요, 물질이고, 그것이 결코 귀신도 도깨비도 아니다. 하나님은 한분이시고, 모든 것은 그의 창조물에 불과하다. 그런 목석 앞에 음식을 놓았다고 해서 그 음식이 변할 것이 아니고 더러워지는 것도 아니다.

주님은 한분 예수 그리스도뿐이고 그를 통해서 만물이 생겨났고 우리가 존재한다. 이렇게 훌륭한 지식을 가졌지만, 그런 지식을 가지지 못한 사람들도 있다는 사실을 무시하고 자기들 좋을 대로 행동한 데서 문제가 생겼다. 소위 지식이 없는 자들은 지금까지 우상을 실제로 신으로 알고 믿는 버릇이 있고, 우상에게 바쳤던 음식은 그 귀신에 의해서 무언가 영향을 받은 것이라고 믿기 때문에, 어떤 경우 그 제물을 먹고서는 연약한 탓으로 양심의 가책을 받고 괴로워하게 된다. 사실 그 음식을 먹었다고 더 좋거나 안 먹었다고 더 나쁜 것도 없는 중립적인 것에 불과하다. 그러나 우리가 지식이 있고, 믿음이 강하고, 자유가 있다고 해서 우상의 제물을 먹었다고 하자. 그 때에 지식이 없고 약한 자가 그 광경을 보고 우상의 제물을 먹게 될 때 결국 사실은 우상숭배에 동참하는 자를 만들어 버리게 되는 것이 아닌가 말이다.

그러니 나의 자유 때문에 연약한 형제 하나를 멸망시킨다면 결국 그리스도의 사역을 파괴하는 일이 되고 그리스도께 범죄하는 일이 된다. 그러니 형제를 사랑하는 행동이 아니라 형제를 멸망시키는 악한 처사가 아닐 수 없다. 그래서 바울은, 8：9에서 지식은 교만케 하는 것이기 때문에 삼가하고 형제에게 유익을 줄 수 있는 사랑을 도모할 것을 권장하고 8：13에서 형제에게 손해가 간다면 그는 영 고기를 안 먹겠다고 다짐을 했다. 즉 지식을 보류하고 사랑을 주겠다는 것이다. 판단의 표준을 사랑에 두어야 한다는 말이다.

3) 사도의 자유에 관한 문제(9：1－27)

우상제물을 먹는 문제를 다루는 중에 바울은 자기에게 지식이 있고, 자유가 있어도 사랑 때문에 그 자유를 포기하고 지식을 유보한다는 말을 하고 나서, 이제 그 이야기를 좀더 부연하여 자신의 생활원칙을 밝힌다. 혹은 고린도교회가 바울의 생활태도에 대한 질문을 해 왔는지도 모르겠다. 바울은 자신이 사도로서 당당히 가질 수 있는 권위와 자격을 말하면서 남들처럼(다른 사도) 먹고 마실 권리도 있고, 결혼하여 아내를 데리고 다닐 자격도 있고, 일한 대가를 마땅히 받으면서 전도할 자격도 있다고 주장한다. 고린도교회에 나타난 비방꾼은 바울이 그 권리와 자격을 전부 포기하고 사용하지 않는 것을 꼬집어서 사도 자격이 없어서 그렇다고 비난하기도 했다.

바울은 명백히 말한다. 그는 그 사도로서의 권리를 가지고 있으면서도 일부러 사용하지 않기로 했다는 것이다(9：12). 그것은 행여나 자신의 편리를 위해서 그 권리를 쓰다가 조금이라도 그리스도의 복음전파에 방해가 되지나 않을까 하는 염려 때문에 그 권리를 쓰지 않는다는 것이다. 바울은 일편단심 복음이 될 수 있는 대로 빨리, 그리고 널리 전파되기를 바라는 마음으로 가득 차 있다. 복음을 맡은 자로서 주인께 오직 충성하기 위해서, 즉 그 충성에 조금이라도 금이 가지 않게 하기 위해서 바울은 일부러 그의 사도로서의 자유나 권리를 사용하지 않기로 결단했다는 것이다.

바울은 자기의 권리를 전혀 사용하지 않고 아무 보수도 받지 않고 복음을 전한다는 그 자체가 곧 자기가 받는 보상이라는 말까지 하면서 권리를 포기하고 나섰다. 그리고 어떻게 해서든지 한 사람이라도 더 개종자를 얻기 위해서 모든 사람의 종이 되려고 노력했다는 것이다. 자유인이면서도 그 자유를 포기하고 남의 종이 되려고 했다는 것이다. 복음을 위하는 일이라면 어떤 굴욕도 어떤 희생도 달게 받았다는 것이다. 이와 같이 바울은 자기 자신의 유익이나 영광이나 존귀를 완전히 부인하고 오로지 복음의 발전을 위해서 모든 것을 희생하려 했다는 것이다.

다시 말해서 자기보다도 남을, 자기보다는 언제나 복음의 발전을 도모하려고 한 것이 바울의 생활태도였다. 그것이 곧 사람에 대한 사랑이요, 또한 하나님께 대한 사랑이다. 그렇게 자기를 부정하고 모든 권리를 포기하고, 복음의 발전만을 도모한다는 것이 결코 쉬운 일이 아니다. 이제 경주장의 광경에다 비교해 본다면, 경주자들이 전력을 다

해서 질주하는 것과 같다. 그 중의 하나만이 상을 받는다. 경주를 할 때 힘들다고 쉬거나 그만둘 수는 없다. 아무리 어렵고, 땀이 나고, 숨이 차도 참고 견디며 힘을 다해서 달린다. 불멸의 상을 바라고 달리는 영적 경주에 있어서 어찌 이런 희생과 노력이 없을 수 있겠느냐 하는 것이다. 바울은 남도 구원하고, 자기도 구원을 얻기 위해서 최상의 노력을 아끼지 않는다는 것이다. 즉 바울이 그냥 쉽게 아무 수고도 없이 자유와 권리를 포기하는 것 같이 보일지 모르지만, 실로 남보다 더 큰 고통을 당하면서 죽도록 충성하는 태도로 복음을 전하고 있는 것이다. 남은 삯을 받아가면서 하는데 자비량으로 하고, 남은 자기 권리를 다 찾아 가면서 일하는데, 그 모든 권리를 쓰지 않고 일하는 것이 얼마나 더 어렵고 수고스럽겠는가 말이다.

4) **우상제물을 먹는 문제를 다시 논함**(10：1−11：1)

바울은 다시금 우상숭배 문제를 끌고 나오는데, 결국 우상과 그리스도 사이에서 머뭇거려서는 안 되고, 단호히 우상을 배격하고 그리스도를 붙들어야 하겠기에 이스라엘의 전례를 들어 가면서 경고한다. 과거에 이스라엘 사람들이 모세의 영도를 받으며 불기둥, 구름기둥의 인도를 받아 홍해를 무사히 건너고 물이 없을 때 물을, 먹을 것이 없을 때 하늘의 만나를 받아 먹으면서 출애굽을 성공했다. 결국 그것은 하나님의 신령한 축복 속에서 이루어진 일이다. 그런데도 그들이 거의 다 하나님의 마음을 상하게 하고 광야에서 죽고야 말았다(10：1−5).

이 사건은 우리들에게 경고가 되는 것이고 그들처럼 악한 생각을 품어서는 안 된다는 것을 가르쳐 준다. 한마디로 말해서 그들은 우상을 숭배했기 때문에 멸망했다는 것이다(10：7). 즉 금송아지를 만들어 놓고 먹고, 마시며, 춤추면서 그것을 경배한 것이다(출 32：6). 거기에 뒤따른 것이 음행이다(민 25：1 이하). 그리고 하나님을 시험해 보고(출 17：3, 7： 시 95：8 이하), 하나님을 향하여 불평을 하는 일이었다(민 21：4−9). 그러다가 무서운 심판을 받았다. 이런 역사적 전례를 보고 경고를 받아야 한다는 것이다. 사단의 유혹은 교묘하여 '나는 자신 있다.'고 하는 사람도 넘어뜨리려고 하는 것이니까 조심해야 한다는 것이다. 무서운 시험이 닥쳐오지만 염려할 것은 없고, 하나님만 의뢰할 때 하나님께서는 그 시험을 이길 수 있는 길도 열어 주시는 것이라고 격려도 하면서 우상숭배를 철저히 멀리하라고 명령한다.

바울은 10：14~22에서 좀더 구체적으로 그리스도의 만찬에 참석하는 성도들이 어떻게 이방귀신의 식탁에 참석할 수 있겠느냐 하면서 실제적인 예를 가지고 우상숭배를 경고한다. 그리스도인은 예수의 피와 그의 몸에 참예하여 결국 그리스도와 한 몸을 이룬 자들이다. 이제 귀신의 신당에서 그 제물을 먹는다는 것은 결국 귀신과 교제하고 그의 존재가 되는 것을 의미하는 것이니, 주님의 성찬에 참석하는 자들이 감히 우상제물을 먹는 식탁에 참석할 수는 없다는 것이다. 하나님은 질투의 하나님으로서 결코 그런 짓을 용납하시지 않는다는 것이며, 하나님보다 강하여 하나님께 맞서서 싸울 힘이 있으면 한번 해보라는 식으로 우상숭배를 경고하고 있다.

바울은 이 문제에 대해서 결론적으로 원칙론을 말한다. 모든 것이 가하지만 모든 것이 유익한 것은 아니다. 모든 것이 가하나 모든 것이 다 건설적인 것(돕고 보태고 발전을 주는 것)은 아니다. 그러니 우상의 제물을 먹는 문제에 있어서 그 물건 자체가 악한 것은 아니지만, 그것을 먹는다는 행동이 남에게 해를 주느냐 유익을 주느냐가 문제이다. 그것을 먹는 것이 자기 양심에 거리낌이 없다 하더라도 남의 양심을 괴롭힌다면 하지 않아야 하는 것이다. 무슨 일을 하든지, 그것이 하나님께 영광이 되는 일인가를 물어서 해야 하고, 누구에게도 손해를 주지 않고 모든 사람을 기쁘게 하고 이익을 주는 방향으로 해야 하며, 결국은 구원을 얻는 일에 손해를 주지 않고 적극적인 유익이 되도록 해야 한다는 것이다. 자기 좋을 대로 또는 자기 유익을 도모하지 말고 남을 유익하게 하겠다는 마음, 즉 그리스도의 희생적 정신을 가지고 만사를 해결하라는 것이다. 그 점에서 바울은 그리스도를 닮으려고 노력하고 있으니, 바울은 그 정신에 있어서 자기를 닮으라고 권유한다(11：1).

5) 칭찬과 비난(11：2-34)

바울은 고린도교회가 보낸 편지에서 교회 예배에 관한 몇 가지 질문에 대하여 대답을 주려고 한다. 첫째는 여자들이 수건을 쓰지 않고 예배에 참석하는 사건(11：2–16), 둘째는 성찬식에 관한 것(11：17–34), 셋째는 성령의 은사를 받았다는 사람 때문에 예배의 질서가 문란해지는 사건(12：1–14：40) 등이다.

(1) 바울은 먼저 간단히 고린도 교인들을 칭찬한다.(11：2) 고린도교회가 바울이 전해 준 전승을 기억하고 잘 실시하고 있다는 일반적인 칭찬을 먼저 했다. 대부분의 교회생활이 바울의 교훈대로 되어 간 것이 사실일 것이다. 그 중에 몇 가지에 문제가 있기 때문에 그것을 지적한 것이라고 생각된다. 첫째로 여신도들이 예배하러 나오면서 수건을 쓰지 않은 채 나오는 일이 문제가 되었다는 것이다. 바울은 창조의 질서에 근거하여 상식에 호소하여 인간의 자연적 모습을 따라 교회의 일반적 통례를 근거로 해서 여자가 예배할 때 머리에 수건을 쓰는 것이 옳다고 주장한다. 고린도교회에서(다른 초대 교회에서도) 여자들이 예배시에 나서서 기도도 하고 예언도 하는 것이 허락되었던 것으로 볼 수 있다(11：5). 그 때에 여자는 머리에 수건을 써야 한다고 주장하면서 네 가지로 그 이유를 말한다.

첫째로 창조의 질서를 들고 나온다. 유대인들의 신앙 전통에 젖은 바울 사도는 그 전통적 판단에 입각해서 하나님, 그리스도, 남자, 여자의 순서로 차서를 정하고 남자는 머리에 쓰면 안 되고 여자는 반드시 머리에 쓰도록 되어 있다는 결정론을 말한다. 그것이 창조의 질서라는 의미에서 강력히 주장했다. 천사들 때문에도 여자는 수건을 써야 한다는 말씀(11：10)은 바울이 자기의 이론을 더욱 뒷받침하려는 생각으로 한 말로서, 창조의 질서를 천사들이 처음부터 알고 있고 지켜본 터이므로 그들의 원성이나 비난을 피하기 위해서라도 그 질서를 지켜야 하겠다는 말로 이해된다. 그러면서도 바울은 주를 단다. 그리스도를 믿는 사회에서는 모두가 다 하나님께 속하는 존재로서, 남자와 여자가 서로 필요불가결의 존재로 상호 의존하는 관계에 있는 것이지, 누가 높고 낮음을 따질 필요가 없다는 것이다(11：11–12).

둘째로는 상식적으로 판단해서 여자가 하나님 앞에서 기도할 때 수건을 벗는 것이 온당하겠느냐고 물으면서 상식을 벗어난 일이 아니냐는 것이다. 즉 그 당시의 풍속에도 어긋나는 것이라고 한다. 셋째로는 인간의 자연적 본성이 역시 그렇게 가르친다는 것이다. 남자가 머리를 길게 하는 일은 창피한 일로 여겨지고, 여자가 긴 머리를 가지는 것은 자랑이 된다고 느껴지는 것이 본능적이라는 것이다. 넷째로는 그 시대까지 모든 교회가 여자는 수건을 쓰도록 되어 있고 그것이 전통이라는 것이다.

그런데 어째서 우리는, 그리고 세계 교회 대부분이 이 지시를 어기고 여자들이 수건을 쓰지 않고 예배에 참석하고 있는가 하는 것이 문제이다. 이 문제에 대해서 바울은 교회의 유익과 하나님의 영광을 먼저 생각해야 한다는 원칙을 지키고 있는 것이다. 고린도 지방의 자유주의자들, 특히 여성의 해방과 자유를 부르짖는 자들이 유대교의 전통을 전혀 모르는 입장에서 남자와 여자의 차이가 무엇이냐, 어째서 여자만 수건을 써야 하느냐 하는 생각을 할 수 있었고, 더운 지방에서 여자들이 수건을 쓰고서 당하는 그 더위를 남자들과 마찬가지로 수건을 쓰지 않음으로써 피하고 같이 자유를 누리자는 생각도 했을 것이고, 예수를 믿기 전부터 수건을 벗고 자유롭게 살고 또는 창녀생활을 하던 사람들이 예수를 믿고 나서 그냥 옛 버릇을 유지하고 교회에 나오는 경우가 있었을 것이다.

이러한 현상이 교회 안팎에서 물의를 일으켰던 것이다. 보수적 사고를 가진 교인들에게도 역겨운 일이었고, 따라서 교회 안에서 가부를 놓고 논쟁이 벌어졌을 것이고, 더욱이 밖에서는 교회를 향하여 비난의 공격을 퍼부었을 것이다. 교회는 미풍양속을 해치는 존재다. 교회는 예의도 버릇도 없는 놈들의 집단이다. 저런 집단이라면 내 딸, 내 아내는 거기에 동참을 허락지 않겠다는 등 잡다한 공격의 화살이 날아들었을 것이다. 이와 같은 처지에서 판단할 것은, 여성들이 자신의 편리나 유익을 구하지 말고 남의 유익을 구하고 교회의 손해를 막고 오히려 교회가 이익을 얻고 발전에 도움이 되는 길이 무엇인가를 찾아야 한다. 그것은 고린도교회의 그 당시의 입장에서는 여성이 수건을 쓰고 교회 예배에 참석하는 일이었다.

(2) 성찬식에 관한 문제(11 : 17-34)

고린도교회 안에는 여자들이 수건을 쓰지 않는 문제보다 더 심각한 문제가 있다는 것이다. 그것은 교회로 모일 때 격려를 받고, 위로를 받고, 기쁨으로 같이 하나님을 찬양하려는 것이요, 신앙적 발전을 위한 것인데 오히려 고린도교회는 같이 모일 때 신앙에 손해를 보고, 기분이 나빠지고, 모이지 않은 것보다도 못한 그러한 결과가 나타난다는 것이다(11 : 17).

소문에 의하면 고린도교회 안에는 부자와 가난한 자의 차별이 있어서 두 그룹으로 갈라진다는 것이다. 그것이 어느 정도 사실일 것으로 바울은 믿고 말한다(11 : 18). 물론 교회 안에는 참 신자와 가짜 신자가 있어서 근본적으로 그리고 종국에는 갈라지고 심판의 날이 오겠지만, 우선 현재 고린도교회에 생긴 문제는 성도들이 만찬을 같이 먹는 전통을 실시하면서 식사를 하는데, 각자가 가지고 온 음식을 자기들만 먹는데, 가난한 사람은 없어서 못 먹거나 조금밖에 못먹는 데, 부자는 배가 부르게 먹고 술을 먹어 취하기까지 한다는 것이다. 그것이 성찬이라고 오해하고 있는 것이며, 그런 식의 식사로 인해서 교회는 부자와 가난한 자로 패가 갈라지고 마는 것이다.

예수께서 잡히시기 전날 밤, 12제자와 함께 마지막 식사를 하셨다. 뜻깊은 교제의 식사였다. 그러므로 교회가 생긴 후에도 그리스도로 말미암아 한 공동체가 된 자들이 같이 모여 식사를 나눈다는 것이 의미있는 것이어서, 모두가 모여서 음식을 가져다가 똑같이 나누어 먹는 일은 중요하고 보람 있는 일이었다. 그러나 고린도교회는 그 정신을 잊어버리고 저마다 자기 음식을 가져다가 자기가 먹었기에 바울의 책망을 받을 수밖에 없었다. 즉 먹을려면 집에서 먹지, 어째서 교회에 와서 먹으면서 가난한 사람의 기분을 상하게 하고, 교회라는 성격 즉 공동체라는 성격을 모독하고 있느냐는 것이다. 그러면서 그러한 공동식사와는 별도로 성찬식의 절차를 보여 주면서 그대로 하라고 부탁한다(11 : 23-26). 그리고 성찬식은 마구 경솔히 행할 것이 아니고 경건하게, 회개하는 마음으로 엄숙히 행할 것을 신신 당부한다(11 : 27-32).

그러니까 성찬식 이전에 가지는 공동식사와 성찬식 자체를 명확히 구별해야 할 것이고, 공동식사에 있어서는 다같이 나누어 먹고 골고루 먹음으로 뜨거운 교제를 가질 수 있어야 한다는 것이다. 정 급해서 먹어야 할 사람은 집에서 먹고 올 것이지 자기 혼자서 단독행위를 하지 말라는 것이다. 여기서도 역시 자기보다는 교회를, 그리고 남을 먼저 생각하는 정신을 발휘해야 한다는 것을 강조하고 있는 것이다.

6) 성령의 은사에 관한 문제(12：1－14：40)

고린도교회의 신앙생활에 있어서 특히 교회의 예배생활에 있어서 또 하나 문제되는 것은 성령의 은사 때문에 일어 나는 여러 가지 사건들이었다. 그래서 바울은 장황하게 이 문제를 설명해 나간다.

(1) 영적 발언의 진부(眞否)(12：1－3)

고린도교회는 초대교회적 특색을 다분히 가진 교회로서 성령의 운동이 맹렬히 일어나고 있었던 것 같다. 성령이 역사하는 만큼 악령도 정비례해서 역사하게 마련이다. 따라서 혼란이 일어나 잘못하면 혼동이 생기게 된다. 사단의 목적이 거기에 있는 것이다. 그래서 바울은 우선 성령과 거짓 영을 구분하는 표준을 말해 준다. 저마다 영을 가졌다고 하지만 그 입으로 "예수는 십자가에 달리셨다. 예수가 주님이시다."라고 고백하는 영은 참 영이고, 그렇지 않은 영은 악령이요, 우상의 영이라는 것을 말한다.

(2) 성령의 은사의 다양성(12：4－11)

성령은 한 분이신데, 그가 교회 안에서 역사하실 때 성도 각 사람에게 각각 다른 선물을 주시고 그 다양한 사역을 통하여 하나님의 뜻을 성취해 나가신다. 12：7 말씀처럼 전체의 선을 위해서 주시는 선물이다. 성령의 은사는 자기 자신을 위해 사용될 것이 아니라 교회의 덕과 유익을 위해서 사용되어야 한다는 말이다. 지혜를 말하는 은사, 지식을 말하는 은사, 믿음의 은사, 병고치는 은사, 예언의 은사, 영을 분별하는 은사, 방언의 은사, 방언을 해석하는 은사 등 각각 다르게 한 성령으로부터 다른 은사가 주어진다. 바울은 여기서 일부러 방언을 맨 마지막에다 놓은 것으로 보인다. 그 교회 안에 방언이 있었기 때문이다.

(3) 몸과 지체(12 : 12-26)

교회는 머리되시는 그리스도와 그 몸을 구성하는 많은 지체로 되어 있다. 사지백체, 오장육부, 모든 지체들이 다 필요하고, 다 각각 나름의 필요불가결의 작용과 기능이 있다. 그러므로 어느 하나도 무가치하거나 없어도 될 것은 없다. 결코 다른 지체를 깔보거나 자기만이 가치가 있다는 말을 할 수 없다. 동고동락해야 하는 유기체로 만들어져 있다. 성령께서 각자에게 각각 다른 기능과 역할을 주셨기 때문에 각 은사는 다 귀하고, 다 필요한 것이다.

(4) 교회 내의 갖가지 은사(12 : 27-31)

하나님께서 교회 안에 성령의 은사를 주시어 세운 직분들을 바울은 차서를 따지면서 몇 개를 열거한다. 첫째는 사도, 둘째는 예언자, 셋째는 교사, 다음은 이적 행하는 자, 병고치는 자, 돕는 자(가난한 자, 약한 자, 병자를 돌보는 자), 행정하는 자, 방언하는 자 등을 열거했다. 다 같을 수가 없다는 것이다. 여기서도 바울은 방언을 끝에다 놓으며 31절에 더 높은 은사를 구하라고 하고, 첫째, 둘째, 셋째로 순서를 말한 것은 아무래도 고린도교회 내에서 문제가 되었던 방언하는 자들에게 경책을 하기 위한 것이 아닐까 생각된다. 보다 더 월등한 은사를 보여 주겠다고 하면서 13장에서 사랑의 은사를 길게 설명하는 것으로 보아 은사 하나하나의 가치는 얼마나 사랑을 실천할 수 있느냐에 따라 판정되는 것이라고 생각된다.

(5) 사랑의 우월성(13 : 1-13)

고린도 교인들은 헬라 사상의 영향으로 영을 숭상하고 있으며, 더구나 기독교가 말하는 성령을 받았다고 생각하면서 열광주의에 빠져 저마다 영의 사람이라고 하는 경향을 가졌던 것 같다. 그러나 문제는 참된 그리스도의 영을 가졌느냐 하는 것이고, 정말 그리스도의 영을 가진 자라면 그 영에 의해 주어진 은사를 사용하는데 있어서 그 성령의 뜻에 부합해야 할 것이다. 성령의 열매 중에서 가장 으뜸이 되고 하나님과 그리스도 마음의 가장 대표적인 것이 사랑일진대 그 은사가 사랑이라는 기본 정신에서 사용되어야 할 것이 틀림없다. 그래서 바울은 모든 은사에 앞서서 사랑을 먼저 가져야 한다는 것을 강조한다. 그 당시 가장 현저하게 눈에 띄고 귀에 들리는 은사는 물론 방언이었다. 그러나 방언하는 자가 사랑이 있느냐를 따져야 한다. 예언을 하는 자도 사랑이 앞서야 한다. 지식이 있고 믿음이 있고 구제사업이 있다 해도 사랑의 정신이 없으면 다 허사라는 것이다. 사랑이라는 표준을 가지고 만사를 재어 보자는 것이다. 사랑의 정신을 가지고 만사를 행하자는 것이다. 사랑의 마음을 가지고 한다면 만사가 잘 될 것이라는 말이다.

(6) 예언이 방언보다 낫다(14：1－12).

고린도교회가 안고 있는 실제 문제로 들어가서, 방언하는 사람이 많고 예언하는 사람도 많아 저마다 자기가 더 중요하고 자기가 더 큰 일을 한다고 자랑하며, 자기와 같지 않은 자들을 깔보고 업신여기는 경향도 있었을 것이다. 이런 사실을 앞에 놓고 바울은 우선 사랑을 추구하라고 명하면서(14：1), 신령한 은사를 소원하되 특히 예언의 은사를 사모하라고 권장한다. 그러면서 예언의 은사와 방언의 은사를 비교해 보여 준다(14：5). 방언은 남에게 또는 교회에 유익을 끼치는 일에 있어서 별로 하는 일이 없다는 것이다. 반면에 예언은 교회로 하여금 듣고 가르침과 권면과 격려와 위로를 받고 보탬을 얻게 하는 것이기 때문에 사랑의 원칙으로 볼 때 후자가 월등하다는 것이다. 교회에 덕을 세우고 이익을 가져오게 하는 은사가 훌륭한 은사요, 같은 은사를 가지고도 얼마나 교회에 유익을 주느냐, 남에게 이익을 주느냐에 따라서 가치를 판단할 수 있다는 것이다(14：12).

(7) 방언은 반드시 해석자가 있어야 한다(14：13－19).

방언이 성령의 은사인 것이 사실이되 바울도 그런 은사를 가지고 있었다(14：18). 그러나 바울은 방언의 은사를 가졌으면 그것을 해석하는 은사도 받도록 기도하라는 것이다. 그 이유는 교회공동체 생활에 있어서 자기 혼자 방언의 황홀경에서 즐기는 것으로 만족해서는 안 되며 남에게 도움이 되고 덕이 되어야만 하기 때문에, 즉 사랑의 원칙에서 모든 것을 해야 하기 때문에 통역의 은사까지 받아 남에게 이익을 끼치도록 해야 한다는 것이다.

(8) 방언은 불신자를 위한 것(14：20－25)

교회에 예배를 드리기 위해서 모였을 때 어떤 신자가 방언으로 말한다 하더라도 그것이 신자들에게는 별 효과를 나타내지 못한다. 그러나 불신자들에게 어떤 표적(기적)처럼 여겨질지 모른다. 많은 경우에 아무도 이해할 수 없는 방언을 하게 되면 미쳤다고 인정하게 될 것이다. 그러나 똑똑히 알아 들을 수 있는 말로 예언을 하게 되면 감동을 받아 하나님을 예배하며 하나님이 교회에 계심을 알게 될 것이다. 그러므로 방언보다는 예언이 월등하는 것이다.

(9) 건덕과 질서의 중요성(14 : 26-33a)

예배드리러 모였을 때 찬양도 하고, 가르치는 일도 있고, 예언으로 계시하는 일, 방언하는 일, 방언을 해석하는 일이 다 있을 수 있다. 성령의 은사를 받은 대로 나타낼 수 있다. 그러나 무엇이든지 교회의 이익이 되고 보탬이 되는 방향으로 해야 한다는 것이다(14 : 26 f).

예컨대 어떤 사람들이 방언을 한다 하자. 한 사람씩 차례로 하되, 통역이 있어서 회중이 같이 듣고 이익을 얻어야 한다. 통역이 없이 두세 사람이 마구 떠들어대면 유익은커녕 회중을 혼란하게 만들고 기분을 상하게 할 것이다. 그러니 통역이 없는 경우에는 방언을 아예 하지 않는 것이 좋고 혼자서 하나님과 교제하는 것이 낫다. 예언도 두세 사람이 차례로 해야 하고 조용히 듣고 거기서 격려를 받고 가르침을 받도록 해야 한다. 예언해야 할 때와 장소를 가려야 하는 것이다. 예컨대 남이 예언하고 있을 때 나도 예언을 한다고 나서면, 혼란만 오지 그 예언이 아무에게도 들리지 않고 효과를 나타내지 못할 것이다. 그러므로 예언의 은사도 예언자의 질서에 복종해야 한다는 말이 가능하다. 어디까지나 하나님은 질서와 평화의 하나님이시기에 예배를 질서 있게 그리고 평화롭게 드려야 한다. 성령의 은사를 사용하되 남을 이익되게 하는 일과 질서를 깨뜨리지 않아야 한다는 것을 원칙으로 해야 한다는 것이다.

(10) 여자들의 역할(14 : 33 b-36)

고린도교회가 직면한 문제들 중의 하나가 바로 여자들이 교회에서 기도하고 예언하되 머리에 수건을 쓰지 않고 하는 일이었다(11 : 5). 즉 거기서는 여자들이 예배에서 기도하고 예언도 할 수 있는 것으로 나타나 있다. 그런데 여기서는 아예 여자들이 교회에서 전혀 말을 하지 않아야 한다고 한 것은 무엇 때문일까? 11장에서 바울이 말한 대로 여자는 예배 때에 수건을 반드시 써야 한다고 주장했다면 수건을 쓰지 않은 여자가 교회에서 말하는 것을 금하는 것도 당연한 일이겠다. 다른 각도에서 생각해 볼 때, 고린도교회의 고유한 상황이 문제이다. 즉 여자들이 수건을 쓰지 않을 뿐 아니라 방언도 하고 예언도 한다 하면서 교회를 소란케 하고 있으며, 그것 때문에 교회 안팍에서 원성이 자자하고 교회가 큰 손해를 받게 되었을지도 모른다. 즉 교회의 이익이나 보탬이 되지 않고 여성의 발언 때문에 교회는 교인의 수가 줄어들거나 악명만이 높아 가는 형편이었을지 모른다.

이런 때에 바울이 할 수 있는 말이 무엇이었을까? 당연히 여자들은 잠잠하라고 하지 않을까? 말을 많이 하거나 마구 해서 교회를 혼란케 하고 손해를 주었다면 여자들은 말하는 것을 부끄러운 일로 여겨야 하지 않겠는가? 고린도교회가 무슨 특별한 교회라고 큰 원칙을 무시할 수 있는 권리를 가졌단 말인가? 복음이 고린도교회에게만 도달한 것도 아니고 고린도교회가 복음을 창출한 교회도 아닌 이상, 교회의 일반 법칙을 지켜야 한다는 것이다. 즉 말할 권리가 있다 하더라도 교회의 이익을 위해서는 권리를 유보해야 하는 것인데, 여자들이 말을 많이 하므로 교회의 손해가 되었다면 더욱더 말을 안 해야 하지 않겠느냐 하는 것이다.

바울은 고린도교회의 현실적 문제를 해결하기 위해서 율법까지 끌어다 대면서 강력히 이론을 전개했지만, 그 명령이 과연 영구적이며 규범적인 것이 될 수 있겠는가가 문제이다. 원칙론으로 돌아가서, 여성이 말을 함으로써 교회에 이익이 되고 교회발전에 이바지하는 일이 된다면, 구태여 여자는 잠잠해야 한다는 법에 집착해야 할 것인가? 바울의 자유의 복음은 사랑과 건덕의 원칙에 어긋나지 않는 한 여자의 발언을 허락한다고 본다.

(11) 종합적 결론(14 : 37-40)

바울은 자기가 지금까지 말하고 있는 내용이 하나님께 기도하며 신령하게 교통하는 중에 하나님께로부터 받은 명령임을 자신하며, 한 성령을 믿고 그의 지시를 받는 사람들이 이 사실에 동의할 것이라고 말하면서 자기의 말의 권위를 다시 한번 밝힌다(14 : 37−38). 그러면서 결론은 14장 처음에 말한 대로 예언을 사모하라는 것이며, 그러면서도 방언도 같은 성령의 은사요, 그 나름의 기능과 효능이 있는 것이니까 그것을 금할 필요는 없다는 판정을 내린다. 다만 예언을 하든지 방언을 하든지, 기타 어떤 은사를 사용하든지 매사에 교회의 이익이 되는 아름다운 방법으로 하고, 질서를 지켜 평화가 유지되는 모양으로 해야 한다는 것이다. 하나님은 질서의 하나님, 평화의 하나님이시기 때문이다.

7) **부활에 관한 문제**(15 : 1−58)

고린도교회는 여러 가지 문제를 안고 있는 중에 부활에 관한 문제를 또한 크게 가지고 있었다. 부활은 순수한 인간의 지식을 가지고는 해석할 수 없는 문제여서 부활을 부인하는 사람도 있었을 것이고, 소위 영파라고 해서 이미 영을 소유했다고 생각하는 사람들은 이미 부활을 체험했으므로 부활이 이제는 소용이 없다고 생각하는 사람도 있었을 것이다. 기독교 교리의 가장 핵심 중의 하나인 이 부활에 대해서 바울은 상당한 지면을 할애하여 설명하고 있다.

(1) 사도적 복음(15 : 1−11)

부활은 기독교 복음 전승의 핵심 중의 하나로서 교회는 그 신앙 위에 세워졌고, 처음부터 부활을 믿는 신앙을 고린도교회에도 바울이 전했으며, 그것을 믿고 구원을 얻었다는 것이다. 바울이 그 복음을 창안한 것이 아니며 바울도 교회 일반이 전하는 복음 내용을 받았고, 그것을 그대로 전달한 것인바, 그 골자는 ① 성경말씀이 예언한 대로 그리스도께서 우리의 죄 때문에 죽으셨다는 것 ② 확실히 죽으셨기 때문에 무덤에 묻히셨다는 것 ③ 성경의 예언대로 사흘 만에 주께서 다시 살아나셨다는 것 ④ 그리고 게바에게 나타나시고, 12사도에게, 500명 이상 되는 성도들에게, 야고보에게, 다시 모든 사도에게, 그리고 바울에게도 나타나셨다는 것이다.

그러므로 복음의 골자는 하나님의 아들이 사람이 되셔서 세상에 사시다가 죽으셨고, 죽으셨다가 다시 살아나셔서 그 틀림없음을 확증하시느라고 여러 번 많은 사람에게 나타나셨다는 것, 즉 그 중에도 부활이 그 골자가 되고 있다는 말이다. 바울이 이 복음을 전했고, 고린도교회는 그 복음을 믿고 교회가 되었으며, 바울이 교회를 박해하던 자인데 이렇게 사도가 되어 복음을 전하게 된 것도 부활하신 예수가 바울에게 나타나시고 불러 주셨기 때문이다. 그러니 그리스도의 부활의 증거가 너무도 선명하다. 바울이 그 복음을 전하고 있다는 사실과 믿는 자들의 공동체로서 교회가 존재한다는 사실 자체가 부활을 증명해 주는 것이 아닌가?

(2) 부활이 없으면 구원도 없다(15 : 12—19).

고린도교회에 적을 둔 사람들 중에 도대체 부활은 있을 수 없다는 사람이 있었던 모양이다. 헬라적 이원 사상(Dualism)에서 볼 때 인간을 영과 육으로 갈라서 영은 불멸하는 것이고, 육은 썩어 없어지는 것에 불과하다고 볼 뿐 그 이상을 생각할 수 없다는 것이다. 세상에서 영혼이 육 속에 갇혀서 살다가 육을 벗어나 영혼이 해방되면 그만이지 무슨 부활이라는 것이 있겠느냐는 것이다. 그러나 그것은 헬라사람들의 자기 척도에 의한 판단에 불과하고, 자기들의 이성으로 이해할 수 있는 것만을 진실이라고 보는 그릇되고 망령된 생각이다.

부활이 없다면 그리스도의 부활도 없어야 한다. 따라서 있지도 않은 부활을 전파했다면 허공을 믿는 것에 불과하고, 쓸데없이 믿노라고 하다가 죽은 사람도 결국 헛 일을 한 것에 불과할 것이다. 부활이 없다면, 즉 예수를 믿는다고 하면서 그냥 지상에서 그의 교훈을 따르고 사랑을 실천하는 등 영웅숭배나 도덕종교로 끝난다면, 기독교처럼 어리석은 것이 없을 것이다. 짧은 이 세상을 살고 마는 것이라면 어째서 자제하며, 절약하며, 고난과 박해를 당하면서 살아야 하겠는가 말이다.

(3) 부활의 첫 열매와 추수(15 : 20—28)

부활이 없다고 말하는 사람들이 있지만 사실을 부인할 수는 없는 것이 아닌가? 하늘에 떠 있는 태양을 보지 못하는 소경이 태양이 없다고 말한다면 어느 것이 참이겠는가? 예수는 확실히 인간으로 사시다가 죽으신 것이 사실이고, 그가 또 살아나신 것도 사실이다. 결국 인간은 부활한다는 사실을 알려 주는 사건이며, 인간 중에서는 처음으로 된 사건이다. 첫 아담(인간)에 의해서 죽음이 세상에 생겼고, 둘째 아담 예수 그리스도를 통해서 죽은 자의 부활이 생겼다. 첫 아담 때문에 모든 인간이 죽었고, 이제 둘째 아담 그리스도의 부활로 인해서 모든 인간이 살아나게 되었다. 즉 예수만 부활하신 것이 아니라, 예수 안에서 모든 인간이 부활한 가능성이 생겼다.

이제 주님의 부활은 어떤 가능성을 내포하고 있는가? 그의 부활이 앞으로 어떤 결과를 가져올 것인가? 그리스도가 부활의 첫 열매, 즉 제일 먼저 나타난 경우가 되고 그리스도가 재림하실 때 그리스도를 믿던 성도가 부활하게 되고 역사의 종말이 오면서 모든 지배자, 권세, 능력을 다 파괴하고 하나님만이 통치하시는 나라를 이루어 하나님을 왕으로 모시게 된다. 부활은 이런 식으로 새로운 세계에로의 관문이 된다.

(4) 우리의 부활이 없다면?(15:29-34)

신자들이 장차 부활할 가능성이 없다고 가정해 보자. 고린도교회(그 밖의 교회도 그랬을지 모른다.)에는 세례받지 못하고 죽은 자들을 대신해서 세례를 받는 관례를 가지고 있었던 모양인데, 그것은 앞으로 주님의 재림 때 다같이 부활할 것을 기대하기 때문에 하는 일이 아니냐 하는 것이다. 실제로 고린도 교인들이 그런 부활 신앙에 있지 않느냐 하는 반문이다(15:29). 바울이 매시간마다 위험을 당하면서도 참고, 에베소에서는 반대자들의 고소에 의하여 체포되어 경기장에서 짐승과 싸우는 끔찍한 일을 겪으면서까지 복음을 사수한 것은 부활을 믿기 때문이 아닌가? 부활이 없다면 "오늘은 마음껏 먹고 마시자. 내일 죽자." 라고 할 것이 아닌가? 확실히 부활은 있는 것이니, 부활이 없다는 선전에 끌리지 말고 그들의 유혹에 빠져 범죄하는 일이 없도록 하라는 것이다.

(5) 부활의 성격(15:35-49)

우리가 부활한다면 도대체 어떤 식으로 부활할 것인가 하는 구체적인 질문이 나올 수밖에 없다. 우선 종자(種子)를 비유해서 설명 한다.

종자를 심으면 그것이 썩듯이 인간이 죽으면 그 몸이 썩는다. 그러나 그 뒤에 나타나는 것은 완전히 새 것이 돋아나듯이, 몸이 썩어 없어지면 부활할 때에는 새로운 것으로 나타나게 된다. 그러나 사람이 죽어서 사람이 되고, A가 죽어서 A가 되는 것이지 자기 개성을 잃는 것은 아니다. 김모씨가 죽었다가 박모씨로 살아나는 것이 아니라는 말이다(15 : 39). 그리고 부활한 몸은 영광의 몸으로서 하나님께서 인간에게 주신 인간의 영광을 갖춘 그러한 몸이 된다. 세상에서는 썩을 몸, 불완전한 몸, 제약을 가진 몸, 추위와 더위에 시달리고, 시간과 공간에 제함을 받는 연약한 몸이었지만, 부활한 몸은 신령한 몸이요, 전적인 몸으로서 부활하신 그리스도를 닮은 몸을 가지게 될 것이다(요일 3 : 2). 하나님께서 이상(理想)하신 완전한 인간이 될 것이다.

(6) 그리스도의 재림과 종말(15 : 50-57)

우리가 가진 이대로의 혈육을 가지고 하나님의 나라를 누리게 되는 것이 아니다. 즉 이 물질 세상이 그냥 발전하고 진화해서 낙원이 이루어지는 것은 아니라는 말이다. 썩을 인간이 불멸의 나라를 차지할 수 없고 인간의 힘으로 그 나라를 만들지는 못한다는 말이다. 역사의 종말이 올 터인데, 그 때에는 천사들의 나팔소리와 함께 신비스러운 대격변이 일어나겠고, 살아 있던 자도 변하고, 죽었던 자들도 다 부활하여 불멸의 몸을 가지고 나타나게 된다. 이렇게 되어 죽음이 없는 세계로 변하게 되며, 성도들이 예수 그리스도와 함께 승리를 누리며 하나님께 감사와 찬양을 세세토록 드리는 세계가 될 것이다.

(7) 마지막 권면(15 : 58)

이런 부활의 소망을 가지고 성도들은 꾸준히 변치 않는 믿음을 가져야 하겠고, 주님의 일을 언제나 힘쓰라는 것이다. 결코 우리의 수고가 헛되지 않으며 주님께서 정당하게 갚아 주실 것을 알고 있으라는 것이다.

(8) 예루살렘교회를 위한 모금 문제(16 : 1-4)

바울은 언제나 교회가 하나라는 생각을 가지고 유기적으로 서로 얽혀 있어서 모든 교회가 아픔과 기쁨을 같이 나눠야 할 것을 강조하였다. 그래서 모교회인 예루살렘교회가 기근으로, 경제적 어려움으로 고통당하는 것을 방치할 수 없다고 보아 기회있는 대로 예루살렘교회를 돕자고 권고하였던 것이다. 문제에 대해서 고린도교회도 동참하려고 하면서 구체적 지시를 기다린 것 같다. 바울의 지시는 첫째, 단번에 거액을 내기는 힘들 테니까 주일마다 미리미리 각자가 힘닿는 대로 돈을 내어 놓으라는 것이며 둘째로, 바울이 고린도에 도착하게 되면 신용 있는 자들을 골라 예루살렘으로 파송하여 자기의 편지를 같이 보내겠다는 것이며 셋째로, 가능하다면 자기도 같이 가겠다는 것이다.

5. 다섯째 부분 : 마지막 부탁들

1) 바울의 여행계획과 권면(16 : 5－14)

바울은 에베소에서 크게 전도사업을 벌이고 있어서 당장에 떠날 형편이 못 된다. 그래서 대신 편지를 쓰는 형편이다. 그의 계획은 오순절까지(맥추절) 에베소에 머물러 있다가 그 곳을 떠나 마게도니아를 거쳐서 고린도로 갈 것이고, 얼마 동안 거기 머물고, 가능하면 겨울도 나면 좋겠다는 것이다. 고린도에서 겨울을 난 후 고린도교회의 후원을 받으면서 다른 목적지로 가고 싶다는 것이다(16 : 5－9).

바울이 지금 당장에 고린도에 가지 못하는 대신 디모데를 보낼 계획이라고 하면서, 주님의 일을 하는 주님의 일꾼으로 그를 잘 영접하며 편리를 도모해 주고, 잘 돌려보내 달라는 부탁을 한다. 바울은 그만큼 책임 있는 목자로서 모든 가능한 방법으로 양떼를 돌보려고 한다. 바울은 디모데를 대신 보내어 고린도교회를 돌보고 돌아와서 실정을 보고해 주도록 한 것이다(16 : 10－11).

아볼로더러 고린도에 가서 일해 달라고 부탁을 해보았다는 것이다. 그러나 지금으로서는 못 가겠고 기회가 있는 대로 후에 가겠다는 허락을 받았다고 바울은 보고해 준다. 이와 같이 바울은 역시 백방으로 고린도교회를 염려하여 여러 모로 노력하고 있는 것을 볼 수 있다(16 : 12). 끝으로 다시 권면을 덧붙인다. 깨어서 정신을 바짝 차리고, 믿음에 굳게 서서 남자답게 행동하며 힘있는 자가 되라는 것이며 무슨 일에든지 사랑으로 하라는 것이다.

2) 교회지도자에 대한 마땅한 대접을 권함(16 : 15－18)

고린도교회에 있어서 스데바나는 특별한 대접을 받기에 합당한 사람이다. 바울의 아가야 전도의 첫 열매인 스데바나라는 점에서 뜻깊은 기념비적 존재이기도 하지만, 그는 첫 열매답게 그 집안이 다같이 성도들을 돌보고 봉사하는 일에 충성을 다한다는 것이다. 그런 사람들에게 복종하는 일이 마땅하며, 그와 같은 식으로 봉사하는 기타 동료 일꾼들에게 잘 복종해야 한다고 권면한다. 스데바나와 브드나도와 아가이고가 바울을 찾아와 준 것이 고맙다고 하면서 그들의 공을 치하하며 그런 사람들을 제대로 대우해 주라고 당부한다. 교회지도자와 교역자들에게 마땅한 대우를 하는 것이 옳은 일이며, 건전한 교회의 표지라 할 수 있다.

3) 마지막 인사와 축도(16 : 19－24)

바울은 에베소 지방의 여러 교회를 대표하고, 아굴라와 브리스가와 그 집에 모이는 교회의 이름으로 인사를 한다. 끝으로 친필로 마지막 인사 부분을 쓰면서 정성과 애정을 담아 보낸다. 끝으로 당부하는 것은 주님을 사랑하라는 것이다. '마라나다'라는 그 당시 교인들의 구호를 첨가한다. 즉 "우리 주님이시여, 오시옵소서." 하는 구호로서 재림을 기다리는 열렬한 성도들의 대망의 표지이다.

□ *토의문제*

1. 한국교회에 기독교가 전래되면서 재래적 사상이나 풍속과 습관이 기독교와 마찰한 것이 무엇이며, 한국 기독교 형성에 영향을 준 것들이 무엇가?
2. 바울이 한국교회를 향해서 충고한다면 어떤 것을 지적할 것인가?
3. 건덕과 사랑의 원칙에서 조상숭배 문제를 비판해 보라.
4. 여성안수 문제(한국교회)를 성경적으로 재정리해 보라.
5. 한국교회 분열의 요인은 무엇인가?

□ 참고도서

F. F. Bruce, *I· and 2 Corinthians*. London : Oliphants, 1971.

Hans Conzelmann, *A Commentarry on the Frist Epistle to the Corinthians*, Philadelphia : Fortress Press, 1975.

C. K. Barrett, *A Commentary on the First Epistle to the Corinthians*, New York : Harper & Row ; London: A. & E. Black, 1968.

고린도 후서

I. 고린도 후서를 쓴 경위

사도 바울이 에베소에서 고린도 전서를 고린도교회로 써 보낼 때, "주께서 허락하시면 내가 너희에게 속히 나아가서……"(고전 4 : 19)라고 하면서 곧 방문할 계획이 있음을 언급하였다. 그러나 '속히'라는 말은 에베소에서 전도의 문이 활짝 열려 있기 때문에 적어도 그해 오순절까지는 거기에 남아 있어야 하겠고(고전 16 : 5-9), 그 다음에 길이 열리는 대로 떠나겠다는 말이다. 오순절은 밀 수확하는 계절이니까 초여름이다. 바울은 오순절을 에베소에서 지낸 후 그 곳을 떠나 마게도니아 지방을 거치느라면 여름, 가을이 될 것이고, 고린도에 도착해서는 서둘지 않고 겨울을 나면서 느긋하게 고린도 교인들과 같이 지내고 싶다는 것이었다(주후 55-56 겨울).

그러나 바울은 그의 고린도 방문계획을 약간 수정하였다. 마게도니아를 거쳐서 고린도로 가려던 원래의 계획은 고린도를 한 번 방문하게 되는 계획이었는데, 이제 변경된 계획은 먼저 에베소에서 바다를 건너 고린도로 직접 갔다가 거기서 마게도니아로 가고, 마게도니아에서 다시 고린도로 돌아와서 거기서 팔레스타인을 향하여 떠나겠다는 것이었다. 이렇게 두 번 고린도를 방문할 계획을 세웠다(고후 1 : 15–16). 그렇게 하는 중에 마게도니아와 아가야 지방에서 구제금을 모으는 일이 완전히 끝나기를 바랐던 것 같다(고전 16 : 1–4).

그런데 바울의 변경된 계획을 실시할 수 없는 형편이 되어 버렸다. 그 첫째 이유는 아마도 바울이 에베소에서 형언할 수 없는 환난을 당하게 되어 모든 계획이 제대로 실행될 수 없는 지경에 도달했기 때문이었을 것이다(고후 1 : 8–10). 그 다음으로는 고린도로부터 새로 도착한 소식이 너무도 급박한 것이어서, 바울이 계획을 변경하여 당장에 고린도를 방문할 수밖에 없었다. 즉 고린도 전서를 받은 고린도교회는 그것을 읽고 나서도 교회 내의 문제가 해결되기는커녕 더 악화되었고, 바울이 편지만 보내고 자기는 갈 수가 없어서 디모데를 대신 보냈었는데(고전 16 : 10) 디모데의 권고나 가르침도 별 효과가 없었고, 실망을 안고 돌아온 디모데는 그 어려운 형편을 바울에게 보고하였을 것이다.

고린도교회 내에 한 사람이 나타나 선동을 하면서 바울의 권위에 도전하므로 교회가 수라장이 된 것이었다. 그래서 바울은 만사 제쳐놓고 앞서 세웠던 모든 계획을 무시하고 당장에 고린도를 찾아갔던 것이다. 그것이 바울의 두 번째 고린도 방문이다(고후 13 : 2). 그 방문이야말로 바울이나 고린도교회에게 다같이 마음 아픈 사건이었다(고후 2 : 1). 더구나 그 방문에서 일이 해결되었으면 모르되 결렬상태에서 바울은 크게 굴욕을 당하면서 떠나 와야만 했기 때문이다. 아마 이 방문에서 바울은 해로로 직행했다가 돌아올 때는 마게도니아로 돌아왔을지도 모르겠다.

바울은 이렇게 두 번째 방문을 큰 성과 없이 하고 나서 곧 편지를 보냈다. 그것이 바로 "내가 큰 환난과 애통한 마음이 있어 많은 눈물로 너희에게 썼다."(고후 2 : 4)고 한 그 편지이다. 그러면 그 편지는 바울이 고린도교회로 보낸 세 번째 편지가 된다(첫째는 고전 5 : 9에서 말한 편지, 두 번째가 고린도 전서). 바울은 피땀흘려 세워 놓은 사랑하는 고린도교회가 그렇게도 자기를 몰라 주고 또 그런 혼란 속에 빠져든 것을 생각할 때 마음이 찢어질 듯 아프고 많은 눈물을 흘릴 수밖에 없었다. 그래서 그 교회를 신랄하게 책망하는 내용의 편지를 썼던 것이다. 그리하여 그 편지를 디도의 손에 들려 가지고 전달하게 한 것이다. 그러나 디도가 고린도를 떠난 후 바울은 그 편지를 보낸 일로 인해서 걱정하기 시작했다. 그 심한 책망의 편지가 고린도 교인들을 도리어 상심시키지나 않을까 하는 염려 때문이었다. 그 편지 속에 바울은 자기가 고린도 교인들을 사랑하고 있다는 것을 다짐하였고, 반면에 고린도 교인들에게는 자기의 사도적 권위를 인정하여 그들의 사랑을 입증해 달라고 요구하였으며, 특히 바울의 권위에 도전하는 그 문제의 사람을 교회의 권징에 복종하도록 하라고 요구하였던 것이다. 바울은 디도에게 그 편지를 전해 달라고 부탁하면서, 고린도 교인들의 마음은 사실 올바른 자리에 있고 바울의 권위에 복종할 것이라는 희망적 이야기를 디도에게 해서 보냈던 것이다.

바울은 디도를 떠내 보내면서 자기는 드로아에서 전도할 계획이 있어서 조만간 그리로 떠날 터이니 고린도교회에 그 편지를 전달한 다음 그 결과를 가지고 드로아로 오면 거기서 만나기로 하자는 약속을 해두었다. 그래서 바울은 에베소 지방에서의 어려운 문제들이 일단락이 되고, 그 곳을 떠날 수 있는 형편이 되자 드로아로 출발하였다. "내가 그리스도의 복음을 위하여 드로아에 이르매 주 안에서 내게 문이 열렸다."(고후 2:12)고 한 말과 같이 계획대로 드로아에서 전도를 하기 위하여 그리로 간 바울은 거기에 전도의 문이 열려 있는 것을 보면서 기뻐하였을 것이다.

그러나 디도와 약속한 시간이 지나고, 마음 한 구석에는 고린도교회가 자기의 편지를 읽고 어떤 반응을 일으켰을까 하는 생각이 있어서 안정을 할 수 없었던 것 같다. 그래서 그는 드로아 전도를 뒤로 미루고 마게도니아로 건너갔다. 마게도니아에 건너간 바울에게 "육체가 편치 못하고, 사방으로 환난을 당하여 밖으로는 다툼이요, 안으로는 두려움이라."(고후 7:5)고 할 만큼 어려움이 있었지만, 거기서 기다리던 디도를 만나게 되었고, 디도가 가지고 온 기쁜 소식을 접하게 되어 바울은 크게 힘을 얻고 위안을 받았다. 바울이 디도를 통해서 보냈던 그 눈물의 편지가 크게 효과를 보았다는 것이다.

바울의 편지를 받은 고린도 교인들은 그들의 잘못을 깨닫고 그들을 선동한 주동자를 크게 못마땅히 여겨 매우 심한 조치를 하려 하며, 그리하여 바울에 대한 그들의 사랑과 충성심을 입증하려는 태도라는 보고를 전해 주었다.

동시에 고린도 교인들은 바울이 약속을 어기고 마게도니아에 돌아오지 않고 곧장 떠나 버린 데 대한 불평을 하더라는 말도 솔직히 전해 주었다. 그러나 고린도교회의 일반적 분위기는 그 눈물의 편지로 인해서 완전히 호전되고 화해가 이루어졌다는 사실을 보고 디도가 기뻐하면서 바울에게 보고한 것이다. 여기에 대해서 바울은 즉각 편지로써 반응을 보였다. 이것이 바울이 고린도교회로 보낸 네 번째 편지, 즉 고린도 후서이다.

돌아온 탕자를 반기듯, 바울은 고린도교회에 대한 애정을 마음껏 호소하였고, 약속했던 여행계획을 변경한 이유를 설명했다. 즉 고린도교회에게 더 큰 고통을 주지 않기 위함이라고 밝혔다. 그리고 바울의 권위를 무시하고 도전한 사람을 징계하라고 했었지만 그것은 그에 대한 개인적 분노 때문이 아니라 고린도교회가 얼마나 바울을 사랑하고 복종하는가를 시험하려는 목적 때문이었으니까, 이제 교회의 진의를 안 이상 그를 용서하라고 간곡히 권하였다. 그리고 고린도 전서 16：1~4에 명한 대로 예루살렘교회를 위한 구제금 모금이 그 동안의 불편한 관계 때문에 진전이 없었는데 이제 와서 그 문제를 재론하면서, 마게도니아교회를 본받아 넉넉히 모금해 달라는 부탁을 덧붙였다(고후 8-9장). 고린도 후서 1~9장은 주후 56년 초의 쓴 글이고, 나머지는 각 학설에 따라 다르게 연대를 붙일 수 있다.

Ⅱ. 고린도 후서의 구조와 특징

고린도 후서를 통독하느라면 누구나 1~9장과 10~13장의 성격이 매우 다르다는 사실을 느끼게 된다. 1~9장에는 매우 우호적인 감정으로 써나가다가 갑자기 10장부터는 격한 어조로 나가며 자기 변명조의 빈정대는 말이라든가 다투는 말투가 나온다. 그래서 학자들은 여러 가지 해석을 내리고 있다. 간단히 정리해 본다면, 10~13장은 첫째로, 9장까지 쓴 후에 갑자기 또 다른 변화된 상황보고가 도착했기 때문에 완전히 다른 기분으로 썼을 것이고, 둘째로는 1~9장을 먼저 써 보내고 난 후 10~13장을 후에 썼고, 후대에 바울 서신들을 정리할 때, 같이 엮어졌다고 보는 설도 있다. 셋째로는 1~9장보다 앞서서 쓴 '눈물의 편지' 즉 심한 책망을 담은 편지, 소위 고린도로 간 세 번째 편지가 1세기 말에 편집자에 의해서 10~13장에 수록되었다고 보는 설이다.

내용을 대조하며 추적해 본다면 제 3 의 설이 가장 적당한 설명이 되지 않을까 하는 판단이 내려진다. 처음부터 현재의 본문대로 바울이 기록했다고 보는 제 4 의 의견도 있지만, 아무래도 내증을 통해 볼 때, 그 의견은 옳지 않을 것 같다.

고린도 전서와 비교한다든가 바울의 기타 서신들과 비교해 볼때, 고린도 후서는 바울 자신에 대한 말이 가장 많은 편지이다. 예컨대 고린도 전서는 고린도교회의 여러 가지 당면한 문제를 질서있고 명확하게 취급하고 있어서 이해하기가 쉽다. 가령 로마서라 하면 뚜렷이 기독교의 교리를 조직적으로 설명해 주고 있는 책이라는 것을 쉽게 알 수 있다. 그러나 고린도 후서는 고린도교회와의 개인적인 관계를 중심하여, 바울 자신이 자신을 설명하고 자기의 입장을 변명하고 특히 자기의 사도직을 옹호하고 변명하는 말이 많이 나타난다.

Ⅲ. 내용 분해

제 1 부	1 : 1~ 2 : 13	바울이 자신에 대한 독자들의 오해를 제거하려고 노력함
제 2 부	2 : 14~ 7 : 1	사도로서의 사역
제 3 부	7 : 2~16	상호간의 신임을 회복함
제 4 부	8 : 1~ 9 : 15	예루살렘을 위한 구제금 모금
제 5 부	10 : 1~13 : 13	바울의 사도적 권위를 옹호함

Ⅳ. 내용 해설

1. 바울이 자신에 대한 오해를 제거함

1) 인사(1 : 1-2)

바울은 자신이 고린도교회와의 관계에 있어서 그토록 정성을 쏟아 복음을 전하고 가르치고 인도했는데도 불구하고 한두 사람의 선동에 의하여 온 교회가 바울의 사도직의 권위를 무시하고 의심하여 바울의 마음을 상하게 했었지만 이제 그 불편한 관계가 풀리고 화해된 마당이지만, 바울은 과거를 회상하면서 고린도인과 그 인근에 있는 성도들(바울에 의해서 개종한 사람들)의 마음에 남아 있는 그릇된 인상과 또 아직 깨끗이 가시지 않았을 의구심 등을 풀어주기 위해서 편지를 쓰며, 또는 구제금을 모아 달라는 부탁을 하면서 처음부터 자신의 사도적 권위를 내세울 수밖에 없었다. 즉 고린도 교인들이 한 반역자와 외부로부터 온 선동자들 때문에 바울의 사도직을 무시 또는 도전하였었지만, 누가 무어라 하더라도 자기는 당당히 하나님의 뜻을 따라 그리스도 예수께 부름을 받고 특수한 사명을 받아 파송된 자 곧 사도임을 먼저 내세운다. 그리고 그리스도 안에서 신앙으로 한 하나님 아버지의 자녀가 되어 이제는 형제가 된 디모데와 함께 편지를 쓴다는 것이다.

디모데는 바울의 파송을 받아 고린도교회를 찾아갔었지만 냉대를 받고 면목 없이 바울에게 돌아온 바 있는 사람이다. 이제 고린도교회가 과거를 다 뉘우치고 바울의 권위를 인정하는 마당에 이르렀기에 바울은 기쁨으로 디모데와 함께 고린도로 편지를 쓰기에 이르렀다. 고린도교회만 아니라 인근에 있는 모든 성도들이 그 지방의 모교라 할 수 있는 평가를 같이 하고 있었을 것이 틀림없다. 그래서 바울은 고린도교회와 아울러 인근의 성도 전체에게 편지를 쓰기로 한 것이라고 본다.

2) 하나님의 위로에 대한 감사(1 : 3-7)

다른 서신에서와는 달리 바울의 하나님 찬양은, 하나님이 자비의 아버지이시며 위로의 하나님이시라는 사실에 근거하고 있다. 바울이 복음을 위해서 겪은 환난과 고통, 수모, 억울함 등은 일일이 열거할 수 없으리 만큼 많고 컸으며, 그 사정을 동정하거나 같이 동참해 주거나 위로해 주기는커녕, 오히려 박수를 치며 기뻐하는 형편이었다. 게다가 이번에 고린도교회 사건을 통해서 겪은 심적 고통은 설상가상이었다. 그러나 이제 그 문제가 다 해결되고 난 마당에 바울의 입에서 찬양이 터져 나올 수밖에 없었다. 물론 바울은 하나님의 자비와 위로를 비로소 깨달은 사람은 아니었다. 그러나 이 시점에서는 하나님의 자비와 위로가 바울의 찬양의 주제가 되었다는 점에서 바울의 심정을 이해할 만한 것이다.

하나님은 바울의 모든 환난 중에 언제나 위로하시며 격려해 주시는 분이시라는 신앙고백을 했다(1：4). 그것이 바울의 체험이다. 하나님께서 그렇게 바울을 위로해 주시는 것은 환난 중에 있는 다른 사람들을 또한 위로해 줄 수 있는 능력을 가지게 하려는 것이다. 하나님의 위로가 없이는 살아갈 수 없는 괴로운 세상이기에 서로 위로를 하고, 받으며 살아야 하는데, 바울만큼 더 많은 큰 환난을 당한 자가 없으니, 그런 가운데서도 위로를 받았다면, 그 위로는 모든 사람을 위로할 능력이 있는 것이 아니겠는가!

복음전도자들이 그리스도의 그 넘치는 고난을 겪는 것이 사실이지만, 그 만큼 또한 위로도 넘치는 것이 사실이다. 바울 일행이 환난을 당하고 있지만 그것은 고린도 교인들이 위로와 구원을 얻게 하기 위한 일이며, 또 바울일행이 지금 위로를 받고 있는 것은 자기들이 받는 같은 고통을 고린도 교인들도 참음으로써 얻을 수 있음을 보여 주는 것이다. 바울이 그런 어려움 속에서도 위로를 받는다면, 고린도 교인들도 그 만한 고난을 같이 당하고 참아내는 가운데 같은 위로를 받을 가능성이 있지 않겠느냐 하는 것이다. 고린도 교인들이 바울과 함께 복음을 위한 고난에 동참했기 때문에 하나님께로부터 오는 위로도 같이 받을 수 있다는 것을 알기에 고린도 교인들에 대한 바울의 희망, 즉 고린도 교인들이 결국 완전한 구원의 반열에 들 것이라는 확신을 가지게 된다는 것이다.

3) 바울이 당한 환난과 구출(1 : 8-11)

앞 대목에서 하나님을 자비와 위로의 하나님이라고 찬양한 바울은, 그가 당한 극도의 환난에서 건져 주신 실제를 보여 줌으로써 그의 주장을 뒷받침하려고 한다. 바울이 아시아 특히 에베소에 머무는 동안에 당한 환난이 어떠했는지 고린도 교인들이 안다면 바울의 말이 더 잘 이해하게 될 것이라는 말이다. 한마디로 말해서 바울이 거기서 당한 환난은 너무도 크고 무거운 것이어서 살고자 하는 욕망을 포기할 정도였다는 것이다. 그래서 죽을 각오를 하고, 단지 죽은 자들을 살리시는 하나님만 의지하기에 이르렀다는 것이다. 그러한 죽음의 위험으로부터 하나님께서 바울 일행을 살리셨고, 또 앞으로도 살리실 것을 희망하고 있다는 것이다. 그것은 고린도 교인들이 바울 일행을 위해서 기도로 협력해 줌으로써 가능하게 될 것이라고 말하면서, 이렇게 기도로 도와서 바울의 전도사업이 성공하게 되면 결국 하나님께 감사 찬양을 돌리게 될 것이 아니겠느냐고 하면서 기도의 교제를 종용하고 있다.

4) 바울의 근자의 거취에 대한 설명(1 : 12-2 : 4)

바울은 이제 고린도교회와의 마찰이 거의 해소된 단계이기에, 그들이 가졌던 오해나 의심을 풀어 주는 작업을 할 수밖에 없었다.

(1) 고린도교회의 이해 촉구(1 : 12-14)

먼저 고린도 교인들의 이해를 요청한다. 어떤 사람의 선전 때문에 고린도 교인들이 바울을 오해하고 좋지 않게 생각하고 있었지만, 바울은 '이것이 우리의 자랑'이요 '양심의 증거'라고 하면서, 세상에서의 행동거지 특히 고린도 교인들과의 관계에 있어서 육적인 지혜를 가지고 하지 않고, 어디까지나 하나님이 주시는 은혜 가운데서 솔직함과 성실함을 가지고 했다는 것이다. 복음전도자의 기본적 태도가 여기에서 나타났다. 자기의 힘이나 지혜로 하지 않고 하나님의 은총을 힘입으려 해야 한다. 그리고 하나님께로부터 오는 순수함, 솔직함(어떤 사본에는 거룩함)과 진실성을 가지고 교인들을 대해야 한다는 것이다. 바울은 자신 있게 양심적으로 그러한 태도로 고린도 교인을 대해 왔다고 자랑하고 있다. 그런데 고린도 교인들은 바울을 오해하고 있었던 것이다. 그래서 지금 바울이 편지를 쓰는 것은, 전에는 바울을 부분적으로 알고 그릇 알았을지라도 이제는 이 편지를 읽고 바울을 완전히 알기를 바라는 것이다. 이렇게 서로 완전히 앎으로써 주님의 심판대 앞에 설 때 서로서로의 자랑거리가 되기 위해서라는 것이다.

(2) 바울의 자기 변호(1 : 15-24)

바울은 고린도 전서를 보내면서(고전 16 : 3-7) 오순절 이후에 마게도니아를 거쳐 고린도에 가서 겨울을 나겠다는 계획을 말했었는데, 바울은 그 계획을 수정하여 에베소에서 해로로 고린도로 직행하여 먼저 고린도교회를 방문하고 거기서 마게도니아로 갔다가 다시 고린도로 돌아와 고린도교회를 방문하고 거기서 떠나 유다 지방으로 가기로 한 것이다. 우선 이렇게 계획을 변경한 일에 대해서 고린도 교인들은 바울을 변덕스럽다고 생각한 것 같다. 변경한 것은 사실인데 어떤 이기적 목적을 가지고, 즉 바울 자신의 편리나 이익을 위해서 일구이언(一口二言)을 한 것이 아니라는 것이다.

하나님도, 그리스도도, 성령도 다 진리의 신이시고, 따라서 그가 불러 주신 일꾼들인 바울이나 디모데나 실라는 다 진리의 사람들이어서 변덕이나 거짓이 있을 수 없다는 것이다. 바울이 여행계획을 변경한 진의를 하나님께서 알고 계시며 증인이 되어 주신다고 하면서 "너희를 아끼려 함이라."(1 : 23)고 밝힌다. 바울이 여행계획을 세웠었지만, 그 계획이 고린도교회에 도움이 안 된다고 여겨졌기 때문에 변경했다는 것이다. 바울이 자기 중심적으로 생각하고 행동한 것이 아니라 어디까지나 교회의 이익을 생각하고 있는 것이다.

사람마다 주견이 있어서 고린도 교인들도 나름대로 신앙의 확신을 가지고 있는데, 일방적으로 바울이 그들의 신앙을 지배하려고 한다면 그들의 자존심을 상하게 하는 일이니, 어떤 사람 때문에 바울에 대한 감정이 나빠져 있는 형편에 자주 가 보았자 서로 유익이 없는 일이고, 오히려 안 만나는 것이 현명한 일이라고 생각되었다는 것이다. 바울은 물론 고린도 전서가 별 효과를 내지 못했을 때 디모데를 보내 보았고, 그것도 성과가 없을 때 바울 자신이 직접 방문하였었다. 그때 바울은 거기서 모욕을 당하고 서로 상심한 상태에서 이별하였기 때문에, 계획대로 두 번 가서 만나는 것이 고린도 교인들에게 더 괴로움을 줄 것이라고 생각되어 가지 않았다는 것이다. 바울은 어디까지나 고린도교회의 주권을 존중하며, 비록 자기가 권고하여 세운 믿음의 자식이라 하지만, 동역자의 자격으로 취급하며, 어떻게 해서든지 고린도교회의 기쁨을 도모하는 일꾼으로 일하고 있다는 것이다.

(3) 눈물의 편지를 쓴 경위(2：1–4)

바울은 디모데의 보고를 받고 부랴부랴 고린도를 찾아가 보았으나 문제는 심각하고 바울에 대한 냉대와 그에 대한 모독은 견딜 수 없을 정도여서 별수없이 결렬상태에서 무거운 마음을 가지고 에베소로 되돌아왔던 것이다(그것이 바울의 두 번째 방문이었다. 고후 13：2). 그래서 바울은 전번과 같은 근심을 안고 고린도 교인 앞에 나서지 않기로 작정하고 그 대신 '눈물의 편지'를 써 보냈었다는 것이다. 바울이 직접 가서 대면하면 고린도 교인들을 도리어 슬프게 할 터이니 자기를 기쁘게 해줄 사람을 슬프게 하는 결과가 되고, 또 바울을 기쁘게 해줄 자들(고린도 교인들)이 도리어 사람을 슬프게 하는 결과가 되겠기에 가지 않기로 계획을 변경했다는 것이다.

그래서 편지를 대신 써 보냈는데, 그 내용이 매우 신랄하고 눈물섞인 것이어서 그것을 읽는 고린도 교인들에게 큰 충격을 주고 근심을 주었을지 모르지만, 바울의 진심은 그들에게 걱정을 주자는 데 있는 것이 아니라 바울이 얼마나 고린도 교인들을 사랑하는가를 알게 하려는 데 있었다는 것이다. 이렇게 해서 바울은 자신의 여행계획 변경의 경위와 이유를 변명조로 설명하였다. 성도간에 할 수 있는 대로 오해를 가지지 않고 깨끗하고 순수한 관계를 가지도록 노력하는 것이 얼마나 귀중한가를 여기서 엿볼 수 있다. 즉 바울의 목회자적인 세심한 노력을 우리는 배워야만 한다.

5) 반역자를 용서하라(2：5–11)

고린도교회에는 바울이 없는 동안에 어떤 사람이 바울의 사도적 권위를 부인 또는 무시하고 비난하는 일이 생겼었고, 그 한 사람 때문에 교회에 큰 혼란이 일어났었다. 그 일로 인해서 바울 자신이 크게 상심한 것이 사실이고, 동시에 고린도 교인들에게도 손해를 주었다. 바울은 그런 사람을 교회의 권징에 복종케 하라는 지시를 준 바 있었고, 고린도교회가 어떻게 처사하는가를 바울은 지켜보고 있었다. 고린도교회는 그 눈물의 편지를 받고 나서 바울의 지시를 따라 그 반역자를 징계했던 모양이다. 어떤 벌을 주었는지 모르지만, 수찬정지라든가 유기근신처분을 한다든가 모든 교인들이 그와 교제를 끊는다든가 하는 징계를 준 모양이다.

바울은 그런 소식을 들었기 때문에 여기서 그 만큼 그 사람이 벌을 받았으면 충분하니 그를 용서하고 격려해 주라는 것이다. 아주 낙심하고 교회에서 떨어져 나가서는 안 되니까 그 징계는 미워서가 아니라 그를 사랑하기 때문에 내렸던 벌이라는 것을 그에게 알려 주어야 한다고 간청하는 것이다. 바울이 눈물의 편지를 보내면서 그 사람을 징계하라고 한 것은 고린도교회가 당면한 그 시련을 어떻게 이겨내는가를 보려는 것이었고, 즉 바울이 지시하는 대로 하면 문제가 해결될 것인데 과연 그대로 지시를 따르는가를 보려고 했다는 것이다. 바울은 이미 그 사람을 용서하였고, 그리스도 앞에서 진실한 마음으로 깨끗이 용서했다는 것이다. 예수 그리스도께서 우리 인간의 죽을 죄를 용서해 주셨다면 우리가 그 예수 앞에서 형제의 어떤 죄이더라도 용서하지 못할손가! 남을 용서하지 않는 그 좁은 마음과 완고한 마음은 사단이 이용하여 파멸적인 다른 죄를 짓게 하는 것이니, 형제를 용서하는 일을 아껴서는 안 될 것이다.

6) 눈물의 편지를 보낸 후의 바울의 불안(2 : 12-13)

에베소에서 디도 편에 그 신랄한 눈물의 편지를 고린도교회로 보내고 나서 바울은 조바심이 생겼다. 과연 그 편지가 고린도교회의 형편을 호전시킬 것인가, 악화시킬 것인가? 호전되기를 바래서 보낸 것이지만 그 반대의 결과가 나타날 가능성도 없지 않으니 바울은 진정으로 고린도교회를 사랑하는 입장에서 걱정이 될 수밖에 없었다. 디도와 약속한 대로, 그리고 바울이 이미 계획했던 대로 드로아로 올라가서 전도를 시작했다. 그러나 바울의 마음 한 구석에는 고린도교회를 염려한 마음이 도사리고 있었다. 디도와 약속한 시간이 되었는데 디도가 제 시간에 도착하지 않는 것을 본 바울은 더욱 불안을 느끼기 시작했다. 그래서 드로아에서의 전도사업을 중단하고 디도가 오는 길을 마중나가 만나기 위해서 마게도니아로 출발했다는 것이다. 그 만큼 바울이 고린도교회를 생각하고 염려하고 있다는 것이 역력히 드러난다. 다행히 마게도니아에서 디도를 만나고 그에게서 기쁜 소식을 듣고 마음을 놓게 되었다.

2. 사도로서의 사역

바울은 디도를 통하여 고린도교회의 회복된 형편을 보고 받고 마음에 기쁨을 느끼면서, 즉 승리감을 가지고 자기의 사도로서의 사역과 그가 믿는 바를 심도 있게 정리하여 준다. 그동안 교회 안에 나타났던 반역자 또는 외부에서 들어온 거짓 사도들 때문에 본래 바울에게서 배웠던 교훈들과 신앙에 금이 가고 모호해진 점도 있었을 것이기에, 바울은 기독교 진리의 핵심적인 것들을 상기시키며, 고린도 교인들의 마음을 다시 정돈시키려고 하는 것 같다.

1) 복음의 승리적 발전(2 : 14-17)

바울은 그동안 많은 염려를 하고 있었지만 디도를 통하여 고린도교회의 소식을 듣고 난 후에 또 다시 하나님께 감사하지 않을 수 없었다. 결국 하나님께서 그리스도를 통하여 승리하시고 개선하는 행렬에 바울을 세워 주셨기 때문이다. 다시 말해서 바울은 승리자의 행렬에 끼어 당당히 개선하는 기분을 가지고 있는 것이다. 그리고 그리스도를 아는 지식의 향기를 만방에 퍼뜨리는 도구가 되었다. 그 향기는 고린도 교인들과 같이 구원받는 자들에게는 참된 생명을 줄 수 있고, 멸망의 자식들에게는 결국 철저한 죽음을 주는 것이다. 이렇게 사람을 살리고 죽이는 중대한 복음전파 사업은 흔히 볼 수 있는 싸구려 행상인들이 맡아서 할 일이 못 된다. 즉 하나님의 말씀을 장사 속으로 팔아먹는 행상인이 그 당시도 많이 있었던 모양인데, 하나님의 말씀은 그렇게 값싼 물건으로 취급해서는 안 된다. 그리스도의 종으로서 하나님 앞에서 어디까지나 진실된 마음을 가지고 전해야 하는 귀한 것이다. 바울은 여기서 고린도교회에 나타나서 무책임스럽게 행상인처럼 복음을 팔아먹던 거짓 예언자, 거짓 사도, 거짓 교사들의 존재를 의식하면서 한 말일 것이다.

2) 새 언약의 사역(3 : 1-18)

바울은 이미 첫 번째 고린도 방문 때부터 복음을 상세히 설명하였고, 여러 가지로 알아 듣게 설명했던 것이다. 그러나 바울이 그곳을 떠나 있는 동안에 바울이 터닦아 놓은 곳에 딴 사람들이 슬그머니 들어와서 바울의 위신을 깎아내리며 바울이 가르친 복음과는 맞지 않는 사이비한 것을 가르쳤기 때문에 혼란을 일으켰던 것이다. 그래서 바울도 이제 그리스도교 복음의 진수를 요약해서 설명해 줌으로써 고린도 교인들의 신앙을 다시 한번 더 각성시키고 견고케 하려고 하는 것이다.

(1) 바울의 신임장(3 : 1-3)

고린도교회를 어지럽게 한 침입자들은 예루살렘교회의 누구누구의 추천장을 가졌다는 둥, 어느 단체의 추천을 받았다는 등, 자기들의 신분을 내세우느라고 열을 올리는 것이었다. 그러면서 바울은 사도가 아니라는 둥, 바울이 예루살렘 본부로부터 발급한 무슨 신임장이라도 가지고 있느냐는 둥 바울을 불신임하는 선전을 하는 것이었다. 그런 선전이나 공격에 어수룩한 고린도 교인들이 넘어가서 한참 동안 방황 또는 바울을 적대하는 지경에까지 이르렀던 것이다. 그래서 바울은 여기서 그 과거를 들추어 낼 필요는 없고 현실적 사실만을 지적하면서, 인간적 통상적인 신임장과는 아주 색다른 신임장 이야기를 한다.

즉 일반적으로 신임장은 종이에다가 먹을 가지고 문자로 써서 신임장, 위임장을 쓰지만, 바울의 경우에는 그런 신임장이 필요없다는 것이다. 신임장의 유무가 아무런 문제도 되기 전에 바울이 고린도에 와서 성령의 능력으로 복음을 전도하는 중 살아 계신 하나님의 성령의 능력으로 고린도 교인들이 감동을 받아 개종하여 마음깊이 예수를 그리스도 주님으로 영접하는 놀라운 사건이 실제로 일어났다. 그런 마당에서 새삼스럽게 바울의 권위나 사도직에 대한 신임을 다른 곳에서 물을 필요가 없다는 것이다. 고린도 교인들의 존재 자체가 바울에 대한 신임장이라는 것이다. 예수 그리스도께서 고린도 교인들의 마음 속에, 즉 없어질 돌비나 종이에 쓴 것이 아니라 그들의 육비에다가 새겼다는 것이다. 뭐니뭐니 해도 고린도 교인들의 마음에는 바울을 잊을 수 없고, 그의 수고와 눈물겨운 희생적 노력을 도구로 해서 성령이 그들을 개종시킨 것이기 때문에 크리스천이 된 고린도 교인 자신이 바로 그리스도의 편지라는 것이다. 바울은 베드로나 야고보에게서 신임장을 받은 일이 없지만 그리스도의 신임장을 받았고, 그것이 바로 고린도 교인들 자신이라는 것이다.

(2) 문자(의문)와 영(3：4-6)

바울이 이렇게 당당히 확신을 가지고 일하는 것은 결코 자기 자신에게 힘이 있거나 자격이 있어서가 아니라 전적으로 하나님께서 가능케 하셨다는 것이다. 옛 언약에 결사적으로 집착하고 그것의 종이 되어 있던 바울이 돌변하여 새 언약의 일꾼이 된 것은 하나님께서 하신 일이지 결코 바울 자신에게서 난 것이 아니라는 것이다. 전적으로 하나님께서 그리스도를 통하여 이룩하신 일이기에 자랑할 것이 조금도 없다. 그리고 새 언약은 기록된 율법, 즉 구약성경이나 유대인의 옛 언약과는 달리 성령의 작용에 의하여 성취되고 결국 생명을 주는 것이고, 반면에 문자로 적힌 옛 율법은 사람을 죽음에서 살려 내지 못하는 것이다. 즉 새 언약은 성령을 통하여 대속의 주 예수 그리스도를 믿고 영생을 누리는 원리를 말하지만, 율법은 죽은 사람을 살려 내지는 못하는 것이라고 명확히 금을 그었다. 유대 지방에서 파송된 율법주의자들이 고린도교회에 이르러 바울의 복음에 연막을 뿌려 흐리게 하면서 율법을 행해야 구원이 있다는 선전을 했었기 때문에 고린도 교인들의 마음에 혼란이 왔었고, 복음 이해가 흐려졌었기 때문에 바울의 이러한 명확한 판가름이 다시 필요했을 것이다.

(3) 낡은 언약과 새 언약(3：7-18)

낡은 언약의 영광은 점점 빛을 잃고, 새 언약의 영광이 압도한다. 고린도교회에 나타났던 유대주의자, 율법주의자들의 영향이 매우 컸던 것 같다. 바울은 그의 반생을 그 율법에 매여 있었기 때문에, 이제 개종하고 그리스도의 종이 된 후에 언제나 그 옛날 율법을 따르던 시대를 회상하면서 율법과 은총(복음)을 정면으로 대립시키는 것이다. 이 대목에서도 바울은 구약시대와 신약시대를 길게 비교하면서 후자의 우월성을 변증하는 데 힘을 썼다. 율법도 물론 하나님께로부터 온 것으로 그것을 주실 때 하나님의 영광이 나타났었다. 시내 산에서 율법을 받던 모세에 얼굴이 하나님의 영광으로 빛나서 사람들이 감히 그의 얼굴을 볼 수가 없을 정도였다는 것이다. 모세의 얼굴에 나타났던 영광은 점점 퇴색하여 원래의 영광이 점점 희미해졌다. 그런데도 그 영광은 사람이 감히 쳐다볼 수 없는 찬란함을 가졌었다.

율법은 결국 사람을 죽음에서 건지지 못하는 것인데도 불구하고, 그리고 결국 사람을 정죄하는 역할밖에 하지 못하는 것인데도 불구하고 그렇게 영광스러웠다면, 이제 성령이 역사하는 복음, 구원을 가져다주는 사역이야말로 얼마나 더 영광스럽겠는가 말이다. 이렇게 참된 영광이 나타남으로써 보다 적은 영광은 가려지고 마는 것이다(7-11). 바울은 이제 이러한 찬란한 영광의 복음을 전하는 자로서의 긍지를 자랑하면서 모세와 비교한다. 모세는 율법을 받을 때에 가졌던 영광이 점점 사라져 가기 때문에 그것을 감추기 위해서 수건을 썼다는 것이다. 그러나 영광이 없는 것을 위장하여 있는 것처럼 한 것이고 결국 백성은 빈 영광에 속고 있던 것이다(13).

조금 각도를 달리해서 유대인들의 입장을 본다면, 율법을 읽을 때 그 정체, 즉 영광이 사라진 것을 깨닫지 못하고, 마음을 닫고서 그 율법에 수건을 씌워 놓고 영광이 있다고 주장한다. 그러나 그 수건이 벗겨져서 율법의 실상을 알게 되어야 하는데, 그것은 그리스도께로 돌아옴으로써만 가능하다는 것이다. 즉 주님의 영을 만날 때 비로소 그 영의 조명을 통해서 율법의 불완전성을 깨닫고 거기서부터 해방을 받게 된다. 성령이 우리를 변화시켜 그리스도를 닮은 영광스러운 존재가 되게 하며, 우리의 얼굴에서 주님의 영광이 발산하게 된다는 것이다.

3) **사도로서의 봉사는 어려움이 따르지만 또 영광스럽기도 하다**(4：1−5：10).

(1) 사도 바울을 격려하는 것(4：1)

바울은 그러한 영광의 복음을 맡은 일꾼으로서 먼저 하나님의 자비를 입은 자라는 사실을 깨닫는다. 자기 같은 죄인이 감히 그 복된 영광의 복음을 전하는 사역을 맡을 만한 자격이 없는데, 아니 구원받을 염치조차 없는데, 이렇게 구원을 받고 일꾼으로 택함을 받은 것은 하나님의 자비와 은총이기에, 선한 일을 시작하신 이가 결국 선하게 끝도 내실 것이 틀림없기 때문에 어떤 일이 있어도 낙심하거나 실망하지 않는다는 것이다.

(2) 하나님의 보화와 질그릇(4：2−15)

바울은 귀한 복음사역의 책임을 맡은 자로서 최선을 다하여 복음을 드러내려고 노력하였다. 말로만 아니라 삶을 통하여 복음을 실증하였다(5：2). 바울이 복음을 전하고 그것을 삶에서 실증하였기 때문에 양심이 똑바로 박혀 있는 사람이라면 듣고 보고 깨달음이 있었을 것이다. 그러나 복음이 감추어져서 많은 사람들에게 들리지 않고 보이지 않는 것은 멸망을 당할 자들에게만 그렇다. 그들의 마음이 어두워져서 복음을 받지 못하는데, 그것은 이 세상 악신(악령)에 의해서 마음 눈이 어두워져 있기 때문이다. 그리스도는 하나님의 형상이시고, 그 영광 그리스도에 관한 복음은 찬란한 빛, 태양과 같은 빛이 있어서 누구든지 볼 수 있는 것인데, 그 빛을 보지 못한다는 것은 악마가 사람의 눈을 어둡게 하기 때문이라는 것이다.

바울은 이 영광의 복음을 전파할 때 결코 자기 자신을 선전하는 것이 아니고 예수가 곧 그리스도는 주님이시라고 전하고, 자기는 그리스도의 종으로서 많은 사람을 섬기는 자에 불과하다는 것이다. 결국 하나님은 당신의 영을 통하여 우리들의 마음에 빛을 주셔서 즉 지각을 주셔서 그리스도의 얼굴에서 하나님의 영광을 발견하게 하신다는 것이다. 이러한 영광의 복음 즉 하나님의 값진 보화를 감히 우리가 소유하고 있는데, 우리는 마치 질그릇과 같아서 질그릇 속에 그 보화가 담겨 있는 격이다(4：7).

하나님께서 그 귀한 보화를 질그릇 같은 우리에게 담아 주신 이유가 어디 있을까? 그 이유는 복음의 절대적인 구원의 능력이 전적으로 하나님의 것이고 우리 전도자들의 것이 아니라는 것을 나타내기 위함이라고 바울은 고백한다. 질그릇은 깨지기 쉽고 연약하고 가치가 별로 없는 것이다. 그런데도 그 능력의 복음을 담고 있을 때 그런 절대적인 능력이 역사하여 큰 역사를 이루신다. 바울은 자기의 체험을 가지고 말한다. 자기도 질그릇과 같아서 얼마나 깨지고, 부서지고, 짓밟혔는가? 날마다 죽음의 위험을 직면하면서도 그리스도의 산 능력이 나타나고 있다는 것이다. 주 예수 그리스도를 다시 살리신 하나님께서 우리도 살리셔서 하나님 어전에 서게 하신다는 것이다. 이러한 영광의 복음이 더 많은 사람에게 전파되어 많은 사람들이 하나님께 영광과 감사를 드리게 될 것이라는 희망을 토로한다.

(3) 순간적 고통과 영원한 영광(4：16—18)

이러한 영광과 능력의 복음을 가지고 있는 그리스도인들이기에 낙심하거나 실망하지 않아도 된다. 물론 육체는 점점 쇠잔해 가고 늙어 가지만, 반면에 우리의 영은 날로 새롭고 구원에 더욱 가까이 가고 있는 것이다. 잠시 동안, 그리고 적은 환난을 겪을 수밖에 없지만 그것이 그 환난과는 비교가 되지 않는 영원하고 엄청난 영광을 가져다 준다.

(4) 그리스도인의 확실한 소망(5：1—10)

바울은 우리의 육체를 천막에다 비유하면서, 유목민들이 천막을 쳤다가 다시 걷어가지고 다른 데로 이동하는 것처럼, 지금은 우리가 이 세상에다 천막을 치고 살지만, 때가 되면 그 천막을 걷을 때가 올 것이라고 한다. 그러나 그 후에는 하나님께서 친히 우리들을 위해서 하늘에 영원한 집을 마련해 주신다는 것이다.

지금 이 세상에서의 삶이 너무도 고달프기 때문에 탄식하면서 어서 속히 하늘로부터 오는 우리의 집이 우리를 덮어 주었으면 하는 소원을 가지고 있다. 이 말은 우리가 이 몸을 완전히 제거하고 유령처럼 되기를 원한다는 것은 아니다. 즉 헬라 사상에서 말하는 대로 육체는 악하고 무가치하니 그것을 완전히 버리고 영혼만이 영원히 사는 삶을 추구하자는 것은 아니다. 육체도 선하게 만든 것이기에 그 가치를 완전히 무시하자는 것이 아니라, 천적인 몸, 완전한 몸으로 개조되고 썩을 몸이 영생의 몸으로 변화하는 것이다. 이것은 하나님께서 그렇게 해주실 것이며 성령도 우리가 앞으로 그러한 영화된 몸을 입을 것을 보증해 주고 있다.

그러니까 우리는 언제나 마음 든든히 용기를 가지고 살되, 이 세상 육신생활에 애착을 두면 주님에게서는 멀리 떠나 있게 된다는 사실을 알고, 보이지 않는 세계를 믿음으로 바라보면서 오히려 육신생활에 대한 애착을 버리는 동시에 주님과 함께 사는 기쁨을 바라보도록 하자는 것이다. 그러나 우리가 늘 유혹을 받는 것은 자기 중심적으로 모든 것을 해석하려는 생각이다. 그리스도인은 육신을 쓴 채 세상에 살든지, 죽어서 신령한 몸을 가지고 저 세상에 살든지 우리가 추구해야 할 것은 어떻게 하면 하나님을 기쁘시게 할 수 있을까 하는 것 뿐이다. 예외가 없이 다 그리스도 앞에 나타나 각기 행한 대로 심판을 받을 것이 분명하니 하나님을 기쁘시게 하는 일만 하여 그에게서 상을 받도록 해야 한다는 것이다.

4) **화해의 메시지**(5 : 11−6 : 13)

(1) 그리스도의 사랑에 지배되는 생활(5 : 11−15)

바울은 심판자이신 주 하나님의 엄위하심을 알고 사람들에게도 그 사실을 알리고 있다. 바울은 하나님 앞에서 모든 것을 고백하였고, 죄 사함을 받았으며 이제 하나님은 바울의 모든 것을 알고 계신다. 그래서 바울은 고린도 교인들에게도 숨김없이 알려지기를 바라고 있다. 과거에 죄인이었지만, 그리고 질그릇과 같은 연약한 인간이지만 하나님께서 용서하시고 능력을 주셨고 택하셔서 일꾼으로 삼으셨으니 누구에게도 떳떳하다는 말이다. 어떤 사람은 고린도교회를 찾아와서 속과 겉이 다르게 외모만 자랑하면서 내노라했지만, 그런 사람에게도 바울의 됨됨을 자랑하라는 것이다.

얼핏 듣기에 미친 사람의 말처럼 들릴지 모르지만 미쳤다면 하나님을 위해서 미친 것이요, 즉 고린도 교인들을 사랑하기 때문에 하는 말에 불과하다는 것이다. 이러나 저러나 바울의 마음에는 그리스도가 가지셨던 그러한 사랑이 지배하고 있어서 남이야 미쳤다고 하든지 뭐라고 하든지 그리스도의 사랑이 바울의 마음에 넘치기 때문에, 그 사랑이 동기가 되어 모든 행동이 생긴다는 것이다. 즉 그리스도가 모든 사람을 위해 죽으셨기 때문에 따라서 우리도 죽은 것이고, 우리는 그의 죽음 때문에 생명을 얻은 것이기 때문에 이제는 우리 자신을 위해서 살 것이 아니라 우리 때문에 죽으시고 살아나신 그분, 즉 주님을 위하여 살아야 한다. 바울은 이렇게 고린도교회에 침입했던 유대주의자들과는 달리 그리스도만을 위해 살고, 그리스도의 사랑의 감동 속에서 남을 위해서, 교회를 위해서 산다는 것이다.

(2) 그리스도의 사신(5 : 16-21)

과거에는 사람을 그냥 눈에 보이는 대로만 판단했다. 키가 크니까 큰 사람, 작으니까 작은 사람, 피부가 검으니까 흑인, 이런 식으로 외모를 가지고 사람을 판단했다. 그렇다면 그리스도인이 별다를 것이 조금도 없을 것이다. 육안으로는 그리스도인도 불신자와 조금도 다른 것이 없기 때문이다. 그러나 진실된 의미에서 볼 때 그리스도를 믿고 그리스도와 연합한 사람은 하나의 새로운 피조물이다. 성령을 통해서 거듭난 사람으로서 이미 낡은 사람이 아니라는 것이다.

이 신비한 사건은 사람의 의지나 힘으로 되는 것이 아니라 전적으로 하나님께서 당신의 능력으로 이룩하시는 일이다. 무에서 유를 창조하신 하나님은 낡은 인간을 새 인간으로 만드실 수 있는 것이다. 새로운 피조물이란 우선은 외형적인 것을 말하는 것이 아니다. 다만 그리스도를 통하여 옛날에는 하나님에게 원수가 되어 있던 사람들을 당신 자신께 화해시켜 정상적 관계에 두셨고, 동시에 남들(불신자들)을 하나님께, 그리고 동료 인간들끼리 서로 화해하도록 하는 일감을 주셨다는 것이다.

그렇기에 크리스천은, 그리고 특히 전도자들은 그리스도의 사신으로서 세상에 나가 세상을 하나님께, 그리고 사람들끼리 서로서로 다 화해하여 정상적 관계 속에 살게 하는 사명을 수행해야 한다. 이러한 화해는 그리스도가 우리 대신 죄인 취급을 받고 대신 죽으신 그 희생을 통해서 이루어진 것이다. 즉 그리스도의 죽음이 없이는 이루어질 수 없는 일이다. 그리스도인은 새 피조물이며, 화해의 새 사명을 받은 하나님의 사신이다. 이것은 사람의 육안에 보이는 것이 아니지만, 신령한 세계의 엄연한 사실이다.

(3) 바울의 당부(5 : 1—13)

우리가 그리스도를 믿고 새로운 피조물이 되는 것은 어디까지나 하나님의 은총의 소치이다. 하나님께서 섭리 가운데 정하신 때가 되어 독생자를 보내시고, 성령을 보내시고, 사도를 보내어 믿을 수 있게 해 주셨으니까 기회를 놓쳐서는 안 될 뿐 아니라 일단 하나님의 은총을 받은 사람이 그 은총을 뿌리치고 떠나가서도 안 된다는 것이다. 바울은 양심적으로 생각할 때 자기가 복음을 전하는 중에 누구에게도 장애물이 되지 않았고, 믿음의 길에 방해가 되는 일을 결코 하지 않았다는 것이다. 솔직히 말해서 바울은 하나님의 종으로서 모든 일에 남에게 칭찬을 받을 만한 일만 하려고 애썼다는 것이다. 환난, 궁핍, 고난, 매맞음, 갇힘, 소문, 수고, 잠자지 못함, 먹지 못함 등을 잘 참았으며, 깨끗하고, 지식이 있고, 오래 참고, 친절하고, 성령을 소유하고, 거짓없는 사랑을 가지고 진리의 말씀을 말하고, 하나님의 능력을 나타내 보였다.

양손에 의의 병기를 들고 남이야 어떻게 헐뜯고, 어떻게 악평을 하더라도 옳게만 하였다. 남들이 사기꾼이라고 비난해도 참된 자가 되었고, 이름없는 자로 취급했지만 알려졌고, 죽은 것 같으나 살아 있고, 아무리 큰 벌을 주어도 죽임을 당하지 않았고, 슬픔과 같으나 기뻐하고, 가난한 자 같으나 오히려 남까지 부자가 되게 하며, 아무것도 없는 것 같아도 모든 것을 소유하고 있는 자이다. 이것이 하나님의 은총과 능력의 소치가 아니고 무엇이겠는가! 바울은 양심적으로 고린도교회를 향해서 아무런 담도 없고 불편한 감정도 없고 활짝 마음을 열고 있으니, 고린도교회도 이제까지의 사소한 불편한 관계를 다 깨끗이 씻고 마음을 열어 정상적인 교제를 하자고 제안하며 권장한다.

5) 불신자와의 관계를 끊으라(6 : 14—7 : 1).

바울은 고린도교회의 문제 중의 하나인 우상숭배와 우상의 제물을 먹는 문제를 생각하고 있는 것 같다. 디도의 귀환 보고 속에 아마도 그 문제에 대한 보고가 있었을지 모른다. 그리스도인은 하나님의 자녀이며 하나님의 백성이기 때문에, 하나님이 거룩하신 것처럼 거룩해야만 한다. 즉 세상 사람과는 구별된 존재가 되어야 한다. 그럼에도 불구하고 고린도 교인들이 불신자들과 짝하며 우상의 신당에서 같이 먹고 우상숭배자들과 행동을 같이하는 것은 결코 용납할 수 없다는 것이다.(많은 학자들은 이 대목이 빠지면 6：13에서 7：2로 잘 연결되기 때문에 이 대목의 진정성을 의심하며, 혹시 고전 5：9—11에서 언급된 첫 번 편지의 일부분을 후에 여기에 끼어 둔 것이 아닌가 하는 생각을 한다.)

3. 상호 신임의 회복

바울은 기독교 복음의 진수를 자신의 체험에 입각하여 비교적 길게 설명하고 나서, 이제는 과거에 있었던 그런 쓰라린 경험을 전철삼아 보다 굳은 신뢰를 회복해야 할 것을 권면한다.

1) 고린도 교인들을 향한 바울의 애정(7：2—4)

바울과 고린도교회와의 관계는 같이 죽든지 같이 살든지, 하자는 식의 공동운명체라고 할 정도의 밀접한 것이었다. 바울은 양심적으로 말한다. 고린도교회의 어느 누구게도 잘못한 일이 없으며, 어느 누구도 못 쓰게 만든 일이 없고 조금이라도 축을 내거나 폐를 끼친 일이 없다는 것이다. 그리고 고린도교회라면 신임했고, 자랑감이 되었고, 위로받는 자료가 되었고, 모든 환난 중에서도 고린도교회를 생각하면 기쁨이 넘쳤다는 것이다. 그렇게 신임하던 교회이니만큼, 아직도 바울의 마음에 변함이 없으니 고린도 교인들도 바울에게 마음을 열고 옛 정을 나누라는 간곡한 부탁을 한다.

2) 눈물의 편지가 기쁜 결과를 가져옴(7：5—16)

바울은 호된 책망의 편지를 고린도교회로 보내 놓고 마음에 큰 걱정을 가지고 안절부절 못하고 마게도니아까지 왔었다. 거기서도 여러 가지 어려운 일이 생겨 이중 삼중으로 마음이 침체되어 있었는데, 디도가 돌아와서 보고하는 말이 그 책망의 편지가 아주 좋은 결과를 나타냈다는 것이다. 디도를 만나는 기쁨도 있지만 디도가 고린도에서 위로를 받았다는 소식과, 고린도교회가 바울을 사모하고 죄를 뉘우치고 슬퍼한다는 것, 바울에 대한 열정이 크다는 소식이 모두 바울에게 위로가 되었다.

그 눈물의 편지가 잠시 고린도 교인의 마음에 슬픔을 주었지만 그것은 잠깐뿐이고, 오히려 회개를 일으키고 결국 전화위복이 되었기 때문에 바울은 기쁘다고 말하면서, 마침내 고린도 교인들의 바울에 대한 열정이 드러났으니 그로 인해서 위로를 받는다고 고백한다. 그 뿐 아니라 디도가 기뻐하는 것을 바울도 기뻐한다는 것이다. 디도가 고린도를 떠나기 전에 바울은 고린도 교인들을 자랑하였고, 고린도 교인들이 디도를 잘 영접해 줄 것이라고 말하여 보냈었는데, 과연 바울의 말대로 되어 디도가 이제 더욱 고린도교회에 대한 관심이 많아졌다는 것이다. 이리하여 바울은 이제 고린도교회에 대한 신임을 완전히 회복하고 기뻐한다는 것이다. 이와 같이 목회자와 교회의 관계가 서로 담이 없이 신뢰하고 신임하는 것이 이상적이고 마땅한 것이다.

4. 예루살렘을 위한 구제금 모금

바울은 그리스도가 머리가 되는 교회는 하나뿐이요, 따라서 세계에 산재한 모든 교회는 다 그리스도의 몸의 지체라고 생각하기 때문에 기쁨도, 슬픔도, 아픔도 같이 느끼고 나누어야 할 것을 믿고 또 그렇게 가르치고 있다. 그때 예루살렘의 모 교회가 극심한 기근으로 고생을 당하고 있는 것을 알고 있는 바울은 당연히 그 교회를 위한 구제금을 모금할 수밖에 없었다. 말로만 아니라 실제로 굶는 자를 돕기 위해서 비교적 부유하게 살고 있던 마게도니아, 아가야 지방의 교회들에게 구제금을 성의껏 모금해 주기를 바라고 부탁하고 있던 것이다.

1) 디도에게 새로운 사명을 맡김(8：1—24)

바울은 먼저 마게도니아 지방의 형편을 알려 주면서 고린도교회도 자극을 받도록 한다. 마게도니아의 교인들은 아주 어려운 환난을 겪으면서도 아니 그들 자신도 극도로 가난한데도 불구하고 너그러운 마음으로 넘치게 모금에 참예했다는 것이다. 분수에 넘치게 자진해서 바치면서, 성도들을 구제하는 일에 동참하는 것을 특권으로 알고 자기들도 그 일에 참예하게 해달라고 간청하다시피 했다는 것이다. 그것은 바울 일행이 기대하지 못하던 일이었다. 결국 이것은 그들이 완전히 자기 자신을 주님에게 바치는 심정에서 나온 것이며 아울러 사도에게도 헌신하는 심정에서였던 것이 틀림없다는 것이다.

이것은 역시 8：1에서 말한 대로 하나님의 은총이고, 5절에서 말한 대로 하나님의 뜻을 따라 된 것이다. 하나님께서 뜻이 있어서 그들을 감동하시어 그렇게 할 수 있는 은총을 내리셨기 때문이라는 것이다. 이제 디도를 다시 보내면서 이미 시작한 일을 성공적으로 끝내도록 해달라는 부탁을 한다. 고린도교회가 여러 가지 면에서 우수한 점을 가졌으니 이러한 구제사업에도 남보다 월등하기를 바란다는 것이다. 좋은 일에 남보다 앞서는 것이 어찌 아름다운 일이 아니겠는가?

바울은 이것을 명령하는 것은 아니라고 말한다. 마게도니아교회나 기타 교회들이 열심을 내는 것을 본받아 고린도교회도 순수한 사랑으로 이 일을 하기를 바랄 뿐이라고 한다. 예수 그리스도는 당신이 지극히 부요한 분이시지만, 남을 부요케 하려고 자기가 가난해지셨던 것처럼 되라는 것이다. 그러면서 바울은 구제안을 제시해 주었다. 일 년 전에 이미 시작하고 또는 생각을 두었던 것을 이제는 성취하되, 가지고 있는 것 만큼 성의껏 하라는 것이다. 무턱대고 고린도교회에서 분에 넘치게 많이 모금하여 다른 지방과 공평이 깨지도록 하려는 것은 아니라고 한다. 있는 만큼 거두어 보다 가난한 자를 도우면, 반대로 이곳이 가난할 때 그리로부터 도움을 받아 상부상조하자는 것이다. 광야에서 만나를 먹고 지내던 이스라엘은 많이 거두었다고 남은 것이 아니고 적게 거두었다고 모자라지도 않았다. 하나님의 교회는 그와 같이 공평하게 골고루 먹고 살 수 있어야 한다는 것이다.

바울은 디도를 택하여 다시금 고린도로 보내면서 또 다른 형제를 동반하게 한다는 것이다. 그 사람은 명성이 높고 잘 알려진 사람으로, 바울의 구제금 모금사업을 위해서 교회들이 지정해 준 사람이다. 구제사업은 좋은 사업으로서 주님의 영광을 나타내기 위한 것인 바, 어떤 모금이든지 주님 보시기에 합당할 뿐 아니라, 사람들의 눈에도 명명백백 조금도 흠잡히거나 비난의 대상이 되어서는 안 된다는 것이다. 돈을 다루는 일은 아무리 좋은 목적을 가졌다 해도 남에게 흠잡히기 쉽고 따라서 주님의 영광을 가리게 되는 경우가 많기 때문에 바울은 최선의 방법을 강구하고 있다. 22절에 의하면 그 두 사람도 모자라서 바울은 제 3 의 인물을 뽑았다. 여러 가지로 시험해 보고 모든 일에 열정이 있다고 판단된 자를 택한 것이다. 그 3인조 모금단이 떠나가는데, 바울은 그 단장격인 디도의 권위를 내세워 주고 같이 가는 두 사람을 교회의 공식 대표요, 그리스도의 영광이라는 이름을 붙여 주면서 그들을 교회적으로 영접해 줄 것과, 그들에게 고린도교회를 자랑한 그 자랑이 무색하지 않도록 사랑을 보여 주며 구제사업에 힘껏 동참해 달라고 부탁하였다.

(2) 많이 뿌린 자가 많이 거둔다(9 : 1-15).

바울이 불시에 고린도교회를 방문하겠지만 당장에는 마게도니아 지방에 머물러 있어야 할 처지였다. 그러나 바울은 모든 형편을 최대한 이용하는 의미에서, 고린도교회에 갈 때까지의 기간에 디도와 그 일행을 미리 보내어 서서히 구제금을 모으도록 하면 여러 모로 유익하겠다고 생각한 것이다. 바울이 갑자기 가서 구제금을 내라고 하면 어떤 강제와 같은 느낌이 들고 헌금을 많이 내지 않을 것이다. 그러면서 단도직입적으로 넉넉히 헌금을 하라고 종용한다. 억지로 하지 말고 기쁜 마음으로 하라고 한다. 있는 것을 남에게 주면 그 만큼 없어지는 것이 사실이지만, 하나님께서 풍성히 갚아 주신다는 것이다. 남을 돕는 구제는 그것을 받는 성도에게 도움이 되는 것은 물론, 하나님께 크게 영광과 감사가 돌아간다는 것이다. 필요에 의해서 하나님께서 이런 구제사업을 전개하시는 것인데, 하나님께서는 신도들이 얼마나 호응하는가를 시험하고 계신다. 그 시험에 응하여 기쁜 마음으로 구제에 참여하면, 하나님은 그만큼 그를 축복하시려고 계획하신 것이다. 결국 그렇게 되면 돈을 낸 사람도 기뻐서 하나님을 찬양할 것이고, 구제받은 사람도 하나님을 찬양할 것이다. 그리고 구제받은 사람들은 구제해 준 사람들을 기억하고 애정을 가지며 기도해 줄 것이다. 남을 구제하는 마음은 참으로 귀한 하나님의 은사로서 그 은사를 주시는 하나님께 감사할 수밖에 없다.

5. 바울의 사도직 변호

이 대목을 서론에서도 언급한 바와 같이 1~9장까지 쓴 바울이 계속해서 이 대목을 썼을까를 의심할 수밖에 없으리 만큼, 그 내용이나 어조로 보아 판이하게 이질적인 것이 있다. 그래서 많은 학자들은 바울의 세 번째 편지, 즉 그 눈물의 편지가 1세기 말에 바울 서신들을 정리 편집하는 중에 이 자리에 삽입된 것 같다는 의견을 가진다. 우리도 그 의견을 따르면서 읽어 보자.

1) 반역자들에 대한 바울의 공격(10：1-12)

바울이 첫 번 방문 후 고린도를 떠난 이래 고린도교회에는 여러 가지로 바울을 헐뜯고 비난하는 일이 생겼다. 첫째로, 바울이 고린도에 같이 있을 때에는 온유하고 관용을 나타내지만, 떠나 있으면 담대하고 사나워진다는 평이 있었던 모양이다. 즉 바울이 세상적인 어떤 욕심을 위해서 또는 세상적 수단과 방법으로 고린도인들의 면전에서는 온유한 척하면서 이익을 도모하다가 이제 떠나서는 태도를 변하여 큰소리친다는 식으로 비난한다는 것이다. 거기에 대해서 바울은 그들의 판단이 잘못되어 있음을 지적한다. 이 세상에서 살기 때문에 외형상 세상적 방식이나 수단이나 동기를 가지고 무슨 일을 하는 것으로 보일지 모르지만, 사실 바울은 차원이 다른 세상에서 살면서, 세상적인 생각과는 다른 것으로 행동하고 투쟁한다는 것이다.

바울은 세상을 관찰할 때 표면만 보지 않고 신령한 가운데 계시는 하나님을 보고, 또한 그를 반대하는 악령의 세력을 보고 있다. 그래서 바울의 싸움은 단순한 물질적 싸움이 아니라 신령한 싸움이고 하나님의 능력을 가지고 악마의 진지를 공격하는 그러한 투쟁이라는 것이다. 바울의 목표는 하나님에 대한 지식을 방해하는 거짓된 논의라든가 교만한 반대 의견들을 파멸하고 모든 생각을 다 쳐서 그리스도에게 복종케 하며, 고린도 교인들도 다 완전히 그리스도께 복종하는 자들이 되게 하려는 것이라고 변명한다.

둘째로, 어떤 사람이 자기는 그리스도의 사람이지만 바울은 그리스도의 사람이 아니라고 말한다. 그러나 똑똑히 보라는 것이다. 그 사람이 그리스도의 사람이라면 자기도 그렇다는 것이다. 사실 바울은 주님께로부터 권위를 받아서 고린도교회를 건설적으로 지도하고 있는 바, 남이 가지지 못한 자랑스러운 권위를 가지고 있어서 어느 누구에게도 부끄러울 것이 없다는 것이다(7—8).

셋째로, 어떤 사람들은 바울이 편지로만 협박하고 무섭게 말하지만, 면대하면 약하고 말하는 것도 별것 아니라고 비난한다. 그러나 바울은 자기의 편지의 내용과 면대하여 하는 내용을 꼭 같이 결코 표리가 부동한 그런 사람이 아니라고 변명한다(9—11). 그러면서 바울은 어떤 사람들처럼 자화자찬하려고 하지 않는다고 말한다. 나는 누구보다 높고, 누구는 누구보다 높다는 등 자기들의 높음을 자랑하지만 그것은 어리석은 일이고, 자기는 그렇게 할 생각이 없다고 말한다.

2) 봉사의 영역(10 : 13—18)

바울은 위에서 자기를 비난하는 자들을 공박했고 결국 자신을 자랑한 셈이지만, 이제 그는 한정없이 자랑하려는 것이 아니라고 한다. 즉 하나님께서 범위를 정해 주셨고, 그 범위 안에는 고린도에서의 사역도 포함된다는 것이다. 고린도에 처음으로 복음을 전한 것은 바울이었던 바, 고린도에서의 전도가 끝나자 그 지방에서는 하나님께서 정해 주신 범위를 벗어나 더 나가려고는 하지 않았었다. 그러니까 바울은 하나님께서 허락하신 범위 안에서 일했고, 남의 영역을 침범하여 남의 한 일을 자기 것인 양 자랑하려고 하지 않는다는 것이다. 다만, 바울이 바란 것은 고린도 교인들의 신앙이 자라서 그들의 선교활동을 통하여 바울의 영역이 확장되었으면 했다는 것이다. 그리해서 남의 영역에서 이미 이루어진 것을 자랑하는 일이 없이, 고린도 교인들이 확대해 나간 지역에서 바울이 복음을 전할 수 있었으면 좋겠다고 희망했다는 것이다. 그러니까 "사람이 자랑한다면 결국 주님을 자랑해야 한다."는 말이 옳다. 주님이 봉사의 영역을 허락해야 하고, 또 일할 만한 능력과 지혜를 주셔야만 하니까, 결국 주님을 자랑해야지 사람을 자랑할 것이 못 된다는 것이다. 이 말은 역시 바울의 반대자들이 자화자찬하는 것을 비꼬아 한 말 같다. 그들은 사실 바울의 영토를 침범하고 남이 한 일을 가지고 자랑하는 자들이기 때문이다.

3) **거짓 사도들**(11 : 1－15)

바울은 이 대목에서 노골적으로 거짓 사도들을 공격하고 나선다. 이런 일은 좀 비열하고 어리석어 보이기도 하지만 진실된 복음전도자로서 마땅히 느껴야 할 감정이고, 태도이다. 즉 바울은 질투하시는 하나님의 심정을 가지고 고린도 교인들이 순결한 아내로 신랑 그리스도께 나타나기를 바라고 애지중지 가꾸었는데, 이제 옛날 에덴동산에서 뱀이 하와를 유혹한 것처럼 유혹자가 나타나서 그리스도께 진실하고 순결한 헌신을 해야 할 자들의 생각을 오도하고 있으니 질투의 격분을 느낄 수밖에 없다는 것이다.

즉 거짓 사도들이 나타나서 바울이 전한 것과는 다른 예수를 전하고, 바울의 가르침을 통하여 받았던 성령과는 다른 영을 받게 하고, 바울이 전한 복음과는 다른 복음을 전하고 있는데, 고린도 교인들은 그것을 분간하지 못하고 쉽게 그들의 말을 받아들이고 있으니 바울의 마음에 거룩한 질투심, 격분이 일어나지 않겠는가? 자기가 그 훌륭하다는 사도들에 비해서 조금도 못한 것이 없다고 장담한다. 말은 그들보다 유창하지 못할런지 모르지만, 지식을 비교해 보아도 자기는 그들보다 결코 나으면 낫지, 못하지 않다는 것이다. 이런 일에 대해서는 바울이 이미 다 밝히 말해 둔 바도 있다는 것이다. 사전에 이런 일이 있으리라고 예고도 한 바라는 말이다. 그러면서 바울은 이제 그 거짓 사도들과 자신을 실제로 비교해 본다. 바울은 고린도에서 선교활동을 할 때 완전히 자기 비용을 써가면서 복음을 전하였고, 따라서 자기는 종이 되고 고린도 교인을 상전으로 모신 격이었다. 고린도 교인들에게 폐가 되지 않기 위해서 다른 지방 교회의 원조를 받아서 비용에 충당했다. 마게도니아로부터 보내온 금품을 가지고 활동비에 충당하면서 조금도 고린도교회에게는 추호도 짐을 지우지 않았다는 것이다. 그것이 죄냐고 따진다. 고린도교회를 사랑하지 않아서 그랬겠는가고 반문한다. 아가야 지방 사람이 다 아는 사실이니 이 자랑이 무슨 흠이 되겠느냐고 한다. 바울은 지금까지 한 그 방침을 앞으로도 계속 사용하겠다고 선언한다. 즉 자비로 전도하겠다는 것이다. 거짓 사도들은 자기들이야말로 참된 사도라고 뽐내면서, 바울이 했으니 우리도 같은 조건으로 할 수 있다고 말하는 그들의 주장을 무너뜨리기 위해서라도 바울은 자비전도(自費傳道)를 계속하겠다고 한다. 자비전도가 결코 그리 쉽게 되는 것이 아니기 때문이며, 또 사실 거짓 사도들은 말로는 자비로 전도한다고 선전할지 몰라도, 돈과 보수에 집착하는 자들임을 바울이 잘 알기 때문이다. 결국 그들은 거짓 사도들이고, 거짓 일꾼들이고, 탈을 쓰고 나타나 그리스도의 사도라고 속이는 자들이라는 것이다.

옛날에 사단이 빛의 천사처럼 가장하고 속임수를 썼다면 그 사탄의 부하들이 의로운 종인 양 가장하고 나서는 것도 당연하고, 이상히 생각할 것이 못 된다는 것이다. 그러니까 고린도교회에 나타난 거짓 사도들의 운명은 뻔한 것이고, 따라서 그런 자들에게 현혹되지 말라는 것이다. 그들은 결국 하나님의 공의의 심판을 받게 될 것이다.

4) 바울의 자랑(11 : 16-29)

바울은 너무도 격분한 나머지 좀 비꼬는 식으로 자기 자랑을 늘어놓는다. 거짓 사도들이 하찮은 세상적인 것을 가지고 자랑하면서 고린도 교인들을 충동하고 있으니 어리석은 일인 줄 알면서도 자기도 자랑하겠다고 선언한다. 거짓 사도들이 늘어놓는 그 어리석은 자랑을 통채로 받아들이고 따라가는 너희는 참으로 현명하기도 하다 ! 고 비꼰다. 결국 그들은 고린도 교인들을 노예로 삼고, 노략질하고 이용해 먹고, 때로는 깔보고, 때로는 정면으로 뺨을 갈기는데도 고린도 교인들은 잘도 참아 주는구나 ! 하고 비꼰다. 바울은 "나는 그들처럼 못 하는 바보요, 연약한 사람이 되어서 창피하다 ! "고 하면서 빈정댄다. 그러면서 그 거짓 사도들이 자랑한다면 한번 시합을 해보자는 식으로 자랑을 늘어

놓는다.

그들이 히브리인들이라고 자랑한다면 자기도 히브리인, 그들이 이스라엘 사람이면, 자기도 이스라엘 사람, 그들이 아브라함의 자손이라고 한다면 자기도 아브라함의 자손, 그들이 그리스도의 종이라고 한다면, 그 면에서는 훨씬 더 훌륭한 종이라고 말하면서, 그들보다 나은 점을 길게 나열한다. 더 큰 수고를 했고, 감옥에도 더 많이 갇혔고, 매도 더 많이 맞았고 거의 죽는 지경에 도달했었다. 그리고 39대를 맞는 태장을 유대인에게 5회나 맞았고, 몽둥이로 맞는 벌을 3회, 돌 창을 한 번 맞고, 파선을 세 번 만나 하루 밤낮 표류한 일도 있고, 여행도 많이 하고, 강의 위험, 강도의 위험, 동족에게 당하는 위험, 이방인에게 당한 위험, 도시의 위험, 광야의 위험, 바다의 위험, 거짓 교우에게서 당한 위험, 갖은 수고와 고통, 잠 못자고, 굶고, 목마르고, 추위에 떨고, 아무도 돌보는 자 없이 무방비상태에 놓이기도 하는 이 모든 어려움을 그리스도의 종으로서 겪었다.

그뿐인가? 교회들을 염려하는 염려가 밤낮 바울을 에워싸고 있었다는 것이다. 그 거짓 사도들과는 비교도 안 될 만큼 큰 수고를 많이 한 바울이 아닌가! 바울도 연약한 인간이고, 남이 넘어지면 그도 넘어질 수 있고, 남이 성이 나면 자기도 그럴 수 있다. 그렇게 연약하지만, 어디까지나 그리스도의 종으로 그 만큼 충성되게 봉사했다는 말이다.

5) **수치스러운 추억**(11 : 30-33)

바울은 남달리 복음 때문에 겪은 한 가지 사건을 회상한다. 즉 바울이 개종한 지 얼마되지 않았을 때 다메섹에서 전도하는 바울을 미워한 유대인들이 바울을 죽이려고 성문에 지키고 있었기 때문에 바울은 하는 수 없이 바구니에 실려 성벽에서 달아내려 탈출하는 촌극을 벌였다는 것이다. 거짓 없는 사실인데, 이것은 바울의 연약함을 증거하는 사건이기는 하지만 실은 그리스도와 복음 때문에 겪은 하나의 수난이기도 하다. 그런 의미에서 바울은 자신의 연약함을 자랑한다고 하지만 , 실은 그의 공적의 하나요 참된 자랑감이 된다.

6) 입신의 경험과 그 이후(12 : 1-10)

바울은 자랑을 늘어놓는 김에 좀더 할 것이 있다고 하면서 그의 영적 체험을 들고나온다. 그는 남들이 체험하지 못한 입신(入神)의 체험을 했었다. 즉 14년 전에 삼층천에 올라가서 말로는 표현할 수 없는 것들을 들었다는 것이다(12 : 1-4). 이러한 특별한 체험을 하였기 때문에, 그리고 많은 계시를 하나님께로부터 받았기 때문에 얼마든지 자랑할 것이 있다는 것이다. 그러나 자랑은 금물이고, 어리석은 것이기 때문에 더이상 안 하는 것이 좋겠다고 하면서, 오히려 그런 자랑의 가능성마저 없애려고 바울의 몸에 가시를 주셔서 겸손할 수밖에 없도록 만들었다는 것이다.

바울은 그것이 사단의 사신이라고 말한다. 그 가시가 무엇인지를 아무도 모른다. 심히 굴욕적인 육신적 허약이나 병인지도 모른다(갈 4 : 13 이하). 그래서 바울은 세 번이나 그것을 제거해 달라고 하나님께 간구했지만, 하나님은 오히려 "내 은혜가 네게 족하다. 나의 능력은 연약한 중에서 완전해진다."는 대답을 주셨다는 것이다. 그래서 바울은 오히려 자신의 연약함을 자랑한다는 것이다. 즉 약속대로 그리스도의 능력이 바울에게 언제나 나타나기 위해서이다. 즉 바울은 연약함과 모욕, 곤난, 핍박, 재난을 고스란히 당하더라도 그 연약함 속에 주님은 능력을 나타내시기 때문에, 주님의 영광의 능력이 나타나기 위해서 바울은 그 연약함과 모든 어려움을 만족한다는 것이다. 이런 점에서 거짓 사도들의 자랑의 성격과 바울의 자랑의 성격은 판이하게 다르다. 거짓 사도들은 자기들을 내세우고 자기들의 영광을 도모하지만, 바울은 자신의 어리석음과 연약함을 자랑하여 결국은 그리스도의 능력이 나타나게 하고 있기 때문이다.

7) 사도의 표지가 무엇인가? (12 : 11-13)

고린도 교인들이 바울의 사도직을 의심하고 또는 부인하기 때문에 불가불 바울은 자신의 자랑을 할 수밖에 없었지만, 실은 고린도 교인들이 바울을 증명해 주고 바울의 추천자가 되어 주었어야 했다는 것이다. 결국 고린도교회에 나타났던 월등하다는 사도들과 바울을 비교할 때 결코 열등한 것이 조금도 없다는 결론이다. 그것은 바울이라는 인간 자신 때문이 아니다. 바울 자신은 아무것도 아니다. 일개 인간이다. 바울은 비록 인간에 불과하지만 하나님께서 그에게 힘을 주셔서 표적과 기사와 능력을 행하게 하셨고, 오래 인내하면서 고린도교회 내에 참 사도인 증거를 나타냈다는 것이다. 그 어느 월등하다는 사도가 바울처럼 그런 능력을 나타냈었는가 말이다. 바울이 고린도교회에게 혜택을 주지 못한 것이 있다면 그들의 돈을 받지 않고, 그들의 도움을 받지 않고 자비로 전도하며 그들에게 폐를 끼치지 않았다는 것 뿐이니, 그것이 잘못이라면 용서해 달라고 했다. 바울의 이 진실된 말을 읽는 고린도교회가 어찌 얼굴을 붉히며 마음에 각성을 안 할 수 있었겠는가?

8) **바울의 세 번째 방문**(12：14—21)

바울은 두 번째 방문 때 크게 무안을 당하고 아무 성과 없이 돌아왔고, 이제 이 편지를 보내면서 책망도 하고 경고도 하지만, 이렇게 편지만 하고 말 것이 아니라 세 번째로 방문할 계획을 가지고 있다는 것이다. 이제 다시 가더라도 전과 같이 그들에게 폐가 될 생각은 없다고 하면서, 바울의 진심은 고린도 교인들과의 화해에 있고, 어떤 사람들처럼 그들의 물질을 바라는 것이 아니라고 잘라 말한다. 고린도 교인들 자체를 사랑하고 부모처럼 그들을 아끼기 때문에 그릇된 상태에서 돌아서서 바울과의 원래의 관계를 되찾기를 바랄 뿐이라는 것이다. 그런데 어떤 사람은 바울을 비난하면서, 바울이 자비(自費)를 쓰면서 교회에 부담을 주지 않으면서도 교묘하게 착취하고 이용해 먹는다는 말을 한다는 것이다. 그것은 바울 자신은 뒤로 물러나고 사람을 시켜서 돈을 거두어간다는 말이었다. 그러나 바울은 말한다. 바울 자신이 디도를 파송했고, 또 다른 형제도 같이 보냈었는데, 사실대로 말해 보라. 디도가 어느 누구를 이용하고 착복을 했느냐 하는 것이다. 처음부터 시종일관 꼭 같은 원칙을 가지고 하지 않았느냐 말이다. 즉 그들을 도우면 도왔지 그들의 것을 뜯어 가진 일이 없고, 자급자족했다는 말이다.

이런 말들이 혹시 바울의 자기 변명처럼 들렸겠지만, 실은 그리스도를 믿는 사람으로서 진실을 말한 것이고, 사랑하는 교회의 이익과 보탬이 되라고 하는 말이라고 바울은 밝힌다. 세 번째로 가서 고린도 교인들을 만나고자 하는데, 이 편지를 통해서 교회가 고침을 받고 크게 보탬을 얻어 서로 만나게 될 때 다툼, 질투, 분노, 이기심, 비방, 낭설, 자부심, 무질서 등이 난무하는 꼴을 나타내지 않게 하려는 것이며, 따라서 바울의 언짢은 얼굴을 보는 일이 없도록 하려고 한다는 것이다. 고린도교회 안에 나타난 문제인물들이 그들의 불결, 불륜, 방종 등을 회개하지 않고 있다가, 바울이 가서 그들을 만나게 될 때 가지게 될 그 당혹과 비참을 생각하면서, 그런 일이 없기를 바라는 마음으로 이 편지를 쓴다는 것이다.

9) **결론적 경고**(13 : 1-10)

바울이 세 번째 방문을 예고하면서, 둘 또는 셋이라는 것이 결정적인 효과를 가져오는 숫자임을 상기시킨다. 두세 사람의 증거가 있으면 재판이 확정된다는 구약 전통을 인용하면서 이번 세 번째는 심상치 않는 방문임을 암시해 준다. 두 번째 방문 때에도 범죄한 고린도 교인들을 호되게 경고한 바 있는데, 그처럼 이번에도 편지로 경고를 한다는 것이다. 이제 세 번째 방문 시에는 그들을 가만 두지 않을 것이라고 위협을 한다. 어떤 사람들은 바울이 말로만 큰소리하지 실제는 아무것도 아니라고 하며, 바울 속에 정말 그리스도가 계시다는 증거를 보여주면 그의 말을 믿고 복종하겠다고 하는데, 한번 본때를 보여 주겠다는 것이다. 그리스도는 일견 연약하여 십자가에 달려 죽으셨지만 하나님의 능력으로 살아 계시기 때문에 고린도의 죄인들에게 그리스도께서 얼마든지 능력을 행사하여 크게 벌할 수도 있다는 것이다. 바울은 비록 약하지만 하나님의 능력을 가지고 그들에게 나타날 때 얼마든지 큰 벌도 나타나게 할 수 있다는 위협적인 말이다.

바울의 마지막 권면은 간단 명료하다. 믿음 안에 서 있는지 스스로 시험해 보라는 것이다. 자신을 잘 검토해 보라는 것이다. 예수 그리스도를 모시고 있는가를 잘 알아보아야 하고, 만일 그렇지 않으면 불합격이다. 바울은 확실히 자기가 예수 그리스도를 모신자로서 주님께 실격자가 아니라는 사실을 알아 주기를 바라면서, 고린도 교인들이 악을 버리고 선을 행하는 자가 되기를 하나님께 간구한다. 그러면서 바울이 고린도교회를 향해서 가져 온 태도를 정리해서 보여 준다. 바울은 진리를 거슬리지 못하고 진리를 위해서만 산다는 것, 어디까지나 자기를 희생해서라도 고린도 교인들이 강해지고, 보다 완전해지고, 발전하기를 염원한다는 것이다. 그리하여 앞으로 직접 만날 때 주님이 주시는 권위를 가지고 고린도 교인들에게 심한 징계를 내리지 않아도 되도록 그 편지를 쓰고 있다는 것이다.

10) 마지막 부탁과 인사와 축도(13 : 11-13)

끝으로 바울은 당부한다. 기뻐하라, 고치라, 권고를 받아드려라, 한마음을 품어라, 평화를 누리라. 사랑과 평화의 하나님께서 그들과 같이 계신다고 권장한다. 그리고 그리스도의 은혜, 하나님의 사랑, 성령의 교제가 고린도 교인들 전체에게 있기를 빌면서 끝낸다.

□ *토의문제*

1. 고린도 후서에 나타난 바울 반대자들의 성격을 종합해 보자.
2. 바울이 고린도교회의 문제를 해결한 태도와 방법을 검토해 보자.
3. 바울이 고린도교회에 대하여 취한 태도에서 배울 점이 무엇인가?
4. 자비(自費)전도의 장단점을 따져 보자.
5. 바울이 고린도 후서를 쓸 때까지 그 교회와 통신하고 거래한 역사를 종합해 보자.

□ 참고도서

F. F. Bruce, *I and 2 Corinthians,* London : Oliphants, 1971.

C. K. Barrett, *A Commentary on the Second Epistle to the Corinthians,* London: A. & C. Black. 1973 ; New York : Harper & Row, 1974.

James Denney, "The Second Epistles to the Corinthians," *The Expositors Bible,* London : Hodder & Stoughton, 1894 ; New York : A. C. Armstrong, 1902, Wm. B. Eerdmans Publishing Co., 1943(재판).

갈라디아서

우리는 갈라디아서를 그리스도인의 자유 대헌장이라고도 부른다. 갈라디아서는 이방인이 그리스도인이 되려면 먼저 유대인이 되어야 하느냐는 문제를 다루는 책이다. 가령 우리 한국 사람이 구원을 얻으려면, 먼저 유대인들처럼 할례를 받고 모세 율법을 지키면서 예수를 믿어야 하느냐 하는 문제에 대해서 해답을 주는 책으로서, 과거 20세기 동안 많이 애독되고 많은 영향을 끼치고 많은 공헌을 한 책이다.

Ⅰ. 갈라디아와 바울

바울 사도가 선교여행을 하면서 갈라디아 지방에서 전도하고 교회를 세웠다. 그러나 문제는 갈라디아가 어디냐 하는 것이다. 그 지방을 명확히 아는 데에 따라서 그 편지가 언제 기록되었느냐 하는 문제도 해결된다. 갈라디아라는 말이 소아시아 중부에 자리잡은 옛 갈라디아(즉, 갈라디아인의 영토), 즉 북갈라디아를 가리킬 수 있고, 후에 로마 제국이 점령하여 행정구역을 넓혀 북쪽은 본도(Pontus), 남쪽은 밤빌리아에 이르는 갈라디아 도(province)를 말할 수 있다. 남갈라디아라 하면

브루기아, 루가오니아 지방까지 다 포함되기 때문에 바울이 제1차 전도여행 때 교회를 세운 비시디아의 안디옥, 이고니온, 루스드라, 더베도 갈라디아교회라 부를 수 있다.

남갈라디아 지방에 바울이 교회를 세운 역사는 사도행전 13：14~14：26에 나타나 있다. 북갈라디아에서 바울이 전도하고 교회를 세운 이야기는 사도행전에 언급되어 있지 않기 때문에, 그리고 제2차 전도여행 때 바울은 "성령이 아시아에서 말씀을 전하지 못하게 하시거늘 브루기아와 갈라디아 땅으로 다녀가 무시아 앞에 이르러 비두니아로 가고자 애쓰되 예수의 영이 허락지 아니하시는지라."(행 16：6-7)는 말씀대로 북갈라디아에는 가려다가 못간 것 같은 느낌을 주기 때문에 바울이 남갈라디아에서만 전도하고 그 교회를 향하여 보낸 편지가 바로 갈라디아서라고 보는 사람들이 많다.

그러나 사도행전 16：6~7에 나타난 갈라디아를 북갈라디아로 보고, 사도행전 18：23에 나오는 갈라디아도 역시 북갈라디아로 보면, 갈라디아 4：13을 연결시켜 바울이 북갈라디아에서도 전도했다고 보면서 북갈라디아설을 주장하는 사람도 있다. 즉 사도행전이 바울의 행적을 낱낱이 다 기록하지 않았다고도 볼 수 있기 때문에 그 가능성도 배제할 수 없다. 남갈라디아설을 택한다면 바울이 첫 번 전도여행을 마치고 수리아 안디옥에 돌아왔을 때 쓴 편지일 수도 있다. 그렇다면 바울의 편지 중에 제일 먼저 된 편지일 수도 있다. 사도행전 16：6~7에 나타난 갈라디아도 남갈라디아를 가리키는 것이라면, 제2차 전도여행 때 그 곳을 거쳐서 드로아, 빌립보에 도착했을 때 갈라디아에서 온 급보를 듣고 쓴 편지일 수도 있고, 셋째로 사도행전 18：18~23의 갈라디아가 남갈라디아라면 바울이 세 번째 전도여행 때 에베소에 이르렀을 때 쓴 편지라고 할 수도 있다. 그러나 북갈라디아설을 택한다면 위에서 말한 둘째와 셋째의 가능이 여기에 해당될 것이다.

그러나 대개는 셋째의 경우를 많이 택하고 있다. 즉 제3차 여행 때 북갈라디아를 거쳐서 에베소에 도착했을 때 거기서 오는 급보를 듣고 편지를 썼다는 것이다. 그러나 이 양설이 다 근거가 있고, 또 양설이 절대적인 확증을 가지고 있지 않는 한 그 어느 것에 국한하기가 어렵다. 그래서 대략 주후 50~55년 어간의 바울의 글이라고 넓게 그 연대를 잡는 것이 안전하겠고, 기록한 장소도 확정할 수가 없다. 다만 갈라디아 지방은 바울과의 관계가 매우 밀접하여 바울이 병을 앓는 중에 악전고투하면서 전도한 곳이고, 갈라디아인들은 바울을 사랑하여 자기들의 눈이라도 빼주고 싶을 정도(갈 4：13-15)였기 때문에 갈라디아교회에 대한 바울의 관심은 매우 컸었고, 따라서 갈라디아교회에 일어난 사건에 대한 바울의 반응은 매우 민감하고 열정적이었다고 말할 수 있다.

Ⅱ. 갈라디아서를 쓴 경위

바울이 하나님의 은혜로 극적인 개종을 한 후, 적어도 17년간이나 하나님과 영적인 교제를 가지며 깊이 연구하면서 하나님의 계시를 받고 복음의 진리에 확신을 가지게 되었고 하나의 체계를 세웠던 것이다. 즉 기독교의 복음의 도리를 조직적으로 깨닫고 확신을 가지게 되었다. 그는 구원의 기쁨을 남에게 전하고자 하는 열정을 가지고 때가 오기를 기다렸던 것이다. 안디옥교회의 교역자로 초청을 받고 거기서 선교사로 파송받은 바울은 가는 곳마다 열성을 다하며 그의 복음진리를 설득력 있게 가르쳤다. 가는 곳마다 유대인들을 먼저 찾아가서 그 복음을 소개했지만 받아들이지 않았다. 그래서 그는 이방인들에게 방향을 돌렸다. 갈라디아 지방도 마찬가지였다. 유대인들이 섞여 있는 지방이어서 유대인들의 반대도 있었지만 이방인들은 바울의 전도를 잘 받아들였다.

바울의 복음의 골자는 죄인을 위해서 오신 하나님의 아들 예수 그리스도께서 십자가에 달려 대속의 죽음을 죽으셨으니 그를 믿기만 하면 하나님과 새 관계가 회복되어 구원을 얻는다는 것이었다. 인간의 공로가 없더라도 은혜로 구원해 주신다는 내용이었다. 기쁨으로 그 복음을 받아들인 이방인들이 교회를 이루었고 장로로 세움을 받은 지도자 밑에서 잘 자라고 있었다. 바울은 자기가 전도하여 개종한 영적 자식들에 대한 책임감을 깊이 느끼면서 기회를 만들어 다시 찾아보는 성의를 잊지 않았다. 다시 방문하면서 그 교회들의 상황을 살피고, 미진한 것을 보충하여 가르치고, 그들의 질문에 답변하면서 그들의 신앙을 북돋아 주고 떠났다.

이렇게 시찰을 마치고 어떤 곳에 도착했을 때(에베소, 마게도냐, 고린도 혹은 수리아, 안디옥) 갈라디아 지방 교회에서 소식이 들려왔다. 그곳을 거쳐서 온 지가 얼마 안 되는데, 즉 바울이 그 곳을 지나는 동안에도 별 문제가 없는 것 같았는데, 바울이 지나가자마자 유대주의자들이 달려들어 바울을 헐뜯으면서 그가 무슨 사도냐, 그는 사도 자격이 없는 자라고 하면서 그가 가르치는 복음은 옳지 않으며, 구원을 주지 못하는 것이라고 한다는 것이다. 예수를 믿어야 하는 것은 사실이지만, 구약의 율법을 따라서 할례를 행해야 하며 구약의 율법도 지켜야만 구원을 얻는다는 것이다. 믿기만 하면 구원얻는다는 것은 말이 안 되고 그렇게 하면 결국 방종으로 흘러 범죄를 조장하는 일밖에 안 된다는 것이다.

이런 선전을 들은 갈라디아 교인들은 그럴싸해서 유대주의자들의 말을 따르려는 기세라는 것이다. 바울이 그렇게도 누누히 가르친 복음의 진수를 놓치고 엉뚱한 사람들의 말에 귀를 기울이고 그리로 넘어갈 기세라는 것이다. 이 말을 전해 들은 바울은 우선 분개한 마음이 앞섰다. 그 유대주의자들이 괘씸하고 미웠던 것이다. 그릇된 사상을 가지고 순진한 교인들을 오도하는 그들의 잘못에 대하여 북받치는 분개를 금할 수 없었다. 그래서 바울은 시간을 다투는 급한 일이라고 생각되어 당장에 붓을 들어 편지를 쓴 것이다. 편지 서두에서부터 바울은 격분을 토로하면서, 다른 서신을 쓸 때와는 달리 첫 마디부터 자기 변호로 시작하고, 감사나 찬미 같은 것도 다 빼고 적대자를 공격하는 말부터 하고 있다.

결국 자신의 사도직을 옹호하며 자기가 전한 복음의 진정성을 다시 한번 변호하면서 갈라디아 교인들이 처한 위기에서 그들을 건지려는 응급조치를 취한 것이다. 예수 그리스도를 믿음으로 얻었던 자유를 포기하고, 다시금 율법의 노예가 되려는 위기에 직면한 갈라디아 교인들을 다시 완전한 자유에로 이끌기 위한 다급한 교훈과 권고의 말씀을 써 보낸 것이다. 그러므로 우리는 여기서 바울의 기독교 복음의 골자를 알게 되며, 바울의 생애에 대한 귀한 역사적 사실들을 알 수 있다. 즉 사도행전에서 발견되지 않는 사건들을 많이 알 수 있다.

Ⅲ. 내용 분해

1. 인사(1：1—5)
2. 이 밖에 다른 복음은 없다(1：6—10).
3. 바울의 자서전：바울의 독립적 복음(1：11—2：14)
4. 믿음이 하나님의 약속을 받는다(2：15—5：1).
5. 그리스도인의 자유(5：2—12)
6. 육과 영(5：13—26)
7. 서로 돕고 섬기자(6：1—10).
8. 결론적 교훈과 인사(6：1—18)

Ⅳ. 내용 해설

1. 인사(1：1—5)

바울이 쓴 다른 서신들에 나타난 인사 부분과 비교할 때 갈라디아서에 나타난 인사는 크게 두 가지 특색이 있다. 하나는 1절에서 발신인 바울이 자기 변호를 강력히 하였다는 점이고, 둘째는 4~5에서 예수 그리스도의 구속의 사실을 설명하고 송영까지 붙였다는 사실이다.

갈라디아 지방에 나타난 반바울적 침입자들이 바울의 사도직을 부인하고 바울에 대한 갈라디아인들의 신뢰를 송두리째 흔들어 버린다는 소문을 들은 바울은, 틀림없이 부활하신 주님으로부터 직접 부르심을 받고 복음전도자로 파송받은 진정한 사도로서의 권위와 책임을 느끼면서, 자기가 전하는 그리스도의 복음을 옹호하고 확립시키는 일은 곧 자신의 사도직을 옹호하고 확정함으로써 이루어질 수 있다는 생각을 하지 않을 수 없었다. 바울이 진정한 사도가 아니라면 그가 하는 말도 권위가 없다. 하나님의 계시를 통하여 귀하게 받은 복음의 진리를 권위있게 전달해야 할 큰 책임을 지닌 사도로서 그 사도권이 무너짐으로써 그의 복음이 같이 붕괴될 위험에 직면했을 때, 바울은 무엇보다도 먼저 자신의 사도직을 변명할 수밖에 없어서, 서두에서부터 변증조로 자기의 사도됨은 사람들에게서 난 것도 아니고, 어떤 사람을 통해서 된 것도 아니라고 밝혔다.

즉 바울은 예루살렘이나 안디옥이나 다메섹의 어떤 사도들이나 장로들로부터 권위를 받아 사도가 된 것이 아니고, 또는 그리스도와 바울 사이에 어느 누가 중재해 주어서, 어느 사람의 손을 거쳐서 사도직을 받은 것이 아니라 직접 예수 그리스도와 하나님 아버지께로부터 그 직분을 받았다는 것이다. 즉 부활의 주님께서 직접 바울을 불러서 사도의 직분을 맡겨 주셨기 때문에 베드로나 야고보, 기타 예수님의 제자들과 조금도 다름없는 권위를 가지고 있다는 것이다.

그리고 4절에서 주 예수 그리스도에 대한 설명을 붙이면서 그는 우리들의 죄 때문에 자신을 희생하셔서 악한 세대로부터 우리를 건져 주신 분이라고 밝혔다. 즉 복음을 요약한 셈이고 그것으로 만사는 해결되었다고 볼 수 있는 결정적인 표현이다. 사람은 죄 때문에 죽었는데, 예수께서 그 죄 때문에 희생하셨고 이 악한 세대에 얽매어 있던 자들을 죄에서 해방시켰다는 뜻이며, 이렇게 인간의 구원이 이미 이루어졌으니 인간이 자기의 구원을 위해서 할 것이 무엇인가라는 질문이 포함되어 있다. 할례니 율법이니 하는 인간적 노력이 첨가될 필요가 없다는 것이다. 바울은 이렇게 편지의 서두에서부터 큰 방패를 들고 나온 것이다. 그 이상 무엇이 더 필요하냐는 격으로 송영을 하나님께 올리고 있다(5절).

2. 이 밖에 다른 복음은 없다(1 : 6—10).

다른 서신 같으면 마음을 진정하고 격식을 갖추어 인사 다음에는 찬양과 감사를 하나님께 드리는 것이 예사이지만, 이 서신에서는 그럴 만한 마음의 여유가 없었다. 당장에 갈라디아인들에게 따지는 투로 말을 건다. 바울이 그 곳을 거쳐 지나온 지가 불과 며칠이 안 되는데 그 동안에 놀라운 사건이 생겼다는 것이다. 갈라디아인들이 바울의 전도를 받고 개종하여 예수를 믿는 자들이 되었다는 사실은 그리스도의 은총으로 이루어진 일이다. 남달리 하나님께서 은총으로 불러 주셔서 구원의 반열에 들어선 것이었다. 그런데 며칠 사이에 그 은총의 복음을 버리고 딴 복음에로 옮겨가고 있다는 소식이 들리니 이상한 일이 아니냐는 것이다.

다른 복음이 무엇이겠는가? 결국은 바울이 떠난 후에 어떤 사람이 갈라디아 지방에 와서 충동질을 하고 있으며, 그리스도의 복음을 변화시키려고 하는 중에 있다는 것이다. 갈라디아 교인들이 스스로 그러는 것이 아니라 어떤 외래 침입자에 의해서 되고 있는 사실을 알기 때문에 그들을 공격하면서 갈라디아 교인들을 경고하는 것이다. 바울 일행이 전한 복음과 다른 복음을 전하는 사람이 있다면, 누구를 막론하고 저주를 받으라고 하는 격렬한 언사를 쓴다. 바울 일행이라 하더라도 마음이 변하여 딴소리를 한다면 저주감이라는 것이고 하늘에서 온 천사라 하더라도 바울이 전한 그리스도의 복음과 다른 복음을 전한다면 저주를 받아야 한다는 것이다. 바울은 그 말을 한 번만 하고 말 정도로 평범한 느낌이 아니었다. 8절에서 한 말을 다시 반복하지 않고는 견딜 수 없으리 만큼 바울은 심히 분개해 있던 것이다. 갈라디아 교인들이 과거에 바울에게서 받은 바 복음과 다른 복음을 전하는 사람이 있다면 저주를 받으라는 것이다(9절). 여기서 저주라는 말은 유대인 바울의 마음 속에 '헤렘'이라는 히브리어 단어를 생각했을 것이다. 돌로 쳐서 돌무더기를 만들어 버릴 만한 죄인을 향해서 쓰던 말이었기 때문이다.

바울은 그 만큼 자기가 전한 복음에 대한 확신을 가지고 있었다. 확신을 가지고 전할 때 힘이 있고 감동을 줄 수 있다. 그리고 바울은 그 복음을 변질시키지 않고 보존하려는 노력을 하며 책임을 느끼고 있다. 동시에 그 복음을 맡은 자로서 그릇된 복음 때문에 손상을 입는 신도들을 보호하여 순수한 복음 안에 머물게 하려는 선한 목자로서의 열정과 책임의식을 바울에게서 발견하게 된다.

바울은 10절에서 자신의 솔직한 심정을 토로했다. 인간적으로 생각할 때 전통과 인습을 따라서 대다수가 가는 길을 가면 편하고 어려움이 없을 것이다. 일반적으로 사람들이 좋아하는 대로 해 주고 타협하면서 나가면 어려움 없이 지낼 수 있을 것이다. 그러나 하나님의 뜻을 깨닫고 그리스도의 명령을 받은 종으로서, 하나님의 진리를 따르고 그리스도의 명령에 순종할 책임을 느끼는 바울은 어쩔수 없이 복음 옹호 때문에 맞설 수밖에 없고, 수난을 감수할 수밖에 없다는 것이다. 일종의 선전포고와 같은 발언이다.

3. 바울의 자서전 : 바울의 독립적 복음(1 : 11–2 : 14)

바울은 이제 자기에 대한 역선전을 듣고 자기 자신과 또 그의 복음에서 멀어지려고 하는 갈라디아 교인들을 향하여, 전에도 말했을 것이지만 다시 자신의 생애를 알려 주면서 실제로 어떻게 그리스도를 만나 그에게 사도직을 얻었고, 그후 그 사도직을 가진 자로서 어떻게 처신했었는가를 밝혀 자신의 사도 권위를 옹호하고, 그의 복음의 성격이 어떻다는 것을 알려 주어 그들의 오해를 풀려고 한다.

1) 바울의 복음은 계시를 통하여 받은 것(1 : 11–12)

바울이 그렇게도 자신 있게 자기의 복음 외에 딴 것을 전하는 사람은 저주를 받으라고 할 수 있었던 것은 자기가 전하는 복음이 예수 그리스도의 계시를 통하여 받은 것임을 체험으로 알고 있기 때문이다. 어느 사람이 만들어 낸 것도 어떤 사람에게서 받거나 가르침을 받은 것도 아니고, 직접 자신이 예수 그리스도로부터 받은 계시에 의해서 이루어진 복음이라는 것이다. 이제 그 사실을 그의 과거를 더듬으면서 설명하려는 것이다. 예수 그리스도의 계시라고 말하는 것은 바울이 다메섹 도상에서 만난 예수의 말씀을 우선 가리킨 것이고, 그후 3년간 아라비아에서의 신령한 교제와 명상, 그리고 그후 14년간 고향에 가서 있는 동안의 긴 영교의 생활 중에 받은 계시 등이 내포되었을 것이다.

2) 바울의 개종 전 생활(1 : 13–14)

갈라디아 지방에 나타난 선동자들은 예수를 믿는다고 하는 유대인들로서, 예수를 믿으면서 유대교의 율법도 지켜야 한다고 주장하는 자들이었다. 바울은 우선 순수한 기독교 복음을 제창하는 자로서 그 자신이 얼마나 유대교인으로서 열심을 가졌었고, 어느 누구보다도 열정을 가지고 조상 전래의 전통을 잘 지키려고 노력했는가를 말하면서, 그야말로 결사적으로 율법준수에 앞장 섰던 사람이었지만 참 복음을 알고 난 지금은 그 과거를 청산했다는 것이다. 율법준수가 아직도 필요하다면 그가 어째서 그것을 완전히 버렸겠는가?

3) 사도가 된 바울(1：15-17)

옛 바울이 그렇게도 열렬히 주장하고 고수하던 옛 전통을 버리고 사도가 된 경위를 설명한다. 자기가 사도가 된 것은 자기의 뜻, 인간의 뜻에 의한 것이 아니고, 전적으로 하나님께서 당신의 은혜로 하신 일이며 하나님께서 기뻐하셔서 하셨다는 것이다. 거기에는 조금도 인간의 지혜나 계획이나 공로가 있는 것이 아니라는 것이다. 하나님께서 바울을 그의 모태로부터 구별하셨고 때가 되자 불러내셨고 당신의 아들을 계시해 주시기로 하셨다. 그리하여 특히 이방인들에게 그리스도를 전하도록 하셨다는 것이다. 이것은 바울의 다메섹 경험을 신앙적으로 서술한 것이다.

바울은 이렇게 계시를 받고 파송명령을 받자, 그것은 바로 바울의 직속 사령관의 임명이요, 명령이기에 어느 누구에게 가서 상의할 필요를 느끼지 않았다는 것이다. 다메섹에 있는 아나니아나 기타 성도들에게 진부를 묻거나 어떤 재가를 받거나 인간적인 예식을 통해서 임명을 받거나 파송을 받을 필요가 없었다는 것이다. 그뿐 아니라 바울보다 먼저 사도가 된 사람들을 찾아가서 그들에게 어떤 권위를 전수받은 일도 없다는 것이다. 하나님께로부터 직접 받은 사도의 권위와 사명을 지닌 채 우선 아라비아로 갔다가 다메섹으로 돌아왔을 뿐이라는 것이다. 여기까지만 보더라도 바울이 사도된 것은 1절에서 한 말과 같이 사람들에게서나 사람을 통해서 된 것이 아니고 전적으로 하나님으로부터 예수 그리스도를 계시받음으로써 이루어진 사건임을 확실히 알 수 있다.

4) 바울이 예루살렘교회의 지도자들을 만남(1 : 18-20)

바울은 이렇게 이미 사도가 된 연후에 삼 년이나 지나서 예루살렘으로 게바(베드로)를 예방하고 15일간을 베드로와 함께 지냈다. 같은 사도의 자격으로 대등한 의미에서 예방을 하고 예방을 받으며 교제를 가졌다. 그때 예루살렘에서 베드로와 함께 지도자의 역할을 하던 야고보, 즉 예수님의 친동생을 만났을 뿐 다른 사도들은 만나지 못했다는 것이다.

5) 수리아와 길리기아로 간 바울(1 : 21-24)

그 후에 바울은 예루살렘에서 과거에 저지른 죄(교회박해)도 있고, 사람들의 마음 속에 남은 그에 대한 나쁜 인상과 그들의 비우호적인 태도 등을 감안하여 팔레스타인에 오래 남아 있을 필요를 느끼지 못하였던 것이다. 그리고 바울은 이방인을 위하여 전도하라는 임명을 받은 바도 있고, 또 하나님께서 직접 불러 파송하실 시간을 기다리며 복음 진리 이해를 보다 깊이 하려는 생각도 있어서 고향으로, 그리고 이방인들이 집중적으로 살고 있는 수리아와 길리기아로 떠났던 것이다. 이렇게 예루살렘에서 자취를 감추고 말았기 때문에 자기 얼굴을 아는 성도가 별로 없고 다만 과거에 교회를 박해하던 그 사람이 이제는 그가 반대하던 그 종교를 전파하고 있다는 사실을 듣고 사람들은 하나님을 찬미하고 있다는 것이다. 이와 같이 바울은 예루살렘교회와의 관계에 있어서 대등한 위치에 있을 뿐 베드로나 야고보 등 교회의 최고 권위의 지배 하에 있거나 그들의 파송을 받은 바도 없다는 것이다. 오히려 바울의 개종과 사명수행에 대해서 기뻐하며 하나님께 찬양을 드리는 그러한 상황이라는 것이다.

6) 예루살렘회의(2 : 1-10)

사도행전에 의하면 안디옥교회가 교역자를 필요로 하게 되었을 때 바나바의 소개를 받아 안디옥교회에서 일을 했고(행 11 : 25-26), 안디옥교회의 파송을 받아 바나바와 함께 선교여행을 떠난 일이 있었다. 그리고 돌아왔을 때 "어떤 사람들이 유대로부터(안디옥으로) 내려와서 형제들을 가르치되, 너희가 모세의 법대로 할례를 받지 아니하면 능히 구원을 얻지 못하리라."(행 15 : 1)고 했다. 그래서 바울과 바나바가 그들과 적지 않은 다툼과 변론을 하게 되었고, 안디옥교회는 이 문제 때문에 바울과 바나바 그리고 몇몇 사람을 예루살렘으로 파견하기로 결정하였다. 2 : 1에서 14년 후 예루살렘에 올라왔다는 것은 이 사건을 가리킨다고 생각된다. 안디옥교회 형제 중 몇 사람도 같이 올라갔다고 한 말과(행 15 : 2) 여기에 디도가 동행했다는 말은 합치하는 점이 있다. 같이 간 몇 형제 중에 유대인도 있었지만, 이방인 중에서 개종한 디도도 섞여 있었을 것으로 보이기 때문이다.

바울이 사도로서 예루살렘에 올라갈 때도 자신의 경솔한 인간적 결정에 의해서 한 일이 아니라 파송자이신 하나님의 계시가 있어서 갔다는 것이다(2절). 바울은 예루살렘에 도착하여 그 동안 자기가 사도로서 이방인들에게 전한 복음을 예루살렘교회의 장로들, 지도자들에게 비공개적으로 설명했다. 대중이 있는 곳에서 공개적으로 말하면, 반대 의견을 가진 자들의 군중심리 때문에 대화가 끊기고, 좋은 의견이라도 논의되지 않고 다수의 의견에 밀려가기 쉽기 때문에, 바울은 예루살렘의 주요 지도자들과 후속회의를 하면서 주님의 복음을 전개한 것이다. 일 대 일로 토론한다면 바울이 얼마든지 설득력을 가지고 납득시킬 수 있었기 때문이었을 것이다. 회의 중에 바울은 디도를 소개하면서 이방인인 디도가 예수를 믿고 훌륭한 지도자가 되었다는 말을 했을 것이고, 그때 예루살렘 지도자들은 바울의 이방인 전도를 액면대로 수긍하면서 디도에게 할례를 받아야 한다고 강요한 일이 없다는 것이다. 물론 이러한 결과에 도달하기까지는 바울의 조리 있는 변론과 시종일관된 확신을 가지고 예루살렘교회 일부의 비복음적 신앙과 선전을 격퇴하는 노력이 있었던 것이다. 2 : 4에서 나타난 대로 '가만히 들어온 거짓 형제'들이 안디옥교회에도 나타났었고, 갈라디아교회에도 나타났었으며, 아마 예루살렘회의가 진행되고 있을 때에도 회의장 안과 밖에 나타나 무슨 방법으로든지 베드로, 야고보, 요한 등 원로들을 설득시켜 바울을 반대하도록 공작했을지도 모른다.

어쨌든 바울은 갈라디아인들에게 편지를 보내면서, 그런 거짓 형제들의 공작에도 불구하고 잠시도 그들에게 양보하고 복종한 일이 없다고 말하고 있다. 즉 바울은 자기가 전한 복음의 진리가 조금도 변치 않고 남아 있기 위해서 노력했다는 것이다. 결국 거짓 형제들은 전쟁터에서 스파이들이 적진에 잠입해서 요긴한 정보를 빼낸다든가 요새를 폭발시키는 식으로, 그리스도 예수 안에서 가지는 자유 즉 이제는 율법을 행하지 않더라도 그리스도만 믿으면 구원을 얻고 율법으로부터의 자유를 얻는 것인데, 그 믿음을 파괴해 버리고 다시 할례나 율법을 지키도록 하여 그것의 종이 되게 하려는 것인 바, 바울은 조금도 그런 술책에 넘어가지 않고 끝까지 복음을 고수했다는 것이다.

예루살렘의 원로 사도들에 대해서 남들이나 또는 자기들이 훌륭하다고 생각하고 있으며, 과거에 어떠어떠 했다고 자랑할런지 모르지만, 바울은 그것이 다 소용없고 하등의 문제가 안 된다고 말한다. 왜냐하면 하나님은 인간의 외모를 보시고 판단하시는 분이 아니기 때문이다. 하나님 앞에서는 예루살렘의 교회지도자와 바울이 별 차이가 없다고 말한다(6절). 오히려 그 지도자들은 하나님께서 할례받은 자(유대인)들을 위하여 복음을 베드로에게 맡긴 것처럼 바울에게는 무할례자(이방인들)들을 위하여 복음을 맡기셨다는 것, 즉 베드로에게 역사하여 할례자들을 위한 사도가 되게 하신 것처럼 하나님께서 바울에게 역사하여 이방인의 사도가 되게 하셨다는 사실과, 또 바울에게 하나님께서 은총을 내리셨다는 사실을 알게 되었다는 것이다. 이리하여 하나님 앞에서 그들과 바울 사이에 차이가 없음을 알게 되었다는 것이다. 그래서 예루살렘교회의 기둥이라고 여겨지던 야고보, 베드로, 요한이 바울과 바나바에게 오른손을 내밀어 교제의 악수를 했고, 바울 일행은 이방인에게 그들은 할례자에게 전도하는 사명을 가졌다는 동등성을 인정해 주었다는 것이다.

이렇게 동역자요, 동료로서 같은 자격으로 일하기로 하였으며, 오히려 예루살렘교회가 가난한 형편이었기 때문에 바울더러 이방에서 전도하면서 예루살렘교회의 어려움을 기억하고 도와달라는 부탁을 했다. 거기에 대해서는 이미 바울이 생각하고 자진해서 열심히 노력하는 바라고 하면서 한 단계 위에 서는 격이 되었다. 즉 예루살렘의 원로들은 구하는 자가 되었고, 바울은 주는 자의 입장에 서게 된 것이다.

7) **안디옥에서의 충돌**(2 : 11–14)

바울은 지금까지는 대개 자신의 사도로서의 권위와 예루살렘 원로들의 권위를 비교하면서 대등한 위치에 있다는 것을 변증하였다. 그러나 이 부분에서는 예루살렘교회의 최고 권위로 인정받던 베드로를 정면으로 책망해 주었다는 사건을 들고 나옴으로써 자신의 사도권을 공고히 하고 있다. 예루살렘회의가 끝난 후, 이미 신사협정을 맺고 바울의 복음을 인정해 주었으며 이방인은 그들 나름대로 유대교의 전통을 지키지 않더라도 예수만 믿으면 된다는 것을 공식으로 인정한 후의 일이었다.

베드로가 안디옥에 왔을 때 이방인 교인들과 같이 식사를 하는 기회가 있었다. 이것은 벌써 베드로가 유대교의 전통과 법을 벗어나서 하는 행동이었다. 유대인은 이방인들과 식사를 같이 하면 안 되는 것이었기 때문이다. 그때 마침 예루살렘으로부터 야고보가 보낸 몇몇 사람이 그 식사하는 현장에 나타났다. 그때 베드로는 슬그머니 그 자리를 떠서 식사를 안 한 척하였다. 그 자리에 같이 앉았던 바나바도 베드로의 뒤를 따라 그 자리를 물러나갔다는 것이다.

이 사건을 지켜보고, 또 아마도 그 자리에 같이 앉아 식사하던 바울은 공개적으로 많은 사람들이 있는 자리에서 베드로를 책망했다는 것이다. 베드로가 유대인이면서 그리고 유대교의 전통과 법을 지킨다고 하는 사람으로서, 이방인들과 식사를 같이 한 것은 이미 그의 전통을 포기하고 개방된 마음을 가지고 한 행동인데, 그리고 예루살렘회의에서 항의한 것도 이방인 크리스천의 고유성을 인정하기로 한 것인데, 야고보가 보낸 사람이 본다고 해서 다시 옛 전통으로 돌아가 그것이 철칙인 양 주장하며, 다른 사람에게까지 유대 전통을 강요한다는 것이 어찌 옳은 일이냐 하는 것이다. 어쨌든 바울이 여기서 말하려는 것은 훌륭하다고 공인하는 베드로일망정 바울은 그에 못지않으며, 오히려 그를 책망한 일까지 있을 정도로 자기는 당당한 권위를 가지고 있다는 것이다. 물론 그것이 자기에게서 난 권위라고는 말하지 않지만, 하나님께서 주신 당당한 권위를 가진 자로서 자기의 복음은 진리요, 전통적이라는 것을 주장하는 것이다.

4. 믿음이 하나님의 약속을 받는다(2 : 15－5 : 1)

바울은 이 대목에서 갈라디아 교인들에게 이미 가르쳤던 기독교의 복음을 다시 한번 조리 있게 그리고 설득력 있게 설명한다.

1) 유대인도 이방인과 같이 믿음으로 의롭다함을 얻는다(2 : 15－21).

유대인들은 하나님의 선민이라는 것을 자랑하고, 하나님도 율법도 없는 이방 죄인들과는 판이하게 다르다고 자부한다. 유대인으로 태어난 바울은 원래 유대 교회의 골수분자로서, 율법을 행함으로 구원을 얻고 의롭다함을 얻는다고 확신하던 자였지만 이제 그는 진리를 깨달았다는 것이다. 사람은 누구를 막론하고 율법을 행함으로써 의롭다함을 받을 수 없고 예수 그리스도를 믿음으로써만 된다는 것을 바울은 체험을 통하여 깨달아 실제로 예수 그리스도를 믿었다는 것이다.

바울은 유대인으로서 그 누구보다도 열심히 율법을 행하느라 했지만 도저히 불가능했고, 율법을 지키는 것이 자기의 죄를 없애지 못한다는 것을 깨달았고, 예수 그리스도를 만난 후 그를 믿음으로써 무죄선언을 받아 하나님 앞에 떳떳이 설 수 있고, 하나님과 올바른 관계 속에 있게 되는 것을 체험하였기 때문에 자기의 체험을 확신을 가지고 말한 것이다. 바울의 반대자들은 "너희가 제아무리 예수를 믿어서 의롭다함을 받으려고 노력하지만, 율법을 행하지 않는 한 죄인이 될 수밖에 없다."고 말한다. 이런 말에 대해서 바울은 "그렇다면 그리스도는 결국 죄를 없애는 자가 아니고 죄인을 만드는 자밖에 안 되지 않느냐?"고 반문하면서 "결코 그렇지 않다."라고 잘라서 말한다(17절).

만일 반대자들의 말을 듣고 바울이 율법을 행하자고 다시 주장한다면, 스스로 헐었다가 그것을 다시 짓는 자와 같이 자기 모순을 범하는 자가 된다. 바울은 단호히 자기는 하나님을 위해서, 하나님과 함께, 하나님 안에서 살기 위하여 율법에 대해서는 죽었다고 말한다. 율법은 죄를 깨닫게 하기 때문에 그 율법을 통하여 죽을 죄인임을 알게 되었다. 그러나 율법은 무력하여 사람을 살리지 못한다는 것을 알았기 때문에, 살리시는 분 하나님께로 귀의하고 율법에 대해서는 더이상 의뢰하지 않기로 했다는 말이다.

그리스도가 십자가에 달려 죽으실 때 바울도 같이 죽고 이제는 그 안에 그리스도가 살고 계신다는 것이다. 지금 바울이 육체를 입고 살지만 그것은 바울을 위해서 자신을 희생하신 하나님의 아들을 믿는 믿음 안에서 사는 것이라고 말한다. 그러니까 유대주의자들처럼 하나님의 은혜를 결코 무효로 만들어서는 안 된다는 것이다. 하나님의 은총으로 구원을 얻은 사람들이 다시금 자기의 노력이나 공로를 내세우려는 것은 언어도단이라는 것이다. 그리스도가 죽으심으로써 그를 믿는 자마다 의롭다함을 얻었는데, 율법을 다시 내세울 필요가 무엇인가? 만일 율법을 행함으로 의롭다함을 얻을 수 있다면, 그리스도가 죽으실 필요가 없었지 않았느냐 하는 것이다. 바울은 이와 같이 그의 복음의 진리를 간결하게 요약 제시했다.

2) 믿음이 율법을 능가한다(3：1–6).

이제 바울은 갈라디아 교인들을 설득 회유하기 위해서 공격도 하고, 질문공세를 취하기도 하면서 이론을 전개해 나간다. 우선 바울은 갈라디아 교인들을 자식처럼 사랑하는 입장에서 허물 없는 대화를 한다. “어리석도다. 갈라디아 사람들아!”라고 말할 정도로 다정한 관계이면서 동시에 도저히 이해가 안 간다는 투로 말한다. 바울이 갈라디아 지방에서 누누히, 그리고 생생하게 십자가에 달리신 예수 그리스도를 설명해 주었기 때문에 그들의 눈에 선할 터인데, 도대체 누가 그들의 마음을 홀려서 이상한 생각을 하기에 이르렀느냐 하는 것이다. 도무지 이해할 수 없고 터무니없는 일이기 때문에 바울은 묻는다. 갈라디아 교인들이 예수를 믿고 성령을 받았는데, 율법을 행했기 때문인가 아니면 바울의 십자가의 도를 전해 듣고 믿었기 때문인가? 대답을 기다릴 필요도 없이 믿음으로 된 일이다.

이렇게 복음을 믿고 성령을 받고 신령한 신앙생활을 시작한 자들이 이제 다시 율법을 행하며 할례를 행하고 육체적인 일에 되돌아가 끝을 맺으려고 하니 어찌된 일이냐는 것이다. 갈라디아 교인들이 복음을 받고 신앙생활을 하는 중에 가정에서나 사회에서 많은 비난과 박해도 받고 많은 어려움을 겪었다. 그러나 복음이 주는 기쁨과 소망이 큰 것이어서 현재의 고난을 능히 참아낼 수 있었는데, 만일 복음을 버리고 사이비한 복음을 따른다면, 그것은 참 복음이 아니기에 구원을 줄 수 없다. 따라서 지금까지의 수고는 다 허사가 된다는 것이다. 바울은 다시 묻는다. 하나님께서 갈라디아 교인들에게 성령을 주시고 역사하는 능력을 주셨는데, 그것이 율법을 행하는 데서 온 것인가 아니면 듣고 믿었기 때문인가 하는 것이다. 결국 성경이 말해 주는 대로 아브라함이 하나님을 믿었더니 그것이 의로 인정되었다고 하면서 믿음이 바로 칭의의 원천이라는 것을 구약을 인용하여 확증하고 있다.

3) **아브라함이 축복을 받음**(3：7-9)

바울은 자기가 주장하는 복음의 진리, 즉 율법을 행하는 일이 없이도 예수를 믿으면 하나님께 의롭다함을 받는다는 도리를 성경에서 증거를 찾아 뒷받침을 하려는 것이다. 6절에서 이미 말한 대로 아브라함이 하나님을 믿었더니 그것이 그에게 의로 간주되었다는 사실을 말했고, 8절에서는 아브라함만 그런 것이 아니고 "만민이 너로 인하여 축복을 받으리라."(창 12：3)는 말을 인용하면서 누구든지 그런 신앙을 가진 자는 꼭 같이 축복을 받는다고 9절에 결론을 내렸다. 육체적으로 아브라함의 자손이 되어야만 하는 것이 아니라, 예수를 믿기만 하면 아브라함의 후손이 되고 따라서 아브라함과 함께 하나님의 축복을 받는다는 것이다. 유대주의자들은 이방인이 할례를 받아야만 유대인이 되고 그 후에야 아브라함의 후예로 취급받는다고 주장하는 데 비하여 바울은 믿음만이면 된다고 주장하는 것이다.

4) **율법의 저주**(3：10-14)

위에서 바울은 믿음으로 칭의를 얻는다고 말한 후, 그것과는 대조해서 율법을 지키려는 자는 어떻다는 것을 설명한다. 그것 역시 구약성경을 인용하여 입증하고 있다. "누구든지 율법책에 기록된 대로 온갖 일을 항상 행하지 아니하는 자는 저주 아래 있는 자"(신 27：26)라는 말씀이 있는데 어느 누구도 율법을 다 지키는 자가 없으니 모두 저주 아래 있는 것이 확실하다. 그러니 율법을 지켜서 의로워지겠다는 것은 망상이고, 결국 저주 아래 그냥 있게 되는 것이다. 11절에서 다시 바울은 "믿음으로 의로워진 자는 살리라."(합 2：4)고 기록되었으니 율법을 행함으로는 의롭다함을 얻지 못할 것이 분명하다고 재차 다짐한다.

율법을 행함으로 구원을 얻겠다는 것은 자기 힘으로 노력해서 하늘에 도달하겠다는 태도이고, 하나님의 은혜나 능력을 의뢰하는 믿음이 없는 태도이다. 결국 율법을 의뢰하는 자들은 율법의 모든 부분을 다 행해야만 하고, 그 후에야 생명을 얻게 되는 것이다. 그러니 그것이 가능한가? 그러니까 그들은 그냥 저주 아래 있게 마련이다(12). 인간이 모세의 율법이나 어떤 자기들의 율법 아래서 저주를 받은 상태에 있었는데, 그리스도께서 당신 자신을 십자가에 달아 저주받은 자가 됨으로써 우리 인간들을 구출하신 것이다. 예수 그리스도가 우리를 위하여 대속의 제물이 되셔서, 자신이 저주를 받고 우리들을 그 저주의 자리에서 해방시켰다는 것이다.

이렇게 해서 이제 율법을 행해야만 하던 그 저주스럽던 생애는 청산되고 믿음으로 그리스도 예수와 연합하기만 하면, 아브라함이 그런 믿음 때문에 축복을 받은 것처럼, 이방인들에게도 똑같은 축복이 있다는 것이다. 그 어떤 축복보다도 성령을 받는 축복을 받게 된다는 것이다. 3：2에서 이미 성령을 받는 이야기가 있었고, 예언자들을 통해서 그리고 예수께서 직접 성령을 주실 것을 약속한 바 있었는데, 그 성령을 받는 자는 믿음을 가진 자여야 한다는 것이다. 율법을 다 행할 수도 없는 것이고, 따라서 율법을 행함으로 성령을 얻은 사람은 하나도 없다. 예수 그리스도를 믿는 자에게만 성령이 같이 계시는 축복이 있을 것이다. 성령은 하나님과 그리스도의 영으로서 우리의 보혜사, 곧 모든 일을 돕는 분이시니, 그가 우리와 같이 계시는 축복 이상 더 큰 축복이 어디 있겠는가!

5) 약속은 율법보다 먼저 있고 영구하다(3 : 15－18).

바울은 하나님께서 아브라함과 맺은 언약과 430년 후에 모세를 통하여 주신 율법을 대조하면서 아브라함에게 주신 약속이 계속 실효가 있음을 강조한다. 세상의 상식적 통례를 보더라도 일단 계약을 맺으면 아무도 그것을 폐기하거나 가감할 수 없는 것이다. 하나님께서 아브라함에게 약속을 주셨다. 그것은 믿음을 가진 아브라함에게 주신 약속이었고, 아브라함의 자손인 그리스도에게 주신 약속도 된다. 그리스도는 하나님께 대한 완전한 믿음의 소유자였기 때문이다. 어쨌든 하나님은 믿음을 가진 아브라함에게 약속을 주셨던 것이다. 그후 430년이 지난 다음에 율법을 주셨는데, 그 율법이 이미 맺어진 하나님의 언약을 무효화할 수 없다는 것이다. 만일 율법을 행함으로써 하나님께서 주신 기업을 받는다면, 그것은 자기의 노력에 대한 대가를 받는 것에 불과하고 하나님의 은총으로 주시는 약속의 선물일 수 없다. 사람이 율법을 지키려 해도 지키지 못하는 것이라면, 율법에 의해서는 기업을 못 얻는 것이 확실하며, 율법을 주장하는 것은 아무 소용이 없다고 바울은 주장하려는 것이다.

6) 율법의 목적(3 : 19－22)

아브라함이 하나님의 은총과 믿음으로 약속을 받은 것이라면 무엇때문에 하나님께서 율법을 주셨느냐 하는 질문이 자연히 나올 수밖에 없다. 율법은 임시적인 목적을 가진 것으로서 약속의 자손, 즉 예수 그리스도가 나타나실 때까지를 위해서 주신 것이며, 사람들에게 죄가 무엇인지를 알게 하고 범죄하지 않도록 하기 위하여 주신 것이다. 그리고 율법은 천사들을 통해서 중보자 모세의 손을 거쳐서 준 것으로, 유일하신 하나님께서 직접 아브라함에게 주신 약속과는 엄격한 차이가 있다는 것이다. 그렇다면 율법과 약속은 서로 대립되는 것인가 하는 의문이 생긴다. 율법을 주신 이도 하나님, 약속을 주신 이도 하나님이신데, 하나님이 스스로 모순된 일을 하실 리는 없지 않은가?

만일 율법이 사람을 살릴 수 있는 능력이 있다면, 우리는 율법을 행하여 무죄선언을 받고 하나님과의 올바른 관계를 얻을 수 있을 것이다. 그러나 실은 그렇지 못하다. 성경은 선언하기를, 누구를 막론하고 즉 아브라함시대 사람이나 모세 이후 사람이나 다 죄인이라는 것이다. 율법이 없어도, 율법이 있어도 마찬가지이고 사람이 죄인인 것만은 사실이다. 율법이 죄를 없앨 수 없고 죄를 짓지 않게 하는 힘도 없다. 그러니까 결국 예수 그리스도를 믿는 자에게 기업을 주시겠다는 약속이 남아 있을 뿐이다. 율법을 주신 목적은 그것을 행함으로 공로를 이루어 구원을 얻게 하자는 것이 아니라 죄악된 인간에게 죄를 깨닫게 하는 역할을 하도록 한 것 뿐이다.

7) 율법으로부터 해방(3 : 23－25)

율법을 받은 이스라엘 사람들의 경우를 생각해 본다면, 예수 그리스도를 믿고 구원얻는 믿음의 도리가 하나님께로부터 계시될 때까지 율법의 감시와 감독을 받으며 억제를 받아 온 것이다. 죄를 많이 짓는 인간들이기에 할 수 있는 대로 죄를 짓지 않게 하기 위해서 율법을 주어 그것에게 잠시 감독을 받게 한 것 뿐이다. 율법은 예수 그리스도가 나타나시기까지 우리의 가정교사 격으로 있을 뿐, 예수 그리스도가 오시고 그를 믿으면 무죄선언을 받는 복음이 나타난 후에는 더이상 그 가정교사 격인 율법의 지배를 받지 않아도 되는 것이다. 이와 같이 율법의 역할은 임시적이며 믿음의 도리가 나타나기까지의 준비적 역할을 하는 데 그 목적이 있다.

8) 그리스도 안에서 유대인이나 이방인이 다 하나이다(3 : 26－29).

본래부터 하나님의 뜻은 당신의 은총으로 인간을 구원하시려는 것이어서 믿기만 하면 구원하고 축복하시기로 약속하셨던 것이며, 아브라함의 후손으로 그리스도를 보내어 그를 믿는 믿음을 통해서 인류를 구원하시기로 작정하신 것이다. 그리스도가 나타나시기 전에 얼마 동안 유대인들에게 율법을 주어서 인간을 가르치게 하시며 하나님에 대한 지식과 그의 율례를 가르쳐 그리스도의 내림에 대한 준비를 하게 하셨다.

그러므로 믿음의 도리와 약속은 서로 대립되는 것이 아니고 또 서로 별개의 것이 아니라, 하나님께서 뜻하신 것은 시종일관 믿음으로 의롭다함을 얻는 것이며 율법은 거기에 보조적 역할, 또는 부수적 역할을 했을 뿐이다. 이미 율법의 역할은 그 시기가 지난 것이다. 그러므로 여기서 바울은 세계 인간이 누구를 막론하고 예수 그리스도를 믿음으로써 하나님의 아들이 된다는 원칙을 주장할 수밖에 없었다. 율법을 가졌던 유대인이라고 해서 특별히 율법으로 구원얻는 것이 아니라, 그들도 믿음으로 구원을 받는 것이며, 율법없이 지내온 이방인들도 마찬가지로 믿음으로 구원받는 것이다.

그래서 모두 다 믿음으로 하나님의 자녀가 되는 것이다. 누구든지 그리스도를 믿고 그리스도와 함께 죽고 함께 살아나 그리스도 속에 잠기고, 그리스도와 일체가 되어야만 구원을 얻는 것이다. 즉 구원의 길은 그리스도 밖에 없으니 세상 인간은 어느 누구도 차별 없이 그리스도를 믿어야만 하는 것이다. 유대인, 헬라인, 종, 자유인, 남자, 여자의 차별 없이 예수 그리스도를 믿어야 구원을 받고, 그리스도 안에서 똑같은 하나님의 자녀이며 그의 나라의 시민이다. 이렇게 우리가 그리스도께 속했을 때, 결국 우리는 믿음의 조상 아브라함의 후손으로서 약속의 기업을 다같이 받을 수 있다. 율법을 가졌다고, 율법을 지켰다고 해서 배타적으로 그 약속의 기업을 받는 것은 결코 아니라는 말이다.

9) 종의 신분에서 아들의 신분으로(4 : 1–7)

바울은 여기서 또 다른 비유를 가지고 율법시대와 은혜시대를 대조시킨다. 모든 인간은 균등하게 하나님의 은총으로 구원을 받게 되고 사람 편에서는 믿음만 있으면 되도록 계획하셨기 때문에 그러한 조건하에서는 우리가 누구든지 하나님의 약속을 받고 축복의 기업을 받을 상속자인 것이 사실이다. 그러나 이제 비유컨대 우리가 나면서부터 아버지의 상속권자이면서도 미성년일 때에는 아직 상속을 받을 때가 아니어서, 모든 것의 주인이면서도 상속권이 없는 우리 집 종과 다를 바가 없다. 아버지께서 정하신 때가 이를 때까지 우리는 아버지가 정해주시는 후견인이나 청지기의 감시와 지도 하에 있어야 하는 것이다.

이와 마찬가지로 우리가 어렸을 때, 이를테면 그리스도가 나타나기 전까지의 인간은 유대인이든지 이방인든지를 막론하고 '이 세상 초등학문' 아래 있어서 종 노릇 하고 있었다는 것이다. '이 세상 초등학문'이란 포괄적으로 말해서 인간들이 원래 의지하고 믿고 집착하던 모든 종교, 철학, 지식, 과학 전체를 의미하며, 율법이라는 말로 나타낼 수도 있을 것이다. 심지어 인간이 의뢰하는 악마적 세력과 그의 교훈과 사상도 포함시킬 수 있을 것이다. 인간이 이러한 세상적인 요소의 지배를 받고 그것의 노예가 되어 벗어나지 못하고 있었다.

그러나 하나님께서 계획하신 시간이 이르렀을 때 당신의 아들을 보내 주셨고, 여자의 몸에서 인간으로 태어나게 하셨으며, 유대인으로 나셔서 율법의 제약을 받는 존재가 되게 하셨다. 그것은 율법 아래 얽매인 자들을 당신 자신의 몸으로 값을 치르고 구출하시려는 것이며, 이제는 우리가 종이 아니라 아들의 자격으로써 살게 해 주시기 위함이었다. 예수를 믿음으로 우리는 이제 하나님 아버지의 당당한 아들이 되었으며, 그리스도의 영을 우리 마음 속에 보내 주셔서 하나님을 아바 아버지！라고 부를 수 있게 하셨다는 것이다. 그러니까 이제는 종이 아니고 아들로서 하나님의 소유를 상속할 상속자가 되어 있는 것이다.

10) 종의 신분으로 돌아가려 하다니！(4：8-11)

갈라디아 교인들이 바울의 전도를 받고 예수를 믿음으로써 이렇게 하나님의 자녀가 되었는데, 소식에 의하면 그들이 뒤로 물러 가려 한다니까 여기서 바울은 걱정이 되어서 하는 말이다. 하나님을 모를 때에는 그들이 본질적으로 하나님도 아닌 것들에 종 노릇을 하고 있었다. 세상 초등학문에 얽매어 살고 있었다는 것과 통하는 말이다. 특히 옛날 사람들은 모두가 귀신의 세력 아래 있다고 생각하여 사사건건 귀신 앞에 제사드리고 귀신의 신당의 사제에게 와서 자문을 받고 그들의 지시를 따르고 있었다.

그러나 이제는 형편이 다르지 않느냐 말이다. 참 하나님을 알았다. 하나님의 은총을 받는 자들로서, 만세 전에 하나님의 예지 예정을 받은 자로서, 하나님 편에서 먼저 아시고 마침내 구원해 주셔서 그의 자녀가 된 지금 그 보잘것없고 거지 같은 귀신들(초등학문)의 세력에로 되돌아가, 다시금 종살이를 하고 싶어한다니 어찌된 것이냐는 것이다. 어떤 날, 어떤 달, 어떤 절기, 어떤 해를 지켜야 복이 있다는 유치한 미신 종교가 주장하는 것들을 따르려고 하니 바울이 지금까지 갈라디아에서 애쓴 것이 허사가 아닌가 걱정스럽다는 말이다. 공든 탑이 삽시간에 무너지는 것 같이 바울은 탄식하고 있는 것이다.

11) 바울의 간절한 호소(4 : 12－20)

바울은 여기까지 다시 한번 믿음의 도리를 열렬히 변증했고 율법으로 돌아가는 것은 다시 노예가 되려는 것이라고 설득력 있는 변론을 전개했다. 이제 남은 것은 갈라디아인들의 결단을 촉구하는 호소뿐이다. 그래서 바울은 애끓는 심정으로 "제발 나와 같이 되어 달라."고 간청한다. 예수를 믿고 율법에서 자유를 얻고 죄사함을 받음으로 하나님의 아들이 된 기쁨을 안고 기뻐 뛰는 바울을 닮으라는 것이다. 바울은 이방인을 구원하기 위하여 이방인처럼 되었고 그들의 친구가 되다. 그리스도를 전하여 줌으로 이제는 그리스도 안에서 꼭 같은 하나님의 자녀가 되었다. 바울이 자기처럼 되어 달라고 호소하는 것은 복음을 떠나서 다시 종이 되는 일을 그만 두고 자기처럼 복음 안에 있어 달라는 말이다.

바울은 과거를 회상하고 또 그들에게 회상시킨다. 바울이 갈라디아 지방을 찾아갔을 때 갈라디아인들이 자기에게 조금도 잘못 해 준 것이 없었다는 것이다. 좀더 구체적으로 말해서, 바울이 처음으로 갈라디아를 찾아갔을 때 육체가 연약했었다는 것이다. 아마도 바울이 다른 지방을 목표로 하고 가다가 갈라디아 지방에서 갑자기 병이 나서 꼼짝 못하고 거기에 머물게 되었는지 모른다. 그런 형편에도 바울은 그것을 하나님의 뜻으로 알고 병 중에도 복음을 전한 것인지 모르겠다. 어쨌든 갈라디아에 있을 때 바울은 큰 병을 앓고 있었지만, 갈라디아인들은 그러한 바울을 업신여기지 않고 싫어하지도 않았다. 하나님의 천사처럼, 아니 그리스도 예수를 대하듯이 환영해 주었다는 것이다. 그때 그들은 복음을 받고 참으로 행복을 느꼈었다는데, 도대체 그 때의 그 행복이 지금은 어디에 갔느냐고 그들에게 묻는다. 그때 그들은 자기들의 눈이라도 뽑아서 바울에게 주려고 할 정도로 바울을 사랑했음을 바울은 확실히 알고 있다는 것이다.

그러한 과거를 가진 갈라디아인들이 어째서 지금은 바울의 원수가 되었는가? 바울은 "내가 너희에게 진리를 말한 것이 잘못이냐?"고 물으면서 그럴 리가 없을 것이고, 이유가 있다면 그것은 밖으로부터 침입한 유대주의자들이 좋지 않은 목적을 가지고 그들에게 열심을 보이며 그들을 바울에게서, 그리고 참된 복음으로부터 분리시키려 하고, 마침내 자기들의 편에 들어 열성을 내게 만들려고 공작했기 때문이라고 하면서 진범을 잡아 내고 있다. 바울은 북받쳐오르는 격분을 가라앉히면서 다시 부드럽게 호소한다. 자기가 갈라디아 교인들과 같이 있을 때뿐 아니라 언제든지 좋은 일에 열심을 내는 것이 좋은 일이라고 타이른다. 바울이 그들과 같이 있을 때, 그들이 복음을 위해서 열심을 내었는데 이제는 그렇지 않기에, 그러지 말고 지금도 전과 같아지기를 바란다는 것이다.

바울은 갈라디아 교인들에 대하여 사랑하는 어머니가 친자식에 대해서 가지는 감정으로써 말한다. 갈라디아 교인을 믿음의 자식으로 보면서, 그들을 그리스도인이 되게 하느라고 겪은 고통이 마치 해산의 고통과 같았는데, 이제 그들이 복음을 버리고 비기독교인이 되려고 하니 다시금 그들을 그리스도인이 되게 하는 고통을 겪을 수밖에 없다고 넉두리를 한다. 지금 이렇게 떨어져 있으면서 갈라디아 교인들을 향하여 당혹과 실망과 걱정하는 마음을 가지고 심한 말을 쓰고 있지만, 바라기는 지금이라도 달려가서 그들을 만나 어조를 바꾸어 오손도손 진심을 주고 받았으면 좋겠다고 애소한다.

12) 하갈과 사라의 비유(4：21-5：1)

바울은 최후로 성경으로부터 매우 적절한 예화를 끌어내어 자기가 주장하는 논지를 뒷받침하면서 결정적인 명령을 내린다. 옛날이나 지금이나 성경은 하나님의 말씀으로서 우리의 신앙과 생활의 표준이기에

'성경이 이렇게 말한다.'라고 하면 토론이 끝나게 되는 것이다. 바울은 그런 심정으로 끝으로 성경의 예화를 끌어내는 것같다. 복음을 버리고 다시 율법의 종이 되고자 하는 갈라디아 교인들아, 율법책을 똑똑히 읽어 보라. 율법은 오히려 율법 아래 있어서는 안 된다고 가르치지 않느냐고 하면서 실례를 끌어왔다.

아브라함이 계집종 하갈을 통해서 이스마엘을 낳고, 본처 사라를 통해서 이삭을 낳았는데, 이스마엘은 아브라함이 자기의 인간적 계획에 의하여 육욕을 좇아 난 아들이고, 이삭은 하나님의 약속에 의하여 하나님의 능력에 의하여 난 아들이다. 그 두 계열은 결국 비유적으로 말해서 율법을 따르는 자와 약속을 따르는 자를 각각 가리키는 것으로, 하갈이 이스마엘을 낳고 뽐내며 자기 세상인 줄 알았지만, 결국은 사라에게서 난 약속의 아들, 즉 하나님의 은총의 아들이 득세하고 하갈과 이스마엘은 쫓겨나고 말았으며, 기업을 얻지 못했다는 것이다.

그러니 그 비유에다 견주어 본다면 예수 믿는 자들은 계집종의 아들 이스마엘과 같은 자가 아니라 사라의 아들 이삭과 같은 자유의 자식이라는 것이다. 예수 그리스도가 세상에 오신 것은 그를 믿는 자들을 율법에서, 세상의 초등학문(귀신의 세력)에서 해방시켜 자유를 주시기 위함이고, 따라서 이미 자유를 얻었으니 다시금 율법으로 돌아가거나 초등학문으로 돌아가서 그것의 종이 되려고 하지 말라고 명령한 것이다.

5. 그리스도인의 자유(5：2—6)

바울이 여기까지 기독교의 복음진리를 변론하였지만, 그 내용을 바로 깨달을 수 있는 사람이 갈라디아에 몇 사람이나 있었을지 의문이다. 대개는 끌려다니고 군중심리에 작용을 받는 자들이었을 것이다. 유대주의자들이 여러 가지 감언이설을 가지고 갈라디아인들을 꾀일 때 입으로 말하고 귀로 듣게 하는 것보다 할례라는 의식을 강요하여, 실제로 할례를 행하는 것은 백 마디 말보다 효과가 있고 실감나게 하는 것이다. 바울도 그것을 알기 때문에 이상에서 그리스도인의 자유를 논했지만 여기서는 다시 특별히 할례 문제를 끌고 나와, 율법주의자들의 공세를 대항하려고 한다.

1) 율법은 계명 전체를 행하라고 강요한다(5 : 2–6).

율법주의자들이 하는 말은 예수를 믿되 할례도 행하고 율법을 지켜야 한다고 하면서, 우선 할례를 받는 것이 급선무라고 가르쳤을 것이다. 어떤 사람들은 그 선전에 넘어가서 "할례쯤 받으면 어떠냐?"고 말하는 사람도 있었을 것이다. 그러나 바울은 그렇게 생각하지 않는다. 할례는 다른 많은 율법 조문을 지키는 것보다 훨씬 중요한 예식으로서, 할례를 받으면 다른 것도 쉽게 따르게 된다. 할례를 받는 것이나 기타의 법을 지키는 것이나 다 자력에 의해서 구원을 얻겠다는 노력이어서 자기 힘과 지혜를 믿는 어리석은 행동이다. 사람은 자력으로 구원을 얻을 수 없는 존재이기에 하나님께서 그리스도를 보내 주셨는데, 만일 갈라디아인들이 할례를 행한다면 예수는 그들에게 아무런 효력이 없지 않느냐 말이다. 그리스도를 통해서 보여 주신 하나님의 자비와 은총에 대해서 눈을 감고 배척하는 행동이 아닌가 말이다.

할례를 행한다는 것은 자기 힘으로 구원을 얻겠다는 말이 되며, 결국은 하나님이 주신 계명을 전부 완벽하게 지켜서 구원을 얻겠다는 말이 되니 한번 해 보라는 것이다. 자기의 힘을 믿고 자기를 믿는다면 그것은 하나님의 은총을 무시하는 일이고 따라서 그리스도와는 무관한 자가 되고 마는 것이다. 사실 그리스도인은 자기의 전적 부족을 깨닫고 하나님의 은총만 믿으므로 성령을 받았고 장차 하나님 앞에서 무죄한 자로 살 것을 소망 중에 기다리는 자들이다. 그리스도 예수를 믿기만 하면 되는 것이지, 할례를 받았다고 해서 그것이 보탬을 주는 것이 아니며, 할례를 안 받았다고 해서 모자라는 것도 아니다. 그러므로 누구를 막론하고 그리스도께 대한 믿음이 있으면 된다.

그러나 믿기만 하면 된다는 말은 많은 오해를 일으킨다. 믿는 자는 윤리적 제약이나 의무가 전혀 없다는 말인가? 결코 그런 것이 아니다. 믿기만 하면 하나님께서 거저 은혜로 죄를 용서하시고 하나님과의 올바른 관계에 놓아 주시지만, 믿는 순간부터 하나님의 자녀요 하나님 나라의 시민이기 때문에 하나님의 자녀다운 삶이 시작되어야 하고, 그것은 한마디로 말해서 사랑을 실천하는 생활이라는 것이다. 그러므로 믿음만으로 구원을 얻지만, 믿음은 그 순간부터 사랑의 의무를 동반하는 것이다.

2) 선동자들에 대한 책망(5 : 7-12)

바울의 전도를 받고 갈라디아 교인들은 그동안 신앙생활을 열심히 해 왔는데, 도대체 누가 그들로 하여금 진리를 따르지 못하도록 길을 막았느냐고 안타까운 심정으로 바울은 묻는다. 선동자들이 나타나 갈라디아 교인들을 설득하고 있지만 그것은 결코 하나님의 뜻하시는 바가 아니며, 하나님의 진리를 가지고 설득하는 것이 아니라는 것을 알아야 한다는 것이다. 한마디로 말해서 그들은 누룩과 같은 존재로서, 깨끗한 무교병(누룩 없는 떡)을 만들려고 하는데 그 떡 반죽 속에다 누군가가 누룩을 집어 넣었기 때문에 뜻하지 않은 부푼 떡이 되어 버린 격으로, 그 선동자들이 주 하나님의 뜻을 거슬러 괴악한 잡된 사상을 집어 넣어 갈라디아 교인들을 멸망의 자식이 되게 한다는 말이다.

그러나 바울은 확신을 가지고 있다. 바울이 갈라디아에 가고 거기서 전도한 일이 주님의 섭리 안에서 된 일이고 주님이 시작한 일인데, 그것이 수포로 돌아가리라고 생각할 수 없는 것이다. 갈라디아 교인들이 결코 딴 생각을 가지지 않으리라는 희망어린 확신을 가지고 있다. 그것은 은근히 그래 주기를 바라는 심정이 섞여 있는 것이다. 그리고 그 선동자는 그가 누구이든지 간에 하나님의 심판을 받게 될 것이라고 경고한다. 그러면서 갈라디아인들의 상식적인 판단에 호소한다. 즉 바울이 그토록 할례를 반대하고 그것 때문에 동족에게 수모와 박해를 그렇게도 많이 받는 것은 거기에 이유가 있기 때문이 아니겠느냐 하는 것이다. 이제라도 할례를 행하자고만 외치면 박해가 끊길 것이고 인간적으로 볼 때 얼마나 평안하겠느냐 말이다.

바울은 십자가에 달려 죽으신 그리스도를 믿기만 하면 의롭다함을 받는다고 전하고 할례나 율법을 지키지 않아도 된다고 전하고 가르쳤기 때문에, 바울의 복음 즉 십자가의 도는 유대인들에게 거치는 돌처럼 여겨졌던 것이다. 그러니 이제 바울이 할례를 행해도 된다고 말한다면 유대인들이 얼싸 좋다 할 것이며 바울의 복음을 반대하고 나설 이유가 없어질 것이라는 말이다. 그러나 할례를 행하자고 할 수는 없다. 그것은 복음을 망치는 일이며 하나님의 은혜를 거부하는 행동이기 때문이다. 바울은 여기에 한마디 농담섞인 말을 붙여서 선동자들을 책망한다. 즉 "갈라디아 교인들을 선동하는 자들아, 너희가 그렇게 베기를 좋아하니(할례, 포경수술) 아예 성기를 완전히 베어 버리고 고자가 되려무나!" 하고 풍자섞인 책망을 했다.

6. 육과 영(5：13—26).

1) 사랑으로 서로 종이 되자(5：13—15).

바울은 여기까지 그리스도를 믿으면 되고 할례나 율법을 지키지 않아도 된다고 가르쳤다. 한마디로 말해서 그리스도인은 율법으로부터 자유를 얻었다고 주장한 것이다. 그러나 그 말은 자연히 그리스도인들은 율법과는 전혀 관계가 없느냐, 그리스도인은 아무렇게 살아도 되느냐 하는 질문을 일으키게 된다. 율법에서 자유를 얻었다면 마구 살라는 말이 아니겠느냐 하는 힐난을 받을 수밖에 없다.

거기에 대해서 바울은 명확히 지시하려고 한다. 누누히 말한 대로 사람이 의롭다함을 받는 데는 믿음만 필요하고 할례나 율법이 상관이 없다. 그래서 율법으로부터 해방되었다는 말을 한 것이다. 그러나 예수를 믿고 의롭다함을 얻은 사람은 율법으로부터의 자유를 얻었으니 이제는 육욕을 따라 마구 살 수 있다는 말은 아니다. 율법은 하나님께서 인간생활의 법칙으로 준 것이기 때문에 구원받은 사람이, 즉 하나님 아버지의 자녀가 된 사람들이 마땅히 지키면서 살아야만 행복하게 될 것이다. 그러나 구약의 모든 율법은 이스라엘 백성이 광야에서나 또는 가나안 땅에서 유목민으로 살아갈 때 필요한 여러 가지 법을 모은 것인데, 그 전체의 밑바닥에 흐르는 근본 원칙과 정신은 사랑이기 때문에 시대와 장소가 다르더라도 사랑의 대원칙은 변할 수 없는 것이다. 그래서 바울은 율법에서 자유를 얻었다고 해서 그리스도의 생활이 율법을 버리라는 것이 아니라 사랑이라는 대전제를 가지고 서로서로 섬기는 생활을 해야 한다고 말한 것이다.

구약성경에 나오는 여러 가지 법이 있지만, 네 이웃을 네 몸같이 사랑하라는 계명으로 요약되는 것이니까 서로 사랑하기만 하면 그 법을 다 지키는 것이 된다는 말이다. 바울은 율법을 부정하는 것이 아니라 보다 적극적으로, 그리고 근본적으로 그 정신을 살려야 한다고 말하는 것이다. 인간생활에서 가장 문제되는 것은 우선 사랑이 없는 것이며, 다음은 서로 자기가 높다고 하며 남을 깎아내리고 헐뜯고 섬김을 받으려는 데 있기 때문에 바울은 서로 사랑하고 남의 종이 되라고 말했다. 이러한 사랑의 정신은 그리스도께서 솔선해 보이신 것으로 그리스도의 생활윤리의 원칙이 된다. 율법에서 자유를 얻었지만, 우리는 사랑의 윤리를 가지고 서로 종이 되어야 한다는 것이다.

2) 성령으로 사는 삶(5：16—18)

그리스도인이란 하나님의 은총으로 죄사함을 받아 구원얻는 사람인데, 그는 비록 이 땅에서 살고 있지만 하나님 나라의 시민이며, 하나님의 영이 내재하시며 동행하시며 그의 인도 아래서 사는 사람이다. 그러니까 위에서 말한 사랑으로 서로 종 노릇을 할 수 있다면 그것은 성령의 힘으로 하는 것이고, 성령의 인도가 있어서 할 수 있는 것이다. 원칙적으로 그리스도인은 성령에 의해서 행동하는 사람이다. 반대로 죄악된 육욕을 배제하는 삶이어야 한다. 인간의 육욕은 성령의 생각과는 대치되는 것이라는 사실을 깨닫고 무조건 성령의 인도를 받아서 살도록 힘써야 한다. 성령의 인도를 받는 자는 유치한 율법의 지배를 받지 않으며, 보다 높은 차원에서 살게 된다. 즉 성령은 율법의 근본 정신인 사랑을 우리 마음 속에 넣어 주시는 것이니, 성령의 인도를 받기만 하면 율법을 능가하고 초월하게 되는 것이다.

3) 육신의 소행(5：19—21)

성령과 인간의 육욕을 대조하면서 구체적으로 육욕은 어떤 것인가를 열거해 주었다. 그런 것들을 행하는 자는 하나님 나라를 기업으로 얻지 못한다고 단호히 말했다. 음행, 불결, 방종, 우상숭배, 술수, 원수맺음, 분쟁, 시기, 분노, 이기심, 파당짓기, 질투, 술취함, 방탕. 이런 것이 육욕이라고 예를 들고 이런 것을 행하는 자의 결말이 어떻다는 것을 말한 것이다.

4) 성령의 열매(5 : 22-26)

육욕의 열매 또는 반대로 성령의 열매를 열거한다. 사랑, 희락, 화평, 오래 참음, 자비, 양선, 충성, 온유, 절제 등을 말한 후, 그것들이 율법과는 어떤 관계가 있는지 말한다. 이런 덕목은 율법으로 주는 것도 아니며 어떤 율법에도 저촉되는 것이 아니라는 것이다. 성령을 모시고 사는 사람의 생활에서는 이와 같은 덕이 산출되는 것이라는 것뿐 그것을 율법적으로 의무화하는 것은 아니라는 말이다.

예수 그리스도를 믿는 사람은 그리스도와 함께 세상적인 정과 육을 십자가에 달아 죽여 버린 자 들이다. 그리고 반대로 성령과 함께 사는 사람이기 때문에 성령의 지시에 따르고, 그 원칙을 따라서 살아야 할 것이다. 그러므로 그리스도인들은 성령께 복종하고 그의 지시를 따르려고 노력할 뿐, 결코 허영심을 가지고 스스로 잘난 줄로 알아서는 안 될 것이고, 서로 남을 격동시키거나 시기 질투하는 일이 있어서는 안 된다고 당부한다. 즉 자기 힘으로 믿는 것 같이, 또 자기가 남보다 더 잘 믿는 것 같이 남을 비난하거나 헐뜯으면서 남의 마음을 격동시키지 말자는 것이다. 그런 짓은 사랑의 정신에서 어긋난 것들이다.

7. 서로 돕고 섬기자(6 : 1-10)

바울이 위에서 육의 소욕과 영의 열매를 대조하여 준 후 영의 사람들이 실제로 행해야 할 몇 가지 구체적인 일을 지시한다.

첫째, 어떤 사람이 범죄한 것이 드러나면, 그리스도인은 마땅히 온유한 마음으로 그 사람을 바로잡아 주려고 노력하며, 우리 자신도 그런 범죄를 짓지 않도록 조심하라는 것이다. 성령의 열매는 온유요, 화평이요, 자비가 아닌가?

둘째, 서로 짐을 나누어 지라는 것이다. 그것이 바로 그리스도의 정신을 실현하는 길이다. 그리스도는 하나님의 아들이시면서 죄를 지은 인간을 위해서 죽기까지 하셨으니, 남을 위해서 자기를 완전히 희생하신 것이다. 그 정신을 가지고 서로 남을 돕고 섬겨야 한다는 것이다.

셋째, 아무것도 아니면서 뭐나 된 줄로 아는 어리석은 자가 되지 말라는 것이다. 그것은 결국 자기가 자기를 속이는 일로서 허황한 일이다. 남보다 자기가 높다든가 낫다든가, 자기는 그만하면 되었다든가 하는 자만심을 버리라는 말이다. 그리스도 안에서 언제나 그의 종이고 형제를 사랑하고 섬겨야 하는 자로 깨닫고 낮은 사람, 겸손한 사람이 되어야 한다는 말이다.

넷째, 각각 자기를 잘 검토해 보라는 것이다. 자기의 생각과 행동이 과연 합당한가를 언제나 살피고 따지면서 살아야 한다는 것이다. 그러면 잘못한 것도 발견되고 잘한 것도 발견될 것이다. 잘한 것은 마땅히 할 것을 한 것에 불과하다. 그러니 혼자서 자기가 잘한 일을 기뻐하고 자랑스럽게 생각할 수 있겠지만 남에게 자랑해서는 안 된다.

다섯째, 각자 자기의 짐을 자기가 져야 한다는 것이다. 자기의 일을 자기가 안 하면 결국 남에게 폐가 되고, 넓은 의미에서는 하나님의 계획에 차질이 생긴다. 하나님께서 각자에서 주신 짐을 지는 것이 옳은 일이고, 남에게 짐을 지우는 것은 사랑이 아니다.

여섯째, 말씀을 배우는 자는 그것을 가르치는 자와 함께 모든 좋은 것을 같이 가져야 한다. 복음을 전하는 자와 복음을 받는 자 그리고 계속 하나님의 말씀을 가르치고 또 가르침을 받는 자들은 결국 복음 안에서 함께 그리스도의 몸의 지체가 된 자들이기 때문에, 물질적인 것이나 영적인 것을 막론하고 함께 그 기쁨과 혜택을 누리게 되며 또 그러해야 할 것이다. 그러나 여기서 바울이 특별히 말하는 것은 하나님의 말씀을 배우는 입장에 있는 자들에 대한 부탁이다. 즉 진리를 가르치는 교사들과 모든 좋은 것을 같이 나누도록 하라는 것이다. 제자의 입장에서 스승에게 도리를 다해야 한다면, 가장 귀한 하나님의 말씀을 가르치는 교사를 더욱 존경하고 좋은 것을 같이 나누어야 한다는 것이다.

일곱째, 심은 대로 거두는 것이니 심지도 않고 거두겠다고 생각한다든가, 팥을 심고 콩을 거두려 한다든가 하는 어리석음을 행치 말라는 것이다. 육욕을 따라 살면서 영생을 얻겠다고 생각한다면 스스로 속는 짓이고, 하나님을 농락하는 일이 된다. 그러니 성령을 따라 살면서 선한 행동을 하여 그 결과로 영생을 얻으려고 노력하라는 것이다.

여덟째, 선을 행하다가 낙심하지 말라는 것이다. 언젠가는 결실을 맺게 된다는 것이다. 도덕적인 하나님께서 역사의 주관자이시고 주가 살아 계시는 이상 선에 대한 선한 열매가 반드시 맺히게 될 것이 틀림없다. 그러므로 모든 사람에게 선을 행하자. 특히 성도들에게 그렇게 하라는 것이다.

8. 결론적 지시와 인사(6：11—18)

1) 참으로 자랑할 것(6：11—16)

바울은 이제 결론을 맺으려고 한다. 지금까지는 대서자에게 불러 주어 쓰게 했지만, 마지막 몇 줄은 바울이 친히 붓을 들어 쓰면서 그의 진심을 다시 요약해 준다. 갈라디아에 나타난 선동자들은 예수를 믿는다고 하면서 할례도 받아야 한다고 가르치는 자들인데, 그들이 할례를 주장하는 것은 육적으로 체면을 유지하려는 사람이고, 다시 말해서 유대인 사회에서 추방을 당하지 않으려는 육적인 생각, 육적인 체면을 보존하려는 생각에서 나온 행동이라는 것이다. 다시 말해서 그리스도의 십자가를 믿기만 하면 된다는 말을 하다가 할례당에게 미움을 받고 마침내 그들에게서 축출당하고 박해받는 것이 무서워서 하는 짓이라고 바울은 서슴치 않고 말한다.

둘째로 그 선동자들은 형식적으로 할례는 받았지만 실상 율법을 행하지 않고 있으며, 또 실은 율법을 행하지 못하는 자들이다. 그러면서도 갈라디아인들에게 할례를 강요하고 있으니, 그것은 그들의 진의가 다른 데에 있기 때문이다. 유대교에서는 이방인을 개종시켜 할례를 받게 하면 그것이 큰 공로가 된다고 믿었다. 아마도 이 선동자들도 갈라디아 교인들을 선동시켜 육체의 할례를 받게 함으로써 자랑감을 삼으려 했다는 말일 것이다. 바울은 그러한 선동자들의 쓸데없는 자랑을 배격하면서 자기의 자랑은 오직 예수 그리스도의 십자가뿐이라고 단언한다. 바울에게 있어서는 세상도 자기 자신도 다 십자가 앞에서 사라지고 십자가에 삼킴을 당하고, 남은 것은 그리스도의 십자가뿐이다. 십자가 때문에 바울이 산 것이고 따라서 자랑할 것은 세상도 아니고 자기도 아니고 오직 십자가뿐이라는 것이다.

할례를 받은 사람이나 안 받은 사람이나 구별할 필요가 없이 그리스도만 믿으면 성령으로 새 피조물이 되게 하셔서 새 인간이 된다. 그것이 귀한 것이다. 이러한 복음의 원칙을 따르는 자, 즉 진정한 의미에서의 하나님의 백성, 곧 신령한 이스라엘에게 평강과 자비가 있을 것이라고 결론을 지었다.

2) 예수의 흔적(6 : 17)

바울은 끝으로 간청한다. 지금까지 그리스도의 사도로서 그리스도가 당한 모든 괴로움을 당하면서 걸어 왔는데, 갈라디아 교인들이 선동자들의 말을 듣고 복음을 이탈한다면 자기를 또 다시 괴롭히는 일이 된다고 하는 의미에서, 제발 그런 어리석은 일을 해서 자기의 괴로움을 더하는 일이 없도록 하라는 것이다.

3) 마지막 인사(6 : 18)

□ 토의문제

1. 바울의 복음의 내용을 간추려 보자.
2. 바울이 그토록 할례를 반대하는 이유가 무엇인가?
3. 복음의 순수성을 깨뜨리는 행동이 우리들의 삶 속에는 없는지 알아보자.
4. 율법과 신앙의 관계가 어떤 것인지 살펴보자.
5. 복음과 성령은 어떤 관계에 있는지 알아보자.

□ 참고도서

F. F. Bruce, *The Epistle of the Galatians*, Grand Rapids : Wm. B. Eerdmans Publishing Comprny, 1982.

Hans Dieter Betz, *A Commentary on Paul's Letter to the Churches in Galatia*, Philadelphia : Fortress Press, 1979.

Herman N. Ridderbos, *The Epistle of Paul to the Churches of Galatia*, Grand Rapids : Wm. B. Eerdmans Publishing Company, 1956.

에베소서

바울의 이름으로 기록된 13서신 중에서 가장 원숙하고 심오한 신학과 사상을 가진 것이 에베소서라는 평을 받고 있다. 물론 전통적으로 이 서신이 바울의 글이라는 생각을 해왔지만 근자에 많은 학자들은 여러 가지로 검토한 결과, 실제로 바울의 글이 아니고 바울의 제자가 바울을 존경하는 입장에서, 그리고 바울의 사상을 잘 알고 그것을 그대로 전달하려는 생각에서, 바울의 글을(특히 골로새서) 기억한 대로 인용하면서 1세기 말의 교회 형편에 필요한 글을 썼다고 보고 있다. 그러나 우리는 전통적 입장을 견지하면서 바울이 로마감옥에 갇혀 있을 때 직접 쓴 그것으로 믿고 공부하려고 한다.

Ⅰ. 에베소서를 쓰게 된 경위

바울이 로마로 호송되어 로마 황제의 재판을 기다리며 연금상태에 있으면서 쉬지 않고 전도하고 있을 때였다. 비교적 자유스러워서 외래인들과 접촉할 수 있었고 그를 시중드는 자들의 접근도 허락되어 있었던 것이다. 오랫동안 복음을 선포하면서 반생을 바친 바울, 그리고 어느 순간에 불려나가 어떤 운명을 당할지 모르는 긴박한 상황을 살아가는 바울은 그야말로 하나님과의 사귐, 깊은 기도와 명상을 날마다 가지며 결말을 기다리고 있었을 것이다. 바울은 얼마 남지 않은 삶을 살아가면서 과거에 믿고 가르쳐온 자신의 신앙과 복음이해를 회상하면서 다시 총정리도 해 보고, 더욱이 하나님의 경륜과 역사의 종말 등에 대해서 더 많은 관심을 가지고 기도하며 생각할 수밖에 없었을 것이다.

이렇게 로마 감옥에 있는 동안 그의 선교를 받은 교회와 지방들은 옥중에 있는 바울에 대해서 여러 각도로 관심을 가지고 있었다. 예컨대, 빌립보교회는 바울을 염려한 나머지 금품을 보내고 또는 사람을 사서 바울을 시중들게 하려고 로마로 파송하는 일까지 있었다. 에바브로디도라는 청년이 빌립보교회를 대표하여 와서 바울을 시중들었다.

골로새에 있는 교회는 바울의 직접적인 전도를 받지 않은 교회였지만, 간접적으로나마 바울의 영향으로 교회가 생겼고 믿음의 스승으로 생각하는 터였기 때문에 교회에 문제가 생겼을 때 해결할 도리가 없어 불원만리 로마에까지 에바브라라는 사람을 파송하여 바울의 교훈과 지시를 받기로 했다. 뿐만 아니라 골로새 동리에 사는 빌레몬이라는 성도의 종 오네시모가 주인의 돈을 훔쳐 멀리 도망하여 로마 성까지 와서 탕진하고는 마침내 바울을 만나 바울의 감화를 받고 회개한 후 바울의 시중드는 일을 하고 있었다. 이런 상황에 있을 때 골로새에서 파송된 에바브라가 도착하자 오네시모의 입장과 바울의 입장이 곤난해졌을 것이고, 따라서 바울은 오네시모를 주인 빌레몬에게 돌려 보내기로 작정하고 빌레몬에게 보내는 짧은 편지를 쓴 다음, 에바브라는 바울 밑에서 얼마 동안 남아 있어야 하기에 머물러 있고, 그대신 두기고라는 사람을 택하여 그 편지를 가지고 오네시모와 함께 보내기로 하였다.

골로새교회가 특별히 가진 문제는 기독론을 중심한 것이고, 그 교회에 나타난 이단적 사상에 대한 가르침을 주려는 것이 목적으로 그 교회를 향한 편지도 써서 같이 돌려 보내기로 했다. 그 당시는 교통이나 통신이 매우 불편한 때여서 인편이 있으면 최대한 이용하여 소식을 전하려 하던 때였다. 따라서 바울은 에베소를 중심한 소아시아 지대의 교회에 대한 관심이 지대하였고, 3년이나 머물면서 전도한 일을 잊을 수 없고 끊을 수 없는 깊은 관계를 가진 그 전체 지역을 생각하면서 그들에게도 편지를 쓰고 싶은 마음이 있었을 것이다. 특히 골로새에서 온 에바브라를 통해서 그 지역이 일반적으로 가지고 있는 문제라든가 형편을 소상히 들어서 알게 되었을 것이고, 또한 바울 자신이 에베소를 떠난 지도 벌써 몇 년이 지나는 동안 새롭게 느껴지고 깨달아진 것도 있고, 그 지역 전체에게 공동적으로 하고 싶은 말도 있고 해서 골로새서와 빌레몬서를 쓴 지 얼마 후에, 두기고와 오네시모가 출발하기 전에 아마도 에베소서를 써서 같은 인편에 붙여 보내면서 여러 지방 교회로 하여금 읽도록 하라고 부탁한 것 같다.

우리는 지금 에베소서라고 해서 에베소인들에게만 보낸 편지처럼 생각하지만, 실상은 에베소로만 보낸 것이 아니었음을 권위있는 옛날 사본들을 통해서 알 수 있고, 2세기 중엽의 마르시온(Marcion)이라는 사람의 성경목록에는 에베소서를 라오디게아서라고 불렀던 것을 보면, 골로새서 4：16에서 말한 "라오디게아로서 오는 편지"가 바로 에베소서라고 이해하면서 그렇게 부른 것으로 보인다. 즉 에베소서는 에베소교회로만 보내어진 것이 아니라 라오디게아를 비롯하여 그 밖의 여러 교회를 향하여 공통적 관심을 가지고 보내진 글이라고 보여진다.

다른 서신들과는 달리 맨 끝에 문안하는 말이 안 붙어 있는 것, 그리고 에베소는 바울이 가장 오래 머물러 있던 곳으로 수많은 사람을 알고 있었을 터인데 문안하는 말이 없다는 것은, 에베소로만 보낸 편지가 아니고 회람을 위해서 기록된 글이라는 증거가 아닌가 하는 추측을 하게 한다. 위에 말한 대로 에베소서라는 제목이 마르시온의 목록에는 라오디게아서로 되어 있고, 고대 유명 사본에는 1：1에 에베소라는 말이 없다는 것들을 보아서 결국 여러 교회를 위한 회람서신일 것이라는 결론에 도달한다. 회람서신으로 돌아가다가 그 사본 하나가 에베소교회에서 읽혀지면서 에베소라는 이름을 첨가한 것이 오늘까지 계속 복사되면서 내려온 것이 원인이 되어 에베소서라는 명칭이 생기게 된 것이라고 생각된다. 바울의 로마 감금생활의 말기, 즉 주후 64년에 그가 죽기 전에 기록된 것이라고 본다. 바울의 글이 아니라고 보는 사람들은 1세기 말의 기록으로 보고 있다.

Ⅱ. 내용 분해

1. 인사(1：1－2)

2. 교회 부분, 만물을 통일시키기 위하여 그리스도 안에서 구원하시는 하나님의 계획(1：3－3：21)
   1) 하나님의 구원 계획을 찬미로 나타냄(1：3－14)
   2) 그리스도의 영광과 우월성이 실현되기를 간구하는 기도：그리스도 안에서의 통일(1：15－23)
   3) 그리스도 안에서 얻은 구원의 값없는 은총(2：1－10)
   4) 통일케 하시는 하나님：교회 안에서 유대인과 이방인을 하나가 되게 하셨다.(2：11－22)
   5) 통일의 사도인 바울(3：1－13)
   6) 기도와 송영, 통일, 지식, 사랑(3：14－21)

3. 실천 부분(4：1－6：20)
   1) 교회의 통일(4：1－16)
   2) 기독교 진리 안에서의 삶(4：17－5：20)
      (1) 새로운 크리스천 생활과 낡은 이방적 생활(4：13－24)
      (2) 크리스천 생활의 여러 가지 모습(4：25－5：2)
      (3) 낡은 삶과 새 삶(5：3－20)
   3) 교회 통일의 열쇠：마땅한 질서와 상호 존경과 복종(5：21－6：9)
      (1) 일반 원리：상호 복종(5：21)
      (2) 결혼에 관한 가르침, 교회에 관한 가르침(5：22－33)
      (3) 자녀와 부모(6：1－4)
      (4) 종과 상전(6：5－9)
   4) 그리스도인의 무장(6：10－20)

4. 결론(6 : 21−24)

Ⅲ. 내용 해설

위에서 말한 바와 같이 에베소서는 바울이 쓴 어느 편지보다도 그 사상에 있어서 보다 원숙하고 심오하여 바울의 사상의 극치요, 종합이라고도 할 수 있다. 보다 넓은 눈을 가지고 하나님의 경륜을 포괄적으로 관찰하였고, 이 세상만 아니라 하나님의 세계 전체, 즉 전 우주를 함께 관찰하면서 하나님의 뜻과 계획을 묘사해 나갔다. 여러 면에서 바울의 사상이 다른 서신들에서보다 월등히 높아지고 참신해졌기 때문에 자연히 학계에서는 바울의 글이 아니라는 말이 나올 수밖에 없을 정도다.

심지어 다른 서신에서 쓰던 낱말을 에베소서에 쓰면서 거의 다른 뜻을 가진 낱말로 사용하는 경우까지 있어서 논란의 대상이 되고 있다. 골로새서 1 : 24～25, 고린도 전서 9 : 16～17에서 사용된 '직분'이라는 말을 에베소서 1 : 9～10, 3 : 2에서는 '경륜'이라는 뜻으로 사용했다. 그 배후에 오이코노미아(οἰκονομία)라는 같은 말이 있는데 그것이 상당히 다른 뜻으로 사용되고 있다. 그 밖에 플레로마(πλήρωμα)라는 말(롬 11 : 12, 13 : 10, 15 : 29, 고전 10 : 26, 갈 4 : 4, 골 1 : 19, 2 : 9 등은 엡 1 : 23, 3 : 19, 4 : 13 등과 대조해 보라.)과 또는 뮈스테리온(μυστήριον ; 골 1 : 25−27, 2 : 2, 4 : 3, 고전 4 : 1, 2 : 1−13, 15 : 51들과 엡 3 : 4−6, 1 : 9−10 등과 대조해 보라.) 등의 낱말이 거의 다른 의미로 나타난 것을 볼 수 있다. 그러나 같은 낱말이 몇 가지의 다른 뜻을 가지고 있는 경우가 허다하기에 그것이 큰 문제가 될 필요는 없다.

일반적으로 에베소서에 나타난 소요 사상이 하나님의 통일 사업에 관한 것임을 볼 때 에베소 지방의 그리스도인들의 경향이 개인주의적으로 흐르고, 교회들끼리 또는 교회 안에서 통일을 이루지 못하고 있었던 것이 아닌가 하는 생각이 든다. 그 밖에 골로새 지방에 나타났던 것과 같은 노스틱적(영지주의적) 경향이 편재해 있었던 것으로 보인다. 에베소서에도 그러한 이단적 사상을 배격하면서 기독교의 진리를 요령 있고 명료하게 가르치고 있다. 바울은 죽음을 얼마 남기지 않은 순간이어서 어버이의 심정으로 자상하게 교회와 개인들에게 세밀한 지시와 권면과 교훈을 주려고 노력한 것으로 보인다.

이제 그 내용의 줄거리를 순서를 따라 훑어보자.

1. 인사(1 : 1—2)

바울의 다른 서신과 다름이 없는 형식으로 인사를 했는데 1절의 "에베소에 있는"이라는 말은 고대의 유명 사본에 들어 있지 않기 때문에 문제가 되고 있다.

2. 교리 부분(1 : 3—3 : 21)

이 부분은 바울이 흔히 하던 대로 전반부 교리 부분이다. 이 부분에서 바울은 큰 안목을 가지고 하나님의 구원경륜을 다루었다. 다른 초기 서신에서는 인간이 하나님의 진노 아래 있어서 구원을 받아야 한다든가, 그 방법이 무엇이라든가 하는 부분적이고 개인적인 면을 주로 다루었지만, 에베소서에서는 그런 개인의 구원을 다루면서도 그것이 궁극적 목적이 아니라 하나님의 우주경륜이라는 보다 포괄적인 문제와 결부시켜서 하나님의 뜻이 어디에 있는가를 살피면서 우주의 통일, 만물의 통일이라는 큰 목적의 각도에서 설명해 나간다.

1) 하나님의 구원계획을 찬미함(1 : 4—14)

바울은 이 대목에서 하나님을 찬양하면서 하나님의 위대하신 계획을 설명한다. 삼위일체 하나님께서 어떠한 계획과 경륜을 가지시고 역사를 경영하시는가를 보여 준다. 첫째로, 성부 하나님께서는 천지창조 이전부터 성도들을 사랑으로 선택하셨고, 예수 그리스도를 보내셔서 그들을 거룩하고 흠이 없는 자로 만들어서 당신의 자녀가 되게 하려고 예정하시는 은총을 베풀었다는 것이다. 그리하여 그 은총받은 백성들이 하나님을 찬양하도록 하려는 계획을 세웠다는 것이다(3—6절). 둘째로, 하나님은 실제로 그의 아들을 세상에 보내셔서 혈육을 가진 인간이 되게 하셨고, 그가 죄 있는 인간을 대신해서 죽으시는 대속적 죽음을 통하여 인간이 속죄를 받고 죄사함을 받는 풍성한 은총을 베풀어 주셨다.

뿐만 아니라 하나님께서는 구원받은 성도들에게 지혜와 총명을 주셔서 당신의 뜻의 비밀을 알게도 하셨는데, 그 비밀이란 그리스도 안에서 어떻게 어떻게 하시겠다는 계획을 말하는 것이다. 즉 하나님은 인간의 죄 때문에 혼란이 생기고 간격이 생기고 파멸이 왔던 세계를 당신의 아들 그리스도를 통해서 회복시키고 통일시키시려는 계획을 세우셨고, 실제로 그 계획을 실현시키는 중에 그 아들을 보내셨고 그 계획을 성도들에게도 알려 주셨다는 말이다. 그리스도 안에서 이루시려는 궁극의 목적이란, 10절에서 말하는 바와 같이 "하늘에 있는 것이나 땅에 있는 것이 다 그리스도 안에서 통일되게" 하는 것이다.

하나님께서 정하신 역사의 여러 시대가 지나고 그 종국에 가서는 만물을 다 그리스도께 복종케 하고 그 안에서 통일되게 하려는 경륜을 세우셨다는 말이다. 우주통일의 주인공은 물론 하나님이시지만 그의 아들 예수 그리스도 없이는 되지 않는다는 것이다. 그것이 이루어지기 위해서 하나님께서는 그리스도 안에서 성도들을 예정하셔서 구속하시어 당신의 소유로 삼으셨다. 그리하여 하나님을 찬양하고 영광돌리는 자들이 되게 하셨다. 결국 우주가 그리스도 안에서 통일되는 날에는 모두가 하나님께 찬송과 영광을 돌리는 세계로 변할 것이다.

이것은 유대인들에게 국한된 일이 아니고 이방인들도 그 진리의 말씀 곧 구원의 복음을 듣고 믿게 되며, 모두에게 주시기로 약속된 성령이 임하여 하나님의 자녀로 인을 쳐 주신다. 이렇게 하나님의 제 3 위이신 성령도 역사하셔서 하나님의 자녀들을 감화하시고 확신을 주시고, 장차 받을 기업에 대한 보증이 되어 주시고 결국에는 완전한 구원에 도달하게 하여 하나님을 찬양하게 하신다. 이와 같이 하나님의 성삼위께서 역사하셔서 하나님의 나라가 완성되게 하시며 찬미와 찬양이 가득한 세계를 이루신다는 것이다.

2) 그리스도의 영광과 우월성이 실현되기를 강조하는 기도(1 : 15–23)

바울은 독자들을 위한 기도를 하면서 하나님의 통일의 계획을 조금 다른 각도에서 다시 보여 준다. 즉 인간의 일반적 육안이나 보통 지성의 눈을 가지고는 볼 수 없는 신령한 사실이 벌어지고 있다는 사실을 지적하면서, 지혜와 계시의 영을 주시기를 간구하며 마음의 눈을 밝혀서 새 사실을 깨닫게 해 달라고 독자들을 위한 기도를 드린다. 그 신령한 사실이란 우선, 하나님께서 성도로 불러 주신데는 형언할 수 없는 큰 소망을 주시려는 것이고, 성도들에게 풍성한 영광의 기업을 주시려는 것이다. 장차 성도들이 차지할 영광의 기업과 소망이 있는데 사람의 눈에는 보이지 않는 것들이다(18절). 사람이 예수를 믿고 하나님의 자녀가 되는 일은 역시 사람의 보통 눈에는 보이지 않는 내적인 일로서, 하나님의 지극히 크신 능력이 총동원되어 우리들을 변화시키시고 새 사람이 되게 하셨다는 것이다. 그와 같은 크신 능력은 바로 예수님을 죽은 자들 가운데서 부활케 하신 그 능력이시다. 하나님은 우주통일의 계획을 성취하시기 위해서 예수를 보내시고, 죽은 자 가운데서 그를 다시 살리셨을 뿐 아니라 하늘에 올려 하나님의 오른편, 즉 영광과 권위와 존귀의 자리에 앉히셨는데, 그 자리는 그 당시 사람들이(헬라철학자와 영지주의자들) 말하던 하늘의 여러 계급의 천사, 신령들(정사, 권세, 능력, 주관하는 자 등은 하늘의 여러 급의 천신을 가리킴)을 능가하는 가장 높은 자리를 의미한다. 즉 예수님을 영계의 어떤 영물들보다도 높고, 그 밖의 어떤 존재보다도 높으시며, 모든 것을 그 발 아래 정복하고 계시는 것이다. 이렇게 해서 하나님께서는 그 아들에게 교회의 머리가 되게 하셨으며 결국은 교회의 머리되시는 그리스도와 그의 몸이 되는 교회를 통하여 하나님은 뜻을 완성하시고 충만을 이루신다는 것이다. 이것 역시 하나님께서 우주를 통일하시려는 당신의 목적 달성과정을 묘사한 것으로서 그리스도와 그의 몸인 교회를 통한 완성을 돌보아 주신 것이다.

3) 그리스도 안에서 얻는 구원의 값없는 은총(2 : 1–10)

위에서 바울은 두 번에 걸쳐서 우주통일의 거대한 계획을 포괄적으로 말한 후에, 여기에서는 그 한 부분인 인간 구원이라는 사건에다 각광을 던져 그것에다 초점을 두고 설명을 붙인다. 하나님의 우주통일과 그 나라 완성은 무엇보다도 인간 구원이 우선되어야 한다. 즉 우주통일은 죄로 말미암아 인간이 하나님과 같이 살지 못하고 분리된 상태에서 회복되어 하나님과의 관계가 화해되는 데서 시작되어야 하는 것이다. 그래서 바울은 여기서 인간의 죄악된 상태를 먼저 묘사한다. 죄와 허물로 죽었던 인간이라고 한다. 죽음이 하나님에게서의 분리를 의미한다면 결국 하나님과의 관계의 파멸을 의미한다. 인간은 세상 풍조를 따르고 사단의 졸개가 되어 육욕을 따라 살고 있으며 하나님의 진노 아래 있던 자들이다(롬 1 : 18).

그러나 하나님께서 그의 풍성하신 긍휼과 사랑과 은총을 베푸셔서 그리스도를 보내어 대속의 죽음을 죽게 하시고 그를 믿기만 하면 구원하시기로 하여, 본래 죽었던 인간이지만 믿는 자들은 그리스도와 함께 다시 살게 하셨고, 그리스도와 함께 일으키셔서 하늘에 같이 앉게 하셨다. 우리가 물론 아직 이 땅에 있고, 육안으로 볼 때 아직 여기 이 세상에 있는 것이 사실이지만, 하나님은 이미 신령한 의미에서 우리 성도에게 그리스도 안에서 새 생명을 주셨고 하나님의 나라에서 그리스도와 함께 있게 하셨다는 것이다.

이렇게 해서 신령한 의미에서는 벌써 하늘과 땅은 통일되어 있고, 하나님과 성도 사이에 간격이 없어졌고 장벽이 헐려 있는 상태가 되었다. 이것은 어디까지나 하나님께서 하신 일이고, 하나님의 은총의 소치여서 인간 편에서는 조금도 자랑할 것이 못 된다. 다만 감사하고 찬양을 드려야 할 것 뿐이다. 하나님께서 인간들을 이렇게 구원하신 것은 오고오는 세대에 하나님의 크고 넘치는 선하심과 은혜로우심을 인간들로 하여금 칭송하며, 불신 세력이나 천사들에게 보여 주게 하려는 것이다. 하나님께서 인간을 구출하여 성도를 삼으신 것은 즉 그리스도 안에서 새 피조물이 되게 하신 것은 새 나라에서 그 나라에 합당한 삶을 살게 하려는 것인데, 그 곳에서 하나님께서 예비하신 선한 일, 즉 각자에게 맡겨서 하게 하시려는 일감들이 있다는 것이다. 우주통일이 된 이상세계에서 성도들이 할 일은 하나님의 큰 경륜 속에서 이룩하시려는 많은 일감을 골고루 맡아서 하나님의 동산에서 하나님의 동역자가 되는 것이다. 그 얼마나 아름다운 광경인가!

4) 하나님은 통일의 하나님(2:11—22)

교회 안에서 유대인과 이방인이 하나가 되게 하심. 하나님의 통일작업에 있어서 우선 하나님과 인간의 화해와 만남이 요구되었지만, 그 다음은 인간과 인간 사이의 장벽이 헐리고 민족간의, 계급간의, 빈부간의 장벽이 무너져서 그들 상호간의 통일이 이루어져야 하는 것이다. 여기서는 특별히 할례를 자랑하는 유대인과 할례를 안 받은 이방인이 갈라져서 서로 원수처럼 살던 상황에서 변하여 그 장벽이 헐려 통일된 것을 말한다. 서로 원수로 지내던 두 그룹이 그리스도 예수 안에서 가까워지고 통일을 이루게 되었다. 그리스도가 이 두 그룹 사이에 화평이시고, 그의 희생을 통해서 막혔던 담을 헐고 둘을 합쳐 한 인간이 되게 하셨다는 것이다.

이렇게 해서 그 둘이 이제는 한 영으로 하나님께 같이 나가 아버지로 모시고 살게 하셨다는 것이다. 그리하여 이제는 하나님 나라의 같은 시민이요, 같은 아버지의 자녀로 한 식구가 되었다. 이렇게 한 나라와 한 가족을 이룰 뿐 아니라 그리스도를 모퉁이 돌로 하고 사도들과 선지자들을 기초로 하여 모두가 벽돌 한개 한개가 되어 거대한 집을 이루고 성령 안에서 하나님을 모시고 사는 통일을 이룩한다는 것이다. 이 대목에서도 다시 또 다른 각도에서 성 삼위 하나님과 유대인과 이방인이 다 그리스도를 통해서 화해되고 하나가 되는 통일을 논한 셈이다.

5) 통일의 사도, 바울(3:1—13)

바울은 하나님의 이 통일작업을 소개하면서 자기의 위치를 설명한다. 한마디로 말해서 바울은 바로 하나님의 통일경륜을 위해서 그리스도 예수에게 사로잡힌 자라고 고백한다. 특히 이방인들을 하나님의 그 경륜에 따라 그 통일체에 가담시키기 위해서 하나님의 특별은총에 의하여 하나님의 일을 하는 자라는 것이다. 바울은 하나님의 그 신비한 계획을 하나님께로부터 계시받았다는 것이다. 그 신비한 경륜은 옛날 오랫동안 비밀에 붙여 두셨던 것인데 때가 되어 거룩한 사도들과 선지자들에게 성령을 통하여 계시해 주셨다. 그 내용인즉 이방인들도 그리스도 예수를 믿음으로 같이 그 영광의 기업을 받는 자가 되고, 그리스도의 교회의 같은 지체가 되며, 그 영원한 소망의 약속을 같이 누리는 자가 되어 통일된 하나님 나라의 시민으로 축복된 생활을 한다는 것이다.

바울은 이 복음을 부인하고 이 비밀을 무시하던 자였지만 하나님의 그 크신 능력의 역사를 통하여 주어진 은총, 값없이 주신 그 은총에 의하여 그 복음을 전하는 사역을 하나님께로부터 받았다는 것이다. 다시 말해서 모든 성도들 중에 가장 적은 자보다도 더 적은 자, 즉 결코 자격이 없는 자인데도 불구하고 하나님의 은총에 의해서 그 사도직을 받았는데, 그 유일한 목적은 도저히 헤아릴 수 없는 그리스도의 풍성한 은총과 사랑을 이방인들에게 전해 주기 위해서라는 것이다. 이방인에게 말로 전하는 것은 그냥 들으라고 전하는 것이 아니고, 이방인들도 그리스도를 믿고 유대인과 마찬가지로 하나님의 통일천하에 참여하도록 하는 것을 의미한다.

그리고 또 바울이 맡은 사명은 창조주 하나님께서 오랫동안 숨겨 두셨던 이 우주통일의 경륜, 특히 이방인까지도 구원하여 그 나라를 같이 즐기게 하시려는 계획을 온 천하에 밝히 드러내게 하려는 것이다. 그리하여 결국은 하나님의 이 심오한 지혜가 교회를 통해서 하늘에 있는 영물들에게까지 다 알려지게 될 것이다. 다시 말해서 하나님의 통일의 계획이 이 땅에서만 선전되고 알려진 것이 아니라 하늘의 모든 세력에게도 다 알려져 그 통일이 속속들이 성취되어야 한다는 말이다. 바울은 이러한 하나님의 놀라운 계획과 경륜을 알고 있기 때문에 담대하게 확신을 가지고 하나님 앞에 나가며 신앙생활을 한다는 것이다. 그러니까 바울이 지금 로마에서 감금생활을 하는 사실을 가지고 낙심할 필요가 없다는 것이다. 바울은 하나님의 그 깊은 경륜을 알고 있으며, 그것이 실천되기 위해서 이방인에게 전도하는 책임을 맡았고 그 책임을 완수하느라고 지금도 노력 중이며 특히 에베소 지방의 독자들이 바로 바울의 전도를 통하여 하나님의 통일세계의 일원이 된 자들이므로, 그 원대한 사업을 위해서 일하는 가운데서 겪는 고통을 오히려 영광으로 삼아야 한다고 독자들을 권장한다.

6) 기도와 송영, 통일, 지식, 사랑(3 : 14—21)

바울은 이제 하나님의 비밀의 경륜을 아는 자로서, 즉 하나님의 뜻이 우주통일에 있다는 것을 알기 때문에 아버지 하나님께 무릎을 꿇고 기도한다. 첫째 에베소 지방의 독자들(주로 이방인)이 모든 성도들과 더불어 하나님의 그 경륜의 넓이와 길이와 높이와 깊이를 깨달을 수 있기를 바란다는 것이고, 둘째는 인간의 지혜로 측량할 수 없는 넘치는 그리스도의 사랑을 알게 해 달라는 것이다. 결국 하나님의 경륜이 성취되는 것은 그리스도의 희생적 사랑을 통해서만 이루어지는 것이기 때문이다.

그래서 결국은 하나님의 목적하신 바가 충분히 달성되는 일에 이바지하는 자들이 되어야 한다는 것이다. 하나님의 경륜을 바로 깨닫고 그리스도의 사랑을 알기 위해서는 이 악마의 세상에서 사는 성도들이 성령을 통해서 능력을 얻어야 하고, 그리스도가 성도의 마음 속에 거하여 그의 사랑이 마음 속에 깊이 뿌리 박히고 사랑이 생활의 기초가 되어 있어야만 한다. 이렇게 해서 인격적으로 충실한 자가 될 때 마침내 하나님의 큰 충만의 계획도 성취될 것이다.

3. 실천 부분(4 : 1—6 : 20)

1) 교회의 통일(4 : 1—16)

하나님의 이상과 계획과 경륜이 우주통일과 충만에 있고, 그것은 또한 그리스도를 머리로 하는 그의 몸인 교회를 통해서 성취되는 것이라면, 교회는 그를 부르신 분의 목적을 따라서 역시 통일에다 목표를 세울 수밖에 없다. 그래서 바울은 실천부분 첫머리에 교회를 다루면서 그 통일을 권한다. 하나님께서 불러내어 교회가 되게 하셨는데, 하나님의 부르심의 목적에 합당하게 살라고 한다. 한마디로 말해서 하나님을 중심하여 하나가 되라는 것이다. 흩어졌던 사람들이 하나님께 돌아오고, 서로 멀어졌던 형제들이 하나가 된다는 것이다.

하나가 되기 위해서는 철저히 겸손하고 온유해야 하며 오래 참으며 사랑으로 서로 참아 주어야 한다. 그리고 적극적으로 힘을 내서 성령이 시키는 대로 하나가 되어 평화를 이룩하려고 노력하라는 것이다. 사람의 몸이 하나이고 영이 하나인 것 같이 교회도 그리스도를 머리로 하는 하나의 몸이어야 한다. 우리가 갈 천당이 하나이다. 즉 우리의 소망이 하나이다. 주님도 믿음도 세례도 하나님도 한분뿐이시다. 결국 그 한분 하나님의 뜻 안에서 하나의 통일된 세계를 이룩하려는 것이니까 통일을 생각하면서 하나되기를 힘써야 한다는 것이다.

그러나 통일한다는 것은 하나님을 향하여 마음을 합하고 하나님의 뜻을 다같이 따르자는 말이지 모두가 꼭 같은 존재가 되는 단일화(uniformity)를 의미하는 것이 아님을 바울은 지적해 준다. 각자에게 그리스도의 선물을 분수에 따라 나누어 주셨다는 것이다. 그리스도를 머리로 하는 교회는 많은 지체를 가지고 있는데, 그 지체가 다 다른 기능을 가지고 그 기능을 충성스럽게 발휘할 때 그 몸이 정상적으로 작용할 수 있도록 하나님께서 교회의 각 지체에게 각각 다른 기능을 주셨다. 사도, 예언자, 전도자, 목사, 교사 등등 얼마든지 각각 다른 기능을 가지고 산다. 이렇게 각각 다르게 가진 기능은 그냥 자기 자신을 위해 가지는 것이 아니고, 몸 전체 즉 교회를 위한 것이다. 손이 손을 위해서 일하는 것이 아니라 "나"라는 주체 즉 자아 전체를 위해서 하는 것처럼 말이다.

여기에 "성도를"(12절) 온전케 한다는 말은 성도들로 구성된 그리스도의 몸 즉 교회를 가리킨다고 보아야 할 것이다. 교회는 섬기는 공동체가 되어야 한다. 저마다 자기 기능을 한다는 것은 자기의 기능으로써 몸을 섬기고 몸은 지체를 섬기고 이렇게 서로 섬기는 중 그리스도의 몸이 발전하고 커지고 더 온전해지는 방향으로 나가야 한다. 내적으로 그리스도를 믿는 신앙과 그를 아는 지식에 있어서 통일되어야 하고, 결국은 만물이 다 그리스도에게 귀의하여 교회가 우주대로 확대될 때까지 성장해야 한다. 그렇기 위해서 먼저 지체된 자들 하나하나가 신앙적으로, 지식적으로 그리고 윤리적으로 성장하여 머리되신 그리스도의 지체로서 손색이 없어야 한다.

그리고 그 머리에 붙은 지체라는 의식을 버리지 말고 언제나 밀접하게 그 몸에 붙어 있어야 하고, 동시에 지체들끼리도 결속을 굳게 해야 한다. 기둥은 기둥 구실을 잘하고, 석가래는 석가래 구실을 잘하고, 벽돌 한 장은 그 나름의 구실을 잘하면서 서로 연결이 철저해야만 그 집이 무너지지 않는다. 그리하여 결국은 그리스도의 몸이 통일적으로 조화되게 점점 자라나야만 한다. 이렇게 바울은 교회의 통일과 각 지체의 기능수행을 강조하였다.

2) 기독교 진리 안에서의 삶(4：17—5：20)

바울은 하나님의 우주통일에 대한 기본적인 원리를 말하고 특히 교회의 통일과 또 교회의 일원으로서의, 즉 그 지체로서의 기능을 이야기하였기 때문에 이제는 그리스도인 하나하나가 이 땅에서 사는 동안 가져야 할 삶의 원리를 말한다.

(1) 새로운 크리스천 생활과 낡은 이방적 생활(4：17—24)

한마디로 말해서 그리스도인이 된 다음에는 옛날 이방인으로 있을 때의 생활을 버려야 한다는 것이다. 옛날의 생활은 생각에서부터 허황된 것이었다. 왜냐하면 지성의 눈이 어두워서, 예컨대 하나님을 몰라보고 이 세상밖에 없는 줄 알거나 자기 힘으로 구원을 얻을 수 있다는 자만심으로 가득 찼었다. 생명의 하나님에게서 끊어진 삶을 살고 있었다. 스스로 지혜가 있다고 하지만 사실은 무식하고 마음이 완악하여 욕심을 가지고 갖은 더러운 일을 하며 방종을 일삼고 있었다. 이것이 옛 사람의 모습이다.

그러나 그리스도인이 된다는 것은 결국 그리스도를 배우고 그를 닮는 생활을 하는 것인데 한마디로 말해서 그리스도 안에 있는 진리로 돌아와 그 진리대로 살아야 하는 것이다. 그러므로 욕정을 따라 멸망의 길을 가던 옛 사람을 벗어 버리고, 성령의 능력으로 생각을 새롭게 하여 새 인간이 되어야 한다는 것이다. 복음진리를 따라 즉 예수를 믿고 성령의 중생을 통하여 하나님 앞에서 사죄함을 받고 하나님과의 정상적인 관계를 가진 새 인간으로 재창조를 받아 거룩한 인간이 되어야 한다는 것이다.

(2) 크리스천 생활의 여러 가지 모습(4 : 24—5 : 2)

그러면 새 인간으로 사는 생활은 구체적으로 어떤 것인가를 말해 준다. 첫째, 거짓을 버리고 서로 진리를 말하면서 살라. 둘째, 사람이 사는 가운데 성낼 일이 없을 수 없지만, 범죄하는 데까지 이르러서는 안 된다. 해가 지기 전에 분노를 풀도록 해야 한다. 왜냐하면 마귀가 그 성난 기회를 타서 범죄케 할 수 있기 때문이다. 셋째, 도둑질을 하지 말고 자기 손으로 열심히 좋은 일을 해서 없는 사람들에게 나눠 주면서 살라. 넷째, 입에서 더러운 말을 내뱉지 말고 건설적인 선한 말을 하여 듣는 사람들로 하여금 기분 좋게 해주라. 다섯째, 성령을 근심시키지 말라. 성령은 우리의 구원의 보증이 되시는 분으로 언제나 선을 권장하고 진리를 권하는데, 그의 감동을 거슬러 악을 행한다면 성령을 슬프게 하는 일이 될 것이다. 여섯째, 모든 악독, 노함, 분냄, 편드는 것, 훼방(모독적 언사), 악의 등을 버리라. 이런 것을 행하는 것이 바로 성령을 슬프게 하는 일일 것이다. 일곱째, 그 반대로 서로 인자하고 불쌍히 여기고 하나님께서 인간을 용서하신 것처럼 용서하라. 여덟째, 자식들이 어버이를 닮는 것처럼 아버지 하나님을 닮으라. 아홉째, 그리스도께서 사랑하신 것처럼, 즉 그가 자기 자신을 하나님께 희생제물로 바친 것처럼 그런 희생적 사랑의 정신을 가지고 살라.

(3) 낡은 삶과 새 삶(5 : 3—20)

바울은 계속해서 낡은 생활에 속하는 여러 가지를 경계하고 새로운 삶에 대한 권고를 덧붙인다. 음행, 온갖 추한 일, 탐욕은 성도들에게 합당치 않으니 아예 그런 사건이 거론도 되지 않도록, 즉 그런 일이 저질러지지 않도록 하라는 것이며, 창피스러운 말이나 어리석은 말, 쌍스러운 말은 하지 말고 감사하는 말만 하라. 명심할 것은 음행하는 자, 추행을 하는 자, 탐욕을 가진 자 즉 우상숭배자는 결단코 하나님 나라의 기업을 얻지 못한다는 것이다. 허탄한 말에 속아 유혹을 당하여 신앙을 저버리는 일이 없어야 한다.

옛날 이스라엘 백성이 하나님을 배반하고 옛날로 돌아가 우상을 섬기다가 광야에서 멸망한 일을 기억해야 한다. 옛날 어두움 속에 있을 때는 그럴 수 있었겠지만, 이제는 이미 그리스도 안에서 광명의 자식이 되어 있다는 사실을 기억하고 빛의 자녀답게 살아야 한다는 것이다. 빛의 열매는 선(善), 의(義), 진리이다. 그러니까 빛되신 하나님이 원하시고 기뻐하시는 선과 의와 진리를 추구하며 살아야 한다. 소극적으로 말한다면 어둠에 속한 자들과 짝하지 말고 오히려 그들을 책망해야 한다. 말하기도 부끄러운 그 어둠의 자식들의 행동을 배격하여 만천하에 폭로하고 성도들은 만사를 명명백백 양심적으로 부끄러움 없이 해야 한다.

적극적으로 말해서 성도들은 자신의 삶을 자세히 살피어 책임 있는 생활을 해야 한다. 되는 대로 내버려 두면 되는 것이 아니고 주의깊이 자신의 상태를 검토하며 살아야 한다. 지혜로운 삶이 되도록 악한 시대에 살면서 악마가 우리 앞에 주어진 모든 기회를 빼앗아 가려고 하기 때문에, 아니 이미 이 세 권세를 잡은 악마가 모든 기회를 자기 것으로 삼고 악한 방향으로 사용하고 있기 때문에 성도들은 슬기 있게 하나님께서 주신 기회들을 우리의 기회로 삼아 선용하여 하나님이 뜻하신 일을 성취하도록 해야 한다. 술에 취하지 말고 오히려 성령의 충만함을 얻어 성령의 감동 아래서 살라. 그리하여 시온 찬미와 신령한 노래로 서로 말하고 주님께 마음에서 우러나는 찬미와 시로 노래하며 언제나 주님의 이름으로 하나님 아버지께 감사하는 생활을 하라는 것이다.

3) **교회통일의 열쇠**(5 : 21—6 : 9)

마땅한 질서와 상호 존경과 복종, 바울은 여기서부터 기독교 사회의 조직을 열거하면서 하나님의 우주통일의 이상을 전제로 한 각 조직의 마땅한 제도와 의무를 보여 준다.

(1) 일반 원리 : 상호 복종(5 : 21)

바울은 이하에서 부부관계, 부모 자식관계, 종과 상전의 관계를 차례로 말하면서, 그 모든 관계와 제도 속에 일관된 원칙으로서 그리스도를 경외하면서 서로 복종하라는 명령을 내린다. 예수를 믿기 전에는 하나님도 그리스도도 없는 생활, 즉 자기가 제일이고, 자기가 주인이고, 모두는 자기를 중심하고 있는 것으로 생각하여 살았지만, 이제는 예수 그리스도에게 사로잡힌바 되고 그가 우리의 주인이시고, 그 밑에 우리는 다 종이요, 그만을 위해서 즉 그를 중심하고 살아야 하는 존재가 되었으니, 누구든지 주님을 경외하는 마음을 먼저 가져야 하고, 다음으로는 그리스도 밑에서 서로 섬기고 서로 복종하는 마음을 가져야 한다는 것이다.

(2) 결혼에 관한 가르침, 교회에 관한 가르침(5：22-33)

인간 사회제도 중에 한 남자와 한 여자가 만나 결혼하여 가정을 이루는 제도가 가장 기본적인 것이며 중요한 것이다. 그것이 영원한 제도는 아니고 이 땅에서 인간이 사는 동안만 필요하도록 만든 하나님의 창조의 질서인데, 그것이 제대로 운영될 때 그것을 통하여 하나님의 영원한 계획이 올바로 성취될 수 있는 것이다. 가정이 비록 영구적인 제도는 아니지만, 즉 내세에까지 연속되는 것은 아니지만, 이 세상에서는 하나님의 통일 이상의 모델이 되어야 하는 것이다. 하나님과 백성이 하나가 되어서 살 이상적 세계의 그림자가 가정에서 나타나야 한다. 특히 그리스도인의 가정에서 나타나야만 한다.

부부간에 완전한 일치, 통일이 있어야만 한다. 인간이 하나님을 주님으로 모시고 섬기듯이, 그리고 교회가 머리이신 그리스도를 섬기고 복종하듯이 아내가 남편을 존경하고 복종하라는 것이다. 그것은 아내가 일방적으로 복종하고 마는 것을 뜻하는 것이 아니고 서로 복종하라는 원리에서 아내는 남편에게 복종하라는 것이다. 그래서 우선 하나가 되어야 한다는 것이다. 남편은 아내를 지배하고 복종을 받는 자로서만 남아 있으라는 것이 아니고, 오히려 더 큰 일을 해야 할 의무를 가지고 있다. 아내를 사랑해야 한다는 것이다. 여기서 사랑이란 그리스도께서 교회를 사랑하셔서 자기 자신을 몽땅 주신 그러한 사랑을 의미한다는 것이다. 여기서 사랑은 복종을 훨씬 능가하는 무거운 의무를 내포한다. 그리스도가 교회를 어떻게 사랑하셨는가를 본받아서 남편은 아내를 그런 식으로 사랑하라고 하면서 그리스도가 하신 일을 설명한다.

그리스도는 교회를 위해서 자기 목숨을 희생시켰다. 즉 피를 흘렸다. 그리고 말씀을 주시고 성령을 보내셔서 성도의 마음을 정결케 해

주셨다. 그리하여 거룩하고 흠이 없는 순결한 자로 나타나게 하셨다. 사람이 자기의 몸을 깨끗이 닦고 아름답게 하려고 노력하는 것처럼, 즉 자기 몸을 그렇게도 애지중지하는 것처럼 남편은 아내를 자기 몸처럼 사랑하여 한 몸 의식을 가져야 한다는 것이다. 이와 같이 둘이 하나가 되는 통일이 가정에 있을 때 그것이 통일을 이상으로 하는 하나님을 믿는 자의 태도이고, 거기서 태어나는 자녀들은 그것을 닮아서 그 원칙을 답습할 수 있을 것이다.

(3) 자녀와 부모(6：1–4)

하나님의 창조의 질서 중에 두 번째로 중요한 것은 부모와 자식의 관계이다. 하나님은 가정을 통해서 인류 역사 경륜을 성취해 나가시는데, 즉 하나님께서 필요한 인간을 부부관계 속에서 낳게 하시고 기르게 하시는 것이다. 그 모든 과정에서 하나님의 영원한 이상이 교육되고 바로 시달되고 실천되기를 바라시는 것이다. 그러므로 가정에서 자녀들과 부모의 관계가 정상적인 것이 되고 하나님의 통일 이상에 부합하는 삶이 되도록 노력해야 한다. 여기서도 부부의 관계에서처럼 자녀들이 먼저 그리스도를 주로 모시는 것을 전제로 한다.

주님은 한분이시고 마침내는 주님의 통일 천하가 되어, 만물이 다 그에게 복종하게 될 것을 알고 지금부터도 그 원칙 하에서 살아야 한다. 그러면서도 이 세상에서 우리가 사는 동안은 비록 임시적이기는 하지만 가정에서 부모가 자식을 가르치고 보호하고 인도하는 책임을 가졌고, 하나님 나라의 작은 모델로서 부모는 권위 있게 자식을 다스리고, 가르치고, 인도하며, 자식은 그들에게 복종하면서 살아야 하도록 계명으로 정해 놓으셨다. 그러므로 자식들은 부모를 공경하고 복종해야 한다. 부모와 자식의 관계는 부부관계에서보다도 훨씬 더 하나님과 인간의 정상적 관계를 잘 예시(例示)해 주는 제도로서, 세상에서도 좋은 보상을 받을 수 있다는 약속까지 주시면서 권장된 제도이다. 반면에 부모된 입장에서는 역시 주님을 모신 자들로서, 즉 모든 것의 주인이 하나님이심을 믿는 입장에서 자식을 자기들의 몸을 통하여 낳은 인간이지만, 하나님께서 맡겨 주신 인간들이고, 따라서 자기들의 소유가 아니며 자기들의 마음대로 할 존재가 아니라는 것을 알고 책임 있게 주님의 진리로 훈련하고 훈계하면서 길러야 한다. 그들은 꼭 같은 인간으로 대하면서 인격적 대우를 하여 노엽지 않게 하라는 것이다. 자기 자식이라고 해서 원칙을 떠나고 인격을 무시하면서 대우하면 자연히 자식이라 하더라도 노여움과 불평이 생기고, 따라서 부모와 마음이 안 맞고 분열이 생길 것이 아닌가? 그러면 가정의 통일이 깨질 것이다. 그런 일이 없도록 하라는 것이다.

(4) 종과 상전(6：5-9)

하나님의 창조질서 속에 종과 상전이라는 질서나 제도는 없었다. 그러나 인류 역사가 흐르는 중에, 특히 인간이 타락한 이래 세상은 부정과 불의가 횡행하면서 사람을 사람 이하로 취급하고, 어떤 사람은 상전이 되고 어떤 사람은 같은 사람이면서 남의 종이 되는 불합리하고 그릇된 사회로 발전하게 되었다. 종의 제도는 너무도 사회 속에 깊이 뿌리박혀서 마치 그것이 정상적인 것처럼 여겨질 정도가 되었다. 그와 같은 사회로 전락하여 의레 그 제도가 마땅하다고 보여지는 때 그리스도가 세상에 오셨고 기독교가 생겨났다.

교회는 이 문제를 어떻게 취급해야 하는가? 물론 노예제도는 하나님의 창조의 질서가 아니다. 사람들이 만든 악한 제도임에 틀림없다. 그러나 사람이 사회를 구성하고 살아갈 때 아무래도 지배하고 통솔하는 자가 있게 마련이고 그들에게 지배를 받는 계층이 있을 수밖에 없다. 어쨌든 이것은 세상에 사는 동안만 존재할 임시적인 것으로서 영구성을 가진 것은 아니다. 보다 중요한 것은 역사의 주인공은 하나님이시라는 것, 그리고 그의 경륜 속에는 예수 그리스도를 믿고 구원을 얻어 영원한 기업을 차지하는 새로운 차원의 세계가 있고 하나님만을 주로 섬기는 통일 천하가 온다는 것, 그리고 거기에는 상전도 종도 다 차별이 없고 다같이 하나님의 자녀로 나타난다는 새로운 관찰이 먼저 필요하다.

이러한 신앙을 가지고 난 다음에 현실을 생각해 본다면, 현재의 상태는 잠시뿐이라는 것, 현재의 현실을 어떻게 하면 하나님의 영광을 나타내는 방향으로 이용할 수 있겠느냐 하는 생각을 해야 할 것이다. 그 당시 사회의 속속들이 뿌리박힌 노예의 제도를 부인한다든가 제거한다는 일은 도저히 생각할 수 없는 때이다. 그런 때에 신앙을 가진 노예는 주님의 종으로서 하나님의 뜻을 행해야 할 자라는 의식을 가지면서, 그 신분으로서 어떻게 하는 것이 가장 하나님께 합당할까를 생각해야 할 것이다. 바울은 여기서 지시한다. 육신의 상전에게도 주님께 하듯이 순수한 마음으로, 두렵고 떨리는 마음으로 복종하라는 것이다. 눈속임으로, 겉으로 하지 말고 진심으로 상전을 잘 섬기라는 것이다. 상전도 사람인 이상 그에게 복종한다는 것은 결코 원칙을 벗어나는 일이 아니다(5 : 21). 누구를 막론하고 선을 행하면 하나님께서 보상해 주실 것이 분명하다.

이번에는 상전된 사람들에게 말한다. 역시 신앙 안에서 주님은 하늘에 계시는 하나님이시라는 것을 깨달을 때, 그리고 하나님은 이 땅에서 상전이니 종이니 하는 인간적 제도나 차별을 개의치 않으시고 꼭 같이 여기신다는 사실을 깨달을 때 어떻게 감히 자기 종이라고 해서 공갈, 협박, 잔인을 행할 수 있겠는가? 그러므로 상전된 자들도 종을 대할 때 서로 사랑하는 마음으로 대함으로써, 결국 제도상으로는 상전과 종이지만 그리스도 안에서 완전한 통일, 하나를 형성하고 살 수 있을 것이다.

4) **그리스도인의 무장**(6 : 10—20)

바울은 이제 마지막으로 보다 더 근본적인 이야기를 한다. 하나님의 영원한 계획, 즉 하나님의 왕국을 건설하고 그리스도를 통하는 모든 것이다. 조화되고 통일되어 하나님만이 다스리는 세계를 이룩하시려는 계획이 성취되기 위해서 인간 편에서 가질 태도와 일들을 지시했지만, 끝으로 반드시 알아야 할 일은 이 큰 우주적 작업에 있어서 사단이라는 요소를 고려해 넣지 않으면 안 된다는 것이다. 사단은 하나님을 반역한 천사로서 하나님께서 하시는 일을 사사건건 방해하고 파괴하려고 안간힘을 쓰고 있기 때문에, 특히 남은 때가 얼마 안 된다는 것을 알고 있는 사단은 기회만 있으면, 그리고 틈만 보이면 갖은 속임수로써 방해공작을 하니까 그 점에 유의하라는 것이다.

하나님은 성령을 통해서 성도를 돕고 인도하시지만 우리 연약한 인간은 사단의 그럴듯한 속임수에 넘어가기 쉽다. 따라서 성도의 삶은 결국 사단과의 투쟁이 아닐 수 없다. 그러니까 이 악마와의 싸움을 이겨야만 하고 그 이기는 방법을 알아야 한다. 그래서 바울은 그 방법을 가르쳐 주고 있는 것이다. 악마와의 싸움에 있어서 제일 먼저 필요한 것은 인간의 힘이나 꾀로써 대항하려고 하지 말라는 것이다. 악마는 영적 존재로서 우리들의 지식이나 힘이나 꾀를 능가한다. 따라서 하나님이 주시는 힘으로 능력을 얻어야 한다는 전제를 먼저 말한다.

비유적으로 말한다면 하나님께서 주시는 전신갑주를 입어야만 한다는 것이다. 전신갑주라는 것은 온 몸을 어느 부분도 노출되지 않도록 완전무장하여 어떤 공격도 다 막아낼 수 있는 갑옷을 의미한다. 조금이라도 노출되는 부분이 있으면 악마는 그 구멍으로 화살을 쏘기 때문에 전적으로 무장해야 한다는 것이다. 그것은 사람으로 할 수 없고 하나님의 능력으로, 하나님이 공급하시는 방어방법과 무기를 통해서만 될 수 있는 것이다.

바울은 로마군인들의 무장을 비유해서 말하면서 진리의 띠, 의의 흉배, 평화의 복음으로 예비된 신발(조화), 믿음의 방패, 구원의 투구, 성령의 검 등으로 무장하라는 것이다. 그리고 언제나 성령을 사모하면서 기도하고 간구하는 일을 잊지 말라는 것이다. 모든 성도들을 위해서 깨어서 열심히 기도하는 일이 중요하다는 것이다. 게다가 바울은 자기를 위해서 기도해 달라고 부탁한다. 그것은 결국 복음전도자를 위해서 기도해야 한다는 말이다. 이렇게 해서 사단의 궤계를 이기고 싸움에 승리한다면 하나님의 뜻이 성공적으로 성취될 것이다.

4. 결론(6 : 21—24)

바울은 끝으로 두기고를 통해서 이 글을 보낸다는 이야기를 하면서 두기고가 가면 더 자세히 자기의 형편을 말하게 될 것이라고 하며 마지막 인사를 붙여서 끝을 맺었다.

□ 토의문제

1. 에베소서 전체에 흐르고 있는 주요 대지가 무엇이며 그런 편지를 써야만 한 이유를 찾아보자.
2. 오랫동안 감추어 두셨다가 마지막 때에 계시하신 하나님의 비밀은 무엇인가?
3. 교회는 하나님의 영원한 경륜과 어떤 관계를 가지고 있는가 생각해 보자.
4. 하나님의 영원한 계획을 감안하면서 성도 각자의 책임을 생각해 보자.
5. 마귀와 싸워야 하는 우리들의 무장을 점검해 보자.

□ 참고도서

Markus Barth, *The Broken Wall : A Study of the Epistle to the Ephesians,* The Judson Press, 1959.

C. Lestie Mitton, *The Epistle to the Ephesians,* Oxford : Clarendon Press, 1951.

John A. Allen, *The Epistle to the Ephesians,* London : SCM Press, 1959.

H. C. G. Moule, *Studies Ephesians,* Grand Rapids : Kregel Publishing Co., 1977.

빌립보서

Ⅰ. 바울과 빌립보교회

바울이 제 2 차 전도여행 중 소아시아의 서쪽 끝에 있는 드로아에 도달했을 때 마게도냐 사람이 꿈에 나타나 "마게도냐로 건너와 우리를 도우라."는 말을 듣고 비로소 마게도냐 땅으로 건너가게 되었다(행 16 : 9-40). 거기서 처음으로 찾아간 도시가 빌립보였다. 빌립보는 옛날에 마게도냐인(그리스인)들이 살던 땅이고, 마게도냐 왕 빌립이 자기 이름을 붙여서 생긴 도시이지만 로마제국에게 점령당한 후 로마인의 식민지가 되어 로마인들이 많이 살고 있었다. 바울이 거기에 찾아갔을 때에는 유대인이 많지 않았고, 따라서 회당을 가질 만한 수가 되지 못했던 모양이다. 안식일이 되어 유대인의 회당이 있을까 해서 찾아나섰지만 찾지 못하고, 다만 강변에서 유대인 몇이 모여 앉아 예배하는 것을 보았고 거기서 같이 예배하는 중 그리스도의 복음을 전하는 기회를 얻었다. 그것이 계기가 되어 빌립보교회를 설립하게 되었다. 그 교인들 중 루디아라는 여성도가 특별히 바울 일행의 전도사업을 적극 지원한 모양이고, 특히 여성도들이 주축이 되어 교회를 이끌어 간 것 같다. 구라파에서 처음 세운 교회라는 점에서 빌립보교회 설립은 매우 의미가 있다.

빌립보에서 전도하는 동안 바울 일행이 체포되어 옥중에서 크게 고통을 당한 일도 있고 하나님의 기적으로 석방되어 그 곳을 곧 떠나고 말았지만, 빌립보 교인들과 바울과의 사이에 맺어진 신령한 결속은 어느 다른 교회에서 찾아볼 수 없는 사랑의 결속이고 도저히 끊을 수 없는, 너무도 깊이 마음 속에 새겨진 유대관계였다. 바울은 거기를 떠나 데살로니가로 내려갔는데, 빌립보 교인들은 그 곳에 있는 바울을 물질로, 마음으로 후원해 주었다. 바울이 가는 곳마다 바울의 전도사업을 후원하고 협조하기를 끊지 않았다. 바울은 전도사업을 할 때 자비량으로 자급자족하겠다는 원칙을 세웠었고, 따라서 어느 교회에게도 도움을 받으려 하지 않았다. 그러나 빌립보교회가 보내는 보조금이나 후원은 받아들였다. 그 정도로 바울과 빌립보교회의 관계는 특례적이었다.

그후 바울은 제3차 여행 때 에베소에서 3년간이나 전도를 하게 되었는데, 거기에 있는 동안 고린도교회와의 관계 때문에 고린도교회를 급하게 방문한 후 마게도냐를 돌아서 에베소에 돌아왔다. 그때 아마도 빌립보교회를 방문했을 것이고, 에베소 전도를 마치고 다시 드로아를 거쳐서 마게도냐로 건너갔을 때도 물론 다시 빌립보교회를 방문했을 것이다. 바울은 이렇게 빌립보를 적어도 세 번 이상 방문하면서 교제를 가졌고 그들의 사랑을 받았다. 바울은 고린도를 거쳐 예루살렘에 갔다가 가이사랴에서 2년간 감금생활을 하고 드디어 로마로 호송되어 로마의 감옥에 갇혀서 사는 신세가 되었다. 황실 감옥에서의 연금상태여서 파수군의 감시가 있다고는 하지만 외래인 왕래는 허락되어 있는 상황이었다.

바울의 동정을 그리스도의 사랑으로 끝까지 살피며 염려하는 빌립보교회는 노구를 이끌고 죄 없이 갇혀 있는 노사도를 생각하면서 걱정을 않할 수 없었다. 날마다 기도로 하나님께 간구했겠지만, 그들은 금품을 모아서 차입을 하고 어떻게 해서든지 바울을 돕고 복음사업을 도우려고 했다. 급기야 빌립보교회는 자기들이 직접 가서 바울을 위로하고 시중들지 못하는 답답함을 달래면서 에바브로디도라는 청년을 바울에게 파송하였던 것이다. 바울은 많은 위로와 격려와 도움을 받았을 것이다. 그러나 공교롭게도 에바브로디도가 로마에 오자마자 중병에 걸려서 거의 죽을 지경에 이르렀다. 이 소식이 또한 빌립보교회에 전해졌고 그것 때문에 설상가상으로 그들의 염려가 더해졌다. 이와 같은 상황에서 바울의 할 일이 무엇이었겠는가? 빌립보 교인들은 바울이 로마의 최종 송사를 받으러 올라가 갇혀 있다는 사실 때문에, 복음이 이제는 끝장 나는 것이 아니냐 하는 의심과 걱정에 사로잡혀 있고, 게다가 에바브로디도 때문에 더 마음에 상처를 입고 있는 형편이니 거기에 대한 어떤 조치를 해야만 했던 것이다.

바울은 지금까지 자신을 위해서 물심양면으로 후원해 준 빌립보 교인들에게 감사한 편지도 써야 할 처지였다. 게다가 빌립보교회의 형편을 알아보니 반드시 만족스러운 것만은 아니었고, 무언가 불화가 있고 다툼이 있다는 것을 알아차렸기 때문에 그런 문제에 대해서 따스하게 훈계할 마음도 생겼던 것이다. 바울은 자신의 재판이 어떻게 되겠는지 알 수 없었다. 지금까지 걸어온 과거를 생각한다면 그리스도의 종으로서 부끄러움 없이 지내 온 것이 사실이지만, 그리고 하나님께서 목숨을 붙여 주셔서 더 일하라면 하기도 하겠지만, 사실 너무도 고달픈 생애여서 그의 신앙의 눈으로 빤히 볼 수 있는 그리스도의 품에서 안식하고 싶은 마음이 강하게 일어나는 것이었다. 그것을 생각할수록 기쁨이 넘쳐 흘렀다. 그래서 바울은 붓을 들었다. 우선은 빌립보 교인들의 마음을 안정시키려는 것이다. 그들의 다투는 마음을 고쳐 주려는 것이다. 그들에게 고마움을 표시하려는 것이며 에바브로디도를 돌려보내면서 그가 사명을 완수하지 못하고 돌아가지만 잘 받아들이라는 지시도 하려는 것이다. 이런 생각을 가지고 편지를 썼는데, 돌연 빌립보에서 도달한 마음아픈 소식이 있었다. 빌립보교회에 유대주의자들이 나타나서 할례를 받아야 하고 율법도 지켜야 한다고 주장한다는 것이다. 그래서 바울은 그들을 공격하는 신랄한 내용의 글을 덧붙일 수밖에 없었다. 이렇게 편지를 써서 에바브로디도 편에 보냈다.

Ⅱ. 빌립보서 편집설과 저술 장소

현대 학자들 중에는 상당수가 빌립보서를 하나의 편지로 보지 않고 적어도 세 개의 편지를 편집하여 하나로 만들었다고 주장한다. 3：2~4：1까지가 유대주의에 대한 공격을 위해서 쓴 별도의 편지로서 그것이 아마도 제일 먼저 기록되었을 것이라고 말한다. 그리고 1：1~3：1과 4：10~20이 또 따로따로 된 편지였다고 말한다. 그럴듯한 학설이지만 아무도 단언할 수 없는 하나의 학설이기에 우리는 전통적 의견을 그대로 따르기로 한다.

빌립보서 저술장소에 대해서는 가이사랴설, 에베소설, 로마설이 있는데 근자의 학계에서는 에베소설을 많이 주장하고 있다. 빌립보와 로마까지는 도보로 4주 내지 5주가 걸리는 거리이고, 에베소는 뱃길로 한 주간이면 도달하는 곳이라는 점 등을 내세우면서 에베소 감옥에서 썼을 것이라고 말한다. 그러나 그 설 역시 하나의 학설에 불과하므로 전통적으로 갖고 있는 로마설을 우리도 택하여 공부하기로 한다.

Ⅲ. 내용 분해

1. 바울의 인사(1：1-2)
2. 빌립보교회를 위한 바울의 기도(1：3-11)
3. 복음에 대한 바울의 야심(1：12-26)
4. 빌립보교회를 향한 권면(1：27-2：18)
   1) 통일의 필요성과 박해에 직면할 용기(1：27-30)
   2) 교회 안에서 조화를 이루어야 할 필요성(2：1-4)
   3) 그리스도를 본받으라(2：5-11).
   4) 선한 관계를 맺으라는 호소(2：12-18)
5. 바울의 장래에 대한 계획(2：19-3：1)
6. 바울의 경고와 자기 변호(3：2-14)
   1) 소개와 강경한 경고
   2) 바울의 생애-과거와 현재(3：3-6)

3) 바울의 새 생애의 유익(3 : 7-14)
7. 확신과 행동의 통일을 호소함(3 : 15-17).
8. 거짓 교사들을 멀리하라(3 : 18-19).
9. 참된 소망(3 : 20-21)
10. 빌립보교회의 문제와 충고(4 : 1-9)
11. 빌립보교회의 선물에 대한 감사(4 : 10-20)
12. 마지막 인사(4 : 21-23)

Ⅳ. 내용 해설

1. 인사(1 : 1-2)

바울은 일정한 편지형식을 가지고 빌립보 교인 전체와 또 그 교회를 맡아 돌보는 감독들, 즉 장로들과 봉사의 일을 맡아 보는 집사들을 상대로 편지를 쓰기 시작하면서 통상적인 인사를 하였다. 하나님 아버지와 주 예수 그리스도께로부터 오는 은혜와 평강을 비는 인사였다.

2. 빌립보 교인들을 향한 바울의 기도(1 : 3-11)

인사가 끝나자 곧 하나님께 감사를 드리며 동시에 빌립보 교인들을 위한 바울의 기도가 나온다. 바울은 빌립보교회와의 관계에 있어서 전도자로서, 그리고 목회자적 입장에서 매우 모범적인 태도를 우리에게 보여 준다. 나는 복음을 전하는 자니, 복음을 뿌리는 것으로 내 임무는 끝났다고 생각하는 전도자들이 많다. 내가 이 교회를 돌볼 때만 이 교회의 목자이지, 다른 곳에 간 다음에야 내가 이 교회와 무슨 상관이 있느냐고 생각하는 목회자들도 있다. 그러나 바울은 자기가 전도하여 세워 놓은 교회에 대해서 언제나 기억하고, 기도하고, 하나님께 간구하고 있다는 고백을 한다. 그러면서 하나님께 감사를 드리고 있다는 것이다.

바울은 복음전도 사업에 있어서, 특히 구라파 선교의 첫 케이스인 빌립보교회가 처음부터 끝까지 그렇게 잘 협조하고 동고동락해 주는 것을 고맙고 기쁘게 생각할 수밖에 없었으며, 감사한 일이 아닐 수 없었다. 가령 빌립보교회가 성공적이 아니었다든가 그들이 바울을 후원하지 않았다고 가정해 보면 구라파 선교에 막대한 지장이 있었을지 모른다. 외롭고 고되게 선교활동을 하는 바울에게 있어서 빌립보교회는 참으로 기쁨이요, 위로와 격려가 되는 존재였을 것이다. 이 일에 대해서 당연히 하나님께 감사가 나올 수밖에 없었던 것이다.

바울은 빌립보교회를 생각할 때 그 교회가 생기고 그렇게 아름답게 자라는 것은 결코 우연이나 어떤 인간의 노력으로써가 아니라는 것을 확신하고 있다. 역사의 주인이신 하나님께서 뜻이 있어서 시작하신 선한 일이라는 사실을 확신한다. 따라서 빌립보교회에서 시작하신 선한 일을 성공적으로 이루어 나갈 것이라는 사실을 또한 확신한다는 것이다. 바울이 이런 확신을 가지게 된 데는 근거가 있다.

첫째로, 지금까지의 사실로 보아서 빌립보 교인들은 그들의 마음 속에 바울을 계속 잊지 않고 생각하고 있는 것이 틀림없다는 것이다. 돈을 보내고, 사람을 보내고, 바울을 물심양면으로 늘 걱정해 주는 것이 사실이기 때문이다. 둘째로, 그들은 전 교회적으로 바울의 동역자로서 그 은총의 복음사업에 동참하고 있기 때문이다. 바울이 감옥에 있을 때에나 복음을 변증하고 또는 확립시키는 일에서 동고동락하고 있기 때문이다. 그런 교회가 종말에 상을 받고 성공적인 교회로 칭찬을 받으리라는 것은 너무도 확실한 것이었다. 그래서 바울은 진심을 가지고, 즉 예수 그리스도의 심정을 가지고 빌립보 교인들을 사모하며 보고 싶어한다고 고백한다. 이렇게 목회자와 양떼들이 서로 만나고 싶고, 보고 싶어할 정도로 사랑이 오고가고 순수한 관계를 가진다는 것이 얼마나 바람직한 일인가!

그리고 나서 바울은 하나님께 빌립보교회를 위한 간구를 드린다. 사랑하는 교회를 위한 진실된 기도와 간구가 여기에 나타난다. 빌립보교회가 더욱더 사랑이 넘치게 되기를 바라는데 지식과 총명 안에서의 사랑이라고 규정을 지었다. 빌립보교회가 지금까지 다른 교회가 가지지 못했던 사랑을 나타내고 있는 것이 사실이지만 사랑이 맹목적이 되거나 절제가 없거나 무식한 사랑이 될 때 그것이 효과를 나타내지 못할 수도 있는 것이다. 아마도 바울이 보기에 빌립보교회가 사랑을 경쟁적으로 하며 귀찮을 정도로 무분별적 사랑을 하고 있다는 느낌을 가진 것 같다.

사랑이 귀하지만 지식이 없고 분별력이 없으면 오히려 낭비가 되고 효과가 없어질 수도 있기에, 여기서 바울은 지식과 총명을 갖춘 사랑이 점점 더 넘치기를 간구한다. 즉 무엇이 좋고, 무엇이 더 좋고, 무엇이 가장 좋은가를 판단할 수 있는 지식을 가지고 사랑하는 그런 사랑을 바울은 간구한다. 그리하여 그리스도 앞에 설 때 보다 순수하고 흠이 없는 자들로 나타날 수 있기를 소원한 것이다. 즉 예수 그리스도를 믿고 죄사함을 받은 사람으로, 성령을 통하여 맺어지는 훌륭한 열매들을 가득히 맺는 성도가 되어서 하나님께 찬양과 영광이 돌아갈 수 있기를 간구한 것이다. 얼마나 고상한 기도인가?

3. 복음에 대한 바울의 야심(1：12—26)

바울은 우선 빌립보교회가 가진 염려를 풀어 주어야 하겠다는 생각을 하고 있다. 즉 바울이 로마 감옥에 갇혀 있는 일로 인해서 복음사업이 크게 손상을 입고 치명적인 타격을 받는 것이 아닌가하는 생각, 따라서 위축이 되고 용기를 잃고 있는 빌립보 교인들에게 실상을 이야기해 주어 염려하지 않아도 된다는 것을 말하려고 한다. 빌립보 교인들의 걱정이나 예상과는 정반대의 사실이 나타나고 있다는 것을 말한다. 한마디로 말해서, 바울이 감옥에 갇혀 있다는 사실이 복음에 손해나 후퇴를 가져온 것이 아니고 오히려 복음의 발전을 가져왔다는 결론이다. 어떻게? 우선 바울이 황실 감옥에 갇혀 있음으로 인해서 전 황실의 사람들이 바울의 사실, 즉 바울이 그리스도를 믿는 일로 인해서 죄수로 끌려왔다는 것, 다시 말해서 그리스도의 복음으로 인하여 바울이 고생당하며 다른 죄가 없다는 것을 알게 되었고, 이렇게 해서 그리스도의 복음의 내용이 황실에 선전되었으며 그 밖의 사회에도 소문이 퍼져 나갔다는 것이다.

바울이 그냥 평범한 전도인으로 로마사회에 나타났다면 황실에까지 알려지기란 매우 어려운 일이었을 것이다. 이렇게 해서 로마 성에 있던 그리스도인들은 그 소문을 듣고 더욱 힘을 얻어 복음을 더욱 담대히 증거하는 결과를 가져왔다는 것이다. 황실의 누구누구도 예수를 믿는다, 어느 장교도 예수를 믿는다 등등 소문이 퍼지고 또 그것이 사실이고 보니 로마의 교회들이 복음을 전하는 데 어려움이 적어질 뿐 아니라 용기를 얻을 수 있었을 것이다. 그러나 염려할 것이 무엇이냐는 것이다. 복음의 길이 막힌 것 같으나 사실은 복음이 더 널리 전해지는 기회가 되었으니 오히려 기뻐해야 할 일이라는 것이다.

거기에는 물론 웃지 못할 야릇한 사건도 없는 것이 아니라는 것이다. 로마의 성도들 중에는 바울로 말미암아 뜻밖에 복음이 빨리 번져 나가는 사실을, 질투하는 마음으로 자기들이 더 열심히 전도해서 자기들의 세력을 더 크게 만들어야 하겠다는 파쟁심을 가진 사람들도 있다는 것이다. 대개는 바울의 사업에 동정하고 단순히 기쁜 마음으로 성원하면서 자기들 나름의 임무를 수행하고 있는데 그렇지 않은 사람들도 있다는 것이다. 악의를 가진 사람들은 경쟁적으로 복음을 전하며 속으로 생각하기를 로마의 교회가 선교를 더 열심히 하여 바울보다 더 큰 성과를 거두게 되면 바울의 마음이 아프겠지, 공연히 남의 땅에까지 와서 잘난 체하면서 전도한다고 하니 어디 두고 보자, 누가 이기나 보자 등 순수하지 못한 마음을 가지고 복음을 열심히 전한다는 것이다. 그러나 결과적으로 따져 보라. 이러나 저러나 그리스도가 전파되고 있는 것이 아닌가? 바울은 그 일로 인해서 기뻐한다는 것이다.

지금도 그렇고 앞으로도 그렇고 다만 그리스도가 널리 선전되는 것이 자기의 기쁨이며, 언제나 그것을 기쁨으로 삼으리라는 것이다. 그리스도의 종이 된 자로서 주인이신 그리스도가 널리 선전되는 것을 기쁘게 생각한다는 것이 얼마나 당연한가, 자기를 선전하려는 것이 그리스도의 종이 된 목적이 아니다. 바울이 지금 감옥에 있고 자유를 잃은 상태에서 고생을 당하고 있지만 빌립보교회가 그렇게도 열심히 바울을 위하여 기도해 주고 있으며 또 성령의 도우심으로 모든 것이 다 잘 되어 구원에 도달하게 된다는 것을 알고 있다는 것이다.

즉 복음이 이런저런 모양으로 전파되어 그리스도가 드러나고 영광을 받게 되는 것이 바울의 간절한 소원이요 소망이어서, 사나 죽으나 바울이라는 사람의 일생을 통하여 오직 한 가지 목적만 이루어지면 족하고, 그렇게 되는 것이 바울에게 있어서는 구원이요, 성공이라고 느낀다는 것이다. 그리고 그것이 빌립보 교인들의 기도로 성령의 도우심을 통해서 이루어질 것을 확신하고 있다는 것이다. 그러니까 바울에게 있어서는 살아도 그리스도를 위해서 사는 것이고, 그를 위하여 살다가 결국 그를 위해 죽으면 그것이 끝이 아니고 오히려 더 좋은 곳으로 가서 더 좋은 생활을 할 터이니 손해가 아니라 득이 된다는 것이다.

그러니 하나님의 뜻이 있어서 곧 죽지 않고 얼마 동안 더 살 수 있다고 하자. 그러면 그 남은 시간은 좀더 일을 해서 복음의 열매를 맺게 하는 데 시간을 쓸 수 있는 것이다. 그러니 죽어도 좋고 살아도 좋으니 어느 것을 택할런지 알 수 없다. 즉 욕심같아서는 이 괴로운 세상을 떠나서 그리스도와 함께 사는 것이 훨씬 더 좋겠지만, 빌립보교회 등 이 땅을 생각한다면 살아 남는 것이 더 필요하다고 생각된다는 것이다. 즉 감정적으로 자기가 좋다고 느껴지는 것보다도 남에게 필요하고, 유익이 된다면 그 쪽을 택한다는 원리에서 판단하는 것이다. 바울의 마음에 차고 넘치는 생각은 자기가 사는 동안은 어떻게 해서든지 교회를 발전시키고 신앙 안에서 기쁨이 넘치게 해야 하겠다는 바램과 확신이다. 바울은 빌립보 교인들의 간절한 기도와 성령의 역사로 인해서 로마에서 석방되어 드디어 빌립보를 방문하게 될 것이라는 희망을 가지고 있다. 그렇게 해서 서로 만나게 되는 날에는 빌립보 교인들의 자랑감이 더 생길 것이라고 하면서, 바울은 일편단심 즉 죽으나 사나 복음이 전파되고 확장되기를 바라는 심정을 토로하였다.

4. 빌립보교회를 향한 권면(1 : 27—2 : 18)

바울은 이상에서 빌립보교회의 염려를 풀고 일이 잘 되어 가서 만나게 될 것이라는 희망을 준 다음에, 다음 문제를 거론한다. 즉 빌립보교회가 사랑도 있고 열심도 있지만, 단결하고 하나가 되는 일에 흠이 있고 문제가 있다는 소문이 있던 것 같다. 그래서 그 문제를 중심하여 권면을 주고 있다.

1) 통일의 필요성과 박해에 직면할 용기(1：27–30)

바울은 이미 그리스도의 복음을 받고 구원받은 빌립보 교인들, 즉 새 나라의 백성, 새 인간으로 재창조된 그들에게 하나님 나라의 시민답게 살아야 한다고 전제한 다음, 단도직입적으로 한 마음과 한 뜻을 가지고 튼튼히 서라고 명한다. 즉 복음 신앙을 옹호하고 선전하는 일에 힘을 합하고 마음과 뜻을 합해서 노력하고 반대자들과는 투쟁해야 하는데 서로 마음이 안 맞아서는 안 되겠다는 것이다. 적대자가 교회에 들어와 방해를 하고 협박, 공갈을 할 때, 가령 타종교나 유대주의자들, 또는 로마 당국이 교회를 협박하고 해롭게 하려고 할 때, 개별적으로 그들과 맞서려 하면 무섭기도 하고 떨리게 된다. 그러나 한 마음으로 공동보조를 취하고 합심하여 기도하면서 그들을 대처한다면 문제가 되지 않을 것이다. 그러니까 한 마음과 한 뜻을 가지고 튼튼히 서면 적대자는 결국 멸망하고 성도들은 하나님의 능력에 의해서 구원을 얻는 결과가 올 것이다.

그리스도인들에게는 하나님의 은총이 주어졌는데, 한마디로 말해서 그리스도를 위해서 살 수 있는 특권, 즉 그리스도인으로 사는 특권이다. 그리스도인의 삶이란 우선 그리스도를 믿고 그 안에서 축복된 생활을 하는 것이고, 동시에 그리스도의 몸의 지체로서 머리이신 그리스도의 고난을 같이 당하는 은총도 받은 삶이다. 즉 바울이 하나님의 은총으로 그리스도인이 되었고 동시에 그리스도를 위하여 고통을 당하는데, 바울은 그것이 바로 하나님께로부터 받은 은총으로 보며 영광스러운 고통으로 여기는 것이다. 빌립보 교인들을 향해서 바울은 그러한 각오를 가지고, 또 그러한 이해를 가지고 살아야 한다고 권하는 것이다. 본격적인 박해가 언제 올런지 모르는 때인데 마음을 같이 하여 싸우도록 하라는 것이다.

2) 교회 안에서 조화를 이루어야 할 필요성(2：1–4)

빌립보교회의 불화나 불일치의 소문에 접한 바울은 하나되기를 권하면서, 이 대목에서는 다시 그들의 사도의 자격으로, 즉 그렇게도 큰 사랑으로 염려해 주며 돕고 있는 믿음의 아버지인 바울에게 우선 더 큰 기쁨을 준다는 뜻에서라도 하나가 되어 달라고 호소하고 있다. 하나가 못된 이유가 무엇인가? 그리스도를 믿는 신앙 안에서는 과거에 남남이었던 사람들도 이제는 그리스도로 말미암아 한 형제가 되어 서로 격려하고, 사랑으로 서로 위로하고, 성령으로 말미암아 서로 교제하고, 동고동락하며 정을 나누는 것이 마땅한데 어째서 예수를 믿는다는 사람들이 그런가? 그리스도를 중심하여 같은 생각을 하고, 같은 사랑을 가지고 뜻을 같이하여 통일된 생각을 가지라는 것이다. 넉넉히 좀더 구체적으로 말하자면, 이기심과 허영심을 버리라는 것이다. 서로 겸손한 마음으로 남이 자기보다 낫다는 생각을 하라는 것이다. 저마다 자기 유익을 위해서 자기 일에만 골몰하지 말고 서로 남의 일도 돌보아 주라는 것이다. 그리하면 문제가 해결되지 않겠는가?

3) 그리스도를 본받으라(2：5—11).

바울은 빌립보교회가 일치하고 통일되는 방안을 이론적으로 설명하느라고 했지만, 가장 좋은 방법은 실례를 들어 주는 것이라고 생각하여 예수의 겸손을 말해 준다. 즉 그리스도가 가지셨던 생각을 가진다면 교회 안에 옥신각신이 있을 수 없다. 2：6~11의 말씀은 기독교 신학 역사에 있어서 매우 중요한 기독론적 표현으로 취급되어 온 것으로서 여기서 기독론의 큰 진리를 발견하게 된다. 그러나 바울은 어떤 신학적 명제로 이대목을 제시한 것이 아니고, 단지 겸손한 마음을 나타내는 가장 훌륭한 실례로서 제시한 것 뿐이다. 그리스도는 어떤 분이었고, 무엇을 어떻게 했는가를 말하는 중에 그의 생각을 토론케 하려는 것이다.

그리스도는 본질상 하나님이셨다. 즉 요한복음 1：1의 말씀이 신(神)이셨다는 말과 마찬가지로 본질(*μοροή*)에 있어서 신이신 분이었다. 모르페(*μοροή*)는 형상이라고 번역되는 말로서 본질적인 형상, 즉 겉모양은 변해도 속모양, 그 본질은 변하지 않는 형상을 가리킨다. 예컨대 물은 액체인데, 얼면 고체가 되고 열을 가하면 수증기가 되어 그 겉모양이 달라진다. 그래도 물이나, 얼음이나, 수증기의 본질적 형상은 H_2O가 아닌가? 그와 같이 그리스도는 비록 사람의 모양으로 세상에 오셨지만 따라서 하나님이 사람이 되어 그 외형이 바뀌였지만 사실은 신이셨다는 뜻이다. 그는 삼위일체의 한 위로서 하나님으로 남아 그 영광과 존귀와 권세를 그냥 누리면서 계실 자격이 있는 분이시다. 그러한 권리를 가지신 분이시면서 그 권한을 주장하지 않으시고, 즉 이것은 내 것이니 빼앗기지 않겠다고 우기거나 고집하시는 일이 없이 (6절), 오히려 그 신적 형상을 비어서 그 형상을 안 가진 상태가 되셨다. (여기에 '비었다'라는 말은 헬라어 원문에 ἐκένωσεν 이라는 말로서 그 원형이 κενόω 라는 단어이기에 소위 케노시즘(Kenoeism)이라는 신학이론이 나오게 되었다.)

당신의 원래의 형상을 버리신 다음에 그는 본질적으로 종이라는 형상을 취했다는 것이다. 즉 만유의 주, 만왕의 왕이시던 분이 이제 정반대로 '섬기는 자'라는 본질의 존재를 취하셨다. 그가 신의 본질을 버리신 것은 섬기는 자의 본질을 가지기 위함이었다. 그렇게 섬기는 자로서 구체적으로 가진 모습이 바로 인간의 모습이었다. 종의 본질을 가진 천사도 될 수 있었을 터인데, 천사가 아니라 사람의 모양으로 오셨다는 말이다. 사람의 모습으로 나타나실 뿐 아니라 자신을 낮추시어 죽음에까지 복종하는 자가 되었다. 죽음은 인간의 최후 최악의 패배가 아닌가! 세상에는 죽음도 가지가지이지만 예수님은 고금을 통하여 가장 잔인하고, 가장 고통스럽고, 가장 수치스러운 죽음 곧 십자가에 달려 죽는 죽음을 죽으셨다.

이렇게까지 하신 그리스도의 마음은 어떤 것인가? 인간 세상에 어느 누가 그리스도보다 높은 자가 있는가? 하나님이신 그리스도께서 자진해서 남을 섬기는 자가 되고 최악의 죽음까지 마다하지 않으신 그 마음을 생각한다면 인간이 무엇이기에 형제끼리 서로 낮아지지 못할 까닭이 있는가? 사람들은 낮아지는 것이 자기에게 손해인 줄 알지만, 다시 예수의 경우를 보라는 것이다. 9절 이하에서 죽음에까지 낮아지신 그리스도는 마침내 하나님에 의해서 지극히 높임을 받았고, 모든 이름 위에 뛰어난 이름을 받았다는 것이다. 만왕의 왕, 만유의 주라는 이름 이상 더 높은 이름이 어디 있으랴! 그리하여 하늘 위와 땅과 땅 아래에 존재하는 모든 존재가 다 예수 앞에 굴복하고 찬양하게 되었다는 것이다. 그러니 빌립보 교인들이여, 그리스도의 겸손을 배워서 하나가 되어 주시오 하는 바울의 간절한 호소가 여기에 담긴 것이다.

4) 선한 관계를 맺으라는 호소(2 : 12–18)

바울은 11절까지에서 그리스도의 마음을 품고 겸손히 하나가 되라는 권고를 했는데 여기서 그것을 뒷받침하는 권고를 첨가한다. 빌립보교회가 지금까지 늘 바울의 말을 사도의 말씀으로 잘 받아들여 복종했는데 이전에 직접 만났을 때도 그랬지만, 지금 몸으로 서로 떨어져 있어서 편지로 말하고 있을지라도, 아니 그러니까 더욱 자기 말을 잘 들어 달라고 하면서, 두렵고 떨리는 마음으로 스스로의 구원을 위해서 힘써 달라는 것이다. 즉 믿음으로 구원을 이미 얻은 자들이겠지만 날마다 그리스도를 닮아 거룩하고 흠이 없는 자가 되기까지의 성화의 과정은 꾸준히 힘쓰고 노력해야 하는 것이기에, 바울이 지적한 대로 한 마음 한 뜻을 이루고 서로 남을 낫게 여기며 남의 일을 돌보는 생활을 열심히 하여 보다 원숙한 구원의 단계로 나가라는 것이다. 하나님께서 이미 성도들안에서 역사하고 계시며, 당신의 기쁘신 뜻을 위하여 계획도 하시고 실제로 역사하시니까 소홀히 해서도 안 되고 무시해서도 안 될 일이다. 각자의 구원은 우연이 아니라 하나님의 계획과 경륜 가운데서 되는 것이므로 그 중대성을 깨닫고, 또 소망과 기쁨을 가지고 순응하여 노력해야 할 일이다.

그러므로 성도들이 교회를 이루고 살아갈 때 만사에 불평이나 불만을 가지고 서로 따지는 일이 없어야 하고 흠과 티가 없는 무흠한 하나님의 자녀가 되려고 노력해야 한다는 것이다. 그것은 삐뚤어지고 꼬인 어두운 이 세상에서 살면서 그 사람들에게 광명을 던져 주어야 하기 때문이다. 즉 생명의 말씀을 굳게 붙들어 자신들이 영생을 얻을 뿐 아니라 어둠 속에 있는 자들에게 같은 생명을 전달할 책임이 있는 자들이기 때문이다. 다시 말해서 빌립보 교인들이 다시금 복음 안에서 보다 완전한 그리스도인 노릇을 하여 세상의 빛이 되고 복음을 선포하는 일에 차질이 없기를 바란다는 말이다. 그렇게 되면 바울이 그리스도 앞에 서는 날 수고가 헛되지 않았기 때문에 주님 앞에서 자랑할 것이 있겠다는 것이다.

바울은 여기서 빌립보 교인들을 격려하면서 그들의 신앙생활과 복음을 위한 봉사생활이 완성되기를 간절히 원하기 때문에 마치 하나님께 제사를 드릴 때 그 제사가 완전한 것이 되기 위해서 제단에다 포도주를 부어 소위 전제를 드리는 것처럼, 빌립보 교인들의 신앙의 제사를 완성하기 위해 자기 목숨을 버려 피를 흘려서라도 그렇게 할 용의가 있고 거기서 기쁨을 느끼겠다고 말한다. 그리하여 그들과 함께 기쁨을 누리고 싶다는 것이다. 같은 기쁨을 같이 기뻐하자는 것이다.

5. 바울의 장래에 대한 계획(2 : 19—3 : 1)

바울은 빌립보교회의 당면한 불화 문제를 다루고 권면한 후, 이제는 한두 가지 자기의 계획을 알린다.

첫째로 그는 디모데를 그들에게 속히 보내게 되기를 바란다. 빌립보 교인들이 바울의 어려운 형편을 전해 듣고 걱정하고 있는 것처럼, 바울은 또한 빌립보 교인들이 자기 때문에 염려하고 있다는 사실을 알고 마음이 놓이지 않으며, 또 빌립보교회가 가진 문제 때문에도 걱정하고 있는 터였으므로, 자신은 당장에 못갈 형편이니까 자유로운 디모데를 보내서 대신 격려도 하고 사실을 알려 주기도 한 다음, 다시 로마로 돌아와 빌립보교회의 형편을 알려 줌으로써 자기도 마음을 놓을 수 있게 되기를 바란다는 것이다.

그러면서 디모데를 칭찬해 준다. 앞으로 보낼 계획을 가졌기 때문에 도착하기 전에 미리 디모데를 잘 소개해 두는 것이다. 바울에게는 마치 아버지를 대하듯 아들 노릇을 하면서 복음을 위하여 절대 복종하며 일하는 일꾼이라고 극구 칭찬한다. 바울은 자기의 재판 사건의 귀추를 보아서 디모데를 보내겠다는 것이고, 아마도 오늘 내일 하는 재판이 열려서 어떤 판결이 나면 그 판결 여하에 따라 디모데를 곧 보낼 수도 있고 더디 보낼 수도 있을 것이라는 것이다. 또 다행히 하나님의 능력으로 바울 자신이 석방이 되는 경우가 된다면 자기가 직접 빌립보를 찾아가겠다는 것이다.

둘째로, 에바브로디도에 관한 계획이다. 그는 빌립보교회가 바울의 어려움을 덜어 주려고 파송한 사람인데, 그를 돌려 보내야 할 필요성을 느꼈다는 것이다. 그가 빌립보로 돌아가기를 원하고 있으며 본 교회가 자기 때문에 걱정한다는 소식을 듣고 미안한 마음, 걱정스러운 마음을 가지고 있기 때문에 돌려 보낸다는 것이다. 장거리를 여행한 여독 때문인지 모르지만 몹시 앓아 죽을 뻔하였고, 하나님께서 은혜로 살려 주셔서 걱정은 없지만 그를 돌려 보내는 것이 에바브로디도에게나 빌립보교회에게나 또 바울 자신에게도 기쁨이 되고 걱정을 더는 일이라는 것이다. 그러니 그를 잘 환영해 달라는 부탁이다. 모든 일에 바울은 자기 중심적으로 생각지 않고 남을 먼저 생각하고 교회의 유익을 먼저 생각하는 사실을 높이 평가해야 할 것이다. 바울은 여기까지에서 편지를 끝내려는 생각으로 마지막 인사를 썼다. 다른 서신에서와는 달리 주 안에서 기뻐하라는 마지막 인사를 썼다. 다른 서신에서는 은혜를 비는 것이 통례인데, 여기서는 처음부터 독특하게 기쁨이라는 말을 많이 사용하였으며, 그 말로써 결말을 내려고 한 것 같다. 기쁨이라는 말은 너무 여러 번 사용했기 때문에 독자들에게 번거롭게 들릴 것을 염려하면서도, 바울은 진심을 가지고 하는 말이고 독자들에게 다짐하다시피 기쁨을 권하면서 바울의 벅찬 기쁨을 나누고 싶어하는 것이다. 바울의 마음 깊은 데서 솟아나는 참 기쁨을 진실로 체험할 수 있다면 그야말로 기독교를 바로 깨달은 것이라 할 수 있겠다.

6. 바울의 경고와 자기 방어(3：2—14)

바울이 편지를 다 끝내고 에바브로디도 편에 보내려고 하던 중 느닷없이 빌립보로부터 한 가지 섭섭한 소식이 날아왔다. 그것은 매우 분개할 만한 소식이었다. 바울이 지금까지 그 문제라면 만사제지하고 투쟁하려고 애써 온 것이다. 즉 복음의 순수성을 흐리게 하고 그리스도의 완전 은총을 감소시키는 모독적 사상을 좌시할 수 없었던 것이다. 빌립보교회에도 갈라디아 지방에 나타났던 것처럼 유대주의자들이 나타나서 혼란을 일으킨다는 소식을 바울이 접한 것이다.

1) 소개와 강경한 경고(3：2)

바울은 빌립보교회에 나타난 비복음적 선전자들을 단번에 '개들'이라고 불러 버렸다. 사람 취급을 할 수 없는 자들이라고 혹독한 명칭으로 그들을 불렀다. 둘째로 그들을 행악자라고 잘라 말했다. 그들이 소위 종교인이라고 하고 점잖케 복음을 전한다는 미명을 가지고 나타났지만, 사실은 그리스도의 복음을 파괴하고 하나님의 은총 계획을 무시하고 대항하는 괴악한 짓을 하는 자이기 때문에 악을 행하는 자라는 이름을 붙였다. 셋째로는 좀 해학적인 뜻을 담은 말, 즉 할례를 주장하면서 성기의 일부를 베어내기를 좋아하는 사람들이기 때문에, "그럴 바에는 아예 몽땅 잘라 버리려므나" 하는 식으로 놀려대는 명칭을 붙였다. 그런 사람들을 조심하라는 것이다.

2) 바울의 생애—과거와 현재(3 : 3—6)

그들은 결국 유대주의자들로서 각 지방을 돌아다니며 바울의 사도직을 부인하며 바울이 가르치는 복음을 무시하고 파괴하는 자들이었다. 그들은 바울의 사도직을 부정하기 때문에 여기서 바울은 자신에 대한 변명을 아니할 수 없었다. 바울은 할례를 받은 유대인이다. 할례를 주장하는 그들과 비교할 때 그 점에서 못한 것이 없다. 그러나 바울은 할례가 문제가 아니고, 신령한 의미에서 할례를 받은 자, 곧 주 예수 그리스도를 믿고 하나님의 영에 의해서 마음의 할례로 깨끗함을 얻고, 하나님을 섬기고 그 사실을 자랑하는 자이다. 그렇게 차원이 다른 사람인데, 만일 육체적으로 따진다 하더라도 결코 그 유대주의자들보다 못한 것이 없고 오히려 월등하다는 것이다. 난 지 팔일 만에 할례를 받고, 이스라엘 족속이요, 베냐민 지파 사람이요, 히브리 말을 할 줄 아는 히브리인이요, 율법을 존중하는 데는 누구에게도 지지 않는 바리새인이요, 따라서 교회를 박해하는 일에 참가할 정도로 유대교에 열심이 있었고, 율법을 지킴으로 의롭다함을 얻는 생각을 가지고 외형적으로는 조금도 흠이 없을 정도로 법을 지킨 자라는 것이다. 그렇다면 어느 누가 바울을 능가할 수 있겠는가? 육체적으로 따지더라도 유대주의자 그 누구에게도 꿀리지 않을 수 있다. 육체적 조건을 가지고 그들과 승부를 겨루더라도 그들을 이기고 남는다는 것이다.

3) 바울의 새 생애의 유익(3 : 7—14)

바울은 예수를 믿기 전까지는 이상에서 말한 여러 가지 육체적 조건을 자랑삼고 그것들이 자기에게 이익이 되는 것으로 간주했었다. 그러나 그리스도를 만나고, 그를 믿고 난 다음에는 그것들을 모두 자기에게 손해되는 것으로 여겼다는 것이다. 그것은 하나님의 은총으로 예수 그리스도를 믿고 그를 주로 모시고 났을 때, 즉 오직 믿음만 가지고 하나님의 무죄선언을 받고 하나님과의 올바른 관계를 되찾게 된 마당에서 생각할 때, 이제는 하나도 부족이 없고 하나님 편에서 이미 다 완전히 이루어 주셨는데, 이제 육체적인 그리고 인간적인 어떤 조건을 내세우는 것은 결국 하나님의 사랑을 저버리는 일이 되며, 하나님의 은총을 모독하는 것이 되고 도리어 손해를 주는 것이 될 수밖에 없다.

그래서 이제는 옛날에 자랑삼고, 이득이라고 생각하던 모든 것을 손해로 여기고 그것들을 분토처럼 여기고 더러워서 다시 돌아다 보기도 싫을 정도라는 것이다. 바울은 그 모든 것을 다 잃고라도 그리스도를 얻은 것이 무엇에다도 비교할 수 없는 이득이라고 말한다. 그래서 바울은 그리스도를 알고 그리스도의 부활의 능력과 그리스도의 고난에 동참하는 방법을 알아서 그리스도처럼 장차 죽은 자 가운데서 부활하는 영광을 얻고자 하는 마음뿐이라고 고백한다.

그러나 바울은 자기가 바라는 바를 이미 얻었다든가 자기가 완전한 사람이 되었다는 것은 아니라고 솔직히 고백한다. 그것을 붙들기 위해서 추구하는 중이라고 말한다. 이미 그리스도에 의해서 붙들림을 받은 것이 사실이지만 아직 성화의 단계에 있으므로 계속 완전을 향해서 달려가고 있다는 것이다. 과거를 다 잊어버리고 경주자처럼 앞만 바라보고, 상을 바라보면서 열심히 달려나가는 것이 자기의 생애라고 고백한다. 즉 하나님께서 영원한 기업과 상금을 마련하시고 위에서 우리를 부르고 계시기에 그 곳을 향하여 계속 힘써 달리는 것이 성도의 생애라는 말이다.

7. 확신과 행동의 통일을 호소함(3 : 15—17)

바울은 자기 자신의 신앙태도를 설명하고 나서 자기가 확신하는 바를 권장한다. 즉 바울의 생각을 같이 가져 주기를 권장한다. 즉 율법주의자들이 들어와서 그들을 꾀고 그릇된 선전을 하고 있는 마당에, 바울은 빌립보 교인들을 성인으로 추켜 주면서 그리스도를 얻은 것으로 만족하고 육체적인, 인간적인, 율법적인 모든 조건들이나 자랑거리들을 다 초개처럼 버리고 앞을 향해서 열심히 달려가자고 권유하는 것이다. 다른 생각을 가지고 유대주의자들의 권유에 끌려가는 사람들이 있다면 하나님께서 진리를 가르쳐 줄 것이라고 하면서, 이미 도달하고 깨달은 우리의 진리를 굳게 잡고 그 원칙대로 살라고 말한다. 그러면서 바울 자신을 닮는 자가 되어 달라고 하며, 빌립보 교인들이 바울을 본따서 사는 것처럼 다른 사람들도 바울을 모본으로 하고 사는 사람들이 있으니 그들을 명심해 두라는 것이다. 즉 알아 두라는 말일 것이다. 이와 같이 신앙생활에 있어서 좋은 모본을 가진다는 것은 행복한 일이고, 귀한 일이다. 바울처럼 신앙의 모범이 될 수 있다는 것이 얼마나 훌륭한 일인가?

8. 거짓 교사들을 멀리하라(3 : 18—19).

빌립보교회에 잠입하여 어지럽게 하는 유대주의자들에 대해서 바울은 전에도 여러 번 언급하고 경계하는 말을 했었던 모양이다. 빌립보에 있을 때에 바울은 그런 사람들이 있다는 말을 했을 것이고, 그 다음에 몇 번 지나가면서도 누차 언급했던 것 같다. 그런데 그들이 드디어 나타나서 교회를 해치고 있다는 말을 들었을 때 바울은 울음이 터질 정도로 안타깝고 속이 상하고 걱정스러워서 편지를 쓴다는 것이다. 그러면서 그들을 묘사하기를 그리스도의 십자가의 원수라고 하였다. 그리스도가 십자가에 달려 죽으심으로써 단 일회적으로 구원을 성취하셨는데, 그들이 나타나 그것을 부인하고 즉 십자가의 공로가 충족지 못하다고 하면서 사람의 노력이 필요하다고 하니까 하는 말이다. 결국 그런 사람들의 말로는 멸망이라고 판단을 내렸다. 그들은 먹고 마시는 것을 최고의 것으로 삼고, 부끄러운 일을 하면서도 그것이 영광인 줄 알고, 세상일만 생각하는 자들로서 결코 그리스도인이 아니라고 단언하는 것이다.

9. 참된 소망(3 : 20—21)

바울은 거짓 교사 즉 유대주의자들의 운명이나 그들의 종교와 대조하여 자신의 것을 피력한다. 거짓 교사들은 세상 것만 생각하고 세상에서 잘먹고 잘사는 것에 치중하며 부끄러운 짓을 하고 있지만, 바울이 믿는 것은 비록 이 세상에서 지금 살고 있지만 하늘의 시민권을 가지고 산다는 것이다. 결국 이중 국적을 가지고 산다는 것이다. 로마국의 법치 하에 사는 동시에 하늘나라의 시민으로 산다는 것이다. 그리고 마침내 구주되시는 주님 예수 그리스도가 하늘로부터 나타나실 것과, 만물을 다 발 아래 복종시키시는 능력으로써 성도들의 몸을 변화시켜 그리스도의 영광스러운 몸과 같은 몸이 되게 하신다는 것이다. 그 만큼 거짓 교사들의 멸망의 운명과는 대조적인 자격과 소망을 가지고 있는 것이라고 주장한다.

10. 빌립보교회의 문제와 충고(4 : 1—9)

바울은 이제 유대주의자들에 대한 흥분을 가라앉히고 차분히 빌립보교인들에게 권고한다. 사랑하는 교우들, 보고 싶은 교우들, 생각할 때마다 기쁨이 되고 자랑스러워 승리의 월계관에다 비교할 만한 빌립보교우들이라고 부르면서, 주님을 믿는 신앙을 가지고 누가 뭐라 해도 흔들리지 말고 굳게 서라고 우선 일반적인 권면을, 그리고 나서 좀 구체적으로 들려오는 소식을 근거로 해서 유오디아와 순두게, 두 사람의 이름을 불러 가면서 마음이 하나되라고 권한다. 여신도들 간에 마음이 갈라져서 불화가 있다는 소식이 전해졌던 것 같다.

바울은 이제 "참으로 나와 멍에를 같이 한 너"라고 부르면서 그 사람에게 간청하는 것이 있다. 그 사람이 여자인지 남자인지 알 수 없다. 어떤 사람은 루디아를 가리킨 것이라고도 말한다. 빌립보교회는 바울의 짝 즉 멍에를 같이 매던 자라고만 말해도 알아 들을 수 있었던 모양이다. 그에게 부탁하는 것은 유오디아와 순두게를 잘 협력해 주라는 것이다. 그들이 지금 마음이 안 맞는다 하지만, 실상 글레멘드와 바울의 기타 동역자들과 더불어 복음을 위하여 같이 싸운 자들이니만큼, 그리고 틀림없이 하늘 생명책에 녹명된 자들이니까 잘 화해시키고 협력하며 일하도록 하라는 부드러운 권면이다.

그리고는 주를 믿는 자들로서 항상 기뻐하라고 거듭 권한다. 그리스도인의 기쁨은 세상 사람들이 상상할 수 없는 신비한 것으로 환난 중에도 기뻐할 수 있는 그러한 기쁨이다. 잠깐되는 이 세상에서 그리스도 때문에 당하는 고통은 장차 얻을 영원한 영광에 비교하면 아무것도 아니기 때문이다. 다음으로 바울은 빌립보교회가 가진 친절과 관용을 계속 베풀어 만인이 다 알도록 하라고 권한다. 남에게 자랑시키라는 말이 아니라 단지 그 미덕을 나타내는 것이 그리스도인의 본분이기 때문에 하는 말일 것이다. 주님이 가까이 계시다고 하면서 걱정하지 말고 기도와 간구와 감사로써 하나님께 소원을 아뢰는 생활을 하라고 권한다. 그렇게만 하면 우리의 상상을 초월할 만큼 하나님의 평안이 우리의 마음과 생각을 지켜 주신다는 것이다.

끝으로 바울은 종합적인 권면을 한다. 무엇에든지 참된 것, 무엇에든지 경건한 것, 의로운 것, 거룩한 것, 사랑할 만한 것, 우아한 것, 덕이 되는 것, 칭찬할 만한 것이 있으면 그런 것을 생각하라는 것이다. 그 반대의 경우 즉 모든 악을 버리고 적극적으로 선을 추구하라는 말이 된다. 그리고 바울에게서 배우고, 전해 받고, 듣고 본 바를 그대로 실천해 달라는 부탁이다. 전도자와 목회자가 이 만큼 자신 있게 가르치고 모범을 보여 주는 일이 얼마나 중요한가를 볼 수 있다.

11. 빌립보교회가 보낸 선물에 대한 감사(4 : 10—20)

바울은 편지를 끝내려 하다가 다시 생각이 나서 첨가하는 글을 쓴다. 그것은 빌립보교회가 보내 준 선물에 대한 감사의 말이다. 바울이 가이사랴에서 2년이나 감금되었었고, 그후 로마로 호송되는 데도 거의 반년이 걸렸고 해서 바울의 거처가 빌립보교회에 알려지기까지는 상당한 시간이 걸렸을 것이다. 어디에 가든지 빌립보교회가 연락을 끊지 않고 계속 소식을 알리고 원조금을 보냈기 때문에 바울은 그 얼마 동안 궁금함을 느끼고 있었을 것이다. 그랬는데 오랫만에 빌립보교회로부터 사람이 오고 후원금이 도달하였기 때문에 매우 기쁘고 위로가 되었을 것이다. 그래서 그는 빌립보교회에게 자기의 진심을 털어놓으면서 크게 기뻐한다는 말을 하는 것이다.

그러나 바울은 그동안 궁핍한 생활을 했는데 살기가 어려웠었다는 불편을 토로하는 것이나, 보조금을 자주 보내달라는 청원을 하려는 것은 아니라는 것을 밝힌다. 자기는 어떤 처지에서도 충족함을 느끼는 법을 배웠다는 것이다. 가난한 생활을 하는 법도 알고, 풍족한 생활의 방법도 안다는 것이다. 모든 경우 어떤 환경에도 대처하는 비결을 알고 있다는 것이다. 하나님께서 능력을 주시기 때문에 그 분의 능력으로 자기는 무엇이든지 다 극복할 힘이 있다는 신념을 가지고 있다. 그러나 바울이 환난 중에 있을 때 빌립보교회가 적시에 도움을 주며 동고동락하는 사랑을 베푼 것은 매우 고마운 일이고 잘한 일이어서 그 고마움을 전하지 않을 수 없다는 것이다.

이제 바울은 그 동안에 빌립보교회가 자기에게 한 일을 회상시키면서 하나님께서 그들에게 갚아 주시고 충족시켜 주실 것이라고 예언한다. 마게도냐에서 전도할 때 유독 빌립보교회만이 물질적인 성도의 교제를 하였고, 데살로니가 전도 때에도 한두 차례 후원금을 보냈고, 여기 로마에 있는 동안에는 에바브로디도를 통해서 귀한 후원금을 보내주어서 풍족한 생활을 한다고 보고하면서, 자기에게 돈을 더 보내 달라는 부탁을 하려는 것이 아니라, 성도로서 복음의 말씀을 전파하는 일에 선한 사업을 하는 빌립보교회가 그 정신을 잃지 말고 더욱더 큰 열매를 맺을 수 있기를 바란다는 것이다. 누구에게 보내든지 복음사업에 관심을 두고, 협조하고, 참예하는 일은 하나님께 향내나는 제사요, 받으실 만한 제물이고 하나님이 기뻐하시는 바라고 칭찬을 아끼지 않는다.

12. 마지막 인사(4 : 21—23)

특히 바울은 로마에 같이 있는 성도와 더불어 왕족 중에서 개종한 자들이 문안에 참가한다는 말을 자랑스럽게 덧붙였다. 바울의 감금생활을 염려하고 있는 빌립보 교인들에게 조금도 염려하지 말라고 하면서 오히려 복음에 발전이 있었다고 한 말의 증거를 보여 주려는 듯이 가이사 집안 사람들과 같이 문안한다고 하면서 끝을 맺었다.

V. 빌립보서에서 특별히 얻을 교훈

1. 기뻐하라.

빌립보서에는 '기쁨'이라든가 '기뻐하라'는 말이 16회나 나온다. 4장으로 된 짧은 편지 속에 그렇게도 여러 번 기쁨을 말한 것은 과연 이 편지의 특색이라 할 수밖에 없다. 바울이 평상시, 평화롭고 행복한 생활을 하면서 쓴 편지가 아니고, 감옥에서 더욱이 재판에 걸려 어느 순간에 목이 달아날지 모르는 가장 긴장되고, 가장 캄캄한 시점에 그렇게도 자신이 기쁨을 느끼고 또 남에게 기쁨을 권유하는 것은 어떤 이유에서일까? 특별히 거기에 대해서 이론적으로 밝힌 것이 없지만, 한마디로 말해서 믿음이 깊어지면 깊어질수록 기쁨이 더한다는 기독교적 진리를 발견하게 된다. 그리스도 안에서 진정한 신앙을 가졌다는 바울처럼 기쁨을 가질 수 있고 또 그래야 한다는 결론에 도달한다.

2. 전도자와 교회의 교통

전도자(목회자) 바울과 빌립보교회의 사랑의 교제는 오고오는 교회 생활의 본보기라 할 수 있다. 날로 삭막해 가는 현대사회에서 목회자가 양을 사랑하고 관심을 부단히 가지는 일, 그리고 반대로 교인들이 목회자와 끊을 수 없는 애정과 관심을 가지고 서로 교통하며 주고받는 아름다운 모습을 이 서신에서 본받아야 할 것이다.

3. 그리스도를 본받자.

바울이 말하는 일치의 정신 그리고 그 실례로서 보여 준 예수 그리스도의 겸손의 모습을 따라야 할 것이다. 현대교회의 분열, 개인간의 무관심과 불화의 문제를 해결하기 위해서 이 빌립보서는 필독의 편지이며 애독해야 할 글이다.

4. 오직 그리스도를 위하여

바울의 신앙생활 특히 죽으나 사나 자기의 삶 속에서 그리스도가 나타나고 복음이 전파되기를 원하는 그의 일편단심, 자기의 모든 세상적, 육체적 자랑이나 소유나 명예, 가문, 학식 등을 다 해로 여기고 그리스도를 얻은 것으로 만족해 하는 태도, 그러나 다 되었다고 생각지 않고 계속 완성을 향해서 달리는 건전한 태도를 본받아야 하겠다. 그리고 자족하는 생활, 능력 주시는 자 안에서 능치 못할 것이 없다는 그의 확신을 배워야 할 것이다.

5. 순수한 복음을 견지하자.

순수한 복음을 좀먹는 사이비 복음에 대한 격분을 느끼는 마음, 그리고 순수한 복음을 바로 지키고 순수하게 남에게 전달하려는 열정과 사명감을 가져야 할 것이다.

□ *토의문제*

1. 빌립보교회가 바울과의 관계에 있어서 다른 교회와 다른 점, 장점을 생각해 보자.
2. 교회가 하나가 되는 비결을 빌립보에서 찾아보자.
3. 순수한 복음을 좀먹는 자들의 주장이 무엇이며, 그 현대판은 어떤 것들일까?
4. 그리스도의 비하(卑下)에 비추어 우리들이 가질 수 있는 겸손이 어떤 것인가를 생각해 보자.
5. 바울처럼 자족하는 생활을 가지려면 어떻게 해야 할 것인가?

□ 참고도서

Jean-Francois Collange, *The Epistle of Saint Paul to the Philippians,* London : Edworth Press, 1979.

Ralph P. Martin, *Philippians,* London : Oliphant, 1976.

F. W. Beare, *A Commentary on the Epistle to the Philippians,* New York : Harper & Brothers Publishers, 1959.

G. F. Hanthorn, *Philippians,* Waco, Tex. : Word Books, 1983.

골로새서

Ⅰ. 골로새교회와 골로새서 기록 경위

골로새라는 곳은 에베소를 꿰뚫고 흐르는 리카스 강 상류에 자리잡은 세 개의 조그마한 도시 중의 하나이다. 즉 라오디게아가 제일 크고, 다음에 히에라볼리와 함께 골로새가 그 중의 하나이다. 바울이 제3차 전도여행 때 에베소에서 3년이나 머물면서 전도를 했지만 골로새 지방에 직접 가서 전도한 일은 없는 것 같다. 에베소에서 전도할 때 인근 각처에서 모여드는 각종 사람들이 바울의 전도를 받고 개종하여 각 지방으로 흩어져서 복음을 소개함으로써 여러 지방에 교회가 생긴 것 같다. 그 중에 골로새 지방에서 온 사람 중 빌레몬이 신앙을 가지게 되었고, 마침내 그의 집에 가정 교회를 가질 정도로 성숙한 신도가 되었다. 그리고 에바브라 역시 바울의 전도를 받고 신자가 되었으며, 그는 더욱 열심을 가지고 라오디게아, 히에라볼리, 골로새 지역에서 복음전도에 열을 올린 사람이다.

바울이 로마 감옥에 갇혀 있을 때, 빌레몬과 에바브라를 중심하여 생긴 골로새교회는 걷잡을 수 없는 이단 사상 때문에 골치를 앓게 되었고, 생각다 못해 그 교회는 에바브라를 바울에게까지 파송하기에 이르렀다. 로마라면 수륙만리 머나먼 거리에 있는 도시인데 교회를 사랑하는 마음이 얼마나 컸던지 거리가 아무리 멀고 아무리 어려워도 사도를 찾아가야만 한다는 결심 끝에 사람을 보냈고, 또 당사자 에바브라는 그 임무를 달게 수락하고 바울을 찾아갔던 것이다. 골로새교회에 나타난 이단 사상이란 우선 그리스도관의 문제였다. 간단히 말해서 그리스도가 하늘에서 오신 분이라는 점에서 숭배할 만하지만, 하늘에는 최고신이 계실 뿐 아니라 기타 많은 영물들, 천사들이 있지 않느냐? 그렇다면 그리스도는 천사 중의 하나일 것이니 천사를 숭배하면 될 것이고 구태여 예수만 믿어야 할 필요가 없다는 것이었다.

이렇게 헬라의 이원론 철학의 영향 아래 영계와 물질계를 나누어 놓고 영의 세계만이 가치가 있고 물질계는 오히려 악한 것이라고 보는 중에 예수의 신성만을 강조하는 경향이 있었던바, 골로새 지방에는 천사를 숭배하는 사상이 나타나 그리스도의 신성을 인정하되 그것을 상대화하여 천사 중의 하나에 불과하다고 생각하는 잘못을 저질렀던 것이다. 그들은 천사를 숭배하는 동시에 그에 따르는 규칙을 지켜야 한다고 하면서 특정한 절기를 지켜야 한다고 주장하였고(2：16), 어떤 것은 먹지도 마시지도 말아야 한다는 식으로 금욕주의를 강요하기도 했다. 결국 이것은 오직 예수 그리스도를 믿음으로 의롭다함을 얻고 구원얻는다는 바울의 은총의 복음을 흔들어 놓고 파괴하는 괴이한 거짓 교훈이었던 것이다.

이러한 거짓 교훈에 대해서 대항하고 기독교를 정당하게 변호할 만한 지식이나 경험이 없는 골로새교회로서는 아마도 비상수단으로 에바브라를 바울에게 보내어 해답을 얻어 보자는 결심을 하고 그를 파송했던 것 같다. 에바브라가 로마에 도착하여 바울이 감금되어 있는 황실 감옥을 찾아갔을 때, 거기 마침 자기 교회의 교우인 빌레몬의 종 오네시모를 만나게 되었다. 바울의 전도를 받고 신앙을 가지게 된 오네시모를 빌레몬에게 돌려보내기 위하여 바울은 편지를 써서 두기고 편에 오네시모를 보내는 마당에, 골로새교회를 향해서도 편지를 써서 같이 보내기로 하였다. 에바브라는 먼 여행 때문에 좀더 쉬어야 할 형편에 있었던지, 아니면 바울 밑에서 좀더 깊이 진리를 배우고 돌아가기 위해서 시간이 필요했었는지 몰라도, 골로새교회 형편은 급박하기 때문에 우선 두기고를 시켜 편지전달의 사명을 수행케 했던 것이다. 아마도 같은 인편에 다른 교회들에게도 같이 돌려가면서 읽으라고 하는 의미에서 또 하나의 편지를 써서 같이 보낸 것이 아닐까 생각된다. 그것이 바로 "라오디게아로서 오는 편지"(골 4：16), 즉 오늘의 에베소서일런지 모른다. 그러니까 골로새서는 바울이 로마 감옥에 있을 때, 즉 주후 62 내지 63년경의 글이고, 골로새교회가 당면한 신앙 문제에 답변을 하고 바른 신앙생활의 지침을 주기 위해서 기록한 서신이다.

Ⅱ. 내용 분해

1. 서론(1：1-4)
   1) 인사(1：1-2)
   2) 감사(1：3-8)
   3) 바울의 기도(1：9-14)
2. 그리스도의 인격과 사업(1：15-23)
   1) 성자의 우월성(1：15-20)
   2) 골로새인들을 향한 하나님의 목적(1：21-23)
3. 하나님의 계획과 바울의 역할(1：24-2：7)
   1) 바울의 수난(1：24-25)
   2) 그리스도의 비밀(1：26-28)
   3) 골로새인들을 위한 바울의 기도(1：29-2：5)
   4) 굳게 서라는 바울의 권고(2：6-7)
4. 거짓 교훈에 대한 경고(2：8-23)
   1) 철학과 진리(2：8-9)
   2) 그리스도 안에 있는 새 사람(2：10-15)
   3) 그리스도인의 자유(2：16-23)
5. 새 생활의 형태(3：1-4：1)
   1) 새 사람의 새 목표(3：1-4)

2) 낡은 성품을 죽이라(3:5—11).
3) 새 성품을 입으라(3:12—17).
4) 실제적 명령들(3:18—4:1)
6. 최후의 지시(4:2—6)
1) 기도의 의무(4:2—4)
2) 증언의 의무(4:5—6)
7. 개인적 인사(4:7—18)

Ⅲ. 내용 해설

1. 서론(1:1—14)

바울은 이 부분에서 다른 서신에서와 똑같은 형식의 인사로 서두를 시작한 후(1—2절) 우선 하나님께 감사와 찬양을 드린다(3—8절). 에바브라가 로마까지 와서 보고해 주는 내용에 의하면 골로새 교인들은 하나님께서 은총으로 독생자를 보내셔서 인간을 구원하셨다는 진리의 말씀을 듣고 알게 된 그 날부터 다른 데 있는 교회들과 마찬가지로 열매를 맺고 날로 성장하고 있으며(6절), 바울을 거쳐 에바브라를 통하여 이미 들은 복음진리의 내용 중에 밝혀 있는 대로 하나님께서 하늘에 예비해 두셨다는 기업과 생명을 확실히 바라보며 굳게 믿고, 모든 성도들에 대한 사랑을 베푼다는 것이었다. 이 사실을 듣고 하나님께 감사한다는 것이다. 복음전도자의 기쁨이 그 이상 어디 있겠는가? 그의 전도를 받은 성도들이 잘 믿고, 사랑을 실천하며, 열매를 맺고, 잘 자라고 있다면 그것이 성공적인 전도가 아니겠는가! 가르쳐 준 대로 바로 믿고 바로 알아서 소망을 튼튼히 가져야 하며, 동시에 열매맺는 신앙, 성장하는 신앙생활이어야만 하는 것이다(3—8절). 이렇게 감사를 드린 바울은 이어서 하나님께 드리는 기도를 소개한다. 그 기도의 내용은

1) 하나님께서 골로새 교인들에게 신령한 지혜와 이해력을 주셔서 하나님의 뜻을 충분히 알게 해 달라는 것이다. 본론에서 그리스도가 어떤 분이시냐 하는 것을 설명하기에 앞서, 그리스도를 보내셔서 인간

을 구원하시고 성취하시려는 하나님의 우주경륜에 대해서 참된 인식을 할 수 있게 해 달라는 기도이다. 사람의 일반적, 인간적 지식이나 두뇌를 가지고는 그 신비한 지식을 가질 수 없는 것이다.

2) 그리하여 주님께서 불러 주신 성도답게 생활하여 주님을 기쁘시게 할 수 있도록 해 달라는 것이다. 성도로서 주님 보시기에 합당한 삶을 가진다는 것은 먼저, 삶에 있어서 열매를 맺어야 하는데 착한 일을 도모하여 거기서 열매가 맺어져야 하는 것이고, 하나님을 아는 지식에 있어서 점점 성장해야 하고 하나님께서 주시는 권능으로 힘을 얻어 모든 일에 인내하며 견디어낼 수 있어야 하며, 장차 광명한 세계에서 기업을 얻게 하실 수 있는 하나님 아버지께 기쁨으로 감사하는 생활을 해야 한다는 것이다.

하나님께서는 이미 어두움의 권세로부터 건져내셔서 당신께서 사랑하시는 아들의 나라로 우리를 이미 옮겨 놓으셨고, 우리는 그 아들로 인해서 속죄함 곧 죄사함을 받았으니 장차 그 광명한 나라에 우리가 약속의 기업을 차지하도록 하신다는 것도 틀림없는 일이다.

2. 그리스도의 인격과 사업(1 : 15—23)

바울은 골로새인들을 위한 기도를 하면서 자연스럽게 예수 그리스도에 관한 교리를 설명한다. 하나님께서 그리스도를 통해서 죄사함 곧 구속을 주셨다고 한 다음에, 그러면 그리스도는 누구냐 또 무엇을 하시는 분이냐 하는 것을 설명한다.

1) 성자의 우월성(1 : 15—20)

바울은 골로새 지방에 나타나서 기독교 복음에 대항하며 복음을 좀먹고 있는 거짓 교사들의 그릇된 기독론을 반박하는 의미에서, 그리스도에 대한 올바른 인식을 시키기 위한 설명을 붙인다.

(1) 그리스도는 "보이지 않는 하나님의 형상이다."라고 우선 정의를 내렸다. 하나님은 물론 사람의 눈에 보이지 않는 분이시다. 형상이라고 번역된 원어는 *εἰκων* (에이콘 혹은 독일식으로 아이콘이라고 부른다.) 이다. 하나님께서 사람을 창조하실 때 당신의 형상대로 지으셨다. 따

라서 피조물 중에서는 사람이 가장 귀한 존재이다. 그러나 사람은 하나님의 형상을 부분적으로 닮았을 뿐이다. 그러나 예수 그리스도는 하나님의 형상 그 자체이시다. 세상에 나타나신 그리스도는 사람의 모양을 가지셨지만, 그는 본질상 하나님으로서 하나님 자신을 보여 주시는 분이시다. 로마 화폐에 네로의 아이콘(형상)이 조각되어 있다. 그 아이콘은 결국 네로를 나타내는 것이다. 그와 같이 그리스도는 하나님을 나타내시는 형상이다.

(2) 그는 '모든 창조물보다 먼저 나신 자'라고 했다. 그것은 그가 피조물이라는 말을 하려는 것이 아니라, 그가 창조된 물건이나 인격이 아니고, 창조사업이 시작되기 전에 이미 존재하셨고 피조물이 아니라는 것을 의미하는 것이다. 만물이 창조되기 전에 선재하신 분 곧 하나님과 같은 분이심을 보여 준다(15절). 그러면서 그 이유를 설명한다. 만물이 그 안에서 창조되었다는 것이다. 하늘과 땅에 있는 모든 것, 보이는 것, 안 보이는 것, 심지어 하늘의 영물인 천사들까지도 다 그를 통하여 또 그를 위해서 창조되었다는 것이다. 여기까지 보더라도 천사를 숭배하는 자들의 주장, 특히 예수까지도 천사 중의 하나라고 보는 생각과는 너무나 엄청난 차이가 있음을 볼 수 있다.

(3) 17절에서 "그가 만물보다 먼저 계시고 만물이 그 안에서 함께 섰느니라."고 함으로써 그리스도가 만물이 생기기 전에 선재하셨을 뿐 아니라, 만물이 그 때문에 지금도 유지되고 존속된다는 것을 말하여 그야말로 만주의 주가 되신다는 것을 강조한다.

(4) 그리스도는 교회의 머리가 되신다는 것이다. 즉 하나님께서 인간들을 구속하셔서 하나의 공동체를 이루시는데, 독생자 예수 그리스도를 세상에 보내셔서 십자가에 달려 피흘려 죽게 하시고 또 살아나게 하심으로써 온 누리로 하여금 하나님과 화해케 하고, 부활 소망을 가진 공동체가 되게 하여서 스스로 그 공동체의 머리가 되시고 만물이 다 그리스도 안에서 통일되고 포섭되고 충만을 이루도록 하셨다는 것이다. 그러니까 그리스도는 하나님의 형상으로 천지창조 이전부터 늘 영원하신 분으로 존재하셨고, 천지를 창조하셨고, 타락한 인간과 세상을 구속하고 화해하시려고 인간이 되셨고, 그 구속사업을 성공적으로

이룩하시고 되살아나셔서, 이제는 교회의 머리로서 교회를 다스리실 뿐 아니라, 만물을 다 정복하셔서 역사의 완성을 이룩하시는 것도 그를 통하여 될 수 있게 되었다는 것이다. 그러니 그리스도 이상 누가 더 큰 자가 있으며 천사를 어떻게 예수에다 비교할 수 있겠는가 하는 것이다.

2) 골로새인들을 향한 하나님의 목적(1 : 21—23)

이제까지 그리스도에 관한 설명을 했지만, 거기에 이어서 골로새인들에 대한 하나님의 계획과 목적이 무엇인가를 말한다. 과거에는 그들이 하나님께로부터 소외당한 자로서 생각도 행실도 다 악하여 하나님께 원수가 되어 있던 자들이었지만, 하나님께서 아들 예수 그리스도를 세상에 보내어 사람의 몸을 입게 하시고 마침내 십자가에서 그 몸을 희생시킴으로써 하나님 자신에게 화해하게 하셨으며, 따라서 이제는 거룩한 자로 흠이 없고, 책망받을 것도 없는 자로 하나님 앞에 설 수 있게 해 주셨다는 것이다. 이것이 기독교의 복음인데, 이미 바울을 통해서 들은 이 복음신앙에 확고하게 터를 닦고 그 소망에서 떠나지 않고 그냥 머물러 있어야만 되지, 그렇지 않으면 즉 거짓 교사들의 말을 듣고 이 복음에서 떠난다면 모든 것이 수포로 돌아갈 것이 아니겠느냐는 호소적인 권면을 하는 것이다.

3. 하나님의 계획과 바울의 역할(1 : 24—2 : 7)

바울은 23절 끝에서 복음의 일꾼이 되었다는 이야기를 했고 이제 24절로 들어가면서 그리스도의 몸된 교회를 위해서 자신의 육체로서 그리스도의 남은 고난을 채우는 일과 골로새교회를 비롯하여 여러 성도들을 위해서 당하는 고통을 기뻐한다고 하면서 어떤 경륜에 의해서 자기가 그런 봉사를 하고 있는가를 설명한다.

1) 바울의 수난(1 : 24—25)

남을 위해서 고생하면서 기쁨을 느낀다는 것은 참으로 귀한 일이다. 전도자의 기쁨이 그런 것이다. 이렇게 그리스도인들이 남을 위해서,

그리고 복음을 위해서 고통을 당한다는 것은 교회의 머리이신 그리스도의 수난에 동참하는 일이며, 고난을 통해서 즉 십자가를 지는 일을 통해서만 완성되기로 되어 있는 하나님 나라 완성 사업에 이바지하는 일이어서 같이 기뻐할 일이며, 더욱이 앞으로 받을 기업과 상을 희망 중에 바라보면서 기뻐하는 것이다. 바울이 이방인들을 위한 선교의 일꾼이 된 것은 하나님의 영원하신 경륜에 의한 것으로, 하나님의 생각과 말씀을 성취하시기 위한 계획적인 일이라는 사실을 바울은 스스로 느끼고 있었다. 하나님께서는 우주를 지으시고 그것을 운전하시고 역사를 다스리실 때, 마구잡이로 아무렇게나 기분나시는 대로 하시는 것이 아니고, 반드시 계획과 뜻이 있고 그것에 따라서 진행하신다. 그 계획 중에 바울을 택하셔서 이방인을 위한 복음의 일꾼이 되게 하시려는 것도 들어 있었다고 믿고 하는 말이다.

2) 그리스도의 비밀(1 : 26–28)

바울이 하나님의 경륜을 따라 복음의 일꾼이 된 것은 하나님의 말씀을 성취하려는 데 목적이 있다고 25절에서 말했는데, 그 하나님의 말씀을 여기 26절에서는 비밀이라는 말로 표현했다. 하나님의 말씀은 하나님께서 친히 해석해 주시고 풀어 설명하시기 전에는 아무도 알 수 없는 것이다. 사람들이 이해할 수 있도록 어떤 사건으로 나타내시든가 사람의 말로 나타내시기 전에는 사람이 깨달을 수 없다. 그런 의미에서 비밀에 속한다. 여러 시대, 여러 세대 동안 감추어 두셨다가 이제 와서 성도들에게 공개하셨다. 여기서 그 비밀은 곧 그리스도를 가리키는 것으로서, 하나님께서는 이방인들에게도 그리스도와 그를 통해서 받을 영광의 풍성을 알려 주시기를 원하셨다는 것이다. 그래서 바울은 그리스도를 만인에게 알리며 가르치며, 어떻게 해서든지 모든 사람이 그리스도를 믿고 완전한 사람이 되게 하려고 노력한다고 자백한다.

3) 골로새인들을 위한 바울의 기도(1 : 29–2 : 5)

하나님의 경륜에 의하여 복음의 일꾼이 된 바울은 하나님의 능력이 그의 속에서 역사하는 것을 실감하면서, 즉 자기의 능력이나 의지로써

가 아니라 하나님의 놀라운 힘을 힘입어 복음을 전파하고 모든 곤란과 싸우면서 그리스도를 전한다는 것이다. 골로새나 라오디게아에는 바울이 직접 가보지 못했고, 그 지방 교인들의 얼굴도 알지 못하지만 바울은 그들을 위해서 얼마나 힘쓰고 있는지를 알아 달라고 호소한다. 여기서 힘쓴다는 것은 기도한다는 말로 이해할 수밖에 없다. 보지도 못한 골로새교회를 위하여, 더구나 멀리 로마에서 다른 방법으로 힘쓸 도리가 없었을 것이기 때문이다. 바울의 기도의 내용은 성도들의 마음이 위안받게 되기를 기원한다는 것이다. 여기서 위안을 받는다는 말은 원어상으로 더 넓은 의미를 가지고 있다. 격려를 받는다든가 권고를 받는다는 뜻도 포함된다.

그 다음에 바울이 기원하는 것은 사랑으로 연합되고 결속되기를 바란다는 것이다. 그리고 충만한 이해력을 가지게 되어 하나님의 비밀이었던 그리스도를 확실히 아는 데 이르기를 기원한다는 것이다. 결국 바울은 골로새 지방에 있는 신도들이 거짓 교사들의 그릇된 선전과 교훈 때문에 혼란이 생겨 교회가 어지러워지고 따라서 걱정이 생기고, 서로 사랑이 식어지고 그리스도에 대한 정당한 지식은 사라져서 어려운 상태에 이르렀다는 사실을 들은 후 하나님 앞에 매달려 피눈물나는 기도를 드리면서 위와 같은 간구를 할 수밖에 없었다는 말이다.

거짓 교사들은 영지주의적인 경향을 가진 자들로서 하늘로부터 오는 어떤 지혜와 지식을 얻어야 한다고 하며 또는 자기들은 그런 것을 가지고 있다고 주장한다. 그러나 그리스도야말로 모든 지혜와 지식의 보화를 비장하신 분이어서 그리스도 안에서만 그 지혜와 지식을 얻을 수 있다는 것을 말하면서, 그 그리스도를 참으로 바로 알게 되기를 기원한 것이다. 2：4에서 밝히는 바와 같이 어떤 사람들이 그럴듯한 말로 속이려 하고 있기 때문에 그런 불상사를 면하게 하려고 이 말을 한다고 하면서, 비록 몸은 멀리 떠나 있지만 영으로는 같이 있으면서 골로새 교인들이 질서있는 생활을 하고 또는 그리스도를 믿는 신앙이 확고하다는 말을 듣고 기뻐하는 동시에 주시하고 있노라고 한다. 즉 그들을 치켜올리는 동시에 경고를 겸하고 있는 것 같다.

4) 굳게 서라는 바울의 권고(2 : 6-7)

바울은 골로새 교인들을 위해서 정성어린 기도를 하고 나서 우선 몇 가지 권면을 한다. 주님이신 그리스도 예수를 이미 영접했으니만큼, 끊임없이 그리스도와 연합한 생활을 하라는 것이다. 그를 떠나지 말고 언제나 그 안에 머물러서 살라는 것이다. 거기에는 그리스도 안에 뿌리를 내려야 하고, 모든 것을 그리스도를 기초로 하고, 그 위에 집을 짓듯이 하라는 것이다. 그리고 이미 가르침을 받은 바대로 굳건한 믿음을 가져야 하며 감사가 넘치는 삶을 살아야 한다고 권한다.

4. 거짓 교훈에 대한 경고(2 : 8-23)

1) 철학과 진리(2 : 8-9)

바울은 여기서부터 좀더 구체적으로 골로새교회에 나타난 거짓 교사들의 가르침을 지적하면서 주의를 환기시킨다. 먼저 바울은 허위와 진리를 대조한다. 그리스도를 좇아서 나오는 진리에서 벗어난 철학과, 인간적 풍속이나 전통을 따르는 헛된 속임수와 유치한 원리 등으로 현혹시키고 오도하는 사람이 나타날 것을 예고하면서, 그런 사람의 그럴듯한 이론에 끌려가지 말라고 경고한다. 한마디로 말해서 그것은 결국 인간이 만들어 낸 철학이고, 사람들의 생각과 버릇에서 전해 내려온 인간적 교훈이고, 사실은 사람을 속이는 헛 것이며 저급하고 유치한 것이어서 결코 따라 갈 만한 것이 못 된다고 단언한다. 반대로 그리스도는 신성을 조금도 남김없이 그 안에 가진 자로서 다만 육을 입으셨다는 것이 다를 뿐 하나님과 동등하신 분이시다. 그러므로 그에게서 나오는 진리이면 충족한 것이지 또 다른 것이 소용되지 않는다. 즉 그리스도를 거슬러서 딴 진리가 있다거나 다른 것을 통해서 구원을 얻는다고 한다면 그것은 틀림없이 거짓이요, 속이는 것이라는 말이다.

2) 그리스도 안에 있는 새 사람(2 : 10-15)

거짓 교사들의 헛된 교훈에 끌려가지 말라고 경고한 바울은 이제 그리스도 안에서 참으로 구원받은 사람의 상태를 설명한다. 즉 거짓 교사들은 그리스도를 믿는 것만 가지고는 무엇인가 모자란다고 하면서 인간적인 철학이나 원리들을 소개하지만, 실은 그리스도 안에서 충족하고 다른 것이 필요하지 않을 만큼 넉넉하다는 것이다. 거짓 교사들은 그리스도를 상대화하고 정의의 천사, 권세의 천사 등 하늘의 영물이나 천사들과 대등한 분으로 선전하지만, 실상 그리스도는 그들의 머리이며 그들을 훨씬 능가하고 초월한 최고의 존재이기 때문에, 그리스도 안에 있는 자는 다른 어떤 존재로부터 또 다른 보조적인 것을 얻어야 할 필요가 없다는 말이다(9절).

둘째로 그리스도인은 신령하고 진정한 할례를 받은 자들이다. 형식적으로 육체에 할례를 받는 정도가 아니며, 또 육체의 할례를 받아 그것을 어떤 공로로 삼으려고 하는 헛된 생각을 하는 것이 아니라, 우리의 죄있는 몸을 통채로 벗어 버리고 완전히 깨끗해지는 할례, 즉 손으로 부분적으로 할례를 한 것이 아니라 그리스도를 통해서 전인격적으로 씻음을 받고 새 나라의 시민으로 인침을 받은 자가 된 것이다. 그런 점에서 유대주의자들이 강요하는 할례도 필요하지 않은 자가 바로 그리스도인들이다(11절).

셋째로 위에서 말한 할례를 다른 각도에서 해석한다면 성도들은 세례를 통해서 예수님과 같이 옛 사람을 묻어 버리고 그와 같이 또한 일으킴을 받은 자들이다. 그리스도인은 이미 죽은 자들 가운데서 부활을 경험한 자들인 바, 그것은 예수님을 살리신 하나님의 역사를 통해서 된 일이고, 또한 믿음을 통해서 된 것이어서 사람의 철학이나 지혜나 어떤 공로로 된 것이 아니다(12절).

넷째로 그리스도인은 원래 허물과 죄로 인해서 죽었던 자들인데, 하나님께서 그리스도를 되살리실 때 같이 살려 주셨고, 그 모든 허물을 다 용서해 주셨다는 것이다.

다섯째로 우리를 정죄하던 모든 법을 다 도말하여 이제는 우리가 율법에서 해방된 자가 되었다. 우리를 정죄하던 율법을 그리스도께서 십자가에서 다 성취하심으로 결국 그 율법이 십자가에서 죽은 것이 되고 말았다. 이와 같이 그리스도인은 율법에서 해방을 받은 자이다(14절). 구약의 율법뿐 아니라 이방인들이 섬기던 정사와 권세와 천사와 영물들의 지배도 벗어나게 하시고, 공공연히 그 천사와 영들의 실체와 약점과 무능과 무용성을 온 천하에 폭로하셨고, 결국 그리스도 안에서 그 천사와 영물들을 승리하셨다는 것이다. 그러므로 그리스도인은 더 이상 하늘의 영물들, 천사들을 무서워하거나 그들에게 굴복하고 지배를 받지 않아도 된다는 말이다. 이렇게 해서 그리스도인의 새 삶의 모습을 보여 준 것이다.

3) 그리스도인의 자유(2 : 16—23)

이상에서 그리스도인은 어떤 존재라는 것을 밝혔기 때문에 당연히 이 대목에서 거기에 따르는 윤리적 당위를 말하게 된 것이다. 즉 14~15절에서 특히 인간적인 율법이나 어떤 규례 때문에 구원얻는 것이 아니라는 것을 밝혔기 때문에, 이제 골로새교회에 나타나서 역선전하는 자들의 주장을 거부하라는 것이다. 아마도 그들은 어떤 음식은 먹고 어떤 것은 안 먹어야 한다는 법을 정해 주고, 어떤 절기는 지켜야 하고, 즉 신월이라든가 안식일은 지켜야 한다는 등 법을 강요하는 모양이었다. 그러나 바울이 볼 때 그런 법은 이미 구약시대의 것으로 다 지나갔고 그리스도를 믿고 그리스도의 몸을 이룬 성도들에게는 아무 소용이 없는 것이요, 그리스도로 말미암아 다 성취된 것이라고 판단된 것이다.

그 거짓 교사들은 겸손을 주장하는 것과 천사를 숭배하는 일과 환상을 보는 것을 숭상하는 일과, 인간적 표준으로 스스로 뽐내는 것을 좋아하는 자들이며, 진정으로 머리가 되시는 분 즉 그리스도를 아직 붙들지 못한 자들이니까 그런 사람들에게 붙들려서 그들의 자랑거리가 되는 일이 없도록 해야 한다고 경계한다. 그리스도인이란 그리스도와 더불어 옛 사람이 죽고 지금까지 숭상하던 모든 인간적 규약, 율례, 원리 등과는 무관한 자가 된 것을 의미한다. 그런데 어째서 아직도 세상에서 사는 구원 못 받은 자들 모양으로 "이것은 다치면 안 된다, 이것은 먹으면 안 된다, 이것은 만지지 말라." 등등의 규례에 사로잡혀 있느냐고 책망조로 말한다.

그런 물질적인 것에 관한 규례와 교훈들은 다 사람들이 만들어 낸 것으로서, 영구적인 것이 못 되고 얼마 쓰다가는 없어지는 법들이 아니냐 말이다. 그런 규례들이란 자기들이 만들어 낸 사사로운 종교를 발전시키고 사람을 굴종시키는 일과 금욕주의를 조장하는 데 지혜를 나타낼런지 몰라도 진정한 의미에서 육신의 소욕을 막는 일에 무슨 유익이나 힘이 있는가? 그러니까 그리스도 안에서 새 삶을 가지면서 하나님이 주시는 즉 은총으로 주시는 능력으로 승리해야지 그런 낡은 법을 가지고는 아무것도 일을 치루지 못한다는 것을 말한 것이다. 다시 말해서 그리스도인은 이미 그런 인간적 율법에서는 해방된 자라는 것을 말하는 것이다.

5. 새 생활의 형태(3 : 1—4 : 1)

바울은 다른 서신에서와 마찬가지로 이 편지의 후반부로 접어들면서 집중적으로 윤리적인 권면과 지시를 내린다. 즉 전반부에서 대개 교리적인 가르침을 주고 나서 이제는 거기에 근거한 기독교 윤리를 말해준다.

1) 새 사람의 새 목표(3 : 1—4)

그리스도인은 그리스도와 함께 죽은 자 가운데서 일으킴을 받은 사람들이다. 비록 지금은 땅에 발을 붙이고 있지만, 실은 그리스도께서 권세와 영광과 권위의 자리에 앉아 계시는 저 하늘에 속한 자들로서 마땅히 높은 차원의 것을 추구하면서 살아야 한다. 땅의 것을 생각하지 말고 높은 곳의 것을 생각해야 한다. 우리는 이미 그리스도와 함께 죽었지만 그리스도와 함께 살아난 자로서 우리의 생명은 하나님 안에 감추어져 있으며 따라서 아무도 빼앗을 수 없는 것이며 안전한 것이다. 때가 되면 그리스도가 재림하실 것이고 우리들의 생명은 그리스도와 함께 영광스럽게 나타나며 영원토록 우리가 그 생명을 누리며 즐길 것이다. 이렇게 우리의 생명은 하늘에 속한 것이고 거기에 감추어져 있으니 위의 것 즉 하늘의 것을 추구하고 생각하며 살아야 할 것이 당연하다.

2) **낡은 성품을 죽이라**(3 : 5—11)

그리스도인은 고차원의 세계에 속한 사람이고 옛 사람은 이미 그리스도와 함께 죽은 자이기 때문에, 이제는 이 땅에 속한 것들, 즉 음란, 부정(不淨), 욕정, 악한 욕심, 탐심을 죽여야 한다(탐심은 우상숭배에 맞먹는 것이다). 이러한 죄로 말미암아 하나님께서 그 불순종의 자식들에게 진노를 내리셨던 것을 기억하자. 사실 우리들이 과거에는 그런 일들을 행했고 그런 것들을 추구하면서 살았었다. 그러나 이제는 그리스도 안에서 새 생명을 가진 자로서 그런 모든 것을 버려야만 한다. 즉 성내는 일, 격분하는 일, 악의, 모독하는 말, 입에 담기 부끄러운 말 등을 버려야 한다. 서로 거짓말을 하지 말 것이며, 옛 사람과 옛 행실을 벗어 버리고, 새롭게 함을 입은 사람으로서 창조주의 형상을 되찾고 그를 바로 아는 자리에 나아가야 한다. 이렇게 새 사람이 되어 그리스도를 머리로 또는 주님으로 모시고 사는 삶에 있어서는 헬라인이나 유대인이나, 할례자나 무할례자나, 야만인이나 스구디아인이나, 종이나 자유인이나 다 차별이 없이 하나이며 그리스도 안에서 모두가 통일되는 것이다.

3) **새 성품을 입으라**(3 : 12—17).

하나님의 선택을 받아 구원을 얻고 낡은 삶을 벗어 버려야 한다고 했으니, 이제는 그 대신 새 옷을 입어야 할 것이 아닌가? 그래서 바울은 그리스도인이 지녀야 할 새 성품을 열거한다. 거룩하고 하나님의 사랑을 받는 자들로서 긍휼, 자비, 겸손, 온유, 오래 참음 등을 옷입듯 성품으로 지니고, 누가 어떤 허물을 가지거든 서로 용납하고 용서해 주어야 한다. 주님께서 우리의 죄와 허물을 용서하셨으니 우리도 그래야 할 것이다. 위에서 지적한 미덕을 지녀야 하지만, 그 모든 것 위에 사랑의 덕을 첨가해야 한다. 사랑이야말로 모든 사람을 하나로 묶어 완전한 조화에 이르게 하는 것이다. 그리고 그리스도께서 주시는 평강이 우리들의 마음을 다스리도록 해야 한다. 그리스도께서 우리를 부르신 목적이 바로 모두가 한 몸을 이루고 평강을 누리도록 하는 데 있기 때문이다. 감사하는 자가 되어야 한다. 그리고 그리스도의 말씀이 풍성하게 우리 마음에 자리잡고 있어야 한다. 즉 그리스도의 교훈을 언제나 기억하여 생활의 지침을 삼아야 한다는 말이 된다. 슬기를 가지고 가르치고, 시와 찬미와 신령한 노래로 서로 권고하고 위로하며, 하나님의 은총을 입은 자로서 마음에서 우러나는 노래로 하나님을 찬미하는 생활을 해야 한다. 그리스도인은 무엇을 하든지 주 예수의 이름으로 하고 아버지 하나님께 그리스도를 통해서 감사하는 마음으로 해야 한다고 주장한다.

4) 실제적 명령들(3 : 18—4 : 1)

이상에서 그리스도인의 새 사람의 원칙을 말한 후 이제는 보다 구체적으로 사회구조의 각 계층이 가져야 할 행동방안을 제시해 준다. 부부관계에 있어서, 아내는 남편에 복종해야 하고, 남편은 아내를 사랑하고 괴롭히지 말라고 했으며(18—19절), 부모와 자식의 관계에 있어서는, 우선 자식들은 모든 일에 부모에게 순종하라는 것이다(말을 잘 들으라는 것). 그리고 부모는 자식들을 노엽게 하지 말고 상심치 않도록 해주어야 한다고 했다. 주종관계에 있어서는, 종들이 모든 일에 있어서 상전의 말을 잘 들어야 한다는 것이다. 눈속임으로 하지 말고 순수하고 진실된 마음으로 순종하되 주님을 경외하는 자답게 성실을 보여야 한다는 것이다. 무슨 일을 하든지 주님을 섬기는 심정으로 진심을 가지고 해야 한다는 것이다. 주인을 섬기는 일이 괴롭기도 하겠지만, 마침내는 하늘의 주님께서 예비하신 기업으로 갚아 주실 것을 알고 잘 순종하라는 것이다. 상전을 섬긴다는 것은 주 그리스도를 섬기는 일이라고 생각하면서 하라는 것이다.

결국 세상의 사회에는 섬김을 받는 자와 섬기는 자가 어디나 있게 마련이고, 우선 윗사람에게 성의껏 섬긴다는 것은 사회를 그렇게 만드신 하나님의 뜻이라고도 볼 수 있다. 그렇게 섬기는 일로 인해서 사회는 존속되기 때문이다. 다만 섬김을 받는 자가 섬기는 자를 불의하게 대우해서는 안 되는 것이다. 남을 억울하게 하고 정당한 대가를 지불하지 않는다든가 공연히 가혹한 대우를 한다면 그 불의와 부정은 외모를 보시지 않는 하나님에 의해서 보상받게 될 것이다.

바울이 이렇게 종의 본분을 무엇보다도 깊게 설명하는 것은 그 당시 사회가 노예제도를 너무도 뿌리 깊게 가지고 있어서 하루 아침에 고치거나 포기할 수 없는 실정이었기 때문에, 그 당시의 형편에서 최선의 태도가 무엇인가를 말해 주는 것이라고 본다. 이제는 끝으로 상전된 자들에 대한 지시를 내린다(4 : 1). 상전된 자는 종들을 공정하고 정의롭게 대우해야 한다고 말하며, 종을 부리는 자도 결국 하늘의 주님 앞에서는 꼭 같은 종들이라는 사실을 기억하라고 권한다. 그렇게 되면 결코 자기의 종이라고 해서 마구 대하거나 천대하지를 못할 것이다.

6. 최후의 지시(4 : 2—6)

이제 바울은 다시금 종합적으로 일반적 권면을 몇 가지 첨부한다.

1) 기도의 의무(4 : 2—4)

바울은 골로새교회를 향하여 열심히 기도할 것을 부탁한다. 정신을 차리고 감사하는 마음을 가지고 기도하라는 것이다. 특히 자기를 위해서 기도해 달라고 요청한다. 로마 감방에 갇혀 있을지라도 하나님께서 전도의 문을 열어 주시기를 간구해 달라는 것이다. 바울은 그리스도 때문에 옥에 감금되었고 사람의 생각으로는 바울의 계획과 의도가 완전히 수포로 돌아가고 길이 꽉 막힌 것으로 보였던 것이다. 그러나 하나님은 오히려 예상할 수 없었던 신기한 방법으로 전도의 문을 더욱 크게 열어 주시고 계셨던 것이다(빌 1 : 12 이하). 바울이 부탁하는 것은 그 전도의 문이 더욱 넓게 열려 더 큰 성과가 나타날 수 있도록 하나님께 간구해 달라는 것이며, 아울러 그리스도의 비밀, 즉 그리스도를 통하여 온 인류가 구원을 얻게 된다는 복음의 진리를 담대히 바로 전할 수 있도록 기도해 달라는 것이다. 하나님의 능력이 아니고서 어떻게 그 무섭고 완고한 로마 도성과 그 도시에 복음이 먹혀 들어가겠는가?

2) 증언의 의무(4 : 5—6)

바울이 이어서 권하는 것은 불신사회 속에서 살아가는, 아니 불신사회 속에 파송받은 격으로 살아가는 그리스도인들에게, 그 불신사회에 대한 증언의 의무를 가진 자라는 의식을 가지고 지혜있게 살아가야 하고, 기회를 최선으로 이용하여 놓치지 말아야 한다는 것이다. 말을 할 때마다 언제나 우아하고 덕이 되는 말을 하고, 소금으로 음식맛을 나게 하듯이 듣는 사람들의 귀에 거슬리지 않고 오히려 호감을 주는 말을 하라는 것이다. 그리고 그리스도인으로서 누구에게든지 기회 있는 대로 복음을 증거할 수 있도록 준비하고 질문에 답변할 수 있도록 예비해야 한다는 것이다.

7. 개인적 인사(4 : 7—18)

마지막 부분에서 바울은 그의 편지를 들고 가는 두기고를 소개하고 또 같이 따라가는 오네시모를 소개한다. 이렇게 공개적으로 오네시모를 교회 전체에게 소개하는 것은 현명한 처사였다고 본다. 즉 빌레몬이 오네시모를 불가불 잘 대우할 수밖에 없도록 하는 방법이라고 본다. 그리고 나서 바울은 로마에서 같이 고생하는 동지들의 이름을 열거하며 분안을 한다. 그리고 골로새교회에서 파송한 에바브라에 대한 언급을 빼지 않았다. 에바브라가 당장에는 돌아가지 못하지만 그가 항상 교회를 위하여 기도한다는 사실과, 그가 골로새를 비롯하여 라오디게아, 히에라볼리에서 복음전도를 위하여 수고한 사실들을 상기시키며, 그가 앞으로 되돌아갈 때 더욱 존경받는 관계에 있게 하려고 노력하는 바울의 모습을 볼 수 있다. 이 편지를 읽고 나면 라오디게아교회로 보내어 읽게 하고, 또 라오디게아를 거쳐서 오는 편지도 받아 읽으라고 권하면서 끝을 내었다.

Ⅳ. 골로새서의 교훈

1. 바울이 로마 감옥에서 거의 같은 때에 썼다고 보이는 골로새서와 에베소서가 많은 점에서 닮았지만, 에베소서에서는 교회론을 다루고 그리스도 안에서의 통일을 주장하고 있는데, 골로새서는 기독론을 중심으로 하여 거짓 교사들의 사상을 반박하고 있다. 그러므로 골로새서

에서 우리는 바울이 말하는 그리스도론을 좀더 밝히 알도록 노력해야 할 것이다. 특히 1:15~20에 나타난 기독론은 빌립보서 2:6~11에 나타난 기독론과 더불어 매우 중요한 자료가 되고 있다.

2. 갈라디아서에서와 마찬가지로 교회 안에 거짓 교사들이 나타나 복음의 순수성을 흐리게 하고 있기 때문에 바울은 거짓 교사들을 반박하는 내용을 골로새서에서도 발견하게 된다. 그러므로 우리는 그 사이비 복음, 또는 복음을 흐리게 하는 요소가 무엇인가를 찾아보아야 하겠고, 바울은 복음에 대하여 어떤 태도를 가졌으며 어떻게 답변하고 있는지를 알아서 오늘날 우리들의 변증의 자료로 삼아야 할 것이다.

3. 에베소서와 마찬가지로 골로새서는 그리스도인의 생활윤리를 세밀하게 가르쳐 주고 있으므로 우리는 그 원리와 실제를 바로 배우고 그대로 실천하도록 노력해야 할 것이다.

□ 토의문제

1. 골로새서와 빌레몬서는 어떤 관계가 있는지 알아보자.
2. 골로새서가 중요하게 가르치는 교훈을 간추려 보자.
3. 골로새서에서 바울이 말하는 기독론을 정리해 보자.
4. 골로새교회에 나타난 거짓 교사들의 주장이 무엇이며, 그들의 주장이 기독교 복음에 미치는 영향이 무엇인가?

□ 참고도서

Peter T. O'hrien, *Colossians, Philemon,* Waco, Tex.: Word Books, 1982.

Edward Lohse, *A Commentary on the Epistles to the Colossians and to Philemon,* Philadelphia: Fortress Press, 1971.

C. F. D. Moule, *The Epistles of Paul the Apostle to the Colossians and to Philemon,* Cambridge: At the University Press, 1957.

H. M. Carson, *The Epistles of Paul to the Colossians and Philemon*, Grand Rapids: Wm. B. Eerdmans Publishing Company, 1960, 1966, 1972.

데살로니가 전서

I. 데살로니가교회

데살로니가는 현재 살로니가라고 불리우는 도시의 옛 이름으로서, 알렉산더 대왕의 부하 중 카싼더(Cassander)가 마게도냐의 왕이 되면서 B.C. 315년에 자기 아내의 이름을 따라 명명함으로써 생겨난 도시다. 본래는 그 근처에 온천들이 있어서였는지 터-메(Therme)라고 부르던 곳이다. 로마제국이 마게도냐를 점령한 후(B. C. 167) 마게도냐가 로마의 한 도(道)가 되었고 데살로니가가 그 도의 수도가 되었다.

이 도시에 기독교가 소개된 것은 주후50년경이었다. 바울이 빌립보에서 전도하고 빌립보교회를 세우고 나서 엑나시아(Egnatia)를 따라 서쪽으로 가다가 데살로니가에 도착하였다. 실라와 디모데를 대동하고 바울이 데살로니가에 도착한 것은 아마도 주후 50년 봄인 것 같다. 그들은 데살로니가에 도착한 후 거기에 있는 유대인 회당을 찾아가 계속 3주 안식일에 예배를 드리면서 구약성경을 읽고 강론을 하면서, 성령이 예언한 메시야는 반드시 죽어야 하고 죽은 자 가운데서 다시 살아나야 한다는 것, 그리고 몇 년 전에 죽었다가 다시 살아나신 예수야말로 기대하던 메시야라는 것을 설명하며 설득하려고 노력했다. 그 회당에는 유대인들 뿐 아니라 헬라인 중에서 유대교로 개종한 사람들도 있었는데, 바울의 전도를 듣고 믿는 사람들이 생겼다.

안식일이 세 번 지난 후에 그 회당의 지도자들은 바울 일행의 가르침이 유대교의 교훈과 대립되는 내용이라고 판단하여 더이상 그 회당을 사용하지 못하도록 결정하였다. 따라서 바울은 그 회당에서 떨어져 나와 따로 하나의 공동체를 조직하였다. 그것이 바로 데살로니가교회의 효시였다. 바울은 새로 조직된 데살로니가교회와 얼마 동안 같이 지내면서 기초적인 가르침을 주고 있었는데, 기독교의 기본 교리를 다 가르치기도 전에 소동이 일어나서 불가불 그 도시를 떠날 수밖에 없었다.

데살로니가는 소위 자유도시로서 몇몇 집정관(執政官)을 세워서 자치하는 도시였는데, 그 집정관들에게 흉칙한 보고가 올라갔다. 즉 바울과 그 일행은 유대인들의 메시야 운동가들로서 다른 지방에서 굉장한 소란을 일으킨 것처럼 데살로니가에서도 소란을 일으키려고 한다는 보고였다. 무엇보다도 바울 일행은 로마 황제와 필적할 수 있는 또 하나의 왕을 내세우고 있는데, 곧 예수를 그들의 왕이라고 주장한다는 것이었다. 게다가 바울을 반대하는 유대인들은 바울과 그의 사업을 반대하는 시위를 하기 위해서 군중을 선동하여 소요를 조장한 것이다. 그렇게 해서 집정관들의 시선을 끌어 바울을 처단하도록 만들려는 것이었다.

유대인들에 의해서 선동된 폭도들이 바울을 붙들려고 했으나, 그들이 붙든 것은 바울이 유숙하던 집주인 야손과 그 밖의 몇몇 신도들 뿐이었다. 그들을 끌고 집정관들에게 가서 고발하면서 로마 황제에 항거하여 반란을 도모하는 자들이라고 일렀다. 그러나 집정관들은 그렇게 호락호락 그들의 말에 동의하지 않았고, 야손과 그 일행을 구금하고 바울의 행동을 보증하는 보증금을 징수하기로 하였다. 그 말은 곧 바울로 하여금 더이상 데살로니가에서 문제를 일으키지 않도록 한다는 약속을 받아낸 것이고, 다시 말해서 바울을 그 도시에서 내보내겠다는 약속을 한 것이나 다름없다. 바울은 두려움 없이 당당히 군중 가운데 나타나서 그리스도의 복음을 외치며, 유대인들의 고소가 허위임을 증명하려는 생각도 있었지만, 오히려 더 큰 소란을 가져올 가능성도 있어서 그 곳을 떠나기로 한 것이다.

Ⅱ. 데살로니가서를 쓰게 된 경위

데살로니가 교인들과 기타 동지들의 권유로 마음에 내키는 일은 아니면서도 데살로니가를 떠난 바울은 못내 마음에 아쉬움이 있었다. 좀 더 오래 머물러 보다 더 충분히 기독교의 진리를 설명하고 가르쳤어야 하는데, 그러지 못하고 초신자들을 방치하고 떠나게 된 것이 섭섭한 일이었다. 바울의 반대자들은 바울을 비웃을 것이고 무서워서 도망했다고 비방할 가능성도 있었기 때문이다. 바울은 데살로니가를 떠나 베뢰아로 갔고 거기서 아덴으로 갔다. 바울은 아덴에서 디모데를 파송하여 데살로니가 교인들이 어떻게 지내는가 알아보게 했다. 그리고 자신은 고린도로 자리를 옮겼고 거기서 디모데가 돌아오기를 학수고대하고 있었다. 오래지 않아 디모데가 돌아와 보고하는 내용을 듣고 매우 기쁘고 위로가 되었다. 데살로니가의 어린 교회가 튼튼히 서서 신앙을 굳게 지킬 뿐 아니라 남들에게도 복음을 전하고 있다는 것이었다. 그래서 바울은 기쁘고 감격한 나머지 곧 붓을 들어 데살로니가 교인들의 그 견고한 신앙을 축하하기로 한 것이다. 그리고 그들이 가지고 있다는 신앙과 사랑을 꾸준히 가지고 나갈 것을 권장하기로 한 것이다. 아울러 디모데의 보고에 의하면 한두 가지 문제가 있고 자기들로서는 해결할 수 없고 깨달을 수 없는 것들이 있다고 하기 때문에 거기에 대한 해답도 겸하여 주기 위해서 첫 번째 편지를 쓰기에 이르렀다. 데살로니가교회가 제기한 문제란 첫째로 예수가 재림하시기 전에 죽은 신도는 하나님 나라의 축복을 받을 수 없는가 하는 것이고, 둘째는 그리스도가 영광 중에 오시는 때가 언제인가 하는 문제였다. 첫째 문제를 4：13~18에서, 둘째 문제를 5：1~11에서 각각 취급하였다.

Ⅲ. 내용 분해

1. 인사(1 : 1)
2. 데살로니가 교인들의 신앙과 견실한 태도에 대한 감사(1 : 2—10)
3. 바울이 자신의 행동에 대하여 설명함(2 : 1—16).
4. 데살로니가를 떠난 이후의 사건들(2 : 17—3 : 10)
5. 조속한 상봉을 위한 기도(3 : 11—13)
6. 거룩한 생활과 형제애를 권장함(4 : 1—12).
7. 재림에 관하여(4 : 13—5 : 11)
8. 일반적 권면(5 : 12—22)
9. 기도, 마지막 인사, 축도(5 : 23—28)

Ⅳ. 내용 해설

1. 인사(1 : 1)

바울은 자기가 전도하여 세운 데살로니가교회에 대해서 마치 어머니가 자식을 생각하는 심정으로 염려하다가 디모데를 통하여 그들이 건재하고 잘 성장한다는 말을 듣고 너무도 기뻐서 어쩔줄을 모르며 붓을 들었다. 특히 아직도 신앙적으로 어려서 더 많이 가르치고 훈련을 시켜야만 하는 팔삭동이 같은 교회이기에 더욱 책임을 느끼면서 편지를 쓴 것이다. 바울이 쓴 편지 중에서는 가장 먼저 된 것이라고 생각되는 이 데살로니가서의 인사 부분은 그 후에 쓴 다른 서신들보다 매우 간단하다. 그러나 구조상으로는 있을 것이 다 구비되었고, 아주 초기적 모습을 나타내고 있다.

2. 데살로니가교회의 신앙과 견실한 태도에 대한 감사(1 : 2—10)

바울은 그의 동역자인 실라와 디모데와 더불어 연명으로 편지를 쓰면서, 그들의 공동기도 중에는 쉬지 않고 데살로니가교회를 기억하면서 하나님께 감사드리고 있다고 서두를 시작했다. 바울 일행이 디모데를 통해서 전하여 듣고 기억하는 것은 데살로니가 교인들이 그리스도를 믿는 신앙을 가지고 거기에 합당한 일을 하고 있다는 것과, 사랑에서 우러나오는 수고를 아끼지 않는다는 것과, 우리 주 예수 그리스도를 믿음으로써 장차 하나님 아버지 앞에 당당히 나타나고 영광을 얻으리라는 소망을 가지고 인내한다는 사실들이다.

데살로니가 교인들을 그리스도 안에 있는 형제라고 부르면서 그들은 하나님에게 사랑을 받은 자요, 선택된 자들이라는 확신을 가진다는 것이다. 즉 그들이 그렇게 믿음을 가지고 사랑의 생활을 하는 것은 틀림없이 하나님의 선민이요, 사랑의 대상으로 선택된 자이기 때문이라고 바울은 자신 있게 말한다. 그러면서 바울은 데살로니가 교인들이 자기의 가르침을 헛되이 받지 않고 잘 받아 훌륭하게 복음을 배웠다는 사실을 기뻐하고 있다. 즉 바울은 데살로니가에 있는 동안 복음을 전할 때, 한낱 이론이나 말에 끝나는 것으로 전한 것이 아니고 능력을 가진 복음, 성령이 역사하는 복음, 확실성이 있는 복음을 전하였고, 특히 바울 일행의 삶에서 그것이 실증되었던 것이다. 그러므로 데살로니가 교인들은 실제로 목격하고 성령 안에서 체험하는 가운데 참으로 믿는 자가 되었기 때문에 그런 좋은 소문을 낼 수 있었던 것이다. 그래서 바울은 하나님께 감사하고 있는 것이다.

좀더 구체적으로 말한다면, 데살로니가 교인들은 바울과 그 일행을 닮고 결국 주님을 닮은 자가 되었다는 것이다. 많은 환난을 당하면서도 성령의 감동을 통하여 기뻐하면서 복음의 도리를 받아들였고, 따라서 마게도냐뿐 아니라 아가야에 있는 모든 성도들에게도 모범이 되었다는 것이다. 그렇게 잠깐 동안에 그렇게 훌륭한 신앙과 생활을 가지게 된 것은 모든 사람에게 칭찬받을 만한 실례가 아닐 수 없기 때문이다. 데살로니가 교인들의 모범적인 신앙과 행위 때문에 주님의 복음의 도리가 마게도니아와 아가야 지방에 널리 퍼졌을 뿐 아니라, 그들이 하나님을 믿는 신앙이 각처에 퍼져서 바울이나 그 일행이 더이상 할 말이 없을 정도가 되었다는 것이다.

그 만큼 데살로니가 교인들이 그 당시 많은 사람들의 본보기가 되었던 것 같으며 따라서 바울이 기뻐하지 않을 수 없었다. 데살로니가 교인들이 만나는 사람마다 그리고 가능하면 어디든지 가서 바울 일행에 대한 말을 했기 때문에 그 말을 들은 자들은 그들의 입으로 어떻게 바울이 데살로니가에 와서 전도했는가를 선전하고, 어떻게 해서 데살로니가 사람들이 우상을 섬기다가 하나님께로 돌아와서 살아 계신 하나님과 진리를 섬기고 있으며 주님의 재림을 기다리게 되었는가를 다른 사람들에게 선전하고 있다는 것이다. 이만큼 데살로니가 교인들은 전도하는 성도로서 기독교의 복음진리를 잘 이해하고 성실히 전달하는 충실한 선교자들이었던 것을 볼 수 있다.

바울은 이 사실을 인하여 하나님께 감사하고 있는 것이다. 10절에 나타난 복음의 내용을 보면, 예수는 하나님의 아들이며 우리를 하나님의 진노에서 건져 주신 분이시며 죽은 자들 가운데서 부활하신 분으로, 지금은 하늘에 계시고 장차 하늘로부터 나타나실 분이라는 것이다. 이렇게 데살로니가 교인은 복음을 남에게 전하였고 그것을 전해받는 사람이 또 다른 사람에게 전하는 이러한 연속적인 전달활동이 필요한 것이다.

3. 바울이 자신의 행동에 대하여 설명함(2：1—16)

바울도 이제 데살로니가교회가 그 만큼 건실하게 자라는 것에 대해서 감사하면서 과거를 회상한다. 바울이 데살로니가에 가서 복음활동을 한 사실이 적대자들의 눈에는 실패요, 결실이 없는 헛수고로 보일지 몰라도 결코 헛된 것이 아니었다는 것을 데살로니가 교인들 자신이 그 증거가 아닐 수 없다. 그래서 "너희들 자신이 알고 있다."고 말한 것이다. 빌립보에서, 즉 데살로니가에 도착하기 전에도 고통을 당하고 멸시를 당하였지만 하나님 안에서 담력을 얻어 만난을 무릅쓰고 데살로니가에서 하나님의 복음을 전한 사실은 누구보다도 데살로니가 교인들이 잘 알고 있으며 결코 허사가 아니었던 것이 증명되고 있다.

데살로니가에서 전도할 때도 많은 투쟁을 했어야만 했는데, 사람들에게 좋게 하고 사리사욕을 위한 것이었다면 유대인들의 기분을 맞추어 주고 타협할 수도 있었을 것이고 그러면 육적으로 평안할 수도 있었겠지만, 사람을 기쁘게 하려는 것이 목적이 아니고 우리의 마음을 낱낱이 살피시고 시험하시는 하나님을 기쁘시게 하려는 것이었기 때문에, 그리고 하나님께서 좋게 보셔서 복음전하는 일을 맡기셨기 때문에 하나님께서 주신 말씀을 그대로 말하는 것 뿐이고, 우리가 권고하고 지시하고 가르치는 모든 말이 결코 속임수나, 부정한 목적으로나, 거짓으로 한 것이 아니었다는 것이다(3-4절). 남들처럼 아첨하는 말을 해서 난국을 면할 수도 있겠지만, 결코 아첨하는 말을 한 적이 없고 욕심을 채우려고 한 적도 없으며 사람들에게서 영광을 얻으려고 애쓴 적도 없다고 양심적으로 자신 있게 말한다. 그리스도가 직접 파송한 사도로서 권위를 내세울 수도 있었지만 그렇게 한 일도 없다는 것이다. 다만 그들 가운데 있으면서 유순한 자가 되어 마치 부모가 자기 어린애들을 돌보듯이 하여 그들에게 오히려 존경을 받으면서 하나님의 복음을 나누어 주는 일에 전념할 뿐 아니라 목숨까지라도 나누어 주고 싶었다는 것이다.

그만큼 데살로니가 교인들은 바울의 사랑의 대상이었다는 것이다. 얼마나 수고하고 노력했다는 사실을 회상해 보라고 하면서, 그들에게 폐를 끼치거나 부담을 주지 않기 위해서 밤낮 손수 노동을 해서 생계를 꾸려 가며 하나님의 복음을 전한 사실을 알고 있지 않느냐고 과거를 상기시킨다. 그리고 또 자신 있게 말하는 것은 바울 일행이 전도자로서 거룩하고, 의롭고, 흠이 없는 태도로 성도들에게 임했다는 것이다. 마치 아버지가 자식에게 대하듯이 데살로니가 교인 하나하나를 권고하고 위로하고 본을 보이면서 하나님 보시기에 합당한 삶을 살도록 가르쳤다는 것이다.

바울이 또 고맙게 생각하는 것은 데살로니가 교인들이 바울에게서 복음의 말씀을 받을 때 사람의 말로 받지 않고 참으로 하나님의 말씀으로 받아들이고, 믿는 사람들의 마음 속에서 역사하시는 하나님께서 바울의 입을 통하여 말씀하시는 것으로 알고 받아들였다는 것이다(13절). 유대 지방에 있는 하나님의 교회가 그리스도 예수를 믿는 것 때문에 자기 동포 곧 유대인들에게 고난을 당한 것처럼, 데살로니가 교인들도 동포들에 의해서 고통을 당하고 있으니 유대의 교회를 닮은 격이 되었다고 지적한다.

유대인들은 주 예수와 예언자들을 죽였고, 바울 일행을 축출하였으며, 따라서 하나님을 기쁘시게 하지 못하고 있다. 뿐만 아니라 모든 사람과 원수가 되고 있으며, 이방 사람들에게 구원의 복음을 전하는 바울 일행의 전도사업도 방해하고 있어서, 결국 그들의 죄를 쌓고 있는 셈이 된다. 마침내 하나님의 진노가 그들에게 임할 것이 확실하다는 것이다. 그런데 데살로니가 교인들은 동족과 유대인들의 반대를 받으면서도 복음의 말씀을 듣고 하나님의 말씀으로 믿고 따르고 있으니 감사한 일이라고 바울은 거듭 하나님께 찬송하는 것이다.

4. 데살로니가를 떠난 이후의 사건들(2 : 17—3 : 10)

바울은 여기서 데살로니가를 부득불 떠나게 된 이후의 이야기를 몇 가지 하면서 현재의 자기의 느낌과 생각을 표시한다. 데살로니가교회를 떠나는 바울의 심정은 마치 어머니가 어린 자식을 떼어 놓고 떠나는 것과 같은 심정이었다는 것이다. 여기에 떠난다는 동사는 그런 의미의 글자이다(ἀπορφανισθέντες). 그러니 마음은 언제나 떠나지 않고 있으며 언젠가는 다시 만나야 하겠다는 생각으로 그렇게 되기를 열심히 추구했다는 것이다. 실제로 돌아가려고 한두 번 노력을 했지만 결국 사단의 방해로 뜻을 이루지 못했다는 것이다. 바울에게 있어서 데살로니가 교인들이야말로 재림의 주 예수 앞에서 자랑할 수 있는 자랑감으로서 소망과 기쁨과 월계관이요, 영광이 된다고 그의 친밀한 감정을 보여 주었다.

바울이 사단의 방해로 직접 데살로니가에 갈 수 없었을 때 포기하고 만 것이 아니었다. 바울이 아덴에서 디모데와 같이 서로 격려하고 위로하며 서로 돕고 지낼 수 있었지만, 데살로니가교회를 생각하면 도저히 마음이 놓이지 않아, 자기가 혼자서 외롭게 지내는 어려움이 있을지라도 디모데를 데살로니가에 보내어 대신 격려하고 가르치고 돌보게 해야겠다는 생각으로 디모데를 파송했었다는 것이다. 어린 신앙을 가진 데살로니가 교인들이 조금이라도 환난이 있게 되면 신앙이 흔들리기 쉽기 때문에, 디모데를 보내어 그러한 동요가 없이 신앙에 튼튼히 서도록 격려하려 한 것이었다.

바울 사도의 그 사랑과 지성에 우리는 감탄할 수밖에 없으며 디모데의 노고를 또한 높이 평가해야 하겠다. 그리스도인들은 세상에서 자연히 환난을 당하게 되어 있다. 사단이 살아 있는 한 교회를 해롭게 하려고 갖은 방식으로 유혹하고 손해를 끼치려고 노력하고 있기 때문이다. 바울은 이미 그런 환난이 있을 것을 데살로니가 교인들에게 예고한바 있고, 사실 그 교회에 그런 어려움이 있었던 것이다. 그래서 바울은 그냥 참고 있을 수가 없어서 디모데를 보냈고 그들의 신앙에 동요가 있는지 알아보고, 그 시험하는 자 때문에 시험을 당하는 일이 없도록 했다는 사실을 밝혔다. 바울이 천신만고 끝에 이루어 놓은 데살로니가교회가 사단의 유혹에 빠져 버린다면 바울의 수고가 헛된 것이 되겠기 때문이었다. 확실히 알 수 없지만, 동족들이 기독교를 비난하고 특히 유대인들이 갖은 방식으로 역선전을 하면서 교회활동을 방해했을 것이다. 그러한 어려움 속에서 견디어 나간다는 것이 쉬운 일이 아니었을 것이다.

5. 조속한 상봉을 위한 기도(3：11—13)

위에서 바울은 데살로니가 교인들을 보고 싶다는 말을 했고, 한두 번 가려고 힘도 썼으나 사단의 방해로 뜻을 이루지 못했다는 말도 했다(2：18). 그러나 바울은 믿음을 가지고 그 계획이 이루어지기를 바라며 하나님 아버지와 주되시는 예수께서 길을 열어 주시기를 탄원하는 기도를 드리는 것이다. 그뿐 아니라 주님께서 데살로니가 교인들 상호간에는 물론 모든 사람들에게 향한 사랑이 충만하게 해 주시기를 간구하고 있다. 그리하여 결국 주께서 재림하시고 성도들이 다같이 만나게 되는 심판의 자리에 거룩하고 흠이 없는 깨끗한 마음으로 자신 있게 나타날 수 있기를 간구하였다. 즉 주님께서 사랑의 마음을 주셔야 하며, 사랑이 넘친다는 것은 하나님 앞에 서기에 합당한 자가 된다는 것을 의미하는 것이다. 그 사랑은 아무나 가질 수 있는 것이 아니고 그리스도를 믿는 믿음을 가지고 성령의 인도를 따르는 자가 가질 수 있는 것이다. 그러므로 바울은 그러한 일이 데살로니가 교인들에게 있기를 간구한 것이다.

6. 거룩한 생활과 형제애를 권장함(4 : 1—12)

바울은 그 후에 기록한 여러 서신에서 거의 공통적으로 적용한 형식대로 전반에서는 대개 교리적인 이야기를 하고 후반부에는 권고와 지시 즉 생활윤리를 말해 준다. 4장으로 접어들면서 바울은 집중적으로 그리스도인의 생활윤리를 말하기 시작한다. 이 대목에서 두 가지를 크게 부각시켰다. 첫째는 4 : 1~8에서 거룩한 생활을 권장했고, 4 : 9~12에서는 형제애를 명했다. 데살로니가 교인들은 바울이 처음부터 가르친 것을 잘 받아서 실천하고 있는 것이 사실이지만 그것을 더욱더 열심히 행하라고 권한다.

구체적으로 말하면 우선 거룩한 사람이 되어야 한다는 것인바 하나님의 뜻이 바로 거기에 있다는 말이다. 하나님이 거룩하시니까 구원받은 신도가 그를 닮아 거룩해져야만 한다는 것은 당연한 이야기이다. 인간이 하나님에게서 쫓겨나서 죽음의 생활을 하는 원인이 바로 거룩함을 잃어버렸기 때문이다. 하나님의 자녀답게 세상과는 구별된 존재로 남아 있어야 하는데 그렇지 못하고 속되고 더러워졌기 때문에 거룩하신 하나님 앞을 떠나야만 했던 것이다. 그러니까 그리스도인은 근본적으로 거룩한 자가 되어야 한다고 바울은 강조한다.

거룩한 자라는 것은 좀더 실제적으로 말하자면 음란한 생활을 멀리하는 것이며 각각 자기 아내와의 관계를 거룩하게 그리고 존경하는 심정으로 가지며 이방인들처럼 혼잡한 성생활을 해서는 안 된다는 것이다. 로마제국이 성문란 때문에 망했다고도 하지만, 바울 당시의 이방인 사회가 무엇보다도 남자들의 성도덕이 문란하였기 때문에 대표적으로 우선 음란을 삼가고 일부일처의 성경적 가정생활을 잘 지키라고 명한 것이다.

특히 그리스도인들의 사회에서 즉 교회 안에서 성생활의 문란이 있어서는 안 되겠다는 것이다. 바울이 전에도 같이 있으면서 말한 바가 있고 누누히 밝힌 대로 그런 음란한 짓을 하는 자들을 주님께서는 그냥 버려두시지 않으신다는 것이다. 하나님께서 성도들을 부르신 것은 더러운 생활을 하라고 한 것이 아니라 거룩한 사람이 되라고 하신 것이다. 그러므로 이 명령을 거스르는 것은 사람의 말을 거역하는 것이 아니라, 성령을 통하여 우리를 감동시켜 거룩한 생활을 하게 하시려는 하나님을 거역하는 행동이 된다는 것이다.

둘째로 바울이 권하는 것은 형제애에 관한 것인데, 여기에 관해서는 더이상 말할 필요조차 없는 일로서, 서로 사랑하라는 말을 이미 하나님께로부터 배워서 알고 있는 것이 아니냐고 말한다. 다시 말해서 데살로니가 교인들은 디모데의 보고대로 사랑을 실천하고 있는 것이 사실이어서, 바울이 보기에는 하나님께서 그들에게 성령을 통해서 형제애를 가르쳐 주신 것으로 느껴진 모양이다. 그들이 온 마게도냐 지방에서 모든 성도들에게 사랑을 베풀고 있다는 것이 디모데를 통하여 바울에게 보고되었던 것이다. 그러므로 이제 남은 일은 그들이 지금까지 형제를 잘 사랑하고 있으니 그 사랑을 더 많이 베풀라는 부탁을 할 것 밖에 없다.

그리고 또 한 가지 첨가하는 것은 전에도 이미 일러둔 대로 조용하고 성실히 살면서, 각각 자기 자신의 일에 집중하고 자기 손으로 일을 해서 먹고 살아야 한다고 권하였다. 그래야만 불신자들이 볼 때에도 존경이 가고 남에게 폐를 끼치거나 신세를 지지 않고 살 수 있겠다는 것이다. 바꾸어 말해서 신자들은 열심히 제 손으로 일을 해서 먹고 살면서 남에게 도움을 줄지언정 남에게 의존하고 손을 내밀어서는 안 된다는 것이다. 그리해서 교회 밖의 사람들에게 존경을 받으며 살아야 한다는 것이다.

7. 재림에 관하여(4 : 13—5 : 11)

디모데를 통하여 데살로니가교회에 대한 보고를 들은 바울은 그 교회가 예수의 재림에 대한 문제로 혼란이 있고 의견이 갈라지고, 따라서 확실한 해답이 요구된다는 것을 알게 되었다. 그래서 바울은 그의 편지 마지막 부분에 예수 재림의 문제를 들고 나와 답변을 준다. 첫째는 데살로니가 교인 중에 어떤 사람이 예수의 재림을 고대하면서 신앙생활을 하던 중 갑자기 죽어 버렸는데, 어떤 사람들은 그의 죽음을 애석하게 생각하면서 그 사람은 소망이 없다고 판단을 내린다는 것이다.

그 문제로 교회 안의 의견이 양분되어 그 사람도 소망이 있다고 보는 사람과 없다고 보는 사람이 대립되는 현상이 일어났던 모양이다. 여기에 대해서 바울은 명확히 대답해 준다.

첫째로, 예수 그리스도가 죽으셨다가 다시 살아나셨다는 사실을 우리가 믿는데, 그리스도를 믿고 죽은 사람을 하나님께서 그리스도를 살리신 것처럼 다시 살리실 것이다. 즉 예수의 재림을 살아서 못 보고 죽어도 하나님께서 그를 부활시키실 것이니 염려할 필요가 없다는 것이다. 우리가 살다가 예수의 재림하시는 것을 눈으로 본다고 하더라도 재림주를 먼저 만나는 것은 이미 죽은 자들이고 끝까지 살아 남은 자가 아니라는 것이다. 이것은 바울의 개인적 견해가 아니고 주님께서 계시해 주셨다는 것이다.

좀더 자세히 말하자면, 장차 주님께서 하늘로부터 호령 소리와 천사장의 나팔 소리가 울리는 가운데 내려오실 터인데, 그때에 이미 죽은 성도가 먼저 부활할 것이고, 그 때까지 살아 남은 자들은 이미 죽었다가 부활한 자들과 함께 하늘로 들려올라가 주님을 만나고 영원히 주님과 함께 있게 된다는 것이다. 다시 말해서 예수의 재림을 눈으로 보지 못하고 죽었다고 해서 문제가 되는 것이 결코 아니고, 그 날에 오히려 먼저 부활할 것이며, 똑같은 영광과 영생을 얻는다는 것이다. 그러니까 서로 위로하고 격려할 것뿐 걱정하지 말라는 것이다.

그 다음 둘째 문제는 예수께서 재림하는 시간에 대한 것이다. 예수가 언제 재림하시는가에 대해서 이런저런 이야기가 돌아가고 서로 의견이 달라 혼잡을 이루었던 모양이다. 옛날이나 오늘이나 그것이 교회 안에서 상당한 문제를 일으키고 있다. 여기에 대해서 바울은 명백하게 금을 그어 준다. 이 문제에 대해서는 바울이 이미 데살로니가에 있을 때부터 가르친 바가 있고 대개는 원칙을 알고 있기 때문에 다른 말을 더할 필요가 없다고 하면서 전통적인 결론을 상기시킨다.

즉 주님의 날은 밤에 도둑이 느닷없이, 예고없이 침입하는 것처럼 모르는 사이, 갑자기 온다는 것이다. 그 이상 더 말할 수가 없다는 것이다(마 24:42-44, 눅 12:39-40). 산모의 진통이 어느 시간에 올런지 확실한 시간을 모르는 것처럼 예수님의 재림이 갑자기 되는 것이어서,

아무도 피할 수 없다는 것이다. 그러나 성도들에게는 예수의 재림이 도둑의 침입처럼 무서운 사건이 아니다. 성도들은 빛의 아들들이고 낮의 아들들이기 때문에, 예수께서 광명 중에 나타나 빛의 아들들을 기쁨으로 맞아 주실 것이니까 두려울 것도 염려할 것도 없다.

그러니까 성도들은 도덕적으로 영적으로 언제나 밝게 살아야 한다는 것이다. 즉 선하게 참되게 의롭게 밝은 생활을 하면 주님께서 언제 오시더라도 문제가 없다는 말이다. 주님을 만나기 위한 준비 중에 제일 중요한 것은 우선 믿음이다. 주를 믿는 믿음을 언제나 가지면 죄사함을 받은 자로서 광명의 자녀가 될 것이고, 다음에는 사랑을 실천하는 생활을 통하여 믿음이 살아 있음을 입증해야 하며 구원의 소망을 튼튼히 가지고 있기만 하면 된다는 말이다. 재림을 대망하는 신도에게 요구되는 믿음, 사랑, 소망이 구비된다면, 그 날이 조금도 무서울 리가 없다. 그러므로 데살로니가 교인들은 지금까지도 잘해 오고 있지만, 계속해서 서로 권고하고 격려하면서 남의 유익을 도모하는 생활을 하면 되겠다고 권한다.

8. **일반적 권면**(5 : 12—22)

바울은 끝으로 일반적인 권면 몇 가지를 첨가한다.

첫째, 교회 안에서 어른 노릇을 하며 가르치고 권면하는 책임을 맡아 수고하는 자들을 존경하고 사랑으로 그들을 더욱 높여 주라는 것이다. 교회에서 지도자를 잘 받들어 주는 미덕을 살려야 한다는 것이다. 둘째, 화평을 유지하도록 노력하라는 것이다. 교회는 싸우면 안 되고 어떻게 해서든지 평화를 유지해야 한다. 셋째, 게으른 자들을 권고하고, 낙심한 자들을 격려하고, 연약한 자들을 도와 주고 오래 참아 주어 같이 보조를 맞추도록 하라는 것이다. 넷째, 악을 악으로 갚지 말고, 교인들끼리는 물론 누구에게든지 언제나 선하게만 대하도록 노력하라. 다섯째, 항상 기뻐하고, 쉬지 말고 기도하고 범사에 감사하라. 이렇게 되는 것이 하나님께서 예수를 믿게 하고 구원하신 목적이라는 것이다. 예수를 믿음으로써 언제나 기쁨을 누리고, 언제나 하나님과 사귀고 영적 교제를 가지며 모든 일에 감사하는 마음을 가지고 살게 되는 것이 하나님의 뜻이 아니고 무엇이겠는가. 여섯째, 성령의 감동을 무시하지 말고 그의 지시에 복종하며 열매를 맺도록 해야 한다. 그리고 성령의 지시로 하나님의 말씀을 대언할 때 그것을 청종하고 결코 무시하면 안 된다. 끝으로, 모든 것을 잘 살펴서 분별하되 선한 것을 붙들고, 악한 것이라면 무엇이든지 멀리하고 삼가라. 이런 여러 가지 실제적 주의를 주면서 권면을 끝냈다.

9. 기도, 마지막 인사, 축도(5：23—28)

끝으로 바울은 하나님께 기도를 하고 또 기도를 부탁한다. 위에서도 이미 권면한 바와 같이(4：1—8) 하나님께서 데살로니가 교인들을 완전히 거룩하게 해 주십사 하고 간구한다. 거룩하신 하나님과 같이 살기 위해서는 거룩해야 하며, 하나님께서 거룩하게 해 주시지 않으면 사람은 자기 힘으로 그렇게 될 수가 없기 때문이다. 다음은 주 예수께서 재림하시고 그를 만나게 될 때 부끄러움이 없고 당당히 그 앞에 나서기 위해서 신(神)·혼(魂)·신(身) 즉 전인적(全人的)으로 건전하고 흠이 없이 보존되기를 간구하였다. 사단이 판을 치는 세상에 사는 성도들이므로 자기들의 힘이나 재간으로써 세상을 이기고 상처 없이, 흠없이 주님 앞에 서기란 불가능한 것이기에 바울은 하나님께 부탁을 드리는 것이다. 하나님께서는 선한 일을 시작하셨기에, 그리고 그는 진실하고 불변하신 분이기에 능히 성도들을 보존해 주실 것을 믿고 바울은 그런 간구를 하고 있다. 그리고 바울과 그의 일행을 위해서 기도해 달라는 부탁을 하고 이 편지를 모든 교우들에게 읽어 주도록 명하면서 축도로 끝을 맺었다.

V. 데살로니가 전서의 교훈

1. 전도자 바울이 자기가 세운 교회에 대하여 가진 사랑과 관심과 수고를 우리는 배우고 모방하고 높이 평가하여야 할 것이다. 그리스도를 사랑하고 그의 몸된 교회를 사랑하는 바울의 태도는 우리 모두의 모범이 되어야 한다.

2. 데살로니가교회의 순수한 신앙과 사랑의 생활을 우리가 본받아야 할 것이다. 복음을 전해 들은 대로 충성스럽게 받아들이고, 성실하게 그 교훈대로 살며, 사랑을 실천하고 선교에 동참하는 생활은 모두에게 귀감이 될 만하다.

3. 주 재림에 대한 명확한 교훈이 이 편지에 유달리 밝히 나타나 있으니 여기서 우리는 그 교훈을 밝히 알아 두어야 할 것이다.

4. 주님의 재림을 기다리는 성도들의 신앙생활의 지침이 이 편지에 많이 나타나 있으므로 우리의 삶에도 적용되어야 할 것이다.

□ 토의문제

1. 바울이 데살로니가교회를 떠난 후 그 교회를 향해서 한 일이 무엇이며 바울의 태도에서 배울 바가 무엇인가?
2. 예수 재림의 광경을 종합하여 설명해 보자.
3. 데살로니가교회의 장점을 찾아보자.
4. 네살로니가 전서에는 바울이 예수님의 재림이 임박한 것으로 알고 가르치고 권면하는데 아직까지 재림하시지 않고 천연되는 일을 어떻게 이해해야 하며, 우리의 태도는 어떠해야 하는지 생각해 보자.

□ 참고도서

Ernest Best, *A Commentary on the first and Second Epistles to the Thessalonians,* London : Adam & Charles Black, 1972.

I. Haward Marshall, *1 & 2 Thessalonians,* Grand Rapids : Wm. B. Eerdmans Publishing Company, 1983.

F. F. Bruce, *1 & 2 Thessalonians,* Waco, Tex. : Word Books, 1982.

데살로니가 후서

I. 데살로니가 후서를 쓴 경위

바울이 데살로니가 전서를 써 보낸 지 얼마 되지 않아서 데살로니가로부터 새로운 소식이 바울에게 도달했다. 아직도 그 교회에는 해결되어야 할 문제가 더 남아 있다는 것이다. 듣건대 데살로니가에는 바울이 보내왔다는 또 다른 편지가 있다는 소문이 돌고 있다는 것이며(사실 무근한 소문), 예수 재림에 대한 바울의 교훈이 오해되어 어떤 사람들은 예수가 당장 오신다고 믿고 있으며, 어떤 사람은 심지어 만물의 종말이 임박했으니 일은 해서 무엇하느냐 하면서 손을 놓고 하늘만 쳐다본다는 것이다.

이런 소식을 접한 바울은 그리스도의 재림이 있기 전에 어떤 사건들이 먼저 일어나야 한다고 하면서 그들의 오해를 풀어 주었고, 일은 하지 않고 재림만 기다리느라고 결국 동료 성도들에게 신세를 지고 폐를 끼치는 게으른 자들에게 책망하며 "일하기 싫거든 먹지도 말라."고 경고하였다. 어떤 이유였는지는 확실치 않지만, 데살로니가교회에 건전치 못한 종말임박 사상이 들어와 흥분시키고 혼란을 가져왔던 것이다.

따라서 바울은 그러한 흥분상태를 가라앉히고 냉정을 되찾도록 하기 위해서 다시금 편지를 써 보내야만 했다.

학자들 간에는 데살로니가 후서의 순정성을 의심하고 바울의 글이 아니라고 주장하는 사람들도 있고, 또 더러는 데살로니가 전서와 후서의 순서를 뒤바꿔야 한다고도 말한다. 즉 후서가 먼저 되고 전서가 후에 기록된 것이라고 말한다. 그러나 우리는 전통에 따라 현재의 순서를 유지하며 둘 다 바울 사도의 편지임을 시인하면서 공부하고 있다.

Ⅱ. 내용 분해

1. 인사(1：1—2)
2. 감사와 기도(1：3—12)
3. 주님의 날이 오기 전에 반드시 있을 사건들(2：1—12)
4. 감사와 기도를 보충함(2：13—3：5)
5. 권징의 필요성(3：6—15)
6. 기도, 마지막 인사, 축도(3：16—18)

Ⅲ. 내용 해설

1. 인사(1：1—2)

바울 일행이 고린도에서 전도를 시작하여 상당한 성과를 거두고 있던 때인지라, 데살로니가에서 온 심상치 않은 소식을 새로 들은 바울은 고린도를 떠날 형편은 안 되고 해서 부득불 다시금 편지를 쓰기로 한 것이다. 오늘날과 같이 종이가 흔하고 편지를 보내는 일이 간편한 때에도 편지 쓰기가 쉬운 일이 아닌데, 종이가 귀하고 비싸 편지를 보낸다는 것이 매우 어려운 시대에 바울이 길게 편지를 써서 보냈다는 것은 정말 보통 정성을 가지고는 할 수 없는 일이었다.

고린도가 큰 도시고 문제가 많고 복잡한 곳이었기 때문에 전도에 많은 힘이 들었을 것이고 일감이 많았을 것이다. 그렇지 않았더라면 바울 일행 중의 한 사람이라도 데살로니가로 달려갔을 법한데 못 가고 실라와 디모데의 이름을 연명(連名)해서 편지만 써 보낸 것은 고린도 전도가 그 만큼 또 중요했기 때문이었을 것이다. 전서에서보다 후서에서의 인사가 좀더 충실한 격식을 갖추고 있다. 즉 전서에서는 그냥 은혜와 평강이 너희에게 있기를 빈다는 간단한 말로 되어 있는데, 여기서는 그 출처가 밝혀져 있다. 즉 은혜와 평강이 마구 온다는 것이 아니라 하나님 아버지와 주 예수 그리스도께로부터 온다는 것, 그런 것이어야만 참 은혜요 참 평강임을 암시하고 있다. 바울의 나머지 다른 서신들이 다 이 후서의 형식을 따르고 있다.

2. 감사와 기도(1 : 3—12)

데살로니가교회가 가진 문제는 도덕적 문제보다는 교리적인 것이고 특히 예수 재림의 문제였으며, 신앙이 약해져서라기보다는 열이 너무 높아서 일어나는 것들이었기 때문에 전서에서처럼 데살로니가교회에 대해서는 감사가 앞서고 칭찬할 만한 것이 더 많이 있었던 것이다. 그래서 바울은 우선 데살로니가 교인들에 관해서는 언제나 하나님께 감사를 드릴 수밖에 없노라고 서두를 시작한다. 그렇게 마땅히 감사할 수밖에 없는 이유는 그들의 신앙이 차고 넘치기 때문이라는 것이다.

바울이 가르치고 전한 복음을 믿고 흔들리지 않으며 과하다 할 정도로 열심을 가지고 있는 것이다. 그뿐 아니라 각자가 서로서로 사랑하는 사랑이 점점 더 커지고 있다는 것이다. 그 얼마나 아름다운 광경인가! 주님을 믿고 사랑하는 생활, 그것이 이상적인 멋이 아니겠는가 말이다. 데살로니가 지방이 교회를 내버려 둔 것도 아니고 여러 가지로 괴롭히고 박해하며 못살게 구는 데도 불구하고 인내하며 믿음을 지키는 것을 볼때 여러 지방의 하나님의 교회에게 바울은 자랑을 하고 있다는 것이다. 그런 교회를 주신 하나님께 감사를 아니할 수가 없다는 것이다. 복음과 하나님의 나라를 위하여 그렇게 고생을 당하면서도 꾸준히 신앙을 지키고 있는 데살로니가 교인들에게 하나님 나라를 차지하게 하시는 것은 하나님의 심판이 공정하시다는 증거라고 말할 수 있다. 왜냐하면 하나님께서는 교회에게 환난을 주는 자들에게는 그 만한 벌로 갚으시고 환난을 당하는 자들, 즉 데살로니가교회와 바울 일행에게는 주 예수께서 능력의 천사들을 거느리고 하늘로부터 불꽃 속에 나타나실 때 안식을 주시는 것을 옳게 여기시기 때문이다.

주님께서 재림하시는 날 하나님을 알지 못하는 자들에게와 주 예수의 복음을 듣고도 받아들이지 않은 자들에게 징벌을 내리실 것이며, 그들은 주님의 얼굴을 뵙지 못하고 그의 영광스러운 능력의 세계에 참례하지 못하고 영원한 파멸의 벌을 받게 될 것이다. 그 때에 주님은 성도들에 의해서 영광을 받으시겠고 모든 신도들에 의해서 경탄의 대상으로 찬양을 받으실 것이다. 바울은 데살로니가교회가 많은 환난을 당하면서도 굳게 믿고 사랑을 실천하는 모습을 볼 때, 공의의 하나님께서 그들을 칭찬하실 것을 확신하면서 현재의 상태를 하나님께 감사드린 것이다. 그리고 기도로써 뒷받침을 한다. 즉 11절 이하에서 바울은 데살로니가교회를 위하여 부단한 기도를 드리면서, 하나님께서 부르신 그 부름에 합당한 자들이 되게 해 달라는 것이며, 하나님의 능력으로써 그들의 모든 선한 생각들과 신앙의 행위들이 성취되어 주 예수의 이름이 영광을 받고 또 그들은 주님 때문에 영광받게 되기를 간구하는 것이다. 이렇게 하여 바울은 데살로니가교회가 하나님과 주 예수 그리스도의 은총 속에서 주님의 재림을 맞고 영광을 받는 자들이 될 것을 기원하는 동시에, 그럴 가능성을 주신 하나님께 감사를 드린 것이다.

3. 주님의 날이 오기 전에 반드시 있을 사건들(2：1—12)

바울은 이 대목에서 본론을 취급한다. 즉 이 편지를 쓴 목적이 바로 여기에 있다. 예수 재림에 대한 문제를 해결해 주려는 것이다. 주 예수가 재림하시고 성도들이 그를 맞으러 모이게 되는 일에 관해서 잡다한 말이 돌며, 데살로니가 교인들을 현혹시키고 있는 모양인데 쉽게 마음에 동요되지 말라고 바울은 당부한다. 어떤 사람들은 자기가 성령의 계시를 받았다고 하고, 어떤 사람들은 이치를 내세우고 또 어떤 이들은 바울에게서 편지를 받았노라고 하면서 주님의 날은 이미 왔다는 주장을 하고 있는데, 그런 모든 낭설에 동요하지 말라는 것이다.

결국 그런 것은 다 속이는 말에 불과하다고 잘라 말한다. 왜냐하면 주님이 재림하시기 전에 반드시 일어날 일들이 있는데, 첫째는 하나님께 대한 대대적인 반역 행위가 있을 것이고, 둘째는 불법자가 나타나는 일이다. 즉 멸망의 자식으로서 소위 신(神)이라고 하는 것이나 예배의 대상으로 취급되는 것은 모조리 반대하고 자기를 높이는 자가 나타나서 하나님의 전에 자기가 앉아 자기가 하나님이라고 선포하는 일이 있겠다는 것이다.

바울이 데살로니가에 같이 있을 때에도 이런 말을 한 일이 있는데 다시 이 말을 반복한 것이다. 그 불법자가 제때에 나타나도록 지금은 그의 출현을 막고 있다는 것이다. 그 불법자에 대한 비밀이 이미 내적으로 작용하고 있는데 노골적으로 표면화하지는 못하도록 견제하는 세력이 있다는 것이다. 불법자가 횡포하는 것을 견제하는 세력에 대해서는 여러 가지 학설이 있지만, 결국 하나님께서 그렇게 하신다고 보는 것이 가장 옳은 것이다. 하나님을 반역하고 불법자 즉 적그리스도가 나타나 세계를 혼란스럽게 만들 때가 올 것인데, 아직은 하나님께서 그 때가 되기까지 견제하시기 때문에 그런 일이 나타나지 않지만, 그 때가 반드시 온다는 것이다. 그런 불법자가 나타나면 그 때가 마지막임을 예고하는 것으로서 주님이 재림하실 터이고, 주님이 오시면 그 입에서 나오는 입김으로 그를 파멸하겠고 주의 재림 자체가 그 악한 세력을 멸망시키는 것이 될 것이다.

그 불법자는 사단의 힘을 가지고 나타나 그럴듯한 능력과 표징과 기사를 나타낼 것이며 멸망받은 자들을 그것들로써 속일 것이다. 하나님께서 진리를 믿지 않고 불의를 좋아하는 사람들에게는 그 거짓된 미혹의 역사에 빠져 마침내 심판을 받게 하신다는 것이다. 그러므로 예수의 재림은 확실히 있는 것이 사실이고 임박한 것이 사실이지만, 그래도 그것에 앞서 나타날 것이 있으니 그것을 보고 종말을 판단하라는 것이다. 그리고 복음을 끝까지 믿고 세계적인 반역 행위와 불법자의 유혹에 빠지지 않도록 하여 재림주를 자신 있게 영접하도록 하라는 권면을 주는 것이다.

4. 감사와 기도를 보충함(2 : 13—3 : 5)

1 : 3~12에서 바울은 감사를 하나님께 드리고 데살로니가교회를 위한 기도를 드린 바 있는데, 이제 다시 바울은 거기에 보충하는 감사와 기도를 덧붙였다. 여기서 바울이 다시금 감사하지 않을 수 없는 것은 하나님께서 다른 사람들보다 먼저 그들을 택하셔서 구원하시고, 성령으로 거룩하게 하시고 진리를 믿게 하시고 주님의 영광스러운 소유가 되게 하셨다는 사실 때문이다. 이미 복음을 전해듣게 하시고 구원을 얻게 하시고 주님의 사랑을 받는 자가 되게 하신 하나님께 감사할 수밖에 없다는 것이다.

그러면 그렇게 구원받은 자로서 할 일은 어떤 유혹이 닥치더라도, 바울이 말로 가르치고 편지로 일러 준 전통적 말씀을 굳게 붙들고 흔들리지 않아야 한다고 일러 준다. 그리고는 성도들을 사랑하시고 영원한 위로와 훌륭한 소망을 은총으로 주시는 주님과 하나님께서 데살로니가 교인들의 마음을 격려하고 위로해 주시고, 튼튼하게 해 주셔서 선한 일과 신한 말을 하게 해 달라고 기원을 드렸다. 자기들의 힘으로는 불가능한 일이기에 전능하신 주님께 위탁하는 기도를 드린 것이다. 이렇게 바울이 데살로니가교회를 위해서 간구할 뿐 아니라, 다음에는 자기들을 위해서도 기도해 주기를 요청했다. 요청의 내용은 첫째로, 고린도에서 진행되고 있는 복음전도 사업과 뒤따르는 모든 사역이 순조롭게 진행되어 데살로니가에서처럼 성공적인 것이 되도록 기도하라는 것이고, 둘째로 바울 일행이 고린도에서도 악한 사람들에게 해를 당하고 고통을 당하고 있으니, 그런 일에서 벗어나게 해 달라고 기도하라는 것이다.

주님이 신실하셔서 데살로니가교회를 튼튼하게 하시고 악한 자 즉 마귀에게서 지켜 주실 것이 틀림없다고 바울은 확신하면서, 그 주님께 기도하여 자기들도 악한 자에게서 구출되게 해 달라고 기도를 부탁한 것이다. 그러면서 바울이 확신하는 것은 바울이 데살로니가교회를 향해서 지시하는 바를 그들이 그대로 행하고 있고, 또 앞으로도 그렇게 할 것이라는 것이다. 그것은 은근히 바울의 요구와 부탁을 겸해서 하는 말인 것이다. 그리고 다시 주님께 탄원을 드린다. 즉 주님께서 데살로니가 교인들의 마음을 인도하셔서 하나님을 사랑하고 하나님의 사랑을 깨닫게 해 주시고 그리스도의 인내를 배우게 해 달라고 간구한 것이다.

5. 권징의 필요성(3：6—15)

데살로니가교회가 예수 재림에 대한 올바른 인식을 못하고 있는 동시에 거기에 부수되는 그릇된 행동 때문에 문제가 되고 있었다. 즉 주님의 재림이 문턱에 도달했으니 세상 일을 할 필요가 어디 있느냐, 주님을 영접하기 위해서 기도하며 명상하며 그 일에만 몰두하자는 것이었다. 그런 태도로 날마다 일을 하지 않고 있으니 결국 먹을 것이 없고, 마침내는 남의 신세를 질 수밖에 없어서 구걸을 하게 되고, 교회는 그들을 구제하는 일로 공연한 수고와 경제적 낭비를 하는 등 어려움이 생겼다. 그러므로 바울은 이 대목에서 그런 게으름뱅이에 대한 책망을 할 수밖에 없었다.

"주 예수의 이름으로 명한다."고 하면서 아주 강경한 경고를 한다. 그런 게으른 생활을 하고 바울이 가르친 전통적 교훈을 거스르는 자들과는 교제를 끊으라는 것이다. 그 게으름뱅이들을 돕지도 말고 상종도 하지 않으면 마침내 자기들 손으로 일하게 될 것이다. 바울은 데살로니가에서 그들과 같이 지낼 때에 가졌던 자기의 생활태도를 회상시킨다.

생활의 모범을 보여 주었는데, 누구에게서든지 거저 밥을 얻어 먹지 않고 남에게 폐가 되지 않으려고 밤낮으로 수고하고 노동하고 게으름을 피운 적이 없다는 것이다. 사도로서 마땅히 권리주장을 할 수도 있었지만 그렇게 하지 않고 모범을 보이고 자기를 닮도록 하였고, 그 때에도 이미 "일하기 싫거든 먹지도 말라."는 말을 누누히 했다는 것이다. 그런데도 불구하고 들려오는 소식에는 데살로니가 교인들 중에 일하지 않고 게으름을 피우며 남의 일을 간섭만 하고 돌아다니는 사람들이 있다는 것이다. 그런 자들에게 주 예수 그리스도의 권위로 명하며 권한다고 하면서, 조용히 제손으로 일해서 먹도록 하라고 일렀다. 일이 쉬운 것이 아니고 일한 만큼 대가가 비례대로 나타나는 세상은 아니지만, 그래도 열심히 일을 잘 하면 거기에 해당하는 결실이 언젠가는 나타날 것이니 낙심하지 말고 꾸준히 하라는 것이다.

만일 이렇게 편지를 통해서 하는 이 말을 듣지 않는 자들이 있다면, 그런 자는 점을 찍어 두고 상종을 하지 말아서 부끄러움을 느끼게 하라는 것이다. 그렇다고 그를 원수로 여길 필요는 없고 오히려 형제로 여겨 권면하여 올바른 인식과 올바른 삶을 가지도록 해 주라는 것이다. 이렇게 해서 바울은 본론의 둘째 문제를 해결해 주었다. 즉 그리스도인은 주님의 재림을 기다리며 살지만, 그것이 언제일지 모르는 이상 그 마지막 순간까지 꾸준히 자기의 일터에서 일하여 먹고 살면서 정상적 생활을 영위해야 한다는 것이며, 주님의 재림이 급박했다고 하면서 비정상적 생활을 도모한다든가 조장한다면 그것은 잘못된 것이고 배격해야 한다는 것이다.

6. 기도, 마지막 인사, 축도(3：16—18)

바울의 마지막 기도는 평화의 주님께서 언제나 어떤 방식으로든지 평화를 내려 주십사 하는 것이다. 그 이상 더 좋은 기도가 어디 있는가! 사람은 평안을 얻으려고 노력하지만 얻지 못한다. 평안은 곧 충족을 전제로 한다. 사람의 힘으로는 만족을 찾을 길이 없다. 오직 주님께서만 만족과 평안을 주실 수 있기에 이런 기도를 드린 것이다. 둘째로 주님이 같이 계시기를 빌었다. 주님이 우리와 같이 계시면 만사가 형통하며 따라서 평안이 임할 것이다. 바울은 손수 서명을 하면서 문안을 하고 축도로서 끝을 맺었다.

Ⅳ. 데살로니가 후서의 교훈

1. 예수 재림은 사람의 호기심을 끌기에 알맞는 것으로서 많은 사람들의 공상을 자아내고 따라서 잡다한 견해가 나돌고 있다. 옛날에도 그랬고 지금도 그렇다. 우리는 이 편지에서 바울이 설명한 대로, 그리고 주님께서 말씀하신 대로 재림이 있기 전에 우선 징조가 나타난다는

사실을 알아야 하겠고, 하나님께 대한 반역이 극심해지는 현상과 따라서 그 화신으로서 불법자가 나타나 하나님 행세를 하는 일들이 그 극치에 이르는 때가 올 것이니, 결국 그 때가 되면 하나님께서 심판을 할 수밖에 없고 주님은 재림하시고 그 적그리스도를 멸망시키게 할 것이다. 그러나 아무도 그 정확한 시간을 모르기에, 다만 우리는 적그리스도의 선전에 끌려가거나 반역적 행동과 사상에 물들지 않고 꾸준히 신앙을 지키는 일에만 몰두하며 나날의 생활을 성실하게 하면 그만이다(2：11－12).

2. 그리스도인은 언젠가는 주님 앞에 설 것이고, 또 주님의 재림은 개인적으로 볼 때 언제나 목전에 있는 것이어서 그의 재림을 대망하는 태도로 살아야 한다. 그러나 언제나 자기 손으로 일해서 먹고 살아야 하고 게으름을 피워서 남에게 손해와 폐를 끼쳐서는 안 된다. 그리스도인이야말로 언제나 근면한 자로서 남을 돕는 자가 되어서 세상의 모범이 되어야 한다(3：6－15).

□ 토의문제

1. 우리 주변에 예수님의 재림에 대한 의견을 달리 가지고 있는 자들이 있는지, 그리고 그들의 의견이 어떤 것인지 알아보자.
2. 우리는 예수의 재림에 대해서 어떤 견해를 가져야 할 것인지 생각해 보자.
3. 교회일에 열중하느라고 사업을 게을리한다든가, 가정을 돌보지 않는다든가, 학생이 공부를 게을리한다든가 하는 문제를 참된 신앙인의 입장에서 어떻게 판단해야 할 것인가?

□ 참고도서

데살로니가 전서의 참고 도서를 참고하자.

목 회 서 신

1. 디모데 전서
2. 디모데 후서
3. 디도서
4. 빌레몬서

목회서신

바울의 이름으로 기록된 13권의 편지 가운데 디모데 전서, 디모데 후서, 디도서를 목회서신이라고 칭한다. 그 세 편지는 내용의 성격이 유사하며 저작자 문제에 있어서도 동일하다. 전통적으로 이 세 서신이 바울의 글이라고 생각해 왔다. 신약성경의 권위는 어떤 인간 저자에 달린 것이 아니고 그것들이 지닌 내적인 가치와 의의(意義)에 달린 것으로서, 성령의 인도로 교회가 사도적 가르침을 담은 순정(純正)한 음성으로 인정하여 성경으로 삼은 것이다.

목회서신은 목회자인 디모데와 디도에게 준 글로서 목회에 필요한 교훈을 담았기 때문에 생겨난 이름으로, 일반 교회를 향한 글이 아니라 개인을 향해서 준 글이라는 점에서 독특하다. 목회서신들은 바울을 통해서 전해진 진리와 기독교 신앙의 전통을 그대로 보수하고 그대로 행하게 하려는 것을 목적으로 하고 있으며 새 것을 말하기보다는 옛 것, 즉 정통적 진리의 보수를 그 목표로 하고 있다.

결국 목회서신은 속사도 시대 교회의 지침서로서 특히 목회자로서 알아 두어야 할 것을 수록한 글이며, (1) 전통을 굳게 붙들라. (2) 교회의 질서를 유지하라. (3) 교회 안에 무법자, 헛튼 소리 하는 자, 속이는 자들이 있고 따라서 그들의 입을 막아야 한다는 것을 가르치려는 것이 그 내용으로 되어 있다. 즉 이단들이 나타났기 때문에 그들과 싸워야 하며 바울의 신앙을 바로 전하여 교회를 바로 지도하고 건전한 신앙생활을 하도록 하라는 것이다.

세 개의 목회서신이 서로 닮은 점도 있지만 차이점들도 많다. 우선 유사점은 첫째, 그 문학형태가 다같이 편지형식으로 되어 있다는 점이다. 둘째, 이것들이 그냥 편지일 뿐 아니라 개인적 사신들로서, 바울의 파견자로서 가질 태도와 행동에 대하여 집중적으로 지시하는 글이다. 즉 그들이 무엇을 하고 남들에게 무엇을 가르칠 것인가를 다루고 있다. 그것들이 사신이기는 하지만 사도 바울이 동역자에게 복음을 위하여 쓴 글로서 디모데나 디도 개인의 사적인 어떤 덕을 가르치려는 것보다도 오히려 공동체의 교사로서 목회적 각도에서 남을 가르치기 위한 교훈을 준 것이므로 순수한 사신 이상의 것이다. 셋째, 세 목회서신이 다같이 권고적인 서신형태를 취하고 있다. 새로운 학설을 발전시키는 것이 아니라 전통적 교훈을 상기시키는 것을 목표로 한다는 말이다. 어떤 덕을 배우기 위해서 모본을 보이고 그것을 모방할 것을 권장하는 것이다. 바울은 디모데에게 자기를 모방하라고 권하며(딤후 1:13, 3:10), 또한 교회의 모범이 되라고 명한다(딤전 4:12). 디도에게도 같은 명령을 한다(딛 2:7).

목회서신들이 이러한 유사점들이 있는 반면에 차이점들도 있다. 첫째, 목회서신들은 일반적으로 고정된 전통에 관심을 둔다고 말을 하지만, 그것이 디모데 후서 1:12~14와 디모데 전서 6:20에서 각각 한 번씩 나타날 뿐이며, 또 교회 직제에 관심을 가진 편지라고들 하지만 디모데 후서는 그런 문제를 전혀 다루지 않는다. 그리고 그 문제에 있어서 디모데 전서와 디도서가 각도를 달리하고 있다. 둘째, 목회서신들이 각각 반대자들을 다르게 취급하고 있다. 디모데 후서에서는 교회회원 중에서 반대자들이 나타나 부활이 이미 이루어졌다고 주장하면서(2:18) 그들의 교리로 남에게 악영향을 주는 것으로 나타났다(3:2-8). 디모데 전서에서는 역시 교인들 중에서 율법을 안다고 하는 자들이 나타나서 혼란을 일으키는 것으로 되어 있고(딤전 1:7, 6:20), 디도서에서는 반대자들이 유대파에서 나타난 것으로 되어 있다(딤전 1：10－11, 3：9). 그리고 그 반대자들에 대한 바울의 반응도가 서신에서 다르게 나타난다.

이상에서 우리는 목회서신을 통틀어 같이 취급했지만 이제는 각 책을 차례로 취급하면서 각 편지를 통해서 주는 교훈을 찾아보기로 하자. 그러나 우리가 공통적으로 전제해야 할 것은 목회서신이 나타나던 1세기 말경의 교회와 사회의 일반적 형편이다. 사도들이 다 사라지고 이제는 그들을 통해서 가르쳐진 교훈들이 고정되어 하나의 기독교교회가 되어 가고 있던 때이며, 교회의 제도가 체계가 잡히고 제도화되던 때였다. 반면에 교리적으로 이단적 생각을 가지고 정통적 교리에 항거하는 자들이 나타나고, 질서와 도덕을 무시하거나 비기독교적인 행동을 하는 자들이 나타나 혼란을 가져오기도 하는 때였다. 이러한 때에 이러한 글들이 쓰여져서 기독교 신앙을 바로잡고 올바른 생활을 하도록 한 것이다.

디모데 전서

I. 수신인 디모데

사도행전에 의하면 디모데는 그의 아버지가 헬라인이고, 그의 어머니는 유대인이었다(행 16 : 1). 어머니 유니게와 조모 로이스의 영향과 훈련을 받아 이미 신앙을 가지게 된 그는 (딤후 1 : 5, 3 : 15) 바울이 루스드라에 이르렀을 때부터 바울의 선교동역자 또는 조수로 발탁되었다. 그는 전도자로서 바울과 함께 일하였고(고후 1 : 19), 바울과 함께 편지를 보낸 자가 되었으며(고후 1 : 1, 빌 1 : 1, 골 1 : 1, 살전 1 : 1, 살후 1 : 1), 여러 번에 걸쳐 미묘한 교섭과 협상에 대행자 노릇을 하였다(살전 3 : 1-2, 빌 2 : 19, 고전 4 : 17). 바울은 디모데를 극진히 사랑하였으며, 빌립보 교인들에게는 디모데를 닮으라고까지 하였다(빌 2 : 19-22).

디모데가 아직 비교적 젊고 혹 외모가 준수하지 못하였는지 몰라도 고린도 전서 16 : 10~11에 의하면 "그를 업신여기지 말라."고 한 일이 있다. 디모데를 고린도교회에 보내면서 "내가 사랑하고 주 안에서 신실한 아들인 디모데"라고 하였다(고전 4 : 16-17).

바울이 그처럼 아끼고 사랑하여 동역자로 삼아 동고동락하던 디모데는 바울이 살아 있는 동안 바울의 조수로서 크게 역사하며 복음사역에 큰 공을 세웠을 뿐 아니라 말년에는 독자적으로 목회자가 되어 바울에게서 배우고 전해 들은바 기독교 신앙을 바로 간직하며 그것을 남들에게 바로 가르치고 전달해야 할 책임을 가졌던 것이다.

Ⅱ. 디모데 전서의 내용 개요

디모데 전서는 크게 두 가지 목적을 가진 편지이다. 하나는 교회 행정문제에 대한 지침을 주려는 것이며, 또 하나는 공상적이고 도덕주의적 형태의 거짓 교훈에 대항하려는 것이다. 그래서 2：1~5에서 예배에 대한 규례를 제시하였고, 감독(3：1—7)과 집사(3：8—13)의 자격을 규정해 주었으며, 거짓된 금욕주의에 대해서 교회지도자들이 가질 태도를 제시했으며(4：1—16), 다음에는 교회의 개개 회원의 삶에 대해서, 특히 과부들에 대하여(5：13—16), 장로에 대하여(5：17), 종에 대하여(6：1—2) 가르쳤다. 그리고 이해력 없이 공언한 토론만 하면서 마침내 신앙의 파산을 가져오는 반율법적 교사들을 경고한다(6：3—20). 무엇보다도 종교를 빙자하여 돈벌이를 위한 사람들을 심하게 책망하고(6：3—10), 영지주의적 금욕주의를 공격한다. 소위 영지(靈知)를 가졌노라고 하면서, 결혼을 부정하고 어떤 음식을 금하는 등, 육체의 소욕을 초극한다는 자들을 공격하였다(4：3). 영지주의의 공상적 신화를 가리켜 '망령되고 허탄한 신화'(4：7)라 하였고, '거짓되이 일컫는 지식'(6：20)이라 하여 배격하였다.

Ⅲ. 내용 해설

1. 인사(1：1—2)

바울이 예수 그리스도의 사도가 된 것은 하나님과 예수 그리스도의 명령에 의해서 되었다는 것이다. 지금까지 다른 서신에서는 하나님의 뜻을 따라서 사도가 되었다고 했는데 여기서는 '명령'이라는 말을 쓴 것이 특이하다. 그리고 하나님을 구주라고 부른 것도 특이하다(1절).

바울은 디모데를 신앙의 자식으로 생각하며, 가식이 없는 순전하고 참된 자식으로 간주하고 있다. 인사에 있어서 다른 서신에서는 은혜와 평강 둘만을 언급했는데 여기서는 '긍휼'이라는 말이 첨가된 것이 또한 특이하다. 이상의 몇 가지 점만 보더라도 바울의 글을 넘어서서 어떤 사람이 거기에 보충하고 있다는 느낌을 준다.

2. 거짓 교리에 대한 경고(1 : 3—11)

대목회자이며 사도인 바울이 그의 제자이며 젊은 목회동역자에게 진심으로 부탁하는 것이 있다. 그리스도의 명령을 받아 사도가 되었기 때문에 바울은 매우 중대한 책임을 느끼고 있다. 하나님의 뜻과 그리스도의 진리를 면면히 바로 전하여 올바른 전통을 세워 주어야 할 책임이 있기 때문이다. 그 언제인지는 몰라도 바울이 마게도냐를 향하여 에베소를 떠나는 마당에 디모데에게 요구한 말이 있는데, 즉 구두로 명한 바와 같이 이제 다시 글로서 적어 보내니 그대로 하라는 것이다. 젊은 교역자 디모데에게 에베소에 머물러서 하라고 한 것이 있다. 에베소는 큰 도시이며 바울이 3년간이나 전도하여 기독교 진리를 소상히 소개한 곳이다.

바울의 가장 신임하는 제자 디모데에게 거기 오래 머물러서 목회하라고 한 것은 매우 뜻이 깊다고 본다. 즉 그런 곳에 디모데와 같은 목사가 필요하였기 때문이다. 디모데에게 부탁한 것은 어떤 독창적인 일을 하거나 새로운 것을 주창하라는 것이 아니라 이미 전해 준 정통적인 교훈과 배치되는 다른 교훈을 가르치지 않도록 경고하라는 것이다.

이미 에베소에 그런 사람들이 있었기 때문일 수도 있고, 그런 가능성이 보이기 때문일 수도 있다(3절). 또 더러는 신화와 끝없는 족보 타령을 일삼는데, 그런 것은 신앙 안에서 하나님의 경륜을 깨닫고 그 뜻을 따라 살기보다는 허탄한 공상만 일으키는 백해무익한 것으로서 그런 신화나 족보 타령에 마음을 두지 않도록 하라는 것이다. 어느 시대를 막론하고 교역자가 착안할 점은 참된 전통을 보수하며 거짓 교훈을 막아야 하는 것이다. 그리고 허황되고 공연한 이론이나 학설 등에 시간과 정력을 낭비하지 말고 참된 신앙 안에서 하나님의 계획과 법도와 뜻을 추구하도록 지도해야 하는 것이다(4절).

이렇게 경고하고 명하는 목적은 허황한 공상이나 이론, 교리 등에 집착하여 허공을 치는 일이 없이 깨끗한 마음과 선한 양심과 가식이 없는 믿음으로부터 우러나오는 사랑의 생활을 하게 하려는 것이다. 사랑은 없고 말과 이론만 살아 있는 실정을 바라보면서 사랑을 권하는 말씀이다(5절). 이미 어떤 사람들은 정도에서 벗어나 허황된 말만 하고 자기들이 하는 말이 무엇인지, 자기가 주장하는 것이 무엇인지도 모르는 주제에, 자기들이 율법교사가 되려고 하는 일들이 있다는 것이다. 즉 이러면 좋고 저러면 나쁘다 하면서 입으로 이론을 가르치고 있지만 실제로 사랑을 행하지 않고 있으니 실천해 보지 않은 사람이 어떻게 사랑의 진미를 알 수 있겠는가 말이다.

율법은 좋은 것이다. 하나님께서 인간의 유익을 위해서 율법을 주셨다. 율법을 선하게 사용하면 좋은 것이다. 율법은 인간이 악을 행하고 있을 때, 즉 불의한 자로 있을 때 그 불의함을 알게 하는 역할을 한다. 그런 의미에서 선하고 좋은 것이다. 그러나 이미 복음 안에서 구원을 받은 성도들에게, 즉 이미 믿음으로 의롭다함을 얻은 자들에게 다시 율법이 필요한 것은 아니다. 교회 안에서 다시 율법주의를 주장하며 다시금 율법을 가르치고 그것을 주장하고 있다면 시대착오요, 역행이라 할 수밖에 없다.

3. 자비에 대한 감사(1 : 12—20)

바울은 1 : 11에서 자기가 영광의 복음을 위탁받았노라고 한바 있다. 그 복음에 입각하여 바울이 디모데에게 명령(지시)을 내리는 것이다(1 : 18, 1 : 3). 그러나 그 명령의 내용은 바울의 입을 통해서 디모데에게 전해지지만, 실은 하나님과 예수 그리스도로부터 오는 것이며, 그 중간에 있는 바울은 하나님의 진리전달의 도구가 될지언정 방해자나 장애물이 되어서는 안 된다. 바울은 11절에서 말한 대로 그 복음은 자신의 창작이 아니고 하나님이 위탁해 주신 것에 불과하다. 이제 12절 이하에서 바울은 그 복음과 자신의 관계를 다시 설명한다. 바울이 그 엄청난 복음을 위탁받아 그것을 전하고 증거할 수 있는 능력을 가진 것은 주 예수 그리스도가 그렇게 해 주었기 때문이며, 따라서 주 예수 그리스도께 감사하고 있다는 것이다. 즉 그리스도께서 바울을 믿음직하다고 생각하시고 그 사역을 맡겨 주셨다는 것이다. 본래 바울은 신성을 모독한 자, 즉 그리스도를 모욕하던 자이며, 그리스도와 교회를 핍박하고 횡포를 자행하던 자였기에 그리스도의 원수였던 것이다. 그럼에도 불구하고 주님은 그에게 자비를 베푸셨다. 불신앙 중에 알지 못하고 한 일이었기 때문에 자비를 베풀어 용서하시고 오히려 복음사역을 위탁하신 것이다. 예수 그리스도께서 가지신 불변의 신실성과 사랑의 발로로서 넘치고 또 넘치는 은총을 바울에게 베풀어 주신 것이다(14절).

예수 그리스도께서 죄인들을 살리시려고 세상에 오셨다는 이 말씀과 사실이야말로 믿을 만하고 전적으로 수락할 만한 것이다. 죄인 중에도 괴수라 할 수 있는 바울까지도 살리시려고 그리스도가 세상에 오신 것이다. 그런 죄인에게까지 자비를 베푸신 것은 그런 죄인에게까지도 예수 그리스도께서 완전한 인내를 베푸심으로써 결국 세상에 어떤 사람도 믿기만 하면 영생을 얻도록 참아 주신다는 하나의 선례와 표본을 삼으신 것이다. 이렇게 자비와 은총으로 복음을 위탁받은 자로서, 디모데에게 대를 이어 위탁하며 명령하고 있다. 이것은 보통 인간의 말을 통상적으로 전하는 것이 아니고 기도하고, 하나님께로부터 영감을 받고, 지시를 받아 전하는 바로서 결코 소홀히 할 수 없는 것이라고 하면서 디모데의 각성을 촉구한다(1：18).

즉 바울이 하는 말이 예언의 말씀이며, 그것을 이어받아 같은 성령의 감동을 통해서 선한 싸움을 성공적으로 싸우라고 권하는 것이다. 결국 목회자의 일은 전투와 같아서 악마와의 투쟁이다. 위로부터 오는 영감이 필요하고, 올바른 복음전통을 물려받는 일이 필요한 동시에 목회자는 올바른 신앙과 선한 양심을 소유해야 한다는 것이다. 목회자가 양심을 버리고 거짓된 마음을 가진다면 그들의 신앙마저 파괴되고 말 것이 틀림없다. 거짓과 기독교 신앙은 양립할 수 없는 것이다. 후메네오나 알렉산더 같은 사람은 양심을 잃어버리고 복음을 전한다고 하기에 그런 모독스러운 일을 하지 못하도록 그들을 사단에게 내 주었다고 바울은 말한다. 사단을 통하여 혹종의 고통을 당하게 함으로써 그들의 회개를 촉구한 것이다. 이는 목회자가 양심을 가져야 한다는 것이며, 그렇지 않을 때 심판을 받을까 염려된다는 말이다.

4. 기도에 대한 지시(2 : 1—15)

1 : 18에서 바울은 디모데에게 '이 경계로서 명한다.'고 하면서 목회자로서 구체적으로 할 일을 지시하기 시작하였다. 이제 제 2 장으로 접어들면서 제일 먼저 기도에 대한 지시를 내린다. 그리스도인 생활에 있어서 가장 대표적인 것이 기도이다. 하나님을 알고 그리스도를 통하여 하나님과 통할 수 있는 자격을 가진 그리스도인들이기에 하나님 아버지와 기도로 교통하는 생활이 지속되어야 할 것이다. 그러므로 그리스도인은 전능자 하나님 앞에서 살면서 우리의 소원과 사정을 아뢰고, 남을 위한 기도를 가질 뿐 아니라 감사를 드리는 기도를 언제나 해야 한다. 여기서 주목되는 것은 '모든 사람을 위하여' 기도하라는 말씀이다. 그리스도인의 삶은 나 개인과 하나님과의 성상적 삶을 도모하는 것에서 끝나서는 안 되며 모든 사람이 다같이 하나님 안에서 제구실을 하며 자기 자리에서 서로서로 연결되며, 모두가 같이 행복을 누리게 되어야 한다. 그렇기 때문에 모두를 위한 기도가 필요하다(2 : 1).

그리고 다음으로는 왕과 기타 모든 권세자들을 위하여 기도하라는 것이다. 결국 인간 세상은 통치자가 있게 마련이고 그들의 지배 하에서 살 수밖에 없다면, 그들이 선하게 바로 통치하기를 위해서 기도해야 할 것이며, 그들이 악하면 악을 버리고 선하게 통치하기를 위해서 기도해야 할 것이다. 특히 기독교가 아직 극히 약소한 종교단체여서 그 당시 통치자의 눈 밖에 나는 일이 생긴다면 평화스럽고 조용한 삶을 살 도리가 없었던 것이다. 아무리 악한 군주라 하더라도 그들을 저주하지 말고 위하여 기도해야 하는 것이다. 심판은 하나님께 맡겨야만 한다. 하나님이 원하시는 것은 모든 인간이 구원받고 모두가 하나님의 진리를 깨닫게 되는 것이다. 결국 통치자나 피통치자를 막론하고 다 하나님과 그리스도를 믿고 하나님의 진리를 아는 데 도달하는 것이 하나님의 뜻이며 원하시는 바이기 때문에, 그 목적을 달성하기 위해서는 우선 통치자들을 위해서 기도하는 일이 좋고, 하나님께서 기뻐하시는 일이라고 바울은 가르쳤다.

그러나 여기서 혹시라도 복음이 흐려질까 두려워서 바울은 하나님과 그리스도에 대한 충성을 다짐하고 복음의 성격을 다시 밝힌다. 예배의 대상이신 분은 하나님 한분, 하나님과 사람 사이의 중보가 되신 분은 사람이셨던 예수 그리스도 한분이시며, 만민을 위하여 자신을 대속물로 주셨고, 적당한 때마다 하나님의 비밀을 증언해 주시는 분이 그리스도이시다. 바울은 이 복음의 선포자와 사도로 임명되었고 이방인을 가르치는 교사가 되었다는 것이다. 이러한 복음에 입각하여 볼 때 모든 사람을 위하여 기도하고, 통치자들을 위해 기도하는 것이 좋은 일이며 하나님이 기뻐하시고 바라는 것이다.

이상에서 크리스천의 기도생활을 일반적으로 권한 다음 2：8에서부터는 남자와 여자를 구별하여 좀더 구체적인 방식을 제시한다. 기도는 어디서나 해야 하는 것이며 거룩한 손, 즉 깨끗한 손, 죄짓지 않은 손을 들고 하라는 것이다. 손을 든다는 것은 유대인들의 습관인바 반드시 그런 모습을 해야만 하는 것은 아닐 것이다. 즉, 거룩한 손이 필요하다. 성난 마음이나 이웃과 싸우는 마음을 가지고 하나님께 나와서 기도한다면 그런 기도가 효과를 내지 못할 것이다. 그 당시로서는 예배당이 따로 없었을 것이고, 어디서나 모여서 예배하되 기도하는 것이 중요한 순서였던 것이다.

여자들도 물론 기도를 하되, 여자들에게 요구하는 조건은 색다르다. 거룩한 손과 성냄이나 다툼이 없는 기도를 남자에게서 요구했지만 여자들에게는 복장 문제를 언급한다. 머리를 줄줄이 따거나 금이나 보석 등으로 겉을 요란하게 단장하는 대신 점잖은 옷을 입고 선한 행실로 단장하라는 것이다. 그리스도를 믿는 사람답게 착한 행실로써 생활을 아름답게 하고서 교회로 모이고 기도할 때 그 기도가 수납된다는 것이다. 그 당시 풍습과 표준에 비추어 볼 때 남존여비의 사상이 절대적으로 적용되던 때인만큼, 여자들의 아름다움이란 남편에게 복종하고 침묵을 지키며 남편의 지시를 따르고 배우는 것이 현숙한 여성의 태도였다.

고린도교회에서처럼 교회 여성들이 그 당시의 습관을 무시하고 수건을 벗고, 방언하고 예언을 하면서 교회를 혼란하게 하고 사회의 빈축을 사며 복음 발전에 큰 지장을 초래하는 일이 초대교회 여러 곳에서 일어났던 것 같다. 디모데가 목회하던 에베소에서도 그런 일이 있었던 것인지 모른다. 그 때까지 그 사회에서는 여자가 침묵하고 남편에게 복종하는 것이 미덕으로 되어 있고, 그것이 하나님의 창조의 질서라고 믿어지는 것이었기에, 하나님을 예배하고 특히 기도하면서 사는 그리스도인 여성의 생활에 있어서는 옛 풍속과 제도를 지키는 미덕을 그대로 가지라고 권한 것이다.

그 풍속이 변하고 깨지는 때가 되면 그런 권면은 필요없을 것이다. 여자가 그 사회의 풍속을 따라, 또는 그 시대의 제한된 이해 때문에 그 당시의 제도를 따른다고 해서 구원의 문제에 지장을 초래하는 것은 아니다. 여성도 남성과 마찬가지로 신앙을 가지고 사랑을 행하며, 정신을 차려 거룩한 생활을 하면 구원을 얻는 것은 마찬가지이다. 남성은 남성의 구실을 하고, 여성은 여성의 구실을 하면서 신앙을 가지면 구원을 받는 것이다. 여성의 특이성은 해산하는 것일 뿐, 그들도 신앙 안에서 구원을 얻는 것이며, 다른 사회적 조건이나 인위적 제도가 그것을 좌우하지 못한다. 남자든 여자든 하나님 앞에서 기도하며 경건생활을 할 때 아름다운 행실, 거룩한 행실을 가지고 해야만 밖의 사람에게도 좋은 증거가 되고, 하나님께도 상달되는 기도가 될 것이다.

5. 감독의 자격(3：1—7)

바울이 현역으로 활동하면서 여러 지방에 교회를 세우고 직접 장로를 세우고 집사를 임명한 시대에는 별 문제가 없었지만, 교회가 점점 많아지고, 교인의 수도 늘어나고, 바울이 하나하나 손을 댈 수 없는 시대가 되었을 때, 특히 바울이 세상을 떠나고 그 다음 세대가 되면서 감독을 뽑고, 집사를 세우는 일은 쉬운 일이 아니었다. 따라서 규칙이 요구되었고 일정한 표준이 필요하게 되었다.

하나님은 어지러움의 하나님이 아니라 질서의 하나님이시어서 교회가 질서 있고 평화스럽기를 원하시는 것이다. 바울은 그런 의미에서 디모데에게 일정한 표준을 정해 준 것이다. 바울 서신에서 장로와 감독은 거의 같은 것으로 보이며, 장로라면 어떤 회중의 어른 격에 있는 자로서 연장자이며 모든 면에서 원로 격인 사람을 가리키는 것이다. 그러니까 자연적으로 장로의 자리에 있는 자를 장로로 삼을 수 있었다. 그러나 그런 사람에게 특별히 임무를 주면서 그 회중을 지도하고 돌보아 달라고 부탁하면서 공식적으로 감독의 명칭을 줄 때 장로가 동시에 감독의 직을 맡게 되는 것이다. 여기 디모데서에서는 감독과 장로를 구별하지 않고 있다. 결국 동의어로 사용한 것 같다.

'사람이 감독의 직분을 얻으려 하면 선한 일을 사모한다.'는 격언이 있었다. 제1세기 로마사회에서 예수를 믿는다는 것 자체가 박해를 각오하고서만 할 수 있었던 심각한 일이었는데, 하물며 교회의 감독이 된다는 것이 얼마나 어려운 일이며, 책임스러운 일이 었겠는가! 저마다 감독직을 피하였을 것이다. 아마도 죽음을 각오한 자들이 그 직분을 맡을 수 있었을 것이다. 그러기에 감독이 되려고 마음을 먹는다는 것은 참으로 선한 일을 사모하는 일이라는 격언이 생길 정도였다. 저마다 감독이 되려고 아귀다툼을 하는 오늘의 실정과는 너무도 대조가 되는 일이다. 오늘의 목사, 장로, 신부들이 다 이 범주에 속하는데, 옛날에는 저마다 감독이 안 되려 했고, 저마다 자기의 자격이 모자란다고 보아 그런 자리를 피하려고 애썼는데 오늘날은 너무도 쉽게 그 직분을 마구 받으려고 하니 문제가 아닐 수 없다. 바울이 여기에 제시한 표준을 따라서 감독을 세우도록 노력한다면 문제는 축소되리라고 생각된다. 감독의 필수적 자격을 열거하면 다음과 같다. 즉, 책망받을 것이 없는 자, 한 아내의 남편, 절제하는 자, 근신하는 자(정신차리고 사는 자), 아담하며, 나그네를 잘 대접하는 자, 가르치기를 잘하는 자, 술을 즐기지 않는 자, 구타하지 않는 자, 관용하며, 다투지 않으며, 돈을 사랑하지 않으며, 자기 집을 잘 다스리며, 잘 복종하는 자녀를 둔 자, 새로 입교한 자가 아닌 자, 외인에게서 선한 증거를 얻은 자이다.

6. 집사의 자격(3 : 8—13)

교회의 어른으로서 다스리고 지도하는 감독이나 장로 또는 목사의 자격도 매우 엄격히 따져야 하지만, 남들을 섬기고 돕고 앞서서 일을 해야 하는 집사들도 거기에 못지않는 엄격한 자격을 갖추어야 한다는 것이 바울의 지론이다. 교회의 직분은 많은 신도들이 모본을 삼고 뒤따를 수 있는 사람들이 맡아야 하는 것이고 따라서 교회 전체가 점점 보다 고등한 품격을 갖추어 나가게 될 것이다. 집사의 자격을 아래와 같이 제시해 주었다.

단정할 것(진실됨), 일구이언하지 않으며, 술을 즐기지 않는 자, 더러운 이익을 탐내지 않는 자, 깨끗한 양심을 가진 자로서 믿음의 비밀을 지닌 자(신앙의 깊은 체험을 가진 자), 한 아내의 남편, 자녀와 자기 집을 잘 다스리는 자이다.

여집사의 경우는, 우선 단정하고(진실하고), 참소하지 말며, 절제하며, 모든 일에 성실한 자이다.

이러한 사람들을 뽑되 여러 가지로 시험해 보고 흠이 없다는 사실이 밝혀질 때 집사직을 주라는 것이다. 매우 신중하게 하라는 뜻이다. 집사의 일을 잘 수행하면 교회 안에서 사랑을 받고 신임을 얻어 점점 존경의 대상이 될 것이며, 따라서 장로나 감독의 자리로 승격할 가능성도 있으며, 또 남에게 잘 봉사하는 생활 가운데서 스스로의 신앙도 더 자라고 확고한 신앙이 될 수 있을 것이다(3 : 13).

7. 우리가 믿는 종교(기독교)의 신비(3 : 14—17)

이상에서 바울은 감독과 집사의 자격을 논하여 전체 교회관리를 언급했지만, 이제는 교회 안에서 각 개인이 마땅히 취해야 할 태도와 생활에 착안하여 지시한다. 바울이 직접 빨리 디모데에게 가서 면대하고 말하고 싶지만, 언제 가게 될런지 몰라서 이렇게 글로 적어 보내면서 일러두는 것은 "하나님의 집에서 어떻게 행하여야 할 것을 알게 함이니"(3 : 15)라는 것이다. 즉 목사로서 교인들에게 가르치고 지도해야 할 내용을 적어 보낸다는 말이다. 그리스도인은 이제 보통사람이 아니고 하나님을 아버지로 모시는 가족이며, 살아 계신 하나님께서 불러 내어 공동체를 이루어 놓은 교회의 일원이며, 진리의 기둥이며 요새인 교회의 일원이어서 아무렇게나 살아서는 안 되는 존재이다.

그리스도인의 생활은 우선 확고한 신앙의 진리 위에서 이루어져야 한다. 기초가 없으면 흔들리게 마련이다. 교회는 그리스도를 모퉁이 돌로 삼고 있으며, 그리스도를 믿는 신앙이 그 초석이 되어 있다. 그러므로 그리스도인은 무엇보다도 그리스도에 대한 인식을 바로 그리고 확고히 가져야 한다. '경건의 비밀'이라는 말은 기독교 신앙의 진리를 말하는 것으로서, 그리스도에 관한 진리를 가리킨다. 그리스도는 참으로 신비스러운 존재이다. 하나님이신 분이 육신을 입으셨다는 성육신의 사실은 신비에 속하는 것이다. 그가 세례 요한에게 세례를 받고 올라올 때 성령이 그에게 임하였으며, 다른 사람에게는 나타나지 않은 사건이 생겼다. 하늘이 갈라지고, 하늘에서 "너는 내 사랑하는 아들이요, 내가 기뻐하는 자다."라는 음성이 들려왔다. 이렇게 해서 그는 성령을 통하여 하나님의 아들로 증명을 받았다. 그후 그는 성령의 능력으로 기사와 이적을 행했고, 죽으셨다가 부활하신 사건 등 모두 성령의 능력에 의해서 그의 의로우심과 무죄하심과 하나님되심을 입증하는 일들이 있었다. 그가 죽으셨다가 부활하신 사건은 인간의 눈에는 안 보였지만 천사들은 그 광경을 보고 놀라고 기뻐하며 환호했을 것이다. 그리고 하나님께서 택해 세운 몇몇 사자(ἄγγελοι)들에게도 나타나 보이셨다. 부활의 주님을 만나 보는 체험도 신비에 속하는 것이다. 그리스도는 만방에 전파되었고 온 세상 사람의 신앙의 대상이 되었으며, 영광 중에 승천하여 하나님 우편에 앉아 계신다. 이것이 기독교 신앙의 골자이면서, 참으로 신비한 내용임에 틀림없다. 그리스도인의 생활은 이것을 믿는 신앙을 기초하는 것이어야 한다.

8. 배교에 대한 예고(4 : 1—5)

올바른 신앙을 가지고 바로 살아야 하는 그리스도인들에게는 언제나 그 반대 방향으로 이끄는 유혹이 있다. 특히 말세에는 참된 신앙을 버리고 그릇된 길을 가는 사람들이 나타나리라고 성령이 밝히 말씀해 주신다는 것이다. 악한 사단의 역사가 갖은 수단으로 성도를 유혹하여 배교의 길을 가게 할 것이 분명하니 주의해야 한다는 것이다. 속이는 영, 귀신의 가르침, 마비된 양심을 가지고 그럴듯하게 속이기 때문에 정신을 바짝 차리지 않으면 누구나 넘어지기 쉽다. 1세기 말에 나타난 거짓된 교훈 중의 하나를 본문에서 예시했다.

한마디로 말해서 금욕주의이다. 결혼을 금하고 어떤 음식을 먹지 말라는 명령을 내린다. 그것은 결국 헬라적 이원론을 토대로 하는 사상으로서 영의 세계와 물질 세계로 나누어 영은 선하고 물질은 악하다고 보아 물질에 속하는 결혼생활, 음식 등을 금하는 것이었다. 그러나 그 사상은 근본적으로 잘못된 출발점을 가지고 있다. 하나님께서 만물을 지으셨고, 영도 물질도 다 좋게 만드셨기 때문에 어느 하나도 나쁘게 보아서는 안 되는 것이다. 결혼은 하나님이 내신 창조의 질서의 일부이다. 하나님께서 좋게 내신 음식이기에 감사한 마음으로 먹으면 되는 것이지, 그 어느 것을 나쁘다고 할 수가 없다. 하나님께서 좋게 만드신 것을 참되고 거룩하게 쓰면 거룩한 것이 되고, 악하게 잘못 쓰면 더러운 것이 될 것이다.

9. 그리스도 예수의 선한 일꾼(4 : 6—16)

바울은 젊은 교역자 디모데에게 보다 구체적으로 지시를 내린다. 디모데 자신이 할 일과 또 교인들을 향해서 할 일들을 구체적으로 열거한다. 그리스도 예수의 좋은 일꾼이 되기 위해서 우선 디모데 스스로가 할 일은 첫째, 지금까지 따른 신앙의 말씀과 선한 교훈의 말씀으로 양육을 받아야 한다는 것이다. 교역자 자신이 기독교 신앙의 말씀, 그 선한 교훈의 말씀에 의해서 올바로 다듬어지고 훈계를 받아 보다 원숙한 인격을 이룩해야 한다는 말이다. 둘째, 속되고 더럽고 어리석은 공상적 철학이나 신화 따위는 거부하고 멀리하라는 것이다. 셋째, 경건의 연단을 쌓으라는 것이다. 몸을 위해서 체력단련을 하는 것처럼 경건훈련을 하라는 것이다. 경건이란 하나님을 경외하는 삶을 가리키는 것으로서, 언제나 자기 부정을 하고, 하나님 중심의 삶을 살고, 하나님 앞에서 깨끗하고 흠 없이 살기를 힘쓰고, 하나님을 기쁘시게 하려고 하나님의 뜻을 추구하며 그의 법도대로 사는 삶을 살아야 한다. 그것이 어찌 쉽게 되겠는가! 인내와 단련이 요구되는 것이다.

그리스도를 믿고 하나님을 아버지로 모시고 경건하게 살아갈 때 금생과 내세의 축복이 있다는 이 가르침은 확실한 진리로서 만민이 다같이 받아야 할 교훈이다.

이렇게 자신에게 할 일을 말한 후에 남을 향하여 할 일들을 제시한다. 첫째, 위에서 말한 교훈들을 교인들에게도 명하고 가르치라는 것이다. 둘째, 비록 나이가 어리지만 업신여김을 받지 않도록 말과 행동과 사랑과 믿음과 순결함에 있어서 모본이 되라는 것이다. 셋째, 성도들 앞에서 성경을 읽어 주고 설교를 하고 가르치는 일을 힘쓰라. 넷째, 장로들의 회에서 안수를 할 때 디모데에게 내려진 은사를 무시하지 말라는 것이다. 그것이 무엇인지 확실치 않지만 방언의 능이나 예언, 또는 치유의 능일지 모른다. 이것을 무시하지 말고 잘 사용하라는 것이다. 다섯째, 목회자로서 이상의 모든 일들을 확실히 감당할 뿐 아니라 거기에 발전을 보이라는 것이다. 성장하고 진보하는 모습을 나타내어야 한다. 이리하여 결국 교역자는 자기를 구원하고 또 남을 구원하는 자가 되어야 한다.

10. 교인관리(5：1—6：2a)

목회에 있어서 실제로 해야 할 교인관리의 여러 모를 지시한다. 늙은이들에게 잘못이 있을 때 책망하는 대신 그들을 아버지처럼 생각하여 권고할 것, 젊은이들은 형제처럼, 늙은 여인들은 어머니처럼, 젊은 여인들은 누이처럼 순결한 마음으로 대하라는 것이다. 참 과부를 존대할 것, 사고무친 돌보아 줄 사람이 하나도 없는 과부로서 오직 하나님만 의지하고 밤낮 기도로 시간을 보내는 자를 참 과부라고 규정하였다. 그리스도인으로서 그런 사람을 존경하고 돌보는 것이 마땅한 일이다. 만일 어떤 과부가 자식이나 손자 손녀가 있다면 그들이 그 과부를 돌볼 줄 알아야 하며, 그것이 신자의 도리이고 하나님께서 기뻐하시는 바이다. 믿는다고 하면서 가정 안에 있는 과부를 돌보지 않는 것은 불신앙이며 불신자보다도 못한 자이다.

한 남자의 아내였던 자로서 60세 이상이 되고 자녀를 잘 길렀고, 손대접을 즐기고, 성도의 발을 씻기고, 환난당한 자를 구제하고 매사에 선행을 하려고 헌신하는 과부는 과부명록에 올려서 존대하고 돌보도록 하며, 60세 이하의 젊은 과부는 과부명록에 올리지 말고 오히려 그들은 다시 결혼하도록 권할 것, 다스리기를 잘하는 장로를 배나 존경할 것, 특히 말씀을 전하고 가르치는 일에 수고하는 장로들을 존경하며 응분의 보수를 드리도록 할 것, 즉 먹고 사는 데 불편이 없도록 하라는 것이다. 또한 장로에게 어떤 혐의가 있을 때 확실한 증거가 없는 한(즉 증인이 둘이나 셋이 있기 전에는) 송사하지 말 것.

교인들 중에 범죄하는 자들이 있을 때, 모두 앞에서 책망하여 다른 사람들이 두려움을 느끼도록 하며, 이런 일을 할 때 편파적으로 하거나 불공평하게 하지 말 것, 안수를 너무 값싸고 쉽게, 성급하게 하지 말 것, 다른 사람의 죄에 끼어들지 말고 순결을 지킬 것(15 : 22, 24-25), 교역자는 중한 책임을 진 자이므로 건강에 유의해야 하고 적극적으로 병을 치료하도록 해야 한다(5 : 23). 건강관리를 적극적으로 해야 한다는 것이다. 종으로서 예수를 믿는 자는 믿지 않는 상전들에게 극상의 존경을 바치라는 것이다. 그리하여 하나님의 이름과 그의 교훈에 먹칠하지 않도록 할 것, 주인이 예수를 믿는 사람이라도 존경하기를 게을리하지 말고 오히려 더 잘 섬기고 존경할 것.

11. 거짓 교훈과 진정한 부(富) (6 : 2b—10)

1세기 말의 교회 문제는 무엇보다도 참된 교훈의 전달과 보존이었다. 예수의 목격자들이며 교회전통의 기초가 되던 사도들이 다 죽고 이방사회로 번져 나가는 교회는 자연히 각 지방의 풍속과 사상, 전통 속에서 혼합되고 감염되면서 기독교 신앙과 교훈의 정통성을 보존하기가 매우 어려운 처지에 놓여 있었다. 이러한 때에 이 목회서신 저자는 기독교 신앙의 정통성을 견지하기 위하여 노력한 자였으며, 디모데를 향하여 그 임무를 주는 것이다. '우리 주 예수 그리스도의 건전한 말씀'은 사도들을 통하여 전해 내려오는 것이었다. 그것을 그대로 물려주고 물려 받아야 하는 것인데, 그것과는 달리 딴소리를 하는 사람들이 있었다.

사도들을 통해서 전해진 기독교 진리는 참으로 하나님을 경외하는 올바른 교훈인데, 어떤 사람들은 그것을 버리고 허탄한 말, 무익한 말만 하고 있는 것이었다. 그러니 정통적인 기독교 진리를 벗어나서 제멋대로 인위적인 교훈을 가르친다는 것은 결국 자기가 그리스도보다도, 사도들보다도 높다고 생각하는 교만한 자들이며, 진리를 모르고 있는 자들로서 다만 쓸데없는 논쟁을 좋아하고 말다툼을 즐기는 자에 불과하다. 결국 그런 행동으로부터 투기, 분쟁, 훼방, 악한 생각, 마음이 부패하고 진리를 잃어버리고 종교를 이익의 재료로 생각하는 사람들이 나타나 서로 싸움을 벌이게 된다. 자족하는 마음을 가지고 하나님을 경외하는 생활을 할 때(즉 참된 종교생활을 하면) 큰 이익이 있는 것이다.

즉 기독교를 돈과 연결시켜 그리스도를 이용하여 돈을 벌고 자기 만족을 도모하는 것은 그리스도의 정신과는 위배되는 것이다. 사람이 빈손으로 왔다가 빈손으로 돌아가는 것이고 먹을 것과 입을 옷이 있으면 그것으로 만족할 줄을 알아야 하는데, 그리스도인이라고 하면서도 부자가 되려고 하다가 유혹에 빠지고, 올무에 걸리고, 결국 파멸에 이르는 자들이 있다. 돈을 사랑하는 것은 모든 악의 뿌리가 된다. 어떤 사람들은 돈을 사랑하다가 신앙을 떠나고 크게 마음의 고통을 당하는 사람들이 있다. 기독교의 정통적 교훈을 바로 알고 붙들어야 하며, 부를 탐내는 일이 없어야만 하겠다.

12. 믿음의 선한 싸움(6 : 11—19)

끝으로 바울은 디모데 자신을 향하여 권면한다. 위에서 언급한 그릇된 행동, 특히 돈을 사랑하는 일을 피하라고 명한다. 다음으로는 적극적인 명을 내린다. 의, 경건, 신앙, 사랑, 인내, 온유를 추구하라는 것이다. 믿음의 선한 싸움을 싸우라는 것이다. 영생을 붙들라. 주 예수 그리스도가 나타나실 때까지 흠할 것이 없도록 계명을 잘 지키라는 것이다. 마침내 주께서 공의로 심판하시는 날 백일 하에 모든 것이 드러나게 된다는 것이다.

그리고 목회자로서 세상의 부자들을 향하여 교만하지 않도록 가르치며, 언제 없어질지 모르는 재물에다 희망을 두지 말고 우리에게 무엇이든지 즐길수 있을 만큼 넉넉히 공급해 주시는 하나님께 소망을 두도록 권고하라는 것이다. 부자들이 그들의 부를 의지하지 말고 선을 행하고, 선행의 부자가 되고 관대하고 선심을 쓰는 자가 되도록 하라는 것이다. 마치 참된 생명을 얻을 수 있는 좋은 기반을 닦도록 하라는 것이다. 목회자 디모데에게 최후로 바라는 것은 위탁된 기독교 진리와 전통을 잘 보수하라는 것이다. 쓸데없는 불경건한 말을 피하고, 거짓된 지식의 모순된 것들을 다 피하라는 것이다. 참된 신앙과 참된 지식을 붙들고 나가야 하며, 그렇지 않을 때에 결국 믿음에서 벗어나 멸망을 초래하게 된다는 것이다.

Ⅳ. 디모데 전서의 교훈

목회자는 그가 처한 시대의 파수군으로서, 자기가 맡은 양떼를 인도하고 가르치고 지키는 일에 있어서 기독교 진리에 배치되는 교훈이나 교리나 행동을 가려내야 하며, 반면에 기독교의 정통적인 진리와 교훈을 올바로 가르쳐 분별케 해야 한다.

목회자는 교회의 질서를 유지하고 교회가 평화롭고 아름답게 자라기 위해 교회의 제도를 바로 유지하고 직분을 바로 뽑아세우는 일에 유념해야 한다. 목회자는 교인들의 신앙생활을 예의 주시하면서 적절한 교훈으로 각자를 훈계하고 가르쳐, 저마다 제구실을 하게 하고 각각 올바른 성도가 되어 생명을 유업으로 받는 자가 되도록 인도할 책임이 있다. 교역자는 교인들의 모본이 되어 모든 점에서 존경을 받을 수 있어야 한다. 특히 진리를 밝히 아는 일에 있어서, 그리고 돈을 사랑하지 않고 결백한 생활로써 성도의 존경의 대상이 되어야 한다.

□ 토의문제

1. 바울의 다른 서신들과 목회서신이 어떤 점에서 다른지 좀더 검토해 보자.
2. 디모데 전서 3장에 나타난 감독과 집사의 자격을 자세히 검토하고, 오늘날 교회의 직분의 자격이 어떤 점에서 가장 표준미달인지 살펴 보자.
3. 디모데 전서에 나타난 이단 사상, 특히 금욕주의가 어떤 점에서 잘못인지를 좀더 깊이 알아보자.
4. 경건을 이익의 자료로 삼는 실례를 찾아보자.

□ 참고도서

Morton S. Enslin, *Letters to the Churches 1 and 2 Timothy, Titus,* London : Lutherworth' Press ; New York and Nashville : Abingdon Press, 1963.

Luke Timothy Johnson, *I Timothy, 2 Timothy, Titus,* Atlanta : John Knox Press, 1987.

E. K. Simpson, *The Pastoral Epistles,* Grand Rapids : Wm. B. Eerdmans Publishing Company, 1954.

G. N. D. Kelly, *A Commentary on the Pastoral Epistles,* London : Charles and Adam Black, 1963.

M. Dibelius and H. Conzelmann, *The Pastoral Epistles,* Philadelphia : Fortress Press, 1972.

디모데 후서

I. 서론(바울의 형편)

디모데 후서는 바울의 편지들 중 가장 사적인 편지로서, 그가 사도직을 가진 입장에서 직권을 가지고 말한다기보다는 자기 자신의 사사로운 이야기를 제일 많이 한 편지이다. 교회를 세운 자로서 그 교회와의 사이에 주고받은 어떤 공적인 통신이 아니라, 하나의 영적인 아버지가 자기의 '사랑하는 아들'(1 : 2)에게 보내는 편지로서 매우 친밀한 사적 관계를 바탕으로 하고 있다. 바울은 디모데의 가정 배경을 알고 있으며(1 : 5, 3 : 15), 따라서 디모데는 바울의 기억에 깊이 간직되어 있는 자였다(1 : 3). 바울과 디모데는 과거의 경험을 같이 가졌으며(1 : 13, 2 : 2, 3 : 10), 같은 지식을 가졌고(1 : 15, 18), 현재의 고통도 같이 나누고 있다.

이 편지를 쓰는 바울의 형편은 평상적이거나 순조로운 것이 아니었다. 그는 감옥에 갇혀 있는 상태(로마 감옥일 것 같다.)에서 글을 썼다(1 : 16-17). 그가 이미 한 번 재판을 받고 자기 변호를 했는데 "내가 사자의 입에서 건지웠느니라."(4 : 17)고 말할 만큼 간신히 한 고비를 넘겼다. 같은 옥중서신인 빌레몬서나 빌립보서에는 그래도 석방의 희망이 가느다랗게나마 보이지만(몬 22, 빌 1 : 12, 2 : 24) 이 서신에는 전혀 그러한 기대가 보이지 않는다.

바울은 자기의 생명의 종말이 다가옴을 느끼고 있었다(4 : 6—7). 어떤 인간적 구출에 희망을 두지 못하고 다만 하나님께서 건져 주실 것을 바라는 것 뿐이었다. 오히려 인간들에게서는 버림을 받고 거절을 당한 형편이었다. 아시아에서는 모두가 그를 버렸다는 것이다(1 : 15). 그가 첫 번째 법정에 나섰을 때 아무도 자기 곁에 있어 준 자가 없었다는 것이다(4 : 16). 동료 사역자들 중 더러는 자기를 버리고 다른 일터로 떠나갔고, 어떤 이들은 '세상을 사랑하여' 아예 그를 버리고 달아났다는 것이다(4 : 10). 그런 중에도 오네시보로만이 감옥을 찾아와 주어서 크게 고마움을 느꼈다는 것이다(1 : 16—17).

동시에 디모데가 앞으로 방문해 줄 것을 기대하고(4 : 9, 21), 드로아에 두고 온 책과 두루마리를 가져다 주기를 기다리면서 위로를 받는다(4 : 13). 또한 마가가 디모데와 함께 와서 봉사해 줄 것을 생각하면서 위로를 받는다(4 : 11). 바울은 그렇게 외로움을 느끼고 있지만, 실상 누가가 아직 같이 있고, 그 밖에 몇이 문안에 동참하고 있는 것으로 보아 완전히 고독한 생태는 아니었다(4 : 21, 4 : 11). 그러나 그의 마음은 매우 외롭고 쓸쓸함을 느끼면서 디모데에게 이 편지를 쓰는 것이었다.

바울은 아직도 재판을 더 받아야 하고, 받더라도 자기에게 유리하게 전개될 희망은 별로 없었다. 구리 장색인 알렉산더가 계속 바울의 전도를 방해하였고, 앞으로도 그럴 가능성이 있어서 디모데에게까지 주의를 주어야 할 형편이었다(4 : 14—15). 후메네오와 빌레도 같은 자들이 있어서 문제를 일으키고 골치를 앓게 하고 있었다(2 : 17). 올바른 가르침보다도 오히려 그릇된 교훈이 더 판을 치고 더 흥왕한(2 : 16—17) 실정이어서 바울은 그 말년에 어떤 좌절감을 가지고 실의에 빠질 지경에 이르렀다. 그러나 바울은 이러한 위협적인 형편에서도, 그리고 이제 자기 자신은 별로 희망이 없어도 청년 디모데, 자기의 후계자를 통해서 계승하여 진리의 선한 싸움을 하도록 하려고 편지를 쓰고 있는 것이다.

디모데 후서는 위에서 말한 대로 바울의 사사로운 편지로서 동료, 또는 제자 디모데를 격려하며 혼란해지고 이단이 들끓는 상황을 바로 대처해 나가도록 지시하며 훈계하는 편지이며, 많은 학자들의 의견과 같이 이것이 제일 먼저 기록된 것일지도 모른다. 디모데 전서에는 교회 직제가 더 짜임새 있게 나타나며 퍽 후대의 교회 형편을 보여 주기 때문에 좀더 후대의 글이 아니겠는가 하는 추측을 가능케 한다.

Ⅱ. 내용 개요

디모데 후서는 노장 선교사 바울이 젊은 동료 디모데에게 보낸 열렬한 목회서로서 복음전도자의 중요한 자격인 인내를 강조하는 편지이다. 디모데에게 이미 주신 하나님의 은사를 다시 불질러 용기를 내라고 권면하며(1：3—7), 주님을 증거하는 일을 부끄럽게 여기지 말라고 타이른다(1：8—18). 그리고 예수 그리스도의 선한 군사로서 고난에 동참하라고 격려한다. 거짓 교사들과 경건치 못한 말쟁이들을 대항하되 말씀을 바로 해석하여 훌륭한 일꾼이 되도록 힘쓰라는 것이며(2：14—19), 비열하고 야비한 것들을 버리고 자신을 순결하게 하며 주님이 쓰시기에 합당한 그릇이 되도록 힘쓰라는 것이다(2：20—26). 이렇게 하는 데 있어서 바울 자신을 본받으라는 것이다. 바울은 이미 그의 생애를 다 마치고 의의 면류관을 기다리고 있는 자이기 때문이다(3：10—17). 순교를 앞두고 유언처럼 준 마지막 고별의 말씀(4：6—8)은 그리스도인의 불굴의 정신과 희망을 잘 보여 주는 감동적인 대목이다.

Ⅲ. 내용 해설

1. 인사(1：1—2)

이 인사 내용은 바울의 다른 서신에서 사용한 형식과 거의 같은 것으로서, 2절에 은혜와 평강 외에 긍휼이라는 말이 첨가된 점이 다를 뿐이다. 바울은 하나님의 뜻에 의해서 그리스도 예수의 사도가 되었다는 사실을 확신하면서 권위를 가지고, 그리고 사명의식을 가지고 파송자이신 예수 그리스도의 계시의 말씀을 전하고 있는 것이다. 그리고 그리스도 예수 안에서 생명을 얻을 수 있다는 약속의 확신을 가지고 편지를 쓰고 있는 것이다. 디모데는 바울에게 있어서 사랑하는 자식으로 여겨지며, 그 만큼 바울은 그를 신임할 뿐 아니라 그의 중요성을 느끼면서 글을 쓰고 있다. 훌륭한 후계자가 필요하다. 진실된 후계자를 통해서 기독교 진리와 복음은 보존되고 계승되어 온 것이기 때문이다.

2. 하나님의 은사(1 : 3—7)

노장 바울은 감옥에서 외로움을 느끼고 좌절과 실망의 엄습을 경험하면서도 다시 용기를 얻어 가능한 한 최대의 일을 하고 있는 것이었다. 즉 붓을 들어 가장 신임할 만한 제자요, 동역자인 디모데에게 편지를 써서 그를 통하여 바울의 유지를 전하며 하나님께서 맡기신 일을 성취하려고 한 것 같다. 바울은 옥중에서도 기도할 자유는 있는 것이기에 언제나 기도 중에 디모데를 언급하면서 하나님께 감사를 드린다는 것이다. 하나님께서 디모데와 같은 충성된 일꾼을 일으키셨고 남겨두신 일을 생각할 때 바울은 감사할 수밖에 없었고, 디모데가 바울과 꼭 같은 심정으로 복음을 위해서 같이 눈물을 흘리던 때의 동지적 일치감을 회상하면서 보고 싶은 마음이 간절하여 밤낮 기도하는 중 재회의 기회를 하나님께 간청하는 것이었다. 바울이 디모데를 그렇게 사모할 만한 이유가 있다. 과거의 경험을 통해서 디모데의 사람됨과 그와의 친교를 통한 정 때문만이 아니라 디모데의 조모 로이스와 어머니 유니게를 이어서 디모데에게까지 흘러온 신앙이 참으로 진실되고, 확고함을 알기 때문이다.

이제 문제는 바울이 영어의 몸으로 부자유하고 복음운동에 견제가 걸렸고 따라서 디모데가 주춤실의에 잠겨 있는 터였지만, 바울은 불굴의 노선교자로서 자기의 대를 이어 디모데가 넉넉히 그 일을 계승할 수 있을 것을 믿고 이제 디모데를 격려하여 그에게 발동을 걸어서 복음사업을 계속하려는 것이다. 바울은 과거에 디모데에게 안수하며 동역자로 일을 시작할 때 하나님께서 은사를 내리신 사실을 기억하고 있기에 더욱 그런 생각을 한 것이다. 선한 일을 시작하신 이가 하나님이신데, 그가 실패할 리가 없다. 하나님께서 디모데에게 은사를 주신 것은 임시적이거나 장난으로 하신 일이 아닐 것이니, 이제 할 일은 디모데가 과거에 받은 하나님의 은사를 되살리고 거기에 발동을 걸면 되는 일이다. 그 하나님의 은사가 어떤 것인지 밝혀 있지 않다. 그러나 성령께서 주신 예언의 능력, 병고치는 능력, 방언의 능력 등을 상상할 수 있다. 이러한 은사를 사장하지 말고 활용하면 되는 것이다. 7절에서 말한 바와 같이 하나님은 능력과 사랑과 절제의 영을 주셨으니, 그것을 활용한다면 무엇이든지 해낼 수 있다고 디모데의 분발을 촉구하며 격려하고 있다.

3. 주님 증거하는 일(1 : 8—18)

바울이 디모데에게 바라는 것은 침체했던 신앙과 사명감을 다시금 불붙여 활동을 재개하는 일뿐 아니라 복음의 내용과 그 진리에 대한 인식을 바로하고 부끄러움 없이 실제로 증거하는 일이다. 그래서 바울은 먼저 우리 주님을 증언하는 일을 부끄럽게 여기지 말라고 말한다. 동시에 바울이 주님 때문에, 즉 복음 때문에 갇혀 있다는 이야기를 서슴치 말고 해야 한다는 것이다. 바울이 로마서 1 : 16에서 말한 대로, 사람들은 로마 정부의 정치범으로 십자가에 달려 돌아가신 그리스도를 믿는다는 것을 부끄럽게 여기지만 자기는 부끄럽게 여기지 않는다고 말했고, 또 자기가 그리스도 때문에 고생을 하고 감옥에까지 갇힌 것을 결코 부끄럽게 여지지 않는다. 그래서 디모데에게도 그런 권면을 한 것이다.

즉 복음을 위해서 고난당하는 일에 달게 동참할 각오를 하라는 것이다. 복음은 결코 부끄러운 것이 아니고 오히려 하나님의 능력이 나타난 것이며 믿는 사람이면 누구나 구원할 수 있는 하나님의 능력이기 때문에(롬 1 : 16), 그것을 증거하는 일을 위해서 고생을 당하는 일이 영광스러운 일이고, 결코 부끄러운 일일 수 없다는 말이다. 복음이 무엇인가를 바로 깨닫기만 한다면 능히 그것을 위하여 고난을 감수할 수 있고, 그리스도를 증거하는 일을 결코 부끄럽게 여기지 않을 것이다.

그래서 9절 이하에서 바울은 복음의 내용을 밝힌다. 우리는 아무런 공로가 없는데도 불구하고 하나님께서는 당신 자신의 뚜렷한 목적을 가지시고 영원 전부터 그리스도 예수 안에서 주시기로 작정하신 당신의 은총으로 인해서, 그리고 때가 되어 그리스도 예수를 보내신 그 은총을 통해서 우리를 구원하셨고 부르셔서 성별해 주셨다. 이제 우리는 그리스도를 통하여 죽음이 사라지고 생명과 불멸의 축복을 받게 된 것이다. 이러한 복음을 통하여 구원하신 주님에 대해서 증거하는 일이 어찌 부끄러운 일이겠는가? 그 복음을 위해서 고통당하는 바울의 사실을 말하는 것이 무슨 부끄러운 일이겠는가?

바울은 11절 이하에서 자기를 본보기로 보여 준다. 자기도 그 복음을 전하는 전도자, 사도와 교사로 임명을 받았고, 그것 때문에 이러한 고통을 당하고 있다는 것이다. 바울은 자기가 믿는 그리스도가 어떤 분인가를 알고, 또 자기에게 위탁한 복음이 끝까지 주님에 의해서 방어되며 성공적으로 선포될 것을 확신하기 때문에 부끄러움 없이 증언하고 있다는 것이다. 그러니까 바울을 통해서 전달된 건전한 교훈, 즉 정통적 교훈을 들은 대로 잘 따르고 보수하라는 것이다. 성령을 통하여 위탁받은 그 진리를 바로 보존하고 바로 전달하는 일이 중요하고, 그것을 바울은 디모데에게 부탁하는 것이다.

진리를 수호하고 복음을 전하고 증거하는 일이 고독하고 어려운 일이기는 하지만, 그리고 많은 사람들이 변절하고 아세아의 여러 신도들, 특히 부겔로나 허모게네 같은 사람은 제길을 가버렸지만, 오네시보로의 집안은 여전히 충성스럽게 복음을 붙들고 바울의 위로가 되며 바울이 갇힘을 부끄러워 하지 않고 자기를 찾아와 주었다는 것이다. 그런 좋은 예도 있으니 고독하다고 느끼지 말고 복음증거에 다시 힘을 내어 바른 전통을 수호하고 전하는 일에 활기를 내라는 것이다.

4. 예수 그리스도의 선한 군사(2 : 1—13)

복음의 증인(그리스도의 증인) 노릇을 하기 위해서는 능력이 있어야 한다. 사람의 힘이나 능력이 아니라 그리스도 예수께서 베푸시는 은총으로 말미암은 능력이 필요하다. 그리고 필요한 것은 동지를 가지는 일이며, 같이 싸우고, 힘이 되어 줄 부하들과 동료들을 많이 얻는 일이다. 그래서 바울은 자기가 여러 증인들 앞에서 전해 준 복음진리 즉 바울의 사사로운 것이 아닌 정통적이고, 전통적인 진리를 믿음직한 사람들에게 전승하고, 위탁하고 또 그들로 하여금 남에게 다시 그것을 가르치도록 하라는 것이다. 이와 같은 전달교육과 전승작업을 통해서 복음증거가 바르게 되며 또 널리 퍼지도록 노력하라는 것이다.

그러나 복음의 증인 노릇을 한다는 것은 마치 군인의 생활과 같은 것으로서, 고통과 충성이 따르게 마련이다. 그리스도 예수께서 불러 당신의 군인으로 삼은 자라는 자각을 가지고 그리스도와 함께 고난당하는 일을 각오해야 할 것이며, 일편단심 그 상사이며 불러 주신 주인이신 그리스도를 위하여 충성을 다해야 한다는 것이다. 운동선수처럼 전력을 다하고 법을 지키면서 노력해야 하고, 농부처럼 땀을 흘려 일하면 결실의 날이 올 것이라고 하면서, 주님께서 이해력을 주어 바울이 지시하는 바를 깨닫게 되기를 기원하고 있다.

예수 그리스도를 기억하고 복음을 언제나 기억하라는 것이다. 바울이 복음 때문에 쇠사슬을 차고 갇혀 있지만, 하나님의 말씀은 갇히거나 막히는 법이 없다. 그래서 바울은 참고 견디면서 계속 증언하고 있으며, 예수 그리스도 안에서 모두가 구원을 얻기 위해서 힘쓰고 있다는 것이다. 그러니 디모데도 바울을 본받아 그리스도의 군인답게 그 고난의 대열에서 힘을 쓰라고 권한 것이다.

5. 거짓 교사들을 대응하는 일(2：14—19)

목회에서 실제로 할 일 중의 하나는 교인들을 바로 지도하고 특히 거짓 교리와 교훈에서 그들을 방어하여 바로 먹이는 일이다. 바울은 여기서 디모데가 처해 있는 처지를 감안하여 복잡한 이단사설을 염두에 두고 공연한 말다툼을 피하도록 교인들을 지도할 것을 지시한다. 진리를 논난하는 것이 아니고, 비진리를 가지고 이러쿵 저러쿵 말싸움을 하는 것은 아무 유익이 없을 뿐더러 결국은 듣는 자들을 파멸로 이끌어가기가 일쑤이기 때문이다. 그러면서 디모데에게 명하는 것은 먼저 진리의 말씀을 바로 분별할 줄 아는 사람이 되라는 것이다. 목회자가 먼저 진리를 바로 깨닫고 분별하지 않으면 온 교회가 같이 혼란에 빠지게 될 것이다. 목회자는 먼저 진리를 바로 깨닫고 진위를 가릴 줄 알아야 하며 어느 모로나 부끄러울 것이 없어야 한다. 그리하여 누가 보든지 인정할 만한 자가 되어야 한다. 그리고 하나님 앞에 헌신을 하되 하나님 앞에도 합격된 자가 되어야 한다. 교역자가 먼저 진리의 말씀을 바로 가려내고 모든 면에 인정받는 자가 되고 하나님의 참 일꾼으로 나타날 때 이단사설이 발을 못 붙인다. 교회에서 망령되고 헛된 이단적 말을 축출하고, 배제하고, 정통적인 사상과 교훈만을 가르치면 가장 바람직한 일이다. 잡다한 거짓 교훈을 방치해 두면 점점 더 불경건한 지경으로 교인들을 몰고 간다. 마치 고질병이 창궐하는 것처럼 교회를 망가뜨린다. 예컨대 후메네오와 빌레도와 같은 사람이 부활은 이미 지나갔고 다시는 없다는 거짓 교훈을 퍼뜨려 어떤 사람의 신앙을 뒤흔들고 있는 실정이라는 것이다.

6. 주님이 쓰시기에 합당한 그릇(2 : 20—26)

바울은 디모데가 하나님의 집에서 귀하고 큰 일을 할 수 있는 귀한 그릇이 되기를 바라고 있다. 귀한 그릇으로 큰 일을 하는 그릇이 되기 위해서는 깨끗한 그릇이 되어야 한다. 거룩하신 주인이 쓰시기에 합당한 거룩한 그릇이 되어야만 한다. 선한 일, 고상한 일을 하기 위해서 예비된 그릇이어야만 한다. 그렇기 위해서 젊은이들이 흔히 가지는 욕정을 버려야 하며 깨끗한 마음을 가지고 의와 신앙과 사랑과 평화를 추구해야만 한다(22절). 소극적으로 말하자면 어리석고 무의미한 논쟁을 피하라는 것이다. 그리고 다투는 일이 없어야 한다는 것이다. 반대로 누구에게나 친절하며, 가르치기를 잘하며 참을성이 있고, 의견을 달리하는 자들을 유순한 말로 고쳐 줄 수 있어야 한다. 이렇게 연단을 받고 준비된 그릇이 될 때 하나님께서 크게 그리고 유용하게 사용하실 수 있다는 말이다. 자기 자신의 단련, 훈련, 교육, 준비가 전혀 없이 열정만 가지고 하나님의 일을 하겠다고 나설 때 오히려 문제가 생기는 것이다.

7. 말세 인간의 양상(3 : 1—9)

바울은 그의 초기 서신에서 급박한 재림 신앙을 보이고 있지만 점점 그 사상이 희미해졌다. 그의 말기에는 예수님이 오늘 내일 재림하시리라는 기대를 하지 않았고, 특별히 목회서신이 기록되던 시대, 즉 1세기 말경에는 종말 사상이 느긋해졌고 급박성을 잃고 있었다. 그러나 종말이 없다거나 재림이 없다고 보는 것이 아니었다. 여기 이 대목에서는 급박한 종말을 논하지는 않지만 종말이 다가오고 있다는 생각은 불변하는 것이었고, 예수 이후 시대가 다 종말적 시대임을 알고 있다. 길든 짧든 종말의 때가 가까이 오고 있는 것은 사실이기에 교회는 종말의 때를 살아가면서 거기에 대처해야 하는 것이다. 그래서 바울은 디모데에게 그 사실을 알고 목회자로서 대응할 것을 지시하는 것이다.

말세를 일괄하여 '곤난한 시기'(고통의 때)라고 성격을 지었다. 왜냐하면 사람들이 다 자기를 사랑하는(자기 중심주의) 자들이 된다는 것이다. 돈을 사랑하고, 자긍하고, 교만하고, 모독적 언사를 쓰고, 부모를 거역하고, 감사할 줄 모르며, 거룩하지 않으며, 무정하고, 원한을 풀지 않으며, 참소하며, 절제할 줄 모르고, 잔인하고, 선을 사랑하지 않으며, 배반하며, 경솔하며, 자고하며 하나님보다 쾌락을 더 사랑한다. 결국 경건의 모양은 있는데 경건의 능력은 거부한다. 내용이 전혀 없는 종교를 형식적으로 가진다는 말이다. 구약시대의 얀네와 얌브레가 모세를 반대하고 민중을 선동하고 그릇된 교훈을 전하다가 망한 예도 있지만, 말세에도 그런 족속이 나타나 가정에 침입하고, 연약한 자들을 유혹하여 혼란을 일으키는 일이 있을 것이라는 말이다. 그러니 그런 사람들을 삼가고 피하라고 당부한다.

8. 바울을 본받으라(3 : 10—17).

디모데는 오랫동안 바울의 조수로서 동고동락하면서 바울의 모든 것을 목격했다. 바울의 가르침, 행동, 삶의 목표, 신앙, 인내, 사랑, 불굴의 태도, 박해, 수난, 특히 안디옥, 이고니온, 루스드라에서 당한 일, 그리고 그것을 어떻게 참아냈는가를 다 보았다. 그리고 그 때마다 주님께서 바울을 구출하신 사실도 잘 보아 알고 있다. 그러므로 그리스도의 증인이 된다는 것이 얼마나 어렵다는 것을 알고 있으며, 동시에 주 안에서 승리한다는 사실도 알고 있다. 그리스도를 믿고 경건하게 살려고 할 때 반드시 박해가 있다는 것을 알고 있다.

반대로 악인들, 속이는 자들은 점점 더 악해져서 남을 속이고 또 남에게 속는다. 이제 어떻게 할 것이며, 어느 길을 택할 것인가? 결국 지금까지 배운 것, 즉 바울에게서 배우고 할머니와 어머니에게서 배운 것, 그리고 확실히 믿어 온 바를 계속 붙들어야 하지 않겠느냐 하는 것이다. 그리고 무엇보다도 어려서부터 읽고 배워 온 성경을 토대로 하여 배우고 믿으라는 권면을 한다. 성경은 그리스도 예수를 믿는 신앙을 통해서 구원얻는 도리를 가르쳐 주는 책이며, 하나님의 사람으로 온전해지고 선한 일을 하는 자가 되도록 훈련시켜 주는 책이니 그 영감된 책을 상고하라는 것이다. 말씀이 성경에 기록되었고, 그것이 바울의 삶을 통하여 실천, 실현되었으니, 바울의 삶을 본받고 성경을 읽고 연구하면서 목회한다면 모든 일이 해결될 것이다.

9. 바울의 마지막 지시(4 : 1—5)

바울은 이제 자기가 석방되어 다시 복음전도 일선에 나설 희망을 가지지 못한다. 그래서 충성된 영의 자식이며 동료인 디모데에게 간곡히 부탁한다. 아니 엄숙한 지시를 내린다. 바울의 개인적인, 사적인 부탁이 아니라 심판자이신 하나님과 그리스도 예수를 증인으로 세우고 엄숙히 위임의 부탁을 내리는 것이다. "말씀을 전하라."는 것이다. 시기가 유리하든지 불리하든지를 막론하고 언제나 준비태세를 갖추고 복음을 선포하라는 것이다. 경책하고, 경계하고, 권면하고, 참고, 가르치면서 부단히 노력하라는 것이다. 그런 꾸준한 노력이 요구되는 이유는 말세가 될수록 사람들이 점점 건전한 교훈, 올바른 교훈은 듣기 싫어하고, 자기들의 귀를 즐겁게 해주는 교사들을 사랑하고, 진리에서 벗어나 헛된 이론과 허황한 이야기에 끌려가게 될 것이기 때문이다. 그런 환경이기에 꾸준히 그리고 여러 가지 노력으로 가르치고, 권하고, 책망하고, 계속 노력을 퍼부어야 한다는 말이다. 그런 의미에서 "너는 모든 일에 근신하여 고난을 받으며 전도인의 일을 하며 네 직무를 다 하라."(5절)고 권한 것이다.

10. 바울의 순교자적 소망(4：6—8)

복음증거를 위해 일생을 불사르고 끝까지 충성하다가 이제는 감옥에 갇히고 멀지않아 순교의 죽음을 죽게 될 운명을 앞에 놓은 노사도 바울은, 앞으로 같은 운명을 당할지도 모를 젊은 디모데를 향하여 자기처럼 충성하며 복음전도자가 되라고 지시하고 나서, 이제 끝으로 자신의 소신과 소망을 밝힌다. 얼마나 당당하고 자신이 있고 후회 없는 훌륭한 삶이었던가! 자기는 선한 싸움을 싸웠고, 달려야 할 경주를 이제 최선을 다해서 끝까지 달렸고, 믿음을 깨끗이 지켰다는 것이다. 이런 말을 할 수 있는 사람이 어디있을까? "다 이루었다."고 하신 주 예수의 뒤를 따른 바울 사도 외에 또 누가 이런 말을 할 수 있을까! 이제는 의로운 재판장이신 주님께서 자기에게 씌워 주시려고 마련하신 의의 월계관이 마련되어 있다는 것이다. 한 점의 유감도 없이 그 날을 기다리는 성자 바울의 고백은 디모데에게, 그리고 모든 독자에게 커다란 격려와 자극과 감동을 주는 것이었다.

11. 바울의 마지막 작은 부탁(4：9—18)

쓸쓸한 감방, 인간적으로 누구에게서도 따스한 정을 받기 어려운 마지막 순간에 영의 아들 디모데를 보고 싶어하는 간절한 바울의 심정이 여기에 나타난다. 할 수 있는 대로 빨리 와 달라는 부탁이다. 데마는 떠나가 버렸고, 그레스게도 갔고, 디도는 달마디아로 가야만 했고 두기고도 에베소로 보내고 오직 누가만이 남아 있다는 것이다. 죽기 전에 사랑하는 동료들이 한번 보고 싶어진 것이다. 마가를 데리고 오라는 것이다. 디모데가 올 때 드로아 가보의 집에 남겨둔 책, 특히 두루마리 책들을 가져다 달라는 것이다. 그리스도를 위해서, 복음을 위해서, 가정과 재산과 명예와 영달을 다 버리고 총재산이 몇 권의 책밖에 없는 바울, 그 무렵에 말동무조차 없어서 마가와 디모데를 매우 보고 싶어하고 어서 만나기를 고대하는 그 심정을 누가 헤아릴 수 있겠는가? 그러면서도 구원의 확신을 가지고 끝까지 복음 전달을 위하여 떨리는 소리로 마지막 순간까지 편지를 불러 주어 쓰게 하는 사도의 지극한 충성을 우리는 본받아야 하겠다.

□ 토의문제

1. 기독교 복음 진리를 바로 수호하고 바로 전달하기 위해서 바울이 애를 쓰고 디모데에게도 강력히 부탁하는 글을 썼는데, 오늘날의 교회나 우리들이 그 문제를 어떻게 생각하고 있으며, 어떤 대책을 세우고 있으며, 우리가 한다면 무엇을 어떻게 해야 할 것인가?
2. 바울은 디모데에게 하나님의 말씀을 옳게 분별하라고 했는데 그 방법을 생각해 보자.
3. 오늘에 있어서 교회의 순수한 교리를 좀먹고 문제를 일으키는 잡다한 이론과 사상들은 어떤 것이며, 그것들을 어떻게 대처할 것인지 생각해 보자.

□ 참고도서

디모데 전서의 참고도서를 참고하라.

디 도 서

Ⅰ. 디도의 인물

디도에 대해서는 별로 알려진 것이 없다. 그는 헬라 사람이었고(갈 2:3), 예루살렘회의 때에 바울과 바나바와 함께 안디옥교회의 대표로 파송되었던 사람이다(행 15:12, 갈 2:1, 3). 그는 이방인이었지만, 예루살렘에서 할례를 강요받지 않았다(갈 2:1-3). 그는 바울의 제3차 전도여행 때 바울과 밀접한 관계를 가지고 동역하였으며, 특히 고린도교회에 두 번이나 파송받아 중대한 사명을 수행했다. 즉 고린도교회와 바울 사이의 화해를 도모하였으며, 예루살렘교회를 위한 구제금 모금에 힘쓰도록 임무를 맡기도 했었다(고후 2:13, 7:6, 8:16, 23, 12:18). 디모데 후서 4:10에 의하면 달마디아로 파송을 받아 일한 적이 있으며, 디도서에서는 그레데에서 일하고 있는 것으로 나타났다(딛 1:5).

바울이 디모데에게 보였던 것 같은 온정이 디도서에는 나타나지 않는다. 즉 디모데에게는 '사랑하는 아들'이라는 표현으로 디모데를 지칭했는데(딤후 1:2), 디도에게는 단지 '나의 참 아들'(딛 1:2)이라고 불렀다. 그 당시는 아직 디도가 바울의 지도와 관할 아래 있었고, 바울의 파송을 받아 그레데 지방을 돌보게 되었던 것 같다. 바울은 아직 활동을 활발히 하고 있는 때였고, 감옥에 갇혀 있는 형편은 아닌 듯하다. 니고볼리에서 겨울을 나겠다는 말과 거기서 디도를 만나기를 기대하는 것으로 보아(3：12) 바울은 행동이 자유스러웠고, 또 디도 역시 그레데의 사역이 영구적인 것은 아니었던 것 같다. 디도의 성격과 그의 역량이 특수하여 고린도교회와 같은 문제 많은 곳에 해결사(解決士)의 임무를 수행하기에 안성맞춤이었던 것 같다. 그래서 그레데라는 섬도 역시 문제가 많고 디도 같은 사람이 필요하였기 때문에 우선 그리로 파송되었던 것이 아닐까 생각된다.

Ⅱ. 내용 분해

디도서는 3장으로 구성되어 있는바 중요한 문제가 매 장에서 취급되어 있다. 첫 장에서는 그레데 지방의 여러 가지 거짓 교사들과 그 지방의 특유의 결점들을 감안하여 장로나 감독되는 사람의 자격이 어떠해야 한다는 것을 말한다. 둘째 장에서는 교회 안의 여러 그룹, 즉 늙은 남자(2：1—2), 늙은 여자(2：3—5), 젊은 남자(2：6—8), 종(2：9—10)에 대해서 어떻게 대할 것인가를 지시하고, 하나님의 은총을 입은 신도들에게 마땅히 기대할 바가 무엇인가를 종합적으로 말한다. 셋째 장에서는 여러 가지 윤리적 교훈을 제시하였다.

Ⅲ. 내용 해설

1. 인사(1：1—4)

여기서 바울은 다른 목회서신에서보다는 훨씬 긴 인사의 말을 썼다. 바울은 자신의 신분을 매우 장황하게 그리고 세밀하게 묘사하고 있다. 그레데교회들이 문제가 많고 혹시 바울의 권위를 무시하고 대수롭게 여겼는지도 모른다. 이제 디도를 보내어 문제를 해결하고 질서를 잡으려는데, 바울이 편지를 보내면 그들 교인들에게 읽어 줄 것이기 때문에 일부러 바울이 사도의 권위를 밝히고 그의 지시가 더욱 효과를 발생하도록 하려는 의도가 있었는지 모르겠다. 바울은 자기가 하나님의 종이라고 우선 밝히며 시작한다. 동시에 예수 그리스도의 사도 즉 사신이라는 말을 첨가한다. 하나님의 종으로서, 그리고 그리스도의 사도로서 하는 일은 하나님께서 불러내신 자들, 즉 성도들의 믿음과 기독교 진리에 대한 인식을 바로 가지게 하며 영생의 소망을 가지도록 하는 데 있다는 것이다. 이 진리와 소망은 하나님께서 영원 전에 약속하신 바이며 제때에 그의 선포의 말씀 가운데서 사람들에게 나타내신 것인데, 그 선포의 임무를 하나님의 명령에 의하여 바울에게 맡겨 주셨다는 것이다. 결국 사도 바울을 통해서 전해지는 케리그마(선포의 말씀)는 하나님이 맡기신 것이요, 그의 명령에 의한 것이니 결코 소홀히 하거나 무시할 수 없다는 말이다. 그리하여 선포된 기독교 신앙은 이미 도처에 널리 퍼져서 누구나 아는 것이 되었고, 이방인도 믿는 것이 되었다. 그러던 중 디도도 믿게 되었고, 그 중에도 그는 바울의 자식, 진정한 자식으로 취급되게 되었다는 것이다. 하나님과 그리스도 예수의 은혜와 평강을 비는 인사는 바울이 다른 여러 서신에서와 똑같은 형식을 취하고 있는 점에서 다른 목회서신들과 차이가 있다.

2. 그레데에서 디도가 할 일(1：5—16)

기독교 사상의 원천이라고도 할 수 있는 바울은 있는 힘을 다해서 자기 영역에 속하는 지방에서 기독교 진리를 가르치고 변호시키는 작업을 했다. 여러 곳에 다니며 직접 그의 입으로 했을 뿐 아니라, 그것이 불가능하면 글을 써서 그리했다. 그 옛날 종이나 먹, 붓을 얻기 힘들고, 글을 쓴다는 것이 그리도 어렵던 때에 바울이 여러 곳에 장문의 편지를 써서 진리를 가르치고 변호하고 교회를 다스렸다는 것은 결코 예사가 아니다. 참으로 큰 정성이 아니고서는 할 수 없는 놀라운 일이다. 바울은 이렇게 편지를 쓸 뿐 아니라 적절한 시기에 자기가 가장 신임할 수 있는 적당한 일꾼을 택하여 적당한 장소로 파송하여 복음을 전하고 교회를 다스리고 가르치게 하였다. 디모데를 에베소에서 일하게 하고 디도를 그레데에 파송한 일들이 모두 바울의 지혜와 그의 열성에서 나온 처사라 할 수 있다.

디도는 위에서도 말한 대로 중재의 역할을 잘하고 교섭, 교제의 능을 가진 사람같이 보인다. 그러기에 바울은 문제가 많은 그레데 지방으로 그를 파송하여 문제를 수습하고 질서를 잡고 당분간 목회하도록 했던 것 같다. 우선 바울이 디도를 그레데에 머물게 한 목적이 두 가지로 나타난다. 첫째는 "부족한 일을 바로잡는 일"이며, 둘째는 바울이 명한 대로 "각 성에 장로들을 세우는" 일을 하게 하려는 일이다. 그레데 섬은 누구에 의해서 어떻게 복음이 전달되었는지 모르지만, 바울의 영향권에 있었던 것이 사실인 것 같고, 이미 여러 곳에 교회가 세워졌지만 아직 지도자가 없고 목자가 없는 까닭에 여러 가지 혼란이 있었던 모양이다.

결국 성도들은 있지만 하나의 조직으로서 체계가 서 있지 못하기 때문에 구조적으로 아직 유동적이어서 그 부족함이 충족되어야만 했다. 즉 장로를 세워서 그로 하여금 교회를 다스리고 통솔하도록 함으로써 그 약점을 메꿀 수 있을 것이다. 다음으로는 신앙적으로 또는 윤리적으로 여러 가지 미숙함과 무지함이 있었기 때문에 그것을 채워 주어야 했다. 우선 6절 이하에서 장로의 자격을 말해 주었다. 디모데 전서에서는 감독이라는 말로 나타났지만, 여기의 장로와 거기의 감독은 같은 의미로 보아도 될 것이다. 7절에 곧 감독이라는 말로 바꾸어 쓰는 것만 보아도 장로가 바로 감독이라는 것을 알 수 있다. 장로(감독)의 자격을 열거한다면, 책망할 것이 없는 자, 한 아내의 남편인 사람, 자식들이 방탕하다는 비난을 받거나 불순종하는 자가 아니고 성실하고 신앙을 가진 자들의 아버지, 거만하지 않으며, 급히 성내지 않고, 술을 즐기지 않고, 구타하지 않고, 더러운 이익을 탐내지 않고, 나그네를 대접하며, 선을 좋아하며, 근신하며, 의로우며, 거룩하며, 절제하며, 기독교의 진리의 말씀에 집착하는 자이어야 한다는 것이다.

장로는 감독이어서 여러 사람들을 돌보고, 지도하고, 감독하는 책임을 가진 하나님의 청지기이기 때문에(1 : 7) 이런 자격이 필요하고, 모든 점에서 책망받을 일이 없어야 한다는 것이다. 특히 마지막 조건에 있어서 장로는 건전한 교훈을 가지고 능히 남을 가르치고 권면해야 할 뿐 아니라, 반대자들을 정당한 교훈으로 책망할 수 있어야 하기 때문에 먼저 기독교의 정통적인 진리를 바로 알고 확신을 가져야 하며 거기에 집착해야 한다는 말이다(1：9).

바울이 그레데 섬의 교회 내용을 어떻게 그렇게 잘 아는지 모르지만, 바울은 섬의 사정을 잘 조사해 알고 거기에 적절한 조치를 하고 있다. 즉 디도를 통하여 할 일을 제시한다. 10절 이하에서 그레데의 형편을 설명하면서 장로들이 그 일에 대처해야 한다고 가르친다. 특히 9절 끝에 '거스려 말하는 자들'을 책망하라고 한 것은, 그레데 섬의 교회에 잡다한 말썽쟁이들이 있어서 교회를 혼란하게 만들기 때문에 우선 디도로 하여금 그들을 고쳐 줄 뿐 아니라 장로를 세워 그를 통하여 보다 영구적으로 그 일을 하게 하려는 것이다.

그레데에 나타난 말썽꾸러기들을 좀더 분석해 보면, 복종하지 않는 자, 헛된 말을 하는 자들, 속이기 잘하는 자, 그리고 특히 할례받은 사람들 즉 모세의 율법을 지켜야 한다고 주장하는 자들이다. 이런 사람들이 집집마다 찾아다니면서 헛된 말, 거짓말, 전통과 권위에 반기를 들고 교회 질서를 어기도록 선동하는 말을 하고 순수한 복음을 더럽히고 흐리게 하는 말들, 즉 해서는 안 될 말을 하면서 혼란을 일으키고 있었다. 게다가 그들은 그런 일을 하면서도 아마 금품을 요구하며 심지어 치부하려는 더러운 행동까지 감행하고 있었던 것이다. 그레데 소생의 어떤 예언자는 그레데인을 가리켜 항상 거짓말장이이며, 악한 짐승, 배만 위하는 게으름장이라고 한 것을 인용까지 하면서 그레데의 사정을 정확히 설명해 주었다(에피메니데스라는 시인의 말을 인용함).

그러니까 바울은 그들을 신랄하게 책망하여 신앙생활을 건전하게 하도록 하라고 당부한 것이다. 특히 유대교의 복잡한 족보나 성화를 가르치고 기독교 진리와는 어긋나는 여러 가지 인간적 율례들을 강요하는 사람들의 교훈에 착념하지 말도록 하라는 것이다. 그들은 마음과 양심이 더러워진 자들로서 어느 하나 사물을 정당하게 보지를 못한다는 것이다. 색안경을 쓰고 물건을 볼 때 색깔이 다 들어 있는 것처럼 보인다. 그와 같이 그들의 판단은 다 잘못되어 있다는 말이다. 그들이 하나님을 안다고 말하지만, 그것이 사실이 아니라는 것, 즉 거짓이라는 사실은 그들의 행동을 통해서 알 수 있다. 추하고 더러워 구역질이 날 정도의 행동과 생각, 진리에 불복하는 태도, 그리고 어느 모로 보나 선한 행위에서는 멀리 떨어진 행동을 하고 있으니 어떻게 그들을 방치할 수 있으며, 그들에 의해서 받는 손해를 수수방관하고만 있겠는가 하는 것이다. 그래서 그런 사람을 엄히 책망해야 한다는 것이다. 목회자의 책임은 올바른 교리와 진리를 보존하고, 악한 교훈을 물리쳐서 교회로 하여금 순결하게, 그리고 올바른 꼴을 먹고 바로 자라도록 해야 하는 것이다. 바울이 디도에게 명한 명령은 그런 점에서 매우 적절한 것이다.

3. 건전한 교리를 가르칠 것(2 : 1—15)

목회자로서 할 일은 소극적으로 교회에 방해가 되는 그릇된 자들을 책망하여 그들을 경계하고, 교인들로 하여금 물들지 않도록 하여 보호하는 일을 해야 하는 것이 사실이지만, 또한 적극적으로 교인들을 바른 교훈으로 가르치는 일이 더욱 중요한 것이다. 바울은 제 2 장에서 "바른 교훈에 합한 것을 말하라."고 디도에게 지시한다. 건전한 가르침이라는 말은 기독교의 정통적 교리를 의미하며 진리의 하나님과 그리스도를 믿는 자들이 거룩하고 의롭고 선하게 사랑을 실천하면서 사는 생활의 지침을 의미한 것이다.

(1) 우선 늙은 남자들의 올바른 삶은 인생을 오래 살고 경험을 쌓은 자로서 젊은 사람들에게 본이 될 만큼 존절하고, 경건하고, 근신하고, 믿음과 사랑과 인내로 건실한 자가 되어야 한다는 것이다.

(2) 늙은 여인들도 늙은 남자들과 마찬가지로 행실이 거룩하여 세상 사람들과는 달라야 하는바, 남을 비방하지 말고, 술의 종이 되어서는 안 될 뿐 아니라, 선한 것을 가르치는 자들이 되어야 한다는 것이다. 그리하여 젊은 여인들로 하여금 남편과 자식을 사랑하고, 근신하고, 정절하고, 집안 일을 잘하며, 자기 남편에게 복종하는 자들이 되도록 할 것이며, 따라서 하나님의 말씀이 욕을 먹는 일이 없도록 해야 한다는 것이다.

(3) 청년들에게는 역시 근신하고 존절하기를 권하라는 것이다. 이상

모든 점에 있어서 디도는 목사로서 선행의 표본이 되어야 하고, 가르침에 있어서 흠할 데가 없고, 경건하고 책망받을 데가 없는 바른 말을 하여 비난하던 대적들이 오히려 부끄러움을 느끼고 더이상 비난할 말이 없도록 해야 한다고 바울은 충고한다.

(4) 교인들 중에는 종의 신분을 가진 사람들이 섞여 있었기 때문에 그들에 대한 지시도 빠뜨리지 않았다. 예수를 믿는 종들은 그들의 상전에게 복종하고 모든 점에서 주인의 마음에 들도록 하여 주인에게 거역하는 말을 하지 않도록 할 것이며, 주인의 것을 훔치는 일이 없도록 할 것이며, 오히려 전적으로 신실성을 나타내어 선함을 보이도록 하라는 것이다. 그리해서 모든 일에 있어서 종의 아름다운 행동과 생활로 인해서 구주이신 하나님의 교훈과 교리가 비난을 받지 않고 오히려 칭송을 받도록 해야 한다는 것이다.

바울은 2：1에서 '바른 교훈'이라는 말을 했고, 거기에 부합되는 삶을 각 종류의 교인에게 가르치라고 디도에게 명하였다. 그리고 10절 끝에서 '구주 하나님의 교훈'이 빛나도록 하라는 말을 했다. 이제 2：11에서는 기독교 교리의 핵심을 나름대로 요약해 주었다. 즉 기독교는 만민을 구원하기 위한 하나님의 은총의 발로라는 것이며, 하나님을 믿지 않고 불경건하게 살던 삶과 세상적 욕심을 따라 살던 삶을 부인하고 존절하게, 의롭게 그리고 경건하게 이 생의 삶을 살고, 크신 하나님과 구주 예수 그리스도께서 영광 중에 나타나실 것과 행복스러운 소망의 세계를 기대하면서 살도록 연단시켜 주는 종교이다.

장차 나타나실 그리스도는 우리들을 모든 불법에서 속죄하시고 정결케 하셔서 당신의 소유의 백성이 되게 하시어 선행을 열망하는 자들이 되게 하시려고 이미 우리들을 위해서 자신을 희생하신 분이시다. 이것이 기독교의 주요 내용인바, 바울은 이 진리를 말하고, 권면하고, 모든 권위로 책망하라고 디도에게 명령한다. 그리고 누구에게도 업신여김을 받지 않도록 하라는 것이다.

4. 선한 행실을 지탱하라(3：1—11).

바울은 이제 일반 교인을 향해서 할 말을 디도에게 지시한다. 통치자들과 권력자들에게 복종하고 순종하며, 무엇이든지 선한 일을 행할 준비가 되어 있어야 한다. 남을 욕하는 일을 하지 않으며, 다투지 않으며, 부드럽고, 신사적이며, 누구에게나 온유를 나타내라는 것이다.

그리스도인이 된다는 것은 죄인이었던 우리들이 예수를 믿은 다음에 변화하여 새롭게 되는 것을 말하며, 옛 사람과는 다른 점이 나타나야 하는 것이다. 그래서 바울은 그리스도인의 마땅한 모습과 태도를 말하면서 3절에서는 그것과 대조되는 우리의 과거의 모습을 보여 준다. 우리는 과거에, 어리석었고, 순종하지 않는 자들이었고, 곁길로 방황하던 자들이었으며, 각종 욕심과 향락의 종들이었고, 악행과 시기, 질투에 사로잡혀 세월을 보내었고, 사람을 미워하고 또 남에게 미움을 받으며 살았다.

이렇게 우리의 과거를 말하고 나서 어떻게 해서 우리에게 변화가 일어날 수 있게 되었는가를 말한다. 즉 기독교의 본질을 다시 설명해 준다(4절 이하). 기독교는 우선 인간을 구원하시는 하나님의 착하심과 그의 사랑을 나타내신 사건이다. 결국 구원은 하나님께 주도권(initiative)이 있고 아버지로서의 선하심과 사랑하심이 발동하여서 된 일이다. 다시 말한다면 우리들 인간이 행해서 이루어 놓은 의, 즉 행위로써 되는 것이 아니고 하나님의 자비가 우리를 구원하셨는데, 구체적으로 말하자면 우리의 죄를 씻고 성령으로 중생하게 하시고 새롭게 하심으로써 된 것이다. 구주 예수 그리스도를 통해서 풍성하게 부어 주신 성령의 역사를 통해서 이루어진 사건이다.

그리하여 결국 우리는 하나님의 그 은총으로 말미암아 하나님께 무죄선언을 받고 그와 올바른 관계를 가지게 되면서 하나님의 상속자가 되고 영생의 소망을 가지게 되었다. 이러한 삼위일체 신의 사역을 통해서 우리는 옛 사람에서 벗어날 수 있게 된 것이다. 이러한 내용의 도리는 참으로 진실하고 믿을 만한 것이다. 그러므로 하나님을 믿는 사람 즉 그리스도인은 이 복음의 진리를 굳게 붙들고 신자답게 선행을 힘쓰도록 마음을 기울여야 한다는 것이다. 이렇게 하는 것이 사람들에게 좋고 유익한 것이다.

이러한 진리를 무시하고, 반대로 어리석은 논쟁이나 하고 족보타령을 하고, 분파를 만들고, 법을 가지고 싸우는 것은 백해무익하고 헛된 것이니까 그런 일은 피해야 한다는 것이다. 교회 안에 파당을 조성하고 괴이한 생각을 가진 사람이 있다면, 한 번 두 번 권면한 후 그래도 말을 안 들으면 그런 사람과는 관계를 끊어야 한다. 그런 사람은 아주 빗나간 자요, 죄를 짓는 자로서 스스로 자신을 단죄하고 있는 자라는 사실을 알아야 한다.

5. 개인적 지시와 인사(3 : 12—15)

바울은 끝으로 아데마와 두기고를 그레데로 보낼 터이니 디도는 서둘러 니고볼리로 오라고 부탁한다. 바울이 거기서 겨울을 날 터이고 거기서 만나자는 것이다. 디도는 그레데에 영구적으로 머물러 있도록 파송한 것이 아닌 것 같다. 다만 시급한 그레데 섬의 교회 문제들을 수습하는 특사격으로 파송되었던 것 같고, 아데마와 두기고가 가면 디도는 바울에게로 합류하라는 말로 이해된다. 교법사 세나와 아볼로는 그레데에서 궁핍한 생활을 하면서 고통을 당하는 형편이었던 것 같다. 자상한 바울은 그들을 속히 거기서 떠나오게 하라고 부탁한다. 교회의 형편을 자세히 살피고 또 복음을 위해서 고통하는 교역자들의 생활을 세심하게 염려하면서 최선의 안전과 평안을 도모해 주려는 지도자 바울의 관심과 애정을 볼 수 있다. 최종적으로 바울이 부탁하는 것은 우리 그리스도인들은 모두(특히 교역자들은) 하나님 앞에서 열매를 맺는 자들이 되어야 하는데, 너무도 궁핍하여 아무 열매도 못 맺는 일이 없도록 궁핍한 자들과 그들의 사업을 도울 수 있도록 선한 일에 종사하는 방법을 배우도록 하라는 것이다. 보다 적극적으로 선한 사업을 하도록 노력하고, 좋은 결실을 많이 얻도록 노력하고, 그것으로 동료들을 궁핍에서 구출하고 따라서 다같이 훌륭한 결실을 맺게 한다면, 그것이 하나님이 기뻐하시는 바이며, 다같이 기뻐할 일이라는 뜻이다.

□ ***토의문제***

1. 그레데 섬에서 디도가 해야 할 일들이 어떤 것인지 요약해 보자.

2. 디도서에 나타난 기독교 복음의 요지를 정리해 보자(2：11－14, 3：4－7).
3. 종들에게 자기들의 상전에게 복종하라고 한 바울의 지시는 어떻게 이해해야 할 것인가?
4. 사람이 그리스도인이 됨으로써 어떤 변화가 생기는지 알아보자(3：1－7을 토대로 해서).

□ 참고도서

디모데 전서의 참고도서를 참고하라.

빌레몬서

Ⅰ. 빌레몬서를 쓴 경위

바울 사도는 제3차 전도여행 때 3년이나 되는 긴 시간을 에베소에서 머물면서 집중적으로 선교활동을 했다. 에베소가 로마제국의 아시아 수도였던만큼 그 인근의 많은 사람들이 에베소에 드나들었던 것이다. 에베소 시를 통과하여 흐르는 리카스(Lycas) 강 상류, 그러니까 에베소에서 동쪽에 라오디게아, 히에라볼리, 골로새, 이렇게 세 개의 작은 도시가 몰려 있었고, 그 지방 사람들이 리카스 계곡과 그 강을 통해서 에베소와 교역을 하고 있었다.

바울이 에베소에 있는 동안 그 세 도시의 사람들이 간접적으로 바울의 영향을 받게 되었다. 그 도시 사람들 가운데 에베소에 내려갔다가 바울의 전도를 받은 사람도 있었을 것이고, 에베소 사람 중에서 예수를 믿고 인근 지방으로 전도를 해서 그 지방에 복음이 소개되었을지도 모른다. 가장 명확한 것은 골로새 시민 중에 빌레몬이라는 부자가 바울의 전도를 받고 예수를 믿었고, 또한 에바브라라는 사람이 개종을 하기에 이르렀다. 빌레몬은 자기가 먼저 복음을 받아들인 후 자기 집을 예배처로 삼고 거기서 복음선포를 했고, 아마도 교인의 수가 점점 증가하니까 개인집에서 집회하기가 어려워졌을 것이며, 따라서 별도로 교회당을 가지고 에바브라를 지도자로 모시고 교회활동을 시작한 것 같다.

그러던 중 빌레몬의 종 오네시모라는 사람이 주인의 돈을 훔쳐 도망하여 멀리 로마까지 가서 주인의 눈을 피하여 돈을 쓰면서 지냈다. 그러나 돈이 다 떨어지고 생활이 어려워지자, 오네시모는 본래 골로새에서 빌레몬의 집에 있을 때부터 귀너머로 들어서 알고 있던 바울이라는 사람이 로마에 와 있다는 소식을 들었다. 그는 이러나 저러나 그리스도인들이 서로 사랑한다는 사실을 알고 있던 터였으므로 바울을 찾아갔던 것 같다. 그는 바울을 만나 그의 신령한 교훈을 듣던 중에 진리를 깨닫고 신앙을 가지게 되면서 자기의 과거를 털어놓고 회개하며 죄를 자백했을 것이다. 때마침 골로새로부터 에바브라가 도착했다. 에바브라와 오네시모는 서로 면식이 있었을 것이 틀림없다. 그러니 바울의 처소에서 둘이 마주치자 기쁘기도 하고 놀라기도 하고 당황도 했을 것이다. 이러한 상황에서 바울이 할 수 있는 일이 무엇이었겠는가? 오네시모는 마음을 돌이킨 후 바울을 주인 섬기듯이 매우 잘 섬기며 바울 일행에게 크게 도움이 되었던 것이다. 한편으로 생각하면 오네시모는 로마 감옥에 있는 바울에게 매우 필요한 존재였다. 그러나 오네시모가 법적으로 빌레몬의 종이라는 엄연한 사실을 알게 되었고, 게다가 오네시모가 빌레몬의 재산에 손해를 준 죄인이라는 사실을 안 바울은 가만히 있을 수가 없었다.

때마침 에바브라가 와서 골로새 지방의 소식을 전해 주는 가운데 시급하게 지시하고 가르치고 경고해야 할 문제들도 있어서 편지를 써야 할 형편이었다. 그러나 에바브라를 곧 돌려보낼 수는 없어서 대신 두기고를 택하여 그의 손에 골로새에 편지를 보내면서 같이 빌레몬에게도 편지를 써 보내려는 중에 두기고가 골로새로 갈 때 오네시모도 같이 돌려보내면 좋겠다는 생각을 하게 된 것이다. 만일 빌레몬에게 보내는 편지를 오네시모에게 들려서 골로새로 가게 했다고 생각해 보라. 오네시모가 과연 돌아갈 것인가? 만의 하나 돌아간다고 하더라도 그 편지를 내놓기도 전에 오네시모는 매부터 맞을 것이고, 성난 주인은 다짜고짜로 오네시모에게 극형을 가했을 수도 있다. 그래서 바울은 두기고를 동행케 하고, 두기고 편에 그 편지를 빌레몬에게 전하게 했을 것이다. 학자들 중에는 바울이 가이사랴에 감금되어 있을 때 이 편지를 썼다는 사람도 있고, 특히 에베소 설을 주장하는 사람들도 있지만, 전통적으로는 로마에서 쓴 것으로 이해하고 있고, 그 의견을 부인할 만한 절대적 이유가 없는 이상 우리도 전통적 설을 따르면서 이 편지를 이해하도록 하려는 것이다. 연대는 골로새서나 에베소서와 같은 때라고 보아야 할 것이다.

Ⅱ. 내용 해설

1. 인사(1—3)

바울은 지금 감옥에 갇혀 있는 신세로서 그리스도 안에서 같은 형제인 동시에 여러 가지로 협력하면서 복음사업에 동역하고 있는 빌레몬에게 편지를 한다. 즉 빌레몬은 직접 바울처럼 전도사업에 종사하는 자는 아니었지만, 돈으로 또는 집회장소 제공 등 여러 가지로 봉사한 사람이었던 것 같다. 그래서 바울은 동역자라는 명칭으로 그를 불렀다. 그러면서 자기는 그리스도 예수 때문에 갇힌 자라는 명칭으로 부르면서, 동지에게 자기 신분을 알아 달라는 암시를 하는지도 모른다. 같은 주를 섬기는 동지로서 빌레몬은 지금 편안히 있는데, 바울은 지금 감옥에서 영어의 신세에 있다는 대조를 함으로써 바울을 동정하고 그 공로를 알아 주고 그의 부탁을 들어 주어야 한다는 의무감을 일으키려는 것인지도 모른다.

그러나 '갇힌 자'라는 말은 예수 그리스도의 포로라는 말로도 번역될 수 있는 말로서, 바울은 그리스도 예수에게 사로잡혀 그의 종 노릇하는 자라는 뜻도 될 수 있다. 바울은 디모데와 같이 연명으로 편지를 쓰는데 자기 혼자만의 뜻이 아니라는 것을 보여 주어 바울의 뜻을 무시하지 않도록 하려는 것 같다. 그리고 수신인은 물론 빌레몬을 주로 하지만, 동시에 압비아, 아킵보, 그리고 빌레몬의 집에 모이는 교우

일동에게 보내는 글로 되어 있어서, 빌레몬은 이 편지를 개인적인 글로 묵살할 수 없게 만들었다. 여러 사람에게 공개적으로 보낸 편지나 다름이 없기 때문에 바울이 제시한 요구나 권고를 빌레몬이 사사롭게 혼자서 읽고 지나 버릴 수 없도록 한 것이다. 한 번도 가본 적이 없는 빌레몬의 가정교회에 대해서 그 주요 구성원의 이름까지 조사하여 첨가하면서 인사를 하는 것은 바울의 의도적인 작전이 들어 있다고 볼 수 있다.

2. 감사(4—7)

바울은 우선 통례에 따라 하나님께 감사를 드린다. 빌레몬에 대한 소문을 듣고 기도할 때마다 하나님께 감사를 드린다고 하면서 빌레몬의 업적을 말한다. 전도자의 기쁨과 하나님께 대한 감사 가운데, 자기가 전도하여 개심한 성도의 성장한 모습과 훌륭한 신앙생활에 대한 보고를 듣는 것처럼 더 좋은 것이 어디 있겠는가! 바울은 진심으로 빌레몬에 대한 좋은 소식을 듣고 감사할 수밖에 없었을 것이다. 빌레몬이 주 예수를 사랑하고 그를 믿고 또 주위의 많은 성도들을 사랑한다는 소문을 들었다는 것이다. 이렇게 빌레몬 한 사람의 사랑과 믿음으로 인해서 기독교는 선한 단체라는 인식이 더욱더 퍼지고 마침내 그리스도께 영광이 돌아가게 되기를 원한다는 기원으로 발전되었다(6절). 빌레몬의 사랑 때문에 많은 성도들의 마음이 위로를 받고 힘을 얻었다는 소문이 들리기 때문에 바울은 크게 기뻐하고 위로를 받았다고 하면서 극구 빌레몬을 칭찬하는 것이다. 사실을 말한 것이기도 하겠지만, 바울은 오네시모의 일로 부탁하려는 마당에, 그 주인인 빌레몬의 미덕을 칭찬하는 것이 순서가 아니겠는가!

3. 오네시모를 위한 바울의 탄원

바울은 이제 편지의 본론으로 들어가 오네시모의 일을 들고 나온다. 먼저 9절 하반절에서 자기는 빌레몬보다 연장자라는 점과 동시에 그리스도 예수 때문에 감옥에 갇혀 고통을 당하는 자라는 공로를 은근히 내세우면서, 즉 그리스도의 사도로서 연령상으로도 윗사람으로서 “마땅히 이러이러해야 하느니라."고 과감하게 지시를 내릴 수도 있지만, 사랑의 원칙에 따라 탄원, 간청하기로 한다고 하면서, 로마에서 바울의 전도를 받아 회개하고 예수를 믿어 믿음의 아들이 된 오네시모에 대해서 간청을 하기로 했으니 들어달라고 호소한다(10절).

오네시모가 빌레몬에게 손해를 주고 도망을 쳤던 사람이니 인간적으로 볼 때 못되고 몹쓸 놈인 것이 사실이지만, 이제 그가 회개하고 그리스도인이 되었으니 빌레몬에게나 바울에게 유용한 인물이 되었다는 것이다. 그러한 유용한 존재를 돌려보내는 터인데, 그 오네시모는 지금 바울에게 있어서는 자기의 내장(심장)과 같은 존재로 여겨지는 귀한 인물이라는 것이다. 오네시모를 보내는 것은 결국 바울이 자기 심장을 꺼내어 보내는 것과 같은 심정이라는 것이다. 그 얼마나 강렬한 표현인가! 바울의 심장을 바울이 가지고 있어야 하지 어떻게 남에게 주고 살 수 있는가 말이다. 이 말을 읽는 빌레몬이 어떻게 오네시모를 홀대할 수 있었겠는가 말이다(12절).

바울은 신령한 면에서 빌레몬의 은인이요, 득히 복음의 사도의 자격으로 빌레몬에게 명하여 자기를 돕고 섬기라고 말할 수도 있고 그렇게 못 하겠거든 사람을 시켜서라도 그렇게 하라고 말할 수 있는 처지여서, 오네시모를 빌레몬 대신 바울 밑에 있게 하여 봉사케 할 마음도 없지 않았다는 것이다. 그러나 바울은 빌레몬의 승낙 없이는 아무 일도 하지 않기로 했다는 것이다. 선한 일도 자진해서 해야 하지 강요에 의해서 해서는 재미가 없다는 것을 알기 때문이라는 것이다. 즉 만사를 순리대로 해야 하고, 자기 이익보다는 남의 이익을 먼저 생각하는 방식으로 만사를 처리해야 한다는 것이다(13-14절).

오네시모가 범죄한 일로 인해서 얼마 동안 빌레몬에게서 떨어져 있었지만, 이제 영원히 그를 도로 찾을 수 있게 된 것이 아니냐 하면서 옛날에는 육체적으로 주종관계에 있었지만 종 이상의 존재요, 사랑하는 형제요, 같은 주님 안에서 끊을래야 끊을 수 없는 신령한 혈연관계로 맺어졌다고 말해 준다. 이렇게 볼 때 오네시모는 이미 해방된 자가 아닌가! 형식적으로는 아직 빌레몬의 종이지만 신령한 의미에서는 벌써 주 안에서 동등한 형제가 된 것이다(15-16절).

바울은 이렇게 말해 놓고서 탄원을 다시 시작한다. 어른이라든가 사도라는 권위적 용어를 버리고 이제는 동료의 입장으로 내려가 간청한다. 자기를 받아 주는 셈치고 오네시모를 받아 달라는 것이다. 물질적으로 오네시모가 손해를 끼친 것이나 잘못한 것이 있으면 바울에게 다 치부하여 물게 해 달라는 것이다. 자기가 책임을 지겠다고 한다. '내가 보상한다.'라고 바울 자신의 손으로 계약보증서에 서명을 하면서 심각하게 청원을 한다. 그러면서 바울은 은근히 빌레몬더러 "네가 너된 것은 바로 내 덕이 아니냐, 빚진 이야기를 하자면 너야말로 내게 크게 빚진 자이지만, 그 이야기는 집어치우고 하자."라고 자기를 채권자의 위치에 놓고 간청한 것이다. 끝으로 좀더 솔직하게 말한다. '주안에서는 네가 나의 신세를 진 자요, 자식이나 다름이 없으니 내가 네 덕을 좀 보자. 네가 내 마음을 기쁘게 해주고 위로를 해주려므나' 하는 식으로 늙은 어버이의 심정을 토로하였다.

4. 부탁과 인사

자기가 오네시모에 대해서 탄원의 글을 썼지만, 자기가 쓴 이상으로 잘 복종하리라고 확신한다는 말과, 빌레몬을 위시하여 여러성도들의 기도가 주효하여 바울이 석방되어 골로새 지방을 방문할 희망을 가지고 있으니 자기를 영접할 준비를 해달라는 부탁을 하고 나서 에바브라, 마가, 아리스다고, 데마, 누가 등 동역자들의 문안을 첨부하면서 끝을 맺었다.

Ⅲ. 빌레몬서의 교훈

1. 바울은 매사를 다룰 때 사랑의 원칙에 서서 순리대로 처리하며, 모든 일을 자기 중심적으로 생각하거나 해결하지 않고 남을 위하고 상대의 이익을 위하는 마음으로 처리한 것을 배워야 할 것이다.

2. 노예제도가 인간 사회에 깊이 뿌리박힌 형편에서 그것을 공격하거나 그것을 혁명적으로 없애려고 시도하지 않고, 보다 근본적인 원천을 바꾸어 주는 방식을 취한 지혜를 배워야 할 것이다. 노예제도가 확

실히 악하고 당장에 없어져야 할 일이지만 약소한 세력을 가진 그 당시 교회로서는 계란으로 바위를 치는 격이어서, 손해는 오히려 교회만이 보게 될 수밖에 없는 형편이었다. 그러므로 원천적으로 그리스도 안에서 모두가 같은 종이요, 모두가 형제라는 의식을 넣어 줌으로써, 자동적으로 개혁이 이루어지도록 하는 고등 정책을 쓴 것은 그 당시로서는 가장 현명한 일이었다.

□ 토의문제

1. 엄격한 의미에서 주종관계가 인간 사회에서 없어질 수 있는지 생각해 보자.
2. 오늘날 사회에서 부리는 자와 부림받는 자의 관계가 어떻게 되어 있는지 검토해 보자. 그리스도 안에서, 즉 신자들 사회에서는 어떻고 일반 사회에서는 어떤지 비교해 보자.

□ 참고도서

골로새서 참고도서와 동일함

공 동 서 신

1. 히브리서
2. 야고보서
3. 베드로 전서
4. 베드로 후서
5. 요한 서신
6. 요한 이서
7. 요한 삼서
8. 유다서

공동서신

공동서신의 특징과 관계성

신약성경 중에서 바울 서신과 히브리서를 제외한 나머지 7개의 서신을 공동서신(보통서신, 일반서신)이라고 한다. 대개 바울 서신처럼 개인적 성격의 것이 아니고 일반적인 사람이나 모든 교회에 보내는 편지라는 데서 그런 명칭이 붙게 되었다.

히브리서는 바울 서신에도 일반서신에도 들지 않는 특이한 성격을 가진 서신이지만 학자에 따라 공동서신에 포함시키는 분들도 있다. 오리겐은 히브리서에 대하여 누가 저자인지 알지 못하며 오직 하나님만 아신다고 하였다. 이 서신은 개인이나 개 교회에 보낸 것이 아니고 유대인인 그리스도인에게 보낸 것이 분명하지만 팔레스타인에 사는 사람인지 로마에 사는 사람인지에 대하여도 분명하지 않다. 이 서신의 독자들은 믿다가 낙심하기 시작하여 유대교로 돌아가려는 사람들을 향하여 예수 그리스도 안에서 나타나신 하나님의 계시가 율법을 통하여 나타난 계시보다 뛰어나다는 것을 증거하고 있다.

야고보서는 주님의 동생 야고보가 기록한 것이다. 그러나 마틴 루터와 같은 이는 '틀림없는 지푸라기 서신'이라고 말했으나 독자들에 따라서는 경건하고 간결한 걸작이라고 말하고 있다. 흔히 바울 서신과 야고보서의 내용을 반대적인 것으로 생각하는 사람들이 있으나 서로 대립되는 것이 아니라 보완적인 내용이라고 보아야 할 것이다.

베드로서는 그 열정과 간결성에 있어서 가장 사랑받는 책으로 기묘한 세상에서 일어나는 일들을 우리에게 말해 주고 있다. 특히 기독교의 교리와 윤리에 대하여 중요한 내용을 다루고 있다.

유다서는 베드로 후서와 깊은 관련이 있는 책으로 본 서신의 사상과 소재의 많은 부분은 신구약 중간시대의 문서들을 많이 반영하고 있음을 볼 수 있다.

요한의 서신들도 신약성경의 사상과 신학에 매우 중요한 빛을 비춰주고 있다. 특히 여러 책보다 교회 자체의 내부에 생긴 이단의 위협을 명확히 보여 주고 있기 때문이다.

히브리서

I. 서 론

우리는 히브리서를 대할 때 먼저 그것이 서신인가 아닌가 하는 질문을 하게 된다. 첫머리서부터 읽어 나갈 때 도무지 서신이라는 느낌을 주지 않기 때문이다. 마지막 장(13：18—25) 끝에 가서야 비로소 서신 형식의 인사가 나타난다. 그것도 어떤 개인에게가 아니라 어떤 집단에게 통틀어 인사하는 것으로 되어 있다. 그러므로 얼핏 보기에는 하나의 묵직한 신학 논술과 거기에 따르는 권면들로 엮어진 설교형식의 글이다. 그리고 문맥의 흐름으로 보아 우선은 구두로 전한 설교 같은 느낌을 주어 뒤에 그것이 글로 적힌 것이 아닌가 하는 느낌마저 준다.

히브리서는 그 원문에 있어서 매우 아름답고 문학적인 글이어서 신약성경 중에서 가장 고급헬라어로 된 글이라는 평을 받고 있다. 한때는 바울의 글이라는 판단을 받고 바울 서신의 뒤에다 붙여졌지만, 그리고 사상적으로 바울의 신학을 닮은 점도 없지 않지만, 학자들의 연구나 교회의 전통은 바울의 글이 아니라는 판단을 옳게 여기고 있다. 그러면 저자가 누구냐 하는 질문을 지금까지 하고 있지만, 아무도 정확한 대답을 내린 사람은 없다. 바나바, 아볼로, 브리스길라 등등 여러 사람이 거론되고 있지만 확증을 얻지 못하고 있다.

히브리서라는 책명 때문에 히브리인들에게 보낸 것으로 생각되지만, 사실 그 책명이 붙여진 것은 제4세기의 일로서 다만 그 내용에 근거하여 추리한 데 불과하다. 책 내용 중에 구약성경을 잘 아는 자, 성전 제사제도에 익숙한 자가 그런 것에 익숙하고 관심을 가진 자들에게 썼을 것이라는 추측을 가능케 하는 것들이 있기는 하지만, 그 정도는 초대교회의 신도들이라면 누구나 아는 지식이 아니겠느냐는 반론도 가능하기 때문에, 반드시 히브리인에게 썼다는 결론도 내리기가 어렵다. 그래도 많은 사람이 기독교로 개종한 유대인에게 쓴 글이라고 믿고 있다. 그러나 어떤 이들은 이방인 그리스도인에게 썼을 것이라고 주장한다. 이렇게 상반되는 의견이 나올 정도로 히브리서는 그 수신인 문제에 있어서도 확정하기가 어렵다. 따라서 수신인들의 장소 또는 발신인의 장소도 알기 어렵다.

일반적으로 10：32～34과 12：4을 근거로 하여 볼 때 수신인들이 상당한 박해를 받고 있다는 사실, 그러면서도 아직 피흘리는 지경까지는 이르지 않았다는 사실로 미루어, 어떤 이는 유대전쟁이 일어나기 직전(주후 66－70 전쟁 이전)이라고도 하며, 또 어떤 이들은 주후 95년 이전 즉 도미티안 황제의 박해가 있기 전일 것이라고도 주장한다. 그러고 보면 저작 연대도 확정지을 도리가 없다.

한마디로 말해서 히브리서는 내증이나 외증을 통해서 저자, 수신인, 저작 장소, 시기 등을 확정지을 수 없는 수수께끼 책이라고 말해도 과언이 아니다. 그러나 그 책이 기록된 이래 계속 하나님의 말씀으로서의 권위를 가지고 오늘날까지 내려오면서 애독되고 지대한 영향을 끼쳐 온 것이 사실이다.

Ⅱ. 저술 동기와 목적

이상에서 말한 바와 같이 히브리서가 여러 방면으로 수수께기의 책이지만, 그 내용으로 미루어 볼 때 그 저자는 철저한 기독교 신앙을 가졌을 뿐 아니라 구약성경(특히 70인역 헬라어 성경)에 정통한 사람으로 구약성경의 제사제도, 제사장제도 등을 잘 알고 있었던 것 같다. 동시에 그는 헬라 철학에도 조예가 있는 사람으로서 헬라적 우주관, 특히 플라톤적 이원적 우주관에도 흥미를 가졌던 것으로 느껴진다.

히브리서를 쓰려는 뜻을 가지게 된 동기가 있었을 것이다. 오늘과는 다르게 그 옛날 글을 쓴다는 것은 그리 쉬운 일이 아니었다. 종이나 붓, 먹이 쉽게 구해지는 때가 아니었기 때문이다. 상당한 각오와 결심이 아니고서는 일부러 글을 쓰기가 어려운 때인만큼 이 글을 쓰게 만든 큰 동기가 있었다고 보아야 한다. 그 동기는 크게 두 가지로 생각할 수 있다.

1. 박해와 신앙의 동요

하나는 그 당시 로마 정권 하에 있는 기독교가 날로 어려운 형편에 접어들었다는 사실이다. 로마 정부가 유대인들을 미워하고 동시에 기독교를 의심하고, 반대하고 마침내 박해의 손을 대기 시작했다. 예수 믿는다고 이상한 눈으로 보고, 때로는 체포하여 심문하고, 때로는 가택수색, 재산압수, 투옥 등 예기치 않은 봉변을 당하게 되었다. 이렇듯 육체적으로, 물질적으로, 즉 피부로 느끼는 고난과 박해를 겪는 신도들의 마음에 회의가 생기고 신앙의 동요가 생겨 더러는 교회를 떠나고 신앙을 버리는 사람도 생기게 된 것이다. 그것은 어느 시대를 막론하고 교회가 겪어 온 역사가 아니겠는가! 그러나 이러한 형편을 목격하고, 또 같이 경험하고 있는 신앙인으로서 저자는 이것을 보고만 있을 수 없었다. 그는 큰 위기를 느꼈을 뿐 아니라 교회지도자로서도 큰 책임을 느끼면서, 또 그 흔들리는 신앙 때문에 매우 무서운 운명에 빠지게 된 연약한 성도들에 대한 연민의 정에 넘치는 자로서 좌시만 할 수 없었다.

2. 구약의 존재들과 예수의 대비(對比)

둘째로 독자들이 가지고 있던 구약에 대한 태도에 대하여 저자는 크게 문제를 삼은 것이다. 특히 초대교회는 구약성경밖에는 성경으로 믿을 것이 없었고, 구약에 기록된 제사장이나 제물에 대한 말씀들이 다 의미가 있다고 생각되었던 것이다. 구약에 나타나는 천사들도 가치가 있고 능력이 있는 것이 아닌가! 모세도 훌륭하고 능력이 있고 따를 만한 교사가 아닌가! 구약시대 그리고 유대종교의 지도자들이었던 예언자나 제사장들도 그 나름의 가치가 있으며, 그들도 그 시대의 인간들을 구원한 자들이 아닌가! 그렇다면 구태여 예수라는 존재, 지금은 보이지도 않고 손에 잡히지도 않는 이를 믿으면서 로마 정부의 미움을 사고, 또 일반 유대인들에게도 비난과 무시를 당할 필요가 있겠는가 하는 생각을 했을 것이다.

사람이란 연약하여 안 보이는 것보다는 보이는 것에 더 매력을 가지게 된다. 우상을 섬기는 이유가 거기에 있다. 영으로 계시는 그리스도를 믿는 것보다는 손으로 만질 수 있고 눈에 보이는 구체적인 중보자들(복수)에 더 애착을 두고 따르려고 하는 것이다. 하나님께로 가까이 가는 방법과 그 중보의 역할을 한 구약의 모든 인물과 제도에다 가치를 두고 있을 때, 자연히 예수에 대한 가치관이 약해지고 상대화하면서 굳이 예수를 믿어야 하는가 하는 생각으로 발전하게 된 것이다. 즉 절대적 존재를 상대화하는 데서 문제가 생긴다. 그러한 생각은 물론 기독교의 가치를 정확히 그리고 제대로 깨닫지 못했기 때문에 생겨난 현상이 아닐 수 없다. 어쨌든 이것은 위기였다. 신도 개개인도 그렇거니와 그 당시 기독교사회가 그런 그릇된 판단을 다같이 한다면, 기독교의 장래가 매우 위험한 것이었다.

그래서 저자는 위기의식을 가지고, 그리고 독자들을 불쌍히 여기는 마음을 가지고 먼저, 예수가 누구라는 것, 예수가 하신 일이 무엇이라는 것, 구약에 나타난 여러 중보자들이나 종교제도와의 관계에서 예수가 얼마나 월등하다는 것, 아니 절대적인 차이를 가진 존재, 궁극적인 가치의 존재라는 사실, 즉 믿어도 되고 안 믿어도 되는 그런 상대적 존재가 아니라는 사실을 밝히려는 것이고. 따라서 독자들을 격려하여 올바른 신앙을 가지고 어떤 어려움이 있더라도 참고 그만을 따라가서 다같이 참 구원에 이르자는 권면을 하려는 것이 목적이다.

저자는 13 : 22에서 밝힌 대로 "형제들아, 내가 너희를 권하노니 권면의 말을 용납하라"고 하면서 이 책을 하나의 '권면의 말씀'이라고 규정하고 있다. 신앙적 위기에 처한 그 당시 독자들을 권면하여 올바른 신앙을 가지고 구원을 얻도록 하려는 것이었다. 그러므로 이 책은 권면이 주요 목적이고, 그 권면을 뒷받침하기 위해서 신앙적 논증을 앞세우는 형식을 취하고 있다.

그러므로 우리는 크게 두 가지로 나누어서 공부하는 것이 이해하기 쉽고 효과적일 것이다. 바울이 서신을 쓸 때 전반부에는 교리를 다루고, 후반부에는 권면과 원리적 교훈을 다루는 것과는 달리, 히브리서에서는 교리적 말씀과 권면의 말씀이 섞여 있는 것이 특색이다. 그러므로 두 가지를 우선 분류해서 교리적인 것들과 권면을 나누어서 공부하는 것이 이해하기 쉽다고 본다.

Ⅲ. 내용 분해

1. 예수 그리스도의 우월성(1：1—3：6)

1) 예수 그리스도는 예언자들보다 우월하다(1：1—4).

교리 부분	권면 부분
1：1—14	2：1—4
2：5—3：6	3：7—4：13
4：14—5：10	5：11—6：20
7：1—10：18	10：19—39
11：1—12：2	12：3—17
12：18—29	13：1—25

하나님과 인간 사이에서 하나님의 영을 받아 그의 감동으로 하나님의 말씀을 전하는 사람을 예언자라고 한다. 예언자는 하나님 편에서 하나님의 사람으로 활약하며 인간들에게 하나님의 대변자 역할을 한다. 구약성경에는 많은 예언자들이 나타났다. 그리고 하나님의 영감을 받은 사람들이 글을 쓴 것이 구약성경이다. 구약성경을 통틀어 예언의

말씀들이라고 해도 과언이 아니다. 예언자들의 종류는 여럿이 있다. 구두로만 말한 예언자 엘리야, 엘리사, 나단 같은 사람들도 있고, 이사야, 예레미야, 에스겔같이 직접 글을 쓴 자들도 있으며, 또 이름을 밝히지 않고 많은 글을 남긴 여러 선지자들이 있다. 모세오경이나, 여호수아, 사사기, 사무엘, 열왕기 등도 다 예언자들의 글이 틀림없다. 이렇게 하나님께서 여러 부분과 여러 모양으로 예언자들을 통해서 말씀하신 것이 구약성경이다.

그런데 하나님께서 예언자들을 통하여 하신 말씀이 충분하고 그것으로 만족할 수 있었다면, 예수 그리스도가 필요하지 않았을 것이며 따라서 신약성경도 필요하지 않았을 것이다. 어떤 신도들이 구약의 예언이면 그만이다라고 생각할런지 모르지만, 히브리서 기자는 이제 구약의 예언의 말씀을 부정하려는 것이 아닌 그것을 능가하고, 성취하고, 완성하신 예수를 제대로 소개하려고 한다. 구약종교로 만족하는 사람들이 있고, 구약의 예언에서 끝을 맺으려는 사람들이 많다. 아마도 초대교회의 유대주의자들은 물론, 히브리서 독자들도 그러한 경향으로 몰려가려는 사람들이었는지 모른다. 구약대로 믿으면 그만이다. 제사를 드리고 예언자들의 말씀을 읽고 그대로 살면 그만 아니냐고 말하는 사람들이 있었을 것이다. 이런 사람들에게 저자는 하나님께서 그 마지막 때에 결정적으로 아들로서 말씀하셨다고 선언하면서 그 아들을 설명했다. '아들로'(ἐν υἱῷ)라는 말은 예수의 입을 통하여 나온 말씀(ῥῆμα)을 가리키는 것이 아니라, 예수의 존재 전체, 예수 사건(Jesus event)을 통틀어 말하는 것이다. 다시 말해서 예수 자신이 곧 하나님의 말씀이고(요 1:1), 그의 사건이 바로 의미를 가졌고 하나님의 뜻을 성취하는 사건이었다는 말이다. 과거의 예언자들의 말은 말에 지나지 않았다. 그러나

(1) 예수는 하나님의 아들이셨다. 예언자들은 단지 하나님의 말씀을 전달하는 도구의 역할을 하는 '사람'들이었다. 그러나 예수는 사람이면서 하나님의 '아들'이셨다.

(2) 그는 모든 것을 상속받은 하나님의 후사이시며,

(3) 하나님께서 세상을 창조하실 때 같이 역사하신 분이다.

(4) 하나님의 영광의 광채이시며
(5) 하나님의 실체를 그대로 나타내 보이시는 분이시고
(6) 그의 능력의 말씀으로 만물을 운영, 조정, 부지하시며,
(7) 인간의 죄를 깨끗게 하셨으며
(8) 지금은 지극히 높은 곳에서 지극히 크신 하나님의 우편 즉 존귀와 영광과 권세의 자리에 앉아 계시는 분이시다.

결국 예언자들도 어떤 의미에서는 하나님의 사자들인데, 영계에서 하나님의 일을 시중하는 천사들이나 이 땅에 하나님의 사환이 되어 있는 모든 하나님의 사람들(예언자, 제사장, 왕)은 예수님이 가졌던 이름, 즉 '하나님의 아들'이라는 이름은 갖지 못했다. 이렇게 볼 때 예수의 존재는 예언자나 기타 하나님의 사자들과 비교가 되지 않는 초월적인 절대적인 존재라는 사실을 알아야 한다는 것이다.

2) 예수는 하나님의 아들이시고 천사보다 월등한 존재이시다(1:5-14, 2:5-18).

한글에서 '천사'라면 하늘 천(天)자가 붙음으로써 하늘에 있는 날개 돋힌 영물을 가리키는 것처럼 인식되고 있다. 그러나 헬라어의 앙겔로스(ἄγγελος)나 히브리어에서 말하는 '말라-크'(מלאך)는 단지 사자, 사신을 의미하는 것이다. 그리고 여성이 아니라 남성 명사이다. 그러므로 우선 생각할 것은 천사는 좀더 넓은 개념을 가지고 있다는 사실이다. 구약에 특히 창세기에 천사가 여러 번 나타난다. 하나님께서 천사의 모습으로 나타난 경우들이 있다. 신구약 중간시대에 특히 천사론이 많이 발전되어 하나님과 인간 사이에서 섬기는 자로서 여러 종류의 천사가 구상되었다. 지극히 거룩한 하나님께 지극히 더러운 인간이 접근할 수 없기 때문에 그 중간 역할을 하는 자가 필요하다는 생각에서 천사들이 고안되었다. 신약시대로 접어들면서 또 그 영향이 계속되었고, 예수의 수태 고지를 하는 천사의 이야기라든가, 베드로의 천사가 나타났다고 생각했다는 이야기들은 그러한 천사 사상을 보여주는 것이다. 그리고 천사숭배의 사상으로 발전하여(골로새교회) 천사를 과도하게 대우하고 숭배의 대상으로 삼는 이단적 종교도 생겨났던

것이다.

이렇게 성경 안팎에서 천사를 높이는 사상이 있어서, 심지어 예수는 천사 중의 하나라고 하며 예수를 믿는 것이나 천사를 믿는 것이나 다를 바가 없다는 식으로 예수의 가치를 상대화하려는 경향으로 흐르기도 했다(에베소서와 골로새서에 나타난 이단 사상, 기타 영지주의 흐름). 즉 예수의 가치를 바로 알아 직접 그를 통하려는 생각을 버리고 다른 중보자, 이를테면 천사라든가 예언자 등을 개입시키는 일은 기독교 복음을 변질시키는 일이 된다. 그래서 히브리서 기자는 예수는 '아들'이라는 자격을 가진 자로서 '천사'와는 완전히 다른 자격을 가졌다는 것을 강조한다. 결론적으로 천사들이란 하나님의 뜻을 따라 섬기는 일을 하기 위한 영으로서, 특히 인간들이 구원얻는 일을 위해서 협조하고 섬기는 일을 하라고 파송된 영에 불과하다는 것이다(1 : 14). 반면에 예수는 하나님의 아들로서 하나님의 우편에 앉으셔서 하나님의 모든 원수를 다 발로 밟게 될 자라는 것이다(1 : 13). 천사는 피조물이요 하나님의 사환에 불과하지만, 예수는 영원하시며 변함이 없는 분이시다(1 : 12).

3) 천사와 예수를 다시 비교함(고난을 통하여 인간을 구원하신 예수) (2 : 5—18)

위에서 말한 대로 천사는 하나님의 일꾼에 불과하며, 오는 세상을 맡기며 지배케 하려고 하나님께서 계획하신 분은 천사가 아니라 바로 하나님의 아들이라는 것이다. 시편 8 : 4~6을 인용하여 증거를 삼았는데, 저자는 그 시를 둘째 아담되시는 예수에 대한 예언으로 받아들인다. 즉 하나님께서 첫째 아담을 창조하시되 잠시 천사보다 낮게 지으셨지만, 하나님의 형상을 닮은 아담은 영광과 존귀를 가진 자로서 땅에 있는 모든 것을 다스릴 권리까지 가지게 하신 것처럼, 이제 둘째 아담이신 예수는 참 인간으로 오셔서 잠시 천사보다 낮은 것처럼 되기는 했지만 그야말로 영광과 존귀의 관을 쓰시고 만물을 그 발 아래 복종케 하시는 분이 되셨다.

외견상 천사보다 못한 것처럼 보였을 뿐, 실상 만물을 지배하실 분은 예수 그리스도이시다. 물론 아직 만물이 다 그 발 아래 복종하고 있는 것은 아니다. 천사보다 잠시 낮은 존재가 되어(사람) 고생도 하시고 마침내 죽으셨기 때문에 정말로 천사보다 못한 자로 보일지 모르지만, 예수가 죽음의 고통을 당한 것은 하나님의 은총의 소치요, 많은 인간을 구원하시기 위한 대속적 죽음이며, 바로 그 일 때문에 영광과 존귀의 관을 쓰신 분이시다. 천사는 그런 일을 할 자격이나 가치가 없는 자들이며 따라서 그 영광과 존귀를 가진 왕으로 군림할 수 없는 자들이다.

하나님의 경륜은 타락한 인간들을 구원하여 당신의 자녀로 삼으시려는 것이며, 그들을 구원하는 데 있어서 독생자를 보내시어 대신 고난을 당하게 하심으로 구원을 완전하게 하시려고 하셨다. 즉 하나님께서는 많은 인간을 구원하여 당신의 나라에서 같이 살게 하시려는 것이며, 따라서 예수와 우리 구원얻은 자들이 형제가 되어 같이 하나님의 가족이 되도록 하시려는 것이다(2:13). 그 목적을 달성하기 위해서는, 죽음의 세력 곧 악마를 파멸하기 위해서, 즉 인간들을 죽음과 공포의 포로에서 해방시키기 위해서 우리와 똑같은 혈육을 가져야만 했고, 죽어야만 했다. 이런 일은 천사가 할 수 있는 일이 못 되며 그 자격도, 가치도 없는 존재들이다.

하나님께서 그렇게까지 관심을 기울여 독생자를 보내신 것은 천사들을 위해서가 아니고, 아브라함의 자손들, 즉 믿음을 가진 인간들을 위한 것이었다. 인간을 그 죽을 운명에서 건지시기 위하여 인간과 똑같아져야만 했고, 따라서 하나님을 향하여서는 참된 대제사장격이 되셔서 인간의 죄를 속하는 작업을 하셨다. 다시 말해서 예수는 인간의 자리에 오셔서 인간이 당할 고통을 당하시고 인간이 당하는 시험을 다 당하셔서 인간을 구원에로 이끌어 하나님의 자녀들이 되게 하셨다. 천사가 언제 그런 일을 했으며, 천사가 그런 일을 할 자격이 어디 있는가? 이런 점에서 예수는 확실히 천사보다 월등하시다.

4) 예수는 모세보다 우월하시다(3:1-6).

유대인들의 입장에서 볼 때 모세는 참으로 자기 나라의 창설자요,

국부(國父)격인 사람으로 극진한 존경의 대상이다. 이방인이라 하더라도 구약종교로 개종하고 성경을 읽는 사람의 입장에서 본다면 모세는 참으로 위대한 사람이요, 자기 백성을 구출, 해방한 자로 여겨져서 그를 숭배의 대상으로 삼으려는 마음도 들 것이다. 그러나 자세히 따지고 보면, 모세를 택하신 분은 하나님이시고, 모세에게 힘 주시고 능력을 행하게 하신 분도 하나님이시고, 만나와 메추라기와 물을 주어 40년간 메마른 광야에서 생존케 하신 분도 모세가 아니고 하나님이셨다. 그러므로 모세의 상대적 가치는 인정해야 하지만 그가 구주는 아닌 것이다.

여기서 예수와 대조해 볼 때 참 구주이신 예수는 월등한 우월성을 가지셨다는 것을 쉽게 알 수 있다. 올바른 판단을 하기 위해서는 먼저 우리들의 시야를 넓히고 판단의 규모를 확대해야 한다. 즉 중동지방의 극히 적은 땅, 시내 산, 팔레스타인, 그리고 애굽이라는 제한된 땅에서 몇 사람 안 되는 이스라엘 백성을 인도해 낸 모세의 역사를 찬양한다면, 그리스도인은 땅과 하늘을 통틀어 하나로 보고 인간을 무한한 하늘의 세계로 구출하는 작업을 생각해야 하고, 그러한 구원에 참여한 자들임을 생각할 때 그 규모가 얼마나 확대된 것이냐 말이다. 예수는 이제 그런 대작업에서 구주의 역할을 하신 분이기에 그 우월성을 가히 짐작할 수 있다는 말이다.

예수와 모세를 비교할 때 둘 다 하나님께서 불러 파송한 자들이요, 대제사장격의 일을 한 자들이요, 맡긴 일에 충성을 한 자들이라는 점에서 같다고 할 수 있다. 그러나 결정적으로 다른 점이 있다. 모세는 하나님의 집에서 하나의 종으로서 충성을 한 데 불과하고, 그리스도는 하나님의 아들의 자격으로 하나님의 집에 충성했다는 점이다. 아들과 종의 차이다. 집의 소유주는 하나님, 그리고 그것의 상속자는 아들이다. 결국 하나님의 집은 아들의 것이다. 종을 통해서 주인이 모든 일을 해결할 수 있었다면 아들을 보내실 필요가 없었을 것이다. 결국 종(모세)을 통해서는 일이 해결될 수 없었고, 불완전했기 때문에 아들을 보내신 것이다. 종에 의지하여 일을 해결하겠다는 생각은 부족한 것이다. 그러므로 아들이신 예수의 우월성을 깨닫고 그를 따라야 한다는 이론이다.

2. 예수의 대제사장직의 우월성(4 : 14—5 : 10, 7 : 1—28)

히브리서 저자는 독특한 입장과 각도에서 예수를 변증하고 있다. 구약 종교와 신약 종교를 비교하는데, 특히 예수님이 나타나기 이전에 있던 유대 종교나 예수의 종교가 다같이 죄 때문에 죽은 인간을 취급하는 것이 사실이지만, 구약 종교에서는 제사장이나 대제사장들을 통해서 동물의 피를 가지고 하나님께 제사를 드려 죄문제를 해결하려고 노력했으나 그것이 불완전하여 날마다, 해마다 반복해야만 했다. 그러나 예수의 경우는 월등한 것이어서 단 일회로 완성하셨다는 것을 말하여 그 우월성을 보여 주려고 했다. 그러므로 세상의 대제사장과 그의 사역, 그리고 그 효과를 예수의 그것들과 비교해 봄으로써 예수의 우월성을 밝히 볼 수 있을 것이다.

1) 구약의 대제사장은 불완전함(4 : 14—5 : 10)

구약의 대제사장은 우선 죄 있고 연약한 인간 중의 하나로서 다른 사람들의 죄나 연약함을 똑같이 느끼며 아파하며 대신 담당할 만한 자격이 없다. 시험을 당하면 그 시험에 빠지고, 죄를 같이 짓는 인간에 불과하다. 그러나 하나님의 아들이신 예수님은 무죄한 자로서 진실된 의미에서 우리 인간의 운명을 고스란히 체험하시면서, 모든 시험과 고통을 다 겪어 대속적인 제물의 역할을 하셨고, 결국 하늘의 문을 열어 하늘로 가는 길을 친히 마련해 주신 분이시다. 그러므로 우리는 그리스도를 통해서 하나님의 은혜의 보좌에 접근할 수 있게 된 것이다. 그것을 구약의 대제사장들은 하지 못했다(4 : 14—16). 구약의 대제사장은 고작 사람들 중에서 선발되어 하나님과 백성 중간에서 인간의 죄문제를 해결하기 위해서 예물과 재물을 대신 드리는 업무를 수행하는 것뿐이었다. 즉 인간 중의 하나에 불과하다는 사실, 그리고 남들과 똑같은 연약성과 죄악성을 지니고 있기 때문에 자신의 죄를 위해서도 제물을 바쳐 사죄를 얻어야 한다는 점에서 예수의 경우와 다르다(5 : 1—4).

구약의 대제사장도 하나님께서 불러세우셨기 때문에 그 나름의 가치가 없는 것은 아니지만 결코 완전하지 못한 자들이며 그 효능도 불완전하다. 그러나 예수의 경우는 하나님의 아들로 세상에 오셔서 사람이 되시는 자기 비하라든가, 죄 있는 인간을 불쌍히 여기셔서 눈물로 호소하시며 하나님께 간구하고 기도하시는 그 지극한 경건, 그리고 마침내 자신의 목숨을 내어 주기까지 하시면서 하나님의 뜻에 복종하신 일로 말미암아 영원한 구원의 원천이 되셨기 때문에, 그에게 복종하는 사람은 영생을 얻을 수 있는 길이 마련되었다는 점에서 구약의 대제사장과는 비교가 되지 않는 우월성을 지니셨다. 그러한 우월성을 상징적으로 멜기세덱의 반차에서 나온 대제사장이라는 개념으로 나타냈다(5：6, 10). 즉 구약의 대제사장은 확실한 족보가 있어서 특정한 사람 중에서 뽑힌 하나의 사람에 불과하고 따라서 불완전하지만, 예수는 신령한 의미에서 족보가 없고 어디서 와서 어디로 갔는지 알 수 없는 신비한 존재이다. 다시 말하면 영적인 영원한 존재이시기 때문에, 예수가 멜기세덱의 반차에서 나왔다는 것은 보통 인간과는 확실히 다른, 신령한 세계의 존재임을 말해 주는 것이다(5：5－10).

2) 멜기세덱 반차에 속한 예수(7：1－28)

히브리서 저자는 멜기세덱의 반차에 속하는 예수의 대제사장직을 매우 중요시하면서 7：1～28에서 장황하게 설명을 붙였다. 예수가 멜기세덱의 반차에 속했다는 것이 어째서 그의 우월성을 말해 주느냐 하는 질문이 나올 수밖에 없고 그 대답이 필요한 것이다. 창세기 14：17～20에 나타난 말씀을 통하여 그 수수께끼의 인물 멜기세덱을 신령한 존재 예수와 연결시켰다. 지극히 높으신 하나님의 제사장 살렘 왕 멜기세덱, 세상의 족보가 없어서 시작도 끝도 없는 신비한 제사장은 그 유형에 있어서 예수와 유사한 것이 사실이다. 예수도 지극히 높으신 하나님께서 보내신 제사장으로서, 인간적 족보가 있다고는 하지만 실은 하늘에서 오셨다가 하늘로 돌아가신 신비한 대제사장이고 보니 그 두 분은 같은 유형이라 할 수 있다.

그러나 멜기세덱과 구약의 대제사장과의 차이는 무엇인가? 한마디로 말해서 멜기세덱은 아브라함을 축복하고 아브라함에게서 전리품의

1/10을 받은 분이라는 점에서 아브라함보다 높은 분이라는 것이고, 따라서 아브라함에게서 배출된 레위사람(제사장의 가문)도 결국 멜기세덱에게 십일조를 바친 격이 되어, 구약의 제사장들은 멜기세덱에 비하면 낮은 차원에 속한다는 이론이 성립된다(7：1－10). 이렇게 생래적인 자격에 있어서 차이가 있고, 멜기세덱이 우월하다는 것을 말한 후에, 역사적 사실에 비추어 레위적 제사 즉 구약의 제사제도가 그 자체로서 충족한 것이었는가 하는 것과, 그것이 만족한 것이었다면 또 다른 보다 나은 제도(신약의 예수의 제도)가 나타날 필요가 무엇이었겠는가 하는 의문을 제기한다(7：11).

구약의 제사제도는 연약하고 더이상 소용 없는 것으로서 효력을 발생하지 못하므로 폐기될 수밖에 없었다. 그리고 율법이라는 것이 결코 사람을 완전하게 하는 것이 못 된다. 그래서 하나님께서 보다 나은 소망을 소개해 주신 것이 바로 신약의 제도라는 것이다. 여기서 저자는 구체적으로 구약의 레위 제사제도와 예수의 제도를 몇 가지로 비교한다. 첫째로, 옛 제도에서는 제사장이 될 때 하나님께서 맹세하는 일이 없었다는 것이다(출 28：1). 그러나 예수의 경우에는 맹세가 따랐다는 것이다(7：21). 이것을 보더라도 예수는 보다 확실한 계약의 보증으로서 의뢰할 만한 제사장이시다(7：22). 둘째로, 옛 제사제도는 인간을 제사장으로 하는 제도로서 때가 되면 죽을 수밖에 없는 사람들이어서 자연히 그것이 존속되기 위해서는 대를 이어가면서 여러 사람이 그 직책을 계승할 수밖에 없었다. 그와는 반대로 예수는 영원한 제사장으로서 끊기지 않는다. 그는 영원한 제사장으로서 영구적으로 인간을 구원하여 하나님께 나아갈 수 있게 하시며, 그들을 위하여 중보의 역할을 하실 수 있다. 그 영원성에 있어서 구약의 제사장들과 같지 않다(7：24－25).

다시 정리해 본다면 예수는 거룩하고, 흠과 티가 없고 죄가 없어 높은 하늘에 계신 대제사장이시며, 따라서 그는 날마다 제사를 드릴 필요가 없다(자신과 남의 죄를 위한 제사). 그는 짐승의 피를 가지고 제사드린 것이 아니라 자신을 제물로 드리는 일을 통해서 완전한 제사를 드리셨다. 이렇게 완전한 제사를 드림으로써 이제는 구약의 제사가 무용지물이 된 셈이다. 그러므로 구약의 제사와 완전한 차이를 나타낸다.

3. 그리스도의 희생제사의 우월성(8：1—10：18)

저자는 이 대목에서 플라톤적 이원론에 입각해서 사물을 관찰한다. 하늘의 실재와 세상의 현실을 하나의 복사판이나 그림자로 대조시켜, 예수는 하늘의 성전 곧 참된 성전에서 사역하시는 제사장이고, 땅에 있는 성전이나 제사장들은 그림자에 불과하다는 생각을 하면서 그리스도의 우월성을 좀더 부연하며 설명한다.

예수 그리스도는 높은 하늘의 실재의 세계, 원형의 세계, 참된 세계에서 보다 완전하고 효과적인 섬김(사역)의 직분을 맡으신 분이시다(λειτουργία; ministry)(9：21). 구약성전에서 섬기는 제사장들의 직무나 또는 그 제도와 장소는 사실 불완전한 그림자와 같은 것으로서 하늘의 새 성전과 새 제도는 실재와 그림자의 차이처럼 낡은 제사제도보다 월등한 것이다. 낡은 제도가 결점이 없었다면 새 것이 나올 필요조차 없었을 것이다. 이제 새 제도를 주셨는데, 그것을 인간의 마음비에다가 새기는 계약을 맺은 것으로서, 눈에 보이는 할례나 율법조문을 초월하여 보다 근본적인 세계로 범위를 넓히고 보이지 않는 세계, 즉 하늘의 세계에로 확대하며 폭을 넓혀 나간다. 어쨌든 새 언약은 낡은 언약, 즉 구약의 제사를 무용지물로 만들어 버린다(8：1—13).

이렇게 개괄적인 설명을 한 다음에 저자는 좀더 구체적인 이야기로 들어간다. 지상의 성전과 제사제도 즉 그림자에 해당하는 지상 성전이나 그 구조와 하늘의 성전과 참된 제사를 비교해 본다. (다음 쪽에)

아래와 같은 구조의 성전이 있고, 제사장들은 날마다 성소에 들어가 제사를 드린다. 그러나 대제사장은 일 년에 한 번씩 지성소로 들어가되 자기와 백성의 죄를 위해 반드시 피를 가지고 들어가야 하는 것이었다. 이것은 결국 성소와 지성소 사이에 휘장이 계속 존재한다는 것을 의미하며, 하나님께로 나아가는 길은 계속 막혀 있다는 사실을 암시한다(9：8). 따라서 이러한 상황 속에서 드려지는 예물이나 제물은 결코 예배자들의 양심을 완전하게 만들지 못한다는 것이다. 반드시 개

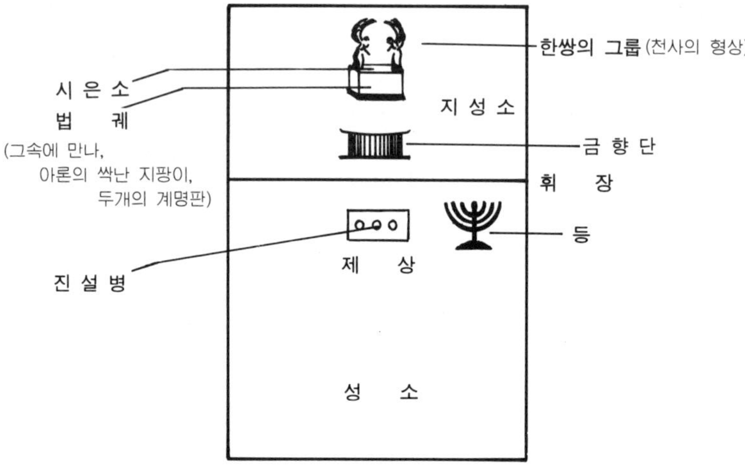

혁의 때가 와야 하며 그 때까지는 하나의 임시적이고 불완전한 예식으로 남아 있는 것이었다(9：5-10).

이제 개혁의 때가 이르렀을 때, 그림자와는 달리 실체가 나타났다. 그리스도가 대제사장으로 역사하시는 성전은 더 크고 완전하며, 사람의 손으로 만든 것이나 이 세상에 속한 것이 아니다. 옛날처럼 여러번 들어가야 하는 것도 아니다. 단번에 효과를 나타내셨으며 염소나 양이나 송아지를 잡아 그 피를 가지고 들어가던 옛 제사와는 달리 예수님 자신의 피를 제물로 드렸다. 그리하여 결국 영원한 구속을 성취하셨다. 그리하여 그의 피는 죽을 일을 일삼던 우리의 더러운 양심을 깨끗케 하시고 살아 계신 하나님을 섬기는 자들이 되게 하셨다(9：11-14).

예수는 하나님과 인간 사이에 맺어진 새로운 계약의 중보자의 역할을 하신 것이며, 따라서 우리는 약속된 영원한 기업을 얻는 결과가 되었다. 예수의 죽음의 제사가 결국 모든 죄와 허물로 속박되었던 우리를 대속하여 해방시키신 것이다. 예수의 죽음이 그러한 큰 역할을 한 것이다. 세상에서 유언이 효과를 발생하려고 해도 유언자의 죽음이 전제되어야 한다. 그와 같이 하나님의 약속이 유효하기 위해서 그리스도의 죽음이 틀림없이 있었으니, 그 죽음이 그 약속을 유효하게 한 것이 아니냐는 것이다(9:17). 그리고 옛 계약 즉 구약의 계약을 비준하기 위해서 송아지와 염소의 피를 흘리는 예식을 행하였는데, 이제 그보다 월등한 새 계약을 성취시킴에 있어서 어찌 피흘림이 없을 수 있겠는가! 예수께서 피를 흘리심으로써 새 언약이 맺어졌고, 죄 사함이 이루어졌다. 이렇게 예수의 죽으심과 피흘리심은 구약 제사제도에서 짐승의 피를 흘린 일과는 그 효과에 있어서도 천양지차가 있다(9:15-22).

지상의 그림자와 같은 성전에서도 피흘리는 일이라든가 기타 여러가지 의식이 필요했다면, 하늘의 이상적 성전에서는 훨씬 더 나은 제사가 드려져야 하지 않느냐는 이론을 가지고 다시 그리스도의 제사를 설명한다. 예수는 사람이 만든 그림자와 같은 성전에 들어가신 것이 아니라 실체인 하늘로 들어가셨고, 우리들을 위해서 하나님 어전으로 들어가셨다. 즉 하나님의 현존을 상징하는 지성소에 들어간 것이 아니라 정말 하나님이 계신 하늘 그리고 직접 하나님 어전으로 들어가셨다. 그것은 목적 없이 하신 일이 아니라 죄 때문에 멀리 쫓겨났던 인간들을 그 어전에 나올 수 있게 하는 직접적인 행동으로서 그렇게 하신 것이다(9:24).

예수가 드리신 제사는 세상의 대제사장처럼 해마다 드린 것이 아니라 마지막 때에 나타나 단번에 자신을 드려 죄를 없이 하시는 제사를 드리신 것이다. 예수는 반복해서 죽으시는 고통을 당할 필요가 없다(천주교회가 미사를 드릴 때, 그 시간마다 예수가 죽으시는 것처럼 생각하게 하는 것은 온당치 않은 일이다). 사람이 한번 죽으면 이제 남은 것은 심판을 기다리는 일인 것처럼 이제 예수는 단번에 죽으셔서 제물이 되시어 우리들의 죄를 담당하셨으니, 이제는 그의 재림을 기다리고 있는 성도들을 그 날에 완전히 구원하시는 일이 남은 것이다(9:28).

그러므로 이제는 구약의 제사제도를 따라서 제사를 드릴 필요가 없어졌다. 번거롭게 드리던 모든 희생제사가 다 소용없게 되었으며, 사실 하나님께서 그것을 본래에도 기뻐하신 것은 아니었다. 그리스도께서 단번에 자신을 드려 모든 죄를 위한 영원한 제사를 드렸으니 그것으로 족하고 이제 남은 것은 하나님 우편에 앉으셔서 그의 모든 원수가 그의 발 아래 복종하는 때를 기다리는 일뿐이다. 이렇게 해서 낡은 시대가 지나가고 새 시대가 밝아 왔으니 우리는 새로운 태도를 가지고 살아야 한다(10 : 1-18).

4. 믿음과 인내(11 : 1—12 : 2)

기독교는 하나님께서 솔선하여 인간을 구원하시는 은총의 종교이다. 하나님께서 독생자 예수를 보내셔서 죄 있는 인간을 속량하시는 제물이 되게 하시고, 대제사장으로서 승리적으로 인간을 하늘의 성전으로, 즉 하나님의 보좌로 인도하시는 역사를 일으켜 주셨다. 인간 편의 노력이나 공로를 요구하는 것이 없다. 단지 인간 편에서는 신앙을 가져야 하는 것임을 저자는 구약의 인물들의 역사를 통해서 입증하고 있다. 바울처럼 이론적으로 신앙의 필요성을 강조하지는 않았지만, 하나님의 은총의 복음을 접하는 인간의 올바른 태도가 신앙이라는 사실을 실례를 통해서 예증함으로써 신앙이 필요하다는 사실을 잘 증명해 주고 있다.

우선 신앙을 정의하면서 첫째로 바라는 것의 실상이라고 했다. 즉 바라는 것은 손으로 잡을 수 있는 것도 아니며 막연하고 희미하여 감도 잡을 수 없는 것이지만, 하나님께서 하시는 말씀이나 약속을 인간의 생각으로 도저히 이해가 되지 않고 그럴성 싶지 않더라도 잡은 듯이 사실로 인정하고 의심치 않는 것을 의미한다. 둘째로 신앙이란 보이지 않는 사물을 확실성 있는 실재로 의심치 않고 인정하는 태도를 말한다. 하나님께서 아들을 보내셨고 그가 예수였다는 사실, 그는 인간의 죄를 위해서 십자가에 달려 죽으시고 고난을 당하셔서 단번에 속죄하시고 하늘 성전으로 우리를 이끄신다는 사실들이 객관적으로 일어났지만, 그것을 믿음으로 받아들이고 우리의 것으로 삼지 않는다면 그 사건은 사건대로 남아 있게 될 것이다.

그래서 저자는 구약역사에 나타나는 많은 선조들과 믿음의 선배들의 역사를 훑어 나가면서 믿음 때문에 성공하고, 믿음 때문에 하나님의 축복을 받고, 믿음 때문에 승리한 사실들을 소개하였다. 믿음이 있었기 때문에 고난을 참았고, 세상에서 약속을 성취하지 못하면서도 믿음이 있었기 때문에 용감하게 박해를 당하고 목숨을 잃기도 했으니 보다 나은 것을 주시겠다는 하나님의 약속에 대해서 믿음으로 참고 기다려야 할 것을 강조하고 있다. 믿음이 절대적으로 필요한 것이기에, 그리고 많은 선열들이 그 사실을 입증하고 있는 것이기에 믿음생활에 방해가 되는 것, 특히 죄를 벗어버리고 그 소망을 붙들려고 달려가야만 한다는 것이다.

거기에는 인내가 필요하다. 우리의 믿음과 인내의 대표적인 모범은 예수 그리스도이시다. 그는 십자가의 죽음까지도 참으셨고, 그 부끄러움을 개의치 않으셨고, 마침내 하나님 보좌 우편에 앉으시는 영광과 존귀와 권세를 누리게 되었으니, 그분이야말로 믿음의 선구자이며 믿음으로 승리한 자가 아닐 수 없다. 동시에 그는 그를 믿는 우리들의 믿음을 격려하시고 북돋아 완전케 해주시는 분이시다.

5. 땅의 시내 산과 하늘의 시온 산(12 : 18—29)

이스라엘 백성들이 시내 산에 도달했을 때 하나님과의 계약을 맺는 과정에서 하나님께서는 위엄과 권능과 존귀하심을 나타내 보이셨다. 그때 그 엄위하심에 접한 백성들은 무서워 떨었고 모세마저도 "내가 심히 두렵고 떨린다."(12 : 21)고 고백할 정도였다. 이제 그리스도인들은 지상의 시내 산에 도달한 것이 아니라 하늘의 시온 산, 하늘에 있는 실재의 도성에 도달한 것이다.

히브리서 저자는 여기서도 하늘의 이데아의 세계, 즉 실재의 세계와 땅의 임시적이고 그림자 같은 세계를 대조하고 있다. 하늘의 실재의 세계를 여러 가지로 묘사했다. (1) 살아 계시는 하나님의 도성 (2) 하늘에 있는 예루살렘 (3) 무수한 천사들이 모여 잔치하는 곳 (4) 하늘에 등록된 장자들이 모여 있는 곳 (5) 만물의 하나님께서 심판자로 계시는 곳 (6) 완전하여진 의인들의 영들이 있는 곳 (7) 새 계약의 중재자이신 예수님이 계신 곳 (8) 예수의 희생의 피가 주효하며 인정되는 곳 등으로 나타난다.

즉 그리스도인들이 도달한 곳은 신령한 의미에서 말할 때 지상의 어떤 임시적인 성소에 도달한 것이 아니고, 위에서 말한 그러한 신령하고도 지극히 거룩하고, 엄위하고, 은혜롭고, 아름다운 곳에 도달한 자들이다. 과거 시내 산에서 모세를 통한 하나님의 말씀을 거절하였을 때에도 사형을 당하는 무서운 벌이 있었다면(12:20), 이제 하늘로부터 직접 오는 경고를 거부할 때 어떻게 그 벌과 화를 면할 수 있겠는가 말이다. 옛날 시내 산에서 나타났던 하나님의 음성이 땅을 뒤흔들 정도였다면, 이제는 하나님께서 땅뿐 아니라 하늘도 흔들겠다고 약속하셨고 따라서 그대로 하실 터인데 어찌 감히 하나님의 권고와 경고에 귀를 기울이고 복종하지 않을 수 있겠느냐 말이다(12:26). '또 한 번'(12:26, 27)이란 말은 역사의 종말에 하나님께서 대격변을 일으키시고 모든 것을 새롭게 하시는 심판의 날을 의미할 터인데, 그 때에는 임시적이고, 불완전하고, 악하던 것들은 다 사라지고 영원한 것만이 남게 될 것이다. 하나님의 의도가 거기에 있는 것이다. 그리하여 마침내 하나님께서 왕 노릇 하는 세계가 이루어지고 거기서 성도들이 하나님과 같이 영생을 누리게 될 것이다. 그 나라는 흔들리지 않는 나라이다. 이런 세계를 인간이 자력으로 얻을 수 있는 것이 아닌데, 예수의 피 공로로 값 없이 그 나라의 시민이 되는 축복을 얻었으니 감사할 수밖에 없고 경건한 마음으로 하나님께 경배하는 것이 우리의 마땅한 태도일 것이다. "하나님은 소멸하는 불이심이니라"(12:29)는 은유를 통해서 그의 위엄을 다시 다짐하고 그 앞에 우리는 모두 참된 경외심을 가지고 나아가야 할 것을 경고하는 것이다(12:29).

Ⅳ. 내용 해설

1. 그리스도의 복음을 굳게 붙들라(2:1—4).

1:5~14에서 예수와 천사를 대조하면서 예수는 하나님의 아들이시고 천사는 하나님의 사환이요, 특히 인간들을 구원하는 일에 있어서 하나님을 섬기는 일꾼이라고 지적하였다. 그런데 구약의 역사를 통해 볼 때 또는 신약시대에 접어들어서도 하나님의 사자에 불과한 천사들의 말을 듣고도 그 말을 어기고 불복했을 때 거기에 해당하는 정당한 처벌을 받은 것이 사실이라면(행 7:53, 갈 3:19), 하나님의 아들 예수

께서 직접 땅에 오셔서 우리와 똑같은 인간이 되셔서 똑같은 인간의 말로 선포하신 구원의 복음, 그리고 그를 목격한 자들에 의해서 증언된 복음, 동시에 하나님께서 표적, 기사, 기적들을 일으키시고 성령의 은사를 각 사람에게 주시는 등의 역사로 확실히 증거해 주신 위대한 구원의 복음을 듣고, 이제 그것을 거절한다면 어떻게 심판을 면할 수 있겠느냐 하는 것이다. 그러니 이미 들은 그리스도의 복음을 굳게 붙들고 결코 놓치지 말아야 한다고 경고, 권면한다.

2. 이스라엘의 전철을 밟지 않는 확고한 신앙(3:7-4:13)

천사보다도, 모세보다도 월등하신 예수 그리스도를 통하여 주시는 구원의 소식이 울려 퍼졌는데 이미 그 복음을 받은 사람들이 마음이 변하여 그 복음을 버리려고 하기 때문에 저자는 옛날 이스라엘 백성의 역사적 사건을 전철로 삼아 경고하려는 것이다. 이스라엘 백성이 자기들의 힘이나 꾀를 가지고 애굽의 종살이에서 해방된 것이 아니었다. 어디까지나 하나님의 자비와 능력과 섭리에 의해서 이루어진 사건이었다. 그야말로 하나님의 전적 은총의 사건이었다.

그런데 이스라엘 백성은 광야생활에서 먹을 것, 마실 것이 없고 여러 가지 어려움이 닥쳐올 때 그 하나님의 능력과 사랑을 다 잊어버리고 하나님을 배반하였고, 따라서 하나님의 진노를 살 수밖에 없었다. "내가 노하여 맹세한 바와 같이 저희는 내 안식에 들어오지 못하리라" (3:11). 이러한 하나님의 맹세는 그대로 이루어졌고, 40년간 광야에서 방황하면서 모두 다 죽고 약속의 땅, 안식의 땅, 가나안에는 들어가지 못했다. 이것이 엄연한 사실이요, 역사적 교훈이다.

그들이 그렇게 된 이유가 무엇인가? 그들 속에 악한 마음이 생겼는데 즉 '믿지 않는 마음'이다. 하나님은 살아 계셔서 똑같은 능력을 행하신 분으로, 즉 바로의 손아귀에서 이스라엘을 건지시고, 홍해를 육지같이 건너게 하시고, 만나와 메추라기와 물을 주셔서 살게 하신 하나님은 그냥 살아 계시는데, 그에 대한 믿음이 없어지고 따라서 그 하나님을 버리는 악한 마음이 생겼던 것이다. 그러므로 '오늘'이라는 시점, 즉 옛날 모세시대에 이스라엘을 구원하신 사건보다 훨씬 더 큰 사건을 일으키시고(예수의 구속 사건) 성령을 보내셔서 역사하시는 이 최종적인 은혜의 사건을 일으키시고 또 지금도 역사하시는 이 시점에서, 그 놀라운 복음을 듣는 마당에서, 옛 이스라엘의 전철을 밟을 수 있겠느냐 하는 것이다.

그래서 권면한다. 조심해서 그런 불신앙을 가지지 말자는 것이다. 서로서로 격려하여 불신앙의 죄를 지으며 마음을 완고하게 하는 일을 하지 않도록 하자는 것이다. 아무리 박해가 있고 고난이 있다 하더라도 끝까지 그 처음 확신을 붙들면 그리스도와 모든 것을 함께 누릴 때가 올 것이 분명하다고 권면한다.

옛날 하나님께서 이스라엘 백성에게 가나안 땅의 안식을 약속하셨는데, 그들의 불신앙 때문에 그 안식을 체험하지 못했다. 살아 계신 하나님은 그들에게만 약속하신 것이 아니라 우리들에게도 주셨는데, 믿는 자는 안식을 얻으리라는 것이다. 하나님께서 엿새 동안의 창조의 과업을 다 마치시고 제 7 일에 안식을 하신 것처럼, 우리에게도 그 하나님의 안식에 동참할 수 있는 길을 보여 주셨고 약속하셨다. 그 약속을 성취할 수 있느냐 없느냐 하는 것은 우리에게 달려 있다. 즉 우리가 하나님의 약속과 그 능력을 믿고 복종하느냐, 아니면 불복하고 믿지 않느냐 하는 것이다. 저자는 권면한다. 그 안식에 들어가기 위해서 옛 이스라엘처럼 불복하는 자가 되지 말고 굳은 신앙을 가지자는 것이다. 그러면서 하나님의 말씀의 진실성과 그 능력을 소개한다(4 : 12-13). 즉 하나님의 말씀에 귀를 기울여서 그 말씀의 인도를 받고 그 말씀의 심판을 받으면서 하나님의 뜻이 무엇인지, 하나님의 명령이 어떤 것인지를 알아서 믿음생활을 해야 한다는 것이다.

3. 성숙한 신앙(5 : 11—6 : 20)

히브리서 저자는 그 당시 독자들의 신앙상태를 염려하고 탄식한다. 이미 예수 믿은 지 오래고 벌써 성숙한 상태에 도달하여 남을 가르치고 복음을 전달해 줄 수 있는 수준에 도달했어야 하는데, 아직도 젖먹는 아이들처럼 판단력을 잃고 갈팡질팡 신앙이 흔들리고 있으니 어쩌겠느냐는 식으로 섭섭한 마음을 우선 보인다(5 : 11-14).

그러면서 독자들을 권면한다. 그리스도에 대한 초보적 진리에서 제자리 걸음을 하지 말고 좀더 성숙한 신앙을 가지도록 하자는 것이다. 예컨대 옛날의 죽은 행실을 회개해야 한다는 것, 하나님께 대한 신앙을 가져야 한다는 것, 세례, 안수, 죽은 자들로부터의 부활, 영원한 심판 등은 이미 다 알고도 남아야 할 문제들이라는 것이다. 그런데 만일 독자들이 이미 그런 지식을 다 얻고, 하늘나라의 선물을 맛 보고, 성령체험도 했고, 하나님의 말씀의 단맛을 알고, 장차 오는 세상이 어떻다는 것을 다 맛 보아 알았을 터인데, 이제 예수를 배반하고 만다면 결국 하나님의 아들을 십자가에 달아 죽이는 것이며, 그를 멸시하는 죄를 짓는 것이 될 것이고, 따라서 회개하여 복구할 가능성이 없지 않겠느냐고 매우 엄격한 경고를 발한다. 결국 그런 사람은 불심판을 받게 된다는 암시를 준다(6 : 8). 독자들이 그런 위험에 처해 있다는 사실을 알기 때문에, 즉 아직 완전히 그런 상태에 빠졌다는 것이 아니라, 그럴 수 있는 위험한 상태에 있는 것을 알고 미연의 방지를 위해서 경고하는 것 같다.

히브리서의 원독자들을 향하여 저자는 '사랑하는 자들'이라는 말을 쓰면서 구원의 희망이 있는 자들이라는 고무적인 말을 썼다(6 : 9). 즉 그들은 그런 환란 속에서도 그리스도의 이름으로 성도들을 후대하는 아름다운 행위, 곧 사랑을 나타내고 있다는 것이며, 하나님께서 결코 그것을 간과하시지 않으리라고 칭찬하면서 끝까지 그 소망을 성취하기 위한 노력을 보여 달라고 부탁한다. 즉 연약해지지 말고 믿음과 인내로써 약속을 성취한 옛 성도들을 닮으라고 격려한다. 특히 아브라함의 실례를 가지고 본보기를 삼았다. 하나님은 거짓말을 하실 수 없는 분으로서(6 : 18) 약속을 하시면 틀림없이 행하시는 분이시며, 게다가 아브라함에게는 스스로 맹세까지 하시면서 약속하셨기 때문에 그 약속은 그 이상 더 확실할 수가 없는 것이었다. 아브라함은 그 약속을 믿고 참으며 견디어 내었기 때문에 마침내 그 약속의 성취를 보았던 것이다. 그러므로 우리들 앞에 놓인 소망을 확신하고, 참아야 할 만한 근거가 충분히 있는 것이다. 즉 대제사장되시는 그리스도께서 열어 놓은 길을 통하여 하나님의 어전에까지 나아갈 소망이 주어졌으며, 하나님께서 확실하게 주신 '영혼의 닻'과 같은 튼튼한 소망이 있으니 의심하지 말고 끝까지 믿고, 참으며 기다려야 하겠다는 것이다.

4. 확실한 믿음, 소망, 사랑(10 : 19—39)

예수님 자신의 피흘림을 통하여 하늘 지성소로 들어가는 길을 막았던 휘장은 찢어 버리시고 이제 하나님이 계시는 어전에 거침없이 들어가는 새 길, 살 길이 마련되었다. 그 집에서 당당히 활약하실 대제사장이 우리를 위해 거기에 계시다는 사실을 확신하게 된 이 마당에 우리가 가질 태도는 무엇이겠는가?

① 확실한 믿음을 가지고 진실된 마음으로 하나님께 나아가자는 것이다. 그리스도의 피로 마음을 청결케 하여 악한 양심을 제거해야 하고, 심신이 다 깨끗해야 한다(10 : 22). ② 하나님은 신실하시고 그의 약속은 불변하시니까 그 약속의 소망을 흔들리지 않는 마음으로 굳게 붙들어야 한다(10 : 23). ③ 서로 사랑과 선행을 고무, 격려하자는 것이다. 어려운 날, 재림의 날이 가까워올수록 성도들이 모이기를 힘쓰면서 서로 격려하고 사랑을 실천해야 한다는 것이다.

하나님께서 인간을 죄에서 건지시기 위하여 아들을 보내시고, 그를 제물로 삼으시는 최종적 조치를 취하셨다. 그를 믿어야 구원얻는다는 진리가 전파되어 그 진리에 대한 지식을 가졌었는데, 이제 그 최종적 진리를 받은 사람들이 일부러 그것을 거부하고 다시 죄를 짓는다면, 또 다른 조치를 취할 것이 어디 있겠는가! 하나님의 아들이 또 있는 것도 아니고 최종적인 조치였으니 말이다. 결국 하나님의 원수들을 불살라 버리는 무서운 불 심판이 남은 것이 아니겠는가! 모세의 율법을 어긴 사람들에게도 가차없이 사형을 내렸다면 하나님의 아들을 거부한 자, 성화의 피 곧 언약의 피를 모독하는 자, 은혜의 성령을 거절하고 노엽게 하는 자는 얼마나 더 큰 심판을 받겠는가 짐작해 볼 수 있다. 심판하시는 자는 하나님이신데 그 살아 계시는 하나님의 손에 걸려든 죄인의 운명이 얼마나 처참할까를 생각해 보라는 것이다(10 : 26—31). 이렇게 매우 무서운 말로써 독자들에게 경고를 하는 것은 한 사람도 그런 운명에 도달하지 않기를 바라는 교육적 목적을 가지고 한 일이다.

과거를 회상시킨다. 신앙을 가진 후에 많은 고난을 당하면서 시련을 참은 전력이 있다. 자신들이 박해와 천대와 모욕을 당하였을 뿐 아니라, 옥에 갇힌 자들을 동정하기도 했으며, 재산을 압수당하는 일도 있었다. 그러나 이런 것들은 보다 더 좋고 영구적 소유가 있다는 것을 믿고 그러한 손실을 감수했던 것이다. 그러니까 이 계속되는 박해와 환난이 있더라도 보다 더 크고 좋은 보상이 있다는 확신을 버리지 말고 참아서 하나님의 뜻을 이루고 약속을 성취하도록 하라는 것이다. 하박국 2：3~4을 인용하면서 뒷걸음치다가 멸망받은 자들처럼 되지 말고 끝까지 신앙을 지키고 생명을 얻는 자가 되라고 권한다(10：32-39).

5. **그리스도를 바라봄**(12：3—17)

히브리서 독자들이 박해를 받고 환난 중에 있는 상황을 전제하고 권면하는 대목이다. 우선 그리스도를 생각해 보라는 것이다. 그리스도만큼 악당들(죄인들)에게 미움을 받으면서도 끝까지 견딘 사람이 어디 있겠는가! 그리스도를 바라보면서 낙심하지 않도록 하라고 권하면서 아직 그리스도처럼 죽음을 겪고 피를 흘리는 지경에는 이르지 않치 않았느냐고 반문한다(12：4). 다음에는 그리스도인으로 겪는 그러한 시련과 환난을 선하게 해석하라는 것이다. 즉 사랑하는 아버지되시는 하나님께서 귀하게 여기는 자식들이기에 훈련을 시키기 위해서 주시는 시련이라고 생각하며 그 시련을 이겨내야 한다는 것이다. 즉 시련을 주어 괴롭히려는 것이 목적이 아니라 잠시 동안의 시련을 통해서 결국 성도들에게 유익을 주려는 것이며, 하나님이 거룩하신 것처럼 거룩한 존재가 되게 하시려는 것이다. 이렇게 연단을 받는 것이 기쁠 리는 없고 고통스럽기는 하지만 결국은 더욱더 의로운 자로 하나님 앞에 나타나게 되며, 거기서 화평을 누리는 결과를 가져오게 될 것이다. 그러니까 용기를 내고 당당하게 걸어가라는 것이다. 할 수 있는 대로 모든 사람과 화평을 이루도록 노력하라는 것이다. 박해받는 처지에 잘못하면 원수를 만들기 쉬운데, 성도답게 원수까지 사랑함으로 어디까지나 악을 악으로 갚지 않는 그 거룩하고 순결한 모습을 유지해야만 주님을 볼 수 있겠다는 것이다. 사회생활에 있어서 쓴 뿌리와 같은 존재가 되어 남에게 손해를 주고 남을 범죄케 하는 일이 있어서는 안 될 것이다(신 29 : 18). 어디까지나 하나님의 눈에 드는 사람이 되려고 노력해야 한다는 것이다. 에서는 당장 배가 고프다고 해서 참지 못하고 귀한 장자권을 팔아 먹었는데, 그와는 비교도 할 수 없는 하늘의 큰 영광과 구원을 받을 사람들이 잠시 동안의 고난을 참지 못하고 믿음을 버린다든가 절조를 팔아 버린다면 돌이킬 도리가 없을 것이라고 경고한다(12 : 16—17).

6. 여러 가지 권면(13 : 1—25)

끝으로 저자는 여러 가지 윤리적 권면을 첨가한다. 형제애를 계속하여 가지라는 것, 나그네 대접을 소홀히 하지 말라는 것, 감옥에 갇힌 자들을 돌보며 같이 고통을 나눌 것, 고난당하는 자들을 기억할 것, 결혼생활을 깨끗하게 할 것, 하나님을 의지하는 마음으로 돈을 사랑하지 말고 자족하는 생활을 할 것, 교회의 지도자 특히 하나님의 말씀을 전하고 가르치는 자들을 기억하고 그들의 삶과 신앙을 본받을 것, 예수 그리스도는 어제나 오늘이나 영원토록 동일하신 분이시라는 확신을 가지고 이상한 교훈에 요동치 말 것, 은총으로 구원얻는 것이지 이것은 먹으면 안 되고 저것은 먹어야 하는 율법적 행위로 구원을 얻는 것이 아님을 깨달아야 한다고 말한다.

기억할 것은 예수께서 당신 자신의 피로 자기 백성을 거룩하게 하시려고 성문 밖에서 고난당하신 사실을 기억하고 그가 당하신 그 죽음의 고난을 우리도 같이 참고 견디자는 것이다. 이 세상에는 영원한 안식처가 없다. 앞으로 올 하나님의 도성을 바라고 있느니만큼, 이 세상에서 우리는 계속 하나님께 찬양의 제사를 드리라고 권한다. 세상에 사는 동안 선행을 꾸준히 하면서, 내가 가진 것을 남들과 나누는 생활을 하자. 그러한 희생을 하나님은 기뻐하신다고 가르친다. 다시금 교회의 지도자들에게 복종하고 그들의 임무를 즐겁게 행할 수 있도록 해드리라고 권면한다.

□ 토의문제

1. 히브리서의 주요 사상과 바울의 사상을 비교해 보자.
2. 히브리서에 나타난 헬라적 요소를 찾아보자.
3. 박해와 환란을 당하고 있는 신도들에게 히브리서는 어떤 역할을 하는가?
4. 배교의 위험을 안고 있는 독자들에게 히브리서가 주는 교훈은 무엇인가?
5. 히브리서 기자의 기독론의 특색이 무엇인가?

□ 참고도서

F. F. Bruce, *The Epistle to the Hebrews, The English Text with Introduction, Exposition and Notes*, Grand Rapids : Wm. B. Eerdmans Publishing Co., 1964 ; London : Marshall, Morgan & Scott, 1965.

Jean Hering, *The Epistle to the Hebrews*, London : Epworth Press, 1970.

Hugh Montefiore, *A Commentary on the Epistle to the Hebrews*, London : A & C Black ; New York : Harper & Row, 1964.

야고보서

야고보서를 언제 누가 누구에게 어떤 환경 속에서 썼느냐 하는 문제는 오늘날까지 많은 학자들의 연구에도 불구하고 해답을 얻지 못하는 것이다. 교회의 전통은 예수의 동생 야고보, 일명 '의로운 야고보' (James the Geist), 즉 예루살렘교회의 주요 인물로서 주후 40~62년 어간에 활약한 사람의 글이라고 전해 오지만, 나사렛 목수의 아들이었던 야고보가 그렇게도 아름다운 헬라어를 구사하면서 그런 훌륭한 글을 쓸 수 있느냐 하는 질문을 받으며 여러 가지 논란을 일으키고 있다.

외증이나 내증을 통해서 여러 가지 학설들을 주장하지만 일반적으로 도달하는 결론의 경향은 다음과 같다. 즉 이 서신의 내용으로 보아 기독교 초창기의 글로 보이며, 유대적 색채가 농후한 점 등을 비추어 보아 주후 40~62년에 걸쳐 활약한 '의인 야고보'의 사상이 바탕되어 있는 것으로 보이고, 헬라적 어휘와 술어들이 많이 나타나는 것은 교회가 예루살렘의 테두리를 벗어나 이방 헬라세계로 번져 나가게 되었을 때, 야고보 자신이 헬라인의 도움을 받아 새로 편집했거나 또는 그가 죽은 후에 어떤 신실한 헬라적인 제자에 의해서 편집된 것이 아니겠는가 하는 것이다. 이제 우리는 이 서신의 내용을 통해서 대개 이 서신이 기록되던 때의 삶의 자리를 살펴보기로 하자.

I. 서 론

야고보서의 기본적 문화 자료를 4：13~5：6에 나타나는 '저주'의 부분에서 찾을 수 있다고 본다. 거기서는 두 그룹의 사람들이 묘사되어 있다. 하나는 상인 그룹(4：13-17)이고, 또 하나는 농부 그룹이다(5：1-6). 야고보는 특히 농부 그룹을 οἱ πλούσιοι (플루시오이)라는 별명을 붙여서 불렀다. 즉 '부자'라는 별명이다. 그들은 자기들의 공동체 속에서 상당한 권위를 가졌었고 기독교인들에 대한 반감을 가지고 박해하는 자들이었던 것 같다.

팔레스타인은 본래 농경사회였으며, 이스라엘의 고대전통은 하나님께서 각 지파에게 땅을 골고루 나누어 주셨기 때문에 실상 땅 주인은 하나님이시다. 그러다가 군주체제로 바뀌면서 그 땅들이 군주와 소수의 부자들의 손에 귀속하게 되었다. 바벨론 포로로 인해서 큰 지주들이 사라지기는 했지만, 그래도 바벨론, 파사, 헬라, 로마시대를 거치면서 권력 있는 자들이 땅을 많이 차지하는 사회로 변하고 말았다. 대다수의 시민인 농부들이 조그마한 땅을 붙여 먹으며 근근히 살았지만, 기근이나 여러 가지 재난을 당하여 생활이 어려워지면 불가불 땅을 저당잡히게 되고, 그래도 형편이 풀리지 않으면 부자 지주에게 그 땅을 압수당하기가 일쑤였다. 이렇게 땅을 잃은 농부들은 마침내 부잣집의 일꾼이나 품팔이꾼이 되어 버렸다. 그리하여 권력 있는 부자들과 더구나 대제사장 가문들도 치부를 하여 빈농들을 괴롭히고 경제적인 압박을 더해 가는 것이었다.

헤롯 아그립바 1세(주후 37-44)가 죽은 후 팔레스타인의 경제상태는 더욱 악화되었고, 설상가상으로 계속되는 기근으로 인해서 형편은 더욱더 악화되었다. 이러한 때인지라 팔레스타인의 교회의 형편도 경제적으로 매우 어려울 수밖에 없었다. 주후 66년에 유대-로마 전쟁이 터지기 전 2~30년간에는 부요한 대제사장 가문들이 로마 정부측의 편을 들어서 하급 제사장들에게서 십일조를 빼앗아 가졌는데 이에 하급 사제들은 반감을 가지고 제롯당(Zealot)의 편을 들기도 했었다.

이러한 경제, 정치적 상황에 있을 때, 팔레스타인의 교회는 어떠했겠는지 짐작해 볼 수 있다. 결국 교회는 부자들에 대하여 자연히 분노를 느낄 수밖에 없었다. 부자들이 크리스천들의 땅을 빼앗았고, 품꾼으로 그리스도인을 부리는 일에 있어서도 차별 대우를 하고, 특히 대제사장 가문 사람들은 교회를 탄압하도록 사주하는 장본인들이었을 것이다. 반면에 어떤 부자가 교회에 들어온다든가 교회의 회원이었을 때 자연히 그들의 눈치를 볼 수밖에 없었다. 그 부자의 돈을 가지고야 목숨을 부지할 수 있었으니, 어쨌든 그의 눈 밖에 나서는 안 되는 것이었다.

팔레스타인이 옛부터 주로 농경사회인 것이 사실이지만, 4：13~17에서도 암시되는 것처럼 상업하는 사람들도 점차 늘어나서 특히 도시에는 상인들이 상당수 살고 있었다. 야고보는 상인들이 하나님을 무시하고 자족하며 자랑하는 태도를 공격하고 있다. 그리스도인이면서도 복음서에 나타난 것과 같은 기독교의 전통을 따르지 않고 그들의 미래를 완전히 하나님의 손에 의탁하는 태도를 버리고 살았기 때문에 야곱의 공격을 받는 장면이 나타난다.

교회생활을 하기는 하지만, 30년대나 40년대에 있었던 관대한 마음이 사라져 버렸으며, 교회생활은 이제 하나의 습관적인 것이 되어 버렸다. 경제적 압박이 심해지면서 정통적 신앙을 견지하는 것보다 돈에 더욱 집착하는 것이었다. 경제적 안정을 얻기 위한 백방의 노력을 아끼지 않았다. 그래서 야고보는 그들을 세상을 사랑하는 자들이라고 낙인을 찍었다. 교회 밖에서는 제롯당과 친로마파 사이의 투쟁이 벌어지고 있었다. 교회 안에서도 자연히 불평, 세력 싸움, 서로 빈정대는 일이 나타나고, 제롯당에 가담하려는 유혹을 받는 자들이 생겼다. 제롯당은 어디까지나 가난한 사람 편이었기 때문이다.

사도행전에 의하면 '의인 야고보'는 중재자 또는 사회자로 묘사되었다(행 15：13-21, 21：18-26). 야고보는 부자를 향해서 예수님의 강력한 말씀을 닮은 종말적인 책망으로 공격을 했다(눅 6：24-26). 야고보의 교회는 가난한 자들의 교회이다. 야고보서에는 유대적인 청빈=경건의 사상이 줄기차게 흐르고 있으며 동시에 열렬한 종말 기대 사상이 뚜렷하다. 야고보는 어디까지나 가난한 자들을 동정하면서도 제롯당에 가담하는 일은 거절한다.

그리스도인은 세상을 포기해야 한다고 가르친다. 경제적 안정을 얻으려는 욕망은 실상 악마적인 일이며 하나의 시험이라고 간주한다. 그뿐 아니라 야고보는 남을 미워하는 일과 다투는 일(4:1-3), 좋지 않은 말(3:5 b-12), 성내는 일(1:19-20)을 금하라고 가르치며, 어떤 일이 있더라도 맹세하지 말라고 경고한다(5:12). 이러한 요구들은 물론 교회공동체를 염두에 둔 것으로서 교회 안에서의 단결, 사랑, 자선의 정신 등이 깨져 나갈 것을 몹시 염려해서 하는 말이다.

신도들이 압박을 당하여 신앙의 시험이 올 때, 교회가 파괴되는 일들이 있었던 것이다. 그러므로 예언자적 태도를 가지고 부귀를 거부하고, 미움이나 폭력을 배제하면서 내적으로 단결과 자선에 힘쓸 것을 호소한 것이다. 외적으로 어려움이 많았기 때문에 주님의 개입이 요구되었다. 즉 인간의 간섭은 쓸데없고 주님이 오셔서 심판하실 것을 대망하는 것이었다. 이렇게 외적으로 교회를 붕괴시키려는 세력이 움직이기 때문에 자연히 종말적인 대망과 기대가 커지는 것이었다.

이상과 같은 것을 종합해 볼 때 야고보서는(적어도 야고보 자신이 쓴 부분) 유대 전쟁이 일어나기 전 팔레스타인의 교회의 상황을 보여 주는 것 같으며, 그렇게 어려운 형편에 처한 교회를 공고히 하려는 목적으로 격려와 권면의 말들을 모아 적은 것으로 보인다.

Ⅱ. 저술 경위와 동기

우리는 야고보서를 공부할 때 우선 주후 50년대의 팔레스타인 지방의 유대인 기독교회의 형편을 생각하면서 해야 할 것이다. 예수를 믿어서 구원얻는다는 새 복음이 이미 뿌리 박혀 그리스도인들이 되고 교회가 형성되어 있었지만, 아직 예수님의 말씀이나 사적이 글로 적혀 있는 것이 없이 구전으로 돌아가던 때였고, 사도 바울이 이방세계에서 선교를 하고 있기는 했지만, 아직은 팔레스타인의 교회와 어떤 신앙이론적인 마찰이나 대립이 생길 만한 때도 아니었던 것이다. 특히 이방인들을 교회에 받아들여야 하느냐든가, 그들을 받아들일 때 할례를 행해야 하느냐 등의 문제가 일어나기 이전, 즉 상당히 초기의 글이라고 보이는 것이다. 위에서 말한 바와 같이 팔레스타인의 사회 형편은 정치적으로나 종교적으로 매우 어려움이 많은 때여서 가난한 사람들이 교회로 많이 들어와서 그 당시 부자들에게 천대와 압박을 받았고 따라서 여러 가지 유혹(시험)을 당할 수밖에 없는 처지에 있을 때 야고보는 기독교 복음을 전제하고, 즉 예수를 믿는다는 것을 전제하고 신도들이 가져야 할 생활태도와 방도를 가르쳐 보다 나은 신앙생활을 하게 하려는 목적으로 이 서신을 썼다고 보아야 할 것이다.

팔레스타인의 초기 교회는 아직도 예수의 목격자를 많이 소유하고 있는 교회로서 예수에 대한 설명이 별로 필요하지 않았으리라고 생각된다. 야고보서가 예수 믿는 교회에 대해서 언급을 하지 않은 것은 그 때문일 것이고, 단지 실제로 급박한 사회 속에서 나날이 살아갈 때 당면하는 시대적 문제들을 크리스천으로서 어떻게 대처할 것인가 하는 현명한 자의 가르침이 요구되는 것이었다. 야고보서가 신도들의 행위에 대한 가르침을 준다는 점에서 마태복음과 유사한 점이 많이 있는데 그 두 글은 공통적으로 유대인 크리스천을 상대로 했다는 점, 그리고 대개 그 독자들의 상황도 비슷하다는 데 이유가 있으리라고 본다. 그러나 야고보서는 시간적으로 주후 70년대 훨씬 이전의 글이고, 마태복음은 그 이후의 글이라는 데 차이가 있다. 즉 야고보서는 예수의 교훈의 구전(口傳)을 토대로 했고, 마태복음은 이미 성문화된 자료를 참고할 수 있던 때의 글이다.

야고보서는 108절로 된 짧은 글로서 그 중에 54개의 2인칭 명령형 동사가 나타난다. 결국 그것은 이 서신이 윤리적 교훈을 주로 하는 책이라는 것을 두말없이 보여 주는 것이다. 바울의 서신들에서 나타나는 것 같이 전반부는 교회, 후반부는 윤리를 가르치는 그러한 형식이 아니고, 야고보서는 처음부터 끝까지 윤리적 교훈으로 일관하고 있다는 점에서 큰 특색을 나타내고 있다. 그리고 어떤 윤리적 테마를 내걸고 길게 이론을 전개하는 것이 아니라 거의 격언조의 짧은 윤리교훈들을 나열하는 식으로 되어 있어서 마태복음의 산상설교 부분을 방불케 하고 있으며, 구약의 잠언과도 비슷한 점이 있어 신약의 지혜문학이라고 불리울 수도 있다.

Ⅲ. 내용 분해

그 내용을 크게 나누어 보면 시험당하는 데 대한 것과, 지혜에 대한 것, 가난에 관한 것, 이렇게 세 대목으로 분류된다.

1. 두 번에 걸친 서론적 교훈(1 : 2—27)

1) 첫 번째 교훈

(1) 시험이 즐거움을 낳는다(1 : 2—4).

(2) 기도를 통해서 얻는 지혜(1 : 5—8)

(3) 가난이 부(富)보다 낫다(1 : 9—11).

2) 두 번째 교훈

(1) 시험이 축복을 낳는다(1 : 12—18).

(2) 말을 삼가할 것(1 : 19—21)

(3) 말씀을 들은 대로 행하라(1 : 22—25).

3) 종합적 요약(1 : 26—27)

2. 본론(2 : 1—5 : 6)

1) 가난과 관용의 우월성(2 : 1—26)

2) 말을 삼가할 것(3 : 1—4 : 12)

3) 재물을 통한 시험(4 : 13—5 : 6)

3. 종결하는 말들

1) 시험을 이기라(5 : 7—11).

2) 맹세하지 말라(5 : 12).

3) 기도와 용서로 서로 도우라(5 : 13—18).

4) 마지막 격려(5 : 19—20)

Ⅳ. 내용 해설

1. 수난과 시험에 대하여

야고보서 전체에 흐르고 있는 주요 주제가 수난 또는 시험(πειρασμός)이다. 인간생활 그 어디서나 시련, 고통, 시험을 면할 수 있으리오마는 야고보가 편지 형식으로 자기 동포 일반(흩어진 12지파 사람들), 특히 예수를 믿는 동포들에게 이 글을 쓸 때에 그 독자들의 형편은 여러 가지로 견디기 어려운 시련을 겪고 있는 때였기 때문에 그 테마가 밑바닥에 깔려 있는 것이 사실이다. 1：2~4와 1：12~18은 두드러지게 나타난 것을 제외하고라도 5：7에 예수의 재림을 참고 기다리라는 말이라든가, 5：19~20에 나타난 타락자의 복귀도 시련을 전제로 하고야 생각할 수 있는 것들이다. 4：17에서 "선을 행할 줄 알고도 행치 아니하면"하는 것도 시련을 당하는 형편에서 일어나는 현상을 말하는 것이며, 4：1~10에서 나타나는 탈선과 2장에 나타나는 모든 현상도 모두 그들이 당한 시련을 전제로 하고 생각해야 할 것들이다.

우선 1：2~4와 1：12~15에서 저자는 독자들이 당하고 있는 고난을 생각하면서, 그것이 아주 심한 박해까지는 아닐지라도 하나의 시험(시련)이 되고 있다는 것을 알기 때문에, 성도들에게 있어서 그런 시련은 결국 기쁨이 될 것이라는 신념을 넣어 준다. 왜냐하면 하나님의 목적은 결코 성도들에게 악한 결과를 가져오게 함이 아니고 오히려 성도들을 더욱 순결하게 만들려는 것이기 때문이다. 그러니까 성도들은 시련을 당할 때 오히려 오래 참는 덕을 보여야 하고, 그리하여 더욱더 완전한 인격에 도달하여 순금처럼 어디에 내놓아도 떳떳한 합격품이 되어야 한다는 것이다(δόκιμος 1：12).

그러나 시험을 당하는 성도들 중에는 잘못된 생각을 가지고 옛날 이스라엘 백성이 광야에서 그러했듯이 하나님을 원망하는 경우가 있었다. 그러나 원망하는 태도는 결국 악한 충동에서 일어나는 것으로 자기의 내적 욕심의 충동에 끌려가기 때문이다. 하나님은 결코 사람을 악에로 이끄는 분이 아니신데, 그를 오해하고 오히려 하나님을 시험하는 태도를 가져서는 안 된다고 엄하게 경고한다.

시험을 당할 때 그 밖에도 여러 가지 요소가 작용하는 것이 사실이다. ① 첫째는 경제적인 것이다. 세상에서 경제적으로 보다 안정된 생활을 하기 위해서 불의와 타협하는 경우가 있을 수 있다. 그러나 참된 신앙은 어떤 압력이 오더라도 의의 편에 서고 자비의 편에 서야 하는 것이다. ② 공동체생활에 있어서 분쟁이 생기는 요인은 자기가 더 가지겠다는 욕망, 즉 쾌락을 정의나 사랑보다 더 앞세우는 세상적인 악한 충동 때문이다(4 : 1 ff). 이렇게 세상과 짝하려는 세속적 욕망을 단호히 거절해야 한다는 것을 야고보는 가르치고 있다. ③ 시험의 배후에는 외적인 유혹자가 존재한다는 것을 야고보는 잊지 않고 있다. 3 : 15, 4 : 7 등에서 악한 자의 존재를 시인하고 있다. 그러나 시험의 책임을 하나님에게나 사단에게 전가하지 않고, 신자들이 책임을 느끼고 또 자기들의 죄와 잘못을 회개하도록 하는 방향으로 유도하고 있다.

그러므로 종합적으로 말하자면 성도가 고난을 당할 때 우선 악한 충동에 끌려가거나, 양보하지 말고 또 하나님을 원망하지 말 것이며, 반대로 오래 참아야 한다는 것이다. 1장에는 인내(ὑπομογή)라는 말이 나오고, 5장에 오래 참는다(μακροθυμεῶ)라는 말이 나오는데, 인내하고 오래 참는다는 말이 5 : 7~8에 세 번이나 반복되고, 5 : 10~11에도 명사와 동사로(ὑπομονή, ὑποένω) 다시 나타나는 것을 볼 수 있다. 이렇게 시험을 참으라는 말이 서론에서 나오고 다시 주제설명에서 반복되고 있다. 이렇게 볼 때 야고보서는 확실히 시험과 수난 전통에 속하는 책이 분명하다. 시험을 잘 참아내기만 하면 보다 성숙한 신앙에로 이끌어 간다. 그러나 시험은 하나님께로부터 오는 것이 아니라 악한 자에게서부터 오는 것이다. 시험은 수난을 내포하는 것으로서, 욥의 경우처럼 결국 영광에로 인도해 준다.

2. 종말 사상

야고보서를 관통하여 깔려 있는 수난과 시험이라는 주제는 결국 종말 사상과 연결되어 있다는 것을 발견하게 된다. 야고보서에서 나타나는 종말적 구절의 대표적인 것은 5 : 7~11에서 발견된다. 크리스천들은 주님의 재림을 앞두고 있으니 고통을 당하되 인내심을 가지고 참고, 기다려야 한다고 하였다. 그 재림은 임박했다는 것이다(ἤγγικεν 5:8). 이와 같이 저자는 그 당시 교회가 역사의 종말에 처해 있다고 본 것이다. 이렇게 새 세상의 실현이 임박한 마당에 그리스도인들이 할 일은 악에 대해서 항거할 일이 아니라 선행으로 참고 견디는 일이라고 가르쳤다. 교회는 극심한 압박에 직면하여, 종말적 전투의 결판을 기다리면서 일치 단결해야 한다고 경고한다.

예수 재림의 날은 심판을 앞둔 기독교인들에게 믿음을 지키고 성실하라는 요구를 해 온다. 이런 종말에 형제들을 향하여 불평을 터뜨리면서 교회의 단결과 통일을 깨뜨리는 자들에게는 "재판장이 문 앞에 섰느니라."는 말로 각성을 주어야 하겠고, 가난한 자들(그리스도인들)을 박해하는 자들(부자)에게는 구약 예언자들의 말로 경고해 주는 것이 옳을 것이다. 즉 종말적 심판이 임박했으니 부자들이 쌓아 놓은 재물은 이미 좀 먹고 녹슨 것에 불과하다. 그들에게 착취당한 가난한 농부들의 울부짖는 소리가 이미 주님의 귀에 들렸으니, 그들은 소나 양을 잡아 놓고 잔치를 즐겼지만, 이 시간이야말로 종말적 도살의 날로서 모든 악인들이 도살당할 때라는 무시무시한 경고의 말씀이다.

이러한 맥락에서 볼 때 주님의 재림의 날까지 참으라는 호소는 부자들에게 있어서는 결국 그들의 멸망의 날이 다가오고 있다는 말에 불과하며, 가난한 기독교인들에게 약속한 종말적 위안은 부자들에게는 그 정반대를 예고하는 것이니, 위안이 될 수가 없다.

야고보는 마가복음 13장, 마태복음 24~25장, 데살로니가 후서 2장, 요한 계시록의 종말 사상과 일맥상통하는 종말 사상을 가지고 있는 것으로서 예수의 재림을 급박하게 기다리는 태도이다. 종말에 처한 그리스도인들은 끝까지 신실해야 할 것이고, 그리스도가 재림하시면 바라던 심판과 공의를 이루실 것이다. 종말에 대한 말이 야고보서에 반복되어 나오는 것은 아니지만, 그 책의 밑바닥에 깔려 있는 맥락이다. 야고보나 그의 독자들이 이 사상에 완전히 젖어 있었기 때문에 세밀한 설명이 필요하지 않았던 것이다. 야고보서를 이해하기 위해서는 저자와 독자의 세계관 속에 이러한 종말사상이 깊이 뿌리박고 있음을 전제해야 한다.

3. 기독론

야고보서의 특징 중의 하나가 그리스도에 대한 언급이 많지 않다는 점이며, 따라서 야고보의 기독론을 논하기가 어렵거나 간단하다. 야고보서 전체 중에 명백한 기독론적 구절이 단지 두 곳밖에 없다(1 : 1, 2 : 1). 1 : 1에서 야고보는 자기가 하나님의 종인 동시에 또한 주 예수 그리스도의 종이라는 사실을 밝혔다. 그리고 2 : 1에 의하면 예수 그리스도에 관한 신앙, 즉 어떤 교리와 행위의 체계가 있다는 것을 보여준다(2 : 14 이하). 우선 예수 그리스도를 '주'라고 여긴 것을 볼 수 있는데 야고보가 11회나 주(κύριος)라는 말로 예수를 부른 것은 우선 부활의 '주'라는 뜻이 있고, 다음으로는 만민이 복종해야 할 분으로서의 '주님'을 말하는 것 같다. 예수를 주로 간주하는 신앙은 야고보의 창작이나 바울의 창작이 아니라 초창기부터 그리스도인들이 즐겨 사용한 어휘였다(고전 16 : 22, 행 2 : 26 참조). 예수를 그리스도라고 보는 신앙은 그를 '주'라고 부르는 신앙보다도 앞선 것으로서 예수의 신앙의 첫 단계를 말하는 것이었으니 야고보는 그 당시에 모든 교회가 공통적으로 가지고 있던 기본적 신앙을 우선 그대로 답습하고 있는 것을 볼 수 있다.

야고보가 예수를 승천하신 주님으로 본 것이 사실이지만 십자가에 달려 죽으신 예수라든가, 하나님의 아들이라고 보는 신앙이라든가, 그를 구주로 보는 신앙을 그의 글에서 찾아보기 어렵다. 마틴 루터는 그래서 야고보서를 지푸라기 같은 서신이라고 하면서 거의 천대하다시피 했다.

예수 고난(십자가)의 신학은 바울이 그의 서신들 가운데서 남달리 강조한 신학으로서 그의 개종 경험이라든가 율법과 은총의 관계에 기초한 이론 전개 때문에 예수를 십자가 고난의 각도에서 관찰한 것이다. 반면에 유대인 기독교 공동체에 있어서는 십자가의 신학이 바울 서신에서 만큼 강조되어 있지 않는 것이 사실이다. 그리고 야고보가 그의 서신을 쓰면서 의도한 바는 기독론을 논하려는 데 있지 않고 단지 승천하신 주님이 머지않아 돌아오실 터인데 이 말세에 있어서 크리스천들의 마땅한 역할이 어떤 것인가를 보여 주려는 데 있었기 때문에 언급을 안한 것이다. 예수를 하나님의 아들로 여기지 않아서가 아니고, 또 예수가 구주이심을 모르거나 믿지 않아서가 아니고, 그의 목적달성에 무관하기 때문에 취급을 하지 않았을 뿐이다.

야고보서에서 '주'라고 할 때 어떤 분으로 묘사되었는가? ① 지혜라든가 기타 신령한 은사의 원천이신 분(1 : 7) ② 그 앞에서는 사람들이 겸손해야 하는 그러한 분(4 : 10) ③ 역사와 개인적 운명을 지배하시는 분(4 : 15, 5 : 4, 10, 11) ④ 재림하셔서 역사의 끝을 맺으실 분(5 : 7, 8) ⑤ 그의 이름으로 병자에게 기름을 바르고 또 병자들을 고치시는 분(5 : 13-16) 등으로 나타나고 있다. 그러나 ①②③은 하나님을 가리키는 것일 수 있기 때문에 ④와 ⑤를 특히 그리스도와 관련된 것으로 보아야 할 것이다. 2 : 8에 나오는 '최고의 법'은 *νόμον βασιλικόν*의 번역으로서 '왕적인 법'이라는 말로 번역될 만한 것으로, 결국 여기서 예수를 왕으로 생각하고 한 말일 수 있다. 5 : 9에는 예수를 '심판자'로 나타낸 것을 볼 수 있다.

야고보서에 하나님이라는 낱말은 17회 사용되었는데(1-4장), 하나님은 한 분이시요, 창조자이시며(2 : 19, 1 : 17, 3 : 9), 자신을 나타내신 불변하신 분으로 아브라함에게 나타나셨고(2 : 23), 예언자들을 통하여 나타내셨다(5 : 10). 하나님은 그리스도인들을 즉 가난한 자들을 선택하셨고(1 : 18, 2 : 5), 그들에게 하늘의 지혜와 그 밖의 좋은 것들을 주신다(1 : 5, 17). 하나님은 마땅히 예배를 받으실 대상이시며(3 : 9), 사람을 잘못된 길로 인도하시는 일이 없으시다(1 : 13). 그의 주권적 의지에 아무도 도전할 수 없으며(1 : 13), 하나님은 의로운 목적을 가지고 계시는 바, 사람이 노함으로 그것에 응답해서는 안 되며 자비의 마음으로 응답해야 한다(1 : 20, 27). 하나님의 뜻은 하나님이 세상과 모든 인간적 교만이나 자랑과는 정면 대립하시는 분(4 : 4, 6)임을 보이며, 그는 심판 때에 하늘 천군 천사들의 공의로운 통솔자(5 : 4)로서 그에게 복종하는 자, 그리고 그 앞에 스스로 낮추고 회개하는 자는 누구나를 막론하고 영접해 주실 준비를 갖추신 분으로 나타나 있다(4 : 7, 8).

거기에 반하여 그리스도의 모습은 교회의 지도자로서 그의 말씀은 아직도 교회에 지칭이 되고 있는 그러한 분이다. 그는 하늘에 높이 올리신 주로서 그의 이름으로 교회공동체가 세례를 받으며(2:7), 그를 통해서 치유가 가능하며, 재림하실 주는 심판자로서 교회 안에서와 지상에서 하나님의 공의를 실시하실 분이시며, 하나님에게서 기름부음을 받은 자로서 하나님의 의로운 왕국을 건설하신 분으로 나타난다. 이렇게 볼 때, 야고보서에 나타난 기독론은 아직 발달되지 않은 원시적이고, 비바울적인 가장 단순한 기독론이라 하겠다.

4. 청빈 사상(淸貧思想)

야고보서에는 가난을 미덕으로 보며 경건과 동일시하는 사상이 시종일관 나타난다. 구약성경 여러 군데에서 부(富)를 하나님의 축복으로 생각하고 찬양하는 것을 볼 수 있으며, 구약이나 신약에서 금욕주의를 주장하지 않는 것이 사실이다. 그러나 구약의 예언자시대의 여러 작가들은 경건하게 살려니까 마침내 가난할 수밖에 없다는 것을 지적하고 있다. 즉 무자비한 사람들이 정직하고 의로운 사람들을 등쳐 먹음으로써 가난해지는 경우들을 고발한 것이다. 일반적으로 무자비한 권력자들이 사회의 약한 층의 사람들을 처음에는 자기들의 땅에서 몰아내고, 그리고는 노예로 삼는 일들이 있었던 것이다. 예언자들의 글에 의하면, 부자들이 가난한 자들을 착취하는 행동이나 그들을 돕지 않는 행동 자체를 죄로 여겼다. 부(富) 자체를 정죄한 것이 아니라 그 부를 잘못 사용하는 것을 정죄한 것이다. 포로시대에는 가난한 사람들을 부르는 전문적 용어로 '아니 워 에브욘' 즉 '가난하고 곤고한 자'란 말을 사용했는데 가난의 개념 속에는 무죄한 자, 또는 의로운 자라는 생각이 담겨 있었다.

구약에서 하나님은 가난한 자를 사랑하고 돌보시는 분으로 나타난다. 우선 언약의 책에서는 이스라엘 공동체 속에 영구적인 혹은 소망이 없는 빈곤이 있어서는 안 된다는 것이 통치자 야웨의 뜻임을 선언하고 있다. 하나님께서는 자신이 과부, 고아, 나그네, 그리고 레위인 등 가난한 자들의 보호자로 선포하신다. 따라서 이스라엘 백성은 이 점에서 하나님을 닮아야 한다는 것이 계약에 포함되어 있으며, 출애굽

사건과 같이 가난한 자, 압박당하는 자를 속죄(구출)해 주는 정신을 계약 속에서 이스라엘에게 요구하시는 것이었다. 그러한 요구를 무시하는 것이 바로 하나님과의 계약을 근본적으로 깨뜨리는 것으로 간주하였다(신 10 : 16—19, 시 69 : 32—33, 72 : 1—2, 56 : 1—2).

신・구약 중간시대에 이르러서도 가난한 자를 돌보는 것이 경건이라는 사상이 강하게 남아 있었고 그것이야말로 기본적 의무가 되었다. 그리고 부요하다는 것은 경건하게 되는 것과 거리가 있다는 생각이 점점 늘어났고, 심지어 부를 저주하는 사람도 있었다. 따라서 가난한 사람을 점차로 경건한 사람으로 보기에 이르렀다.

이제 기독교시대로 접어들어서 볼 때, 초대 그리스도인들의 그룹은 일반적으로 가난한 자의 범주에 들었었다. 그들은 이런저런 이유에 의해서 종종 압박을 받았으며, 압박자들은 권세와 재물을 소유하고 있었다. 예수님은 가난한 자들을 축복하셨고(눅 6 : 20—21), 그의 제자들은 예수를 따르기 위해서 모든 것을 포기하고 가난한 자가 되었다(막 10 : 28—30). 심지어 예수님은 부자를 저주하는 데까지 이르렀다.

예수께서 부자를 저주한 데는 몇 가지 사상적 배경이 있다. 먼저, 예수님은 재물에 대해서 걱정하지 말라고 하셨다(마 6 : 19—34). 이 말씀은 재물을 세상에 쌓지 말고 의를 구하라는 것이고, 하늘에 보화를 쌓으라는 것이다. 그런데 부자들은 재물을 땅에 쌓는 자들이고 의를 구하는 자들이 아니었다. 둘째, 예수는 첫째가 나중되고, 나중이 첫째가 된다는 말씀을 하셨는데, 결국 가난한 자가 종말적 축복을 받고 부자는 반대로 이미 세상에서 보상을 다 받은 자들이다(눅 16 : 19—31). 셋째, 재물과 세상을 겸해서 섬기는 일을 경계하셨고, 부자는 재물에 연연하기 때문에 하나님 나라에 들어가지 못한다고 했다(막 10 : 24—25). 제자들은 그리스도를 위하여 모든 것을 버리고 십자가를 지고 따르라는 요청을 받았다. 즉 완전히 하나님께만 눈을 돌리고 살아야 하고, 돈과 하나님을 같이 섬기며 살면 결국 패망한다는 것이다. 부자들은 그런 의미에서 저주를 받을 수밖에 없는 존재로 판명되는 것이다.

이제 야고보서에 돌아와 볼 때, 시험을 당하고 고난을 당하는 그 당시 기독교사회의 맥락에서 그리스도의 가르침을 적용한 것을 발견하게 된다. 그 당시 교회공동체가 받고 있던 주요 압력은 경제적인 것이었음을 짐작할 수 있다. 야고보는 가난한 자들을 매우 동정했고, 가난한 자는 거의 그리스도인과 동일어로 취급한 것 같다. 1 : 9에서 장차 종말적 축복을 받을 자는 가난하고 비천한 형제(ταπεινὸς)라고 단언하였다. 그러니까 시험을 당하더라도 기뻐할 수 있고 또 해야 한다는 것이다(1 : 2, 12). 2 : 5에서도 "하나님이 세상에 대하여는 가난한 자를 택하사 믿음에 부요하게 하시고, 또 자기를 사랑하는 자들에게 약속하신 나라를 유업으로 받게 아니하셨느냐" 하면서 가난한 자들을 격려하였다. 여기서 선택된 자들은 가난한 자들이다.

5 : 7에 나오는 '형제들'도 인내라는 권면을 받았는데, 그들 역시 부자들의 손에 고난을 당하는 자들을 가리킨 것이다. 이 각 구절에서 기독교 공동체가 가난하고 압박받는 자들과 동일시되어 있다. 이 여러 구절에서 가난한 자들이 종말에 가질 축복이 약속되었다. 그 반대로 부자들(οἱ πλούσιοι)은 교회를 박해하는 자들로 나타난다. 교회 안에 부요한 개인들이 없다는 것은 아니지만(4 : 13 ff, 2 : 1 ff), 교회 내의 부자들에 대해서는 πλούσιοι (플루시오이)라는 낱말을 사용하지 않았다. 1 : 10~11에 나타나는 부자는 가난한 자가 높임을 받을 때 낮춤을 받겠다고 묘사되어 있다. 그들은 풀과 같이 말라 없어질 것이라고 했다. 2 : 6~7에서는 가난한 그리스도인들이 오히려 편파적인 행동을 하여 부자들과 같은 역할을 하므로 공격을 당하는 대목이 나온다. 부자들은 가난한 자들을 압박하고, 법적으로 박해하고, 그리스도를 모독하는 죄를 짓는 자들이었다. 이들은 그리스도인들이 아니고 오히려 교회의 대적들이었다. 5 : 1~6에서 야고보는 부자들을 저주하고 그들이 지옥에 갈 것이라고 위협했다.

야고보의 관심사는 일반적으로 가난한 그리스도인들이 압박과 착취와 박해 속에서 가난한 삶을 살 때 종말이 얼마 남지 않았으니 참고 이기면서 경건하게 살라는 위로와 격려를 주려는 데도 있지만, 개중에는 부요한 교인들도 있고 또 정도의 차이가 있을 뿐 다소라도 소유가 있는 것은 사실일 터이니까 믿는 자로서 정당한 즉 경건자에게 합당한 실천을 하도록 하려는 데 있었던 것이다. 즉 기독교 신앙은 행실로 나타나야 하는데, 가령 가난한 자가 많이 있는 상황에서 재물을 가진 사람이 진정 신앙을 가졌다면 그 가난한 자들, 과부, 고아들을 위한 자신의 마음이 우러나와야 하는데 그렇치 못하기 때문에 그러한 신앙은 죽은 신앙임을 지적하며 고쳐 주려는 것이었다(2 : 14–26). 그리고 그런 실천을 못 하는 이유는 쾌락을 사랑하고 세상을 사랑하는 근본적인 악 때문이라고 공격을 하면서 그들의 회개를 촉구하는 것이다(4 : 1–8, 17). 즉 형제들이 가난하여 굶고 헐벗는데 나 혼자 재물을 쌓아 놓고 즐기고 있기보다는 내게 있는 것을 형제와 나누어 내가 가난해지는 것이 오히려 경건한 삶이요, 말세에 처한 그리스도인의 올바른 태도임을 가르치려는 것이다.

5. 율법, 은혜, 믿음

야고보서에 의하면 야고보가 대상으로 하는 공동체는 율법을 문제시하고 있지 않은 것으로 보인다. 야고보에 율법이 세 구절에 언급되고 있다(1 : 25, 2 : 8–12, 4 : 11–12). 이 세 구절을 보면 율법은 의례히 지켜야 하는 것이고, 그것의 합법성이니 정당성이니 하는 것을 논하지 않는다. 1 : 25에 의하면 '온전한 율법'이라는 말이 나오는데, 율법은 인생의 삶의 완전한 지침이라고 본 것이다. 2 : 8에는 '최고의 법' 즉 '왕적인 법'(Rayal law, νόμον βασιλικόν)이라고 했는데, 예수께서 해석해 주신 절대적인 법이라는 뜻일 것이다.

여기의 나타난 율법에 대한 태도는 마태복음의 태도와 유사하다. 어쨌든 야고보는 율법을 가지고 어떤 논의를 할 필요가 없었고 단지 그것의 실천을 도모했다. 야고보서에 나타난 윤리교훈들과 복음서에 나타난 것을 비교하면 마태복음의 것과 제일 유사한 점이 많고 다음은 누가복음과도 닮은 점이 많다. 그것은 야고보가 마태복음과 누가복음과 직접적인 관계가 있어서가 아니라 구전으로 돌아다니던 예수님의 교훈이 공통적으로 사용되었기 때문이라고 보인다. 즉 예수께서 하신 말씀을 최고의 법으로 알고 그 정신에 입각하여 그 당시 교회를 교훈한 것이다.

야고보는 율법의 가치와 타당성을 인정하고 있지만 결코 율법주의자는 아니었다. 그는 기독교의 진수가 그리스도 안에 나타나신 하나님께 의뢰하는 일 또는 하나님께서 주시는 은총을 받아들이는 일이라는 것을 의심치 않은 것 같으며 그리스도인의 중생은 하나님의 말씀 안에서 역사하시는 하나님의 행동을 통하여 이루어지는 것으로 알고 있다(1：18). 구원은 사람 속에 심어지는 말씀을 통하여 오는 것이며, 그 말씀은 겸손한 마음으로 받아들여야 하는 것이라고 말한다(1：21). 하나님께서 회개하는 자에게 은총을 내리신다는 것이다(4：6). 이렇게 야고보는 바울과 마찬가지로 하나님의 은총을 믿는 자이며, 율법이 구원을 준다는 생각을 하지 않은 자이다.

야고보가 문제시하는 것은 그리스도를 믿고 의지하는 자의 행동과 생활이었다. 예수를 믿는다고 말을 하는데 거기에 해당하는 열매가 없는 것에 관심을 둔 것이다. 말로는 믿음을 고백하지만 그것을 뒷받침할 만한 삶이 없으면 '듣는 자'에 불과하고 '행하는 자'는 아니니 무슨 효력이 있느냐 하는 것이다. 겉으로 결과를 나타내지 못하는 은총은 헛된 것이라는 말이다. 2：14~26이 특히 이 문제를 다루고 있는데, 얼핏 보기에 바울의 사상과 상치되는 것처럼 생각되지만, 결코 그렇지 않다. 은총으로 예수를 믿게 된 사람, 즉 구원받은 사람이 믿음에 합당한 행위를 가져야 한다는 강조는 바울 서신에서도 똑같이 발견되는 것이 아닌가.

야고보가 다른 점은 믿음이라는 술어를 다른 뜻으로 사용하고 있는 것이다. 야고보와 바울에게 있어서 믿음은 하나님을 신뢰하는 것(1：3, 6, 2：5, 5：15) 또는 그러한 신뢰심의 내용(2：1)을 가리키는데 특히 야고보서에서는 '하나님은 한 분뿐이시다'라든가 그 밖의 교회에 대한 지적인 수행을 믿음으로 여겼다. 마귀도 그런 믿음을 가졌고, 떨고 있다는 것이다(2：19). 이 점에서 바울의 믿음과는 다른 것을 볼 수 있다. 바울에게 있어서는 '행함'이라는 것은 '율법을 행하는 일'을 가리키며 그리스도가 이루어 놓으신 충분한 공로가 있는 데도 불구하고 거기다 덧붙이려고 하는 의식준수 같은 것을 의미한다. 그러나 야고보서에서는 행함이라는 것이 언제나 도덕적 행위를 의미하고 특히 자선을 베푸는 일을 가리켰다. 이 점에서도 바울과 차이가 없다(갈 6：6, 10).

바울도 구제를 얼마나 강조하였는가!

2 : 21에 나오는 '의롭다 하심을 받음'이라는 말에 있어서 바울과 차이가 나는 것으로 보인다. 바울은 창세기 15 : 6에 나타나는 아브라함의 사건은 첫 단계에다 초점을 두고 말했으며, 야고보는 아브라함이 당한 시험의 마지막 사건에다 초점을 두었다. 즉 아브라함은 아무것도 하기 전에 믿기만 한 것으로 의롭다함을 받았다는 것을 바울이 착안했고, 야고보는 아브라함이 이삭을 바친 사건에서 나타난 믿음에 착안한 것이다. 어쨌든 야고보가 바울의 이신칭의의 교리를 반대하려는 의도를 가진 것으로 보이지 않으며, 단지 믿는다고 하면서 행함이 없는 것을 못마땅하게 여겨서 그 점을 시정하려는 생각이 있었을 뿐이었다.

결론적으로 말해서 야고보는 우리가 그리스도인이 되는 것이 하나님의 은총의 행동을 통해서 되는 일임을 믿은 것이 확실하다. 그리고 하나님의 그 은총의 활동에 대해서 우리가 취할 응답은 진심으로 회개하고 믿는 일이다. 게다가 이러한 신앙은 거기에 부합하는 도덕적 행동으로 표현되어야 한다는 것이다. 이 행동의 성격을 권위 있게 지도할 자는 율법인데, 그것은 예수님에 의해서 해석된 법 또는 예수의 말씀에 부합하는 율법이어야 한다. 지적으로만 가지는 믿음, 즉 머리로만 믿고 열매가 없으면 구원얻은 자의 믿음이라고 할 수 없다는 것이다.

6. 지혜

야고보서에 있어서 '지혜'는 매우 중요한 요소가 되어 있다. 야고보는 수난과 시련을 당하고 있는 교회에게 있어서 하나님께로부터 오는 지혜가 매우 필요하다고 느꼈기 때문에, 그리고 그리스도인의 삶에 있어서 그것이 요긴한 것임을 알고 있기 때문에 적어도 세 곳에서 지혜 문제를 취급하고 있다. 1 : 5~8에서 시련을 당하는 상황에 놓여 있는 교회로서 지혜를 하나님께 청구하라는 권면을 주었다. 3 : 13~18에서는 지혜란 위로부터 내려 주시는 것이며, 여러 가지 덕을 산출한다고 말한다. 1 : 16~18에서는 위로부터 오는 좋은 선물, 즉 완전한 선물에 대한 이야기를 하는데, 그것이 지혜라고 밝히지는 않았지만 확실히 지혜를 가리키는 것으로 해석된다.

구약이나 중간시대나 또는 신약의 다른 곳에 나타나는 지혜를 배경으로 듣고 야고보서에 나타난 지혜를 관찰할 때 그 기능을 몇 가지로 요약해 볼 수 있다. 첫째로, 지혜는 크리스천들에게 하나님이 주시는 선물이며, 위로부터 내려오는 것이다(3 : 15 참조 1 : 17). 하나님의 은총을 떠나서 사람이 스스로 얻을 수 있는 것이 아니다. 구약에서는 지혜를 얻으려고 인간적인 노력을 하는 것으로 나타나지만 야고보에서 말하는 지혜는 하나님께 간구하여 그로부터 받을 수 있다는 것으로 되어 있다. 둘째로, 지혜는 여러 가지 덕을 산출한다. 즉 하나님을 즐겁게 하는 생활양식을 가지고 살 수 있게 하는 역량을 말하는 것이다. 그리고 지혜는 공동체를 유지하게 하는 일련의 덕을 내어 준다(3 : 17). 그 덕목을 적어 보면 지혜의 온유함(3 : 13), 성결, 화평, 관용, 긍휼, 선한 열매가 가득함, 편견과 거짓이 없음(3 : 17) 등이다.

야고보서에서 말하는 지혜는 여러 가지 기능을 가지고 있는 것을 볼 수 있다. 즉, 그리스도인 생활에 필요한 여러 가지 덕을 만들어 내며, 시험을 이기고 완전해지는 일에 이바지한다. 또한 욕심과 대립되는 것으로서 삶을 인도하는 하나님의 좋은 선물이다.(1 : 17). 로마서 7~8장에서처럼 지혜는 악한 욕심을 대항하는 힘의 역할을 하고 옛날에는 죽음이 판을 치던 곳에 생명은 낳아 주는 역할을 하는 것으로 나타난다. 누가복음 11 : 13에서 구하는 자에게 하나님은 성령을 주신다는 말을 읽게 되는데, 야고보서에서는 지혜의 역할이 마치 바울에 있어서의 성령의 역할과 대등하다고도 할 수 있겠다. 즉 지혜는 성도를 굳게 서게 하고, 육(욕심)으로부터 건져 주고, 그리스도인 생활의 열매를 맺게 해주는 역할을 한다.

7. 기도

지혜를 얻을 수 있게 하는 길은 기도이다. 그리고 야고보서에서 기도의 기능이 대개 세 가지로 나타난다. 지혜를 청구하는 일(1 : 5), 병 고침을 받는 일(5 : 13–15), 물질적인 요구를 채우게 하는 일(4 : 2–3) 등이다. 만일 완전히 하나님께 진정으로 헌신하고 세상적인 욕심이 동기가 되어 있는 것이 아닐 때에는 물질적인 것을 구하는 기도도 타당한 것으로 야고보는 믿고 있다.

□ 토의문제

1. 야고보서가 기독교 원시교회 시대의 작품임을 나타내는 것들이 무엇인가?
2. 시련을 당할 때 우리가 가질 태도를 야고보서에 비추어 생각해 보자.
3. 지식과 지혜가 어떻게 다른 것인가?
4. 야고보서에는 십자가의 신학이 나타나지 않는데 그 이유는 무엇이며, 또 십자가 없는 신학이 가능한 것인지를 생각해 보자.
5. 바울의 신앙이론과 야고보의 신앙이론이 어떤 점에서 같고, 어떤 점에서 다른지 생각해 보자.

□ 참고도서

Peter H. Davids, *The Epistle of James:A Commentary on the Greek Test*, Grand Rapids : Wm. B. Eerdmans Publishing Co., ; Exeter : Patermaster Press, 1982.

Sophie Laws, *A Commentary on the Epistle of James*, London : A. & C. Black, 1980 ; San Francisco : Harper & Row, 1981.

Charles Leslie Mitton, *The Epistle of James*, London : Marshall, Morgan & Scott ; Grand Rapids : Wm. B. Eerdmans Publishing Co., 1966.

베드로 전서

이제 우리는 사도 베드로의 말씀을 접하면서 새로운 느낌을 가지게 된다. 우리는 예수를 간접으로 알게 되는데, 베드로는 예수님을 삼 년이나 모신 수제자로서 누구보다도 예수를 정확히, 많이 아는 사람이었고, 예수가 죽으시고, 부활, 승천하신 후 자신이 죽을 때까지 예수의 복음을 전하는 일에 전념한 자로서 그 누구의 말보다도 그의 말은 권위가 있고 믿을 만한 것이 아닐 수 없기 때문이다. 사람마다 보는 눈이 다르고 판단하는 방법이 다르기 때문에 저마다 다른 의견과 표현을 가지고 예수의 복음을 설명하게 되는데, 이제 이 베드로의 편지는 예수님의 친제자, 그 중에도 가장 예수를 사랑하고, 언제나 앞장 서고 대표적 위치를 차지하던 사도의 글이요, 사상이기 때문에 그 나름의 특색도 있거니와 그의 말씀 속에서 주 예수를 직접 뵙는 것 같은 느낌을 가지게 된다.

I. 서 론

사도 베드로가 이 편지의 저작자라는 사실을 완전히 부정하는 사람은 별로 없지만, 다만 갈릴리 지방에서 어부 노릇을 하던 사람이 어떻게 이러한 아름답고 고등한 헬라말 편지를 쓸 수 있느냐 하는 문제 때문에 논란이 되어 온 것이다. 번역된 성경을 보면 별로 차이를 못 느끼지만, 헬라어 원문을 보면 그 문체가 매우 아름답고 어휘나 문법이나 문장력에 있어 아주 고상한 것이어서, 절대로 베드로 자신이 그런 글을 쓸 수 없다는 것이 학자들의 결론이다. 그러나 5：12에 보면 "내가 신실한 형제로 아는 실루아노로 말미암아 너희에게 간단히 썼다." 라고 되어 있어 베드로는 실루아노를 통해서 자기의 뜻을 기록했다는 말이 되므로, 정신은 베드로의 것이지만 표현한 문장은 실루아노의 것이라는 결론을 얻게 되므로, 저자 문제는 해결될 수 있는 것이다.

실루아노는 실라의 로마식 발음으로서 제 2 차 선교여행 때부터 바울을 따라다닌 전도자 실라를 가리키는 것으로 본다. 실라는 사도행전 15장에 나타나는 예루살렘회의에서부터 등장하는 인물로서 예루살렘교회의 '형제 중의 인도자'(행 15：22)로 인정받은 사람이었고, 각 지방으로 가는 편지(회의 결과)를 만들어 바울과 바나바와 함께 안디옥으로 그 편지를 전하러 갔던 사람이다. 이렇게 실라는 예루살렘교회의 중진의 하나였고, 모름지기 예수를 따라다닌 많은 제자들 중의 하나일 수도 있고, 마침내는 바울과 동행하면서 복음전도에 헌신한 사람인 것이 사실이다. 바울과 함께 전도하다가 바울이 로마에서 순교 당한 후 계속해서 베드로와 손을 잡고 일을 했던 것 같다.

주후 64년에 네로 황제가 기독교를 박해하기 시작하고, 따라서 각 지방에까지도 박해의 바람이 불 기미가 보이기 시작할 때, 사도 베드로는 로마시내에 머물러 있으면서 사방에 널려 있는 그리스도의 교회를 염려하지 않을 수 없었다. "내 양을 먹이라."(요 21：15-17)는 주님의 명령을 직접 받은 베드로의 입장에서, 그리스도의 양들이 세상에 흩어져서 여러 가지 시련을 당하고 또 앞으로 더 심한 시련이 닥쳐올 조짐이 보이는 때에, 목자로 임명받은 사도 베드로가 가만히 좌시만 할 수는 없었던 것이다. 그래서 그는 자기 자신도 언제 잡혀 순교를 당할지 모르는 위기를 느끼면서 실라를 통해서 편지를 쓰게 된 것이라고 본다.

베드로 전서가 바울의 사상을 닮은 점이 많다는 사실이라든가 아름다운 헬라어를 구사하였다는 점 등은, 예루살렘에서 자라면서 교육을 받았으리라고 생각되는 실라가 바울과 함께 오랫동안(제 2 차 선교여행 때부터) 헬라세계를 여행하면서 바울의 사상을 배웠고, 동시에 헬라어에 더 많은 숙달을 보았을 터이기 때문에, 바울의 순교 후 옛 선배인 베드로를 계속해서 섬기며 마침내 이 편지를 쓰게 될 때 바울적인 표현이 섞여 나오고 또 아름다운 헬라어 표현을 하게 되었다는 것이 너무도 자연스러운 일이다.

네로 황제가 기독교를 박해하기 시작한 것이 주후 64년이라면, 그리고 기독교 박해가 아직은 변방에까지 번지기 전의 상황에서 이 편지를 썼다면 그 박해가 일기 시작하여 로마 성에 한참 핍박이 일어나고 있을 때인 주후 65년경에, 즉 베드로가 아직은 그 박해에 희생을 당하기 직전에 흩어져 있는 양떼를 위해서 격려와 권면을 주기 위해서 기록한 것이 아닐까 생각된다. 어떤 학자들은 주후 90년대 또는 주후 110년대로 연대를 잡는 사람들이 있지만 많은 학자가 초기설을 택하고 있다.

Ⅱ. 저술 경위와 목적

위에서 이미 설명한 바와 같이 사도 베드로는 로마 시에서 순교의 죽음을 당하기 직전에 특히 소아시아에 흩어져 있는 성도들에게 편지 형식으로 격려와 권면의 말씀을 적어 보냈는데, 우선 생각되는 것은 주 예수의 목격자로서 뜨거운 열정을 가지고 그의 목격담을 가는 곳마다 전승하려는 것이었고, 특히 예수께서 곧 재림하신다는 종말 사상을 변함없이 가진 사람으로서 글보다는 입으로 자기의 체험담, 즉 예수에 대한 목격담을 통해서 신자들을 얻는 전도에 헌신하고 있었던 것이다.

팔레스타인과 소아시아 등지 즉 동쪽을 책임맡았던 베드로가 어떻게 로마 시까지 갔었는지 모르지만, 그도 나름대로 로마제국의 수도까지 가서 전도해야겠다는 생각을 했을지 모르고, 더구나 예수의 수제자로서 자타가 초대교회의 대표자로 알고 있는 자인지라, 로마 성에 가서 즉 수도에 가서 전국적인 규모로 기독교를 선전하고 선포하려는 계획과 포부를 가졌을 것이다. 그러나 로마제국이 유대교나 기독교를 마지못해 허용하고 있을 뿐 결코 환영하는 것이 아니었고, 오히려 천대하고 무시하는 형편이어서 복음전도가 결코 순조로운 것이 아니었다.

설상가상으로 주후 64년에 네로 황제가 로마 성 화재 사건의 책임을 그리스도인들에게 전가하면서 급속히 기독교 박해가 가속됨으로써 우선 로마 성내와 그 인근에서의 기독교 박해는 형언할 수 없으리 만큼 잔인하고 가혹하게 진행되었다. 이와 같은 형편에 직면한 베드로는 실라와 마가 등 훌륭한 부하들과, 그리고 로마 성의 신도들과 더불어 같이 어려움을 겪으면서 교회의 장래를 염려하지 않을 수 없었을 것이다. 로마 성내의 교회뿐 아니라 이제 시작된 박해가 틀림없이 전국으로 번져갈 조짐을 미리 내다보면서 전체 교회의 장래를 심히 염려하지 않을 수 없었던 것이다.

베드로가 5：13에 '바벨론에 있는 교회'라는 말을 가지고 로마성을 은유적으로 표현한 것을 보면 로마 성에서 글을 쓴 것으로 짐작되는데, 솔직히 '로마에 있는 교회'라고 밝히지 않은 것은 교회의 정체를 감추어 박해를 더 크게 받을 수 있는 소지를 없애려는 생각을 가지고 일부러 은어를 쓴 것이라고 보인다. 그렇다면 1：1에 나타나는 '본도, 갈라디아, 갑바도기아, 아시아, 비두니아에 흩어진'이라는 말도 반드시 그 이름대로의 지방을 문자적으로 지목한 것으로 보아야 할 것인가 하는 의문을 가지게 된다.

베드로는 실상 로마제국 전체에 퍼져 있는 교회가 조만간 박해를 받게 되겠고, 현재도 시험을 받고 있는 터이므로 전체 교회를 향하여 격려와 위로와 권면을 주어야 할 필요성을 느꼈을 것이다. 그러므로 베드로는 오히려 비교적 복음이 소개되지 않은 소아시아 북부 지방의 이름들을 지목하여 로마 관헌들의 주목을 그리로 돌아가게 하여, 자기의 편지 때문에 다른 지방에는 손해가 없도록 하면서, 오히려 로마제국 각지에 있는 성도들 전체를 대상으로 하고 그 글을 썼을 수 있다. 베드로는 자신의 운명도 풍전등화와 같아서 언제 끌려가 죽임을 당할지 모르는 위기를 의식하면서도 교회를 염려하는 생각이 간절하므로 당면한 시련이나, 앞으로 가속화될 박해를 앞에 둔 교회에게 소망을 주고,

인내하며 신앙을 지키라는 격려를 주기 위해서 편지를 쓴 것이다.

그렇기 위해서는 기독교의 복음이 얼마나 귀하다는 것을 가르치고 강조해야 하고, 고난을 당해도 그리스도인으로서의 참된 삶을 가지고 끝까지 이기고 참아내야 할 것 등을 이야기해서 고난의 때를 잘 통과시키도록 하려는 것이었다. 그러니까 자연히 그 당시의 권력자들과 맞서서는 안 되겠고, 따라서 권력에 복종할 것을 종용하였으며, 그러면서도 종말이 얼마 남지 않았으니 고난을 당해도 긴 시간이 아니고, 결국 하나님 앞에서 정당한 심판을 받을 것이라는 위로 등으로써 격려하고 있는 것이다. 그러므로 우리는 베드로 전서를 읽으면서, 세상의 시험과 환난과 핍박을 당하고 있는 성도들에게 들려 주신 경고와 격려와 위로 또는 권면이 어떤 것인지, 사도 베드로를 통해서 들려오는 하나님의 말씀을 경청해야 할 것이다.

Ⅲ. 내용 분해

1. 인사(1 : 1—2)
2. 그리스도 안에서 하나님께서 하신 일의 의미(1 : 3—12)
3. 하나님께서 하신 일에 근거하여 성도들은 거룩해야 할 것을 권고함(1 : 13—2 : 10).
4. 고난에 처한 성도들이 그리스도를 본받아서 해야 할 의무를 설명함(2 : 11—4 : 6).
5. 그리스도의 재림이 가까웠으니 선한 청지기로서의 삶을 살도록 권면함(4 : 7—11).
6. 저자의 메시지의 요약(4 : 12—19)
7. 여러 가지 권면과 인사(5 : 1—14)

Ⅳ. 내용 해설

1. 인사(1 : 1—2)

베드로서는 편지형식으로 기록되었기 때문에 서두에 인사가 나오고,

말미에 역시 인사가 나오지만, 실은 어떤 특정인이나 지방을 상대로 한 것이 아니라 그 시대의 많은 사람에게 읽히고자 하는 생각으로 기록된 연설과 같은 것이고, 에베소, 골로새서 등과 같이 한 곳에서만 아니라 여러 곳으로 돌려가면서 보도록 된 글이라고 생각된다. 어쨌든 편지형식을 갖추면서 1：1~2에 인사 부분이 나오는데, 베드로는 소박하게 자기가 예수 그리스도의 사도라는 사실을 밝힌다. 즉 자기가 자기의 말을 하려는 것이 아니고 예수 그리스도가 뽑으시고, 사명을 맡기시고, 따라서 지금까지 그 명령을 따라 살면서 복음전파에 일생을 바친 사도로서 글을 쓴다는 것이다. 그러므로 자기의 말이기보다는 예수 그리스도의 말씀이라는 권위를 내세우는 것이다.

본도, 갈라디아, 갑바도기아, 아시아, 비두니아 등의 지명을 열거했지만, 5：13에 바벨론에서 그 편지를 쓴다고 한 것이 문자대로 바벨론을 가리키는 것이 아니고 로마를 가리킨 것이라면, 1：1에 나온 지명들도 반드시 문자적으로 그 특정 지역을 가리킨다고 볼 필요는 없을 것 같고, 할 수 있는대로 그 당시 로마인들의 시선을 분산시키고 대수롭지 않게 여기도록 하여 그리스도의 교회에 최소한의 영향이 오도록 한 것이 아닐까 하는 생각을 하게 된다.

베드로의 심중에는 장소 여하를 막론하고 산지 사방에 흩어져 나그네처럼 살고 있는 부르심을 받은 자, 곧 그리스도인들이 있을 뿐이다. 독자들이 주로 이방인이었는데, 인생생활이 어떤 의미에서 나그네생활인 것이 사실이지만, 특히 그리스도인들은 예수를 믿고, 그들의 전통적 종교를 버리고 개종하는 바람에 가문에서나 사회에서 버림을 받고 쫓겨나서 유랑하는 사람으로 자기 고향을 떠나서 사는 사람들도 허다했을 것이다. 그러므로 흩어져서 나그네가 된 사람들이라는 표현이 나올 수 있었다. 그러나 하나님 아버지의 미리 아심에 따라 선택되었고, 성령을 통하여 성별된 자가 바로 그리스도인이라는 것이며, 그 목적은 예수 그리스도와 하나님께 복종하는 인간으로서 그리스도의 피로 죄씻음을 받은 순결한 자가 되기 위함이라는 것이다.

그러니까 결국 그리스도인은 하나님의 예정에 든 자이며, 성령에 의해서 성별된 자이며, 예수 그리스도의 피로 죄씻음을 받은 순결한 자로 그에게 복종하는 자라는 정의가 내려진다. 사람이 이렇게 그리스도인이 되는 데는 성삼위께서 역사하시는 거대한 작업이 있다는 것을 알 수 있다. 베드로는 이 사실을 깨닫고, 성도들이 얼마나 귀한 존재인가를 알기에 그들을 존중하며, 그들의 삶을 바로 지도하고, 보호하기 위해서 편지를 쓸 수밖에 없었다.

2. 그리스도 안에서 하나님께서 하신 일의 의미(1 : 3—12)

베드로는 그 당시 그리스도인들이 여러 가지 시련을 당하는 중에 신앙이 흔들리고 연약해질 것을 노파심을 가지고 염려하면서 우선 기독교 신앙의 본질을 상기시키려고 한다. 기독교를 붙들어야 할 근본적 이유가 무엇인가, 어째서 예수를 믿지 않으면 안 되는가? 어째서 다른 신을 섬기거나 다른 종교를 따르면 안 되는가 하는 근본적인 질문을 염두에 두고 기독교 복음의 본질을 요약해서 나름대로 제시하고 있다.

1) 베드로의 체험적 신앙(1 : 3—5)

베드로는 자신의 체험적 지식을 말한다. 그는 머리 속에 있는 어떤 지식이나 어떤 이론을 전달하기보다는 자기의 삶 전체가 변화되고 새로운 경지에서 사는 체험을 지식과 아울러 감정에서 우러나오는 찬양의 형식으로 표현하는 것이다. 기독교 신앙은 체험의 종교여서, 직접 체험한 자로서 거기에 감격하고, 고맙고, 기뻐서 찬송이 터져 나오는 그러한 종교이다. 그래서 베드로는 1 : 3에서 하나님께 찬송으로 시작할 수밖에 없었다. 기독교 복음은 그것을 받고 나면 부득불 하나님께 찬송을 드릴 수밖에 없는 그러한 내용의 것이다.

제일 먼저 전제하는 것은 하나님의 존재이다. 어떤 사람은 하나님이 안 계신다고 하고, 어떤 사람은 하나님이 계시더라도 나와는 무관하다고 생각하며, 어떤 사람은 하나님은 무력해서 나에게 보탬이 안 된다고 생각하고 있다. 그러나 기독교 신앙은 하나님이 계실 뿐 아니라 하나님은 인간에게 절대적 관심을 가지고 계시며, 또 인간을 구원하실 능력을 가지신 분으로 믿는 것이다. 그 하나님의 존재 자체가 인간에게는 더이상 없는 복음일 수밖에 없다.

그러면 그 하나님께서 구체적으로 무엇을 어떻게 하셨는가 하는 것이다. 베드로는 다른 저자들과 마찬가지로 우리 주가 되시는 예수 그리스도의 아버지가 되시는 하나님이시기에 찬양을 한다. 즉 하나님은 당신의 아들을 세상에 보내신 분이시고, 예수는 사람으로 세상에서 태어났지만 유대인과 만민이 고대하던 그리스도이시며, 하나님과 함께 '주'라는 이름을 가지신 분이며, 만민의 복종을 받아 마땅하신 분으로서, 인간을 위하여 그를 보내신 분이 바로 하나님이시기에 찬양을 받을만 하다는 것이다.

거기서 좀더 나아가 하나님께서 하신 구체적 일은 예수 그리스도를 죽은 자들 가운데서 부활하게 하신 일이다. 예수의 부활은 그 한 분의 부활만이 아니라 믿음으로 그와 연합한 모든 사람의 부활을 내포하는 사건이기에 그것을 가능케 하신 하나님은 찬송을 받기에 합당하시다. 하나님께서 예수님을 부활시키신 것으로 끝난 것이 아니고 우리들에게 큰 자비를 베푸셔서 중생케 하셨다. 성령을 통하여(요 3 : 35) 우리를 거듭나게 하신 일은 하나님의 무한한 자비의 소치이며, 우리는 이제 새로운 영역과 차원에서 살 수 있는 존재가 된 것이다. 즉 하나님의 나라에서 하나님의 자녀로, 그리고 그 나라의 시민의 자격을 가지고 살게 되었으니 말이다.

그리하여 이제는 우리가 소망 없는 자가 아니라 산 소망, 영원한 생명을 누릴 소망을 가진 자가 된 것이다. 4절에서는 좀더 구체적으로 그 산 소망을 풀어서 말해 준다. 세상에서는 많은 사람들에게 천대와 박해를 받고, 재산도, 명예도, 영광도 없이 살고 있지만, 그리스도인들은 그런 세상적인 썩어질 기업은 없을지 몰라도 하늘에다 이미 고이 간직해 놓은 기업이 있는데, 그것은 없어지지도 더러워지지도 않으며, 쇠해지는 것도 아닌 불멸의 것이라고 규정하였다. 그러한 찬란한 소망을 소유한 자들이 바로 그리스도인이다. 게다가 5절에서는 우리들 자신을 다시 한번 설명한다.

그리스도인은 먼저 믿음을 가진 자이며, 하나님께서 그의 능력으로 파수되고 있는 자이다. 즉 하나님의 그 크신 능력으로 우리들을 지켜 주신다는 것이다. 하나님이 우리들의 경호원으로 계신다는 말이다. 그리해서 종말에 나타나기로 예비된 구원을 약속받은 자라는 것이다. 물론 현재에는 수난을 당하고 있지만, 종국에는 완전한 구원에 이르게 하시려고 하나님께서 계획하시고, 예비해 두셨다는 것이다. 그러니 이러한 사실을 체험한 베드로가 어찌 찬양을 하나님께 돌리지 않을 수 있겠는가 말이다.

2) 시련 중에서도 기뻐하라(1 : 6–9).

하나님께서 이렇게 놀라운 자비를 베푸셨기 때문에 그리스도인은 비록 현실에서 어려움과 슬픔이 있을지라도 즐거워하게 된다는 것을, 역시 베드로는 자신의 체험을 통해서 이야기하는 것 같다. 그리스도인은 무조건, 반드시 시련과 슬픔을 겪어야만 하는 것은 아니지만, 그러한 여러 가지 시련을 당할 수밖에 없다손치더라도 그 중에서도 기뻐하는 것이 사실이며, 또 그럴 가능성이 있는 것이다. 왜냐하면 그 시련은 영원한 것이 아니기 때문이다. 가령 50년 동안 고생을 당한다 하더라도 장차 얻을 영원한 영광과 행복과 비교가 될 수 있는가 말이다.

둘째는 7절에서 말한 바와 같이, 그 시련은 오히려 더 좋은 결과를 가져오는 것이기 때문이다. 비록 지금은 어렵고 슬플지 모르지만 더 큰 열매를 맺어 주는 것이기 때문에 오히려 즐거워해야 한다는 것이다. 결국 이 땅에서 정당하게 당하는 그리스도인의 시험과 슬픔은, 마치 금을 연단하여 순금을 만들 듯이, 금보다 더 값진 믿음의 연단을 가져오는 것으로서, 순금처럼 순수한 믿음을 가지게 되는 결과에 도달하며, 순수한 믿음, 완전한 믿음을 가지게 되면 마침내 예수 그리스도의 재림의 시간, 즉 종말 심판 때에 찬미와 영광과 존귀를 하나님께 돌리는 대열에 참여하고 거기에 동참하는 자들이 될 것이다.

이렇게 그리스도인은 소망으로 가득 차고 즐거움이 넘치는 삶이어야 한다는 것이다. 베드로는 예수를 목격한 자이지만, 그의 서신을 받을 독자들은 예수를 직접 본 자들이 아니다. 그러면서도 그리스도를 사랑하는 자들이다. 그를 보지는 못했지만 믿고 형언할 수 없는 기쁨과 영광스러운 기쁨을 누리고 있다(8절). 그것은 결국 믿음의 궁극이 영혼의 구원을 가져다 주기 때문이다. 여기서 영혼은 자아를 가리키는 것으로 육과 영을 갈라서 영혼만을 가리키는 것이 아니다. 이렇게 볼 때 기독교 신앙은 구원을 보장하는 것으로서 기쁨으로 충만할 수밖에 없고, 시련을 당하더라도 그 속에서도 기뻐해야 하고 또 할 수 있는 종교임을 보여 준다.

3) 영원한 구원의 섭리(1 : 10—12)

베드로는 1 : 9까지에서 말한 구원에 대해서 다시 10절 이하에서 첨가하여 설명을 붙인다. 즉 그 구원은 우연히 일어난 것이 아니고 태고때부터 하나님께서 계획하신 것을 예언자들을 통하여 이미 구약시대에 예언해 두셨던 것이며(10절), 그리스도의 영 곧 성령께서 예언자들을 감동시켜 그리스도의 수난과 영광에 대하여 미리 증언하실 뿐 아니라 신약시대의 복음전도자들에게 임재하셔서 전하게 하신 것이며(즉 성령도 동참하신 일), 또한 천사들도 동경하는 사건이라는 것이다(12절). 즉 구원은 구약시대와 신약시대, 하늘과 땅 모두가 관련된 사건으로서 특히 하나님의 영이 직접 간섭하시고 협력하시는 사건으로서 하나의 우주적 사건임을 보여 주고 있다.

3. 성도는 거룩하라(1 : 13—2 : 10).

이 부분에서 베드로는 그리스도인들이 하나님의 자비를 받은 자로서 거룩하신 하나님의 뜻을 따라 거룩해져야 한다고 역설한다. 구약시대 이스라엘 백성을 선택한 후 그들을 향하여 하신 말씀처럼 새 이스라엘 백성이 된 그리스도인들을 향해서 같은 방식으로 요구하신다는 것을 베드로는 보여 주고 있다.

1) 정신차리고 인내하라(1 : 13—16).

그리스도인은 이미 하나님의 은총으로 선택되었고, 구원받은 사람인데, 이제 남은 일은 우선 구원의 완성의 때까지 정신차리고 소망 가운데서 참는 일일 수밖에 없다. 시험이 닥치고 환난이 심할 때 그리스도를 믿던 신앙이 흔들리기 쉬우므로 정신을 바짝 차리고 온전한 가운데 뚜렷한 소망을 붙들고 그 은총의 날, 즉 주의 재림의 날을 기다려야 한다는 것이다(13절). 소극적으로 표현한다면, 옛날 무지한 가운데 육욕을 따라 살던 그 생활을 다시 따르려 하지 말고, 하나님께서 주시는 말씀에 복종하는 생활을 해야 한다는 것이다(14절). 한마디로 말해서, 우리를 부르신 분은 악과는 구별되고 모든 피조물과도 완전히 구별된 분으로서, 인간들이 모두 그 분을 닮아 거룩한 자들이 되기를 바라신다. 하나님 자신이 거룩하시고, 그가 계신 곳이 거룩한 곳이므로 그 곳에 같이 있으려는 사람도 거룩해야 할 것이 분명하다. 그러므로 생각뿐 아니라 생활, 행동거지가 다 거룩해서 하나님을 닮아야 한다는 것이다(15－16).

2) 하나님이 거룩하시니 너희도 거룩하라(1：17－21).

거룩하신 하나님을 닮아서 우리도 거룩해야 한다고 권하고 나서 베드로는 하나님의 또 하나의 면모를 보여 준다. 즉 하나님은 각자의 행한 대로 가차없이, 편벽됨이 없이 공평하게 심판하시는 분이시라는 것이다. 그리스도인이 거룩해진다는 것은 하나님의 절대적 공평무사를 생각하며 그 엄위하심 앞에서 우리도 공평한 심판을 받는다는 것을 생각하면서, 두려운 마음을 가지고 나그네 시기의 생활을 해야 한다는 것이다. 이미 예수를 믿었으니 이제는 죄를 지어도 하나님께서 눈감아 주시리라는 따위의 생각을 하면 벌써 거룩한 자가 될 수 없을 것이다(17절).

그리고 그리스도인들이 거룩한 자가 되기를 원하면서 알아 두어야 할 것은 조상 때부터 전해 내려오는 여러 가지 몹쓸 행동과 생각과 죄로부터 속죄를 받았다는 사실과, 그것이 어떤 썩어질 금이나 은 같은 것으로 값을 치뤄서 얻어진 하찮은 것이 아니라 흠 없고 순전한 어린 양, 그리스도의 값진 피로 값을 치르고 얻은 구속이라는 사실이다. 그 속죄는 완전한 것으로서, 그 깨끗한 상태를 유지하려고 하지 않고 다시 더럽힌다면 무슨 방법으로 만회할 수 있겠는가 말이다. 이와 같이 복음의 사실을 회상하는 것이 거룩한 생활을 하는 데 큰 도움이 된다(18－21절).

3) **진리에 복종하라**(1 : 22—25).

하나님은 완전한 진리이시고, 그 점에서 비진리와는 완전히 동떨어진 거룩한 분이시다. 그러므로 하나님의 진리에 복종하는 것이 바로 우리가 순결해지는 것이 된다. 그리하여 거짓 없이 형제를 사랑하는 경지에 이른다면 그것이 바로 거룩함에 도달해 가는 증거일 것이다. 그리하여 깨끗한 마음으로 서로 열심으로 사랑하라는 것이다. 그것은 예수의 명령이요 새 계명으로서, 그렇게만 한다면 하늘나라가 임한 것이 될 수도 있을 것이다(22절). 그리고 또 한가지 중요한 것은 썩지 않는 복음의 말씀이 즉 하나님의 생명의 말씀이 마음에 뿌려져서 그 힘에 의하여 거듭나는 일이다. 25절에서 말하는 바와 같이 사방에 전파된 복음의 말씀이야말로 영원히 남을 주님의 말씀으로서, 그 말씀이 새 생명으로 돋아나 새 생명이 되어 새 인간의 삶을 살도록 해야 한다는 말이다(23—25절). 하나님의 복음의 말씀을 듣는 일, 그것을 전하는 일, 그 말씀을 사람의 마음에 심는 일이 얼마나 귀한 일인가를 알 수 있다. 성결한 사람으로 하나님 앞에 떳떳이 서기 위해서는 말씀으로 거듭나야 한다. 거듭남이 없이는 새 생활이 시작될 수 없고, 사랑도 할 수 없다.

4) **악을 버리고 그리스도의 선을 추구하라**(2 : 1—3).

거룩하게 되는 것은 소극적으로는 모든 악을 버리는 것이고, 다른 한 편으로는 그리스도의 선하심을 맛보아 아는 자로서, 그 순수한 진리의 말씀을 마치 갓난 아기가 젖을 사모하듯이 사모하여 결국은 무럭무럭 자라나야 하는 것이다. 완전한 구원에 이르기까지 계속 하나님의 완전을 모방하면서 자라나야 한다. 산 신앙은 계속 자라야만 한다. 자라지 않는 신앙은 퇴보하기 쉽고 고질이 되어 썩기 쉽다. 구원에 이르기까지 거룩한 생활이 계속되며 자라야 한다.

5) **산 돌의 공동체**(2 : 4—10)

그리스도인으로 산다는 것은 예수의 덕택으로 나 개인이 개인적으로 행복해지는 것을 말하는 것이 아니다. 우선은 예수를 믿고 예수와 연결되는 것을 의미한다. 예수는 사람들에게 배척당하고 마침내 죽임을 당한 존재이지만 하나님께는 가장 존귀한 자로 선택된 자로서 그 안에서 하나님 나라가 완성되기로 예정하신 분이시기 때문에, 그에게로 가서 그와 연합할 때 거기에서 참 삶이 시작되는 것이다.

예수는 산 돌이다. 건축하는 자가 쓸모없다고 버린 돌, 즉 죽은 돌같이 여겨졌지만 사실은 산 돌로서, 하나님의 집의 가장 중요한 모퉁이 돌이 되어 사람을 살리고 하나님 나라를 살리는 돌이 되셨다. 우리 그리스도인 하나하나를 건축에 필요한 돌에 다 비한다면 우리도 그 산 돌되시는 모퉁이 돌, 혹은 기초가 되는 돌에게로 가서 연합하여 하나님의 거대한 집을 이룩해야 한다. 즉 산 예수를 머리로 하는 그의 산 몸의 지체들이 되어야 한다는 말이 된다.

그리스도인은 단독으로 존재할 수 없다. 그리스도와 연합하여 하나님의 신령한 집을 구성해야 한다. 죽은 집, 아무 쓸모 없는 집이 아니라, 산 머리와 산 몸이 유기적으로 연합된 산 공동체로서 사명을 수행하는 존재가 되어야 한다. 즉 성도는 거룩한 제사장의 직분을 받은 자로서 하나님께서 달게 받으실 만한 신령한 제사를 드리는 공동체를 이루어야 한다는 말이다. 성도들의 공동체 교회는 하나님과 세상 사이에서 세상을 위하여 중재하고, 대화하고 화해시키는 등 거대한 제사장적 임무를 지닌 자들이다. 전에는 하나님의 백성이 아니었는데 이제는 하나님의 백성이 되고(로암미가 암미가 되고) 긍휼을 받지 못하던 자가 긍휼을 받은 자가 되어(로루하마가 루하마가 됨, 호 2 : 23), 하나님의 선택된 백성, 제사장의 나라, 거룩한 민족, 하나님의 소유가 된 백성으로서 하나님의 그 크신 은덕을 널리 선포할 책임을 가지고 있다.

거룩하게 된다는 것은 가만히 있는 것을 의미하지 않는다. 거룩한 백성, 거룩한 공동체가 되어 하나님께서 유달리 맡기신 거룩한 일을 각각 그리스도의 지체의 자격으로 또는 공동적으로 수행하는 것을 의미한다.

4. 수난시대에 성도들이 가져야 할 의무와 태도(2 : 11—4 : 6)

1) 욕심을 버리고 선하게 살라(2 : 11—12).

나그네로 유리하면서 사는 그리스도인들이 여러 가지 어려움 속에서 육욕을 따라 살기 쉬울 것이다. 그러나 그리스도인은 욕심을 꾹 누르고 살아야 한다는 것이다(11절). 오히려 믿지 않는 사회에 살면서 선한 행동을 나타내어, 비난하는 자들을 감동시켜서 마침내는 이방인들도 돌아와 하나님께 영광을 돌릴 수 있도록 하라는 것이다. 언제나 선교적 사명을 잊지 않고 살아야 한다는 말이다.

2) 박해의 조짐을 보며 대비책을 말함(2 : 13–17)

베드로는 바야흐로 박해가 점점 심해질 조짐을 확실히 보면서, 사방에 흩어져 있는 그리스도인들에게 조심스럽게 충고한다. 로마제국이 횡포를 부리며 약소국들을 모두 점령하고 자유를 빼앗고, 착취하고, 늑탈하는 모든 일이 베드로의 눈에 어찌 좋게 보였겠는가? 사회가 부패하여 부자들은 점점 더 부자가 되고 가난한 자는 점점 더 가난해지고 있으며, 많은 사람들이 남의 노예로 힘들게 일을 하면서 인간 대우를 받지 못하는 것을 보면서 어떻게 마땅하다고 했겠는가? 힘이 없어서 대항할 수 없고, 대항하는 날에는 목숨을 잃고 무진 고통만 당할 것이 뻔한 마당에 무슨 차선책이 있겠는가? 하나님의 날, 즉 하나님께서 심판하실 날을 기다릴 수밖에 없지 않은가! 오히려 예수님을 본받아 무저항으로, 선으로써 악을 이긴다는 법을 적용하는 것이 현명한 일이라고 본 것이다.

예수의 재림의 시간이 임박했다고 보기에, 더욱 그 짧은 시간을 참는 것이 현명하다고 보았다. 악한 나라와 권력을 방치하시는 것은 무언가 하나님의 뜻이 있는 것으로 믿고, 우선은 권위에 복종하고 상전에게 충성함으로써 오히려 고통을 덜 뿐 아니라 복음전파에 방해를 받지 않고 더 빠른 발전을 가져올 수 있으리라고 생각했을 것이다. 그래서 베드로는 세상 권력에 복종하라는 권면을 한다. 사실 신앙적으로 원칙을 말한다 하더라도 권력은 하나님께로부터 온 것으로 사회의 안녕과 질서를 위해서 있는 것이기에 마땅한 존경과 복종을 권위에게 돌려야 하며, 그것이 주님을 위한 것이 되고 따라서 주님의 뜻이 될 수 있다.

개 중에는 신앙을 가진 관리도 있고, 자유인으로서 예수를 믿는 사람도 있었다. 그들은 그 자유를 남용해서 악을 도모하면 안 되고, 오히려 하나님의 종이라는 의식을 가지고 살아야 한다는 것이다(16절). 누구를 막론하고 그리스도인의 온당한 태도는 모두를 존경하고, 남을 형제로 사랑하고, 하나님을 두려워하며, 임금을 존경하는 것이라고 잘라 말한다. 이렇게만 된다면 세상에서도 평화가 있을 수 있을 것이다. 이런 태도로 나오는 기독교인이나 교회를 국가나 사회가 크게 박해할 수 있을까?

3) **노예에 대한 권면**(2 : 18—25)

그 당시 신도들 중에 많은 사람이 노예계급에 있는 사람이었을지 모른다. 베드로가 이 대목에서 노예를 상대로 해서 충고를 하는 것은 교회마다 확실히 그런 사람들이 있었기 때문이다. 노예라고 하면 완전히 주인의 손에 달려 있고 목숨까지도 주인이 자유로 할 수 있는 것이었다. 매질하고 십자가에 달아 죽이는 일까지도 있었다고 한다. 그런 노예제도가 깊숙히 뿌리 박혀 어떤 힘으로도 그것을 제거할 수 없을 정도였다. 기독교 역사 근 2000년을 지나면서 소위 기독교국이라는 나라에서마저 노예제도를 정당화하고 있지 않았던가 말이다. 그러니 베드로가 그 당시 쓰라린 노예제도를 아무리 악하게 보았다 하더라도 그것을 고칠 재간은 없었다. 다만 노예들의 고통을 덜어 주고 그들을 위로하고 견디어 낼 수 있는 힘을 주는 것으로 만족할 수밖에 없었다.

사회제도가 그렇게도 악질적이어서 사회의 절반 이상이 노예가 되어 있는 판국에서의 차선책은, 예수를 믿는 노예들이 그리스도의 정신에 입각하여 참된 인간으로 선한 생활을 하고, 노예의 본분을 비신자 노예보다 훨씬 충실하게 가짐으로써 주인의 환심을 사고 진심으로 주인의 사랑을 받는 자가 되어 주인을 감동시키는 일일 수밖에 없다. 그렇게함으로 노예 자신에게도 고통이 덜 올 수 있고, 나아가서는 복음전도의 문도 열릴 수 있을 것이니 우선 그 방식이 상책이 아닐 수 없다. 즉 노예로서 주인에게 선한 일만 하고 좋게만 해주라는 것이다. 그래도 악독한 주인이 계속 몹쓸게 굴고 고통을 주는 일이 있더라도 참으라는 것이다. 대항을 해보았자 죽음을 당하는 것밖에 없을 터이니 무모한 짓이다.

억울한 일이 아닐 수 없다. 그러나 다른 길이 없다. 선한 일을 하면서 참는 길밖에 없는데, 그러한 행동으로써 하나님의 뜻을 이룰 수 있을지도 모르는 일이다. 아무리 악독한 주인이라 하더라도 선한 종의 인내와 선을 통해서 마음이 변하고 신앙으로 들어오게 될 수 있고, 그렇게함으로써 주인도 살고, 종도 보다 더 큰 자유를 얻게 된다면 그 얼마나 큰 성과냐 말이다. 그러므로 노예된 자들은 그리스도의 수난을 생각하면서 그의 본을 따라 끝까지 묵묵히 참아 보라는 것이 결론이다. 세상을 살아갈 때 그리스도인들이 처하게 되는 온갖 환경에서 기본적으로 가져야 할 태도는 그리스도의 삶의 태도를 따르는 일이다. 즉 하나님 앞에 무죄하고(22절), 감사함이나 거짓이 없이 선을 도모하는 일, 남을 위해서 희생하는 일만 한다면 결국 자기와 남을 같이 구원할 수 있을 것이다.

4) 아내된 자들의 올바른 태도(3 : 1—6)

그 시대 사회에서는 여자의 지위가 거의 무시되고 사람 대우를 못 받는 것이 깊이 뿌리 박힌 전통이요, 습관이었다. 이러한 부부관계에 있어서도 주인과 종의 관계에서처럼, 여성의 인권을 옹호하고 그들을 해방시키는 노력을 하는 것이 당연하겠지만, 베드로는 그 문제를 다른 각도에서 보고 있다. 불신 사회, 비기독교사회 속에서 같이 살고 있는 그리스도인 가정을 향해서, 그리고 점점 핍박이 심해지고 그리스도인들을 색안경을 끼고 보는 시대, 또한 예수의 재림을 가까이 기다리고 있는 처지에 있어서 베드로가 할 수 있는 말이 어떤 혁명적인 것일 수는 없었다. 그 특정 상황에서 최선의 길이 어떤 것인지를 가르친 것이다.

특히 여자들 중에서 개종을 하고 예수를 믿게 되었고, 남편은 아직 신앙을 안 가진 경우를 생각하면서 말한 것이다. 간단히 말해서 위에 있는 종에 대한 권면과 거의 같은 정신으로 하라는 것이다. 남편에게 복종하는 것이 그 때로서는 최선의 길이라는 것이다. 어느 모로 따지든지 그 길이 그 때로서는 최선의 길이다. 그 복종 속에는 경건하고 순결한 생활태도가 포함되어야 한다. 기독교적 경건과 거룩함은 무언 중에 감화력을 나타내어 불신 남편까지라도 감동시켜 개종시킬 수 있는 것이다. 외모를 단장하라는 것이 아니라 속 사람이 참으로 변화되어 믿기 전과는 전혀 다른 신앙의 열매로 단장하라는 것이다.

성령의 역사로 맺어지는 유순하고 우아하고 순결한 모습은 어떤 보석보다도 값진 것으로 하나님께서 가장 귀하게 보시는 것이기 때문에 그러한 미덕으로 단장을 한다면, 하나님 앞에 합격자일 뿐 아니라 남편에게도 반겨질 것이고, 따라서 남편의 생명을 구원하는 일도 되는 것이다. 옛날 사라가 아브라함에게 취했던 태도를 본받으라는 것이다. 그리스도를 믿는 아내들이 신앙 중에 선한 행동을 가지고 조금도 남을 두려워할 필요가 없을 정도로 양심적이고 깨끗하게만 산다면 문제가 없으리라는 것이다. 그리스도인의 윤리는 언제나 자기 이익을 떠나서 먼저 하나님 앞에 올바르고 남의 이익을 도모하는 생각으로 살아야 하는 것이다.

5) 남편된 자들의 도리(3:7)

기독교 가정의 남편으로서, 1세기 중엽의 로마사회를 배경으로 하고 어떤 태도와 자세를 가지고 아내에게 대할 것인가 하는 질문을 해보아야 한다. 여자를 완전히 무시하고 노리개로 취급하고, 종처럼 여기는 사회에 있어서, 이제 복음을 받고 하나님의 자녀가 된 남편으로서 일반 불신가정과는 확실히 다른, 변화된 모습과 태도를 보여야 될 것은 틀림없다. 베드로의 권면에 의하면 “지식을 따라 너희 아내와 동거하라”고 한다. 즉 인간적 지식이나 세속적 전통대로, 다시 말해서 옛날 식대로 하지 말고 하나님께로부터 오는 지식, 곧 하나님의 진리를 따라서 같이 살라는 것이다.

여자를 물건처럼 취급하지 말고, 육체적으로나 감정적으로 연약한 그릇이기에 그 점을 이해하고 존경을 표하라는 것이다. 인권을 존중하라는 것이다. 왜냐하면 아내들 즉 여성들이라고 해서 인간 이하의 존재가 아니고, 하나님께서 은총으로 생명(즉 구원)을 주시는데, 남자들과 꼭 같이 그것을 기업으로 받아 누리는 자들이기 때문이다. 하나님 앞에는 그의 은총을 누리는 일에 있어서 차별이 없기 때문이다. 그리스도인은 언제나 하나님과 교통하면서 살며 그 수단이 기도인데, 만일 아내를 천대하고 사람 이하로 취급한다면 하나님께서 그 기도를 들어주시지 않을 것이라는 말이다. 즉 아내를 바로 대우하지 않는 것은 큰 죄가 되고 하나님께서 기뻐하시지 않는 일이어서 그런 남편의 기도를 들어 주시지 않으신다는 것이다.

6) 시편 34편에 근거한 종합적 권면(3 : 8—12)

여러 가지 사회구조와 관계 속에서 사는 그리스도인들이 백성으로, 종으로, 아내로, 남편으로 각각 취할 태도를 말하고 나서, 8절에 '마지막으로'라는 말로써 이제 성도 상호간에 가져야 할 태도를 가르치는 것 같다. 성도들이 생각을 같이하고, 감정도 서로 통하고, 서로 사랑하고, 온정을 나누고, 겸손한 마음을 가지며, 악을 악으로 갚지 말고, 남이 욕한다고 욕으로 갚지 말며 오히려 축복해 주라는 것이다. 이렇게 해서 다같이 축복된 삶을 사는 것이 하나님께서 기뻐하시는 바이고, 그것을 위해서 부르셨다는 것이다. 시편 34 : 12~16이 그 뜻을 잘 표현해 주고 있다.

7) 반기독교적 사회에서의 그리스도인의 생활태도(3 : 13—22)

망망한 바다 가운데의 일엽편주(一葉片舟)처럼, 지극히 약한 세력으로 존재하는 제 1 세기 중엽의 기독교와 그리스도인이 주위에 둘러싼 불신자들과 같이 살 때, 우선 열심으로 선을 행하는 것이 능사라고 베드로는 가르친다. 그렇게만 한다면 불신자들이 어째서 핍박을 하겠는가 하는 원칙론을 말한다(13절). 그러나 악한 사회이기에 이유 없이도 즉 아무리 옳게 행해도 억울하게 괴롭히고 고통을 주는 일이 있을 수 있다. 그것이 그 당시에는 사실로 나타나기도 했다. 그런 경우에 오히려 행복을 느끼라는 것이다. 그것은 예수님도 하신 말씀이다(마 5 : 10—12). 무서워할 것도 없고 두려워할 것도 없다는 것이다(14절).

그리고 할 일은 마음에 주 그리스도를 거룩하게 모시고 그를 생각하라는 것이다. 다음은 어디로 끌려가든지 자기가 믿는 기독교의 소망의 말씀을 자신 있게 당당하게 말할 수 있도록 준비하고 있으라는 것이다. 가장 좋은 전도의 기회이기 때문이다(15절). 동시에 유의해야 할 것은 언제나 온유한 마음과 경건한 태도를 가져야 하고, 선한 양심을 가져야 한다는 것이다. 그리하면 결국에는 '예수쟁이'라고 하면서 모욕하며 책잡던 사람들이 오히려 부끄러움을 느낄 때가 올 것이다. 하나님 앞에서 양심적으로 부끄러움이 없으리 만큼 행하고 산다면, 그이상 더 할 일이 없을 것이고, 그 뒤의 일은 하나님께서 맡아 하실 것이다. 성령께서 성도들의 선한 삶을 이용하셔서 불신자들을 부끄럽게도 하시고 그들을 개종시키시는 일도 하실 것이다.

고난을 당한다는 것 자체가 좋은 것일 수는 없다. 악한 자들 때문에 고통을 당하는 경우가 반드시 있지만, 그리스도인들 편에서 악을 행하다가 그 대가로 고통을 당하는 일은 없어야 하고, 오히려 선을 행하다가 고통을 겪는 것이 그리스도인의 마땅한 태도요, 보다 나은 태도이다(17절). 여기서 베드로는 그리스도의 사건을 본보기로 소개한다. 즉 그리스도인들이 불신사회 속에서 살면서 선한 일을 하다가 고통을 당하는 일은 그리스도가 악한 세상에 오셔서 하신 일을 본뜨는 것이라는 것이다.

이제 18절 이하에 나오는 그리스도의 사역을 풀이해 보면, 그리스도인이 선을 행하다가 고통을 당하는 일의 의미를 더 밝히 규정할 수 있을 것이다. 그리스도는 무죄하고 의로운 분이셨지만 인간의 죄 때문에, 불의 때문에 고난을 당하셨다. 즉 선행을 하시면서도 고통을 겪으셔야만 했다. 그 결과로서 죄인이었던 자들, 불의한 자들이 구원을 얻고 하나님께 가까이 나아가게 되었다.

동시에 19절 이하에서 그 고통의 효과를 더 확대하여 설명한다. 그리스도가 죽었다가 다시 사신 일로써, 죄인과 불의한 자들이 구원을 받게 되었다고 말했는데(18절), 예수께서 육을 입고 세상에서 대속적 죽음을 죽으신 것으로 끝난 것이 아니고, 그는 영이신고로 죽은 사람들이 갇혀 있는 영의 세계에로 가셔서 복음을 선포하셔 꼭 같은 기회를 주셨다는 것이다. 그것이 예수의 매장 3일간의 일인지 밝혀 있지 않고 단지 '영으로'라고만 되어 있어서 확실치 않지만, 베드로는 그 시대에 한 부분에서 생각되던 것을 19절에 등장시켰다. 예수님 오시기 전에 죽은 자들은 어떻게 되는 것인가라는 질문에 대해서 이러한 답변을 고안했던 것 같다.

모세시대 이후에는 제사법이 있어서 그 법대로 사죄를 받을 길이 있었지만, 노아시대에 하나님의 말씀에 불복하고 멸망당한 사람들은 회개의 기회가 없었으니 불공평하지 않느냐는 생각을 하는 사람들도 있었을 것이다. 그래서 그리스도는 복음을 못 듣고 죽은 영들에게도 복음을 선포했다는 것을 말하는 것 같다. 이렇게 그리스도는 죄인들을 위해서 육으로 죽어 대속할 뿐 아니라, 불복하는 영들에게까지 가서 복음을 선포하시리 만큼 남을 위해서 사시고, 고통을 당하셨고, 마침내는 하나님으로부터 권세와 영광과 존귀의 자리를 받아 하늘 높은 자리에서 하나님 외의 모든 존재를 지배하는 자가 되었다. 그러므로 그리스도인들이 세상에서 선한 일을 하면서 고난을 당하는 일은 예수의 생애와 닮은 것(21절)으로서 결국 불신자들에게 좋은 영향을 주는 결과가 될 것이고, 동시에 그리스도인 자신들에게는 하늘의 상과 기업을 쌓는 일이 된다는 것을 의미한다.

베드로는 21절에서 잠시 기독교의 세례를 언급하고 지나간다. 노아시대에 그 홍수 속에서도 노아의 여덟 식구가 구원을 얻은 일과 관련지어 물세례를 통하여 오는 구원을 언급하고 있다. 세례라는 것이 육신의 더러운 때를 씻는 예식이 아니고, 예수 그리스도와 함께 죽고 그와 함께 살아나는 일을 거쳐서 새 인간이 되고, 선한 양심을 가지게 되고, 하나님을 사모하고 그를 찾아나가는 것을 의미한다. 이렇게 21절은 하나의 괄호 안에 넣어서 세례를 설명하는 대목으로 생각하면 되겠다.

8) 여생을 죄 없이 살도록 하자(4 : 1–6).

그리스도인이 되어 세상을 살아갈 때, 문제는 세속적 세상과 분리된 상태에서 살 수 없고 그 가운데서 그들과 함께 살아야 하고, 더구나 세속적인 것이 절대 다수를 차지하는 형편에 있을 때 옛 생활로의 유혹이 많고 죄가 다시 침범하기 쉽다는 사실이다. 이제 베드로는 다시금 예수 사건을 표본으로 끌어들여서 권면한다.

그리스도는 세상에서 33년간 살면서 육으로 고통을 당하고 마침내 죽으셨는데, 그 죽음은 인간의 죄 때문에 죽은 것이요, 결국 죄에 대해서 죽은 것이니 그리스도인들도 주님의 마음으로 돌아가야 하겠다는 것이다. 그 마음이란 죄를 미워하고 성결하고 의로운 마음이다. 그리하여 이제 여생을 살아갈 때 인간적 욕심을 버리고 하나님의 뜻을 따라 살려고 노력해야 하겠다는 것이다. 과거 믿음을 가지기 전에 가졌던 행동을 생각해 보면 흉칙하며 끔찍하고 더럽기 짝이 없으니 그것으로 족하지 않은가 하는 것이다.

갑자기 생활이 변하고 보니 옛 친구들이 비방하고 놀라지만 그것이 당연한 일이다. 결코 다시금 그들의 유혹에 끌려 들어가서는 안 된다. 머지않아 심판날이 올 터인데, 그 때에는 산 자나 죽은 자가 다 심판자 앞에 나서서 행한 대로 심판을 받을 것이니 그들의 조롱이나 협박이나 유혹을 다 물리쳐야 한다는 것이다(6절). 주님 재림시에 있을 하나님의 심판은 살아 남아 있는 사람들에게만 적용되는 것이 아니라 죽은 사람들에게도 적용되는데, 죽은 사람들도 핑계할 수 없다. 그것은 죽은 자들에게도 복음은 다 전파되어 있기 때문이다. 하나님은 누구든지 복음을 통해서 구원을 얻고 생명을 누리는 것을 원하신다.

5. 선한 청지기로 종말의 때를 살라(4：7—11).

베드로는 만물의 마지막이 이미 임박했다고 단언하면서 성도들이 해야 할 요긴한 일들 몇 가지를 지시한다. 첫째, 종말이 가까울수록 세상은 더욱 혼란해지고 어지러워질 것이기 때문에 정신을 바짝 차리고 깨어서 하나님과의 교통을 쉬지 않아야 한다. 즉 기도로써 하나님에게 다이얼을 맞추고 계속 연락을 해야 한다는 말이다(7절). 둘째, 사람들 사이에서는 무엇보다도 서로 사랑하는 일을 꾸준히 해야 한다. 사랑이야말로 허다한 죄를 가리는 것으로서 만병통치약이 되기 때문이다(8절). 셋째, 나그네로 지내며 의지할 바 없는 성도들이 서로 불평없이 영접해 주며 후대하는 것이 바람직한 일이다. 그것이 곧 사랑의 표현이 아니겠는가?(9절) 넷째, 그러면서 각자는 하나님께로부터 각양각색의 은사를 받은 자로서 저마다 그 받은바 은사를 바로 쓰는 청지기로서 서로를 위하여 봉사하는 삶을 살아야 한다.

종말이 가깝다고 해서 손을 놓고 그냥 기다리면 되는 것이 아니다. 마지막 순간까지 각자는 자기가 받은 은사를 충성스럽게 쓰는 자가 되고, 그것을 자기 자신을 위해서 쓰라는 것이 아니라 공동체를 위하여 서로 남에게 봉사하는 일에 사용해야 하는 것이다. 예컨대 어떤 사람이 말씀의 은사를 받았으면 하나님의 말씀을 받은 것이기에 성실히 그 말씀을 가르치고 전해야 할 것이며, 봉사의 은사를 받았으면 하나님께서 공급해 주시는 힘으로 하는 것이니, 자랑하지 말고 겸손히 봉사에 힘써야 할 것이다. 이렇게 해서 결국 모든 일에 있어서 하나님께 영광이 돌아가도록 해야 하는 것이다. 성도들의 삶의 궁극적 목적은 하나님께 영광을 돌리는 일이다.

6. 맹렬한 시련에 직면한 성도에 대한 격려와 권고(4：12—19)

베드로는 처음부터 시험과 고난 속에 있는 성도들을 염두에 두고 편지를 쓰는 것이 사실이지만, 이제 편지의 종말에 접어들면서 다시 한 번 강한 어조로 격려하고 권면한다. 12절에 '불시험'이 일어나고 있다는 말을 보아 네로 황제 때 로마에서 일어났던 시험이나 아니면 좀 더 후에 도미티안 황제시대(주후 81—96년) 아니면 더 늦게 트라얀 황제(주후 98—117년)때 있은 큰 박해를 의미하는 것이 아니냐 하는 학설도 있지만, 이미 네로 황제 때 로마 성에서는 문자 그대로 불시험이 일어나고 있었고, 또 다른 곳에서도 방금이라도 그런 시련이 일어날 조짐을 가지고 있었기 때문에 여기에 그런 말이 나타났다고 해서 이상하게 생각할 필요는 없다고 본다. 지금도 일어나고 있고 또 당분간 일어날지 모르는 어려운 시련을 당하게 될 때 어떠어떠 해야 한다는 것을 노파심을 가지고 가르치며, 또 미리 경고해 두는 것일 수 있다.

우선, 그런 심한 시련이 닥친다 해도 이상하게 여기지 말라는 것이다(12절). 오히려 그런 일을 당할 때 그리스도의 수난에 동참하는 일로 알아 기뻐하라는 것이다. 결국 주님께서 영광스럽게 나타나시는 재림의 날에 크게 기뻐하게 될 것이니 오히려 환난 중에도 기뻐해야 한다고 격려한다(13절). 그리스도인이라는 이유로 욕먹고 멸시를 당하는 것은 행복한 일임을 깨달으라는 것이다. 육적으로 고통스러운 것이 틀림없지만, 영광의 영이시며 하나님의 영께서 보혜사로 오셔서 돌보아 주실 것이니 그 이상 행복이 어디 있겠는가!(14절).

크리스천이라는 이름 때문에 시련을 당한다면, 부끄러워하지 말 것이며, 오히려 하나님께 찬송을 돌려야 할 것이다(16절).

주의할 것은 반드시 참된 크리스천으로서 박해를 당할 것이고 살인자, 도적, 행악자, 간섭쟁이 등의 죄목으로 고통을 당하는 일은 없어야 한다(15절). 베드로는 하나님의 심판의 때가 시작된 것을 느끼면서, 성도들이 이런 어려움을 당한다면 이제 하나님의 복음을 거절하고 받아들이지 않는 불순종의 자식들의 종말은 얼마나 더 무섭고 처참하겠는가 하면서 성도들을 위로한다(17－18절). 그러니 하나님의 숨은 뜻이 있어서 수난을 당하고 있는 크리스천들은 끝까지 선행에 힘쓰고, 신실하시고 변함이 없으신 전능자 창조주께 목숨을 맡기라고 권한다. 가장 이상적인 것은 어떤 환난 속에서도 그리스도인은 선한 행실을 가져야 한다는 점이다.

7. 몇 가지 권면과 마지막 인사(5：1－14)

1) 교역자에 대한 권면(5：1－4)

베드로시대에는 교회마다 연령이나 인격이나 경험, 그리고 신덕이 뛰어난 사람을 골라 즉 그 교회의 원로격의 사람을 뽑아 그 교회를 돌보게 했었고, 장로 또는 감독이라는 이름으로 불렀다. 시련을 당하고 박해가 일어나는 시대에 양떼들은 정신을 차리지 못하고 갈피를 잡지 못하여 갈팡질팡하기 쉽다. 그럴 때에 교회의 지도자의 책임이 얼마나 중하다는 것은 의심할 여지가 없다. 그래서 베드로는 그의 서신 끝에 장로들에 대한 권고를 붙였다.

베드로는 우선 자기 자신을 하나의 모델로 내세우면서 이야기한다. 즉 그는 그리스도의 수난을 목격한 자요, 그 수난을 몸소 자신의 생활로써 증언하는 자라는 것이다. 그리스도가 당한 고난을 베드로는 자기 몸으로 체험하고 있으며, 전설대로라면 십자가를 거꾸로 지고 순교한 자(μάρτυς 순교자=증인)이다. 그러나 베드로는 또한 그리스도가 나타나실 때 그 영광에 동참할 자라는 신념을 가지고 기쁨으로 수난에 임하고 있는 자이다. 그러한 입장에서 당당히 자신 있게 권면하는 것이다(1절).

첫째, 하나님의 양무리를 목자로서 먹이고 돌보라고 한다. 신도는 하나님의 양이다. 자기가 마음대로 할 수 있는 것이 아니다. 하나님께서 당신의 양무리를 위탁하신 것이다. 선한 목자가 양을 먹이고 돌보듯이 양무리를 바로 목양해야 한다. 둘째, 억지로, 마지못해 해서는 안 되고, 하나님께 복종하는 의미에서 기쁜 마음으로 해야 한다. 셋째, 삯군 목자처럼 탐욕을 가지고 해서는 안 되고 마음에서 우러나와 자발적으로 해야 한다. 넷째, 자기 양떼들에 군림하여 세도를 부리고 지배하고 강제로 다스리지 말고 양무리에게 훌륭한 모본이 되어 순순히 기쁘게 따르도록 해야 한다. 그렇게 해야만 목자장이신 그리스도가 나타나실 때 영광의 월계관을 상으로 받게 되리라는 것이다.

2) 일반 교인에게 주는 권면(5：5—11)

교역자와 교인의 관계에 있어서, 교인들은 자기들의 목자요, 어른이요, 감독인 교역자에게 마땅히 복종해야 한다. 그리고 교인들 상호간에는 철저한 겸손을 보이라고 명한다(5절).(잠 3：34, 빌 2：5 f)

그리스도인은 하나님의 전능의 손 앞에 절대적으로 낮아져야 한다. 그리스도인이 된다는 것은 자기를 죽이고 완전히 하나님과 그리스도께 복종하고 그 앞에 굴복하는 것을 의미하기 때문이다. 하나님 앞에 스스로 낮아진 자를 하나님께서 때가 되면 높여 주신다(6절). 모든 염려를 하나님 앞에 여지없이 완전히 맡겨라. 아버지이신 하나님께서 틀림없이 걱정하시며 해결해 주실 것이기 때문이다(7절).

세상으로 다시 눈을 돌리면 현실은 매우 위험하고 살벌하다. 결코 한 순간도 눈을 팔거나 방심할 수 없는 형편이다. 굶주린 사자가 먹이를 찾아 헤매듯이 원수 마귀가 성도들을 삼키려고 하는 판국이니까 정신차려 깨어 있어야 한다(8절). 악한 대적에게 지거나 양보하거나, 피하거나, 소극적인 태도를 보이지 말고 믿음으로 굳게 서서 대항하라는 것이다. 왜냐하면 고난은 세계 도처에 있는 그리스도인들이 같이 당하는 것으로서 그 양이 차기까지 우리들도 그 몫을 감당해야 하기 때문이다(9절 하).

이제 다시 하나님께로 시선을 옮겨 볼 때, 그는 모든 은혜의 주인공으로서 특별히 성도들을 불러내셔서 그리스도를 믿고 당신의 영원한 영광을 같이 누리도록 하신 분이시니 무슨 걱정이 있는가? 지금 당하는 고통은 긴 것이 아니고 잠시 동안 있을 뿐이고, 성도들이 수난으로 말미암아 상하고 못 쓰게 되고 제 모습이 없어졌을지라도 하나님께서 친히 회복시키시고, 확고하고 강하게 세워 주실 것이다. 영원토록 전권을 가지시고 통치하실 하나님이 그리스도인의 편에 있으니 결코 염려할 필요가 없다.

3) 최후의 인사와 축원으로써 끝맺는다(5 : 12-14)

□ *토의문제*

1. 사도 바울과 사도 베드로를 비교하여 그들의 공로를 알아보자.
2. 제 1 세기 중엽의 사회상에 비추어 볼 때 베드로가 쓴 사회윤리가 과연 정당한 것인가?(국가 권력에 대한 태도, 노예와 상전에 대한 태도, 남편과 아내의 관계)
3. 베드로가 말하는 복음과 바울의 복음은 어떤 차이가 있는가?
4. 환난과 핍박을 당하는 신도들이 가져야 할 태도를 요약해 보자.

□ 참고도서

Edward G. Selwyn, *The First Epistle of St. Peter*, Grand Rapids: Bakerbook House, 1981.

John N. D. Kelly, *A Commentary on the Epistles of Peter and of Jude*, New York : Harper & Row ; London : A. & C. Black, 1969.

Francis W. Beare, *The First Epistle of Peter*, Oxford : Basil Blackwell, 1958.

베드로 후서

I. 서 론

1:1에 저자는 자신을 예수 그리스도의 종이며, 사도인 시몬 베드로라고 밝히고 있기 때문에, 액면대로 그것을 받아들여 베드로의 두 번째 편지로 보지만 학계에서는 여러 가지 이유로 액면대로 보기가 어렵다고 말한다. 사도 베드로의 글이라고 주장하는 사람들도 전서나 후서가 다 너무도 훌륭한 헬라어 문체로 되어 있어서 갈릴리 지방의 어부였던 베드로의 글로 보기는 어렵다고 판단하고, 대서자가 그의 문장력을 가지고 표현했을 것이라고 말한다. 전서를 실루아노 즉 실라가 대서한 것이라면, 후서는 어째서 전서와 그렇게도 차이가 있을까라는 질문을 받게 된다. 거기에 대해서는 그 두 편지가 그 배경과 환경이 달라서 그렇다는 사람도 있고, 대서자가 바뀌었기 때문일 것이라고도 말한다. 이렇게 대서자를 통해서 베드로가 쓴 글이라면 60년대 중반, 즉 베드로가 순교당하기 직전의 글이라고도 볼 수 있겠다. 그러나 어떤 학자들은 그 당시에 흔히 유행하던 대로 다른 사람의 이름을 빌어서 쓴 글, 즉 어떤 사람이(베드로의 제자나 그를 존경하는 사람) 베드로의 이

름을 가지고 제1세기 말에 나타난 이단적 사상들에 대항하여 교회를 방어하기 위해서 쓴 글이라고 주장한다. 어떤 사람들은 제2세기 중엽에 그런 형식으로 기록한 글이라고 말하기도 한다. 베드로의 직접적인 글이 아니라고 주장하는 사람들의 주장을 보면 대개 다음과 같다.

(1) 베드로 후서 2：1～18이 유다서 4～16과 너무도 같고 그 밖의 부분들도 어떤 공통자료를 같이 인용했다고 느껴지기 때문에, 유다서와의 밀접한 관계가 있음을 알 수 있다. 특히 베드로 후서가 유다서를 이용했을 가능성이 있다고 보면서 유다서 이후의 글일 것이라는 생각을 한다. 유다서는 제1세기 3/4반기의 글이겠다고 보면서 베드로 후서는 그 이후의 글일 것으로 보고 있다.

(2) 저자는 유대인들의 하가다(Haggadah)의 문서를 익숙히 알고 있는 것으로 보이고 따라서 그가 유대인 크리스천이라는 증거를 보이는 동시에, 헬라적인 종교와 철학적 문화에 익숙한 것으로 보아 갈릴리 어부에게는 어울리지 않는다는 것이다.

(3) 저자는 제1세대 기독교인들이 다 지나간 후, 그리고 바울의 서신들이 집대성되어 있던 시대에 살고 있었다는 암시를 주기 때문에(3：4, 3：15 이하) 역시 1세기 말기를 암시하고 있다.

(4) 저자는 성경에 대한 정통적 해석에 관심을 두었고(1：20이하, 3：15이하), 또 사도적 전통에 관심을 두는 것을 보아(2：21, 3：2) 어느 정도 시대가 흘렀다는 것을 보여 준다.

(5) 확실히 사도 베드로가 쓴 글이라면 교회가 특히 로마의 교회가 어째서 이 편지를 정경으로 인정하기를 그렇게도 꺼려하고 더디했을까 하는 의문을 남긴다.

그러나 액면대로 받아들이는 편에서 저자가 예수의 변화 산 사건을 목격했다는 말(1：16－18)이라든가, 자기가 곧 죽을 것에 대해서 주님의 사사로운 알림을 받았다든가(1：14), 베드로 전서에 이어서 두 번째 편지를 쓴다고 한 말이라든가(3：1), 바울은 자기의 동료라고 말한 것(3：15) 등등을 예로 들면서 진정 베드로 자신의 글로 보려고 한다.

베드로 후서는 초대교회 이래 여러 가지 논란의 대상이 되어 반대를 받아 오기도 하고 정경으로 받아야 하느냐 하는 문제로 오랫동안 토론

되어 왔다. 심지어 종교개혁자들에 의해서도 냉대를 받았다(루터, 에라스무스, 칼빈). 그러나 성경 일부로서 지금까지 교회가 읽고 있는 것은 하나님의 말씀으로서의 가치가 있다는 것을 스스로 증명해 주고 있는 것이다.

Ⅱ. 저술 동기와 목적

교회가 성장해 나갈 때 성령의 지도를 받아 올바로 자라는 면도 있지만, 악마적 영향 아래서 왜곡된 사상과 행동도 나타나게 마련이었다. 특히 사도들이 하나씩 사라지고 목격자가 없어질 때 정통적 교리를 떠나서 이단적 교리를 가르치고 또 그것을 따르는 자들이 생기게 마련이었다. 베드로 후서가 나타날 수밖에 없었던 것도 그러한 시대적 상황을 배경으로 하고 있는 것이다. 즉 1세기 말에 이르러 그리스도의 재림 신앙에 대한 괴이한 해석이 떠돌고, 거짓교사들이 나타나 거짓된 교훈을 가르치는 것이었다. 그래서 저자는 교회가 선포하고 있는 사도적 증언을 회상시키고(1：16), 그리스도의 내림으로써(1：19-21) 확증된 구약성경의 메시야적 예언을 지적하면서, 그리스도의 재림이 더딘 것은 모든 사람이 회개하기를 바라시는 하나님의 오래 참으심에 그 이유가 있다고 설명하여 그릇된 재림설을 공격한다.

그리고 거짓 교사들은 방종하고(2：2, 10, 13, 14), 욕심이 많고(2：3, 14, 15), 권위를 무시하는 자들이라(1：10)고 지적하면서 공박한다. 결국 그들은 옛날 타락한 천사들처럼, 노아시대의 죄악이 가득 찬 세상처럼, 그리고 소돔과 고모라처럼 하나님의 심판을 받게 될 것이고, 반대로 경건한 자는 롯과 같이 구출을 받으리라고 경고한다(2：4-9). 이렇게 교회에 나타나 어지럽게 하는 자들은 헬라적 영향 아래 있는 영지주의자들이라고 생각되며, 아직은 제 2 세기에 본격적으로 나타났던 영지주의는 아니지만 거의 같은 방향의 생각을 하는 자들이 소아시아나 시리아 지방에 나타나 기독교의 정통적 사상을 좀먹고 흐리게 하고 있었던 것 같다. 그래서 저자는 충성스러운 교회지도자로서 목회적 책임감을 가지고 이 편지를 쓴 것이며, 그러한 이단적 사상과 풍조에서 교회를 건지려는 갸륵한 목적을 가지고 쓴 것이라고 본다.

Ⅲ. 내용 분해

1. 그리스도인의 특전

1) 인사(1 : 1−2)
2) 그리스도인의 특전(1 : 3−4)
3) 믿음의 사다리(1 : 5−7)
4) 열매 없는 크리스천과 열매맺는 크리스천(1 : 8−9)
5) 값있는 우리의 종국(1 : 10−11)
6) 진리를 기억하라(1 : 12−15).
7) 기독교 진리는 사도적 목격자에 의해서 입증된다(1 : 16−18).
8) 기독교 진리는 예언적 성경말씀에 의해서 입증된다(1 : 19−21).

2. 거짓 교사들을 조심하라.

1) 거짓 교사들을 조심하라(2 : 1−3).
2) 심판과 구원의 세 가지 실례(2 : 4−10a)
3) 거짓 교사들의 오만(2 : 10b−11)
4) 거짓 교사들의 방자함, 정욕, 탐심(2 : 12−16)
5) 거짓 교사들의 공허함(2 : 17−22)

3. 예수의 재림에 대한 교훈

1) 편지의 목적을 되풀이함(3 : 1−2)
2) 예수 재림을 비웃는 자들의 조롱(3 : 3−4)
3) 베드로의 역사적 논박(3 : 5−7)
4) 베드로의 성경적 논박(3 : 8)
5) 베드로의 신론적 논박(3 : 9)
6) 베드로의 기독론적(그리스도의 약속에 의한) 논박(3 : 10)
7) 예수 재림의 윤리적 의의(3 : 11−14)
8) 베드로가 바울의 말을 인용하여 자기 주장을 지지함(3 : 15−16)

9) 결론(3 : 17—18)

Ⅳ. 내용 해설

1. 그리스도인의 특전

1) 인사(1 : 1—2)

베드로 전서의 인사와 비교하면 몇 가지 차이가 보인다. 여기서는 '시몬'이라는 이름이 첨가되고, '종'이라는 설명이 더 붙었다. 베드로는 다른 베드로가 아니라 시몬이라는 이름을 가진 그 베드로이며, 사도일 뿐 아니라 예수 그리스도의 종이기도 한 베드로라는 것을 밝힌다. 수신인도 매우 다르게 표현되어 있다. 우리의 하나님과 구주 예수 그리스도의 의(義) 안에서 믿음을 가진 자들에게 편지를 한다고 했으니, 죄 가운데서 멸망받은 인간을 구출하시는 성부와 성자의 구원사업은 옳은 일이요, 의의 발로인 것이 틀림없고, 믿음을 가져야 사죄를 받고 구원을 얻는 것이기에 수신인들은 구원받은 신자들, 특히 1세기 말 여러 가지 이단적 사상에 유혹을 받고 있는 신도들을 가리키는 말이다.

2절에 있어서도 베드로 전서의 것과 조금 다른 내용의 축원이 나타난다. 은혜와 평강이 충만할 뿐 아니라 하나님과 우리 주 예수에 대한 지식 안에서 그렇게 되라는 것이다. 즉 은혜와 평강이 충만해지는 것이 아니라 하나님을 바로 알고 그리스도를 확실히 깨달을 때에 비로소 오는 그 은혜와 평강이 충만하기를 바란다는 것이다. 영지주의적 경향이 농후하여 '신령한 지식'을 추구하고 또 그것을 가졌노라고 주장하며, 그 지식에 의해서 스스로 구원을 얻을 수 있다고 생각하는 자들을 배격하는 입장에서, 하나님과 주 예수를 아는 참된 지식이 필요하다는 입장에서 하는 말이다.

2) 그리스도인의 특전(1 : 3—4)

저자는 먼저 그리스도인이 어떤 사람들인가를 나름대로 묘사한다. 그리스도인은 원래 보통 사람들이었지만, 하나님께서 그의 신적인 능력으로 생명과 경건생활에 필요한 모든 것을 거저 주셨다는 것이다. 사람의 힘으로써가 아니라 하나님의 능력이 발동한 것이다. 그 효과는 죽었던 사람들이 생명을 누리게 되었으며 하나님을 공경하는 종교생활을 가지게 하는 일이었다. 이것은 인간의 노력이나 공로로 된 것이 아니고 하나님의 은총과 선물이라는 것이다. 다시 말해서 우리를 불러 주신 분이 계시고, 그분 자신의 영광과 덕을 보여 주시며 그 분을 깨달아 알게 하심으로써 그런 일을 이루셨다는 것이다.

또한 그 분의 영광과 덕을 통해서 우리에게 존귀하고 가장 훌륭한 약속을 주셨는데, 그것은 우리가 이 세상의 욕심에서 나오는 썩을 것을 벗어 버리고 신적인 성품을 같이 지니는 자들이 되리라는 것이다. 다시 말해서 그리스도인들은 하나님의 영광과 덕을 닮아 하나님의 성품을 공유하는 자들이 될 희망을 가진 자들이다. 생명을 누리고 경건생활을 하며 그리스도를 본받아 살면서 세상의 모든 목적을 떠나 하나님을 닮은 자들이 되는 영광을 가지고 있다는 말이다.

3) 믿음의 사다리(1 : 5—7)

그리스도인들은 신적인 성품을 같이 가진 자가 될 것이라고 했으니(1 : 4), 이제부터 신도들은 믿음을 가진 것으로 만족하지 않고 하나님을 닮은 자로서 여러 가지 덕을 갖추어야만 할 것이다. 신앙에 덕을 더하고, 덕에 지식을, 지식에 절제를, 절제에 인내를, 인내에 경건을, 경건에 형제애를, 형제애에 사랑을 더해야 한다. 그리스도인들은 그냥 믿는다는 것으로 끝나서는 안 되고, 하나님을 닮은 자로서 하나님의 거룩하신 성품을 배워 그를 닮은 자로 날마다 변하여 점점 그의 완전하심에 가까이 나아가는 자가 되어야 한다.

4) 열매 없는 크리스천과 열매맺는 크리스천(1 : 8—9)

5~7절에서 언급된 덕목들이 우리의 것이 되고 풍성하게 되면 자연히 활기가 생기고 열매를 맺게 되어 우리 주님 예수 그리스도를 바로 인식하는 데 이르른다. 반대로 그런 덕을 못 가진 자들은 근시안을 가지고 눈이 어두워서 사물을 바로 보지 못하며, 예수 그리스도를 통하

여 과거의 모든 죄가 사해졌다는 사실을 잊어버리고 산다는 것이다. 그리스도인이 영의 눈, 도덕의 등불이 어두워질 때 예수 그리스도의 존재와 그의 사역과 효능을 잊어버리게 된다.

5) 값 있는 우리의 종국(1 : 10－11)

그리스도인들은 하나님께서 불러 주시고 선택해 주셨다는 사실을 더욱 확신하도록 노력해야 하고, 결코 흔들리거나 넘어지는 일이 없도록 해야 한다. 왜냐하면 그래야만 우리 주님이시며 구주이신 예수 그리스도의 영원한 왕국으로 들어가는 일에 문제가 없고 보장될 것이기 때문이다.

6) 진리를 기억하라(1 : 12－15)

베드로는 지금 주님의 계시를 통하여 자신의 사망의 시기가 다가온 것을 알고 있다. 그러므로 죽음을 앞에 두고 유언하는 심정으로 독자들에게 말한다. 이미 예수를 믿고 그 진리를 알고 붙들고 있을 줄 알지만, 그것을 다시 회상시키기를 원하고 있으며, 죽기 전에 그 진리를 회상시켜 정신을 차리게 하는 것이 옳다고 생각한다는 것이다. 그리고 자기가 죽은 다음에 어느 때라도 독자들이 그 진리를 회상할 수 있게 되기를 위해서 힘쓰겠다는 것이다. 베드로는 이렇게 노파심을 가지고 신도들이 바른 진리를 가지고 살게 하려고 계속 노력하고 있다는 사실을 보여 주고 있다.

7) 사도적 목격자에 의한 입증(1 : 16－18)

베드로가 주 예수 그리스도의 능력과 또 그의 재림을 알릴 때 어떤 궤변적이고 꾸며낸 신화를 따라서 한 것이 결코 아니고, 그 위대하신 분의 목격자로서 사실을 전한 것이다. 예수께서 변화 산에서 변모하셨을 때 "이는 내 사랑하는 아들이요, 내가 그를 기뻐한다."고 하는 지극히 영광스러우신 분의 음성이 하늘로부터 그에게 들려왔을 때 거기에 같이 있던 제자들이 그 음성을 들었다. 그러므로 그리스도의 진리는 사람들이 마구 꾸며낸 이야기가 아니고, 목격자들이 증명할 수 있는 일로서 거짓된 것이나 의심할 만한 것이 아니다.

8) 예언적 성경말씀에 의한 입증(1 : 19—21)

그리스도에 대해서는 구약의 예언의 말씀이 확증을 주고 있는바, 구약성경을 자세히 읽고 귀를 기울이면 어둠에 빛을 비쳐 주는 등불처럼 길을 밝혀 준다. 결국 구약성경은 태양이 떠오르고 샛별이 떠올라 어둠을 밝혀 주는 것처럼 인생을 환하게 밝혀 주는 그리스도의 내림을 예비하고 예언하는 것이어서, 그것을 바로 연구하는 것이 필요하다. 그러므로 먼저 알아 두어야 할 것은 구약성경, 특히 예언의 말씀을 아무렇게나 자기 기분대로 해석해서는 안 된다는 사실이다. 하나님의 영감을 받은 사람들이 성령의 감동을 받아서 말한 것이기 때문에 사람들의 뜻대로 예언이 주어진 것이 아니라는 것을 알아야 하고, 특히 예수 그리스도를 내다보면서 그를 예언했고, 그에 대해서 예언한 것이기에 억지로 제멋대로 해석해서는 안 된다는 것이다. 예수께서 부활 후에 제자들에게 하신 말씀 중 "모세의 율법과 선지자의 글과 시편에 나를 가리켜 기록된 모든 것이 이루어져야 하리라."(눅 24 : 44) 하신 말씀으로 미루어 보더라도 구약의 예언이 그리스도 자신을 입증하고 있다는 것이 사실이다.

2. 거짓 교사들을 조심하라.

1) 거짓 교사들을 조심하라(2 : 1—3).

과거 이스라엘 백성 가운데도 거짓 예언자들이 있었고, 교회가 생긴 후에 교회 안에도 언제나 거짓 예언자들이 활동하였다. 베드로 후서를 쓰게 된 동기가 바로 여기에 있다. 거짓 교사들이 나타나고 있으며, 계속 나타날 것이기 때문에 그들을 막고 교회를 거기서 건지려는 것이다. 거짓 교사들이 하는 일은 우선 파괴적인 이단설들을 몰래 선전한다. 즉 기독교의 정통적 교리나 교훈과는 배치되는 거짓된 교훈을 암암리에 가르쳐 결국 사람을 멸망에로 이끈다.

특기할 만한 것은 그들은 우리를 자신의 귀한 피값으로 사셔서 구원해 주신 주 예수 그리스도를 부정하고, 따라서 자신들에게 조속한 멸망을 초래하는 자들이다. 또한 그들은 방종한 생활을 하고 그런 생활을 장려하기 때문에 많은 사람들이 추종한다. 그들은 경건하고 옳게 살기를 요구하는 기독교 진리를 비난한다. 그뿐 아니라 탐심을 가지고 감언이설로 성도를 꾀고 속인다. 그런 사람들은 옛날부터 심판을 받게 마련이었고, 그들의 멸망은 이미 정해 놓은 것이다.

2) 심판과 구원의 세 가지 실례(2 : 4－10a)

(1) 하나님께서는 천사들이 범죄했을 때 가차없이 벌하셨다. 그들을 심판 때까지 지옥에 가두어 거기에 갇혀 있게 하셨다. 저자는 유대교의 하가다(Haggadah)와 외경문학에 나오는 이야기를 알고 있었던 모양이다. 그러나 유다서에서처럼 직접 인용하지는 않았다.

(2) 노아의 경우인바, 과거 노아시대의 인간들이 범죄했을 때, 그들을 가차없이 처단하시고, 오직 의의 선포자였던 노아의 여덟 식구만 보전하시고는 그 불경건한 세상을 홍수로 전부 전멸하셨다.

(3) 소돔과 고모라 성이 범죄했을 때 그것들을 완전히 불살라 패망하는 심판을 내리셨다. 그리하여 불경건한 자들이 받을 심판의 본보기가 되게 하셨다. 반면에 방탕하고 무법한 자들에게 고통당하던 롯은 그 악한 자들 가운데서 사는 동안 밤낮 그 악한 것을 듣고, 보면서 그 의로운 마음 속에 굉장한 고통을 겪었지만, 하나님께서 그를 건져 주셨다.

이상의 세 가지 실례를 통해 볼 때, 주님은 경건한 자들은 시련 속에서 건져 주시고 불의한 자들은 심판의 날까지 벌을 받도록 하는 방법을 알고 계신다는 것이 확실하다. 특히 육욕을 가지고 더러운 행실을 일삼고 주님의 권위를 무시하는 자들, 다시 말해서 성적으로 방종하고 그리스도의 주권과 권위를 부인하는 이단적인 인간들을 하나님께서는 틀림없이 벌하시고 심판하신다는 것이다.

3) 거짓 교사들의 오만(2 : 10b－11)

거짓 교사들은 도도하고 건방지고 영광스러운 존재를 모독하면서도 무서워할 줄을 모른다. 그러나 천사들을 보라. 그들은 힘과 능력이 사람들보다 월등하지만 주님 앞에서 영광된 자들에게 모욕적인 판단을 내리지 않는다(유다서 9절에는 '모세의 승천'이라는 위경을 직접 인용하지만, 여기서는 그것을 피하였다.). 결국 여기에 나타난 거짓 교사들은 안하무인 격이요, 파렴치한 자들이다.

4) 거짓 교사들의 방자함, 정욕, 탐심(2 : 12-16)

거짓 교사들은 마치 잡혀서 죽을 짐승의 운명과 같아서 결국 파멸에 이르게 되어 있는바 소, 말, 양, 염소들이 짖듯이 하나도 알지 못하면서 지껄이며 욕을 하고 있지만 결국 멸망하게 될 것이다. 남을 욕하고 손해를 준 만큼 그 대가를 받아 욕을 먹게 된다. 그들은 대낮에 먹고 마시고 홍청대기를 즐기며, 같이 먹고 마시는 중에 그들 속에는 속임수가 있고 따라서 옥의 티처럼 남들에게 거리낌이 되고 기분을 상하게 만드는 방해꾼 노릇을 한다. 그들은 언제나 음탕한 생각에 차 있으며, 쉬지 않고 죄를 짓고 있으며, 연약한 마음을 가진 사람을 유혹하여 범죄케 하고, 탐욕을 부리는 데 잘 훈련되어 있는 저주받은 존재이다. 올바른 길을 버리고 미로를 헤매일 뿐 아니라 브올의 아들 발람처럼 불의한 삯을 탐하여 그릇된 길을 따르고 있다(민 22 : 7, 유 11). 발람은 결국 그의 불의로 인해서 책망을 들었고, 말 못하는 짐승, 즉 나귀의 입을 통하여 미친 짓을 하는 그 예언자의 발걸음을 멈추게 했던 것이다(민 22 : 28).

5) 거짓 교사들의 공허함(2 : 17-22)

거짓 교사들이 교만하고 건방져서 모든 것을 아는 것 같고 훌륭해 보이지만 실은 물 없는 샘과 같고, 거센 바람에 밀려가 사라지는 안개와 같아서 실속은 아무것도 없다. 결국 그들은 어둡고 침침한 지옥에 갇히게 될 운명을 가지고 있다. 그들은 실속 없는 과장된 말을 하고 육적인 방종의 욕심을 일으켜서 사람들을 꾀어내고, 미혹된 길을 가던 사람들을 간신히 피하여 바른 길에 들어선 사람들을 다시금 죄악으로 이끌어들인다. 그리고는 그들에게 자유를 약속하지만, 실은 그들 자신이 썩어짐의 종 노릇을 하고 있다. 결국 거짓 교사들은 자기들의 교훈으로 남을 자유롭게 한다고 하지만, 실은 그들의 거짓된 교훈 때문에 남을 망치고 자기도 그 거짓과 멸망의 종이 되어 있다는 말이다. 결국 그들은 우리 주님 곧 구주 되시는 예수 그리스도를 알고 세상의 더러움을 피하였는데, 다시금 그것에 얽히고 정복을 당하였으니, 처음보다 더 악한 자가 된 셈이다. 의의 길을 알았다가 그 거룩한 계명을 버리고 등을 돌리는 것보다는 차라리 그 의의 길을 알지 못했던 것이 좋았을 뻔했다. 개가 자기의 토한 것을 먹고, 돼지가 몸을 씻고는 다시 진흙에 뒹구는 격으로 거짓 교사들의 종국은 허무하고 무의미하다.

3. 예수의 재림에 대한 교훈

1) 편지로 목적을 되풀이함(3 : 1—2)

베드로는 이렇게 두 번에 걸쳐 편지를 쓰면서 목적하는 바가 무엇인가를 밝힌다. 즉 독자들의 순수하고 참된 이해를 조장하려는 것인데, 거룩한 예언자들이 옛날에 이미 말한 것과 사도들을 통해서 전해진, 즉 예수의 계명을 기억하게 함으로써 바른 이해를 다시금 도와 주려는 것이다. 즉 이단사설을 막고, 거짓 교사들의 가르침을 배격하여 순수한 기독교를 유지하기 위해서는, 무엇보다도 성경에서 주신 예언자들의 교훈과 사도들이 전해 주는 정통적 교훈을 바로 알아서 그 표준에 비춰 보며 분간해야 하는 것이다.

2) 예수 재림을 비웃는 자들의 조롱(3 : 3—4)

특히 이 시대 이 지방의 거짓 교사들의 가르침 중 특기할 만한 것은 세상 정욕에 이끌려 살면서 그리스도의 재림을 부정하고 코웃음치는 자들이 나타나고 있는 것이었다. "도대체 예수 재림에 대한 약속이 어디에 있단 말인가? 조상들이 잠들어 묻힌 이래, 태초부터 만물이 그냥 그대로 있는 것이지, 재림이 어떻게 가능하다는 말인가?" 하면서 재림을 믿지 않는 자들이 있다. 그래서 문제가 되고 있는 것이었다. 초대교회는 임박한 재림을 고대하는 교회였지만 주후 70년 유대전쟁이 끝나도록 재림이 이루어지지 않자, 재림을 의심하는 사람들이 생기기 시작하였던 것이다.

3) 역사적 논박(3 : 5—7)

헬라적 사고에서는 역사가 끝없이 진행되고 혹은 반복되는 것으로 보이지만, 그리고 거짓 교사들이 헬라적 사고에 젖어서 모든 것은 옛날이나 오늘이나 같고, 따라서 죽었던 예수가 재림한다는 것은 있을 수 없는 일이라고 주장하고 있지만 그러나 그것은 사실을 왜곡하는 일로서 역사는 결코 정체상태에 있는 것이 아니라는 사실을 모르고 하는 말이다. 즉 옛날에 하늘이 있었고, 땅이 하나님의 말씀에 의해서 물에서부터 형성되었다. 그리고 옛날에 있던 세상은 물로 말미암아 파멸되었다. 지금은 하늘과 땅이 하나님의 그 동일한 말씀에 의해서 보전되어 있지만, 불경건한 자들이 심판을 받고 멸망하게 될 그 날까지 보전되다가 결국은 불에 타게 될 것이다. 이렇게 역사는 변하고 진전되는 것이고 종국을 향해서 나아가고 있는 것이다. 결코 제자리 걸음을 하는 것이 아니다.

4) 성경적 논박(3:8)

시편 90 : 4에 나타난 말씀대로 하나님에게는 하루가 천 년같고 천 년이 하루같기에 며칠이나 몇 달이나 몇 년을 기다리고 예수가 재림하지 않는다고 포기하거나, 낙심하거나 재림이 없다는 망발을 해서는 안 된다는 말이다. 하나님의 시간과 인간의 시간의 단위와 개념이 다를 수 있고, 따라서 하나님의 계획에 따라 시간을 정하신 것이니, 인간의 척도로 그 시간을 재어도 소용이 없다.

5) 신론적 논박(3:9)

사람의 생각에는 하나님이 너무도 더디고 약속을 이루시는 일을 너무 느리게 하신다고 느낄지 모르지만, 하나님은 성격상 그의 피조물인 인간 중 그 누구도 멸망받는 것을 원치 않으시고 가급적 다 회개하게 되기를 원하시기 때문에 오래 참고 계시는 것이며, 따라서 더딘 것으로 보일 수밖에 없다. 그렇다고 재림이 없다는 말은 아니라는 말이다.

6) **기독론적(그리스도의 약속에 의한) 논박**(3:10)

주님은 세상에 계실 때부터 재림을 약속하셨고, 도둑처럼 알지 못하는 때에 다시 오실 것을 말씀하셨다(마 24:43, 눅 12:39-40). 그리스도의 약속이 거짓일 수 없다. 진리이신 그리스도의 약속이 헛될 리가 없다. 알지 못하는 시간에 도적처럼 갑자기 오실 것이다. 그 날에는 하늘이 큰 소리를 내며 사라지고, 천체가 불타서 와해될 것이며 땅과 그 안에 있는 업적들이 남아나지 않을 것이다.

7) **예수 재림의 윤리적 의의**(3 : 11-14)

예수 재림의 날에 하늘이 불타서 없어지고 천체가 다 불타서 녹아질 것이니 거룩한 행실과 경건한 삶을 가져야 할 것이 아닌가! 그러나 우리는 그의 약속대로 새 하늘과 새 땅을 기다려야 하겠고, 그 속에는 의만이 깃드는 곳이기에 거기에 합당한 거룩한 삶, 경건한 삶을 예비해야만 하겠다. 거기서 하나님 앞에 티가 없고 흠이 없는 평화로운 자로 발견되도록 힘써야만 하겠다. 우리의 힘으로는 흠이나 티를 없앨 수 없고 하나님과의 평화의 관계를 가질 수도 없다. 하나님의 사랑과 은혜만이 그것을 가능케 한다. 어린양 예수의 희생의 피만이 그것을 가능케 한다.

8) **베드로가 바울의 말을 인용하여 자기 주장을 지지함**(3 : 15-16)

재림과 하나님의 심판을 기다리는 그리스도인으로서 할 일은 흠과 티가 없는 자로서 하나님의 앞에서 평강을 가질 수 있도록 노력하라고 했지만, 그것은 자력으로 되는 것이 결코 아니고, 즉 하나님의 오래 참으심(그의 자비, 그의 사랑, 그의 은총) 때문에 구원이 주어지는 것이라는 사실을 기억해야 한다. 바울의 글에 나타난 사랑이 바로 그것인바, 구원은 하나님의 은총으로 거저 주시는 것이라는 주장은 베드로의 생각과 일치한다는 것이다. 그러나 바울의 글이 심오하고 때로는 난해해서, 무식한 자들이 또는 신앙의 뿌리가 깊지 못한 자들이 그것을 억지로 풀다가 멸망에 이르게 되는 일도 있다고 경고한다. 예컨대 믿음을 강조하는 대목을 잘못 읽고, 행위를 전혀 무시한 것으로 오해한다면 결국 미혹된 길로 나갈 것이 확실하다.

4. 결론(3 : 17－18)

끝으로 베드로는 경고와 권면의 말씀을 덧붙인다. 거짓 교사들의 무법하고 빗나간 행동에 휩쓸리지 말고 지금까지 붙잡고 왔던 굳은 신념과 생활을 버리는 일이 없도록 조심하라는 것이며, 즉 하나님과 구주 예수 그리스도께로부터 오는 은총과 그들을 아는 지식이 점점 성장하도록 하라는 것이다.

거짓 교사들은 자기들의 세상적 지식과 자기들의 슬기를 내세우고 있지만 베드로가 말하는 것은 성부, 성자로부터 오는 은총을 통해서, 그리고 그 안에서 얻는 참된 신령한 지식을 통해서만 승리하고 신천신지의 백성이 될 수 있다는 것이다.

□ *토의문제*

1. 베드로 후서와 유다서가 그 내용에 있어서 서로 닮은 점을 비교해 보자.
2. 베드로 후서에 나타난 거짓 교사들의 주장이 무엇인지 살펴보고, 우리 현대인의 상황에 비추어 그 예들을 찾아보자.
3. 베드로는 거짓 교사들을 대항하기 위해서 무엇을 어떻게 하라고 가르치고 있는가?
4. 오늘의 이단과 우리 주변의 거짓 교사들을 열거하고 그 대책을 논의해 보자.

□ 참고도서

J. N. D. Kelly, *A Commentary on the Epistles of Peter and of Jude*, New York & Evanston : Harper & Row, Publishers, 1969.

Michael Green, *The Second Epistle General of Peter and the General Epistle of Jude*, Grand Rapids : Wm. B. Eerdmans Publishing Commpany, 1968, 1984.

A. E. Barnett and E. G. Homrighussen, *The Second Epistle of Peter and the Epistle of Jude*(Interpreters Bible, London, 1957).

요한 서신

요한 일서는 일반적으로 서신이라고는 하지만 서신형식을 전혀 갖추고 있지 않기 때문에 엄격한 의미에서는 서신이라 하기 어렵고, 오히려 신학적 노선이나 선교라고 불러야 할 소책자이다. 발신인, 수신인, 인사 등이 전혀 없어서 누가 누구에게 쓴 서신인지를 알 수 없다. 반면에 요한 이서와 삼서는 '장로'라는 이름을 가지고 발신인을 밝히고 수신인도 나타나 있다. 또 개인적 인사가 첨가되어 있어서 서신으로서의 변모를 갖추고 있다. 이 세 서신이 요한의 글이라는 증거가 없으면서도, 교회 전통은 요한복음과 계시록까지 합하여 다같이 세베대의 아들 요한의 글로 알아 왔다.

그러나 학자들의 연구에 의하면 우선 요한 계시록은 그 내용, 사상, 문장, 어휘 등에 있어서 다른 요한 문서들과 너무도 차이가 있어서 같은 부류에 속하기 어렵다고 보는 경향이 강하다. 나머지 네 책(요한복음, 요한 1, 2, 3서)은 서로 다른 점도 있지만 닮은 점도 많기 때문에, 한 사람의 글이 아니라면 몇 사람의 공동저술이 아니겠느냐 하는 의견에 접근하고 있다. 요한복음 하나만 보더라도 21 : 24에 "이 일을 증거하고 이 일을 기록한 제자가 이 사람이라."고 함으로써 원저자가 있는 것을 나타내고, 그 위에 이어서 "우리는 그의 증거가 참인 줄 아노라."고 하면서 그 원래의 글을 받아서 첨가하며 뒷받침하고 있다는 것을 볼 수 있어서 순전히 한 사람의 글만은 아니라는 것을 보여 주는 것이다. 그리고 요한서신과 요한복음을 비교하더라도 신학적으로 여러 가지 차이가 나타나기 때문에 같은 그룹의 사람, 즉 요한과 그의 제자, 또는 동료가 하나의 단체를 이루어 그 작업을 한 것이 아닐까 하는 생각도 한다.

I. 서 론

기독교가 생겨나서 복음이 사방으로 퍼져 나갈 때 예수 그리스도에 대한 이해와 기독교 신앙에 대한 해석이 점점 더 발달하고 조직화할 뿐 아니라, 반면에 오해하고 곡해하는 일도 생기게 마련이었다. 특히 이방사회로 기독교가 퍼져 나갈 때 자연히 이방사회가 가지고 있던 전통적인 세계관, 인생관, 사고방식에 의해서 기독교를 해석하면서 기독교 진리를 파괴하는 경우도 생겼고, 또 가감하여 기독교의 순수성을 흐리게 하는 경우도 있었던 것이다. 요한 서신이 기록될 수밖에 없었던 것도 1세기 말경의 소아시아 지방 교회 안에 이상한 사상과 생활풍조가 일어나 전통적 신앙을 뒤흔들고 교회에 많은 물의를 일으키고 손해를 끼치는 일이 생겨났기 때문이다.

그러므로 저자(들)는 변증적 입장에서, 그리고 목회적 입장에서 기독교의 전통적 진리를 규명해 주어 신도들로 하여금 올바른 신앙을 가지고 참된 삶을 살아가게 해야 하겠다는 책임의식을 가지고 이 서신들을 쓰기에 이르렀다. 구체적으로 말한다면 교회 안에 있는 신도들 중에서 그럴듯한 철학적, 윤리적 이단 사상에 물들어 그 사상을 반대하는 보수적 전통파와 대립되었고, 마침내 갈려 나가는 일이 생겼다(2:19). 그들의 사상이나 행동이 정확히 어떠했는지는 말하기 어렵지만, 요한 서신에 반영된 것으로 미루어 몇 가지 그 특색을 말할 수 있다.

(1) 그들은 예수님에 대한 인식이 전통적인 것에서 벗어나 있었다. 하나님 아버지를 믿으면서도 그의 아들에 대해서는 그 인성을 인정하

려 하지 않았다(예수가 세례받을 때 그리스도〈영〉가 예수에게 임했지만 예수가 죽으시기 직전에 그리스도는 그에게서 떠나갔다고 보는 케린투스〈Cerinthus〉 등 영지주의적 헬라 사상 때문에 예수의 신성만 인정하였다) 이원론적인 헬라철학의 영향으로 선한 영의 세계와 악한 물질세계를 대립적으로 관찰하며 악한 물질을 만든 하나님은 선한 신(神)일 수 없다고 단정한다. 그리스도는 최고의 선신(善神)에서부터 파송되었던 분으로서 결코 악한 물질인 육신이 될 수 없다는 것이다. 그러니까 그리스도는 영이시고, 단지 사람처럼 보였을 뿐 사람은 아니었다는 소위 '가현설'(docetism)이 돌아다녔다. 그런 이단적 사상 때문에 전통적 기독론이 흔들리는 처지가 되었던 것이다.

(2) 그들은 주관주의적 영파였던 것 같다. 즉 자기들은 영을 받았다는 것이다. 그래서 죄가 없다는 것이며, 옳은 일만 하기 때문에 구태여 예수를 필요로 하지 않는다는 것이다. 즉 그들은 영으로 기름부음을 받았기 때문에 그들이야말로 그리스도인이라는 것이다(기름부음을 받는다는 말의 원어가 χρίω 이고, 기름부음을 받았다는 형용사가 χριστός 즉 그리스도이기 때문에, 그들은 성령의 기름부음을 받았으니 이제 그들이 기름부음을 받은 그리스도인이라는 이론이 생긴다). 세례를 인정하지만 예수로 말미암은 속죄 같은 것은 필요가 없다고 느낀다. 세례받고 성령의 기름부음을 받으면 그만이라는 것이다.

(3) 그들은 하나님께로부터 나서 하나님의 씨를 가지고 있는 자로서 세상을 구원할 능력이 있다고 자부한다. 거의 방종에 흐르고 쾌락주의로 나갔다(영지주의 등 이원론적 헬라 사상은 스토익적 금욕주의로 흐르든가, 에피큐리안적 방종으로 흐를 수밖에 없다. 즉 육체는 죄악스러운 것이고 무가치한 것이니까 그것은 방치해도 무방하다는 것이다). 세상에 죄가 가득하고 더러우니까 그것을 삼가하고 멀리하여 죄 없는 깨끗한 사람이 되어야 할 것인데, 갈려 나간 자들은 세상으로 돌아가서 그들과 짝하는 자들이었다.

이와 같이 기독교의 전통적 교리나 윤리에 역행하는 사람들이 나타나 교회를 좀먹고 있을 때, 그 시대 교회를 돌보아야 하는 책임을 진 저자는 좌시만 할 수가 없었던 것이다. 그래서 암처럼 퍼져 가는 악한 사상을 반박하고, 거기에 영향을 받는 신도들을 각성시켜 다시금 옛 전통에로 되돌려 올바른 신앙에 서게 하려는 목적에서 붓을 든 것이다.

그러면 우리는 대략 위와 같은 배경과 상황을 염두에 두고 저자가 어떤 교훈을 주는지를 찾아보아야 할 것이다. 명쾌한 조직을 가지고 조목조목 설명해 나간 것이 아니고 여러 말을 반복하고 되씹으면서 나간 것이어서, 중요한 것들을 요령 있게 찾아보아야 할 것이다.

Ⅱ. 내용 분해

우선 내용을 대략 아래와 같이 구분해 볼 수 있을 것이다.

1. 서론—생명의 말씀(1 : 1—4)
2. 빛 안에서의 삶(1 : 5—2 : 2)
3. 하나님의 계명을 지킴(2 : 3—11)
4. 신자의 새로운 신분과 세상과의 관계(2 : 12—17)
5. 적그리스도에 관한 경고(2 : 18—27)
6. 하나님의 자녀의 소망(2 : 28—3 : 3)
7. 하나님의 자녀의 무죄성(3 : 4—10)
8. 그리스도인의 표가 되는 형제애(3 : 11—18)
9. 확신과 복종(3 : 19—24)
10. 진리의 영과 거짓의 영(4 : 1—6)
11. 하나님의 사랑과 우리의 사랑(4 : 7—12)
12. 신앙과 그리스도의 사랑(4 : 13—5 : 4)
13. 참된 신앙(5 : 5—12)
14. 그리스인의 확신(5 : 13—21)

Ⅲ. 내용 해설

1. 서론—생명의 말씀(1 : 1—4)

철학을 좋아하는 헬라인들과 그들의 영향 하에 있던 1세기 말 소아시아 지방의 신도들, 특히 자유스러운 사상을 가지고 전통을 벗어나 갈려 나간 사람들에게 있어서 '생명의 말씀'(ὁ λόγος τῆς ζωῆς)이라는 극히 철학적인 표현은 매우 매력적이고 호기심을 자아내는 것이었다. 요한복음 1:1 이하에 나오는 어휘와 똑같은 것들로서 거의 같은 분위기와 상황에서 쓴 글들이라는 판단을 내리게 한다.

그 당시 사람들은 '생명의 말씀'이란 말을 볼 때 얼핏 자기들이 가지고 있던 재래적인 철학적 개념을 가지고 매우 추상적인 생각을 했을 것이다. 그러나 저자는 "우리가 들은 바요, 눈으로 본 바요, 주목하고 손으로 만진 바라."는 말을 함으로써 추상적인 사고를 깨버리고 구체적으로 오관으로 감지할 수 있었던 실제적 사실과 인물이었던 존재에로 눈을 돌릴 수밖에 없도록 한다. 즉 예수는 추상이나 이론이 아니고 실제로 듣고, 보고, 만지고 할 수 있었던 역사적 존재라고 못박아 놓는다. 예수와 그리스도를 분리하여 따로 보고, 예수가 하나님의 아들이 아니었다고 말하는 사람들에게 첫마디에서부터 일침을 놓는다. 나 혼자서도 아니고 우리라는 복수를 씀으로써 그 말씀이 육신을 입었던 사실은 많은 사람이 목격했고, 확실성과 자신을 가지고 입증할 수 있는 사건임을 강조하고 있다.

하나님과 같이 계시다가 성육신하셔서 세상에 나타나신 그 분은 '영원한 생명'이신데, 그를 전파하는 목적은 생명이신 그 분 안에서 다같이(즉 너희와 우리가) 사귐을 가지게 되기 위함이라는 것이다. 우리만 생명에 참여할 것이 아니고 또 너희만 그럴 것이 아니고, 다같이 그 영생에 동참하는 자들이 되어 과거에 알알이 흩어졌던 인간들이 서로 연결되고 교제를 가지는 원상에로 회복하려는 것이다.

그러나 저자는 여기서 다시 강조하는 것이 있다. '우리의 사귐'이라는 말에서 '우리'라는 소유형용사를 붙여서 강하게 말하려는 것은 너희가 보통 말하는, 아니 잘못 말하는 사귐과는 차이가 있다는 사실을 지적하려는 것이다. 즉 반동자들은 자기들이 하나님과 사귐을 가진다고 자부하는데, 그런 사귐은 사실 불가능한 것이고, 그의 아들되시는 예수 그리스도를 통해서 이루어지는 사귐, 즉 하나님과 우리와 예수 그리스도의 사귐, 삼자의 사귐이 참 사귐이고 가능한 사귐이라는 말이다. 반대자들은 그리스도만 믿고 예수를 믿지 않는 자들이었다.

그러나 하나님의 아들이 인간 예수가 되어 우리 죄를 위하여 피흘려 죽으신 일이 없이는 우리가 하나님께로 나갈 수 없기 때문에 인간 예수가 되셨던 그 그리스도가 없이는 하나님과의 사귐이 있을 수 없는데, 반대자들이 인간이 된 적이 없는 그리스도만 믿어도 하나님과 사귐을 가질 수 있다는 말은 허황하고 진실이 아니다. 저자는 간절한 마음으로 권면하면서 독자들과 또 갈려 나간 반대자들이 다 이 진리를 알게 되어 참으로 하나님과의 사귐을 가지게 되고 영생을 누리게 되면 그 이상 기쁨이 없겠다고 말한다(4절).

2. 빛 안에서의 삶(1：5—2：2)

예수님이 살아 계실 때 그에게서 직접 들었고, 또 들은 대로 자신 있게 전하는 소식이라고 하면서 하는 말은 "하나님은 빛이시라, 그에게는 어두움이 조금도 없으시니라"는 것이다(1：5). 그런데 만일 우리가 그 빛이신 하나님과 사귐을 가진다고 말하면서 어둠 가운데서 산다면, 거짓말을 하는 것이 아니고 무엇이겠는가? 빛 앞에 어두움은 그냥 있을 수 없다. 어두운 방에 불을 켜면 어두움이 몰려나간다. 빛이신 하나님은 어두움을 미워하고 몰아낼 뿐 아니라, 우리가 원래 어두움에 속해 있었더라도 빛되신 하나님 앞에 나가려면 우리 자신도 빛이어야만 하는 것이다.

본래 어두움의 자식들이었던 우리가 어떻게 빛이 될 수 있는가가 문제이다. 물론 그것은 하나님의 은총이고 하나님 편에서 그렇게 해주시는 것이어서, 우리가 빛이신 하나님 앞에 서고 그와 더불어 사귐을 가지게 되는 영광을 가질 때 어리둥절하고 놀랄 뿐이지만, 실상 하나님께서 하신 일은 그의 아들을 세상에 보내셔서 혈육을 가진 인간이 되게 하셨고, 마침내 그가 죽으셔서 피를 흘림으로써 우리의 모든 죄를 깨끗하게 해주셨기 때문에 우리가 빛의 아들이 되었고, 따라서 하나님과 사귐을 가질 수 있는 것이다(1：7). 그런데 반대자들은 자기들도 하나님과 사귐을 가진다고 말하면서 예수를 부인하고 그의 피로 죄씻음을 받아야 한다는 것을 부인하고 있으니, 빛되신 하나님께서 어두움을 용납한다는 모순을 말하는 것밖에 되지 않는다.

혹시 어떤 사람이 "나는 죄가 없다"고 말한다면, 그것이 어찌 진실한 말이겠는가. 스스로 속이고 있는 데 불과하다(8). 우리의 마땅한 태도는 빛되신 하나님 앞에 나가 적나라하게 자신의 죄를 고백해야 하는 것이다. 하나님은 당신께 나오는 자를 물리치지 않겠다고 약속하셨고, 또 인자하시고 자비롭고 의로우신 분이라, 죄를 고백하는 자를 용서해 주시고 모든 악과 불의와 죄를 깨끗하게 씻어 빛의 아들로 삼아 주신다. 나는 죄를 진 적이 없다는 허황한 말을 해서는 안 된다. 그것은 또한 하나님을 거짓말쟁이로 만드는 일이 된다. 하나님께서 확실히 예언자들을 통하여 인간은 죄인이라는 것을 누누히 선언하셨기 때문이다. "나는 죄가 없다"는 말은 결국 하나님의 말씀을 믿지 못하고 깨닫지 못해서 하는 말이다(1 : 10).

저자가 독자들에게 간청하는 것은 죄를 짓지 말라는 것이다. 죄는 어두움이고, 빛의 하나님께 나가지 못하게 하는 제일 원인이기 때문이다. 그러나 인간이 약해서 죄를 이미 지었고 지금도 짓고 있는 것을 어쩔 것이냐고 반문할 것이다. 저자는 또 대답한다. 다행히도 그 빛이신 하나님과 죄 있는 우리 인간 사이에 대언자(변호인, 요한복음에서는 보혜사라고 번역되어 성령을 가리킨 단어 παράκλητος 가 여기에 사용되었다.)이신 예수 그리스도가 계시기 때문에 문제 없다는 것이다.

반대자들은 육을 입으셨던 예수 그리스도가 필요 없다고 하지만, 정통적 사상에 있어서는 예수가 되신 하나님의 아들이 우리 죄 대신 죽으신 희생제사로 인해서 의를 이루셨고, 따라서 하나님 앞에서 우리 죄인들을 변호해 주시기 때문에 우리는 하나님 앞에 설 수 있다는 것을 믿는다(2 : 1). 예수는 결국 우리 인간의 죄 때문에 드린 화목제물로서, 예수를 보시는 하나님께서는 죄인된 우리에 대한 진노를 거두시고 우리가 당신께 나가는 것을 환영하시고 빛 가운데서의 사귐을 허용하신다. 예수는 믿는 몇몇 사람만을 위해서 죽으신 것이 아니고 세상 전체를 위해서 죽으셨으니, 그로 말미암아 죄사함을 받는 데는 제한이 없다. 누구나 그에게 나가 그를 믿고 죄를 고백하면 되는 것이다. 그러므로 반대하고 갈려 나간 자들도, 아니 그 밖의 모두에게 돌아오라는 초대를 하는 말도 될 것이다(2 : 2).

3. 하나님의 계명을 지키는 일(2 : 3—11)

반대자들이 흔히 하는 말이 "우리는 하나님을 알고 있다"는 것이다. 소위 영지주의적 경향을 가진 자들이 최고 신(神)에게 도달하기 위해서 위로부터 온 신령한 지식(γνῶσις)을 받아야 한다고 주장한다. 철학적으로, 지식적으로 하나님을 알고 하나님에 관한 것을 알면 구원을 얻는다고 한다. 그러나 저자는 그렇게 아는 것은 아는 것이 아니고, 하나님의 계명을 지키는 것이 바로 하나님을 아는 것이라고 가르친다. 헬라인들은 하나님을 관념적으로 생각하고 그가 존재한다든가, 그는 우주의 원리라든가 하는 식으로는 생각하지만, 히브리인들처럼 그가 인격을 가지신 분으로서 윤리적 하나님, 계약의 하나님이시라는 것을 깨닫지 못하고 있다. 그리고 하나님을 안다고 할 때, 단지 하나님을 객관으로 삼아서 그에 대해서 조사하고 분석하고 따져서 어떤 지식을 가졌으면, 그것으로 하나님을 안다고 한 것이다.

그러나 히브리인들에게 있어서 하나님을 안다는 것은 하나님과 사귀는 중에 그를 체험해서 아는 것을 의미한다. 진정 하나님을 체험하고 사귀는 사람이라면, 하나님은 무법의 하나님이 아니시고 법의 하나님이시라는 것, 하나님은 사랑이셔서 사랑을 요구하시는 분이시라는 것을 알게 될 것이다. 따라서 하나님의 마음과 뜻을 알아서 그대로 행하게 될 것이다. 그런데 만일 누가 "나는 하나님을 안다."고 말하면서 하나님의 계명을 지키지 않는다면, 반대자들처럼 관념적으로, 주관적으로 하나님에 대한 지식을 얼마 만큼 가졌는지 모르지만 사실은 하나님을 직접 만나고 체험하는 사귐이 없는 것이 분명하다. 진정 하나님을 만나고 사귐을 가진 자라면 하나님은 우리에게도 사랑을 베푸실 뿐 아니라 우리에게 사랑을 요구하시는 분이심도 실감하기 때문에 그 계명을 지킬 수밖에 없는 것이다. 그러므로 하나님을 안다 하면서 그의 계명을 지키지 않는 것은 진실이 없는 말을 하는 자에 불과하다(2 : 4).

하나님은 목석처럼 그냥 존재하시는 것이 아니라 인간에게 말씀하시며 필요한 것을 명하시고 행동을 요구하신다. 사람이 마땅히 되어야 하고 해야 할 것을 가르치고 말씀해 주시는 하나님이시다. 그러므로 인간측에서는 하나님의 말씀을 들을 뿐 아니라 그것을 실천해야 한다. 그렇게 하면 만사가 해결되는 것이다. 하나님은 사랑이시기 때문에 인간을 불쌍히 여기시고 인간의 행복을 위해서 이러저러한 말씀을 해주시는 것이다. 하나님 편에서의 사랑의 조치를 그렇게 취하셨으니까 이제 남은 문제는 인간이 그 말씀을 지키는 일이다. 인간이 할 일은 하나님의 말씀을 지키는 일이다. "믿으라" 하면 믿고, "사랑하라" 하면 사랑하는 것이다. 이렇게만 되면 만사가 해결되며, 하나님의 사랑의 조치가 완성에 도달하게 되는 것이다(5절). 인간이 하나님의 말씀과 계명을 지키는 단계에 도달하여 하나님의 사랑이 완성되면, 그것은 곧 우리가 하나님 안에서 산다는 것을 의미한다. 그렇게 하나님 안에서 살게 될 때 하나님의 삶을 우리도 닮아 거룩하게 사랑의 삶을 살게 될 것이 아닌가? 여기서 반대자들이 말로만 하나님을 안다고 하고 계명을 행하지 않으므로 그들의 말이 거짓되다는 것이 드러난다.

그러면 이제 하나님의 계명을 행한다는 말을 구체적으로 말한다면 무엇을 의미하겠는가? 다른 것이 아니고 예수께서 세상에 계실 때 말씀하신 것이요, 그 말씀을 직접 들은 자들에 의해서 가르쳐졌기 때문에 독자들도 이미 여러 번 들어서 익히 아는 해묵은 것으로 그것은 불변하는 진리의 계명이다. 한마디로 말해서 형제를 미워하지 말고 사랑하라는 계명이다. 그 계명을 지키는 자가 하나님을 바로 알고 그와 사귀는 자이다. 형제를 미워하는 자는 아직 어둠 속에 있는 자로서 빛이신 하나님과 사귐을 가지지 못하고 있는 자이다. 반대자들이 말로는 하나님을 안다고 하면서, 실제는 형제를 미워하고 사랑을 실천하지 못하고 있으니, 그들은 사실 아직 어두움에 속하는 자임을 나타내고 있다(7-11절).

4. 신자의 새로운 신분과 세상과의 관계(2 : 12-17)

참 그리스도인은 어떤 사람인가? 저자는 그 당시 여러 가지 혼란된 사상과 이단자들의 현혹하는 선전들 때문에 정신을 차리지 못하고 있는 독자들에게 명확한 답변을 주어 정통적인 신앙을 가질 수 있도록 노력하고 있다. 신도들 중에는 소년도 있고, 어른도 있고, 청년들도 있었을 것이다. 그들을 골고루 불러가면서 설명해 준다.

첫째로, 그리스도인은 예수 그리스도의 이름으로 죄사함을 얻은 사람이라는 것이다. 인간의 근본적인 문제는 죄에 있다. 죄 때문에 죽음이 왔었고, 하나님과 사귐이 없었고, 불행 속에 있었다. 죄 문제가 해결되는 것이 급선무였다. 그리스도인은 하나님의 은총으로 하나님의 독생자 예수를 믿게 되어 그의 피공로로 죄사함을 얻은 사람이다. 죄 문제를 해결하지 않고 하나님과 사귄다든가. 하나님 앞에 나간다는 말은 거짓된 낭설에 불과하다(12절).

둘째로, 장년들에게 말하면서 그리스도인들은 태초부터 계시는 분을 알고 있는 자라고 밝혔다. 이것은 물론 진실된 의미에서, 즉 히브리적 의미에서 하나님을 체험적으로 아는 것을 의미할 것이다. 죄사함을 받은 자로서 빛되신 하나님께 가까이 갈 수 있어서 이제는 하나님을 뵙고, 그와 더불어 사귐을 가지면서 그의 사랑, 자비, 능력을 체험하여 알게 된 것이다. 그런 신지식을 가진 자를 신자라 할 수 있다(2：13a).

셋째로, 이번에는 청년들의 이름으로 말한다. 그리스도인은 악한 자를 이미 이긴 사람을 가리킨다는 것이다. 그리스도인은 자기의 힘으로 써가 아니라 하나님의 자비와 능력으로, 즉 그리스도가 대신 십자가에서 사단을 이기셨으므로, 그 공로로 그를 믿는 자도 사단을 이긴 자가 된 것이다. 악한 자는 결국 악의 화신이어서, 악한 자를 이겼다는 것은 또한 악을 이긴 것이 된다. 우리가 악의 종이었고 그 악의 대가인 죽음에 매어 있었는데, 이제 그리스도가 그 대가를 치루심으로써 신자는 그 악의 세력을 이긴 셈이고, 죄악의 문제가 해결된 자들이다(13절 이하).

저자는 여기서 다시 노파심에서 반복하면서 밝힌다. 그리스도인들을 '소자'라고 부르면서, 아버지를 아는 자들이 바로 그리스도인이라고 말한다. 즉 하나님을 아버지로 모시고 친히 사귀면서 사랑으로 교통하는 가운데서 체험적으로 아는 사람이 되었다는 것이다. 그것은 12절에서 말한 바와 같이 죄사함을 받은 일이 전제될 수밖에 없다. 어른들에게 한 말은 변화가 없다. 다음 청년들에게도 같은 말을 하면서 첨가하는 것이 있다. "너희는 강하고 하나님의 말씀이 너희 안에 있다."는 것이다. 그리스도인은 누구냐? 전능자 하나님에 의해서 능력을 얻은 자들이다. 능력 주시는 자 하나님을 아버지로 모시고, 그와 사귀는 자에게 어찌 능력이 없을 수 있겠는가? 그리고 그리스도인에게는 진리인 하나님의 말씀이 있다. 하나님의 말씀은 예리한 검과 같아서 모든 것을 이길 힘을 가지고 있다. 그 속에 진리가 있고 모든 행동이 그 말씀대로 될 때 그는 자유로우며, 하나님이 기뻐하는 자가 되며, 악을 싸워 이길 힘을 가진다. 결국 사단을 이긴 자들이 바로 그리스도인들이다(14절). 이렇게 악한 마귀를 이긴 그리스도인들이기에 세상과 그 안에 있는 것들을 사랑해서는 안 될 것이다. 만일 누가 세상을 사랑한다면 그는 하나님을 사랑하는 마음이 그 속에 없는 사람이라는 것이 분명하다.

세상에 있는 것이란 육욕과 물욕과 세상 것을 자랑하는 일 등으로서, 하나님께로 난 것이 아니고 세속적인 것에 불과하다. 결국 세상과 또 거기에 속한 모든 욕심은 다 사라지고 말 것이다. 그러므로 그리스도인은 세속을 벗어나고 물욕을 버리고, 오직 하나님의 뜻을 행해야만 한다. 그렇게 할 때 그 사람이 영원한 삶을 가지게 된다(12–17절). 반대자들은 도리어 교회에서 갈려 나가 세상과 짝하고 있으면서도 하나님과 사귐을 가진다고 떠들어 대니 그들을 조심하고 그들에게 현혹되어서는 안 되겠다는 경고를 주고 있는 것이다.

5. 적그리스도에 관한 경고(2 : 18–27)

여기서 저자는 좀더 적극적으로 반대자들의 정체를 밝히고 있다. 말세가 되면 적그리스도가 나타나겠다는 예언의 말도 이미 했고 독자들도 들었는데, 이미 적그리스도가 나타난 것을 보니 말세가 분명하다고 하면서, 그들은 본래 기독교 공동체 안에 있어서 같이 지내던 자들인데, 지금은 갈려 나가 더이상 교회에 속해 있지 않으면서 엉뚱하고, 이상하고 전통적 신앙을 벗어나 어긋나는 말을 하고 있다는 것이다. 그 반대자들과 교회에 남아 있는 참 그리스도인은 확실한 차이가 있다. 그리스도인은 성령의 기름부음을 받은 자임에 틀림없고, 독자들이 그러한 사람들임을 그들 스스로 알고 있는데, 반대자들도 같은 말을 하고 있다. 즉 자기들도 성령의 기름부음을 받았다는 것이다. 그러나 성령은 진리의 영으로서 사람에게 진리를 알게 하고 진리를 말하게 하는 분이시지 결코 거짓을 말하게 하지 않는다. 여기서 참 그리스도인과 반대자들과의 차이가 생긴다. 반대자들은 거짓을 말한다는 것이다. '예수는 그리스도가 아니다.'라는 거짓을 말하는 자들이다. 이런 사람이 바로 적그리스도라고 규정을 지었다. 이런 사람은 결국 하나님을 부인하고 또한 그의 아들 예수를 부인하는 사람이다.

역사적인 예수가 하나님의 아들 그리스도였다는 사실을 부인한다면, 결국 기독교의 기본을 부인하는 것으로서 그야말로 이단이 아닐 수 없다. 예수 그리스도를 통해서 계시된 그 하나님만이 참 하나님이신데, 예수를 부인하면 결국 하나님도 부인하는 것이 아니겠는가! 예수를 하나님의 아들로 고백하는 사람이 참으로 하나님 아버지를 바로 아는 것이요, 바른 고백이라 할 수 있다. 그러니 그리스도가 영으로 세상에 오셨다가 사람이 되신 적이 없이 하늘로 다시 올라가셨다고 믿고 선전하는 적그리스도가 있으니 현혹되지 말고, 처음부터 들은 전통적 신앙, 즉 예수는 하나님의 아들로서 육신을 입고 오셔서 우리 죄 때문에 죽으셨다는 복음을 굳게 붙들어야 한다고 권면한다.

들은바 전통적 복음내용을 굳게 붙잡고 있을 때 비로소 우리가 그리스도와 하나님 아버지 안에 있게 되고 영생을 차지하게 될 것이다. 반대자들은 자기들이 특별히 성령의 기름부음을 받았기 때문에 모든 것을 다 알고, 그것만으로써 구원을 얻을 수 있고, 남을 가르칠 수도 있다고 하면서, 예수가 필요하지 않다고 말하기 때문에, 그런 잘못된 말을 하는 자들을 알고 삼가도록 하려고 그 글을 쓴다는 것이다. 실은 참된 그리스도인이야말로 성령의 기름부음(성령세례)을 받은 자요, 그 성령께서 내재하셔서 필요한 것을 가르쳐 주시는 것이다. 그러니까 바로 그 진리의 영이 가르쳐 주는 진리에 머물러 있으면 되는 것이고, 적그리스도들의 그릇된 말에 끌려가서는 안 된다는 경고이다.

6. 하나님의 자녀의 소망(2 : 28—3 : 3)

종말이 다가왔다는 증거로서 적그리스도가 나타난 사실을 지적했다(2 : 18). 종말에 처한 그리스도인으로서 마땅히 취할 태도는 적그리스도가 횡횡하고 혼란하게 하고 유혹한다 하더라도, 마지막 때에 정신차리고 지내면서 전통적인 신앙을 버리지 말아야 하고, 성령 안에 즉 그리스도 안에 머물러 있어야만 한다는 것이다. 결국 그리스도 안에 머물러 있을 때 그가 재림하시는 날에 부끄럼 없이 당당하고 담대하게 그를 맞을 수 있을 것이다. 즉 그리스도 신앙을 바로 가지고 있는 것이 재림 주를 담대히 만날 수 있는 길이라는 것을 말해 준다.

동시에 그리스도(하나님)는 의로우신 분이시라는 사실을 알고 의를 행하는 자가 되어야만 하나님의 자녀로서 영생에 참여할 수 있다고 밝힌다. 반대자들처럼 거짓된 신앙을 가져도 안 되거니와, 의로운 삶을 무시하면서 하나님을 안다 하고 그러면서도 구원을 얻었노라고 하면 안 된다는 것이다(2 : 29). 불원간 그리스도의 재림이 있겠고, 그 때에 우리는 하나님 아들의 자격으로 그 영광에 참여할 터인데, 생각하면 할수록 하나님 아버지의 사랑의 크심을 느끼게 된다. 하나님을 모르고 또 믿지 않는 세상은 우리가 하나님의 자녀라는 사실을 알 도리가 없다. 그러나 우리가 하나님의 자녀인 것만은 틀림없는데, 그날 즉 종말에 우리가 하나님 앞에 서는 날 우리가 어떻게 될런지 확실히 말할 수는 없다.

그러나 우리가 알 수 있는 것은 그리스도가 재림하실 때 우리가 주님과 같아질 것이라는 사실이다. 그리스도 부활의 첫 열매로서 장차 우리가 부활하면 그리스도와 같은 상태에 도달하리라는 것 쯤은 짐작할 수 있는 일이다. 그리고 우리는 지금 그리스도나 하나님을 눈으로 볼 수 없지만, 그 때가 되면 우리의 눈도 열려서 그를 사실대로 뵙게 될 것이다. 이러한 소망을 가진 것이 바로 그리스도인들이다. 그러므로 그런 벅찬 소망을 가진 자들로서 마땅히 그 거룩하신 분을 만나기에 합당하도록 우리도 거룩해지도록 노력해야 할 것이다. 즉 거룩한 하나님의 자녀답게 세속에 물들지 말고 여러 면에서 세상 사람들과는 구별된 생각과 행동과 삶을 가져야 한다. 즉 성화의 과정을 꾸준히 걸어 나가야 한다(3:3).

7. 하나님의 자녀의 무죄성(3:4—10)

예수를 믿으면 하나님의 자녀가 된다는 것이 진리인데, 많은 사람이 저마다 하나님의 자녀가 되었노라고 한다면 무엇을 보고 사실인지 아닌지를 알 수 있겠는가? 저자는 이 대목에서 그 점을 밝히려고 하는 것 같다. 하나님의 자녀가 되고, 못 되고 하는 것은 근본적으로 우리의 죄 문제와 관련되어 있다. 하나님의 나라는 죄를 그냥 가지고는 들어갈 수 없는 곳이며, 죄를 가지고는 거룩하신 하나님 앞에 설 수 없다. 그러니까 하나님의 자녀의 기본적 자격은 죄를 없애고 죄를 가지고 있지 않는다는 데서 생간다.

3:4에서 우선 죄를 정의한다. 죄는 불법이라고 정의를 내렸다. 막연하게 죄란 말을 하지만, 구체적으로 말한다면 하나님의 법을 어기는 것을 의미한다. 하나님은 질서의 하나님, 법의 하나님으로서 우주를 창조하시고 인간 사회를 창조하실 때 일정한 법과 질서 안에 두셨기 때문에, 그 질서를 지키고 법대로 살아야 행복하고 그것이 바로 옳음이 되는 것이었다. 하나님이 안 계시고, 그의 정하신 법과 질서가 없었다면 불법이라는 것이 존재하지 않고, 따라서 죄도 성립되지 않을 것이다. 사람들은 누구를 막론하고 다 하나님의 법을 어기고 불법자 곧 죄인이 되어 버렸다. 그래서 하나님의 자녀의 자격을 박탈당했던 것이다. 그래서 낙원(에덴)에서의 삶을 박탈당했던 것이다.

그렇기 때문에 하나님께서는 죄 문제를 해결하시기 위해서 독생자를 보내셔서 그것을 없애신 것이다(5절). 하나님이나 그의 아들의 특색 중의 하나는 죄가 없다는 것이다. 죄 없는 분이기 때문에 하나님이시고, 하나님의 아들이신 것이다. 그리스도가 세상에 오셔서 우리의 죄를 없애셨지만, 아직 우리가 죄악 세상에서 살아야 하기 때문에 죄에 물들고 죄를 지을 가능성이 언제나 있는 것이 사실이다. 그러나 우리는 언제나 죄 없는 상태를 유지해야만 한다. 그 방법은 언제나 그리스도 안에 머물러 있는 일이다(6절). 언제나 그리스도를 명상하고, 그가 내 죄 때문에 죽으신 사실을 생각하면서 그를 닮으려 하고 그와 동행하는 생활을 한다면 죄를 짓지 않을 것이다.

어떤 사람이 자기는 예수를 믿는다고 하면서 계속 죄를 짓는다면, 그의 말은 거짓말일 수밖에 없다. 참으로 죄를 미워하시는 하나님, 그리고 우리 죄 때문에 죽으신 그 분을 참으로 보고 참으로 알고 있다면, 죄를 계속 지을 수가 없을 것이다(6절 이하). 죄를 짓지 않는다는 것은 소극적으로, 정적(靜的)으로 아무것도 안 하면 되는 것이 아니라 하나님의 법대로 사는 것을 의미한다. 즉, 의롭게 사는 것이 곧 죄를 짓지 않는 삶인 것이다(7절).

죄를 계속 짓는다는 것은 그가 마귀의 자식이라는 증거가 된다. 마귀는 본래 죄를 짓는 존재이기 때문이다. 그러니까 하나님의 자녀와 마귀의 자식의 구별은 죄 문제에서 판가름이 난다. 하나님의 자녀는 하나님의 은총으로, 즉 그리스도의 대속적 죽음을 통하여 악마적인 악과 죄를 모두 벗어 버리고 깨뜨리고 버린 자, 즉 죄를 제거한 자이고, 마귀의 자식은 계속 죄와 악 안에 있으며 그것을 그대로 가지고 있고, 그것을 좋아하고, 계속 죄를 짓고 있는 자이다(8절). 성령의 역사에 의해서 거듭나서 하나님의 자녀가 된 자는 그 속에 하나님의 선의 씨, 의의 씨, 결백의 씨가 심어져 있어서 죄를 짓지 않으며, 또 하나님께로부터 났다는 사실을 계속 의식하는 한, 죄를 지을 수가 없는 것도 사실이다(9절). 하나님의 자녀가 되었다는 것은 죄를 짓지 않는 사람이 되었다는 말이 되는데 죄를 짓지 않는다는 것은 가만히 있는 것을 말하는 것이 아니고, 적극적으로 의를 행하는 일, 즉 하나님 법에 맞는 삶을 사는 것을 의미한다. 좀더 구체적으로 말하자면, 사랑을 실천하는 삶을 가리킨다. 적극적으로 형제를 사랑하는 사람은 의를 행하는 자이며, 거기에 죄가 없으며, 하나님의 자녀가 되었다는 증거이다. 여기서도 반대자들이 자기들은 하나님을 안다, 보았다고 하면서 형제를 사랑하지 않고, 미워하는 죄를 짓고 있으니, 결코 그들이 하나님의 자녀일 수 없고 마귀의 자식에 지나지 않는다는 말을 하려고 하는 것 같다.

8. 그리스도인의 표가 되는 형제애(3：11—18)

기독교인의 내적 특징은 '죄 없음'에 있지만, 외적 특징은 죽었던 인격이 살아나서 서로 사랑을 실천할 수 있는 자가 된다는 점이다. 죄 때문에 타락하여 비정상적인 인간이 되어 본래 서로 사랑하면서 살도록 지음을 받았던 인간이 서로 미워하고 사람을 죽이기까지 하면서 살게 되었다. 그러나 이제 죄씻음을 받고 하나님의 자녀가 되면서부터는 자연히 원상을 되찾아 서로 사랑하는 삶을 살아야 하는 것이 마땅하다.

우리는 하나님의 은총으로 죄사함을 받고 죽음의 세계에서 생명의 세계로 옮아갔다. 하나님과 함께 사는 하나님의 자녀의 세계, 즉 생명의 세계는 서로 사랑하는 세계이다. 세상은 죄가 있고, 불의가 있는 곳이어서 죄를 벗어나 의를 행하는 자, 즉 그리스도인들을 미워하는 곳이다. 가인이 동생 아벨을 미워한 것처럼 말이다. 가인이 아벨을 죽인 이유는 단순하다. 아벨은 의를 행하는데, 반대로 가인의 하는 일은 악하였기 때문에 그냥 미워했고, 미움이 살인으로 발전했던 것이다. 하여튼 형제를 사랑한다는 것은 정상적 인간의 태도, 즉 구원받은 하나님의 자녀의 올바른 태도이고, 반대로 형제를 사랑하지 않는 사람은 아직 죽음의 세계에 머물러 있는 사람이다. 사랑이 없다는 것은 결국 형제를 미워하는 일과 직결된다. 그러한 죄가 있는 곳에 어떻게 생명이 있겠는가!

그렇다면 사랑이란 어떤 것일까? 그리스도께서 우리를 위해서 목숨을 버리고 희생한 그러한 행동을 의미한다는 것이다(16절). 그러므로 하나님의 자녀된 우리들이 서로 사랑해야 한다는 것은 형제를 위해서 목숨까지라도 바쳐서 희생하며 봉사하는 것을 의미하며, 그러한 사랑을 하나님은 우리에게 요구하신다. 예컨대 우리는 넉넉한 살림을 하고 있는데 형제 중에 궁핍한 생활을 하고 있을 때 그를 동정하고 도울 마음이 없다면, 하나님께서 요구하시는 사랑이 우리 속에 없는 것이 아니냐는 말이다(17절). 사랑은 이웃을 위한 희생을 의미하는 동시에 말과 입으로만이 아니라 실천으로써, 그리고 진실로써 나타내는 그런 사랑이어야 한다는 것이다(18절). 반대자들이 하나님을 안다고 떠들며 말로는 사랑한다고 하지만, 실은 사랑을 실천하지 않고 있는 실정을 공격하는 말인 것 같다.

9. 확신과 복종(3 : 19—24)

저자는 위에서 하나님의 자녀가 지녀야 할 선(善), 즉 사랑을 논하였지만 이 대목에서는 참(眞)의 문제를 이야기한다. 형제를 사랑하는 일은 결국 우리가 참된 존재가 되고 참되게 산다는 말이다. 하나님은 진리이시고 거짓이 없으신 분으로서, 우리가 그의 자녀가 된다는 것은 그를 닮아서 참되게 사는 자가 된다는 것을 의미한다. 형제를 사랑하고, 따라서 진리에 서게 되면 우리가 하나님 앞에서 마음에 안정이 오고 확고한 신념을 가지게 된다(19절). 하나님은 우리들의 마음보다 크시고 모든 것을 아시는 분이셔서 우리의 마음을 구석구석 다 아시기 때문에 우리는 하나님을 속일 수 없다. 따라서 우리의 양심은 우리가 비진리를 행할 때 곧 우리를 정죄하게 되어 있다. 우리가 진리 안에 있을 때는 마음이 평안하고 하나님 앞에서 자신을 가지게 된다(20절).

그러므로 저자는 권면한다. 진리 안에 있어서 마음에 가책을 받지 않도록 하라는 것이다(21절). 즉, 하나님 앞에서 떳떳하고 담대하고, 할 말을 다 할 수 있는 사람이 되라는 것이다. 진리는 하나님의 것이며, 그 진리가 계명으로 표현되어 있다. 그러므로 진리 안에 있다는 말은 결국 하나님의 계명을 지키는 일이 된다. 그렇게 되면 하나님의 마음을 기쁘게 해드리게 되고, 따라서 우리의 기도와 간구가 응답을 받게 된다(22절). 하나님께서 우리에게 주시는 계명을 요약하면 두 가지이다. 하나는 그의 아들 예수 그리스도를 믿어야 한다는 것이고, 둘째는 서로 사랑하라는 것이다. 구약시대부터, 아니 그 이전부터 인간에게 주신 여러 가지 하나님의 진리가 있지만, 그것을 요약하면 결국 그의 아들을 믿고, 서로 사랑하라는 말이다. 이 두 가지가 참 신앙의 시금석이다. 그리스도를 믿고 형제를 사랑하는 자가 바로 하나님의 자녀요, 하나님과 함께 사는 자이며, 또한 성령을 통하여 하나님이 우리 안에서 사시는 그러한 신비한 체험을 하게 된다. 성령으로 거듭난 자는 결국 예수를 믿고 형제를 사랑하는 자이며, 진리를 소유하고 그 안에 있는 자이다(23—24절).

10. 진리의 영과 거짓의 영(4：1—6)

어느 시대나 성령을 받았다는 신령파들 중에 과하게 나가 주관적인 환각과 혼동하며 탈선 행위를 하는 사람들이 있는데, 요한 서신을 써야만 했던 이유와 동기 중의 하나가 바로 이러한 탈선한 사람들 때문이었던 것으로 보인다. 주의해야 할 것은 어떤 영을 받았느냐 하는 것이다. 하나님의 영, 선한 영이 있는 반면, 악령 곧 사단과 그의 졸개들도 존재하기 때문에 누구의 영을 받았는지를 가려내어야 한다는 것이다.

예언자라는 사람은 원칙적으로 영의 감동을 받아 영이 시키는 말을 하는 사람을 가리킨다. 악령을 받아서 말하는 사람도 예언자라 할 수 있지만 그는 곧 거짓된 예언자, 비진리의 예언자일 수밖에 없다. 이미 악령의 지배를 받는 많은 거짓 예언자가 나타나 있으니 혼동하지 않아야 하겠다는 것이다. 참 예언자와 거짓 예언자를 구별하는 시금석 중의 하나가 있다. 예수가 바로 하나님께로부터 세상에 와서 육신을 입은 그리스도이시라고 고백하는 영은 하나님께로부터 난 참된 영이고, 그렇지 않은 영은 하나님께로부터 난 영이 아니라는 것이다. 결국 예수가 사람의 몸을 입고 오신 하나님의 아들 그리스도라는 것을 부인하는 영은 바로 적그리스도로서 악령의 부하들이라는 것이다. 그런 자들이 나타나리라는 말을 누누히 이미 말했었는데, 이제 그 악령이 나타나서 거짓을 선전하고 있으니 조심하라는 것이다(3절).

예수 그리스도를 참으로 믿는 자들은 하나님의 영을 받은 자요, 그 영에 의하여 하나님의 자녀로 난 자들이며, 이미 하나님의 능력으로 악령을 이긴 자 들이다(4절). 적그리스도들은 죄악 세상으로부터 나타나 세상적인 비진리를 말하고 있으며, 세상은 그 말에 동조하며 박수를 친다(5절). 반면에 그리스도인은 하나님께로부터 났기 때문에 하나님을 알고 사귀는 하나님의 자녀들과 통한다. 따라서 마귀의 영을 받은 자들은 하나님의 자녀들의 말에 동조하지 않고 말을 들으려 하지 않는다. 이렇게 해서 진리의 영과 거짓의 영이 구별된다(6절).

11. 하나님의 사랑과 우리의 사랑(4 : 7—12)

참된 신앙이 중요하고 예수를 하나님의 아들로 바로 깨닫고 고백하는 것이 중요하지만, 그것이 단지 머리 속의 지식으로만 남아 있는 것으로는 만족할 수 없다. 그 신앙이 참된 것인가 하는 것은 그것이 삶을 변화시켜서 행동으로 나타나는 것을 보아서 알 수 있다. 즉 사랑으로 나타나느냐 않느냐에 따라서 그 신앙이 참된 것인가 아닌가가 구별된다. 그래서 저자는 다시 사랑으로 돌아가서 우리가 참된 영을 가지고 예수를 그리스도로 고백하며 하나님의 자녀가 되었다면, 서로 사랑하는 사랑으로써 그 신앙의 참됨과 그 신앙의 유효성을 입증해야 할 것을 말한다.

참 신앙을 가져서 하나님의 자녀가 되었다면, 사랑의 하나님을 닮아야 한다. 우리가 사랑을 행하는 자가 되었다면 결국 우리가 하나님의 자녀로 태어났다는 뜻이 되고, 따라서 하나님을 알고 하나님과 사귐을 가진다는 증거가 된다. 반대로 사랑을 하지 않는 사람은 하나님을 안다고 할 수 없다. 왜냐하면 하나님은 사랑이시기 때문이다. 사랑의 하나님의 씨를 받아서 새 인간으로 즉 하나님의 자녀로 태어났다면, 우리도 하나님의 사랑을 닮아서 그대로 행하는 자가 되어야 하는 것은 당연한 일이다(7—8절).

저자는 다시금 하나님의 사랑의 성격과 내용을 설명해 준다. 하나밖에 없는 아들을 세상에 보내어 인간을 구원하신 사건 속에 하나님의 사랑이 표현되어 있다(9절). 인간은 죄인이고 하나님을 배반한 자들 즉 원수라고도 할 수 있으며, 그래서 벌을 받아 죽음에 처하게 되었으나 하나님 편에서 솔선하여 자비를 베풀기 시작했다. 인간을 살릴 수 있는 길은 죄의 값인 죽음을 대신 죽는 일이었다. 그래서 하나밖에 없는 최고 가치의 아들을 세상으로 보내셔서 우리대신 죽게 하셨다. 이러한 실천적이고도 희생적인 행동을 사랑이라고 한다. 아무 조건 없이 불쌍한 자를 살리려고 최고 가치의 것을 희생시키는 것을 가리킨다(9절).

우리 인간은 하나님을 사랑하기는커녕 그를 반역하고, 대들고, 거역하여 그를 괴롭힌 자이다. 우리가 그를 사랑한 것은 하나도 없고 오히려 원수에 불과했다. 그런데 하나님 편에서 솔선하여 우리 죄인을 사랑하셨다. 마음으로나 말로가 아니라, 실제로 행동하셨다. 우리 죄로 말미암아 진노하시고 인간의 관계를 끊은 상태에 계시던 하나님께서 구체적으로 그 죄 문제를 해결하여 관계를 정상화하여 다시금 자기 자녀로 삼으시기 위해서 독생자를 보내셔서 화해의 제물(ἱλασμός)을 삼으신 그 사건이 바로 하나님의 사랑이다. 이론이 아니라 구체적 행동이다(10절).

하나님은 사랑이시고, 하나님께서 실제로 우리를 사랑하시므로 실천적 사랑을 보여 주신 것은, 하나님의 자녀인 우리들도 그 사랑을 실천하라는 것이고, 사랑을 실천하는 것이 하나님의 나라의 본질이기 때문이다. 우리가 아직 하나님을 육안으로 볼 수 없고 아무도 본 적이 없지만, 우리가 서로 사랑한다면, 이미 우리가 하나님의 본성을 가지고 하나님의 세계에서 사는 것이 되며, 하나님께서 우리 안에 계신다는 증거가 된다. 형제를 사랑하고, 서로 사랑한다는 것은 하나님께서 기뻐하시는 일이며 하나님 나라의 본질로서, 하나님께서 가지신 사랑이 우리 속에서도 실천되고 있다는 것을 의미한다(11－12절).

12. 신앙과 그리스도인의 사랑(4 : 13—5 : 4)

우리가 서로 사랑하는 경지에 도달한다는 것은 우리가 하나님 안에, 하나님이 우리 안에 거하는 신비로운 일치의 경지에 들어가는 것을 의미한다. 성령을 통해서 우리는 이러한 체험을 하게 되며, 서로 사랑하는 상태에 들어갈 수 있다. 아버지 하나님께서 세상을 구원하기 위하여 당신의 아들을 보내신 그 사랑은 실제로 저자와 그의 동료들이 목도한 바이며, 목격한 대로 증거하고 있는 중이어서 거기에 거짓이 있을 수 없다.

남을 위한 것이 아니라 바로 우리들을 위해서 그 엄청난 사랑의 사건을 일으키셨기 때문에, "예수가 바로 하나님의 아들이시다"라고 고백하면서 그 사랑을 시인만 한다면, 이미 우리가 하나님의 자녀가 되고, 하나님과 우리의 관계는 신비스러운 연합의 관계에 돌입하게 되며, 하나님의 사랑을 깨닫게 되고 우리도 그 사랑에 젖어 사랑을 행하게 될 것이다(4：13-16). 내가 가진 사랑이 완전한가 아닌가를 무엇으로 알 수 있을까? 그것은 그리스도의 심판 날에 하나님 앞에 설 때에 담대하고 용기 있게 설 수 있으리 만큼 양심적이고 순수한 사랑을 가졌느냐 하는 것이다. 즉 하나님께서 독생자를 주신 사랑, 예수께서 죄인들을 위해서 묵묵히 죽으신 그 사랑을 배워서 이 세상에서 그 사랑을 실천할 때 거기에 사랑의 완성이 있는 것이다. 순수한 사랑, 양심적 사랑이 내게 있다면 두려울 것이 없으며 하나님 앞에서도 두려울 것이 없고 죽음도 두렵지 않다. 내게 무서움, 두려움이 있다는 것은 나의 사랑이 순수하지 못하고, 양심적인 것이 못 되고 참된 사랑이 아니기에 생기는 현상이다(4：18).

하나님을 사랑한다고 하면서도 자기 형제를 미워한다면 그것은 결코 순수하거나 완전한 사랑이 못 된다. 하나님을 사랑하고 아울러 형제를 사랑하는 그 참 사랑의 계명을 지킬 때 거기에 사랑의 완성이 있다(4：21). 예수가 그리스도라고 믿는 사람이야말로 하나님의 자녀이고 그런 사람은 예수를 낳으신 하나님 아버지를 사랑하고, 또한 탄생된 아들을 사랑한다. 이렇게 하여 사랑으로 얽히게 된다(5：1). 그리스도인은 하나님을 사랑하는 동시에 그의 계명을 지키게 되는데, 결국 그 계명은 형제를 사랑하라는 계명이기 때문에, 그리스도인은 서로 형제를 사랑해야 한다는 말이 된다(5：2-3). 예수가 하나님의 아들이심을 믿는 신앙이 아니고서는 세상을 이길 수가 없다. 그 신앙이 있는 자를 하나님께서는 자녀로 삼으셨기 때문에, 무엇보다도 그 신앙을 붙들어야 하고, 그 신앙을 가진 자는 하나님의 계명을 지켜야만 하는데, 이는 사랑의 계명을 실천해야 한다는 말이다(5：4-5).

13. 참된 신앙(5：5-12)

반대자들은 잘못된 신앙을 가지고 있었고, 그릇된 선전을 하고 있었다. 즉 예수의 세례는 인정하면서 그가 십자가에서 죽으심으로 이루어 놓으신 공적은 무시하고 간주하려 하지 않았다. 그래서 저자는 그들의 잘못을 지적해 주면서 참된 전통적 교훈을 상기시킨다. 예수는 본래 하나님의 아들이셨지만 사람으로 오셔서 요단강에서 세례 요한에게 물 세례를 받으셨다. 그것은 죄 없으신 하나님의 아들 예수께서 인간의 죄를 다 한 몸에 걸머지시고 물 속에 들어가셔서 매장하시고 깨끗이 씻으신 후에 물에서 올라오시는 상징적 사건을 통하여 앞으로 십자가에서 피를 흘려 진실된 의미에서 인간의 죄를 씻어 주실 것을 예표(豫表)하신 것이다.

그러므로 예수가 마지막에 십자가에 달리셔서 피흘려 대속의 사업을 완성하심으로써 구원을 완성하신 것이다. 따라서 우리는 물세례뿐 아니라 피흘리시는 죽음까지 죽으신 예수를 믿어야 하는 것이다. 이 사실에 대해서 성령께서 증거해 주신다. 성령은 진리의 영으로서 거짓을 말씀하실 수 없다. 그 진리의 영이 신도들의 마음에 오셔서 예수가 하나님의 아들이심을 증거하여 고백하게 하신다. 성령과 예수의 세례받으심과 십자가에서 죽으신 사건, 이렇게 세 가지는 확실히 예수가 하나님의 아들이신 구주였음을 증거해 주는 중대한 대표적 사건들이다. 예수가 세례받고 물에서 올라오실 때 나타난 현상과 하늘의 음성이 그것을 증거해 준다. 예수가 십자가에 달려 죽으실 때 나타난 현상(성전 휘장이 찢어진 사건, 해가 어두워진 사건, 로마 백부장의 고백)들이 역시 그것을 증명한다.

그리고 성령은 그리스도의 영, 하나님의 영으로서 직접적으로 제자들의 마음 눈을 뜨게 하시고 예수를 하나님의 아들로 깨닫게 해주셨다. 그런데 반대자들은 하늘에서 온 그리스도가 사람이 된 적이 없고, 예수가 세례받으실 때, 예수에게 나타나 그리스도와 사람이 같이 있는 것처럼 보이다가, 예수가 죽으시기 직전에 그리스도는 사라지고(승천하고) 말았다고 하면서 그 예수가 바로 하나님의 아들이었다는 전통적 신앙을 파괴하고 있기 때문에 저자는 여기서 확실히 물과 피라는 말을 쓰면서 피를 가지셨던 인간 예수를 강조하고 있는 것이다. 인간이 되셨던 그리스도 예수를 믿는 것이 참 신앙이요, 거기에 생명이 있다는 사실을 재삼 강조해 주고 있다(11-12절).

14. 그리스도인의 확신(5 : 13—21)

저자는 끝 부분에서 종합적으로 확신을 불어넣어 주고 있다. 그리고 남은 권면을 덧붙인다. 이렇게 글을 쓰는 것은 하나님의 아들이신 예수를 믿음으로써 영생을 소유하고 있다는 사실을 알게 하려는 것이라고 한다(13절). 그 신앙을 변하지 말라는 것이다. 둘째로 그러한 신앙을 가진 자들은 하나님과 완전히 통하는 자들이 된 것이기 때문에, 자연히 하나님의 뜻이 무엇인지를 알게 되고 따라서 하나님의 뜻에 맞는 간구를 하기 때문에 그 간구를 하나님은 들어 주실 것이 분명하다. 구하는 것은 이미 얻어 놓은 것이나 다름이 없다. 이러한 확신을 가지고 하나님 앞에서 격의없는 삶을 살게 된다는 것이다(14—15절).

신앙생활을 하는 중에 형제 가운데 범죄하는 것을 발견하게 되는 경우가 있다. 그럴 때 형제의 죄를 보고 묵과하거나 무관심하지 말고, 염려해 주며 하나님께 같이 기도하여 영생의 길에서 탈락되지 않도록 하라는 것이다. 죽을 죄를 지은 것이 아니라면 성도의 기도를 들어 주실 것이다. 불의는 다 죄인데 하나님의 계명을 어긴 죄, 형세를 사랑하지 못한 죄 같은 것은 권고도 하고 가르쳐 줄 뿐 아니라 하나님께 용서를 빌어서 돌이킬 수도 있는 것이다. 그러나 성령을 모독하는 죄, 즉 하나님께서 최후의 수단으로 쓰시는 성령의 감화를 무시하고 모독하는 죄 따위는 치명적인 것이어서 돌이킬 길이 없을 것이다(16—17절).

성령의 역사로 거듭나 하나님의 자녀가 된 자는 원칙적으로 계속 죄를 짓는 생활을 하지 않고 또 못 한다. 하나님께로부터 나신 분 곧 성자 또는 성령께서 그 사람을 지켜 주신다. 따라서 악한 자 곧 마귀가 감히 그 사람을 건드리지 못한다. 그리스도인은 하나님께로부터 나온 자요, 반대로 세상은 온통 악마 편에 있다. 이러한 상황에 있을 때 하나님의 아들이 세상에 오셔서 우리에게 판단력과 지혜를 주시고 어느 편이 참인가를 알게 해주신 것이다. 즉 우리는 하나님의 아들 예수 그리스도 즉 가짜가 아니고 진짜 구세주의 편에 서게 된 것이다. 예수는 곧 진짜 하나님이시고, 그야말로 영생이시다. 이미 우리는 올바른 곳에 발을 딛었고 진리의 편에 섰으니, 이제 남은 일은 하나님 외에 다른 것을 숭상하는 우상을 제거하고 거기에 끌려가지 않는 일이다. 자기 이성과 주관을 하나님의 말씀이나 교훈보다도 높게 여기는 마음이라든가 그리스도 이외에 다른 것을 대치하여 신앙을 흔드는 일은 모두 우상숭배에 속할 것이다(21절).

요한 이서

요한 이서는 스스로 '장로'라는 명목을 내세우는 어떤 사람의 글로 나타난다. 그가 누구인지를 밝히 알 도리는 없지만, 교회의 전통은 사도 요한의 글이라고 오랫동안 주장해 왔다. 요한 일서에서도 언급한 대로 이 짧은 편지는 그 문장 어휘, 내용으로 보아 요한 문서의 한 부분으로서 서로 연결되며, 같은 시대, 같은 저자(들)에 의해서 같은 형편에 있는 독자들에게 보내어진 글이라고 여겨지는 것이 사실이다.

저자는 스스로 '장로'라고 불렀는데, 그것은 그 당시 교회의 원로요, 지도자로서 공식적으로 어떤 지방 교회에서 장로 임명을 받았던가 아니면 그냥 그렇게 대우를 받은 자였을 수 있다. 초대교회는 교회마다 원로 가운데 '장로'라는 직함을 가지고 교인을 돌보고, 지도하고, 가르치고, 목양을 하는 전통이 있었고, 어떤 곳에서는 장로가 바로 그 교회를 돌보는 감독의 역할을 하는 것이었다.

요한 이서에서 독자는 택함을 받은 귀부인과 그의 자녀들로 되어 있는데, 실제로 어떤 지방에 살던 귀족적 여성도와 그 가족들, 아니면 그의 집에서 모이던 교인들을 대상으로 하는 편지일 수 있다. 어떤 주석가들은 귀부인을 단순히 교회를 가리키는 비유적 명칭으로 보기도

한다. 저자 혼자의 이름으로 쓰는 것이 아니라 진리를 이미 알고 있는 자들 모두가 같은 뜻으로 편지를 쓰는 것으로 말한다.

2절에서 우리 속에 있는 진리, 그리고 영원토록 우리와 같이 있을 진리 때문에 글을 쓰는 것으로 밝히는 것은 독자들이 처해 있는 상황이 진리 아닌 사이비 진리가 문제시되고 있다는 것을 암시해 주고 있다. 3절의 인사에서 저자는 바울의 인사와는 조금 달리 은혜와 평강에다 자비라는 말을 첨가했으며, 다시 진리와 사랑이라는 말을 덧붙인 것은 요한 일서의 사상적 흐름을 여기서도 엿보이게 해준다. 즉 진리가 문제되고 사랑의 문제도 있다는 말이 된다.

우선 독자들 중에 더러는 진리에 부합하는 생활을 하고 있는 것을 저자가 발견하고 매우 기뻐한다고 하면서 칭찬을 한다(4절). 그 진리란 곧 하나님께로부터 받은 진리의 계명을 가리킨다(4절). 독자들이 다 그 진리대로 사는 것은 아니었던 것 같다. 그러나 우선 포괄적으로 권면하는 것은 서로 사랑하라는 해묵은 계명의 말씀이다(5절). 막연한 사랑이 아니라 그리스도께서 가르치시고 그 삶으로 모범을 보여 준 사랑을 말하는 것이다. 즉 하나님을 사랑하고 이웃을 자기 몸처럼 사랑하는 그 희생적 사랑의 계명을 지키는 것이 바로 저자가 바라는 사랑이라는 것이다(6절).

7절에서 저자는 본격적인 이야기를 한다. 예수가 육신을 입고 오신 하나님의 아들 그리스도이심을 부인하는 많은 이단자들이 나타났다는 사실을 알려 준다. 그 자들은 세상을 미혹케 하는 자요, 적그리스도라는 것이다(7절). 그러니까 조심해서 그 이단설에 현혹되어서는 안 되겠다는 경고이다. 지금까지 독자들이 그리스도를 바로 믿고 사랑을 행하며 꾸준히 신앙생활을 했으니 하나님께서 훌륭한 보상을 주실 터인데, 이제 그 그릇된 교훈을 따르게 되면 9년 공부가 수포로 돌아가게 되니 조심하라는 것이다(8절). 진보파에 속하는 사람들이 있어서 가장 똑똑하고 잘났다고 하여 앞장 서 나가는데, 실상 그들은 그리스도에 관한 가르침을 따르지 않고 있다. 즉 예수가 바로 그리스도요, 하나님의 아들이라는 전통적 교리를 버리고 있다. 그러니 결국 그들은 하나님도 버린 셈이다. 예수 그리스도의 아버지 되시는 하나님이 참 하나님이신데, 아들 예수를 믿지 않는다면 결국 그 아버지도 믿지 않는 것이 아니고 무엇이겠는가? 전통적 교훈 안에 있고 그렇게 믿어야만 아버지도 믿고 그의 아들도 믿어서 영생을 얻을 수 있는데 그들은 그렇지 못하니 구원의 희망도 없는 것이다(9절).

그러니 그런 잘못된 사람들이 돌아다니면서 올바른 전통적 교훈을 가르치지 않고 헛된 말을 하게 되면 집에 받아들이지 말고 "샬롬" 하면서 인사도 하지 말라는 것이다(10절). 그런 사람에게 "샬롬" 하면서 인사를 하는 사람은 그 악한 자들의 일에 동참하는 일이 될 것이라고 엄히 경계한다. 이것이 바로 그 당시 지방 교회가 당면한 상황이었고, 거기에 대한 지도자 장로의 다급한 지시와 조치였다. 철없는 양떼를 바로 먹이고 바로 지도해야 할 목자의 심정에서 나온 당연한 조치이다. 그 때로서는 그것이 가장 현명한 대책이었을 것이다. 순수한 신앙을 보수하고 악한 사상에 물들지 않게 하려는 충정에서 나온 조치이다(11절). 저자는 직접 가서 면대하여 말로 구체적으로 설명하고 싶으나 우선 다급하니까 간단히 초벌 경고를 한 것이다. 목회자로서 시기를 놓치지 않고 시급히 위기에 대처하는 열정과 지혜를 보여 준 것이다.

요한 삼서

요한 삼서의 독자는 가이오라는 개인으로서 저자가 참으로 사랑하는 자라고만 밝혔다. 그에게 특별히 편지를 쓸 수밖에 없었던 것은 그를 그냥 사랑한 것 뿐 아니라, 어떤 의미에서 상당한 영향력이 있었기 때문이라고 생각된다.

요한 삼서에도 서두에서부터 진리라는 말이 여러 번 나타나는데, 그 이유는 역시 진리와 비진리의 마찰이 교회 안에 있었기 때문이라고 보여진다. 우선 인사를 하면서 가이오가 모든 일에, 즉 육체적으로 정신적으로 형통하는 축복을 받기를 간구한다. 그리고 가이오가 진리대로 살아간다는 소식을 여러 믿는 형제들을 통해 듣고 매우 기뻐한다고 하면서 찬사를 아끼지 않는다. 게다가 진리대로 산다는 소식을 들은 이상 더 기쁜 일이 없다고 하면서 진리의 생활을 거듭 강조하고 있다. 여기서 저자가 진리대로 사는 것이 무엇을 의미하는 지를 밝히지 않기 때문에 확실한 것을 알 수 없다. 요한 일서와 이서에서 말한 것과 대동소이한 것으로 추측된다.

저자는 가이오의 잘한 점을 지적하며 칭찬한다. 그것은 예수를 믿는 신도들이 여행을 하게 될 때 어디에 가면 누가 있으니 찾아보라든가,

거기 가서 신세를 지도록 하라는 말을 듣고 가이오를 찾아간 성도들이 있었는데, 가이오는 그들을 잘 대접해 주었고, 특히 전혀 모르는 사람들까지도 너그럽게 환대해 주었다는 것이다. 그것이야말로 성도로서 칭찬할 만하고 믿음직한 일이라고 칭찬을 아끼지 않는다. 그렇게 후대와 사랑을 받은 사람들이 교회에서 증언을 해서 알게 된 사실이라는 것이다. 손님을 잘 대접만 한 것이 아니라, 그들이 떠나갈 때에도 하나님의 자녀답게, 너그럽게, 그리고 여행에 궁핍함이 없도록 해서 보내는 것이 잘 하는 일이라고 당부도 한다. 여기서는 특히 전도여행을 떠난 사람들을 가리키는 것으로서 아무 보수도 받지 못하고 거저 헌신적으로 일하는 사람들이기 때문에 그런 사람의 뒤를 돌보고 후원해 주는 것은 우리 모두의 의무라는 것이다. 즉 그렇게 하는 것은 하나님의 진리를 전하고 창달하는 일에 동역자가 되는 일이기 때문에 크게 보람된 일이라고 하면서 권장한다(8절).

그러나 한 가지 저자에게 기분 상하는 일이 있었다. 가이오가 속한 교회에게 편지를 한 바가 있는데, 그 교회 내에 내노라 하고 우두머리 되기를 좋아하는 디오드레배라는 사람이 있어서 자기들을 인정해 주지 않고 있다는 것이다. 그는 여러 동지들과 작당하여 저자와 그 일행에 대하여 악평을 하고 있으니, 자기가 그 교회에 가게 되면 그가 하고 있는 소행을 드러내 따지겠다는 것이다. 즉 사도적 권위나 교회지도자들의 권위에 불복하는 잘못을 책망하겠다는 말이다. 그들은 거기서 만족치 않고 저자가 파송한 전도자들을 영접치 않을 뿐 아니라, 영접하고자 하는 자들을 방해하고 심지어 그들을 교회에서 쫓아내고 있다는 것이다. 이렇게 교회 안에서 세력 다툼을 하고 파쟁하고 있던 것을 엿볼 수 있다.

그러므로 그런 악행을 본받지 말고 선행만을 본받으라고 권한다. 교회 중에 그러한 문제 인물이 있어서 혼란을 일으키고 있지만, 가이오는 진리 편에 서서 바른 태도를 취했다. 그런데 또 한사람 데메드리오가 역시 진리 편에 서 있다는 것이다. 매우 귀한 일이다. 진리 편에서서 선을 행하는 자는 하나님께로부터 난 자요, 영생을 얻을 수 있지만, 진리를 거슬러 악을 행하는 자는 하나님을 보지 못한 자요, 그에게로부터 오는 영생을 얻지 못할 자이다(11절).

이 편지도 역시 다급한 형편에 놓인 개인과 교회에게 먼저 편지로 격려와 경고를 해 놓음으로써 우선 문제를 일차적으로 해결하고, 직접 후에 가서 면대하여 보다 구체적인 조치를 하려는 목회적인 지혜를 보인 서신이다.

□ 토의문제

1. 요한 일서 등 요한 서신을 쓸 수밖에 없던 시대상의 특색을 알아보자.
2. 요한 서신에서 주로 나타난 이단적 기독론을 정리해 보자.
3. 요한 일서에 나타난 이탈자(반대자)들의 모습을 그려 보자.
4. 요한 서신에 나타난 헬라 사상의 영향이 어떤 것인가?
5. 우리의 신앙과 다른 신앙을 가진 자가 교회에서 문제를 일으킬 때 우리의 태도는 어떠해야 되는가? 요한 일서의 태도가 옳은 것인가?
6. 요한 삼서에 나타난 디오드레베와 같은 사람의 유형을 현대 생활에서 찾아보자.
7. 가이오의 유형을 찾아보자.

□ 참고도서

Raymond E. Brown, *The Epistles of John,* Garden City, N.Y.: Doubleday & Company, Inc., 1982.

Kenneth Grayston, *The Johannine Epistls,* Grand Rapids: Wm. B. Eerdmans Publishing Co., 1984.

I. Howard Marshall, *The Epistles of John,* Grand Rapids: Wm. B. Eerdmans Publishing Co., 1978.

유다서

I. 서 론

본문에는 예수 그리스도의 종이며, 야고보의 형제인 유다가 쓰는 것으로 나타난다. 도대체 그가 어떤 사람인가를 확실히 알 길이 없다. 마가복음 6 : 3에는 예수의 동생들 중의 하나로 유다가 나타난다(야고보, 요세, 시몬, 유다). 12제자 중에는 가룟 유다 외에 '야고보와 관계있는 유다'(야고보의 아들 유다라고 번역되었지만, 소유격으로 나타난 야고보는 반드시 부자관계만 나타내는 것이 아니다)라는 사람도 있다(눅 6 : 16, 행 1 : 13). 예루살렘교회 지도자 중에 바사바라는 유다도 있었다(행 15 : 22). 야고보라는 이름을 가진 사람도 많이 나타난다.

야고보의 동생인 유다라고 자신을 소개한 것으로 보아 그 당시 사람, 특히 독자들에게는 야고보라 하면 모두가 알 수 있는 사람이었던 것 같다. 12제자 중 세베대의 아들 야고보가 있고, 알패오의 아들 야고보도 있다. 세베대의 아들 야고보는 주후 44년에 헤롯 아그립바에 의해서 살해되었고(행 12 : 2), 주님의 동생 야고보는 후에 예루살렘교회의 출중한 지도자가 되었다(행 15 : 13, 갈 1 : 19). 그 밖에 젊은 야고보라는 사람도 있고(막 15 : 40, 마 27 : 56), 사도 유다와 관계 있는 야고보도 있다(눅 6 : 16). 그리고 야고보서의 저자가 만일 주님의 동생이나 사도 야고보가 아니라면, 또 한 사람의 야고보를 만나게 된다.

몇 가지 설을 간추려 본다면, 첫째로 예수님의 동생인 유다라고 보는 견해이다. 야고보의 동생이라고만 자신을 소개한 것으로 보아 그 당시 사람들이 야고보라는 이름을 익히 알고 있었던 것으로 보이며, 그렇다면 예루살렘교회의 지도자 야고보를 생각할 수 있고, 따라서 그의 형님인 야고보의 이름을 업고 글을 쓴 것으로 보인다. 야고보가 주후 62년에 산헤드린에 의해서 돌에 맞아 순교했다면 그의 동생인 유다는 그후 즉 70년대에 이 편지를 썼을 것으로 보인다.

그러나 이 편지의 내용으로 보아 저자가 유대인 크리스천이 아닐 수도 있다고 보고, 매우 세련된 헬라어 문장력을 가진 헬라계의 사람일 것이라고 보는 설이 있다. 갈릴리의 유대인인 유다가 이렇게 훌륭한 헬라어 문장을 구사할 수는 없으리라는 것이다. 그리고 유다가 선교의 열을 가지고 활동했다면 아무래도 아람어를 사용하는 팔레스타인 어떤 지방에서 활동했을 것인데, 편지의 내용으로 본다면 독자들은 헬라문명을 배경으로 하는 이방 기독교인들의 것으로 나타나기 때문에 예수의 동생 유다의 글이 아닌 것 같다는 것이다. 그래서 어떤 익명의 사람이 유다의 이름을 빌어서 1세기 말경에 쓴 것이라고 보는 견해가 있다.

그러나 그러한 설은 설득력을 크게 가지지 못하고 있다. 순교당한 야고보의 이름이 아직도 모든 신도들의 머리에 남아 있는 주후 70년이나 80년에 헬라적 영향을 많이 받아 신앙생활에 손상을 받고 있는 헬라인 기독교도들에게, 그러면서도 팔레스타인이나 시리아의 유대인 크리스천들과 같이 살고 있는 그들에게, 헬라어에 능통한 어떤 사람의 도움을 받아서 쓴 편지라고 생각된다.

Ⅱ. 유다서와 베드로 후서와의 관계

이 두 편지는 그것들이 다루는 내용이나 어휘와 문장, 그리고 생각의 순서 등에서 너무도 닮은 점이 많다. 베드로 후서 2:1~18과 유다서 1:4~16을 비교하면 거짓 교사들을 책망하는 내용이 같으며, 그들을 묘사하는 형상과 어휘들이 꼭 같다. 그들을 가리켜 발람의 추종자들이라고 공격한 것이라든가, 그들이 받을 심판을 말하면서 반역한 천사들의 이야기와 소돔, 고모라의 이야기를 끌어온 것들이 꼭 같다. 그 밖에도 여러 면에서 유사점을 가지고 있다.

이런 관계를 어떻게 설명할 수 있겠느냐 하는 것이다. 우선은 이 두 서신이 공동자료를 사용했다는 설이 있다. 또는 유다가 베드로 후서를 자료로 사용했든가 아니면 베드로 후서가 유다서를 자료로 사용했다는 설이다. 그러나 오늘에 와서는 베드로 후서가 유다서를 인용했다는 의견으로 낙착이 되고 있다. 그 이유는 유다서가 일반적으로 글이 활발하고 거칠고 어조가 더 맹렬하기 때문이다. 성경 역사에서 실례를 끌어올 때 유다는 연대적 순서에 착념하지 않고 바꾸어 놓았다. 그러나 베드로 후서는 그것을 고쳐서 제대로 해 놓았고, 어조에 있어서도 베드로 후서는 퍽 부드럽게 표현한 것을 볼 수 있다. 유다서는 에녹 일서와 모세의 승천 같은 위경을 인용하는 데 별로 구애를 받지 않는데, 베드로 후서는 그것을 삼가고 있는 것을 볼 수 있다. 즉 구약 정경에 집착하고 위경을 사용하는 일을 삼가고 있다. 이런 것들로 보아 유다서가 먼저 되고 그 후에 베드로 후서 저자가 그것을 자료로 사용하면서 보다 더 교회의 상황을 고려하면서 글을 쓴 것으로 나타난다.

Ⅲ. 내용 분해

1. 저자와 독자(1−2)
2. 유다가 편지를 쓴 동기(3−4)
3. 세 가지 실례의 경고(5−7)
4. 거짓 교사들에 대한 공격(8−13)
5. 에녹의 예언을 적용함(14−16)
6. 사도들의 말씀을 적용함(17−19)
7. 성실한 자들에 대한 권면(20−23)

8. 송영(24－25)

Ⅳ. 내용 해설

1. 저자와 독자(1－2)

저자는 자신을 예수 그리스도의 종이며, 야고보의 형제라고 밝혔다. 그가 누구인지 확실히는 알 수 없지만 자신은 예수 그리스도의 종으로서, 주인되신 예수 그리스도에게 충성스러운 종이 되기 위해서 그에게 맡겨진 양무리(교회)를 바로 양육하고 바로 보호하여 주님의 뜻을 이루어야 한다고 생각했을 것이다. 즉 하나님 아버지와 예수 그리스도께서 사랑하시는 성도, 그리고 고이 보호를 받아 오고 부르심을 받은 성도들이기에, 그들이 이단사설의 유혹과 횡포 속에서 상해를 입고 있을 때 수수방관을 하고 있다면 충성된 종일 수가 없다.

여기서 저자 유다는 예수 그리스도의 종, 충성된 청지기로서 교회를 좀먹고 노략질하는 거짓 교사들과 이단자에게서 교회를 방어하기 위해 붓을 든 것이다. 그의 눈에는 독자들이 성부 성자의 사랑을 받는 자, 아니 이미 예정하시고, 그들을 위해서 독생자를 주시고, 성령을 주시는 일 등으로 벌써 사랑하셨고, 지금도 사랑해 주시는 그러한 자들이다. 동시에 이미 하나님께서 멸망의 자리에서 건지시고 사단의 궤계에서 건지셔서 지켜 주신 그러한 존재들이다. 우선 저자는 그러한 자들에게 긍휼과 평강, 사랑이 풍성해지기를 기원하였다. 바울의 편지 서두에 나오는 인사와는 차이가 있는 인사이다.

2. 유다가 편지를 쓴 동기(3－4)

원래 유다는 사랑하는 성도들에게 일반적인 기독교 구원의 도리를 써 보내어 좀더 적극적인 의미에서 신앙생활의 표준을 가르쳐 주려고 했던 것인데, 성도들에게 유일회적으로 전해진 기독교 신앙을 위해서 투쟁하라는 권면의 글을 쓸 필요를 느꼈다는 것이다. 우선 급하게 생각되는 것은 그 특정 지방에 나타난 거짓 교사들이 기독교의 진리를 거슬러 행동하고 가르치기 때문에 그들을 물리치는 일이 더 급하고 요긴하다는 것이다.

문제를 일으키는 사람들이란 떳떳하게 행동하는 자들이 아니고, 암암리에 이미 흑막을 가지고 들어온 자들로서 우선 경건하지 않은 사람들이고 우리 하나님의 은총을 방종으로 바꿔치기 하는 자, 즉 은혜로 구원을 얻는 것이니 방종을 해도 상관이 없다는 식으로 생각을 하고 그렇게 사람들을 가르치는 자들이다. 게다가 주님은 오직 한분 예수 그리스도 이시며 그를 통해서만 구원이 있다는 사실을 부정하는 자들이다. 그런 이단 사상이 교회에 잠입했으니 어찌 다급한 일이 아니겠는가? 이런 일이 있으리라는 것, 그리고 그런 자들이 정죄를 받는다는 것은 이미 옛 글에 적혀 있는 대로라고 하면서 그런 자들이 하나님의 심판을 받는 것은 기정사실이라고 본다. 여기서 저자는 기독교의 정통적 교리를 부인하고 도덕적으로 방종에 흐르는 이단자들을 공격하고, 반면에 기독교 진리를 방어하는 데 목적을 둔 것을 우리는 알 수 있다.

3. 세 가지 실례의 경고(5—7)

역사는 언제나 우리에게 교훈을 준다. 저자는 세 가지 지난 사건을 실례로 제시하면서 독자로 하여금 그 전철을 밟지 않도록 하려고 한다. 이제 말하려는 세 가지 사건은 이미 독자들이 잘 알고 있는 것들이다. 이것을 보아 독자들이 유대인들이거나 유대인들과 가까이 지내는 이방인들로서 성경의 역사와 외경에 기록된 내용을 잘 알고 있던 사람들인 것 같다.

첫째로, 주님께서 이스라엘 백성을 애굽에서 구출하셨지만, 그 뒤에 믿지 않는 자들을 멸망시켜 버렸다. 틀림 없는 역사적 사실이다. 구원하시는 하나님이시지만, 믿지 않을 때에는 멸망하게도 하신다. 한 번 구원얻었다고 거기서 끝나는 것이 아니고 끝까지 믿음을 지키는 것이 중요하다.

둘째로, 자기들의 권리 한계를 지키지 않고 자기들의 본연의 거처를 버린 천사들의 이야기를 한다. 창세기 6：1~4에 언급된 하나님의 아들들이 사람의 딸들을 사모하여 땅으로 내려와 결혼한 이야기가 점점 발전하여 '하나님의 아들들'은 천사라고 해석되고, 그들에게 배정된 권한, 영역이 있었는데 그것을 버리고 내려왔기 때문에 벌을 받았다는 것이다. 그 이야기가 에녹전서에 기록되어 있는바 유다는 거기서 이 실례를 끌어온 것이다. 결국 자기 위치를 지키지 않고 월권을 한 천사들을 하나님은 방치하시지 않고 대심판의 날까지 영원한 쇠사슬에 매어져 어두운 지옥에 갇혀 있도록 하셨다는 것이다. 천사라 하더라도 하나님의 명과 질서를 어길 때 가차없이 벌을 받았다는 사실을 가지고 경고한다.

셋째로 소돔과 고모라와 그 인근 도시들의 실례를 보라는 것이다. 소돔과 고모라와 기타 주변 성읍들이 위에서 말한 음란한 천사들과 마찬가지로 음란한 일을 했고, 특히 천사들은 영물이면서 사람(여자)과 성관계를 가졌기 때문에 '다른 색'을 따른 셈이고, 소돔, 고모라 사람들은 하나님의 천사(남성)를 불러내어 간통하려고 했다. 즉 남색을 저지르려고 했다(창 19：1—25). 그러니까 '다른 색'이란 말이 나왔고, 그들은 원래 남색을 범하여 온 음란한 도시들이었다. 하나님께서는 그렇게 부도덕한 자들을 방치하시지 않고 불살라 버리심으로 하나의 본보기를 세우신 것이다.

4. 거짓 교사들에 대한 공격(8—13)

위에서 저자는 과거의 역사를 통하여 하나님의 엄한 심판을 설명한 다음, 여기서는 그러한 심판을 받기에 합당한 거짓 교사들을 좀더 세밀히 소개하려고 한다. 우선 그들은 '꿈꾸는 자'라는 말로 묘사되었다. 어떤 엑스타시(황홀경)의 환상을 본다고 주장하면서, 소위 영지를 받았노라고 하면서 사람들을 유혹하고 설득한다. 꿈을 주장하는 것은 주관주의에 빠지기 쉽고, 결국 자기 의견을 진리인 양 고집하게 되는 것이다. 둘째로 그들은 육체를 더럽히는 자들로서 일반적으로 성적 문란을 의미하고 특히 남색하는 일을 가리킨다. 이리하여 결국 음란, 방탕 전체를 포괄하는 말이라고 생각된다. 셋째로 그들은 그리스도의 주권을 무시하는 자들이다. 구태여 예수만을 주님이라고 할 필요가 있느냐는 것이다. 영지주의적 입장에서 볼 때, 예수는 천사 중의 하나이고, 유일한 주님일 수는 없다는 것이다. 이렇게 기독교의 중심 교리를 무너뜨리는 자들이다.

넷째로 '영광을 훼방'하는 자들이다. 여기서 '영광'은 천사를 가리킨다고 본다. 천사를 무시하고 비난하는 자들이라는 말이다. 영지주의적 경향을 가진 자들이 천사의 가치를 무시한다. 천사는 실상 하나님의 사환으로서 하나님의 세계에서 중요한 기능을 수행하고 있으므로 예배의 대상은 될 수 없지만(골 2:18), 무시하거나 소홀히 대해서는 안 될 존재이다. 그런데 여기에 나타난 거짓 교사들이 자기들의 그릇된 철학과 판단에 입각하여 하나님의 사자들인 천사들을 비난하고 무시하는 것은 역시 그릇된 처사가 아닐 수 없다. 하나님의 천사장인 미가엘이 모세의 시체를 놓고 사단과 논쟁이 벌어진 이야기가 '모세의 승천'이라는 위경에 기록되어 있는바, 사단의 불손한 언사에 대해서 미가엘은 같은 천사에게 비난조의 판단을 내리지 않고 부드럽게 "주께서 너를 꾸짖으시리라."는 말을 했다는 것이다. 그것이 온당한 일이요, 모범적인 일이라면 유다가 말하는 그 거짓 교사들의 행동은 확실히 선을 넘은 것이다.

이제 그들을 다시 묘사해 본다면, 꿈을 꾸는 자라고 자칭하며 어떤 신묘한 것을 보고 아는 것 같지만, 사실은 아무것도 아는 것이 없으면서 입만 살아서 남을 욕하고 비난하고 있으며, 이성 없는 짐승들처럼 본능을 따라 사는 사람들이다. 먹고, 마시고, 자고, 놀고, 충동대로 성관계를 즐기고 방종하는 생활을 하는 사람들이다. 그리고 결국 파멸을 자초할 수밖에 없다. 여기서 저자는 다시 구약성경에서 실례를 끌어다가 비교해 보여 준다.

첫째는 가인에다 비교한다. 가인이 생각을 깊이 하지 못하고 본능적으로 행하고 살인죄를 범하였듯이, 여기의 거짓 교사들이 신령한 의미에서 형제들을 멸망에로 이끌고 있는 살인적 범죄자들이다.

둘째로 자기 이익을 위해서 정로를 걷지 못하고 발람처럼 그릇된 길을 가고 있다는 것이다. 발람은 발락의 뇌물을 받고 이스라엘을 저주하라는 청을 여러 번 받았지만 거절하였다. 그러나 후대 전통에 의하면 마지막에는 발람이 변절하여 뇌물을 받고 이스라엘을 저주했다는 것이다(신 23：4, 느 13：2, 계 2：14, 요세보의 고사기 4：118 등). 돈을 탐하여 원칙을 버린 실례의 하나이다.

셋째로 고라의 반역 사건(민 16：1—35)을 예로 들었다. 모세와 아론의 지도권에 반기를 든 고라 일당이 땅에 매몰되어 죽은 사건이 있다. 거짓 교사들은 고라처럼 하나님께 반역하는 자들이라고 하며 저주하는 것이다.

이상에서는 구약 역사에 나타난 사건과 비교했지만, 이제는 현실의 사물에다 비교한다. 그들은 그리스도인이란 이름을 가지고 교회공동체에 섞여서 살면서 사랑의 잔치(애찬)에 동참하고 같이 두려움 없이 먹고 즐기기는 하지만, 암초 노릇을 하며, 비진리를 속삭이고 주장하는 일 등으로 인해서 평화스럽고 사랑스럽던 분위기를 깨뜨려 버리기 일쑤이고, 남들과 같이 사귀면서도 결국 자기 그룹의 이익을 도모하고 자기 파당을 조성하는 자들이다. 비를 고대하는 땅에 구름이 떠오르면 비가 내리기를 기다리는데, 비를 한 방울도 뿌려 주지 않는 구름장처럼, 실망만 주고 실속이 없는 자들이다. 그러다가 결국 바람에 휘날려 가버린다.

그들은 또한 늦은 가을이 되도록 열매를 맺지 못하는 나무와 같다. 그들은 영적으로, 도덕적으로 죽은 자로서 결국 파멸만이 그들을 기다리고 있다. 그들은 또한 바다의 파도와도 같아서 이리저리 정처없이 동요하면서, 물거품처럼 하염없이 추태만 나타내면서 살아간다. 그리고 그들을 혹성에다 비교했다. 제길을 가지 않고 빗나가 딴 길을 가는 별이 마침내 파멸한다고 본 옛 사람들의 생각을 토대로 한 것이다. 이러한 여러 가지 은유를 통해서 그 거짓 교사들의 말로는 결국 파멸이라는 것을 말해 준다.

5. 에녹의 예언을 적용함(14—16)

유다는 여기서 에녹전서 1장의 내용을 인용하였다. 아담의 7대손 에녹의 예언에 의하면, 하나님께서 천천만 거룩한 부하를 거느리고 오셔서 모든 사람을 심판하실 것이고, 모든 불경건한 자들을 정죄하신다는 것이다. 불경건한 자들이 저지른 죄를 열거한다면 쑥덕거리는 자, 불평분자, 욕정을 따라 사는 자, 허탄한 말을 하는 자, 이익을 위하여 아첨하는 자들이다.

6. 사도들의 말씀을 적용함(17—19)

결국 중요한 것은 주 예수를 목격한 사도들의 교훈이다. 교회는 선지자와 사도의 터 위에 세워져야 하는 것이다(엡 2 : 20). 그리스도 사건을 토대로 하고 그것을 목격한 사도들의 성실한 가르침이 교회의 전통이 되고 그것이 표준이 되어 변함없이 지켜져야 하는 것이다. 유다는 지금 그 말씀들을 상기시키는 것이다. 올바른 처사가 아닐 수 없다. 사도들의 많은 말씀 중에 특히 말세에는 불경건한 욕정을 따르는 사람들이 나타나 도덕과 종교를 멸시하고, 교만하여 방종을 선전하게 될 것이라는 내용의 예언을 상기하라는 것이다. 그들은 결국 당파를 짓는 자들이며, 세속적이며, 진정한 의미의 영은 소유하지 못한 자들이다. 신령한 체하지만 결코 하나님의 영을 소유한 참 신자가 아니라는 말이다. 그러므로 사도들이 한 말, 특히 말세에 대한 경고의 말씀을 회상하며 경고를 받아야 한다는 것이다(행 20 : 29 이하, 딤전 4 : 1—3, 딤후 3 : 1—5, 4 : 3, 막 13 : 5이하, 21 이하).

7. 성실한 자들에 대한 권면(20—23)

유다는 끝으로 몇 가지 중요한 권면을 준다.

첫째, 지극히 거룩한 믿음 위에 자신을 세우자 : 결국 신앙을 최고의 것으로 여기고, 그것에 기초하여 인격과 생활이 형성되도록 하라는 것이다.

둘째, 성령으로 기도하라. 성령과 통하는 부단한 기도생활이 필요하다.

셋째, 하나님의 사랑을 느끼고, 또 하나님을 사랑하는 마음을 언제나 간직하라.

넷째, 영원토록 예수 그리스도의 긍휼을 의지하고 사모하라 : 자기의 공로를 믿지 말고 언제나 그리스도의 자비와 긍휼을 의지하라.

다섯째, 의심을 가진 자들을 불쌍히 여겨 확신을 넣어 주도록 노력하라.

여섯째, 불 같은 시험을 당하는 자들을 건져 구원으로 인도하라.

일곱째, 죄에 물든 자들의 죄를 미워하고, 경건한 마음으로 그들을 불쌍히 여겨 위하여 기도하며 바른 길로 인도하려고 노력하라.

8. **송영**(24—25)

저자는 끝으로 하나님께 찬양을 한다. 하나님은 성도들이 어떤 이단 사설과 환난 중에서도 실족치 않도록 수호하실 능력을 가지셨다. 하나님의 영광의 보좌 앞에 흠이 없는 자로 기쁨을 가지고 설 수 있게 하시는 분이시다. 그러므로 주 예수 그리스도를 통하여 구주 하나님께만 영광과 위엄과 능력과 권세가 과거, 현재, 미래, 영원까지 있기를 기원하고 찬양하였다.

□ 토의문제

1. 유다가 인용한 '에녹서'라든가 '모세의 승천' 같은 위경에 대해서 우리는 어떤 태도를 취해야 하며, 그것들이 가지는 가치는 어떤지 생각해 보자.
2. 유다서가 초대교회와 종교개혁자들에게 반대를 받은 일이 있는데, 그 중요한 이유가 무엇이었을까 생각해 보자.
3. 유다서가 우리에게 가르치는 것은 무엇인가?

□ 참고도서

베드로 전서 참고도서를 참고하라.

예언서(묵시)

요한계시록

예 언 서

계시록의 의미와 특징

신약성경 가운데 요한 계시록처럼 해석하기 어려운 책은 없다. 이 책은 환상과 상징과 비유가 많기 때문이다. 요한 계시록은 묵시문학서의 하나로서 구약성경 다니엘서와 함께 박해받고 환란당하고 있는 성도들에게 위로와 격려를 주기 위해 기록한 책이다.

계시록의 주된 사상은 종말론으로, 말세에 나타날 사건들과 하나님 나라를 계시해 주고 있는 책이다. 요한은 주후 96년경 밧모 섬에 귀양가서 환상 가운데 본서를 기록한 것이다. 본서에는 '내가 보매'라는 말로 시작되는 부분이 많이 있으며 '성경에' '성령으로'라는 말로 시작되는 네 부분이 있다. 그리고 이 책에는 7로 구성된 것이 많이 있다. 일곱 교회, 일곱 영, 일곱 인, 일곱 나팔, 일곱 우뢰, 일곱 대접, 일곱 인물과 일곱 가지 복이 많이 나타난다. 그러므로 '일곱'에 대한 의미를 바로 알아야 할 것이다.

이 책에는 4생물, 4말 탄 사람, 12기초석, 12문, 12가지 실과 24장로들의 특별한 수가 많이 나타나고 있으므로 특별한 숫자에 대해 깊이 이해해야 할 것이다.

요한 계시록

I. 계시록의 성격

요한 계시록은 읽은 사람들마다 성경의 다른 부분과는 다르다는 느낌을 반드시 가지게 된다. 처음부터 끝까지 이상한 상징적 형상들이 나타나고 숫자가 많이 나타나는 등, 어리둥절해지고 갈피를 잡을 수 없으리 만큼 미궁으로 끌고 들어간다는 느낌을 주는 책이다. 그런 느낌을 가지는 것이 당연하다. 그런 만큼 계시록은 특이한 책이고, 구약성경의 다니엘서와 함께 독특한 유형을 이루고 있다.

한마디로 말해서 요한 계시록은 묵시적으로 어떤 진리를 말하고 전달하는 책이어서 겉으로 읽혀지는 것, 즉 문자적인 표현을 액면대로 받아들이는 것이 아니라 그것들이 상징하는 바가 무엇인지를 찾아내어야 하는 것이다. 쉽게 말해서 요한 계시록이 기록되던 당시의 불신자들이나 로마 관헌들에게는 그 책의 내용이 전혀 이해될 수 없었고, 종잡을 수가 없었던 것이다. 그러나 성도들 사이에서는 그들 사이에 암암리에 통하고 있던 특수한 상징들로 기록되었기 때문에 이해할 수 있었고, 따라서 격려와 위로를 받고 크게 가르침을 얻을 수 있었던 것이다.

우리는 지금 거의 2000년이라는 세월을 지낸 후에 살기 때문에 그 상징들을 쉽게 이해하기가 어렵다. 많은 경우에 계시록을 해석하는 사람 중에는 그 내용을 문자적으로 해석함으로써 크게 실수를 하고 엉뚱한 결과를 가져오는 경우가 있다. 구약성경의 다니엘서나 에스겔서, 그리고 신구약 중간시대에 생겨난 유대인들의 기타 묵시문서에 사용된 많은 상징들이 계시록에 사용되었기 때문에 그러한 문헌들과 비교도 하고 참고하면서 그 상징의 의미를 찾아나가야 할 것이다.

Ⅱ. 계시록 해석방법

요한 계시록은 이미 언급한 바와 같이 쉽게 해석하기 어려운 책이어서, 과거 교회역사 속에서 많은 사람들의 여러 가지 해석이 나타난 것을 볼 수 있다. 그러나 우리는 그것들을 분류해서 검토하는 중에 가장 적당하고 옳다고 보이는 방법을 채택해서 해석해야 할 것이다.

1. 과거적 해석(Preterist)

요한이 계시록을 기록한 것은 그 당시 소아시아에 있는 일곱 교회를 대상으로 하고 쓴 것으로서, 그 내용은 처음부터 끝까지 그 당시에 일어났고 또 일어나고 있던 사건들과, 그 때에 곧 일어날 사건들을 기록한 것으로 보아 하나하나 그 당시의 역사에다 연결지어 해석하려는 방법이다. 물론 요한이 계시록을 쓰면서 그 당시 교회를 염두에 두지 않고, 특히 박해를 당하며, 고통하고, 낙심하고 실의에 차 있는 성도들을 고려하지 않고 딴 생각을 했으리라고 생각할 수는 없다. 그러나 계시록의 내용은 단순히 제1세기의 역사를 말해 주는 것으로만 해석한다는 것은 너무 좁은 생각에서 나온 판단이라고 본다.

2. 역사적 해석(Historical)

이것은 요한 계시록을 교회역사 전체에 대한 상징적 예언으로 보고 해석하는 방법을 말한다. 즉 그리스도의 재림과 역사의 종말에 이르기까지의 전체 교회역사에 대한 시간표를 그려 준 책으로 여기면서, 요한 계시록의 내용을 구체적으로 교회역사에 나오는 사건들에 마추어 나가려고 한다. 그래서 심지어 어떤 사람은 요한 계시록에 나오는 짐승을 로마 교황이라고 해석하고, 거짓 선지자를 로마교회라고 보는 등 너무도 주관적인 해석을 함으로써 모순된 결론에 도달한다.

3. 상징적(이상주의적) 해석(Symbolic 또는 Idealist)

이 방법은 요한 계시록이 단지 하나님의 나라와 사단의 악마적 세력 사이의 우주적 영적 마찰을 상징적으로 묘사한 책이라고 보면서 해석한다. 예컨대 요한 계시록에 나오는 짐승은 그것이 어디서 나타나든지 간에 교회를 탄압하기 위해서 나타나는 사단적인 악을 가리킨다고 보는 식의 해석이다. 그러나 계시록은 묵시문학이라는 문학유형에 속하는 것으로서, 묵시문학적 상징이란 우선 역사의 종말과 하나님 나라의 내림에로 지향하는 역사적 사건들과 연결되어 있어서, 단순한 상징으로만 볼 수도 없는 것이다.

4. 미래적 해석(Futurist)

이 해석은 요한 계시록이 주로 세상 종말에 있을 사건들을 상징적 용어로 묘사한 예언이라고 본다. 그러나 만일 계시록의 내용이 순전히 역사 종말에 있을 사건만을 예언한 책이라면 1세기의 아시아의 교회들에게 무슨 위로가 되고 격려가 되었겠는가라는 반문을 받게 된다. 그러면서도 생각해야 할 것은 구약의 예언이 반드시 자기 시대의 사건에 대해서만 말하는 것이 아니고 앞으로 될 일, 또는 역사의 종말에 있을 일과도 결부시키고 있다는 사실이다.

이와 같이 요한 계시록은 물론 제 1 세기에 나타난 로마제국의 기독교 박해를 염두에 두고 있지만, 동시에 세상 종말에 있을 궁극적 구원과 세상의 악한 세력에 대한 심판에 대해서 소아시아 교회에게 확신을 가지게 하면서, 그 원리를 그 당시 교회에도 적용시켜 격려와 위로가 되게 하려고 한 것이다. 요한 계시록에 나타나는 짐승은 로마제국일 수 있고, 동시에 종말에 나타날 적그리스도일 수도 있다. 그리고 교회

역사의 어느 시대에서나 교회가 당면할 수밖에 없는 모든 악마적 세력일 수도 있다. 대환난은 주로 종말적 사건이겠지만, 제1세기 로마제국 때문에 교회가 경험한 환난도 거기에 내포시킬 수 있는 것이다.

이렇게 우리는 요한 계시록을 해석할 때 위의 어느 한 가지 방법에 치우칠 것이 아니라, 과거적 해석을 우선 토대로 하고 상징적 해석과 미래적 해석을 곁들여서 해석해야 한다고 본다. 그것은 묵시문학의 성격상, 그리고 요한 계시록 기자가 스스로 예언이라는 말을 쓰고 있기 때문에 미래적 해석을 결코 무시할수 없으며 또한 상징적 용어를 쓴 것이 사실이기 때문에 이 세 가지 방법이 같이 사용되어야 공정한 해석이 나온다고 본다.

Ⅲ. 내용 분해

계시록의 내용을 대략 아래와 같이 구분하여 볼 수 있다.

1. 서론(1：1—20)
2. 일곱 교회로 보낸 편지(2：1—3：22)
3. 하늘 궁전에서의 찬미(4：1—5：14)
4. 일곱 인(印)(6：1—8：1)
5. 일곱 나팔(8：2—11：19)
6. 교회와 악마의 세력의 충돌(12：1—14：5)
7. 일곱 대접(재앙)(15：1—16：21)
8. 바벨론의 멸망(17：1—19：5)
9. 최후의 승리(19：6—20：15)
10. 새 하늘과 새 땅(21：1—22：5)
11. 맺는 말(22：6—21)

위에서 해석방법을 다룰 때 언급한 바와 같이 요한 계시록이 교회 역사의 시간표와 같은 것이 아니기 때문에 그 내용을 일직선적으로, 순서대로 차례차례 일어난 일들이라고 보면서 해석할 수는 없다고 본다. 많은 학자들의 견해와 마찬가지로, 종말을 내다보면서 역사에 나타난 일들을 상징적으로 들고 나오다가 필요하면 다시 뒤로 돌아가기도 하고, 어떤 중요한 것을 확대시켜 보다 세밀하게 설명을 붙이기도 하면서 점진적으로 종말로 접근해 나가고 있는 것을 볼 수 있다. 예컨대 일곱 인을 떼는 이야기(6：1—8：1)에서 일단 종말까지의 역사를 훑어 나간다. 그리고 다시 뒤로 돌아가서 또 필요한 것을 되풀이하면서 첨가해 나가는 식으로 발전시킨 것을 볼 수 있다.

Ⅳ. 내용 개요

기독교 박해 때문에 요한이라는 교회지도자가 밧모 섬에 유배되어 있으면서 아시아의 일곱 교회를 향하여 편지형식으로 격려와 위로의 글을 썼다. 도저히 감당할 수 없는 심한 박해로 인하여 연약한 신앙을 가진 사람들은 낙심하고 배교하고야 말 그러한 흑암의 상태에서도 역사는 세상 권세를 잡은 마귀와 그 졸개인 세상 집권자의 손에서 좌우되는 것으로 보이지만 실상은 그렇지 않다는 사실을 말하고 있다. 세상의 역사는 그저 암흑 속에서 사단의 뜻이 이루어지는 방향으로 끝없이 진전되는 것 같이 보이지만 실상은 그런 것이 아니며 하나님께서 주관하신다.

우선, 예수는 로마 권력에 의해서 무참히 살해당해서 죽어 없어진 것으로 보이지만 실은 그가 살아 계시고 어마어마한 권능과 위엄을 가지고 존재하시면서 교회를 돌보시며 교회의 사자들을 보호하고 계시다는 것을 1：9~20에서 환상으로 제시한다. 그리고 일곱 교회를 일일이 언급하면서 잘한 점, 못한 점을 지적하고 끝까지 참고 이기라는 격려를 한다(2—3장). 이렇게 참고 이길 수 있기 위해서 보다 확실한 환상으로 승리의 가능성과 그 확실성을 보여 준다. 4장에서 역사의 주인공은 로마의 가이사가 아니라 하늘 보좌에 앉으신 하나님이심을 보여 준다.

5장에서는 그 보좌에 앉으신 하나님의 손에 역사의 두루마리가 들려 있는 광경을 보여 주며, 역사가 얽히고 얽혀 꽉 막힌 듯하지만 다윗의 후손에서 나온 사자, 곧 예수가 그 역사를 제길로 풀어 나갈 자격을 가지셨다는 사실을 보여 준다. 즉 예수가 하나님의 어린양으로 오셔서 만인을 위하여 제물이 되어 주신 속죄의 사건을 통하여 인간은 구원을 받고 영생의 길을 가게 됨으로 실마리를 찾게 된다. 즉 복음의 사건만이 역사가 바른 길로 가게 만든다는 것이다. 이렇게 요한 계시록 전권에서 어린양이란 말이 28회나 사용되면서 결국 어린양(복음 사건)의 역사를 통하여 우주역사가 아름다운 종결을 짓고 승리에 도달한다는 것을 보여 준다.

6장 이하에서 역사가 전개되며 특히 악마가 득세하여 인간 사회에서 횡포하며 갖은 소란을 다 피우고 따라서 교회가 그로 인해서 말할 수 없는 어려움을 겪게 되지만, 그리고 사단의 하수인으로서 정치권력들과 문화, 사상 등이 세상을 어둡게 하고 선한 세력과 싸워 득세하는 것 같지만, 하나님은 살아 계셔서 그들을 이기시고 마침내 그들이 멸망하고, 사단도 갇히고 만다. 다만 어린양 예수의 피로 인해서 죄 씻음을 받은 성도들, 끝까지 믿음을 지키고 승리한 자들만이 하나님의 어린양의 혼인잔치에 참여하는 영광을 차지하게 된다. 오직 하나님과 그 어린양만이 찬양을 받는 새 하늘과 새 땅이 이루어지고 생명강과 생명나무를 즐기는 영원한 나라를 차지하게 되는 희망 찬 미래가 있음을 말해 준다. 그러므로 역사는 하나님의 장 중에 있다는 사실과 어린양 예수를 믿고 그를 증거하다가 고난을 당하더라도 끝까지 참아 그 최후의 영광을 얻을 수 있도록 하자는 목회자적인 권면을 상징적으로 또는 적극적으로 하는 책이 바로 요한 계시록이다.

Ⅴ. 내용 해설

1. 서론(1：1—20)

1) 표제설명(1：1—3)

편지형식으로 글을 쓰려고 하지만, 다른 편지와 다른 점은 문학적으로 단순한 편지가 아니라 묵시문학적인 형태로 된 편지라는 것을 서두에 밝히려고 한다. 예수 그리스도의 계시를 기록한 편지라는 말이다. 여기에 계시라는 말은 아포칼립시스(ἀποκάλυψις)라고 하여 문자대로는 '열어서 보여 준다'는 뜻인데, 문학적으로는 apacalytic이라고 해서 주로 상징을 가지고 표현하는 박해시대의 문학을 가리키는 것이다. 계시록의 내용은 하나님께서 예수 그리스도에게 주신 것을 천사를 통하여 요한에게 보여 준 것으로서, 한마디로 예수 그리스도의 계시라 할 수 있고 따라서 그 이상 더 권위가 있을 수 없다. 그러므로 이 내용을 듣고 지키는 자가 행복한 자일 수밖에 없다.

2) 인사와 송영(1 : 4—8)

그 당시 일반 편지형식을 따라서 먼저 발신인이 나온다. 즉 요한이라는 사람이 쓴 것으로 되어 있다. 그리고는 아시아에 있는 일곱 교회를 수신인으로 하고 있다. 그 다음에 은혜와 평강이 있기를 바란다는 기독교적 인사가 뒤따른다. 바울의 인사는 대개 하나님과 그리스도로부터 오는 은혜와 평강을 비는 것으로 되어 있는데, 여기서는 성부, 성령, 성자 삼위께로부터 오는 은혜와 평강을 빌고 있는 점이 다르다. 그리고 성삼위에 대한 설명에서부터 독자에게 큰 격려와 위로가 되는 내용이 나타나 있다. 성부 하나님은 과거에만 계신 분이 아니라 지금도 계시고 장차도 오실 분이시다. 성령은 하나님 보좌 앞에 현존하는 일곱(완전) 영으로서 현실의 교회 형편을 샅샅이 아시고 계시는 분이시다. 성자는 변함이 없이 신실하신 증인이시며, 죽은 자들의 첫 열매로서 다시 살아나신 분이시고, 이 땅 모든 왕들의 통치자이시기 때문에 로마의 가이사도 그리스도의 지배 하에 있다는 것이다(4—5절 이하).

따라서 찬송이 터져 나올 수밖에 없다. 특히 그리스도께 찬미를 드린다. 왜? 우리를 사랑하시되 당신의 피를 흘려서 우리를 죄에서 해방시키셨기 때문이다(5절 이하). 그리고 우리를 하나의 왕국으로 삼으시고 하나님 아버지 앞에 제사장의 자격을 가지게 하셨다(6절 상반). 이와 같이 처음부터 예수 그리스도의 대속적인 복음 사건이 중심 골격을 이루고 있다. 그리고 계시자이신 하나님께서 이 책에 대한 뒷받침을 해주셨다. 로마의 가이사와는 달리 하나님은 '알파와 오메가'이시다. 잠깐 있다 없어지는 자가 아니라 영원하신 분이며, 모든 것의 주인이시며, 만능의 주재이어서 그의 계시는 참되며, 그 앞에서 모두는 잠잠할 수밖에 없다는 것을 암시해 준다(8절).

3) 편지를 쓰라는 명령과 그리스도의 환상(1 : 9—20)

우선 9~11절에서 저자 요한은 자기의 처지를 밝히며 거의 같은 처지에 있는 아시아의 일곱 교회를 향해서 편지를 쓰라는 하나님의 명령을 받아 썼다는 사실을 밝힌다. 즉 이것이 요한 자신의 주관에서 나온 산물이 아니고 하나님께서 성령으로 감화시켜 실재의 세계를 보고 듣게 하여 그것을 그대로 쓰게 한 것이어서 어김이 없고, 또 반드시 알아야 할 일들임을 강조해 둔다. 하나님의 말씀을 증거하고 예수의 증인 역할을 하다가 핍박을 당하는 교회와 그 사자들이 이제 신령한 눈을 가지고 실재의 세계를 보고 위로와 격려와 교훈을 받게 하려고 요한에게 명령을 내려 본바를 기록하여 일곱 교회로 보내게 한 것이다.

12~16절에서 요한은 제일 처음으로 본 신령한 그리스도의 모습을 묘사했다. 물질적인 면에서 예수 그리스도는 로마법에 의하여 십자가형을 받아 예루살렘 북문 밖에서 죽어 묻혀 사라졌고 이제는 세상에 없는 자이다. 그러나 성령은 요한의 눈을 열어 그의 실재를 나타내 보여 준 것이다. 신령 중에 계시는 분을 인간의 말로 그대로 묘사할 수는 없다. 그러므로 결국 상징적 표현으로만 묘사하게 되는 것이다.

무엇보다도 중요한 것은 예수 그리스도가 죽어 없어진 것이 아니라 아직 엄존하셔서 일곱 금촛대 사이에 계시다는 사실이다. 일곱 촛대는 1 : 20에서 밝힌 대로 일곱 교회를 가리키는 것으로서, 박해로 말미암아 교회가 닫히고 파괴되고 자취를 감추게 될 지경으로 보이지만, 실은 금으로 만든 촛대처럼 불변하는 것으로 결코 없어지지 않는 것이며, 예수 그리스도도 죽어 없어진 것이 아니라 살아 계셔서 교회와 함께 계시는 것이다. 그리스도가 겨우 생명을 부지하고 살아 남아 있다는 것이 아니라 13절 이하에 묘사된 모습은 사람으로서는 가히 상상도 못할 어마어마한 영광과 존귀와 권능을 가지신 분으로 계시기 때문에 세상의 어느 누구도 그를 대항할 자가 없다는 것을 알 수 있다. 상징적으로 묘사된 예수의 모습을 상상해 보라.

발에 끌리는 긴 옷을 입으셨다.

허리에는 금띠를 띠었다.
머리와 머리카락은 흰 양털과 흰 눈과 같다.
그의 눈은 불꽃 같다.
그의 발은 풀무불에 달아오른 주석과 같다.
그의 음성은 많은 물 소리와 같다.
그의 오른 손에 일곱 별(교회의 사자들)을 쥐고 계시다.
그의 입에서는 예리한 양날 칼이 나오고 있다.
그의 얼굴은 대낮의 태양처럼 빛난다.

이러한 모습을 가진 자가 내 편이 되시고, 특히 우리를 그 전능의 손에 보호하고 계신다면 무슨 염려가 있겠는가? 어찌 최후의 승리가 우리 것이 아니겠는가?

누가 이 엄위하신 모습 앞에 감히 머리를 들고 설 수 있겠는가? 요한은 엎드러지고 말았다. 예수께서 다시 요한에게 기록을 명령하시면서 특히 교회들과 그 사자들에 대한 계시를 기록할 것을 지시하셨다. 결국 이 책의 내용은 이 역사 속에서 교회와 그 사자들이 살면서 당하게 될 사건들과 종국에 가서 이루어질 일을 보여 주고 있는 것이다. '네가 본 것과 이제 있는 일과 장차 될 일'을 기록한 것이다. 교회는 하나님께서 불러내신 그의 자녀들의 공동체이며, 특히 교회의 사자들은 그리스도의 능력의 옳은 손아귀 속에 있는 존재로서 하나님이 지키시고 하나님께서 승리케 하시는 것이므로 믿고 찾아야 하는 것이다. 어린양의 피로 구원받고 그의 능력으로 살고 마침내 그의 능력으로 새 하늘 새 땅을 차지하게 되는 것이다. 사람의 능력이나 지혜로 되는 것이 아니다. 그러므로 2~3장에서 이 땅의 교회의 모습을 소개하면서 거듭 참고 견딜 것을 당부한다.

2. 일곱 교회로 보낸 편지(2 : 1—3 : 22)

그 당시에 교회가 일곱만 있었던 것이 아니며, 요한이 반드시 그 일곱 교회와만 관계를 가졌던 것은 아닐 것이다. 일곱이란 수는 완전 수로서 모든 교회를 의미할 수 있다. 그러므로 여기에 나타난 일곱 교회의 모습은 모든 교회들의 모습이라고 보아야 하겠고, 그들에게 주신 경고, 책망, 권면, 위로는 다 모든 교회를 향한 것으로 받아들여져야 만 하겠다. 그 일곱 교회를 분석하면, 서머나교회와 빌라델비아교회처럼 칭찬만 받는 교회도 있고, 사데교회나 라오디게아교회처럼 책망만 받는 교회도 있고, 에베소, 버가모, 두아디라교회처럼 칭찬도 받고 책망도 겸해서 받는 교회가 있다.

세상에 존재하는 교회이기 때문에 사단의 유혹과 여러 가지 악한 세력 때문에 그것과 싸우는 중에 이기는 경우도 있고, 지는 경우도 있고, 가지가지의 형편에 처하게 되지만, 공통적으로 염두에 두어야 할 것은 성령의 지시를 잘 따라야 한다는 것이다. "귀 있는 자는 성령이 교회들에게 하시는 말씀을 들을지어다."라는 말씀이 매교회마다 주어졌다. 악한 세상을 살아가야 하고 악마의 세력과 싸워 나가야 하는 불가피한 상황에서 교회는 성령의 지시를 받을 수 있는 특권과 의무를 가지고 있다. 인간의 힘으로는 결코 사단의 궤계를 막아낼 도리가 없다. 하나님께서 성령을 교회에게 허락해 주신 것은 그 이상 없는 은총이요, 위로가 된다. 성령은 보혜사로서 교회를 여러 모로 돕는 분이시다. 격려하고, 위로하고, 대면하고, 가르치고, 경고하고 모든 면으로 도와 주시는 성령이 우리와 함께 계시니, 그의 말씀을 귀담아 듣고 복종하면 이길 수 있는 것이다. 매교회에게 공통적으로 하신 말씀은 '이기는 자는'이라는 조건적 말씀이다. 교회는 이길 수 있는 조건을 가지고 있다. 그리고 이겨야만 한다. 마귀를 이기지 않으면 결국 멸망하기 때문에 교회는 악과의 싸움에서 이겨야 하는 것이다. 우리의 현재 상황이 어떻든지 간에 성령의 지시를 따라 바로 싸워서 승리하는 교회가 되어야 한다. 그리고 그럴 가능성을 가진 존재이다.

3. 하늘 궁전에서의 찬미(4：1—5：14)

2~3장에서는 땅의 교회들의 불안한 상황을 보여 주었고, 싸워서 이겨야 할 책임을 가진 불확실성을 안은 교회를 보여 주었다. 그러나 이제 4~5장에서는 장면을 옮겨서 하늘의 광경을 보여 준다. 땅만 바라보고 현실만을 본다면 거기에는 어두움과 고난과 불확실성과 불안이 가득하고 그것이 전부인 것 같이 보이지만, 이제 성령의 감동으로 실

재의 세계, 즉 하늘의 세계를 보면 새로운 인식을 하기에 이른다. 물질주의가 팽배하고 사단이 뿌리는 연막으로 인해서 하늘이 보이지 않는 절망 속에서 살고 있는 인간들이지만 성령이 열어 주시는 눈으로 관찰하게 되면 보다 근본적인 세계, 하늘이 보이고 또 하늘과 땅은 전혀 별개의 것이 아니라 이미 문이 열려 있고 서로 통하는 세계임을 알 수 있다. 그리스도는 이미 참 대제사장으로서 하늘과 땅을 연결하는 문을 열어 놓으셨고, 그 휘장은 이미 사라져 버린 것이다.

성령의 감동으로 실재를 바로 보게 될 때 보이는 것은 하늘에 진짜 왕좌가 있더라는 것이다. 로마 성에 있는 가이사의 자리가 왕좌가 아니고 하늘에 있는 하나님의 왕좌가 참 왕좌라는 것이다. 그 왕좌와 거기에 앉으신 참된 지배자의 모습을 귀한 보석과 무지개로써 상징하였다. 그 왕좌 주위에는 24개의 좌석이 마련되어 있고, 그 위에 24장로들이 금월계관을 쓰고 흰옷을 입고 앉아 있다. 그들은 구약의 12족장과 신약의 12사도를 상징하는 것으로 보이는데, 하나님께서는 영원 전부터 계획하신 대로 실패하시지 않고 이루어 나가시고, 구원받은(흰옷 입은) 백성들로 하여금 승리의 월계관을 쓰고 하나님과 함께 왕 노릇하게 하시는 것을 암시한다. 그 왕좌에서 나오는 소리나 그 앞에 켜 있는 밝은 등불은 하나님의 영을 상징하는 것으로서 세상의 그 어느 것과도 비교가 되지 않는다. 그 엄청난 소리와 엄청난 밝기는 사람들을 완전히 압도하고도 남는 것이다.

그 옥좌 앞에는 수정같이 맑은 유리의 바다가 있다. 현대에는 유리가 흔하여 별 것 아니지만, 옛날 사람들에게는 수정같이 맑은 유리는 매우 값진 것이며, 그런 유리 바다가 어전에 깔려 있다는 것은 참으로 황홀한 것이 아닐 수 없다. 하나님의 옥좌는 네 개의 생물로 둘러싸여 있는데 안과 밖이 눈들로 가득한 생물들이다. 첫째는 사자 같고, 둘째는 소 같고, 셋째는 사람 같고, 넷째는 독수리 같다. 이것은 이사야 6：1~3과 에스겔 10：14의 광경을 방불케 하는 것으로, 하나님께서 땅 위에다 창조하신 생물들을 대표하는 것들로 보인다. 야수를 대표하는 사자, 가축을 대표하는 소, 새를 대표하는 독수리, 그리고 인간, 그러니까 생명을 가진 피조물의 전부를 상징한다.

하나님의 보좌 둘레에는 하나님의 아름다운 피조물이 모든 정력과 슬기와 기동력을 가지고 하나님의 통치와 뜻을 이루시는 데 이바지하고 있다. 그리고 쉬지 않고 하나님께 대한 찬미가 이루어지고 있다. 땅에서는 로마 황제에게 예배를 드리지만, 마땅히 할 일은 하나님께 대한 예배와 찬미이다. 하나님만이 예배를 받으실 분이기에, 하늘에 있는 24장로들마저도 그들의 월계관을 벗어 하나님 보좌 앞에 던지면서 찬미를 부른다. 창조자이시며, 주님이신 하늘의 하나님만이 영광과 존귀와 능력을 받으실 자격을 가지신 분이라는 내용의 찬양을 드리는 것이었다. 이와 같이 하늘과 왕좌와 거기 앉으신 하나님을 보게 될 때 땅에서 벌어지고 있는 모든 인간적 군왕숭배나 우상숭배 등이 얼마나 우스꽝스럽고 못마땅한가를 느끼게 된다.

제 5 장으로 접어들면서는 좀더 새로운 국면이 전개된다. 하늘 왕좌에 앉아 계시는 하나님은 그의 오른손에 일곱 인으로 봉한 두루마리를 들고 계시는 것이었다. 그것은 인류 역사의 청사진 또는 계획서라고나 할까, 특히 앞으로 종말이 오고 신천신지가 나타나기까지의 계획으로서 불변하는 것이며, 아무도 알 수 없는 비밀스런 것이다. 하나님의 오른손에 들려 있는 하나님의 계획대로 역사가 진전될 것이지 어느 누구도 간섭하지 못하며 어느 누구도 그것을 변경시키지 못한다. 사단이나 그의 졸개들이 마음대로 하는 것 같고 세상을 그들 마음대로 좌지우지하는 것으로 보이지만, 확실한 것은 하나님의 능력의 오른손에 그 모든 계획이 들어 있다는 말이다.

그러나 하나님의 계획이 제대로 풀려 나가서 그 목적이 성취되는 데 있어서는 불가피한 한 가지 요소가 필요하다. 에덴동산에 이변이 생기고 인간이 쫓겨나고 만물이 함께 저주를 받고 사단이 공중의 권세를 잡고 장난을 치는 이러한 얽혀진 상황을 전제로 하고, 그 모든 문제가 해결되기 위해서는 틀림없이 하나님 자신의 조치가 필요한 것인데, 그 구체적 방법은 독생자가 세상에 인간으로 나타나 속죄양으로 희생되는 사건과, 따라서 그가 사단을 싸워서 이기고 만물을 그 발 아래 복종케 하는 역사가 반드시 필요한 것이다. 그렇기에 하나님의 그 방대한 계획은 그의 아들, 어린양 예수의 손에 의해서 해결되며 풀려 나갈 수 있는 것이다. 이미 예수께서 어린양으로 피를 흘리셨기 때문에 이제부터 역사의 해결 관건이 그에게 있는 것이 사실이다. 하늘에는 하나님의 옥좌와 네 생물과 24장로들만 있는 것이 아니라 거기에 이미 그 어린양이 같이 서 있는 것이었다.

이미 죽임을 당한 그 양이 있는 것이었다. 예수는 죽임을 당하여 땅에 묻혀 없어진 것으로 사람들은 알고 있었지만 사실은 하나님의 아들로서 승천하셔서 하나님과 함께 하나님의 보좌에 앉아 계시고 앞으로의 역사는 그의 손에 의해서 선한 길로 해결되어 갈 것이다. 그는 뿔을 열 개나 가지신 분으로서 완전한 권세의 소유자임을 상징한다. 눈이 일곱이나 있는 분이셔서, 그 눈앞에 감추일 것이 하나도 없으며, 그가 모르시는 것이 하나도 없을 것이다. 성도가 박해당하는 억울한 사정도 아시고, 악인들의 악행도 샅샅이 보고 아시는 분이시다. 그 분이 하나님의 오른손에서 그 두루마리를 받아드셨다.

역사는 어린양의 손에서 풀려 나갈 것이다. 하나님과 성자 예수가 책임지시고 역사를 풀어가실 것이니 만사형통이다. 네 생물과 24 장로들이 그 어린양 앞에 엎드려 절하며 찬양을 드리는 것이 어찌 마땅치 않으랴! 자신을 희생시켜서, 즉 자신의 피를 흘려서 대속하여 만민을 사서 하나님께 바치신 그 사건으로 인해서 역사는 방향이 완전히 바뀌고 이제 제길로 들어서게 된 것이다. 유대인만 아니라 세계의 만국으로부터 하나님의 자녀가 나타나고 하나님의 왕국을 건설하고 제사장이 되고 이 땅에서도 왕 노릇하게 만드시는 놀라운 역사를 이룩하셨다. 어린양에 대한 찬양은 하늘의 어느 부분만이 하는 것이 아니고 수천 수만의 천군천사가 가담하고 모든 피조물이 다 합세하는 것이어서 그야말로 대장관을 이루는 것이다. 이것이 실재이고 땅에서 일어나고 있는 인간 제국의 제왕숭배나 우상숭배 등은 하나의 장난에 불과하다. 이 어마어마한 광경을 본 요한은 마음에 흡족함을 느꼈을 것이며, 이 장관을 모든 성도에게 그대로 알려 주고 싶은 마음이 날 수밖에 없었다. 우주의 통치자는 하늘의 하나님, 역사의 해결자는 우리를 위해 피 흘려 죽으셨던 어린양 예수, 그러니 그들에게 영원한 찬미를 올리지 않을 수 없다.

4. 일곱 인(6 : 1—8 : 1)

이제 인봉된 역사의 두루마리를 실제로 풀어 나가는 과정이 묘사된다. 위에서도 말한 대로 그 일곱 인을 떼어 나가는 중에 역사의 과정이 원칙적인 면에서 한 번 다 지나간다. 즉 역사의 종말에까지 한 번 다 훑어 나간다.

(1) 첫째 인을 떼셨을 때 네 생물 중의 하나가 "오라"는 호령을 하였다. 그것은 역사의 거대한 무대 속으로 한 배역을 불러내는 연출자의 명령이라고 볼 수 있다. 종말을 향하여 진전되는 역사의 과정 속에 우선 나타나는 뚜렷한 존재는 흰 말을 타고 활을 가지고 면류관을 받아 쓰고 나가 승승장구 승리하고 또 승리하려고 하는 자이다. 크게 두 가지 해석으로 갈라지는데, 첫째는 예수께서 복음으로 세상을 정복해 나가는 광경을 묘사했다는 설이고, 둘째는 역사 속에 어디서나 볼 수 있는 정복자들을 가리킨다고 보는 견해이다. 어느 시대를 막론하고, 힘센 자가 창검과 활을 가지고 세상을 정복하고 지배하고 세도를 부리는 것이 예사이며, 그것이 역사의 중요한 모습이 아닌가?

(2) 둘째 인을 떼자, 또 "오라"는 호령이 들려왔고, 그 호령에 응답하여 붉은 말과 거기 탄 자가 큰 칼을 받아가지고 나타나 땅에서 화평을 제거하고 죽이는 일을 도맡아 하는 것을 볼 수 있었다. 세계 역사는 이러한 전쟁으로 가득 차 있는 것이 사실이다.

(3) 셋째 인을 뗐을 때 역시 역사의 무대에 불려 나오는 배역이 있었다. 그것은 검은 말을 탄 자이고 그 손에 저울을 들고 있는 자였다. 전쟁에 뒤따르는 것이 기근이다. 전쟁이 일어나고 남의 나라를 정복하는 일이 생기면 식량이 마르고 농사도 지을 수가 없어 으레 기근이 닥치는데, 그러다 보면 하루종일 일한 삯으로 겨우 밀 한 되나 보리 석 되를 살 정도로 식량부족이 생기고, 뿌리가 깊이 박히는 올리브나무나 포도나무가 겨우 열매를 맺어 명맥을 유지하는 정도가 된다. 세계 도처에 오늘도, 옛날도 기근이 닥쳐와 인간이 고생을 하는 것은 인간 상사이다.

(4) 넷째 인을 떼셨을 때 또 하나의 배역이 불려 나오는데, 그는 청

황색 말을 탄 자로서 죽음이라는 이름을 가진 자라는 것이다. 전쟁과 기근과 죽음과 박해 등으로써 인간은 어디서나 어느 시대에나 죽어 가는 것이다. 이것이 엄연한 인간 역사의 단면이며 피할 수 없는 운명이다. 인간 역사가 어떤 복잡하고 신비스러운 요소로써 이루어지는 것이 아니라 우선 위에서 말한 몇 가지의 당연지사들로 엮어져 나가고 있는 것이다.

(5) 다섯째 인을 떼셨을 때 나타난 광경은 저 높이 하늘 성전의 제단에로 장면을 옮겨서, 하나님의 말씀을 전하고 지키고 증거하다가 죽임을 당한 영혼들이 그 제단 밑에서 소리지르는 장면이다. 그들이 부르짖는 소리는 "거룩하고 참되신 대주재여, 땅에 거하는 자들을 심판하여 우리 피를 신원하여 주지 아니하시기를 어느 때까지 하시려나이까" (6：10) 하는 것이었다. 그들은 각각 흰옷을 입고 있었다. 예수의 피로 죄 씻음을 받은 성도로서 순교를 당한 자들이다. 들려오는 소리는 "잠시 동안 쉬어라. 저희 동무 종들과 형제들도 자기들처럼 죽임을 받아 그 수가 차기까지 하라."는 것이었다. 즉 세상 역사가 진전되어 가는 중에 기독교는 그 속에서 하나님의 말씀대로 살고 복음을 증거하는 일이 계속될 것이며 그러다가 순교를 당하여 그 영혼이 하나님 제단 앞에 가서 휴식을 취하고 있으며, 그런 순교의 역사는 그 수효가 찰 때까지 계속되리라는 것이다. 그것이 종말까지 계속될 또 하나의 역사적 단면이다.

(6) 여섯째 인을 떼었을 때는 우주에 큰 재난과 격변이 일어나는 장면이 벌어졌다. 결국 역사 종말에 일어날 우주적 큰 재난과 그것으로 인해서 땅의 인간들이 당황해 하고 어려움을 겪는 광경이다. 마침내 땅에서 악을 행하고 교회를 박해하던 권력들과 단체들과 제도들이 다 하나님에 의해서 마땅한 보상을 받게 되는데, 이제 여섯째 인이 떼어졌을 때 그 종말이 시작된 것이다.

7：1～17에서 요한은 이제 남은 일곱째 인이 떼어지기 전에 잠시 막간을 끼워 넣는다. 즉 이 땅에서는 악한 자들이 하나님의 진노의 심판을 겪게 되는데, 거기에 섞여 살고 있는 성도들은 어떤 형편에 도달할 것인가를 밝혀야만 했다. 그렇지 않으면 그 글을 읽는 신도들이 의아

해 하고 걱정을 할 수밖에 없겠기 때문이다. 7：1~8에서는 우선 이스라엘의 12지파가 그리고 7：9~17에서는 구속받은 허다한 무리가 재난과 심판을 면하게 된다는 기쁜 소식을 전해 준다. 세상이 다 재난 속에 휩쓸려도 하나님의 종들은 남김없이, 빠짐없이 이마에 인을 찍어 하나님의 소유된 확실한 증거를 주셔서 틀림없는 구원에 참여케 하시겠다는 것이다. 144,000이라는 숫자는 문자대로 계수할 것이 아니라 12,000 즉 12×1000, 다시 말해서 거룩하고 완전한 수인 12를 1,000(10×10×10)이라는 완전한 수로 곱한 수이기 때문에 완전한 수의 사람이 구출된다는 것을 의미할 뿐이다. 즉 하나님께서 택하고 하나님께서 부르신 자는 한 사람도 남김없이 다 구출될 것을 의미한다.

이스라엘의 12지파만 아니라 이 땅의 여러 민족과 나라에서도 택함을 받아 예수를 믿고 그의 피로 속죄함 받은 흰옷 입은 성도들이 무수히 하나님의 보좌 앞에 어린양과 함께 서 있게 된다는 사실을 보여 준다. 그들이 하나님과 어린양께 찬양을 드리고 거기에 호응하여 천사들, 장로들, 생물들이 하나님께 예배하며 찬양을 올린다. 그러나 이스라엘과 기타 이방 백성 중에서 하나님 보좌 앞에 나타난 자들의 성격을 따져 보면, 큰 환난 중에서도 예수를 믿고 그 어린양의 피로 옷을 빨고 깨끗하게 한 자들이다. 그러므로 이제 그들은 하나님의 보호를 받고 어린양이 목자가 되셔서 푸른 풀밭, 생명 강수로 먹이시고 모든 슬픔을 제해 주시겠다는 약속을 받았다. 이렇게 해서 세상은 하나님의 심판의 재난을 겪고, 그 중에서도 성도는 구출되어 하나님의 축복을 받게 된다는 위로를 주신 것이다.

그리고 나서 8：1에서 일곱째 인을 떼시는 광경을 묘사한다. 우리는 일곱째 인이 떼어지면 여섯째 인 사건에 뒤따르는 대심판과 최종적인 판가름이 나오고, 이어서 신천 신지의 영원한 세계가 전개되리라는 기대를 하게 되지만, 사실은 그렇지 않고, 단지 약 반 시간 동안의 침묵이 흘렀다는 것이다. 하늘과 땅이 다 잠잠하여 무시무시한 침묵이 잠시 동안 흘렀다. 계시자는 간단히 여기서 끝내려 하지 않고 이제 다시 돌아가 제 여섯째 인을 떼던 장면을 다시 한번 확대하여 집중적으로 다루며, 일곱 나팔을 부는 사건을 묘사하고 있다. 무서운 재난이 다시 설명되려고 하는 바로 그 앞 순간에 반 시간의 침묵은 더욱 긴박감을 주며 그 환난의 무게를 더욱 크게 해주는 것 같다.

5. 일곱 나팔(8 : 2—11 : 19)

1) 준비(8 : 2—5)

일곱 나팔을 불면 땅에 재앙이 내리게 되는데, 그것이 어떤 이유에 의해서 되는 것일까? 물론 악에 대한 하나님의 징벌인 것이 사실이지만 그것만은 아니다. 여기 8 : 2~5에 의하면, 성도들의 기도에 대한 하나님의 응답이기도 하다는 것을 알 수 있다. 7 : 10에 나타난 대로 순교당한 영혼들이 하늘 제단 밑에서 호소하는 기도 소리가 요란하다. "잠시 동안 쉬라."고 하시면서 때를 기다리시는 하나님은 그 성도들의 기도와 호소를 결코 무시하지 않으시고 응답하신다. "그래 내가 너희의 기도를 들었다. 내가 너희들의 원수를 갚아 주겠노라." 하는 응답이 뇌성과 큰 음성과 번개와 지진으로 표현되었다.

2) 제 1, 2, 3, 4 나팔(8 : 6—12)

하나님의 그 굉장한 신호(뇌성, 번개, 지진 등)에 맞추어 천사들이 하나씩 나팔을 분다. 땅 위에 재난이 일어난다. 우선 첫째 나팔로 부터 넷째 나팔까지는 자연계에 부어진 재난을 말하는데, 땅과 바다와 강과 샘물, 그리고 하늘의 해와 달과 별에게 타격을 주어 그 ⅓이 해를 받는다. 이것은 물론 악한 세상에 대한 징벌이면서 동시에 3분의 2의 여유를 주시는 것은 하나님의 사랑의 발로이며, 회개를 촉구하시는 하나님의 자비의 소치이기도 하다. 오래오래 참으시는 하나님의 모습을 보여 준다.

3) 독수리의 경고(8 : 13)

넷째 나팔까지에서 나타난 재난만 하더라도 견디기 어려운 것들이고 끔직한 것들이었지만, 이제 남은 세 개의 나팔을 불 때 나타난 재앙은 더욱더 무섭고 심하다는 것을 독수리를 통해서 예고해 준다. 공의의 하나님께서 정의로운 처사를 하시는 것이지만, 역시 이렇게 예고까지 해주시는 데는 하나님의 긍휼이 엿보인다.

4) **다섯째 나팔**(첫째 화) : 메뚜기 재앙(9 : 1－12)

독수리가 예고한 대로 무서운 화가 다섯째 나팔을 불 때 나타났다. 하늘에서 별이 하나 내려왔는데, 그것은 필시 하나님이 보내신 천사일 것이다. 그가 무저갱(지하의 깊은 곳)의 열쇠를 가지고 있었고, 그 무저갱 문을 열었을 때 거기서 연기가 올라와 어둡게 하고, 황충이가 올라와 수많은 전갈과 같은 세력으로 악인들을 괴롭히는 것이었다. 황충(메뚜기)이 재앙은 중동이나 아프리카 등지에서 번번이 경험하는 것으로서, 황충이 떼가 한번 지나가면 모든 것을 다 먹어 버리고 싹 쓸어간다는 것이다. 그 재난이 너무 심하고 견디기가 어려워서 차라리 죽었으면 좋겠다고 생각할 지경이지만 죽을 수도 없다는 것이다. 그 고통은 무슨 방법으로도 피할 도리가 없이 누구나 겪어야 한다는 것이다. 그러나 5개월이라는 제한된 기간을 주시며 생명을 거두어 가지는 않으시는 것은 역시 여유를 주시며 그들의 회개를 촉구하는 하나님의 긍휼의 소치일 것이다.

5) **여섯째 나팔**(둘째 화) : **기병대**(9 : 13－11 : 14)

이번에는 실제로 사람들의 ⅓을 죽이는 200,000,000에 달하는 기병대가 나타난다. 하나님께서 예비한 군대이다. 인구 ⅓이 죽는 무시무시한 살육이 벌어진다. 그래도 그 남은 자들이 회개하지 않고, 계속 귀신을 섬기고 우상을 숭배하고 갖은 악행을 일삼는다. 요한은 여기까지에서 반역적 인간이 말세에 당할 재난을 묘사하였는데, 자연히 나타나는 질문은 지상의 교회는 어떻게 됩니까? 그리스도인들은 그 속에서 무엇을 하며, 어떻게 지내게 됩니까? 하는 것이다. 그래서 요한은 일곱째 나팔을 불기 전에 막간으로 그 질문들에 대한 대답을 먼저 하고 지나가려고 한다. 그것은 요한의 뜻인 동시에 계시자의 뜻이기도 할 것이다.

(1) 강한 천사와 작은 두루마리책(10 : 1－11)

악한 세상이 하나님의 징계를 받고 어려움을 겪고 있을 때 성도들은 그 속에 남아 있게 된다. 하늘에서 내려온 강한 천사가 땅과 바다를 밟고 천하를 호령한다. 그의 손에는 작은 책, 즉 복음이 들려 있다. 아무리 세상이 그 죄와 악 때문에 재난을 겪는 와중에도 하나님께서는 사자를 통하여 땅과 바다를 지배하게 하신다. 그의 소리는 사자의 부르짖음 같고, 우뢰 소리와도 같아서 그 앞에서 아무도 대들거나 맞서지 못한다. 그리고 그가 복음을 보호해 주고 있으며 그 귀한 말씀은 진실로 꿀과 같이 달콤한 것이다. 그러나 그 복음을 받아들인 자들은 세상의 세력, 즉 악마의 세력 때문에 박해를 받고 어려움을 겪어야 하는 것이 운명이어서 '배에는 쓰다'는 말을 할 수밖에 없다. 이렇게 이 땅에서 성도들은 복음을 즐기면서 동시에 고통을 겪게 된다. 그러면서도 계속 복음을 전하는 예언자의 역할을 감당해야만 한다. 하늘에는 하나님과 어린양이 지켜보고 계시며, 또 하나님은 강한 천사를 보내셔서 교회의 후견인이 되어 주신다. 성령을 통해서 교회 안에 역사하시는 하나님의 사랑의 손길을 의미하는 것 같다.

(2) 성전을 측량함(11 : 1-2)

이 땅이 온통 환난 속에서 화를 당하고 있을지라도 하나님의 종들, 성도들, 즉 교회는 보존될 것을 의미한다. 성전을 측량한다는 것은 성전을 보존하신다는 것을 암시한다. 하나님의 교회가 42개월 동안, 즉 3년 반 동안 이방인에게 짓밟힐 것이지만 임시적인 일이고, 결국은 회복될 날이 올 것을 시사해 준다. 안티오쿠스 에피파네스에 의해서 예루살렘성전이 더럽혀지고 유대인들이 극심한 박해를 받았지만 다니엘서의 예언대로 1,260일 만에 즉 한 때, 두 때, 반 때 만에 이방인들이 물러가고 말았다. 그와 같이 교회는 세상에서 사는 동안 박해를 면하지 못하지만 제한된 짧은 시간뿐이고 결국은 회복될 때가 오리라는 것이다.

(3) 두 증인(11 : 3-14)

여기서 교회를 두 증인이라는 말로 상징했다. 환난의 시대에도 교회의 사명은 하나님의 말씀을 선포하는 일, 즉 예언하는 일이다. 하나님께서 교회에게 권세를 주셔서 큰 권능도 행한다. 옛날 엘리야나 모세와 같은 능력도 행할 수 있다. 그러나 그 증거의 사역이 끝나면 세상의 악한 세력, 즉 마귀의 하수인들이 교회를 박해하여 성도를 죽이고 무지무지한 박해를 가할 것도 사실이다. 이렇게 기독교를 박해하고 박멸하는 자들이 승리감을 가지고 축하하여 서로 즐길 것이지만, 그야말로 일장춘몽에 불과하다 '3일 반'밖에 안 되는 짧은 시간뿐이다. 하나님은 박해받는 교회를 버려 두시지 않고 그들을 죽음 가운데서 소생시킨다. 그래서 원수들이 놀래고 두려워하게 된다. 마침내 하나님은 큰 지진으로 하나님의 진노를 표시한다. 수많은 사람이 지진으로 생명을 잃게 되고 성의 1/10이 무너지는 등 사람들은 공포에 사로잡혀 하나님을 찬양하는 지경에 이르게 된다. 이렇게 막간을 이용하여 교회 성도의 운명을 이야기하고 나서 마지막 일곱 째 나팔, 즉 셋째 화를 소개한다.

6) 일곱째 나팔(셋째 화) : (11 : 15—19)

일반적인 기대는 또 다른 큰 재난이 떨어질 것이 아닌가 하지만, 오히려 하늘의 큰 음성이 들리며 하나님과 그리스도의 나라가 임한다는 선포가 떨어진다. 신령한 의미에서 이것이야말로 악한 세력에 대해서는 가장 치명적인 심판이요, 재난이다. 즉 사단이 자기 왕국을 선언하고 자기 세상이라고 떠들어 대는 때에서 이제는 180° 전환하여 그 왕권을 박탈하고 이제부터는 완전히 하나님과 그리스도가 주권을 행사하되 세세토록 하겠다는 선언이야말로 사단에게 대한 절대 치명적인 것이 아닐 수 없다. 사단의 왕권 박탈을 의미하며 완전 몰락을 뜻하는 것이기 때문이다. 이제는 하나님의 최후 심판의 때가 되었으니 상줄 자를 상 주시고 벌할 자를 벌하시라는 권유의 노래가 24장로들의 입에서 흘러 나온다(11 : 17—18). 이리하여 하나님의 궁전이 속까지 환히 들여다보이며 그 위엄을 나타내는 번개, 지진, 뇌성, 우박 등의 현상이 나타난다. 이런 식으로 요한은 다시 한번 그 환난의 시기로부터(여섯 째 인을 떼는 장면) 시작하여 최후 심판과 하나님 나라의 성취까지를 묘사해 주었다.

6. 교회와 악마의 세력 충돌(12 : 1—14 : 5)

1) 여인, 용, 남자 아이(12 : 1—6)

저자 요한은 그의 눈을 다시금 종말에서 예수 탄생 이전 시대로 돌리고 새로운 각도에서 관찰하기 시작한다. 하나님의 구속계획 중에는 당신의 이상적인 백성을 세상에 두시고(그것이 신령한 의미의 이스라엘이고, 마침내 교회일 수도 있다.) 그 백성을 통해서 역사하시다가 마침내 독생자를 그 가운데서 탄생시켜 그를 통해서 뜻을 완성시키려는 것이었다. 12 : 1에서 한 여인으로 상징되어 나타난 것이 바로 하나님의 이상적 공동체이다. 하나님은 신령한 이스라엘 교회에게 권세와 영광을 주셨다. 그 여인에게서 예수 그리스도가 탄생하도록 되어 있다. 그것이 하나님의 계획이요, 경륜이다.

반면에 또 하나의 대립 세력이 등장한다. 붉은 용이라는 상징을 가지고 표현된 존재이다. 한마디로 말해서 사단을 가리킨다. 그것도 무시할 수 없는 세력과 위엄을 가지고 있다. 많은 부하를 거느리고 그 나름의 왕국을 구성하고 있다. 그 세력은 본질적으로 악한 것이어서 하나님의 뜻을 거스르고 하나님께서 하시는 일을 방해하고 파괴하려고 한다. 예수가 탄생하려고 할 때부터 헤롯 왕의 마음 속에 들어가 예수를 살해하려는 음모를 꾸몄다. 마침내 예수가 십자가에서 살해당하는 지경까지 빌라도와 유대인 지도자들과 가룟 유다의 마음에 역사한다. 그러나 하나님은 예수를 부활시켜 하늘 보좌로 끌어올리셨다. 그리고 교회는 하나님의 보호 밑에 두셨다. 그러나 그 곳은 광야여서 온갖 시련과 고난과 박해가 있는 곳이다. 사단이 아무리 활개를 치고 횡포하는 광야라 하더라도 그곳은 하나님이 마련하신 곳이어서, 그리고 1,260일이라는 제한된 짧은 기간이어서 염려할 것이 없다. 교회의 역사는 이렇게 세상에서 분리된 삶을 사는 역사가 아니라 세상 한복판에서 증거하면서 고통을 겪으며 사는 생활이고, 그러면서도 하나님 안에서 안전 보장을 받고 있는 삶이다.

2) **하늘에서 벌어진 전쟁**(12 : 7－12)

3절 이하에서 붉은 용에 대해서 언급하기 시작했기 때문에 7절 이하에서 좀더 자세히 그 사단의 정체를 밝혀 줄 필요가 있다. 결국 사단은 하늘에서 반란을 일으킨 자로서, 하나님의 군대장관 미가엘과 그

군대가 사단과 그 졸개들을 승리함으로, 하늘에 있을 자리가 없어 이 땅으로 쫓겨난 자라는 것이다. 많은 부하들과 함께 쫓겨난 사단은 이제 땅에서 근거지를 마련하고 하나님을 대항하여 하나님의 계획을 망가뜨리는 일이라면 무엇이든지 하려고 덤벼든다. 하늘에서 그 방해꾼이 쫓겨났기 때문에 하늘의 존재들이 즐거워하며 찬양을 부른다. 사단은 하늘 법정에서부터 밤낮 형제를 참소하던 자인데 이제는 거기서 쫓겨났고, 하나님의 택한 백성까지라도 참소하여 멸망당하게 하려는 짖궂은 장난을 하는 자이지만, 그리스도의 흘리신 피와 그의 중재의 변호로 인해서 사단의 참소를 물리쳤고, 순교의 피를 흘리면서까지 싸워 이기고 하늘 제단 아래 보호를 받고 있는 터이므로 사단의 세력이 무서울 것이 없다. 단지 이제 땅에 남아 있는 자들이 사단의 파괴적 장난 대상이 될 것이므로 화가 있겠다는 안타까운 염려의 노래가 들려온다(10-12절).

3) 땅에서 벌어진 전쟁(12 : 13-17)

땅으로 떨어져 몰려난 사단과 그 세력은 이제 그 분풀이를 땅에 있는 교회에게 한다. 그리스도를 미워하는 미움이 교회에게 돌아간 것이다. 그러나 하나님은 교회를 그대로 방치하시지 않는다. 독수리가 그 거대한 두 날개로 시원스럽게 날아가듯이 교회는 하나님께서 주시는 날개로 사단의 공격을 피해서 날아다니거나 이겨낼 힘을 가지고 있다. 교회는 언제나 신령한 피신처를 가지고 있다. 기도로 하나님과 교제하면서 하나님의 신령한 피난처를 즐길 수 있다. 사단은 끈질기게 있는 힘과 꾀를 다해서 별별 수단을 다 써서 교회를 넘어뜨리려고 한다. 그것이 2000년 기독교 역사이다. 그러나 여러 모로 교회는 도움을 받아 살아 남는다. 사단은 단념하지 않고 계속해서 성도들을 추격하며, 특히 신실한 성도들을 파멸시키려고 노력한다. 결국 그리스도의 재림까지 성도들은 사단과 계속 싸워야 하는 운명을 가지고 있는 것이다.

4) 바다에서 나온 짐승(13 : 1-10)

바닷가 모래 위에 선 사단은 자기의 하수인을 불러세운다. 바다로부터 한 짐승을 불러내고, 육지로부터 또 하나의 짐승을 불러낸다. 바다에서 나온 짐승은 대개 로마제국을 상징하는 것으로 이해되고 있다. 뿔이 열이요, 머리가 일곱이요, 그 뿔에는 열 개의 면류관이 씌어져 있다는 것은 그 권세가 그 만큼 어마어마하다는 뜻이다. 지중해를 가운데 두고 그 연안지대 전부를 점령하고 호령하던 로마제국은 그 어느 누구도 감히 대적할 수 없는 무적의 제국이었다. 그 나라는 사단의 하수인 격으로 갖은 악을 행하는데, 하나님을 훼방하고 하나님의 자녀들 곧 성도들을 박해하는 것이었다. 하나님을 믿고 그리스도를 믿어 끝까지 신앙을 지켜 하나님의 생명책에 그 이름이 올라 있는 사람을 제외한 모든 사람은 예외 없이 다 그 짐승을 경배하는 자가 되었다. 이러한 처지에 성도들은 신앙을 지키다가 잡혀 가는 사람, 칼로 목 베임을 당하는 사람들도 있다. 그러니 성도에게 필요한 것은 믿음이요, 인내가 아니겠는가? 잘 생각해서 각오를 가지고 대처하라는 권면이기도 하다. 노골적으로 말을 못 하겠기에 그냥 짐승이라는 상징어를 썼다. 그 짐승은 사단의 하수인에 불과하다.

5) **땅에서 나온 짐승**(13 : 11－18)

사단은 로마제국이라는 거대한 정치체제를 도구로 사용할 뿐 아니라 (어느 시대든지 사단의 하수인이 되어 악을 조장하는 정치체제와 기구가 있는 법이다.) 이제 또 한 가지 중요한 하수인은 거짓된 종교이다. 외형적인 권세가 있는 것은 아니다. 그러나 용처럼 말을 잘하는 것으로서 정치세력을 업고, 또는 그것에 아부하면서 국수주의, 또는 국가원수 숭배 등의 엄청난 모독적 죄를 저지른다. 즉 모두를 로마제국과 그 원수에게 굴복케 하고 절하게 하는 거짓된 종교이다. 그것을 주장하는 거짓 예언자들도 사단의 힘을 빌어 기적을 행하며 많은 사람을 미혹한다. 그리고는 점점 세력을 얻어 그들의 사상에 동조하지 않는 자들, 즉 로마 종교에 불복하는 기독교도들을 죽음으로 몰아넣고, 우상에 절하지 않은 사람들에게는 시민권이나 배급권, 통행증 등을 주지 않아 목숨을 부지하기 위해서 마지못해 우상에게 절하지 않을 수 없게 하는 악랄한 수단을 쓰는 것이었다. 이것이 다 사단이 사용하는 악한 수단이었다. 그 짐승의 상징적 이름이 666이라는 것이다. 히브리어로 황제 네로(נרון קסר)라는 두 단어를 구성하는 글자들을 수로 풀이하면 666이 되는 것이 사실이다(נ =50, ר =200, ו =6, ן =50, ק =100, ס =60, ר=200). 이렇게 저자는 암호를 통해서 그 당시 독자들에게 비밀을 알리어 격려하며 위로한 것이다.

6) 시온 산에 나타난 구속받은 자들과 어린양(14 : 1–5)

사단이 바다에서 나온 짐승과 육지에서 나온 짐승을 하수인으로 쓰면서 갖은 방법으로 성도들을 괴롭히고 마침내는 그들을 죽이기까지 하여 세상에서 자취가 사라졌을 때, 일견 사단이 이기고 교회는 파멸되는 것 같이 보일 것이다. 그러나 계시자는 저자 요한에게 진실을 보여 주었다. 즉 동경하는 시온 산이 보이는데 거기에는 어린양이 서 계시고 그와 더불어 144,000명의 성도가 같이 서 있는데, 어린양과 하나님의 이름이 그들의 이마에 적혀 있더라는 것이다. 그들은 세상에서는 핍박을 받고 죽임을 당했지만 어린양의 피값으로 구속받은 백성들로서 하늘 안전한 곳에 어린양과 함께 살고 있다는 말이다. 끝까지 정절을 지키고 우상숭배를 하지 않고, 어린양이 인도하는 대로 복종한 자이며, 거짓말을 하지 않고 흠이 없이 깨끗이 씻음을 받은 자들이다. 성도들의 거처는 하늘 시온에 확실하게 보장되어 있다. 그들은 하나님과 어린양 예수의 소유이며, 첫 열매로서 애지중지 사랑받는 존재들이다. 이제 남은 일은 사단과 그 하수인들이 판을 치는 악한 세상에 하나님의 징벌이 내리는 일뿐이다. 저자는 그 마지막 재앙이 나타나기 전에 다시 막간을 통하여 예비적인 교훈을 몇 가지 주려고 한다.

(1) 임박한 심판을 예고함(14 : 6–13)

끝까지 참으시는 자비의 하나님은 또 다시 한번 천사를 보내어 땅에 거하는 모든 인간에게 영원한 복음을 전하게 한다. 심판의 때가 임박한 마지막 순간에까지 하나님은 복음을 선포하게 하시며 기회를 주신다. 하나님을 두려워하고 그에게 영광을 돌리고 창조주이신 그를 예배하라고 외치게 한다(6–7절).

한 번으로 끝나는 것이 아니라 또 다른 천사를 보내어 경고조로 말한다. 바벨론 곧 로마제국이 불원간 망하리라는 것을 예고하며 반성을 촉구한다. 예언자들을 통하여 하나님은 옛날이나 오늘이나 반신(反神)적 사회를 향하여 경고하는 것이 아닌가!(8절)

셋째 천사를 보내어 모두가 다 들을 수 있는 큰 음성으로 외친다. 이제라도 늦지 않았으니 회개하고 우상숭배를 버리라고 간청한다. 그렇지 않으면 무서운 진노가 내릴 것이고 영원히 고난을 받고 쉼을 얻지 못하리라고 경고한다. 그 경고는 또한 성도들에게는 끝까지 인내하며 하나님의 계명대로 살고, 믿음을 지켜야 한다는 권면이기도 한 것이다(9—12절).

하늘에서 첨가하여 들려오는 음성은 끝까지 충성하다가 죽임을 당한 자들은 행복하다는 것이다. 이제 수고는 끝나고 그들이 행한대로 보상을 받게 될 터이니 안심하라는 것이다(13절).

(2) 지상의 추수(14 : 14—16)

이제 최후의 대재앙을 내릴 터인데, 그 전에 그 재난을 면하도록 성도들을 먼저 거두어 올리는 일이 필요하다. 정확한 때는 아무도 모르지만, 곡식이 무르익었기 때문에 이제는 거둘 때가 되었다. 낫으로 밀을 베어 창고에 모으듯이 그리스도께서 그의 백성을 거두어들이신다.

(3) 지상의 포도밭 추수(14 : 17—20)

성도들이 거두어지고 남은 자들은 사단의 부하들이며 멸망의 자식들이다. 여러 번 갖은 방법으로 권유하고, 책망하고, 회개를 촉구했지만 불복하고 끝까지 반역하는 존재들에 대한 최종 심판이 남았다. 그것을 한마디로 포도농사에 비유하였다. 하나님께서 사자를 보내어 큰 낫으로 포도를 거두어들여 틀에 넣고 짓밟는데, 거기서 포도즙이 나와 흐르게 된다. 이와 같이 악인들이 포도처럼 밟혀 그 피가 흘러 1,600스타디온(184마일 정도)의 거리에 말굴레까지 올라올 정도로 차게 될 것이라는 끔찍한 표현을 했다. 그 만큼 무서운 심판이 있으리라는 경고의 예고이다. 이렇게 막간을 이용하여 윤곽적인 예고를 하고 나서 15장 이하에서 구체적인 최후의 재앙을 소개한다

7. 일곱 대접(재앙) (15 : 1—16 : 21)

하나님께서는 악한 세상을 심판하시되 오래 참으시며, 회개를 촉구하시면서 1/3만을 멸하신다든가 생명에는 손해가 없도록 하신다든가 하는 여유를 주셨다. 그러나 이제 하나님은 더이상 참을 수 없는 마지막에 도달하셨다. 극악한 존재들이 남아 있다. 이제 일곱 대접을 쏟아부어도 그들은 너무도 완악하여 회개를 하지 않는다. 이렇게 마지막 재앙을 쏟아부으려고 준비하면서 먼저 예비적인 환상을 보여 준다.

1) 대접 재앙을 준비하면서(15 : 1—8)

제단 밑에서 애타게 기다리며 하나님의 신원을 바라고 있는 신실한 성도들이 일곱 대접을 쏟으려고 준비하고 있는 일곱 천사를 보면서 승리의 노래를 부른다. 하나님의 공의가 이루어져서 그들의 억울함이 풀리고 모두가 하나님을 경배하는 때가 가까웠음을 느끼면서 "이제는 됐구나, 그 날이 왔구나" 하는 마음으로 승리의 노래를 불러댄다(1—4절).

숨막히는 마지막 순간이다. 엄숙한 순간이다. 참다참다 이제는 더 참을 수 없어서 내리는 하나님의 진노의 재앙을 천사들에게 전달하는 엄숙한 예식이 거행된다. 하나님의 진노가 가득 담겨 있는 금대접을 일곱 천사가 하나씩 받아들었다. 하늘의 성전이 열리기는 했지만, 이제 그 일곱 재앙이 다 부어져서 공의의 심판이 완성될 때야 비로소 하나님께로의 접근이 가능하게 된다. 하나님의 공의가 이루어지는 것이 무엇보다도 필요하다.

2) 일곱 대접 재앙(16 : 1—21)

이 마지막 재앙들은 일곱 나팔의 재앙과 유사한 점들이 있다. 그러나 첫째로 그 정도와 범위에 있어서 일곱 대접 재앙은 철저하며 보편적이다. 둘째로 나팔 재앙은 회개를 촉구하는 의미를 가졌지만, 일곱 대접 재앙은 철저한 진노를 나타내는 재앙들이다. 셋째로 나팔 재앙에서는 사람이 첫 번 네 개의 재앙으로 인해서 간접적인 해를 입지만 대접 재앙에서는 처음부터 직접적인 해를 받는다.

(1) 독한 헌데가 예외 없이 모두에게 난다.

(2) 바닷물이 피로 변하여 모든 생물이 죽는다.

(3) 강물과 샘도 피로 변하니, 피를 마시고 살아야 하는 지경에 이르렀다. 성도의 피를 흘린 자들에 대한 공평한 복수라는 것이다.

(4) 해가 열을 가하여 사람들을 태울 정도가 된다. 그래도 회개할 마음을 가지지 않는다.

(5) (로마) 제국의 권좌가 파멸되며 암흑세계, 무정부상태로 변하고 고통스러운 병으로 이를 갈 정도로 진통을 겪는다. 그러면서도 마음은 더 강약해진다.

(6) 사단(용)과 짐승(정권)과 거짓 예언자(종교)가 합작하여 악을 꾸미어 결국 전 세계는 전쟁의 도가니로 몰려들게 된다. 아마겟돈은 과거에 20여 번이나 전쟁을 치른 장소로서 결국 전쟁마당을 상징하는 것이라고 본다.

(7) 일곱째 대접을 공중에 쏟았을 때 전무후무한 큰 소리와 지진이 나고 로마제국은 물론 세상의 나라들이 다 깨져 나가고 하늘에서 한 달란트나 되는 우박이 떨어질 정도로 결정타를 가한다. 한 달란트이면, 약 100파운드로서 작은 사람 하나만한 무게이다. 이러한 재앙에 살아 남을 자가 있을까? 그런 심한 심판을 받으면서도 회개할 줄 모르는 인간이 되어 버렸으니 그 심판이 어찌 공의로운 것이 아니겠는가!

8. **바벨론의 멸망**(17：1—19：5)

이상의 일곱 대접 재앙에서 하나님의 최종적인 심판을 보여 주었지만, 1세기 말의 교회에게 있어서는 당면한 그들의 압박자, 박해자들을 어떻게 처단하느냐 하는 것이 시급한 문제였을 것이다. 로마제국과 그 집권자들의 권좌인 로마 성, 그 무지막지한 악의 화신을 하나님께서 어떻게 하실 것인가가 가장 궁금한 것이었다. 계시자는 이제 요한에게 막연한 미래 종말에서부터 현실에로 장면을 옮겨 피부에 닿는 이야기를 해준다. 즉 로마 성과 로마제국이 그 죄 때문에 멸망하고야 만다는 것을 극적으로 보여 준다.

1) 음녀와 붉은 빛 짐승(17 : 1—6)

붉은 빛 짐승으로 상징된 로마제국과 음녀로 상징된 로마 성과 집권자들은 일곱 머리와 뿔을 가질 정도로 권세와 힘을 가지고 사치와 부귀영화의 극치를 이루고 있으면서 하나님을 모독하고 우상숭배를 하는 정신적 음녀이다. 특히 로마 성과 그 곳의 집권자들은 기독교를 박해하며 많은 순교자들을 낸 큰 죄과를 가져서 심판을 면치 못하게 되었다. 본서에서 말하는 바벨론은 로마를 지칭하고 있다.

2) 음녀 멸망에 대한 해석(17 : 7—18)

그 음녀는 일곱 머리와 열 뿔을 가진 짐승을 타고 있는데, 그 짐승은 로마제국을 가리키는 것이지만 결국은 사단의 화신이기도 하다. 8절에 "네가 본 짐승은 전에 있었다가 시방 없으나 장차 무저갱으로부터 올라와 멸망으로 들어갈 자"라고 한 것으로 보아서 알 수 있다. 사단은 하늘 전쟁에서 패배한 후 땅에 떨어져서 행패를 부렸지만, 이미 그리스도로 인해서 치명타를 받아 죽은 자에 불과하다. 그러나 그의 신비하고 엄청난 세력은 남은 세력을 가지고 꼬리를 치며 역사에 나타나 난동을 부린다. 그러나 마침내는 만왕의 왕이시며, 만국의 주가 되시는 그리스도께서 영원히 불구덩이에 던져 버릴 때가 올 것이다. 멸망의 자식들은 이 사단적 존재와 짝하고 그를 경외하여 그의 도구가 되는 것이다. 일곱 산으로 둘러싸인 로마 성에 자리잡은 로마 정권은 여러 나라(10왕)들의 조공을 받으며 권세를 누리지만 사단(짐승)의 하수인에 불과하며, 어린양 예수와 그의 성도들에 대항하여 싸우는 세력으로서 결국 그리스도와 그의 부하들에 의해서 패배를 맛보게 될 것이다. 로마제국이 천하를 다스리지만 결국에는 만국이 그를 미워하게 되고 로마를 멸망에 이르게 할 것이다. 이렇게 열방이 사단의 하수인으로서 세계 혼란과 파멸의 도구가 되기도 한다. 그러나 그 배후에서 그 모두를 지배하시며 조종하시는 분은 하나님이시다(17절).

3) **바벨론 멸망에 대한 선언**(18 : 1—8)

"무너졌도다, 무너졌도다, 큰 성 바벨론이여" 하는 천사의 선포가 들려왔다. 로마 성은 "죄가 하늘에 사무쳤으니" 이제 그 보응을 받을 수밖에 없다. 그 중에도 들려오는 소리는 하나님의 백성을 향한 사랑과 배려의 말씀이다. "내 백성아, 거기서 나와 그의 죄에 참예하지 말고 그의 받을 재앙들을 받지 마라."(4절)는 사랑의 경고이다.

4) **왕들과 상인들과 뱃사람들의 탄식**(18 : 9—20)

거대한 로마제국은 수많은 나라를 점령하고 그들의 조공을 받으며, 그들과 무역을 하면서 치부하였다. 모든 나라들과 상인들이 지중해를 이용하여 왕래하면서 교역하며 서로 이익을 얻었다. 따라서 바다를 항해하는 선원들이 큰몫을 했던 것이다. 로마가 망한다는 것은 그들 모두에게 타격이 아닐 수 없으며 그들의 탄식을 자아낼 수밖에 없는 일이다. 반면에 로마의 멸망은 하늘과 성도들과 사도들과 선지자들에게는 기쁨이 아닐 수 없다. 그들을 박해하고 죽이고 갖은 고통을 주던 장본인이 멸망함으로 결국은 하나님의 공의의 심판이 임하였기 때문이다.

5) **바벨론의 멸망**(18 : 21—24)

바벨론 곧 로마의 멸망은 아주 철저한 것이어서 큰 맷돌이 깊은 바다에 빠져들어가는 것에 비유할 수 있다는 것이다. 무거운 돌이 바다 깊이 빠지면 어떻게 솟아날 수 있겠는가? 그러므로 이제까지의 사치, 향락, 문명, 산업, 기타 인간의 모든 작업과 교류가 완전히 두절되어 멸망에 이를 것이다. 완전히 희망이 없는 절망적 파멸이다. 만국을 죄로 이끌 뿐 아니라 교회를 박해하고 피를 흘린 죄악의 도성이 당할 마땅한 심판이다.

6) **바벨론 멸망에 대한 찬미**(19 : 1—5)

로마제국과 로마 성을 상징하는 바벨론이 멸망한다는 것은 구체적으로는 제 5 세기(주후 476)에 로마제국의 멸망에 대한 예언일 수 있지만,

실은 악마 사단의 지배를 받는 모든 세상 나라가 종국에는 이렇게 멸망할 것을 가리키는 것도 된다. 결국 하나님은 사단의 왕국을 파멸하겠고 따라서 하나님의 천사들과 성도들은 하나님의 공의의 심판을 찬미할 것이다. 하나님을 섬기지 않고 하나님 아닌 것을 섬기는 음행과 하나님의 종들을 괴롭히고 피를 흘린 죄악을 하나님께서 공의롭게 심판하시는 일은 통쾌한 일이 아닐 수 없기 때문이다. 24장로, 네 생물도 합세해서 하나님께 경배하며 아멘, 할렐루야로 호응하고, 보좌에서 흘러나오는 음성은 하늘의 권속이 다같이 이 기쁨을 노래하며 하나님께 찬송할 것을 권유한다. 모든 흑암이 사라지고 맑은 하늘이 나타나게 되었으니 이렇게 역사를 이끌어 가시는 하나님께 찬양을 할 수밖에 없는 것이다.

9. 최후의 승리(19：6—20：15)

지금까지 이 땅에서 횡포하던 악한 세력이 멸망되는 광경을 보여 주었고 이제는 새로운 세상이 나타나고 하나님의 궁극적 목적이 달성되는 찬란한 광경이 펼쳐진다. 교회가 이 땅에서는 사단의 세력과 그 하수인인 제국들과 집권자들에 의해서 박해를 받고, 죽임을 당하고 온갖 고통을 당하였지만, 이제 그 악의 세력이 파멸되는 동시에 광명한 세계가 전개되어 그 영광에 참예할 수 있는 희망을 가지게 되는 것이다. 이것이야말로 성도의 기쁨이요, 희망이다.

1) 어린양의 잔치(19：6—10)

악한 세상의 멸망은 결국 하나님의 통치세계로 화하는 것을 의미한다. 즉 하나님만이 통치하시는 세계를 이룩하시려는 것이 하나님의 창조의 목적인데, 중간에 사단의 반역과 그 졸개들의 방해에 의해서 하나님의 통치에 차질을 가져왔고, 하나님 아닌 자들이 왕이라고 하면서 세상을 통치하였었다. 그러나 이제 세상의 반역적 세력이 멸망했으니 당연히 하나님의 왕국이 되고 만 것이 사실이다. 그래서 하늘에는 할렐루야 찬양이 울려 퍼지면서 "할렐루야, 우리 주 하나님 곧 전능하신 이가 통치하시도다."라는 노래가 불려지는 것이었다. 이러한 만족스러운 상태에 도달하게 된 원인은 무엇보다도 성자이신 어린양의 희생적 수고와 사업에 있다. 그가 희생하셔서 사단과 싸우고 그를 이기고 그의 손아귀에서 택한 백성들을 구출하는 작업을 하심으로써 이루어진 것이기에, 종국에는 그 하나님의 왕국에서 어린양 예수와 그가 구출한 교회가 같이 만나 영원한 기쁨을 누리며 잔치를 하면서 영생을 누리는 일이 남은 것이다. 마치 신랑 신부가 결혼하고 기쁨을 누리는 것처럼, 신랑되시는 어린양 예수와 신부가 되는 교회는 이제 그 나라에서 극상의 기쁨과 평안을 누리게 될 것이다. 어린양의 피로 깨끗하게 된 성도들, 그리고 땅에서 끝까지 정조를 지키며 믿음을 지켜 그 선한 행실로 단장한 신부가 신랑 예수와 더불어 영원한 행복을 누리게 된다.

2) 만왕의 왕, 만주의 주 메시야의 출현(19 : 7—16)

앞에서는 예수를 어린양으로 비유했지만, 여기서는 새로운 비유로써 예수를 상징한다. 즉 승리자요, 장수(將帥)의 모습으로 나타난다. 백마를 타고 수많은 부하를 거느리고 나타나셨는데 만왕의 왕이요, 만국의 주로서 모든 세력을 무찌르고 승리하실 수 있는 분이시다. 그 이름은 성실과 진리이고, 정의를 가지고 싸우시는 분이셔서 불의를 일삼는 세상 왕과는 완전히 질적으로 다르다. 불꽃 같은 눈을 가지셨기 때문에 그 앞에 숨길 것이 하나도 없다. 많은 면류관을 썼으니 오직 승리와 영광과 권세의 화신이다. 아무도 그분의 정체와 본질을 제대로 완전히 표현할 만한 용어를 발견할 수 없으리 만큼 신비하고 무궁무한의 존재로서 그 앞에서 아무도 대적할 자가 없고, 모두 굴복을 당하게 된다. 그는 스스로 자기 피를 흘려 제물이 된 어린양이지만, 이제는 가장 힘이 있고 권세가 있는 사자요, 장수로 만국을 정복하시는 분이시다.

3) 적그리스도와 그 동맹군을 파멸함(19 : 17—21)

위에서 묘사된 흰 말을 타신 그리스도에 의해서 세상의 모든 악한 세력, 정치, 종교, 그것을 신봉하고 뒤따르던 모든 졸개들이 다 멸망당하고 마치 새들이 몰려와서 시체를 뜯어먹듯이 그 악한 세력이 소멸될 것을 예고한다.

4) 사단이 결박당함(20 : 1—3)

인류 역사에 있어서 배후를 조종하는 악한 세력은 결국 사단이요, 옛 뱀, 곧 용이다. 그것이 그대로 생존하는 한 세상은 그의 속임수와 궤계에 다시 끌려들어갈 우려가 있는 것이다. 그러므로 그의 하수인들인 세상의 제왕들이나 종교, 악한 문화 등을 파멸하는 것으로 완전 해결이 되는 것이 아니다. 근본적으로 그 사단을 처치해야 한다. 하나님나라 완성에 가장 근본적 해결책은 사단을 처치하는 일이다. 하나님께서 독생자 예수를 세상에 보내신 근본 목적이 바로 거기에 있다. 어린양 예수가 세상에서 하신 일은 우선 사단의 부하들인 악령들을 물리치셨고, 마침내는 십자가에서 그 사단의 머리를 밟아 버리신 일이다. 즉 사단은 십자가에서 치명타를 받았고 마치 닭의 머리를 잘라 버린 모양으로 이제 그 세력은 원칙적으로 죽어 버린 상태이다. 그러나 머리를 잃은 닭이 얼마 동안 퍼덕거리면서 발악을 하듯이, 약간 남은 사단의 세력이 발악적인 힘을 쓰면서 세상을 소란하게 한다. 1000년이라는 숫자는 물론 문자적으로 볼 것이 아니다. 인간은 알 수 없는, 하나님만이 아시고 계획하신 완전한 시간을 의미하는 것으로서, 그리스도가 사단의 머리를 밟음으로 이론적으로는 그가 결박되어 무저갱에 던져진 상태에 들어간 셈이다. 그러나 사단의 남은 세력은 세상 도처에서 작용하고 있으며, 특히 역사의 마지막에는 그 최종적 발악을 하다가 완전히 멸망할 것이다.

5) 천년 왕국(20 : 4—6)

사도 바울은 에베소 2 : 5~6에서 "허물로 죽은 우리를 그리스도와 함께 살리셨고, 또 함께 일으키사 그리스도 예수 안에서 함께 하늘에 앉히시니"라고 하면서 성도들은 이미 하늘에 그리스도와 함께 앉아 있는 자라고 했다. 그와 같이 여기 이 대목에서 요한은, 이미 복음을 위하여 살고 진리를 지키다가 순교한 자들이 하늘에서 그리스도와 더불어 왕적 권위를 가지고 살아가는 것을 말하고 있다. 바울의 말을 기초로 해서 본다면 이 땅에 있는 성도들도 예수를 믿었을 때 이미 중생을 하고 신령한 의미에서는 이미 부활한 자요, 하나님과 그리스도의 제사장으로 같이 왕 노릇하는 것이 아닌가! 결국 이렇게 첫째 부활에 참예한 사람들은 복이 있는 자들이다.

6) 사단의 멸망(20 : 7—10)

교회시대(천년 왕국시대)가 지나서 이제 역사의 종지부를 찍는 순간이 될 때 사단은 그야말로 최후적인 발악을 하게 될 것이다. 최종적으로 사단은 세상의 모든 반신적 악한 세력을 규합, 동원해서 하나님 편에 있는 세력과 일대 격전을 벌이게 할 것이다. 사단의 악한 본성이 끝까지 작용한다. 그러나 하나님 편의 신자들에게는 염려할 것이 없다. 하늘에서 불이 내려 그 악한 연합세력을 진멸하겠고, 사단은 영원한 멸망의 자리에 빠져서 그의 졸개들이었던 짐승(정치, 종교, 문화, 사상)들과 함께 영원히 고통을 당하게 된다는 것이다.

7) 최후 심판(20 : 11—15)

사단이 완전히 갇히는 일로써 일이 끝나는 것이 아니다. 이제는 인간이 모두 하나님 앞에서 행한 대로 심판을 받을 절차가 남아 있다. 하나님의 생명책에 기록된 자와 기록되지 못한 자가 구별되어, 영원한 불못에 던지우는 자와 하나님과 함께 낙원에서 영원히 살 자로 갈라진다. 사람이 모두 세상에 살다가 죽는데 그것이 첫째 사망이다. 그러나 하나님의 최후 심판 때 다 살아나서 심판을 받아 영원한 불못에 던져지는 자는 둘째 사망을 겪는 자들이 된다. 영원히 하나님을 떠나 영원한 고통의 세계에서 생존하게 된다. 죽어 없어지면 얼마나 좋으련만 영원히 살아 남아 영원한 고통을 당하는 둘째 사망을 겪어야 하니 얼마나 무서운 일인가!

10. 새 하늘과 새 땅(21 : 1—22 : 5)

하나님의 생명책에 이름이 기록되지 않은 자들의 운명을 말한 다음에 이제는 생명책에 이름이 기록된 자들이 차지할 행복의 세계를 묘사한다. 낡고, 썩고, 파괴되고, 망가진 옛 하늘과 땅의 모습은 사라지고 새롭게 단장된 세계가 나타난다. 아름다운 도성이 보인다. 옛날에는 하나님과 사람이 같이 살 수 없었는데 이제는 하나님의 집에 사람이 같이 사는 상태로 변했다. 이제는 하나님의 백성이 되고 친히 눈물을 닦아 주시고 사망과 애통과 고통이 다 사라진 상태이다. 하나님께서 참 좋다고 찬탄하신 피조물을 파괴해 버리시는 것이 아니라 만물을 새롭게 해서 보다 더 살기 좋은 곳으로 만들어 주신다(5절). 거기서 영원한 생명을 누리며 하나님의 자녀의 영광을 가지고 살게 된다.

21：9 이하에서는 앞으로 어린양과 그의 신부인 교회가 영원토록 살게 될 영원한 집을 보여 준다. 한마디로 말해서 그 곳은 하나님의 영광이 있는 곳(21：11)으로서 세상에서 가장 좋고 훌륭한 것을 다 동원하여 설명해도 그 영광과 존귀와 굉장함을 다 표현할 수 없는 것이었다. 각 보석을 다 끌어다 대보아도 사실 그 실물의 아름다움과 귀함을 그대로 나타낼 도리는 없다. 그 성의 장, 광, 고가 1,200스타디온이라고 했으니 요즘 말로 해서 2,400km이다. 갈릴리 바다에서 사해 바다까지의 거리가 112km밖에 안 되니 팔레스타인 면적과 비교할 때 어마어마한 것이 틀림없다 그러나 그것은 좁은 소견이다. 그 당시 사람의 사고로서 그런 비교를 사용했지만 실상은 그런 것에 끝나지 않을 것이다. 계시록에 나타난 그 표현은 인간의 최대 표현이고 실상은 그보다 무한히 더 크고 더 아름답고 찬란한 것이다. 그리고 그 곳의 특징은 성전이 없는 상태이다(21：22). 성전을 따로 지어야 할 필요가 없다. 성과 속이 구별될 필요가 없는 곳이다. 하나님과 어린양이 성도와 같이 있는 그 곳이기에 따로 그를 만나는 장소가 있을 리가 없다. 어두움이 없고 하나님의 영과 어린양의 빛이 가득한 곳이다. 그 곳은 곧 어린양의 생명책에 이름이 기록된 자, 즉 어린양의 피의 공로를 믿고 그 피로써 죄 씻음을 받은 자들이 하나님과 어린양과 함께 사는 곳이다.

22：1~5에서는 그 신천 신지의 생활이 묘사되었다. 하나님과 어린양의 보좌로부터 생명강이 흐르니 마음대로 그 물을 마시고 영생할 수 있고, 생명강가에 생명나무가 실과를 맺으니 그 생명의 실과를 먹으며 영생할 수 있으며, 그 잎사귀마저도 생명력이 있어서 만국을 소생케 하는 생명이 넘치는 곳이다. 모두는 그 중앙에 자리잡은 하나님과 어

린양을 섬기는 일, 그 영광의 얼굴을 언제나 보면서 사는 삶이다. 그리고 영원토록 왕의 영광과 권세를 가지고 존귀한 삶을 살게 된다는 것이다.

11. 맺는 말(22：6—21)

이 책에 기록된 것이 물론 상징으로 기록되어 얼핏 보기에 이해하기 어렵고 괴이해 보이는 것이 사실이지만, 내용인즉 신실하고 진실된 것이어서 사실을 그대로 말한 것이므로 그대로 믿고 지키는 자가 복이 있겠다고 말한다. 하나님의 사자를 통해서 엄숙히 전해 준 하나님의 계시이기에 소홀히 해서는 안 된다는 것이다.

이 책의 말씀은 공개적으로 준 말씀으로서 얼마 남지 않은 시간 동안 이 말씀을 성실히 받아 '두루마리를 빠는 자'가 되어야 할 것이다. 즉 예수를 믿고 그의 피로 죄사함을 받는 일이 가장 급선무라는 것이다(22：14). 누구에게나 공개된 복음이기에 모두 다 이 복음을 받아 생명을 누리도록 하라는 전도자의 호소가 덧붙여진다(22：17). 그리고 이 말씀을 가감하지 말라는 엄한 명령을 하면서 끝냈다(22：18—19).

□ *토의문제*

1. 묵시문학의 성격을 알아보자.
2. 요한이 묵시문학적인 방법으로 계시록을 써야 했던 처지는 어떤 것이었을까?
3. 사단의 하수인 격이 되는 현대적 권력과 체제들을 생각해 보자.
4. 계시록이 가르쳐 주는 역사철학을 정리해 보자.
5. 계시록에 나타난 어린양의 역할을 생각해 보자.
6. 우리의 교회는 2~3장에 나온 일곱 교회 중 어떤 유형에 속하는가 알아보자.

□ 참고도서

Robert H. Mounce, *The Book of Revelation*, Grand Rapids: Wm. B. Eerdmans Publishing Company, 1977.

George E. Ladd, *A Commentary on the Revelation of John*, Grand Rapids: Wm. B. Eerdmans Publishing Company, 1972.

G. B. Caird, *The Revelation of St. John the Divine*, San Francisco: Harper & Row Publishers, 1966.

D. T. Niles, *As Seeing the Invisible*, New York: Harper & Brothers, 1961.

Graene Galdsworthy, *The Gospel in Revelation*, Exeter: Paternoster Press, 1984.

저자 박 창 환 목사

· 숭실대학교 사학과 졸업(B. A.)
· 장로회신학대학 신대원 졸업(M. Div.)
· 캐나다 토론토대학교 낙스칼리지 졸업(T. M.)
· 장로회신학대학교 교수(신약학) 역임

신약성경해설

초판인쇄 · 1990년 3월 30일
5 쇄 발 행 · 2008년 4월 10일

기 획 편 집 · 대한 예수교장로회총회교육자원부
총무 김 치 성
주 소 · 110 - 470 | 서울특별시 종로구 연지동 135
전 화 · (02)741 - 4356~7 | (F)741 - 3477

저 자 · 박 창 환
발 행 인 · 박 노 원
발 행 소 · **한국장로교출판사**
주 소 · 110 - 470 | 서울특별시 종로구 연지동 135
한국교회100주년기념관(별관)
전 화 · (02)741 - 4381(~2) | (F)741 - 7886
홈페이지 · www.pckbook.co.kr
등록번호 · No. 1 - 84(1951. 8. 3.)

ISBN 978 - 89 - 398 - 0151 - 6 Printed in Korea

값 25,000원